# As Normas Internacionais para o Trabalho Decente no Mundo em Transformação

Organizadores:

**Kátia Magalhães Arruda**
**Guilherme Guimarães Feliciano**
**Paulo Campanha Santana**

# As Normas Internacionais para o Trabalho Decente no Mundo em Transformação

Organizadores:

**Kátia Magalhães Arruda**
**Guilherme Guimarães Feliciano**
**Paulo Campanha Santana**

LACIER

**LACIER**
**Lacier Livraria e Editora**
**www.livrarialacier.com.br**



Rua Doutor Quirino, 808 – Centro
CEP 13015-081 – Campinas, SP – Brasil

Fevereiro, 2025

Diretor: *Lacier José de Rezende*
Coordenação editorial: *Peter Fritz Strotbek*
Projeto de capa: *Daniele Porfirio*
Imagem da capa: *Manifestação (1934) – Antônio Berni – Museu de Arte Latino-Americana, Malba, Buenos Aires*
Projeto gráfico e editoração eletrônica: *The Best Page*

Esta é uma obra coletiva.
A responsabilidade pelo conteúdo de cada texto
é exclusiva do seu autor.

**Ficha Catalográfica**

**Dados Internacionais de Catalogação na Publicação (CIP)**
**(Câmara Brasileira do Livro, SP, Brasil)**

N851 As normas internacionais para o trabalho decente no mundo em transformação / Organizadores: Kátia Magalhães Arruda, Guilherme Guimarães Feliciano, Paulo Campanha Santana. — 1. ed. — Campinas, SP : Lacier Editora, 2025.
412 p. ; 17 x 24 cm.

ISBN 978-85-64412-71-2

1. Direito do trabalho — Brasil. 2. Direito do trabalho – Coletânea de artigos. 3. Trabalho — Função social. 4. Trabalho — Perspectivas futuras. I. Arruda, Kátia Magalhães. II. Feliciano, Guilherme Guimarães. III. Santana, Paulo Campanha.

CDU 34:331.4(81)

**Índices para catálogo sistemático:**

1. Direito do trabalho — Coletânea de artigos

Angela Schmidt da Rosa – Bibliotecária – CRB-14/1171

# Sumário

## Parte III — Convenções Internacionais, Direitos Humanos e Combate à Violência no Trabalho

# Rol das Autoras e Autores

**Alessandra Gorito Rezende** — Advogada, Mestranda em Direito do Trabalho e Relações Sociais do Centro Universitário do Distrito Federal – UDF, Brasília/DF.

**Amanda Pereira Reis de Paula** — Mestranda em Direito das Relações Sociais e Trabalhistas pela UDF – Centro Universitário do Distrito Federal – Brasília-Brasil. Pós-Graduada em Seguridade Social, Direito e Processo do Trabalho. Advogada. E-mail: amanda@reisdepaula.com.br.

**Ana Paula Castelo Branco Costa** — Doutoranda em Direito pela Universidade Católica da Argentina, Buenos Aires. Mestre em Direito Ambiental pela Universidade do Estado do Amazonas. Especialista em Direito Administrativo pela Pontifícia Universidade Católica de São Paulo. Servidora do Tribunal Regional do Trabalho de São Paulo. Professora. Pesquisadora do Núcleo de Pesquisa e Extensão "O Trabalho além do Direito do Trabalho/NTADT", da Faculdade de Direito da Universidade de São Paulo. E-mail: castelo.ana@gmail.com.

**André de Araújo Chavante** — Doutorando em Direito Constitucional pelo Instituto Brasileiro de Ensino, Desenvolvimento e Pesquisa (IDP). Mestre em Direito das Relações Sociais e Trabalhistas pelo Centro Universitário do Distrito Federal (UDF). Advogado. E-mail: andre@andrechavante.com.

**Bianca Bastos** — Desembargadora Federal do Trabalho do Tribunal Regional do Trabalho da Segunda Região. Doutora em Direito pela Pontifícia Universidade Católica de SP – 2021. Residente na cidade de São Paulo – SP. E-mail: bianca.bastos@trt2.jus.br.

**Camila Zangiacomo Cotrim** — Advogada. Mestranda em Direito das Relações Sociais e Trabalhista pelo UDF. Especialista em Direito e Processo do Trabalho pela Pontifícia Universidade Católica de São Paulo. E-mail: camila@advcotrim.adv.br.

**Cristina Aguiar Ferreira da Silva** — Doutora em Direito. Professora de Graduação e Pós-Graduação (Mestrado) do Centro Universitário do Distrito Federal – UDF, Brasília/DF. E-mail: cristina.silva@udf.edu.br.

**Dayana dos Anjos Rodrigues Mattos Magalhães** — Mestranda em Direito das Relações Sociais e Trabalhistas pelo Centro Universitário do Distrito Federal – UDF, Brasília – DF. E-mail: damagalhaes@galvao.com.

**Eduardo Milléo Baracat** — Desembargador do Tribunal Regional do Trabalho do Paraná (2021-atual.). Professor Permanente do Programa de Mestrado e Doutorado em Direito

Empresarial e Cidadania do UniCuritiba. Professor do Programa de Mestrado do Centro Universitário do Distrito Federal – UDF. Doutor em Direito das Relações Sociais pela Universidade Federal do Paraná – UFPR. Mestre em Direito Privado pela UFPR. Diplôme Supérieur de l'Université – Droit du Travail & Sécurité Sociale pela Université Panthéon-Assas/Paris II. Estágio Pós-Doutoral na Universidade de Direito de Coimbra-Portugal e na Universidade do Distrito Federal. Lattes iD: http://lattes.cnpq.br/9913838403198516. Orcid iD: http://orcid.org/0000-0002-2822-3316. E-mail: ebaracat60@gmail.com.

**Elise Ramos Correia** — Advogada, formada pela UNISINOS, Presidente da Associação Nacional da Advocacia Trabalhista — ABRAT, Mestranda em Direito das Relações Sociais e Trabalhistas pelo Centro Universitário do Distrito Federal – UDF. E-mail: elisecorreia@niltoncorreia.com.br. Brasília, DF.

**Ênio Borges Araújo Campos** — Mestrando em Direito das Relações Sociais e Trabalhistas pelo Centro Universitário do Distrito Federal (UDF). Especialista em Direito do Trabalho e Direito Processual do Trabalho pela Faculdade Damásio de Jesus. Especialista em Direito Público pela Faculdade Damásio de Jesus. Juiz do Trabalho. Centro Universitário do Distrito Federal – UDF (Brasília – DF). E-mail: enioborgescampos@hotmail.com.

**Erotilde Ribeiro dos Santos Minharro** — Doutora e mestra em Direito do Trabalho e Direito da Seguridade Social pela Universidade de São Paulo (USP) – São Paulo-SP. E-mail: erotilde.minharro@direitosbc.br.

**Fábio Gomes de Freitas Bastos** — Mestre em Planejamento Regional e Gestão de Cidades pela UCAM. Mestrando em Direito das Relações Sociais e Trabalhistas, na UDF. Pós-Graduado em Direito e Processo do Trabalho pela Universidade Cândido Mendes. Professor no Curso de Direito no Instituto Superior de Ensino do CENSA. Advogado. E-mail: fabiogfbastos@yahoo.com.br.

**Flávio da Silveira Borges de Freitas** — Mestre em Direito e Relações Sociais e Trabalhistas pelo Centro Universitário de Brasília/UDF e Professor nos cursos de Direito da Universidade Estácio de Sá, Rio de Janeiro/RJ e no Centro Universitário de Brasília, DF (Estácio Brasília). E-mail: fsilveira.freitas@gmail.com.

**Francisca das Chagas Rosa de Moura** — Mestranda em Direito das Relações Sociais e Trabalhistas pela UDF – Centro Universitário do Distrito Federal – Brasília-Brasil. Especialista em Direito e Processo do Trabalho. Analista Judiciário e Assistente de Ministro no Tribunal Superior do Trabalho (TST). E-mail: franmoura@hotmail.com.

**Guilherme Guimarães Feliciano** — Professor Associado do Departamento de Direito do Trabalho da FDUSP. São Paulo/SP. Livre Docente em Direito do Trabalho da Universidade de São Paulo (USP). Coordenador do Núcleo Trabalho Além do Direito do Trabalho

(NTADT) da USP. Juiz do Trabalho – Titular da 1ª Vara do Trabalho de Taubaté. Conselheiro do CNJ na cadeira de Juiz do Trabalho (Biênio 2024-2027). Pós-Doutor em Direitos Humanos pela Universidade de Coimbra. Doutor em Ciências Jurídicas pela Faculdade de Direito da Universidade Clássica de Lisboa (2014). Doutor em Direito Penal pela USP. Extensão Universitária em Economia Social e do Trabalho (Universidade Estadual de Campinas – UNICAMP).

**Heberton Duarte de Sousa** — Professor. Advogado Público. Mestrando em Direito das Relações Sociais e Trabalhistas pelo Centro Universitário do Distrito Federal UDF. Especialista em Direito Tributário pela Universidade do Sul de Santa Catarina (UNISUL). Especialista em Direito Ambiental pela Faculdade Única. E-mail: hebertonds@hotmail.com.

**Igor Borher** — Mestrando em Direito das Relações Sociais e Trabalhistas no Centro Universitário do Distrito Federal (UDF). Pós-graduado em Direito Civil pela Faculdade Alfamérica. Pós-graduado em Processo Civil pela Faculdade Alfamérica. Graduado em Direito pelo Centro Universitário Estácio de Brasília e em Física pela Universidade Federal Fluminense (UFF). Atualmente, exerce o cargo de Especialista em Previdência Complementar na Diretoria de Orientação Técnica e Normas da Superintendência Nacional de Previdência Complementar (PREVIC), autarquia vinculada ao Ministério do Trabalho e Previdência e Advocacia. E-mail: igorborher@hotmail.com.

**Ivani Contini Bramante** — Desembargadora Federal do Trabalho. Pós-Doutoranda pela Universidade Federal do Rio Grande do Sul, orientada pela professora Luciane Cardoso Barzotto, Mestre e Doutora pela Pontifícia Universidade Católica de São Paulo. Especialista em Relações Coletivas Comparadas — OIT — Organização Internacional do Trabalho – Turim – Itália. Especialista em Direitos Humanos e Governança Econômica na Universidade Castilla-La Mancha – Toledo – Espanha – certificado apostilado em Haia. Professora de Graduação e Pós-Graduação da Faculdade de Direito de São Bernardo do Campo. Professora convidada do Instituto Jus Gentiun Coninbrigae – Núcleo Direitos Humanos – Faculdade de Coimbra – Portugal. Pesquisadora do Núcleo Trabalho Além do Trabalho da Universidade de Direito de São Paulo – USP. Membro da Academia Brasileira de Direito da Seguridade Social – ABDSS. Membro do Instituto de Pesquisa e Estudos de Direito da Seguridade Social – IPEDIS. Membro da Asociación Iberoamericana de Derecho del Trabajo y de la Seguridad Social. Membro do Conselho Editorial da Editora Juruá e do corpo de pareceristas do Conselho Internacional de Estudos Contemporâneos em Pós-Graduação – CONSINTER.

**João Pedro Ignácio Marsillac** — Doutorando em Direito Político e Econômico, Universidade Presbiteriana Mackenzie (Bolsista CAPES/Prosuc), São Paulo/SP. E-mail: joao.pedro@adv.oabsp.org.br.

**Júlia Figueiredo Lima** — Mestranda do Programa de Pós-Graduação em Direito das Relações Sociais e Trabalhistas no Centro Universitário do Distrito Federal – UDF. E-mail. limajuli@gmail.com.

**Juliana Bortoncello Ferreira** — Mestranda em Direito das Relações Sociais e Trabalhistas. Centro Universitário do Distrito Federal – UDF, Brasília-DF, Brasil.

**Karen Falleiro Vargas** — Advogada trabalhista. Pesquisadora do Núcleo Trabalho Além do Direito do Trabalho (NTADT) da Universidade de São Paulo (USP). São Paulo/SP. Pós-graduada em Direito do Trabalho pela Pontifícia Universidade Católica de São Paulo. Pós-graduada em Direito Digital, Proteção de Dados e Compliance Trabalhista pela Escola Mineira de Direito. Membro efetivo das Comissões da Advocacia Trabalhista e da Mulher Advogada da OAB/SP. Membro do Comitê de Estudos em Compliance Digital da LEC — *Legal, Ethics & Compliance*. E-mail: kfalvs@yahoo.com.br.

**Kátia Magalhães Arruda** — Pós-Doutorada em Internacionalização, Trabalho e Sustentabilidade pela Universidade de Brasília (UnB), Brasília, DF, Brasil; Doutora em Políticas Públicas pela Universidade Federal do Maranhão, São Luís, MA, Brasil; Mestra em Direito Constitucional pela Universidade Federal do Ceará, Fortaleza, CE, Brasil; Professora do Programa de Mestrado em Direito das Relações Sociais e Trabalhistas do Centro Universitário do Distrito Federal – UDF, Brasília, DF, Brasil; Ministra do Tribunal Superior do Trabalho, Brasília, DF, Brasil. E-mail: gmka@tst.jus.br; katiaarruda2000@gmail.com.

**Laila Araújo Rodrigues** — Advogada. Professora de Graduação na Mauá-GO. Mestranda em Direito do Trabalho e Relações Sociais do Centro Universitário do Distrito Federal – UDF, Brasília/DF.

**Larissa Matos** — Advogada do Sales Matos Advocacia. Pós-Doutora em Direito pela Faculdade de Direito da Universidade de São Paulo – FDUSP. Residente na cidade de Natal – RN. E-mail: larissamatos@salesmatos.adv.br

**Letiane Corrêa Bueno** — Advogada. Pesquisadora do Núcleo "O Trabalho Além do Direito do Trabalho", ligado ao DTBS e Grupo de Pesquisa em Meio Ambiente do Trabalho — GPMAT da Faculdade de Direito da Universidade de São Paulo (FDUSP). Aluna especial do Programa de Mestrado na disciplina Saúde Mental e o Direito do Trabalho: Mente, Corpo e Subjetivação nas Relações de Trabalho no Sistema Capitalista da Faculdade de Direito da Universidade de São Paulo (FDUSP). Aluna Especial do Programa de Mestrado em Direito das Relações Sociais e Trabalhistas do UDF. Especialista em Direito do Trabalho e Processo do Trabalho pela Universidade de São Paulo – USP. Especialista em Problemas atuais de direito do trabalho e economia digital pela Universidade de Salamanca – Espanha, com MBA Executivo Internacional em Direito Empresarial pela Fundação Getúlio Vargas e módulos internacionais em Global Business pela *University of Miami/FL* e *Strategic Law* pela *Fordham Law School New York*.

Especialista em Gestão Pública Municipal pela Universidade Federal do Estado do Rio de Janeiro. Especialista em Direito e Prática Previdenciária pelo Complexo de Ensino Renato Saraiva. Endereço para acessar este CV: http://lattes.cnpq.br/3944548483950086. E-mail: letiane_CBleme@hotmail.com.

**Líliam Regina Pascini** — Advogada Sócia do Gonçalves e Bruno Sociedade de Advogados. Mestre em Direito das Relações Sociais pela PUC/SP. Pós-graduada em Direitos Humanos e Governança Econômica pela Universidad de Castilla-La Mancha (Espanha). Pós-Graduada em Direitos Humanos pelo Instituto *Ius Gentium Conimbrigae*, da Faculdade de Direito de Coimbra (Portugal). Pós-Graduada em Direito Digital, Proteção de Dados e *Compliance* Trabalhista pela Escola Mineira de Direito. Membro da Comissão de Direito Sindical da OAB-SP (2014/2024). Vice-Presidente da Comissão de Direito Sindical da OAB-SP (2016/2018). Diretora Fundadora da Associação Paulista de Relações e Estudos Sindical (APRES). Pesquisadora do Núcleo de Pesquisa e Extensão "O Trabalho Além do Direito do Trabalho" (NTADT), da USP/SP. Membro do Instituto Goiano de Direito do Trabalho (IGT). Membro da Comunidade Cielo Laboral.

**Marcelo Borsio** — Professor Titular do UDF no Curso de Mestrado em Direito das Relações Sociais e Trabalhistas, nos créditos de Direito da Seguridade Social e Previdenciário. Pós-Doutor em Direito da Seguridade Social e Professor Visitante, sob a orientação do Prof. José Luís Tortuero Plaza, pela Universidade Complutense de Madrid (2014). Pós-Doutor em Direito Previdenciário e Professor Visitante, sob a orientação do Professor Giuseppe Ludovico, pela Universidade de Milão (2017). Pós-Doutor em Direito Previdenciário pelo PPGD-UERJ, sob a orientação do Professor Fábio Zambitte Ibrahim. Doutor (2013) e Mestre (2007) em Direito Previdenciário pela Pontifícia Universidade Católica de São Paulo. Especialista em Limites Constitucionais da Investigação pela Univ. Santa Catarina. Especialista em Direito Tributário pela PUC-SP. Graduação em Direito pela Universidade Presbiteriana Mackenzie. Editor Assistente da Revista Direito das Relações Sociais e Trabalhistas da Faculdade de Direito do UDF. Avaliador de artigos da Revista Jurídica da Presidência da República. Membro da Asociación Española de Salud y Seguridad Social. Membro fundador da Academia Brasileira de Direito da Seguridade Social, titular da cadeira n. 15. Membro fundador da Academia de Letras Previdenciárias, titular da cadeira n. 8. Ex-Presidente do Conselho de Recursos da Previdência Social (fevereiro de 2019 a abril de 2023). Integrante do Comitê de Avaliação da CAPES – Área do Direito (*Stricto Sensu*). E-mail: marceloborsio@yahoo.com.br.

**Maria Cecilia de Almeida Monteiro Lemos** — Professora e Coordenadora Adjunta do Programa de Mestrado em Direito das Relações Sociais e Trabalhistas do Centro Universitário do Distrito Federal – UDF. Doutora em Direito, Estado e Constituição pela UnB e Mestra em Direito das Relações Sociais pela PUC-SP. Especialista em Direito e Processo do Trabalho pela PUC-SP. Especialista em Direito Constitucional do Trabalho pela UNB. Membro do Grupo de Pesquisa "Trabalho, Constituição e Cidadania" da UNB-CNPq e do Grupo de Pesquisa "Direitos Humanos, Seguridade Social e Meio Ambiente", do Curso de Mestrado em Direito das Relações Sociais e Trabalhistas do UDF – Centro Universitário. Pós-doutorado pela Universitat de València, Espanha, sob orientação do Professor Doutor Fernado Fita Ortega. Assessora da Ministra do Tribunal Superior do Trabalho Delaíde Alves Miranda Arantes de 2011 a 2023. Advogada. E-mail: cecilia.monteiro.lemos@gmail.com; maria.lemos@udf.edu.br.

**Mariana Ferrucci Bega** — Mestre em Direito das Relações Sociais e Trabalhistas – UDF.

**Matheus Elias Hanna** — Mestre em Direito das Relações Sociais e Trabalhistas pelo Centro Universitário do Distrito Federal – UDF, Brasília, DF, Brasil; pós-graduado (LL.M.) em Direito Societário pelo Insper, São Paulo, SP, Brasil; pós-graduado (LL.M) em Direito Empresarial pela Fundação Getúlio Vargas (FGV), Rio de Janeiro, RJ, Brasil; sócio e advogado na Barbosa, Hanna, Dias e Gouvea Advogados Associados, Goiânia, GO, Brasil. E-mail: matheus@bhdgadvogados.com.

**Mayara Cayres Borges Silva** — Advogada inscrita na OAB/SP. Sócia e diretora do escritório M. Borges & Cayres Advogados Associados. Curso de extensão em cálculos trabalhistas, passivos estimados, liquidações de sentença e execução. Graduação em Tecnologia em Gestão de Recursos Humanos pala Universidade Anhanguera de Osasco (2010). Pós-graduada em Gestão de Pessoas pela Universidade Anhanguera de Osasco (2010). Graduação em Direito pela Universidade Centro Universitário Unifieo (2021). Pós-Graduada em Direito e Processo Civil pela Pontifícia Universidade Católica de São Paulo PUC/SP (2024). Aluna especial preparatório para o Mestrado do Centro Universitário do Distrito Federal UDF (Inicio 2024). Intercâmbio no Uruguai em parceria com a USP/SP. Participação: Seminário Internacional "Trabalho Decente: proposições para a construção de uma agenda de saúde e segurança, equidade e proteção à infância e erradicação do trabalho infantil" ministrado pela Ministra do TST Delaide Miranda (local TST), Seminário Internacional Trabalho Plataformizado e a Preservação do Humanismo na Sociedade Digital, ministrado pelo Ministro presidente do TST Lelio Bentes Correa; Direito das Mulheres e escravidão ministrado pela Ministra do TST Katia Arruda – São Paulo, SP – Brasil. E-mail: mayara@mborges.adv.br.

**Michel Borges da Silva** — Advogado inscrito na OAB/SP. Sócio-Diretor do escritório M. Borges & Cayres Advogados Associados, Graduação em Direito pela Universidade Católica de Santos e Centro Universitário das Faculdades Metropolitanas Unidas (2009). Pós-Graduado em Direito e Processo do Trabalho pela Faculdades Metropolitanas Unidas (FMU). Pós-graduado em Direito Previdenciário pela Faculdades Metropolitanas Unidas (FMU). Mestre em Direito do Trabalho Faculdade de Direito da PUC-SP. Membro efetivo do Núcleo de pesquisadores da USP – FDUSP "Direito Além do Direito do Trabalho". Membro efetivo do Núcleo de pesquisadores da USP – FDUSP GPMAT (Grupo de Pesquisa em Meio Ambiente do Trabalho). Intercâmbio no Uruguai em parceria com a USP/SP e UDF (RIUP) – São Paulo – SP – Brasil. E-mail: michel@mborges.adv.br.

**Miller Ferreira Menezes** — Mestre em Direito das Relações Sociais e Trabalhistas do UDF – Centro Universitário, pós-graduado em Direito Tributário e Direito Penal pela Faculdade de Direito Damásio de Jesus, advogado. E-mail: millermenezes@uol.com.br.

**Nilton Correia** — Advogado, formado na UFBA, ex-Presidente da ABRAT, ex-Presidente da JUTRA, membro do IAB, eleito em 2014. Patrono Nacional da Advocacia Trabalhista. Mestrando em Direito das Relações Sociais e Trabalhistas pelo Centro Universitário do Distrito Federal – UDF. E-mail: niltonscorreia@gmail.com.

**Patrícia Osório Caciquinho** — Mestranda em Direito das Relações Sociais e Trabalhistas no UDF – Centro Universitário do Distrito Federal. Professora de Direito e Processo do Trabalho. Pós-graduada em Direito e Processo do Trabalho pela Faculdade Estácio de Sá. Pós-graduada em Direito e Processo Tributário pela Faculdade CERS. Advogada Gestora Trabalhista. Integrante do IGT – Instituto Goiano de Direito do Trabalho. Juíza do TED da OAB Goiás no ano de 2024. E-mail: patricia.o.caciquinho@gmail.com.

**Paulo Campanha Santana** — Pós-Doutorado em Direito e Novas Tecnologias pelo Mediterranea International Centre for Human Rights Research, Reggio Calabria, Itália, e em Direito na Faculdade de Direito da Universidade de São Paulo (USP). Pós-Doutorando em Direito com Especialização em Ciência Jurídica com Dupla Titulação (Universidade Vale do Itajaí/SC e Delaware Widener University Law School, Estados Unidos). Doutorando em Ciência da Informação (UnB). Graduado em Ciência da Computação pela Universidade Cruzeiro do Sul (UNICSUL). Advogado. Mestre e Doutor em Direito. Coordenador do Programa de Mestrado em Direito das Relações Sociais e Trabalhistas do Centro Universitário do Distrito Federal (UDF). Endereço para acessar este CV: http://lattes.cnpq.br/2078012822920263 E-mail: pcampanhap@gmail.com.

**Priscila de Oliveira Cazalle** — Advogada. Pesquisadora do Grupo de Estudos em Meio Ambiente do Trabalho da Universidade de São Paulo/SP. Pesquisadora do Grupo de Estudos em Constitucionalismo, Direito do Trabalho e Processo – linha 1 do Centro Universitário UDF-Brasília/DF; Especialista em Direito Sistêmico pela Faculdade Innovare-SP e *Hellinger-Schule*/Alemanha; Especialista em Direito e Processo do Trabalho pela Universidade Presbiteriana Mackenzie; Bacharel em Ciências Jurídicas e Sociais pela Pontifícia Universidade Católica de Campinas – Puc-Campinas. CV: https://lattes.cnpq.br/7431404546412528+. E-mail: priscilaocazalle@outlook.com.br.

**Raimundo Simão de Melo** — Professor do Centro Universitário de Brasília/UDF.Mestrado em Direito e Relações Sociais e Trabalhistas, Doutor em Direito das relações sociais pela Pontifícia Universidade Católica, São Paulo/SP. Autor de livros jurídicos, entre outros, "Direito ambiental do trabalho e a saúde do trabalhador". E-mail: rsimaomelo@gmail.com.

**Renato Antônio Borges Dias** — Mestrando em Direito das Relações Sociais e Trabalhistas no Centro Universitário do Distrito Federal (UDF). Graduado em Administração e em Direito pela Pontifícia Universidade Católica de Goiás (PUC-Goiás). Servidor Público Federal Licenciado. Ex-Presidente da Associação Brasileira de Toxicologia (ABTOX), e Presidente do Instituto de Pesquisa em Logística e Segurança Viária (IPSLV). E-mail: renatoborgesdias1@gmail.com.

**Ricardo José Macedo de Britto Pereira** — Professor. Advogado. Doutor em "Nuevos Desafíos del Derecho del Trabajo" pela Universidad Complutense de Madrid. Centro Universitário do Distrito Federal (UDF), Brasília-DF. E-mail: rjmbpereira@gmail.com.

**Sandra Aparecida Benevides** — Advogada. Mestranda em Direito das Relações Sociais e Trabalhistas – UDF. Pós-Graduada em Docência no Ensino Superior pela Faculdade Afirmativo de Cuiabá MT. Pós-Graduada em Direito Penal e Processo Penal pela Faculdade Damásio de Jesus. E-mail: sanbenevides@hotmail.com.

**Sandra Regina Cavalcante** — Doutora em Saúde Pública pela Universidade de São Paulo, São Paulo/SP.

**Simone Bramante** — Graduada em Direito pela Faculdade de Direito de São Bernardo do Campo. Pós-Graduada em Direito e Processo do Trabalho. Pós-Graduada em Direito Previdenciário. Pós-graduada em Direito e Processo Civil. Pesquisadora da USP do Núcleo Trabalho além do Direito do Trabalho – NTADT. Pós-Graduada *stricto sensu* em Direito pela Juris Roma e *IL Centro di Studi Giuridici Latino Americani Della Universitá Degli Studi di Roma "Tor Vergata"* – Roma, Itália. Professora autora da FGV-Rio. Membro do Cielo Laboral. Mestranda pela Universidade Federal do ABC.

**Thiago William Pereira Barcelos** — Assistente Jurídico. Pós-Graduando em Direito Civil, Empresarial e Processo, pela Legale Educacional S.A. Residente na cidade de Atibaia – SP. E-mail: adv.thiago.barcelos@gmail.com.

**Vanessa Dumont Bonfim Santos** — Mestre em Direito das Relações Sociais e Trabalhistas – UDF.

**Vauzedina Rodrigues Ferreira** — Advogada. Pós-Graduada em Direitos Humanos pelo *Ius Gentinum Conimbrigae* da Universidade de Coimbra – Portugal. Pós-Graduada em Direitos Humanos e Governança Econômica pela *Universidade de Castilla La Mancha* – Toledo – Espanha. Pesquisadora do Núcleo Trabalho Além do Direito do Trabalho – Dimensões da Clandestinidade – USP/SP.

# Apresentação

É com imensa honra e satisfação que realizamos a apresentação desta obra intitulada "As Normas Internacionais para o Trabalho Decente no Mundo em Transformação". Ela é fruto do II Encontro de Intercâmbio de Pós-Graduação em Direito Social realizado na sede da Organização Internacional do Trabalho (OIT), na cidade de Lima/Peru, pela Rede Internacional Universitária de Pesquisa e Extensão (RIUPE).

A RIUPE é liderada pela Professora e Ministra do Tribunal Superior do Trabalho, Dra. Kátia Magalhães Arruda, do Centro Universitário do Distrito Federal (UDF). A Rede também é integrada pelo Núcleo de Pesquisa "O Trabalho além do Direito do Trabalho" (NTADT), da Faculdade de Direito da Universidade de São Paulo (USP), liderado pelo professor livre-docente Guilherme Guimarães Feliciano; pela Universidade de Fortaleza (Unifor), que, em Lima, foi representada pelo professor e Desembargador do Tribunal Regional do Trabalho da 7ª Região, Dr. Paulo Régis Machado Botelho; e em 2023, em Montevideo, contou com a participação da *Universidad de La Republica do Uruguay*, na pessoa do professor Dr. Mário Garmendia Arigón.

O evento de Lima foi organizado pela professora Kátia Arruda e pelos professores Guilherme Feliciano e Paulo Campanha, mas sua efetiva realização somente foi possível em razão do incondicional apoio da Dra. Ana Virgínia Moreira Gomes, Diretora Regional da OIT para a América Latina e o Caribe. As singulares cordialidade e receptividade de toda sua equipe propiciaram momentos inesquecíveis para todos que tiveram a oportunidade de lá estar presente. A ela e à equipe ficam registrados os nossos eternos agradecimentos.

A atividade acadêmica contou com a participação de cerca de 70 (setenta) brasileiros, entre pesquisadores do UDF e do NTADT, com destaque para a presença do Magnífico Reitor do UDF, professor André Ricardo Rosa Leão. Ademais, também estiveram presentes magistrados, membros do Ministério Público do Trabalho, advogados e pesquisadores convidados. Nos dois dias, várias palestras foram ministradas, em mesas geralmente compostas por brasileiros e peruanos. O encontro contou com a submissão de 29 (vinte e nove) artigos científicos, que foram apresentados pelos autores em três mesas redondas, com enriquecedores debates entre os presentes. Dessas mesas redondas nasce a presente obra, que reúne e sistematiza os trabalhos dos nossos pesquisadores, e está dividida em três partes: a primeira, "Trabalho Decente, Políticas Públicas e Inclusão Social"; a segunda, "Teletrabalho, Saúde e Direitos no Ambiente Laboral"; e a terceira, "Convenções Internacionais, Direitos Humanos e Combate à Violência no Trabalho".

A parte inicial aborda os Objetivos de Desenvolvimento Sustentável (ODS) da Agenda 2030 da Organização das Nações Unidas (ONU), notadamente o ODS 8, a promoção do trabalho decente; e, nessa direção, a (in)efetividade da lei de cotas para contratação de pessoas com deficiência, o processo estrutural e a igualdade de gênero e raça nas relações de emprego, a proteção das mães solo, o salário-maternidade das pessoas com deficiência e os direitos das trabalhadoras brasileiras, entre outros.

Na sequência, o livro é contemplado com estudos sobre o teletrabalho e a saúde do trabalhador, o direito à desconexão digital e os direitos da personalidade, a OIT e a saúde e segurança no ambiente laboral, a transição tecnológica inclusiva e sustentável e o etarismo por gênero no meio ambiente do trabalho.

Na parte final, os temas são a ratificação da Convenção n. 190 da OIT pelo Brasil, o protocolo de 2014 sobre trabalho forçado, as provas indiciárias e indiretas nos casos de assédio sexual, a aporofobia processual, as normas internacionais no diálogo entre direitos humanos e trabalho e a plataformização do trabalho sexual.

Por fim, as mais de 400 (quatrocentas) páginas deste livro evidenciam o sucesso do evento, que somente foi possível graças ao envolvimento e ao denodo cientifico odos seus participantes. Parabenizamos todos os participantes e seguimos com nossos encontros nacionais e internacionais da RIUPE.

Tratar de normas internacionais, nos dias que correm, significa tratar de um universo muito mais amplo e rico que o próprio universo do Direito. Significa lidar com globalização da economia, com direitos humanos e multiculturalismo, com os impactos das novas tecnologias em todos os aspectos da sociabilidade humana e, ao fim e ao cabo, das intermináveis conexões entre a Ética, a Economia e o próprio Direito.Os textos que se seguem revelarão a você, caro leitor, algumas das interessantes dimensões desse debate, que certamente ganhará foros de absoluta prioridade, para o Brasil e para o mundo, na segunda metade do século XXI.

Desejamos uma boa e engrandecedora leitura.

Brasília/DF, São Paulo/SP, dezembro de 2024.

***Guilherme Guimarães Feliciano***
Professor Associado da Faculdade de Direito da Universidade de São Paulo, Juiz do Trabalho Titular da 1ª Vara do Trabalho de Taubaté barra São Paulo, Conselheiro do Conselho Nacional de Justiça (2024-2026).

***Paulo Campanha Santana***
Coordenador do Programa de Mestrado e Doutorado em Direito das Relações Sociais e Trabalhistas do UDF.

# Parte I

# Trabalho Decente, Políticas Públicas e Inclusão Social

# Objetivos da Agenda 2030: Trabalho Decente, Crescimento Econômico e Emprego Pleno: Sonho Impossível?

## *Objectives of the 2030 Agenda: Decent Work, Economic Growth and Full Employment: Impossible Dream?*

*Amanda Pereira Reis de Paula*
*Maria Cecília de Almeida Monteiro Lemos*
*Francisca das Chagas Rosa de Moura*

**Resumo:** O presente estudo pretende analisar os Objetivos de Desenvolvimento Sustentáveis (ODS) da Agenda 2030 da Organização das Nações Unidas (ONU), compromisso assumido pelo Estado brasileiro, e a compatibilidade de seu alcance diante do modelo neoliberal de desenvolvimento econômico adotado pelo país. Busca-se especialmente a aferição das condições para cumprimento do ODS n. 8, que dispõe sobre a promoção de crescimento econômico inclusivo e sustentável, com emprego pleno e produtivo e o trabalho digno para todos. Para tanto, será utilizado o método qualitativo com abordagem bibliográfica. Acredita-se que a efetivação de Trabalho Decente para todos não prescinde da efetivação dos direitos sociais trabalhistas, elencados na Constituição da República Federativa do Brasil de 1988 como fundamentais para a consolidação do Estado Democrático de Direito. Para alcançar o trabalho decente, coadunado com os princípios da Constituição da Organização Internacional do Trabalho e da Declaração da OIT sobre os Princípios e Direitos Fundamentais no Trabalho, faz-se imprescindível a erradicação de trabalho análogo à condição de escravo, a implementação de medidas de segurança e saúde do trabalho, a eliminação de trabalho infantil, a promoção de igualdade salarial entre homens e mulheres, a inclusão das pessoas com deficiência no mercado de trabalho e o combate à discriminação. A partir de dados sobre desigualdade social e econômica no país, conclui-se que os efeitos do neoliberalismo, que despreza direitos trabalhistas e o meio ambiente, devem ser enfrentados por meio de políticas públicas firmes e comprometidas com a Agenda 2030, uma promessa ainda distante de ser cumprida.

**Palavras-chave:** Trabalho decente; Objetivos de Desenvolvimento Sustentáveis (ODS); Agenda 2030; Políticas públicas.

**Abstract:** This study aims to analyze the Sustainable Development Goals (SDGs) of the United Nations (UN) 2030 Agenda, a commitment made by the Brazilian State, and the compatibility of their achievement with the neoliberal model of economic development adopted by the country. The study seeks especially to assess the conditions for compliance with SDG No. 8, which provides for the promotion of inclusive and sustainable economic growth, with full and productive employment and decent work for all. To this end, a qualitative method with a bibliographical approach will be used. It is believed that the implementation of Decent Work for all does not dispense with the implementation of social labor rights, listed in the Constitution of the Federative Republic of Brazil of 1988 as fundamental for the consolidation of the Democratic State of Law. To achieve decent work, in accordance with the principles of the Constitution of the International Labor Organization and the ILO Declaration on Fundamental Principles and Rights at Work, it is essential to eradicate work analogous to slavery, implement occupational health and safety measures, eliminate child labor, promote equal pay for men and women, include people with disabilities in the labor market, and combat discrimination. Based on data on social and economic inequality in the country, it is concluded that the effects of neoliberalism, which disregards labor rights and the environment, must be addressed through firm public policies committed to the 2030 Agenda, a promise that is still far from being fulfilled.

**Keywords:** Decent work; Sustainable Development Goals (SDGs); Agenda 2030; Public policies.

## Introdução

No presente artigo, objetiva-se o estudo dos Objetivos de Desenvolvimento Sustentáveis (ODS) da Agenda 2030 da Organização das Nações Unidas (ONU), e a compatibilidade de seu alcance diante do modelo neoliberal de desenvolvimento econômico adotado pelo país.

Nesse sentido, busca-se a aferição das condições para cumprimento, no Brasil, do ODS n. 8, que dispõe sobre a promoção de crescimento econômico inclusivo e sustentável, com emprego pleno e produtivo e o trabalho digno para todos.

Parte-se da contextualização e afirmação da necessidade de trabalho decente em todas as nações do mundo, para um desenvolvimento econômico sustentável, sob a perspectiva de cumprimento das normas fundamentais sobre direitos sociais e trabalhistas.

Assim, dá-se maior enfoque às condições para o cumprimento do ODS n. 8, nos termos assumidos pelo Brasil na Agenda 2030.

Nessa perspectiva, defende-se a necessidade de efetivação de trabalho decente para todos, nos moldes consubstanciados na Constituição da República Federativa do Brasil de 1988, a partir do cumprimento dos direitos sociais trabalhistas elencados como fundamentais para a consolidação do Estado Democrático de Direito.

Para tanto, reafirma-se a imprescindibilidade da erradicação de trabalho análogo à condição de escravo, a implementação de medidas de segurança e saúde do trabalho, a eliminação de trabalho infantil, a promoção de igualdade salarial entre homens e mulheres, a inclusão das pessoas com deficiência no mercado de trabalho e o combate à discriminação, princípios fundamentais da Organização Internacional do Trabalho, que devem ser estendidos a todas e todos os trabalhadores, independentemente do regime jurídico de contratação.

## Contextualização e necessidade de trabalho decente em todas as nações para um desenvolvimento econômico sustentável

A legislação trabalhista surgiu em meados dos séculos XIX e XX, como fruto dos anseios e das lutas dos trabalhadores marginalizados pela sociedade industrial, em decorrência das tensões entre o capital e o trabalho, buscando estabelecer relações de trabalho mais equilibradas e com condições dignas para os trabalhadores.(1) Objetiva estabelecer garantias mínimas aos trabalhadores frente à exploração da força de trabalho no sistema capitalista que, historicamente, explora a mão de obra mais vulnerável em busca de lucro.

Com o surgimento do Constitucionalismo Humanista e Social, no âmbito do Estado Democrático de Direito, inaugurado pelas Constituições da Europa Ocidental após o flagelo da Segunda Guerra Mundial, incorporado pelas Constituições da França (1946), Itália (1947), Alemanha (1949), Portugal (1976) e Espanha (1978) e pela Constituição da República Federativa do Brasil de 1988(2), a pessoa humana e sua dignidade passaram a ocupar posição central no ordenamento jurídico, juntamente com a valorização do emprego.

Além disso, o valor social do trabalho passou a desempenhar um papel fundamental na concretização dos direitos trabalhistas, estabelecendo normas e regulamentos que visam proteger trabalhadoras e trabalhadores e garantir condições de trabalho justas

(1) MIRÁGLIA, Lívia Mendes Moreira. *Trabalho Escravo Contemporâneo:* conceituação à luz do princípio da dignidade da pessoa humana. 2. ed. São Paulo: LTr, 2015. p. 91.

(2) DELGADO, Mauricio Godinho; ALVARENGA, Rúbia Zanotelli; GUIMARÃES, Tâmara Matias. "Notas sobre a Arquitetura Principiológica Humanista e Social da Constituição da República de 1988 e a Concretização dos Direitos Fundamentais no Constitucionalismo Contemporâneo: uma abordagem sob o prisma dos direitos individuais e sociais trabalhistas." *Revista de Direitos e Garantias Fundamentais*, v. 21, 2019, p.11.

e dignas. Nessa perspectiva de trabalho decente, almeja-se o "mínimo existencial"[(3)], a exemplo de remuneração justa, horas de trabalho adequadas, segurança no trabalho e proteção contra discriminação e exploração.

Sobre o mínimo existencial, relevante pontuar que:

> No Brasil, a noção de mínimo existencial foi usada pela primeira vez na medida cautelar em Arguição de Descumprimento de Preceito Fundamental (ADPF) 45 MC/DF de 29 de abril de 2004, de relatoria do Ministro Celso de Mello. O mínimo existencial deve nortear as metas prioritárias do orçamento quando o assunto é políticas públicas. Em outras palavras, é o conjunto dos direitos fundamentais sociais mínimos para se garantir a dignidade humana. Dessa forma, pode-se afirmar que o mínimo existencial é composto por dois elementos principais: os direitos fundamentais sociais e a dignidade da pessoa humana.[(4)]

O Estado Democrático de Direito e o Direito do Trabalho são interligados na proteção e promoção dos direitos humanos, garantindo que os indivíduos sejam tratados com dignidade e justiça em todas as esferas de suas vidas, incluindo o ambiente de trabalho, com a dignidade como uma de suas finalidades.

A Constituição da República Federativa do Brasil de 1988 consagrou a valorização do trabalho como um dos mais relevantes (senão o maior) instrumento de afirmação da Democracia na vida social. Contudo, nas abalizadas palavras de Gabriela Delgado: *"Apesar do Direito do Trabalho ser instrumento de regulamentação e de inclusão social, ele próprio estabelece hipóteses de exclusão dentro do seu ordenamento"*.[(5)]

O sistema capitalista, fruto da Revolução Industrial e da incessante busca pelo lucro, exige uma grande demanda de trabalhadores sem qualificação ou semiqualificados para compor o setor de serviços, apostando reiteradamente na precarização do trabalho.[(6)]

Nos valiosos ensinamentos de Lívia Miráglia:

> "(...) a precarização do trabalho é um dos problemas mais graves da atualidade. É ocasionada pela busca incessante do lucro, ao lado da acirrada concorrência gerada pelo mercado global. No intuito de maximizar seu ganho, o

---

(3) Portal da Aurum. *Saiba mais sobre a dignidade da pessoa humana e o mínimo existencial.* Disponível em: https://www.aurum.com.br/blog/minimo-existencial. Acesso em: 12 dez. 2023.

(4) *Idem.*

(5) DELGADO, Gabriela Neves. *Direito fundamental ao trabalho digno.* 2. ed. São Paulo: LTr, 2015. p.28.

(6) *Ibidem*, p. 165.

empresário costuma cortar os gastos, principalmente aqueles inerentes ao trabalhador, mitigando, até mesmo, seus direitos fundamentais, componentes de sua dignidade".(7)

A Reforma Trabalhista no Brasil, instituída pela Lei n. 13.467/2017, ao precarizar as relações de trabalho e incentivar a terceirização, criou uma relação em que o objeto do negócio entre duas empresas é a força de trabalho dos indivíduos, acabando por retirar do trabalhador não apenas a proteção jurídica, mas a possibilidade de melhoria de sua condição social, reduzindo os direitos fundamentais básicos trazidos no art. 7º da Constituição da República Federativa do Brasil de 1988. Os trabalhadores recebem um tratamento desigual, pois só usufruem os benefícios próprios das empresas especializadas em fornecimento de mão de obra, e não aqueles que são reconhecidos aos trabalhadores contratados diretamente pela tomadora.(8)

Além disso, a flexibilização dos direitos trabalhistas permite alterações dentro dos contratos de trabalho, gerando salários mais baixos e aumento da desigualdade, com menos benefícios e segurança no emprego, rompendo com a diretriz protetiva do Direito do Trabalho.

A flexibilidade dos direitos trabalhistas, muitas vezes, tem sido utilizada como uma ferramenta que contribui para a exploração laboral. Empregadores, em busca do aumento de lucros, podem se beneficiar da flexibilidade legal para impor condições precárias aos trabalhadores, tais como longas jornadas, baixos salários e falta de proteções básicas. Essa exploração é potencializada quando há fragilidade nas leis e fiscalização inadequada, criando um ambiente propício a abusos.

O art. 23º da Declaração Universal dos Direitos Humanos, datada de 1948, estabelece que:

> Toda pessoa tem direito ao trabalho, à livre escolha do trabalho, a condições equitativas e satisfatórias de trabalho e à proteção contra o desemprego. 2.Todos têm direito, sem discriminação alguma, a salário igual por trabalho igual. 3.Quem trabalha tem direito a uma remuneração equitativa e satisfatória, que lhe permita e à sua família uma existência conforme com a dignidade humana, e completada, se possível, por todos os outros meios de proteção social. 4. Toda pessoa tem o direito de fundar com outras pessoas sindicatos e de se filiar em sindicatos para defesa dos seus interesses.

A busca desenfreada por lucro, constantemente, coloca em segundo plano os direitos humanos e as condições dignas de trabalho. A proteção integral no trabalho,

---

(7) MIRÁGLIA, Lívia Mendes Moreira. *Trabalho Escravo Contemporâneo:* conceituação à luz do princípio da dignidade da pessoa humana. 2. ed. São Paulo: LTr, 2015. p.11.

(8) SILVA, Thomás Luís. CAMPOS, João Pedro Augusto. A Terceirização e a Reforma Trabalhista: Contribuiu para a Precarização do Trabalho? *Repositório Universitário de Ânima (RUMA).* Disponível em: https://repositorio.animaeducacao.com.br/items/5b23ecce-299a-464b-9d81-4a53f5e7a1ca. Acesso em: 04 fev.2024.

decorrente da exigência de respeito à dignidade da pessoa humana, estabelecendo as condições para a efetivação dos direitos fundamentais nas relações trabalhistas, converte os locais de trabalho de âmbito de supremacia do poderio empresarial em espaços democráticos de exercício da cidadania, incluindo o indivíduo na sociedade capitalista através do trabalho digno. Em outras palavras, para que uma pessoa tenha vida digna ela precisa ter um trabalho digno.

O trabalho digno é aquele previsto na Constituição da República Federativa do Brasil de 1988 como um direito fundamental que possibilita que o ser humano tenha uma vida digna e se identifique como sujeito de direitos dentro da sociedade e quando o trabalho não é prestado com dignidade, em condições mínimas de saúde e de segurança, destrói a identidade social do homem.

Nas abalizadas palavras de Gabriela Delgado:

> No desempenho das relações sociais, onde se destacam as trabalhistas, deve ser vedada a violação da dignidade, o que significa que o ser humano jamais poderá ser utilizado como objeto ou meio para a realização do querer alheio. O que também indica que o sistema de valores a ser utilizado como diretriz do Estado Democrático de Direito não poderá se relevar utilitarista. Deverá, em contrapartida, concentrar-se no ser humano enquanto pessoa.[(9)]

Em razão disso, o Trabalho Decente, expressão criada pela Organização Internacional de Direito do Trabalho (OIT) em 1999, é um dos direitos mais importantes que a humanidade conquistou. E pode ser definido como o labor exercido em condições de liberdade, equidade e segurança que garante ao trabalhador a satisfação das suas necessidades essenciais, a fim de assegurar que ele tenha uma vida digna e se identifique como sujeito de direitos dentro da sociedade.

O Trabalho Decente é o ponto de convergência dos quatro objetivos estratégicos da OIT, 1-) o respeito aos direitos no trabalho, especialmente aqueles definidos como fundamentais (liberdade sindical, direito de negociação coletiva, eliminação de todas as formas de discriminação em matéria de emprego e ocupação e erradicação de todas as formas de trabalho forçado e trabalho infantil e proteção e segurança da saúde dos trabalhadores); 2-) a promoção do emprego produtivo e de qualidade; 3-) a ampliação da proteção social; 4-) e o fortalecimento do diálogo social.[(10)]

A propósito, a OIT elevou o conceito de Trabalho Decente à posição central para o alcance dos Objetivos de Desenvolvimento Sustentáveis definidos na Agenda 2030 da

---

(9) DELGADO, Gabriela Neves. *Direito fundamental ao trabalho digno*. 2. ed. São Paulo: LTr, 2015. p. 94.

(10) OIT. Organização Internacional do Trabalho. *Trabalho Decente*. Disponível em: https://www.ilo.org/brasilia/temas/trabalho-decente/lang--pt/index.htm. Acesso em: 12 dez. 2023.

ONU, em especial o Objetivo número 8, que consiste em: *"Promover o crescimento econômico inclusivo e sustentável, o emprego pleno e produtivo e o* trabalho *digno para todos"*.[11]

## Os objetivos de desenvolvimento sustentáveis (ods) da Agenda 2030 da Organização das Nações Unidas (ONU) e a compatibilidade com o modelo neoliberal de desenvolvimento econômico adotado no Brasil

Os Objetivos de Desenvolvimento Sustentáveis (ODS) da Agenda 2030 da Organização das Nações Unidas (ONU) foi concebido, em 2015, na Cúpula sobre Desenvolvimento Sustentável, em Nova York, chancelada por 193 Estados-Membros das Nações Unidas[12], como forma de enfrentar as agressões sistemáticas ao Planeta Terra e as consequências para o presente e o futuro de todos os seres vivos.

Dessa forma, a Agenda da ONU nasce através "de um processo evolutivo de reconhecimento global da necessidade urgente de estratégias de desenvolvimento sustentável"[13], elencando 17 Objetivos que devem ser alcançados até 2030, cuja enumeração, neste estudo, impende consignar.

Nesse sentido, destaca-se, inicialmente, a centralidade de cada objetivo sustentável na Agenda 2030, a saber: pessoa, planeta, prosperidade, parcerias e paz. Assim, convencionou dos 5 Ps da Agenda da ONU.[14]

No que toca aos 17 ODSs da UNU, estão, em síntese, assim elencados[15]:

ODS 1 – Erradicação da pobreza

ODS 2 – Fome zero e agricultura sustentável

ODS 3 – Saúde e bem-estar

ODS 4 – Educação de qualidade

ODS 5 – Igualdade de gênero

ODS 6 – Água potável e saneamento

---

(11) Nações Unidas Brasil. *Objetivo de Desenvolvimento Sustentável 8*. Trabalho Decente e Crescimento Econômico. Disponível em: https://brasil.un.org/pt-br/sdgs/8. Acesso em: 12 out. 2024.

(12) PROJETO LICI. Agenda 2030: o que é? Disponível em: https://institutolici.com.br/agenda-2030-o-que-e/?gad_source=1&gclid=Cj0KCQjw1Yy5BhD-ARIsAI0RbXaFkMfdb5BGQplFRP_GE0zlCZaXBKvHqy1oe4wQ96wPmPdHFnQSoBlaAp7yEALw_wcB. Acesso em: 12 out. 2024.

(13) *Idem.*

(14) BARBIERI, José Carlos. *Desenvolvimento sustentável:* das origens à Agenda 2030. Petrópolis: Vozes, 2020.

(15) ONU. Organização das Nações Unidas. *Conheça os 17 ODS da ONU:* Os Objetivos de Desenvolvimento Sustentável para a Agenda 2030. Disponível em: https://sustentabilidadeagora.com.br/17-ods-da-onu-agenda-2030/. Acesso em: 12 out. 2024.

ODS 7 – Energia limpa e acessível

ODS 8 – Trabalho decente e crescimento econômico

ODS 9 – Indústria, inovação e infraestrutura

ODS 10 – Redução das desigualdades

ODS 11 – Cidades e comunidades sustentáveis

ODS 12 – Consumo e produção responsáveis

ODS 13 – Ação contra a mudança global do clima

ODS 14 – Vida na água

ODS 15 – Vida terrestre

ODS 16 – Paz, Justiça e Instituições Eficazes

Quanto ao cumprimento da Agenda 2030, anota-se que a sociedade capitalista atual é marcada pela produtividade e cobranças excessivas, ou seja, em nosso sentir, o modelo neoliberal de desenvolvimento econômico apresenta-se como um "gritante entrave" ao cumprimento da Agenda 2030.

Sob a perspectiva de produtividade, o filósofo sul-coreano Byung-Chul Han, em Sociedade do Cansaço, nos revela que:

> "A sociedade disciplinar de Foucault, feita de hospitais, asilos, presídios, quarteis e fábricas, não é mais a sociedade de hoje. Em seu lugar, há muito tempo, entrou uma outra sociedade, a saber, uma sociedade de academias fitness, prédios de escritórios, bancos, aeroportos, *shopping centers* e laboratórios de genética. A sociedade do século XXI não é mais a sociedade disciplinar, mas uma sociedade de desempenho."(16)

Nessa perspectiva de produtividade e mais produtividade, o sistema ameaça não somente ao Objetivo de Desenvolvimento Sustentável (ODS) n. 8, mas, igualmente, aos demais ODSs, pois ignora a fome, a questão de gênero, a supressão de direitos e as mudanças climáticas. Além disso, os sindicatos profissionais estão cada vez mais enfraquecidos, na medida em que há ênfase ao discurso de empreendedorismo, ainda que o trabalhador seja subordinado ao tomador de serviços, com inequívoco vilipêndio dos direitos sociais e trabalhistas.

---

(16) HAN, Byung-Chul. *Sociedade do Cansaço*. 2. ed. ampl. Petrópolis, RJ: Vozes, 2021. Tradução de Enio Paulo Giachini. p. 23

Byung-Chul Han nos sinaliza, portanto, que a sociedade disciplinar e repressora do século XX descrita por Michel Foucault perde espaço para uma nova forma de organização coercitiva: a violência neuronal. Nesse contexto, as pessoas se cobram cada vez mais para apresentar resultados — tornando-as vigilantes e carrascas de suas ações. Dessa forma, expõe que poderíamos trabalhar menos e ganhar mais, no entanto, a ideologia da positividade opera uma *inversão perversa*: nos submetemos a trabalhar mais e a receber menos, o que tem gerado um aumento significativo de doenças como depressão, transtornos de personalidade, síndromes como hiperatividade e *burnout*.

Sobre a temática, a Organização Mundial da Saúde (OMS) e a Organização Internacional do Trabalho (OIT), em setembro de 2022, em Genebra, Suíça, fizeram um chamado às ações concretas para atender às preocupações sobre a saúde mental da população trabalhadora.(17) No aspecto, advertem a OMS e a OIT que, anualmente, estima-se que 12 bilhões de dias de trabalho são perdidos por causa de depressão e ansiedade, custando à economia global quase 1 trilhão de dólares.(18)

Com o objetivo de abordar essa temática, dentre as diretrizes globais da OMS sobre saúde mental no trabalho, a Organização recomenda, pela primeira vez, "o treinamento de gestores para desenvolverem capacidades para prevenir ambientes de trabalho estressantes e responder aos trabalhadores em sofrimento".(19) Além disso, o Relatório Mundial de Saúde Mental da OMS, publicado em junho de 2022, mostrou que, em 2019, *um bilhão* de pessoas viviam com transtornos mentais e que 15% dos adultos em idade laboral sofreram com algum transtorno mental.(20)

Relevante pontuar, ainda, no aspecto, que a "Convenção de Segurança e Saúde dos Trabalhadores Ocupacional da OIT (n.155) e a Recomendação (n. 164) fornecem estruturas legais para proteger a saúde e a segurança dos trabalhadores".(21) No entanto, o "Atlas de Saúde Mental da OMS constatou que apenas 35% dos países relataram ter

---

(17) OPAS. Organização Pan-Americana da Saúde. *OMS e OIT fazem chamado para novas medidas de enfrentamento das questões de saúde mental no trabalho.* OOMS e OIT fazem chamado para novas medidas de enfrentamento das questões de saúde mental no trabalho. Disponível em: https://www.paho.org/pt/noticias/28-9-2022-oms-e-oit-fazem-chamado-para-novas-medidas-enfrentamento-das-questoes-saude. Acesso em: 12 out. 2024.

(18) *Idem.*

(19) *Idem.*

(20) OPAS. Organização panamericana da Saúde. *Relatório Mundial de Saúde Mental da OMS:* Transformando a Saúde Mental para Todos. Disponível em: https://www.paho.org/pt/noticias/17-6-2022-oms-destaca-necessidade-urgente-transformar-saude-mental-e-atencao.

(21) OPAS. Organização Pan-Americana da Saúde. *OMS e OIT fazem chamado para novas medidas de enfrentamento das questões de saúde mental no trabalho.* Disponível em: https://www.paho.org/pt/noticias/28-9-2022-oms-e-oit-fazem-chamado-para-novas-medidas-enfrentamento-das-questoes-saude. Acesso em: 12 out. 2024.

programas nacionais de promoção e prevenção da saúde mental relacionada ao trabalho".[22]

Nesse contexto, para alcançarmos um trabalho decente faz-se necessário, primordialmente, um trabalho seguro, para que o trabalho seja "um meio de vida e não de morte".[23] Portanto, trabalho decente é aquele que ostenta uma "remuneração justa, limitação de jornada de trabalho, com direito a desconexão, é trabalho inclusivo e sustentável e protegido".[24]

## O cumprimento da ODS n. 8: Promoção de crescimento econômico inclusivo e sustentável, com emprego pleno e predutido e o trabalho digno para todos

O cumprimento do Objetivo do Desenvolvimento Sustentável n. 8 da Agenda 2030 — trabalho decente — perpassa por diversos matizes. Assim, para um trabalho *decente* e *digno* para todas as pessoas revela-se vital o alcance de um patamar humanizado, com remuneração suficientemente capaz de prover as necessidades básicas de cada ser humano que trabalha em busca do seu sustento.

O trabalho decente ostenta eixos fundamentais, conforme objetivos elencados na Declaração dos Direitos Fundamentais da OIT, quais sejam: *liberdade sindical e o reconhecimento efetivo do direito de negociação coletiva*; *a eliminação de todas as formas de trabalho forçado ou obrigatório; a abolição efetiva do trabalho infantil; a eliminação da discriminação em matéria de emprego e ocupação*; *e o direito a um ambiente de trabalho seguro e saudável.*

Nesse contexto, destaca-se que este último direito fundamental foi acrescentado à Declaração da OIT na 110ª Conferência Internacional do Trabalho (CIT), em junho de 2022, em Genebra, na Suíça, passando a compor o rol dos princípios e direitos fundamentais da OIT como *quinto direito no âmbito internacional de todos os trabalhadores.*

Ressalta-se, no aspecto, que, de acordo com a Declaração dos Direitos Fundamentais, os Estados-membros da OIT, independentemente de seu nível de desenvolvimento econômico, comprometem-se a *respeitar e promover esses princípios e direitos tenham ou não ratificado as convenções* relevantes da Organização.

Ademais, anota-se que dentro dessa principiologia da Declaração da OIT sobre Princípios e Direitos Fundamentais no Trabalho, as novas convenções fundamentais

(22) OPAS. Organização Pan-Americana da Saúde. *OMS e OIT fazem chamado para novas medidas de enfrentamento das questões de saúde mental no trabalho.* Disponível em: https://www.paho.org/pt/noticias/28-9-2022-oms-e-oit-fazem-chamado-para-novas-medidas-enfrentamento-das-questoes-saude. Acesso em: 12 out. 2024.

(23) BRASIL. Tribunal Superior do Trabalho. A busca do trabalho decente. *Documentário TST*. Disponível em: https://www.youtube.com/watch?v=LBAekCQfYws. Acesso em: 12 out. 2024.

(24) *Idem.*

confeccionadas são *a Convenção sobre Segurança e Saúde dos Trabalhadores* e *a Convenção do Quadro Promocional para a Segurança e Saúde Ocupacional*, as quais devem ser observadas e efetivadas por todos os Membros da OIT.

Igualmente, para cumprir os ODS, da 8 da Agenda 2030, faz-se necessário o cumprimento das *metas estabelecidas pela Agenda*, quais sejam:

> 8.1 Manter o crescimento econômico per capita, segundo as circunstâncias nacionais, especialmente um crescimento mínimo de 7% do PIB nos países menos desenvolvidos. 8.2 Alcançar níveis mais elevados de produtividade das economias por meio da diversificação, atualização e inovação tecnológica, inclusive com foco em setores de alto valor agregado e intensivos em trabalho. 8.3 Promover políticas voltadas ao desenvolvimento para dar suporte às atividades produtivas, à criação de emprego decente, empreendedorismo, criatividade e inovação, além de incentivar a formalização e o crescimento de micro, pequenas e médias empresas, inclusive mediante acesso a serviços financeiros. 8.4 Até 2030, melhorar gradualmente a eficiência global de recurso no consumo e produção e esforçar-se para desvincular o crescimento econômico da degradação ambiental, segundo o marco de dez anos para programas de consumo e produção sustentáveis, com os países desenvolvidos assumindo a liderança. 8.5 Até 2030, alcançar emprego integral e produtivo e trabalho decente para todas as mulheres e homens, inclusive para jovens e pessoas com deficiência, além de pagamento igual para trabalho de valor igual. 8.6 Até 2020, reduzir substancialmente a proporção de jovens que não estão inseridos em empregos, no sistema educacional ou em treinamento. 8.7 Tomar medidas imediatas e eficazes para erradicar o trabalho forçado, pôr um fim à escravidão moderna e ao tráfico humano e assegurar a proibição e eliminação das piores formas de trabalho infantil, inclusive o recrutamento e uso de crianças como soldados e, até 2025, acabar com o trabalho infantil em todas as suas formas. 8.8 Proteger os direitos trabalhistas e promover ambientes de trabalho seguros para todos os trabalhadores, inclusive trabalhadores migrantes, especialmente mulheres migrantes, e aqueles em emprego precário. 8.9 Até 2030, elaborar e implementar políticas para promover o turismo sustentável, que cria empregos, promove a cultura e os produtos locais. 8.10 Fortalecer a capacidade das instituições financeiras domésticas para incentivar a expansão do acesso a serviços bancários, seguro e serviços financeiros para todos. 8.a Maior suporte da *Aid for Trade* para os países em desenvolvimento, especialmente os PMD, inclusive por meio do Marco Integrado Fortalecido para os PMD. 8.b Até 2020 desenvolver e operacionalizar uma estratégia global de emprego para a juventude e implantar o Pacto Global de Empregos da OIT.

Portanto, para darmos cumprimento à Agenda 2030 é necessário o cumprimento das metas e, primordialmente, a erradicação do trabalho escravo, trabalho infantil, igualdade salarial entre homens e mulheres, inclusão das pessoas com deficiência no mercado de trabalho. Nesse sentido, tem-se que a atuação do Ministério do e Emprego (MTE), no Brasil, mediante os Auditores Fiscais do Trabalho revela-se essencial como política pública de combate ao trabalho escravo e, por conseguinte, para se alcançar trabalho decente no país.

Com efeito, no intuito de dar cumprimento o Brasil conta com políticas públicas no intuito de enfrentar o modelo neoliberal, a exemplo da lei de igualdade salarial entre homens e mulheres[25] e o Programa de Erradicação do Trabalho Infantil (PETI) que se iniciou, em 1996, como ação do Governo Federal, com o apoio da Organização Internacional do Trabalho (OIT), "para combater o trabalho de crianças em carvoarias da região de Três Lagoas (MS)".[26]

Ressalte-se que a cobertura do PETI foi ampliada para alcançar progressivamente todo os municípios do Brasil em um esforço do Estado para implantação de políticas públicas voltadas ao enfrentamento do trabalho infantil, atendendo as demandas da sociedade, articuladas pelo Fórum Nacional de Prevenção e Erradicação do Trabalho Infantil (FNPETI). Além disso, o Brasil ratificou a Convenção n. 182 da OIT (1999), que visa a eliminação das piores formas de trabalho infantil.

Ademais, anota-se que a Justiça do Trabalho criou a Campanha Nacional da Justiça do Trabalho: Trabalho Decente Pra Gente, que consiste em uma ação afirmativa que "engloba um conjunto de condições que garantem aos trabalhadores um ambiente de trabalho seguro, justo e digno"[27] alinhada aos ODS 5 (igualdade de gênero), 8 (trabalho decente e crescimento econômico); 10 (reduzir as desigualdades sociais) e 16 (paz, justiça e instituição eficaz) da Agenda 2030 da ONU.

A Campanha, em referência, é composta de orientações claras e práticas para a magistratura, servidores(ras) e advogados(as) com pontos de atenção desde a instrução dos processos até a decisão sobre os casos com temas, conceitos, legislação nacional e normas internacionais, jurisprudências e casos paradigmáticos, sendo integrada pelos seguintes protocolos: *Programa de Enfrentamento ao Trabalho Escravo, ao Tráfico de Pessoas e de Proteção ao Trabalho do Migrante, Programa Trabalho Seguro, Programa de Combate ao Trabalho Infantil e Estímulo à Aprendizagem e Programa de Equidade de Raça, Gênero e Diversidade no âmbito da Justiça do Trabalho.*

Além disso, com o objetivo de concretizar o ODS 8 (Trabalho Decente e Crescimento Econômico) da Agenda 2030 da ONU, em 2023 o Conselho Superior da Justiça do Trabalho (CSJT), em parceria com os Tribunais Regionais do Trabalho (TRTs) criou o Monitor do Trabalho Decente, ferramenta que utiliza inteligência artificial (IA) para reunir dados sobre processos julgados na Justiça do Trabalho relacionados aos temas de

(25) BRASIL. *Lei n. 14.611, de 3 de julho de 2023.* Dispõe sobre a igualdade salarial e de critérios remuneratórios entre mulheres e homens; e altera a Consolidação das Leis do Trabalho, aprovada pelo Decreto-lei n. 5.452, de 1º de maio de 1943. Disponível em: https://www.planalto.gov.br/ccivil_03/_ato2023-2026/2023/lei/l14611.htm. Acesso em: 12 out. 2024.

(26) BRASIL. Ministério do Desenvolvimento e Assistência Social, Família e Combate à Fome. *Programa de Erradicação do Trabalho Infantil.* Disponível em: https://www.gov.br/mds/pt-br/acoes-e-programas/suas/servicos-e-programas/acao-estrategica-do-programa-de-erradicacao-do-trabalho-infantil.

(27) BRASIL. Tribunal Superior do Trabalho. *Trabalho Decente Pra gente.* Disponível em: https://tst.jus.br/en/web/guest/trabalhodecentepragente. Acesso em: 12 out. 2024.

trabalho infantil, assédio sexual, contratos de aprendizagem e trabalho análogo ao escravo, de forma a identificar, separar e dar maior atenção para essas temáticas.(28)

Destaca-se, ainda, no aspecto, que a Resolução n. 492, de 17 de março de 2023, do Conselho Nacional de Justiça estabeleceu a obrigatoriedade de os Tribunais brasileiros observarem as diretrizes do Protocolo para Julgamento com Perspectiva de Gênero, que traz questões sobre a igualdade e a não discriminação, devendo ser consideradas as especificidades das pessoas, com o objetivo de evitar preconceitos e discriminações por gênero.

Sob idêntico objetivo, Conselho Superior da Justiça do Trabalho (CSJT) criou o programa Trabalho Seguro e o programa Combate ao Trabalho Infantil e Estímulo à Aprendizagem, que visam a promoção do trabalho decente.

Com efeito, é imprescindível que o trabalho possibilite a cada pessoa trabalhadora o acesso dos direitos trabalhistas, bem aos direitos sociais fundamentais como saúde, moradia, educação, dentre outros, conforme assegura o art. 6º da Constituição da República Federativa do Brasil de 1988.(29) Portanto, a efetividade do valor social do trabalho como fundamento da República brasileira não prescinde da garantia de Trabalho Decente e o acesso aos direitos sociais e fundamentais para todos.

## Conclusão

Para que haja o cumprimento dos Objetivos de Desenvolvimento Sustentáveis definidos na Agenda 2030 da ONU, em especial o objetivo da Agenda número 8, que consiste em: *"Promover o crescimento econômico inclusivo e sustentável, o emprego pleno e produtivo e o* trabalho *digno para todos"*(30) e para efetivação das relações sociais, em que se destacam as trabalhistas, que visam à valorização do trabalho e a proteção dos obreiros, é necessário garantir a dignidade das pessoas que vivem do trabalho, implementar medidas de segurança e saúde do trabalho, reduzir as desigualdades e promover a justiça social.

Contudo, o trabalho decente, o crescimento econômico e o emprego pleno para todos ainda são um sonho distante da realidade do Brasil e de muitos outros países, que precisam erradicar o trabalho análogo ao escravo, o trabalho infantil, e a discriminação, tendo em vista que estas práticas vão em desencontro com o princípio da dignidade da pessoa humana e os valores sobre os quais se funda o Estado Democrático de Direito.

---

(28) BRASIL. CNJ. Conselho Nacional de Justiça. *Conselho da Justiça do Trabalho lança Monitor do Trabalho Decente.* Disponível em: https://www.cnj.jus.br/conselho-da-justica-do-trabalho-lanca-monitor-do-trabalho-decente/ Acesso em: 12 out. 2024.

(29) BRASIL. *Constituição da República Federativa do Brasil de 1988.* Art. 6º São direitos sociais a educação, a saúde, a alimentação, o trabalho, a moradia, o transporte, o lazer, a segurança, a previdência social, a proteção à maternidade e à infância, a assistência aos desamparados, na forma desta Constituição.

(30) UNU. Nações Unidas Brasil. *Objetivo de Desenvolvimento Sustentável 8.* Trabalho Decente e Crescimento Econômico. Disponível em: https://brasil.un.org/pt-br/sdgs/8. Acesso em: 12 dez. 2023.

A proximidade do marco temporal estipulado pela Agenda 2030 da ONU impõe aos governos, empresas e entidades sindicais o diálogo e a compreensão da urgência para a adoção de políticas públicas que promovam a implementação dos Objetivos de Desenvolvimento Sustentável, sobretudo o de número 8 — base para o alcance de direitos sociais e fundamentais — que se tornam mais acessíveis pela garantia de Trabalho Decente para todos.

## Referências

BARBIERI, José Carlos. *Desenvolvimento sustentável:* das origens à Agenda 2030. Petrópolis: Vozes, 2020.

BRASIL. *Lei n. 14.611, de 3 de julho de 2023.* Dispõe sobre a igualdade salarial e de critérios remuneratórios entre mulheres e homens; e altera a Consolidação das Leis do Trabalho, aprovada pelo Decreto-lei n. 5.452, de 1º de maio de 1943. Disponível em: https://www.planalto.gov.br/ccivil_03/_ato2023-2026/2023/lei/l14611.htm. Acesso em: 12 out. 2024.

BRASIL. CNJ. Conselho Nacional de Justiça. *Conselho da Justiça do Trabalho lança Monitor do Trabalho Decente.* Disponível em: https://www.cnj.jus.br/conselho-da-justica-do-trabalho-lanca-monitor-do-trabalho-decente/ Acesso em: 12 out. 2024.

BRASIL. Ministério do Desenvolvimento e Assistência Social, Família e Combate à Fome. *Programa de Erradicação do Trabalho Infantil.* Disponível em: https://www.gov.br/mds/pt-br/acoes-e-programas/suas/servicos-e-programas/acao-estrategica-do-programa-de-erradicacao-do-trabalho-infantil. Acesso em: 12 out. 2024.

BRASIL. Tribunal Superior do Trabalho. A busca do trabalho decente. *Documentário TST.* Disponível em: https://www.youtube.com/watch?v=LBAekCQfYws. Acesso em: 12 out. 2024.

BRASIL. Tribunal Superior do Trabalho. *Trabalho Decente Pra gente.* Disponível em: https://tst.jus.br/en/web/guest/trabalhodecentepragente. Acesso em: 12 out. 2024.

DELGADO, Gabriela Neves. *Direito fundamental ao trabalho digno.* 2. ed. São Paulo: LTr, 2015.

DELGADO, Mauricio Godinho; ALVARENGA, Rúbia Zanotelli; GUIMARÃES, Tâmara Matias. "Notas sobre a Arquitetura Principiológica Humanista e Social da Constituição da República de 1988 e a Concretização dos Direitos Fundamentais no Constitucionalismo Contemporâneo: uma abordagem sob o prisma dos direitos individuais e sociais trabalhistas." *Revista de Direitos e Garantias Fundamentais*, v. 21, 2019.

HAN, Byung-Chul. *Sociedade do Cansaço.* 2. ed. ampl. Petrópolis, RJ: Vozes, 2021. Tradução de Enio Paulo Giachini.

MIRÁGLIA, Lívia Mendes Moreira. *Trabalho Escravo Contemporâneo:* conceituação à luz do princípio da dignidade da pessoa humana. 2. ed. São Paulo: LTr, 2015.

OIT. Organização Internacional do Trabalho. *Trabalho Decente.* Disponível em: https://www.ilo.org/brasilia/temas/trabalho-decente/lang--pt/index.htm. Acesso em: 12 dez. 2023.

ONU. Organização das Nações Unidas. Conheça os 17 ODS da ONU: *Os Objetivos de Desenvolvimento Sustentável para a Agenda 2030.* Disponível em: https://sustentabilidadeagora.com.br/17-ods-da-onu-agenda-2030/. Acesso em: 12 out. 2024.

ONU. Nações Unidas Brasil. *Objetivo de Desenvolvimento Sustentável 8*. Trabalho Decente e Crescimento Econômico. Disponível em: https://brasil.un.org/pt-br/sdgs/8. Acesso em: 12 out. 2024.

OPAS. Organização panamericana da Saúde. *Relatório Mundial de Saúde Mental da OMS:* Transformando a Saúde Mental para Todos. Disponível em: https://www.paho.org/pt/noticias/17-6-2022-oms-destaca-necessidade-urgente-transformar-saude-mental-e-atencao.

OPAS. Organização Pan-Americana da Saúde. *OMS e OIT fazem chamado para novas medidas de enfrentamento das questões de saúde mental no trabalho.* Disponível em: https://www.paho.org/pt/noticias/28-9-2022-oms-e-oit-fazem-chamado-para-novas-medidas-enfrentamento-das-questoes-saude. Acesso em: 12 out. 2024.

Portal Aurum. Saiba mais sobre a dignidade da pessoa humana e o mínimo existencial. Disponível em: https://www.aurum.com.br/blog/minimo-existencial.

PROJETO LICI. *Agenda 2030:* o que é? Disponível em: https://institutolici.com.br/agenda-2030-o-que-e/?gad_source=1&gclid=Cj0KCQjw1Yy5BhD-ARIsAI0RbXaFkMfdb5BGQplFRP_GE0zlCZaXBKvHqy1oe4wQ96wPmPdHFnQSoBIaAp7yEALw_wcB. Acesso em: 12 out. 2024

SILVA, Thomás Luís; CAMPOS, João Pedro Augusto. A Terceirização e a Reforma Trabalhista: Contribuiu para a Precarização do Trabalho? *Repositório Universitário de Ânima (RUMA).* Disponível em: https://repositorio.animaeducacao.com.br/items/5b23ecce-299a-464b-9d81-4a53f5e7a1ca. Acesso em: 04 fev. 2024.

# A Promoção do Trabalho Decente: As Políticas Públicas como Instrumento de Combate à Exploração do Trabalho

## *The Promoting Decent Work: Public Policies as an Instrument to Combat Labor Exploitation*

*Cristina Aguiar Ferreira da Silva*

*Alessandra Gorito Rezende*

*Laila Araújo Rodrigues*

**Resumo:** O trabalho dignifica o homem, mas nem sempre o trabalho fornece condições dignas para ele. Assim, o tema deste artigo tem suscitado amplo debate em várias áreas do conhecimento e da sociedade em geral na busca de soluções sólidas e efetivas para esse problema tão grave. Pretende-se, portanto, analisar o conceito de políticas públicas e seu papel na sociedade como instrumentos para alcançar o trabalho decente para todos no Brasil. Não obstante o compromisso firmado pelo país com a Organização Internacional do Trabalho (OIT) para a implementação de uma agenda para a promoção do trabalho decente e uma ampla base normativa constitucional lastreada na garantia da dignidade da pessoa humana, na observância dos valores sociais do trabalho e na proibição do trabalho degradante, a legislação infraconstitucional brasileira ainda carece de normas mais eficazes no combate à exploração do trabalho. Portanto, o artigo investigará de que maneira as Convenções Internacionais da OIT ratificadas refletem nas políticas públicas implementadas e quais os impactos gerados por estas na promoção do trabalho decente. Busca-se com isso refletir, ainda, qual seria a melhor forma de contribuir para soluções sustentáveis e eficazes. Dessa maneira, o objetivo principal é investigar a eficácia das políticas públicas no Brasil como forma de prevenir e combater a exploração ao trabalho e a importância do diálogo e atuação em conjunto com todos os setores da sociedade. Será utilizada metodologia baseada em pesquisa bibliográfica e jurisprudencial, parcialmente exploratória, qualitativa e quantitativa, visando sopesar a viabilidade da proposta em questão.

**Palavras-chaves:** Organização Internacional do Trabalho; Trabalho decente; Política pública.

**Abstract:** Work dignifies man, but work does not always provide dignified conditions for him. Thus, the topic of this article has sparked wide debate in various areas of knowledge and society in general in the search for solid and effective solutions to this very serious problem. The aim, therefore, is to analyze the concept of public policies and their role in society as instruments to achieve decent work for everyone in Brazil. Notwithstanding the commitment made by the country with the International Labor Organization (ILO) to implement an agenda for the promotion of decent work and a broad constitutional normative basis based on guaranteeing the dignity of the human person, in compliance with the social values of work and in the prohibition of degrading work, Brazilian infra-constitutional legislation still lacks more effective standards to combat labor exploitation. Therefore, the article will investigate how the ratified ILO International Conventions reflect on the public policies implemented and what impacts they generate on the promotion of decent work. This also seeks to reflect on what would be the best way to contribute to sustainable and effective solutions. Thus, the main objective is to investigate the effectiveness of public policies in Brazil as a way to prevent and combat labor exploitation and the importance of dialogue and action together with all sectors of society. A methodology based on bibliographical and jurisprudential research, partially exploratory, qualitative and quantitative, will be used, aiming to assess the feasibility of the proposal in question.

**Keywords:** International Labor Organization; Decent work; Public policy.

## 1. Introdução

O tema "A promoção do trabalho decente: as políticas públicas como instrumento de combate à exploração do trabalho" foi evoluindo juntamente com os paradigmas constitucionais e nada mais é que a luta de classes pela conscientização e implementação dos direitos humanos fundamentais.

Assim, é cediço que é necessário equilibrar os pratos, mesmo que a livre iniciativa e o desenvolvimento econômico figurem como direitos fundamentais cogentes nos arts. 5º, XXII, e 170 da CRFB/1988. Fato é que não se pode permitir a exploração da mão de obra laboral e ignorar o valor da dignidade humana e o valor social do trabalho, além da prevalência dos direitos humanos, na máxima de que o trabalho não é uma mercadoria, assim como na busca pelo pleno emprego, pela justiça social e pelo trabalho decente, possui também fundamento jurídicos nos arts. 1º, III e IV, 3º, I, 6º, 7º, 170 e 193 da

CRFB/1988, Declaração da Filadélfia de 1944, Declaração de Princípios Fundamentais de 1988, Recomendações ns. 188, 202 e 204 da OIT, ODS 08, 16 e 17 da Agenda 2030 da ONU, aspectos que pretendemos enfrentar no nosso artigo.

Portanto, o artigo examinará o conceito de políticas públicas e seu papel na sociedade como instrumentos para alcançar o trabalho decente para todos no Brasil. Não obstante o compromisso firmado pelo país com a Organização Internacional do Trabalho (OIT) para a implementação de uma agenda para a promoção do trabalho decente e uma ampla base normativa constitucional lastreada na garantia da dignidade da pessoa humana, na observância dos valores sociais do trabalho e na proibição do trabalho degradante, a legislação infraconstitucional brasileira ainda carece de normas mais eficazes no combate à exploração do trabalho para identificar conflitos e compatibilidades.

O objetivo do presente estudo é investigar a eficácia das políticas públicas no Brasil como forma de prevenir e combater a exploração ao trabalho e a importância do diálogo e atuação em conjunto com todos os setores da sociedade por meio das normas internacionais e constitucionais brasileira referentes à dignidade da pessoa humana, aos valores sociais do trabalho, bem como aos objetivos fundamentais da nossa Constituição de construir uma sociedade livre, justa e solidária e de reduzir as desigualdades sociais e regionais.

Para atingirmos tais objetivos e demonstrar que as políticas públicas podem ser instrumentos eficazes na concretização dos direitos fundamentais, inclusive para que seja promovido e ocorra o trabalho decente, serão utilizados métodos de pesquisa qualitativos explicativos bibliográficos, documental e estudos de casos.

## 2. As políticas públicas e seu papel fundamental para a efetivação dos direitos fundamentais

Antes de conceituar e abordar acerca de políticas públicas, o primeiro passo é relembrar os paradigmas constitucionais e seus reflexos na efetivação e conscientização dos direitos fundamentais. Para os autores Mauricio Godinho Delgado, Rúbia Zanotelli Alvarenga e Tâmara Matias Guimarães[1], a compreensão da evolução do Constitucionalismo Ocidental tem lugar importante no estudo dos problemas ligados à concretização dos direitos individuais e sociais da atualidade. As mudanças históricas ocorridas ao longo dos últimos séculos foram relevantes para os contornos tomados pelo constitucionalismo, os quais foram marcados por lutas políticas e ideológicas.

---

(1) DELGADO, Mauricio Godinho; ALVARENGA, Rúbia Zanotelli; GUIMARÃES, Tâmara Matias. "Notas sobre a Arquitetura Principiológica Humanista e Social da Constituição da República de 1988 e a Concretização dos Direitos Fundamentais no Constitucionalismo Contemporâneo: uma abordagem sob o prisma dos direitos individuais e sociais trabalhistas." *Revista de Direitos e Garantias Fundamentais*, v. 21, p. 11-41, 2019

Daniel da Rocha Machado[(2)], citando lições de Recasens Shiches, diz que

> a luta pela satisfação das necessidades sociais, ao longo da história, irá paulatinamente determinando não só o surgimento do Estado Soberano, mas também colorindo seus diversos matizes, cuja fórmula vanguarda, e majoritariamente aceita, é o Estado Social.

O ser humano, onde quer que viva, tem sua existência condicionada por necessidades sociais, mais restritas ou mais abrangentes em conformidade com o contexto que o cerca. E uma vez que o ser humano se depara com essas necessidades sociais, sejam elas mais restritivas — como no caso de maior abrangência — onde o risco afeta diretamente uma única pessoa, seja no caso de maior abrangência — onde o risco afeta diretamente uma dada parcela da sociedade –, é necessário o surgimento de um mecanismo que venha regular a referida situação, e esse mecanismo é o Direito.

Conforme se sabe, o constitucionalismo contemporâneo amolda-se a contar das revoluções burguesas do século XVII e XVIII, especialmente na Grã-Bretanha, na França e nos Estados Unidos, dando origem a uma nova tradição jurídica que se desdobraria em três grandes padrões, a partir do constitucionalismo liberalista originário. De fato, após um longo ciclo criado pela Idade Moderna, onde a monarquia vigorou irrestrita, a burguesia se destacou entre o poder absoluto do rei e os percalços sofridos pelo povo. Os anseios por liberdade em face do período de opressão sofrido, na época, não poderiam mais ser restringidos por um suposto e ineficaz "Direito Natural" e, muito menos, por um ilegítimo direito divino dos monarcas.[(3)]

Verifica-se também que o constitucionalismo liberal, embora tenha se pautado em estabelecer limites ao poder estatal, não poderia ser visto com uma real democracia. O pensamento liberal não pregava a constitucionalização dos direitos fundamentais de natureza e objetivos sociais, mas apenas direitos ligados ao individualismo, os quais beneficiavam quase que exclusivamente os segmentos dos proprietários, então capitaneados pela burguesia.[(4)]

Neste sentido, o grande trauma causado pelo liberalismo foram as tragédias criadas pela exploração desmedida da força de trabalho na Revolução Industrial, o que deixou

---

(2) ROCHA, Sérgio Gusmão Reis. *Os Riscos Protegidos pelo Plano de Benefícios do Regime Geral de Previdência Social.* Mestrado em Direito Previdenciário. PUC-SP. Setembro de 2015. *Op. cit.* ROCHA, Daniel Machado. *O Direito Fundamental à Previdência Social.* Porto Alegre. Editora: Livraria do Advogado, 2004, p. 17. *Ibidem*, p. 4.

(3) DELGADO, Mauricio Godinho; ALVARENGA, Rúbia Zanotelli; GUIMARÃES, Tâmara Matias. *Op. cit.*

(4) BONAVIDADES; MORAIS, 2014, *op. cit.*, DELGADO, Mauricio Godinho; ALVARENGA, Rúbia Zanotelli; GUIMARÃES, Tâmara Matias. "Notas sobre a Arquitetura Principiológica Humanista e Social da Constituição da República de 1988 e a Concretização dos Direitos Fundamentais no Constitucionalismo Contemporâneo: uma abordagem sob o prisma dos direitos individuais e sociais trabalhistas." *Revista de Direitos e Garantias Fundamentais*, v. 21, p. 11-41, 2019

claro que a plena liberdade contratual, a colocação da mão de obra humana como mera engrenagem do sistema, bem como a implantação de métodos desumanos de trabalho — pelo afã da produtividade — desencadearam situações de arbítrio pelos empregadores e pelo próprio Estado.[5]

Surge, então, o constitucionalismo social, que deflagra o segundo paradigma indicado, do Estado Social do Direito. Como visto, esse paradigma constitucional tem como marcos a Constituição Mexicana (1917) e a Constituição de Weimar (1919), sendo que, no Brasil, ele comparece por meio da Constituição de 1934, reafirmando, mais à frente, por intermédio da Constituição de 1946.[6]

No Estado Social de Direito, os direitos sociais ainda eram muito limitados no tocante a sua aplicação e efetividade, apesar da aproximação com à moral, manteve-se o modelo positivista na disposição das normas constitucionais.[7]

Assim, em meados do século XX, logo depois da Segunda Grande Guerra, o Estado Social de Direito cedeu lugar na Europa Ocidental, ao nascimento do terceiro paradigma do constitucionalismo, o Estado Democrático de Direito. O positivismo jurídico, que era mantido até então deu lugar a concepção principiológica do Direito, conferindo normatividade aos princípios jurídicos- os quais, anteriormente, eram tidos apenas como pautas programáticas. Portanto, inicia-se um novo momento do constitucionalismo, dando espaço à criação de direitos fundamentais que fazem diálogo com a moral e a justiça.[8]

A discussão, portanto, reside não apenas na formatação de um paradigma de Estado que estabeleça uma normatividade compatível com os valores da liberdade e da igualdade, promovendo direitos sociais fundamentais sem desfigurar a condição de cidadania, mas também na compreensão dos mecanismos que permitem que as relações entre dinâmicas econômicas e dinâmicas jurídico-políticas se estabeleçam em favor de uma tal construção jurídica abstrata.[9]

A necessidade do estudo das políticas públicas vai se mostrando à medida que se buscam formas de concretização dos direitos humanos, em particular os direitos sociais. Não há que se falar de políticas públicas, sem falar da construção e conscientização dos direitos fundamentais.

---

(5) DELGADO, Mauricio Godinho; ALVARENGA, Rúbia Zanotelli; GUIMARÃES, Tâmara Matias. *Op. cit.*

(6) STRECK; MORAIS, 2014, *op. cit.*, DELGADO, Mauricio Godinho; ALVARENGA, Rúbia Zanotelli; GUIMARÃES, Tâmara Matias. "Notas sobre a Arquitetura Principiológica Humanista e Social da Constituição da República de 1988 e a Concretização dos Direitos Fundamentais no Constitucionalismo Contemporâneo: uma abordagem sob o prisma dos direitos individuais e sociais trabalhistas." *Revista de Direitos e Garantias Fundamentais*, v. 21, p. 11-41, 2019.

(7) DELGADO, Mauricio Godinho; ALVARENGA, Rúbia Zanotelli; GUIMARÃES, Tâmara Matias. *Op. cit.*

(8) *Idem.*

(9) *Revista dos Estudantes de Direito da Universidade de Brasília*, Universidade de Brasília, n. 15 (2018) – Brasília: RED, UnB, 1997, p. 265-284.

A percepção dessa evolução nos faz perceber que a fruição dos direitos humanos é uma questão complexa, a qual vem demandando um aparato de garantias e medidas concretas do Estado que se alarga cada vez mais, de forma a disciplinar o processo social, criando formas que neutralizem a força desagregadora e excludente da economia capitalista e possam promover o desenvolvimento da pessoa humana.(10)

As políticas públicas possuem um papel fundamental para a efetivação dos direitos fundamentais. Nesse sentido, sob o viés dos ensinamentos de Kátia Arruda Magalhães(11) que teceu uma análise entre o desenvolvimento tendo como referência os estudos de Amartya Sen, cujo pensamento tem se destacado por entender as privações materiais como restrições do direito fundamental à liberdade. Logo, a expansão da liberdade, com a eliminação de situações que causem privações ou diminuição do leque de oportunidades é fundamental. A liberdade econômica permite novas e diferentes escolhas políticas, assim como a liberdade política permite novas decisões econômicas, mostrando que as liberdades se reforçam e fortalecem mutuamente.

Nesse sentido, os autores Daniel Vázquez e Domitille Delaplace(12) abordam que:

> A maior elaboração em torno da construção do sujeito de direitos gerou-se no direito ao desenvolvimento e no direito de não ser pobre; isto parece normal se levarmos em consideração que a pobreza implica a privação de múltiplos elementos, de vários direitos que, em seu conjunto, limitam a capacidade de autodeterminação/autorrealização do sujeito, a possibilidade de exercer poder. É importante esclarecer que essa capacidade de autodeterminação depende de elementos econômicos, mas também de fatores culturais, sociais e políticos. Portanto, as limitações à autodeterminação não são apenas econômicas; também existem múltiplas privações que se estruturam a partir de elementos culturais, sociais e políticos; a falta de autodeterminação, de poder do sujeito, tem múltiplas causas. Parte da estratégia de DH é enfraquecer essa rede de impotência e promover as capacidades (NACIONES UNIDAS, 2004). Daí que o empoderamento do sujeito esteja ligado ao direito à igualdade, a não discriminação, a ações afirmativas e à perspectiva de gênero; ele abrange a identificação de grupos em situação de

(10) BUCCI, Maria Paula Dallari *et alli*. Direitos humanos e políticas públicas. São Paulo, Pólis, 2001. 60 p. *Cadernos Pólis*, 2. Disponível em: http://www.comitepaz.org.br/download/Direitos%20Humanos%20e%20Pol%C3%ADticas%20P%C3%BAblicas.pdf. Acesso em: 04 nov. 202412:58

(11) ARRUDA, Magalhães Kátia. *Desenvolvimento e Políticas Públicas como instrumentos de Liberdade:* Uma Análise do Pensamento de Amaryta Sen.

(12) DELAPLACE, Domitille; VÁZQUEZ, Daniel. Políticas públicas na perspectiva de direitos humanos: um campo em construção. Disponível em: https://bdjur.stj.jus.br/jspui/bitstream/2011/44454/pol%C3%ADticas_publicas_perspectiva_vazquez.pdf. Acesso em: 04 nov. 2024.

> vulnerabilidade, os elementos estruturais que geram essa condição (opressão estrutural) e a modificação dessas estruturas (não só mediante ações afirmativas, mas também através de ações transformativas) deixando claro que os DH são interdependentes, inter-relacionados e, por isso mesmo, indivisíveis.

Menciona-se ainda outra parte do artigo de Kátia Arruda que faz uma alerta da importância de compreender de forma ampliada sobre o conceito de desenvolvimento, visto como um processo de expansão das liberdades, noção muito mais profunda do que a condicionante meramente econômica, por guardar relação com a capacidade das pessoas levarem uma vida melhor, o que seguramente repercute em políticas públicas que contribuam com esse processo, ou melhor, sejam reflexo da expansão dessas capacidades, para que essas pessoas se fortaleçam e consigam alcançar uma vida com ou com mais dignidade.

As políticas públicas funcionam como instrumentos de aglutinação de interesses em torno de objetivos comuns, que passam a estruturar uma coletividade de interesses. Toda política pública é um instrumento de planejamento, racionalização e participação popular. Os elementos das políticas públicas são o fim da ação governamental, as metas nas quais se desdobra esse fim, os meios alocados para a realização das metas e, finalmente, os processos de sua realização.(13)

## 3. O que é o trabalho decente? Utopia?

A concepção de Trabalho Decente foi explicitamente inspirada pela Declaração e Programa de Ação de Copenhague de 1995, resultante da Cúpula Mundial sobre Desenvolvimento Social, convocada pela ONU. Sob esse paradigma, a OIT passa a propor a cooperação internacional dos diversos Estados e atores internacionais envolvidos com as questões econômicas e sociais sob as premissas arroladas do Desenvolvimento Social aplicadas às relações laborais. O desenvolvimento ganha, portanto, centralidade na condução da governança global em matéria laboral, sendo declarado questão transversal à concepção de Trabalho Decente.(14)

São exatamente as ideias do economista e filósofo indiano Amartya Sen sobre o Desenvolvimento Social que vão influenciar a construção teórica da proposta de Trabalho

(13) BUCCI, Maria Paula Dallari *et alli. Op. cit.*

(14) OIT. CONFERENCIA INTERNACIONAL DEL TRABAJO. 89ª Reúnion. *Memoria del Director General* — Reducir el Deficitdel Trabajo Decente: un desafío global. Ginebra: OIT, 2001, p. 02. Disponível em: http://www.ilo.org/public/spanish/standards/relm/ilc/ilc89/pdf/rep-i-a.pdf. Acesso em: 12 jul. 2018. *Op. cit.* BELTRAMELLI NETO, Silvio. BONAMIM, Isadora Rezende. VOLTANI, Julia de Carvalho. Trabalho decente segundo a OIT: uma concepção democrática? Análise crítica à luz da teoria do contrato social. *Revista Eletrônica do Curso de Direito da UFSM*, Santa Maria, RS, v. 14, n. 1, p. e33853, jan./abr. 2019. Disponível em: http://dx.doi.org/10.5902/1981369433853. Acesso em: 4 nov. 2024.

Decente. O Desenvolvimento Social, sob a ótica de Sen, nasce da crítica ao desenvolvimento avaliado a partir de indicadores econômicos atrelados à acumulação de capital e ao crescimento econômico, propondo a consideração de outros critérios que revelem a melhora da qualidade de vida equitativamente distribuída.(15)

Desde essa crítica, defende-se que o desenvolvimento humano somente é possível através da expansão das liberdades pessoais, que, por sua vez, ocorre com a remoção das fontes de privação, como a pobreza, a falta de acesso a infraestrutura pública e a negação de direitos civis, remoção essa que, necessariamente, depende de disposições sociais, econômicas e civis, e está estreitamente relacionada à participação democrática nas decisões políticas.(16)

Gabriela Neves Delgado, Ana Luísa Gonçalves Rocha e Ana Carolina Paranhos, descrevem que à Agenda 2030 de acordo com o próprio preâmbulo da A/RES/70/1 é um plano de prosperidade que almeja fortalecer a paz universal com maior liberdade e que busca dar seguimento aos Objetivos de Desenvolvimento do Milênio, com vistas a completar o que ainda não foi alcançado, em um compromisso global que transita para uma meta mais ousada: a de concretizar de modo integrado, indivisível e balanceado as três dimensões do desenvolvimento sustentável, isto é, a econômica, a social e ambiental, sendo intitulada "Transformando o nosso mundo: a Agenda 2030 para o desenvolvimento sustentável", com prazo de 15 anos, 17 objetivos de desenvolvimento sustentável (ODS) e 169 metas.(17)

Em primeiro, o Trabalho Decente abarca a faceta da oportunidade de trabalho, isto é, a quantidade e a geração de emprego e trabalho disponível, com vistas a atender aos que desejam trabalhar. Em segundo, a faceta do trabalho em condições de liberdade, incluindo a liberdade de escolha do trabalho e a possibilidade de filiação a associações sindicais, sem discriminação. Em terceiro, a faceta do trabalho produtivo, isto é, remunerado de forma a proporcionar ao menos os meios mínimos de subsistência para o trabalhador e sua família. Em quarto, a faceta da igualdade no trabalho, que proporcione um trabalho justo e sem discriminação em nenhuma das fases da carreira, desde a seleção e a contratação. Em quinto, a faceta da segurança e saúde no trabalho, incluindo a dimensão

(15) SEN, Amartya. Desenvolvimento como liberdade. Trad. Laura Teixeira Mota. São Paulo: Companhia das Letras, 2010. p. 28-29; *Op. cit.* BELTRAMELLI NETO, Silvio. BONAMIM, Isadora Rezende. VOLTANI, Julia de Carvalho. Trabalho decente segundo a OIT: uma concepção democrática? Análise crítica à luz da teoria do contrato social. *Revista Eletrônica do Curso de Direito da UFSM*, Santa Maria, RS, v. 14, n. 1, p. e33853, jan./abr. 2019. Disponível em: http://dx.doi.org/10.5902/1981369433853. Acesso em: 4 nov. 2024.

(16) SEN, Amartya. *Op. cit.*

(17) DELGADO, Gabriela Neves; ROCHA, Ana Luísa Gonçalves; PARANHOS, Ana Carolina. O papel do Supremo Tribunal Federal no cumprimento da Agenda 2030 da ONU à luz do objetivo do Trabalho Decente. *Revista Jurídica Trabalho e Desenvolvimento Humano*, Procuradoria Regional do Trabalho da 15ª Região. Recebido em: 19.03.2023. Aprovado em: 15.05.2023.

da previdência social para amparar o trabalhador e sua família no caso de doença, invalidez, morte ou aposentadoria. Em sexto, a faceta da dignidade no trabalho, a fim de que o trabalhador seja tratado com respeito e tenha direito de participar das decisões sobre as condições de trabalho(18).

Com isso, a OIT logrou resumir seu propósito institucional dos mais de 100 anos de construção do Direito do Trabalho enquanto dimensão dos direitos humanos, "cuja dimensão ética requer a aglutinação dos conceitos de dignidade, de cidadania e de justiça social".(19)

O elemento central do conceito de trabalho decente é a igualdade de oportunidades e de tratamento entre homens e mulheres e o combate a todas as formas de discriminação. Com o acesso a oportunidades de trabalho digno, as pessoas mais vulneráveis podem ter a chance de romperem um ciclo vicioso de desigualdades, o que é essencial para criar melhores condições para a estabilidade e a sustentabilidade dos países, além do crescimento econômico da sociedade como um todo.

Portanto, podemos perceber que há um quadro muito sério a ser revertido até 2030, tanto no Brasil como no mundo. Vejamos as metas da ONU(20) para buscar este objetivo:

> 8.1 Sustentar o crescimento econômico per capita de acordo com as circunstâncias nacionais e, em particular, um crescimento anual de pelo menos 7% do produto interno bruto [PIB] nos países menos desenvolvidos.
>
> 8.2 Atingir níveis mais elevados de produtividade das economias por meio da diversificação, modernização tecnológica e inovação, inclusive por meio de um foco em setores de alto valor agregado e dos setores intensivos em mão de obra.
>
> 8.3 Promover políticas orientadas para o desenvolvimento que apoiem as atividades produtivas, geração de emprego decente, empreendedorismo, criatividade e inovação, e incentivar a formalização e o crescimento das micro, pequenas e médias empresas, inclusive por meio do acesso a serviços financeiros.

---

(18) BELTRAMELLI NETO, Silvio; VOLTANI, Julia de C. Investigação histórica do conteúdo da concepção de Trabalho Decente no âmbito da OIT e uma análise de sua justiciabilidade. *Revista de Direito Internacional*, Brasília, DF, v. 16, n. 1, 2019. Disponível em: https://www.publicacoesacademicas.uniceub.br/rdi/article/view/5900. Acesso em: 7 fev. 2023. *Op. cit.*; DELGADO, Gabriela Neves; ROCHA, Ana Luísa Gonçalves; PARANHOS, Ana Carolina. O papel do Supremo Tribunal Federal no cumprimento da Agenda 2030 da ONU à luz do objetivo do Trabalho Decente. *Revista Jurídica Trabalho e Desenvolvimento Humano*. Procuradoria Regional do Trabalho da 15ª Região. Recebido em: 19.03.2023. Aprovado em: 15.05.2023.

(19) DELGADO, Gabriela Neves, RIBEIRO, Ana Carolina Paranhos de Campos. Os direitos sociotrabalhistas como dimensão dos direitos humanos. *Revista Brasileira de Direitos Humanos*, Porto Alegre, v. 2, n. 5, p. 5-24, abr./jun. 2013. p. 6. *Op. cit.*; DELGADO, Gabriela Neves; ROCHA, Ana Luísa Gonçalves; PARANHOS, Ana Carolina. O papel do Supremo Tribunal Federal no cumprimento da Agenda 2030 da ONU à luz do objetivo do Trabalho Decente. *Revista Jurídica Trabalho e Desenvolvimento Humano*. Procuradoria Regional do Trabalho da 15ª Região. Recebido em: 19.03.2023. Aprovado em: 15.05.2023.

(20) Disponível em: https://brasil.un.org/sites/default/files/2020-09/agenda2030-pt-br.pdf. Acesso em: 05 nov. 2024.

8.4 Melhorar progressivamente, até 2030, a eficiência dos recursos globais no consumo e na produção, e empenhar-se para dissociar o crescimento econômico da degradação ambiental, de acordo com o Plano Decenal de Programas sobre Produção e Consumo Sustentáveis, com os países desenvolvidos assumindo a liderança.

8.5 Até 2030, alcançar o emprego pleno e produtivo e trabalho decente para todas as mulheres e homens, inclusive para os jovens e as pessoas com deficiência, e remuneração igual para trabalho de igual valor.

8.6 Até 2020, reduzir substancialmente a proporção de jovens sem emprego, educação ou formação.

8.7 Tomar medidas imediatas e eficazes para erradicar o trabalho forçado, acabar com a escravidão moderna e o tráfico de pessoas, e assegurar a proibição e eliminação das piores formas de trabalho infantil, incluindo recrutamento e utilização de crianças-soldado, e até 2025 acabar com o trabalho infantil em todas as suas formas./8.8 Proteger os direitos trabalhistas e promover ambientes de trabalho seguros e protegidos para todos os trabalhadores, incluindo os trabalhadores migrantes, em particular as mulheres migrantes, e pessoas em empregos precários.

8.9 Até 2030, elaborar e implementar políticas para promover o turismo sustentável, que gera empregos e promove a cultura e os produtos locais.

8.10 Fortalecer a capacidade das instituições financeiras nacionais para incentivar a expansão do acesso aos serviços bancários, de seguros e financeiros para todos.

8.a Aumentar o apoio da Iniciativa de Ajuda para o Comércio [Aid for Trade] para os países em desenvolvimento, particularmente os países menos desenvolvidos, inclusive por meio do Quadro Integrado Reforçado para a Assistência Técnica Relacionada com o Comércio para os países menos desenvolvidos.

8.b Até 2020, desenvolver e operacionalizar uma estratégia global para o emprego dos jovens e implementar o Pacto Mundial para o Emprego da Organização Internacional do Trabalho [OIT].

Em síntese, esse debate é essencial para qualificar as políticas públicas e impactar o desenvolvimento das nações. Assim, construir compromissos e metas ambiciosas e valorosas é, sem dúvida, importante do ponto de vista político e simbólico. No entanto, para enquadrá-los de fato em 'missões' é preciso que a reforma da arquitetura financeira dos Objetivos seja efetivamente implementada com instrumentos que deem concretude a um amplo conjunto de políticas públicas estruturantes. Sem isso, a resposta à pergunta original deste capítulo sinaliza mesmo para uma enorme utopia.[21]

## 4. Convenções da OIT ratificadas no Brasil e seus reflexos nas políticas públicas

Para essa definição, mesmo as políticas públicas relacionadas apenas medianamente com a concretização de direitos, tais como a política industrial, a política energética etc.,

(21) Disponível em: https://periodicos.fgv.br/cgpc/announcement/view/273, Acesso em: 05 nov. 2024.

também carregam um componente finalístico, que é assegurar a plenitude do gozo da esfera de liberdade a todos e a cada um dos integrantes do povo. Portanto, toda política pública pode ser considerada, nesse sentido, ao mesmo tempo política social.[22]

A ratificação das Convenções da Organização Internacional do Trabalho (OIT) pelo Brasil trouxe uma série de impactos significativos para as políticas públicas do país. Dentre as principais convenções ratificadas, destacam-se a Convenção n. 87, sobre liberdade sindical e proteção ao direito de sindicalização, e a Convenção n. 98, sobre o direito de organização e negociação coletiva. Essas convenções são marcos importantes na promoção do trabalho decente e dos direitos dos trabalhadores, criando uma base normativa sólida para o combate à exploração do trabalho.

A Convenção n. 138, que trata da idade mínima para admissão ao emprego, e a Convenção n. 182, sobre a proibição das piores formas de trabalho infantil, também são fundamentais para a proteção de crianças e adolescentes. Essas convenções foram internalizadas pela legislação brasileira e influenciaram diretamente a criação de políticas públicas, como o Programa de Erradicação do Trabalho Infantil (PETI), que visa combater o trabalho infantil e promover a reintegração de crianças e adolescentes à escola[23].

As convenções ratificadas influenciam diretamente a formulação de políticas trabalhistas no Brasil, trazendo compromissos que visam garantir condições dignas de trabalho e promover a justiça social. Segundo Delgado[24], a adoção dessas convenções pela legislação brasileira contribuiu para avanços significativos, como a instituição do salário-mínimo e a ampliação de direitos trabalhistas para categorias vulneráveis. No entanto, há desafios a serem enfrentados, como a eficácia da fiscalização e a aplicação uniforme das normas no território nacional.

Ainda, a Convenção n. 189, sobre trabalho decente para trabalhadores domésticos, trouxe avanços no reconhecimento e valorização dos direitos dessa categoria, que historicamente sofreu com a informalidade e a falta de proteção social. Conforme aponta Oliveira (2021)[25], a ratificação dessa convenção impulsionou a aprovação da chamada "PEC das Domésticas" (Emenda Constitucional n. 72/2013), que estendeu direitos trabalhistas aos empregados domésticos, como jornada de trabalho regulamentada e pagamento de horas extras.

Portanto, as Convenções da OIT ratificadas no Brasil têm desempenhado um papel crucial na promoção do trabalho decente, influenciando a criação e a implementação

---

(22) BUCCI, Maria Paula Dallari *et alli. Op. cit.*

(23) SANTOS, Fernanda. Políticas Públicas e a Erradicação do Trabalho Infantil no Brasil. *Revista Brasileira de Políticas Sociais*, v. 8, n. 1, 2020.

(24) DELGADO, Mauricio Godinho. *Constituição da República e Direitos Fundamentais: dignidade da pessoa humana, justiça social e Direito do Trabalho*. 2. ed. São Paulo: LTr, 2019.

(25) OLIVEIRA, Carla. Trabalho Doméstico e Direitos Fundamentais. *Revista de Direito Social*, v. 15, n. 2, 2021.

de políticas públicas que visam garantir condições justas e igualitárias para todos os trabalhadores. Contudo, como destaca Godinho (2022)[26], ainda existem lacunas significativas na implementação dessas políticas, especialmente no que tange à fiscalização e à garantia de que as normas sejam efetivamente cumpridas em todas as regiões do país.

## 5. Análise do caso concreto

O conceito de "trabalho decente" pelo direito brasileiro se baseia no valor da dignidade humana e no valor social do trabalho, além da prevalência dos direitos humanos, na máxima de que o trabalho não é uma mercadoria, assim como na busca pelo pleno emprego, pela justiça social e pelo trabalho decente, possui fundamento jurídicos nos arts. 1º, III e IV, 3º, I, 6º, 7º, 170 e 193 da CRFB/1988, Declaração da Filadélfia de 1944, Declaração de Princípios Fundamentais de 1988, Recomendações ns. 188, 202 e 204 da OIT, ODS 08, 16 e 17 da Agenda 2030 da ONU.

Mesmo que a livre iniciativa e o desenvolvimento econômico figurem como direitos fundamentais cogentes nos arts. 5º, XXII e 170 da CRFB/1988, fato é que não se pode permitir a desnaturação fraudulenta da relação de trabalho e a exploração da mão de obra laboral.

No Recurso Extraordinário 1.308.392 AC, o Supremo Tribunal Federal (STF) reconheceu a repercussão geral do recurso interposto pelo Estado do Acre, no qual foi discutido o direito ao décimo terceiro salário, férias e adicional de férias para conciliadores e juízes leigos do sistema dos Juizados Especiais. De acordo com o entendimento do STF, esses profissionais devem ter garantidos esses direitos trabalhistas, uma vez que exercem função relevante para o sistema de justiça, sendo essa decisão relevante para a uniformização dos direitos trabalhistas no país[27].

O julgamento do Recurso Extraordinário 1.323.708 PA, o STF considerou constitucional a questão da tipificação do crime de redução à condição análoga à de escravo. A decisão reforça a necessidade de garantir padrões mínimos de dignidade no trabalho, como bem aponta Santos[28], destacando que a eliminação do trabalho análogo à escravidão é um requisito essencial para a justiça social.

Embora recentemente o Supremo Tribunal Federal venha revertendo algumas decisões do Tribunal Superior do Trabalho, afastando o reconhecimento de vínculo empregatício em vários tipos de relações laborais, é possível depreender que há uma obrigação clara do Estado brasileiro com a ampliação do conceito e efetividade do trabalho decente que deve ser incutida no dia a dia da atuação pública. O trabalho decente só é possível

---

(26) GODINHO, Mauricio. As Convenções da OIT e o Trabalho Decente no Brasil. *Revista Jurídica do Trabalho*, v. 28, n. 3, 2022.

(27) DELGADO, Mauricio Godinho, 2019. *Op. cit.*

(28) SANTOS, Fernanda. *Op. cit.*

com a assunção pelo Estado da responsabilidade pela sua efetivação via regulamentação e políticas públicas.

## 6. Conclusão

A análise do trabalho decente e das políticas públicas no Brasil evidencia que o país oscila no cumprimento de seu compromisso com a promoção dos direitos dos trabalhadores, especialmente por meio da ratificação das Convenções da OIT. Embora o Brasil tenha adotado medidas importantes e avançado em termos de proteção social e laboral, a eficácia dessas políticas ainda enfrenta obstáculos significativos, principalmente no que se refere à fiscalização e à implementação prática em todo o território nacional.

As políticas públicas, influenciadas pelas diretrizes internacionais, têm se mostrado fundamentais para a garantia dos direitos humanos no ambiente de trabalho. No entanto, o sucesso dessas políticas depende de uma articulação mais eficiente entre os diferentes níveis de governo e de uma fiscalização rigorosa e contínua, garantindo que as normas estabelecidas sejam efetivamente aplicadas, sobretudo nas áreas mais vulneráveis do país.

A análise dos estudos de caso apresentados demonstra que, apesar de algumas conquistas, ainda há um longo caminho a ser percorrido para garantir que o trabalho decente seja uma realidade para todos os trabalhadores. A desigualdade social e regional, aliada à falta de uma infraestrutura adequada para a fiscalização, compromete o alcance dos objetivos estabelecidos pela OIT e pela Agenda 2030 da ONU.

Portanto, para que o trabalho decente seja plenamente alcançado, é necessário um compromisso mais firme e coordenado do governo, das empresas e da sociedade civil. Reformas que priorizem a inclusão social, a valorização dos trabalhadores e a proteção contra formas de exploração são urgentes e indispensáveis. Além disso, a influência das novas tecnologias e da chamada gig economy deve ser considerada, pois traz novos desafios para a regulação das relações de trabalho e para a garantia de direitos.

Sugere-se, para pesquisas futuras, o estudo detalhado das reformas trabalhistas recentes e suas implicações para o trabalho decente, assim como a análise do impacto das novas tecnologias sobre o mercado de trabalho e a efetividade das políticas públicas em um cenário de constante mudança. Somente por meio de uma abordagem integrada e colaborativa, envolvendo todos os setores da sociedade, será possível construir um ambiente de trabalho verdadeiramente justo, seguro e digno para todos.

## Referências

ARRUDA, Magalhães Kátia. *Desenvolvimento e Políticas Públicas como instrumentos de Liberdade:* Uma Análise do Pensamento de Amaryta Sen.

BONAVIDES. Paulo. *Do país constitucional ao país neocolonial.* 1. ed. São Paulo: Malheiros, 2009.

BELTRAMELLI NETO, Silvio; BONAMIM, Isadora Rezende; VOLTANI, Julia de Carvalho. Trabalho decente segundo a OIT: uma concepção democrática? Análise crítica à luz da teoria do contrato social. *Revista Eletrônica do Curso de Direito da UFSM*, Santa Maria, RS, v. 14, n. 1, p. e33853, jan./abr. 2019. Disponível em: http://dx.doi.org/10.5902/1981369433853. Acesso em: 04 nov. 2024.

BUCCI, Maria Paula Dallari *et alli*. Direitos humanos e políticas públicas. São Paulo, Pólis, 2001. 60p. *Cadernos Pólis*, 2. Disponível em: http://www.comitepaz.org.br/download/Direitos%20 Humanos%20e%20Pol%C3%ADticas%20P%C3%BAblicas.pdf. Acesso em: 04 nov. 2024, 12:58h

DELGADO, Gabriela Neves; ROCHA, Ana Luísa Gonçalves; PARANHOS, Ana Carolina. O papel do Supremo Tribunal Federal no cumprimento da Agenda 2030 da ONU à luz do objetivo do Trabalho Decente. *Revista Jurídica Trabalho e Desenvolvimento Humano*. Procuradoria Regional do Trabalho da 15ª Região. Recebido em: 19.03.2023. Aprovado em: 15.05.2023.

DELGADO, Mauricio Godinho; DELGADO, Gabriela Neves. *Constituição da República e Direitos Fundamentais:* dignidade da pessoa humana, justiça social e Direito do Trabalho. 2. ed. São Paulo: LTr, 2013.

DELGADO, Mauricio Godinho; ALVARENGA, Rúbia Zanotelli; GUIMARÃES, Tâmara Matias. "Notas sobre a Arquitetura Principiológica Humanista e Social da Constituição da República de 1988 e a Concretização dos Direitos Fundamentais no Constitucionalismo Contemporâneo: uma abordagem sob o prisma dos direitos individuais e sociais trabalhistas." *Revista de Direitos e Garantias Fundamentais*, v. 21, p. 11-41, 2019.

DELAPLACE, Domitille; VÁZQUEZ, Daniel. *Políticas públicas na perspectiva de direitos humanos:* um campo em construção. Disponível em: https://bdjur.stj.jus.br/jspui/bitstream/2011/44454/pol%C3%ADticas_publicas_perspectiva_vazquez.pdf. Acesso em: 04 nov. 2024 às 12:12h.

GODINHO, Mauricio. As Convenções da OIT e o Trabalho Decente no Brasil. *Revista Jurídica do Trabalho*, v. 28, n. 3, 2022.

OLIVEIRA, Carla. Trabalho Doméstico e Direitos Fundamentais. *Revista de Direito Social*, v. 15, n. 2, 2021.

OIT — Organização Internacional do Trabalho. Disponível em: https://www.ilo.org/wcmsp5/groups/public/americas/rolima/documents/publication/wcms_819022.pdf. Acesso em: 10 ago. 2024, às 13:56h.

OIT — Organização Internacional do Trabalho. Disponível em: https://www.ilo.org/wcmsp5/groups/public/americas/rolima/ilobrasilia/documents/genericdocument/wcms_587521.pdf. Acesso em: 13 ago. 2024, às 14:56h.

https://www.ufmg.br/espacodoconhecimento/trabalho-decente-e-crescimento-economico/

OLSSON, Giovanni; LAVALL, Tuana Paula. Os Limites e as Possibilidades do Estado-Nação na Promoção do Trabalho Decente no Marco da Agenda 2030 da Organização das Nações Unidas. *Revista Opinião Jurídica*, vol. 18, n. 28, p. 115-144, 2020.Centro Universitário Christus. Recepção: 19 mar. 2019. Aprovação: 08 out. 2019. DOI: https://doi.org/10.12662/2447-6641oj.v18i28. p. 115-144. 2020.

SANTOS, Fernanda. Políticas Públicas e a Erradicação do Trabalho Infantil no Brasil. *Revista Brasileira de Políticas Sociais*, v. 8, n. 1, 2020.

# A Importância das Convenções Internacionais para a Efetividade de Direitos às Trabalhadoras Brasileiras

## *The Importance of International Conventions for the Effectiveness of Rights for Brazilian Women Workers*

*Kátia Magalhães Arruda*
*Mariana Ferrucci Bega*
*Vanessa Dumont Bonfim Santos*

**Resumo:** Este estudo tem como objetivo demonstrar que as convenções internacionais voltadas às trabalhadoras resultam em notáveis avanços na busca pela equidade de gênero e no cumprimento das metas 5 e 8 dos Objetivos de Desenvolvimento Sustentável (ODS) da Agenda 2030 da ONU. A pesquisa adota uma abordagem qualitativa, com base na análise de tratados internacionais, destacando a Convenção sobre a Eliminação de Todas as Formas de Discriminação contra a Mulher (CEDAW), ratificada pelo Brasil em 1984. Além disso, o trabalho examina as Convenções ns. 156 e 190 da Organização Internacional do Trabalho (OIT), cujo processo de ratificação, pelo Brasil, foi iniciado em 08 de março de 2023, e avalia seus impactos sobre os direitos das trabalhadoras. Embora a CEDAW tenha sido inicialmente ratificada com algumas reservas, o seu impacto nos direitos das mulheres no Brasil, especialmente no ambiente de trabalho é inegável. As Convenções ns. 156 e 190, que promovem a igualdade para trabalhadoras com responsabilidades familiares e combatem a violência e o assédio no trabalho, respectivamente, reforçam o compromisso do Brasil com a criação de um ambiente de trabalho mais seguro e inclusivo. As convenções internacionais desempenham papel crucial na efetivação dos direitos das trabalhadoras, pois são importantes instrumentos de transformações jurídicas e sociais, sendo fundamentais para o avanço rumo à equidade de gênero e para o alcance das metas 5 e 8 da Agenda 2030 da ONU.

**Palavras-chave:** Convenções CEDAW ONU; Convenção n. 156 OIT; Convenção n. 190 OIT.

**Abstract:** This study aims to demonstrate that international conventions focused on women workers have led to significant progress in the pursuit of gender equity and the achievement of Goals 5 and 8 of the United Nations 2030 Agenda for Sustainable Development (SDGs). The research adopts a qualitative approach based on the analysis of international treaties, with a particular emphasis on the Convention on the Elimination of All Forms of Discrimination Against Women (CEDAW), ratified by Brazil in 1984. Furthermore, the study examines the International Labour Organization (ILO) Conventions No. 156 and No. 190, whose ratification process in Brazil began on March 8, 2023, and asses-ses their impacts on women's labor rights. Although CEDAW was initially ratified with some reservations, its influence on women's rights in Brazil, especially in the workplace, is undeniable. Conventions No. 156 and No. 190, which respectively promote equality for workers with family responsibilities and combat violence and harassment in the workplace, strengthen Brazil's commitment to creating a safer and more inclusive work environment. International conventions play a crucial role in ensuring the effectiveness of women workers' rights, serving as key instruments for legal and social transformation. They are essential for advancing gender equity and achieving Goals 5 and 8 of the United Nations 2030 Agenda.

**Keywords:** Convention CEDAW; Convention No. 156 (ILO); Convention No. 190 (ILO).

## Introdução

Atravessar um mar aberto desafia os limites físicos e a coragem de qualquer ser humano. Essa jornada exige força, perseverança, fé e, acima de tudo, condições favoráveis. Sem elas, as chances de sucesso tornam-se quase inexistentes. Poucas pessoas possuem o preparo necessário para tal desafio, como as irmãs Yusra e Sara Mardini, refugiadas da Síria, cuja força e determinação salvaram não apenas suas vidas, mas também a de outros refugiados. Nadando em águas turbulentas, elas puxaram um bote avariado por cordas amarradas aos seus corpos, garantindo a sobrevivência de todos a bordo.

De acordo com a diretora do filme *As Nadadoras*, que narra essa impressionante história real, Yusra e Sara são parte de uma pequena minoria — o 1% capaz de enfrentar e superar um desafio dessa magnitude(1). O fato de serem nadadoras experientes tornou possível o improvável: transformar a ameaça da morte em uma vitória pela vida.

(1) Filme disponível em Netlix. NAMIR/UFBA — Núcleo de apoio a migrantes e refugiados. Por que o filme "As nadadoras", top 10 na Netflix, é mais do que entretenimento. Disponível em: https://namir.ufba.br/noticias/por-que-o-filme-nadadoras-top-10-na-netflix-e-mais-do-que-entretenimento. Acesso em: 30 out. 2024.

Essa história impactante oferece uma metáfora poderosa sobre como condições favoráveis podem mudar destinos. Da mesma forma, as Convenções Internacionais, ao estabelecerem normas que promovem a dignidade das mulheres, desempenham um papel crucial na transformação de suas realidades. Assim como uma boia pode impedir o afogamento, essas Convenções representam um alívio e uma esperança, criando oportunidades de avanço. De respiro em respiro, direitos que antes pareciam inalcançáveis — como o direito de uma mulher trabalhar sem a autorização do marido — gradualmente se tornam parte de uma nova realidade de liberdade.

No entanto, por mais valiosas que sejam, as Convenções são apenas ferramentas. Para que tenham impacto real, é indispensável que sejam efetivamente implementadas pelos Estados, garantindo que os avanços conquistados não se percam diante do vasto mar de desafios que ainda permanece à frente.

O presente estudo tem como objetivo analisar a "travessia" das trabalhadoras brasileiras, destacando os desafios enfrentados e a relevância das Convenções Internacionais na efetivação de seus direitos. Além disso, busca investigar de que forma essas normas contribuem para o cumprimento das metas 5 e 8 da Agenda 2030 da ONU, que têm como foco a promoção da igualdade de gênero e a garantia de trabalho digno para todos.

## 1. As primeiras "marés de mudanças": A influência das convenções internacionais na conquista dos direitos trabalhistas das mulheres

A igualdade de gênero no cenário internacional teve como marco inaugural a Declaração Universal dos Direitos Humanos de 1948, especialmente o art. 2º, que assegura que todas as pessoas têm capacidade para usufruir dos direitos e liberdades nela estabelecidos, sem distinção de qualquer natureza, inclusive quanto ao sexo[(2)]. A Declaração reforça, em diversos dispositivos, a igualdade de direitos entre homens e mulheres, como o reconhecimento da dignidade e direitos iguais (Preâmbulo), a proteção igualitária perante a lei (art. 7º) e a igualdade de remuneração por trabalho de igual valor (art. 23, § 2º)[(3)].

Embora, à época, esses dispositivos não tenham provocado impactos imediatos no Brasil, eles se tornaram faróis, iluminando o caminho para mudanças graduais no ordenamento jurídico nacional. Diversos princípios da Declaração Universal foram incorporados na Constituição Federal de 1988[(4)], que se consolidou como um marco

(2) **Art. 2º** "Todos têm capacidade para gozar os direitos e as liberdades estabelecidas nesta Declaração, **sem distinção de qualquer espécie**, seja de raça, cor, sexo, língua, religião, opinião política ou de outra natureza, origem nacional ou social, riqueza, nascimento ou qualquer fora da condição." Unicef. **Declaração Universal dos Direitos Humanos**. Disponível em: https://www.unicef.org/brazil/declaracao-universal-dos-direitos-humanos. Acesso em: 05 out. 2024.

(3) *Idem.*

(4) Brasil. *Constituição da República Federativa do Brasil de 1988*. Disponível em: https://www.planalto.gov.br/ccivil_03/constituicao/constituicao.htm. Acesso em: 07 out. 2024.

na institucionalização da democracia e dos direitos humanos e sociais no país. A Carta Magna não apenas reafirmou o compromisso do Brasil com os Direitos Humanos, mas também estabeleceu um cenário normativo que favoreceu o fortalecimento dos direitos das mulheres trabalhadoras.

O compromisso do Brasil em efetivar os Direitos Humanos, e aqui se inclui aqueles direcionados à dignidade da mulher trabalhadora, destacam-se pelo fortalecimento desses direitos mediante o Decreto n. 678, de 6 de novembro de 1992, que promulga a Convenção Americana sobre Direitos Humanos (Pacto de San José da Costa Rica). Nesse mesmo sentido, a Emenda Constitucional n. 45, de 2024, inseriu o § 3º no art. 5º da Constituição prevendo que os tratados e as convenções internacionais sobre direitos humanos aprovados em cada Casa do Congresso Nacional, em dois turnos, por três quintos dos votos dos respectivos membros, serão equivalentes às emendas constitucionais[5].

No entanto, a efetivação dos direitos trabalhistas das mulheres foi impulsionada de forma mais significativa por meio de convenções internacionais específicas. Um exemplo notável é a Convenção sobre a Eliminação de Todas as Formas de Discriminação contra a Mulher (CEDAW), de 1979, que completa 40 anos de ratificação no Brasil em 2024. Apesar de sua importância, o Decreto de ratificação (Decreto n. 89.460, de 20 de março de 1984) trouxe reservas a dispositivos fundamentais para a promoção da igualdade de gênero e do empoderamento das mulheres no mercado de trabalho, refletindo as barreiras sociais e culturais da época.

As reservas realizadas pelo Brasil incluíram dispositivos que garantiam igualdade de direitos perante a lei (art. 15, § 1º) e liberdade de movimento e escolha de residência (art. 15, § 4º). Também não foram ratificadas normas relacionadas à igualdade de responsabilidades durante o casamento e sua dissolução, escolha de sobrenome, profissão, ocupação e direitos de propriedade (art. 16, § 1º, alíneas "a", "c", "g" e "h"). Essa postura limitou a autonomia das mulheres e reforçou sua dependência em relação aos homens, prejudicando sua inserção plena no mercado de trabalho[6].

Somente em 2002, com a revogação do Decreto n. 89.460 pelo Decreto n. 4.377[7], foi garantida a plena aplicação da Convenção, o que coincidiu com a entrada em vigor do

---

(5) Brasil. *Constituição da República Federativa do Brasil de 1988*. Disponível em: https://www.planalto.gov.br/ccivil_03/constituicao/constituicao.htm. Acesso em: 07 out. 2024.

(6) Art. 16, 1, alíneas *"a", "c", "g"* e *"h"*.

*a)* mesmo direito de contrair matrimônio;

*c)* Os mesmos direitos e responsabilidades durante o casamento e por ocasião de sua dissolução;

*g)* os mesmos direitos pessoais como marido e mulher, inclusive o direito de escolher sobrenome, profissão e ocupação;

*h)* os mesmos direitos a ambos os cônjuges em matéria de propriedade, aquisição, gestão, administração, gozo e disposição dos bens, tanto a título gratuito oneroso.

(7) BRASIL. *Decreto n. 4.377, de 13 de setembro de 2002*. Disponível em: https://www.planalto.gov.br/ccivil_03/decreto/2002/D4377.htm#art4. Acesso em: 05 out. 2024.

novo Código Civil brasileiro, que passou a estar em consonância com os dispositivos da CEDAW e com os princípios de igualdade previstos na Constituição de 1988.

Avançar no reconhecimento dos direitos das mulheres demanda perseverança e enfrentamento de ondas contínuas de adversidades sociais, culturais e jurídicas. O ponto inicial de mudança da maré é a luta contra as assimetrias de gênero, que historicamente tem limitado o protagonismo feminino no mercado de trabalho. Essa desigualdade é perpetuada, entre outros fatores, pela sobrecarga das mulheres no âmbito do trabalho de cuidado, que envolve tarefas domésticas e familiares indispensáveis para a manutenção da sociedade.

O trabalho de cuidado traduz-se em uma cena que se repete diariamente: após uma longa e cansativa jornada de trabalho, muitas mulheres chegam em casa e, mesmo esgotadas, precisam dedicar tempo e atenção aos filhos, ao parceiro, aos pais e à casa. Para a maioria das brasileiras, essa realidade reflete um tipo de trabalho que, embora essencial para o funcionamento da sociedade, permanece invisível e direcionado exclusivamente para as mulheres, como se esse papel estivesse relacionado com elas. Analisado no âmbito da Economia do Cuidado, esse conceito engloba atividades como cuidados com a saúde, preparação de refeições, limpeza, educação e serviços domésticos em geral. Essas tarefas, embora fundamentais, ainda não recebem o devido reconhecimento social e econômico e ainda mantém a mulher no patamar desigual em relação ao homem no mercado de trabalho(8).

O presente estudo destaca a importância de novas boias de apoio nessa travessia para o fim das assimetrias de gênero: as Convenções n. 156 e n. 190 da Organização Internacional do Trabalho (OIT), que tratam, respectivamente, da igualdade de oportunidades para trabalhadores com responsabilidades familiares e da eliminação da violência e do assédio no ambiente de trabalho. O processo de ratificação dessas convenções, iniciado pelo Brasil em 2023, representa um avanço crucial para a construção de um ambiente de trabalho mais seguro, inclusivo e equitativo.

Essas convenções somam-se a outras normas históricas que já serviram como faróis nessa jornada, como a Convenção n. 100 (1951)(9), sobre igualdade de remuneração(10); a

---

(8) Universidade Federal da Integração Latino-Americana. *Protagonizando por mulheres, trabalho de cuidado segue "invisível" à população.* 06 mar. 2023. Disponível em: https://portal.unila.edu.br/noticias/protagonizado-por-mulheres-trabalho-de-cuidado-segue-201cinvisivel201d-a-populacao-1. Acesso em: 02 nov. 2024.

(9) Ratificada pelo Brasil. *Vide* Decreto n. 41.721, de 25 de junho de 1957. Brasil. *Decreto n. 41.721, de 25 de junho de 1957.* Disponível em: https://www.planalto.gov.br/ccivil_03/decreto/antigos/d41721.htm. Acesso em: 02 nov. 2024.

(10) Ratificada pelo Brasil. *Vide* Decreto n. 41.721, de 25 de junho de 1957. Brasil. *Decreto n. 41.721, de 25 de junho de 1957.* Disponível em: https://www.planalto.gov.br/ccivil_03/decreto/antigos/d41721.htm. Acesso em: 02 nov. 2024.

Convenção n. 111 (1958), sobre discriminação no emprego e na ocupação(11); a Convenção n. 183 (2000), sobre proteção à maternidade(12); a Convenção n. 89 (1948), sobre o trabalho noturno das mulheres(13); e a Convenção n. 45 (1935), sobre o trabalho subterrâneo(14). Cada uma delas contribuiu para fortalecer os direitos das mulheres trabalhadoras, reduzindo as desigualdades e promovendo condições mais justas.

As normas internacionais têm desempenhado um papel essencial na construção de um arcabouço jurídico que protege as mulheres no mercado de trabalho brasileiro. Apesar dos avanços alcançados, os desafios, aqui chamados de ondas de adversidades, persistem, exigindo a ratificação de novas convenções e a implementação efetiva das normas existentes, a fim de transformar essas diretrizes em ações concretas que promovam igualdade de oportunidades e dignidade para todas as mulheres, tudo isso mediante um pacto coletivo que envolva não apenas o poder público, mas também o engajamento da sociedade civil e dos organismos internacionais.

## 2. Rumo ao porto seguro: Como as Convenções ns. 156 e 190 da OIT têm impactado na proteção trabalhista às mulheres

Em termos de direitos das mulheres no mundo do trabalho houve notáveis conquistas ao longo das últimas décadas. Entretanto, o "mar" do capitalismo neoliberal, com sua força avassaladora, frequentemente ameaça retroceder esses avanços. É preciso firmar-se nos valores e direitos já alcançados para que estes não sejam submersos por novas ideias distorcidas que, em nome de uma suposta flexibilização econômica, normalizam condições precárias. Um claro exemplo dessa retórica é a ideia de que "é melhor ter um emprego e receber menos do que estar desempregado", raciocínio que desconhece a necessidade de condições dignas e equitativas de trabalho.

---

(11) Ratificada pelo Brasil. *Vide* Brasil. *Decreto n. 62.150, de 19 de janeiro de 1968.* Disponível em: https://www.planalto.gov.br/ccivil_03/decreto/1950-1969/d62150.htm. Acesso em: 02 nov. 2024.

(12) O Brasil **não** ratificou essa convenção. Contudo, há normas brasileiras que foram inspiradas no teor dessa convenção. Além disso, o Supremo Tribunal Federal teve a referida Convenção como norte para a decisão de reconhecimento de inconstitucionalidade dos incisos II e III do art. 394-A da CLT, inseridos pelo art. 1º da Lei n. 13.647/2017, que autoriza o trabalho de gestantes e lactantes em atividades insalubres na (ADI 5938, relator(a): Min. ALEXANDRE DE MORAES, Tribunal Pleno, julgado em 29.05.2019, PROCESSO ELETRÔNICO *DJe*-205 DIVULG 20.09.2019 PUBLIC 23.09.2019), disponível em: https://portal.stf.jus.br/processos/detalhe.asp?incidente=5447065. Acesso em: 04 nov. 2024.

(13) Ratificada pelo Brasil. Vide: Brasil. *Decreto n. 24, de 29 de maio de 1956.* Disponível em: https://legis.senado.leg.br/norma/577060#:~:text=APROVA%20AS%20CONVEN%C3%87%C3%95ES%20DO%20TRABALHO,DA%20ORGANIZA%C3%87%C3%83O%20INTERNACIONAL%20DO%20TRABALHO. Acesso em: 03 nov. 2024.

(14) Decreto de aprovação: Decreto-lei n. 27891, de 26 de julho de 1937 e Carta de ratificação em 20 de novembro de 1937. DGERT. *Direção Geral do emprego e das Relações de Trabalho.* Disponível em: https://www.dgert.gov.pt/convencao-n-o-45-dos-trabalhos-subterraneos-mulheres-1935#:~:text=rogadas%20Conven%C3%A7%C3%B5es%20Ratificadas-,Conven%C3%A7%C3%A3o%20n.%C2%BA%2045%2C%20dos,Trabalhos%20Subterr%C3%A2neos%20(Mulheres)%2C%201935&text=Adotada%20pela%20Confer%C3%AAncia%20Geral%20da,21%20de%20junho%20de%201935.&text=Abrogada%20pela%20Confer%C3%AAncia%20Internacional%20do,de%20junho%20de%202024%20. Acesso em: 03 nov. 2024.

Pela ótica das garantias às mulheres, a discriminação, muitas vezes velada, persiste de forma estrutural e cultural. Os dados estatísticos demonstram que ainda prevalece a percepção de que os cargos de liderança e poder devem ser ocupados por homens, espaços historicamente destinados à dominância masculina, na medida em que recai sobre a mulher a responsabilidade do trabalho de cuidado. Ademais, ainda há discriminação em relação à maternidade, pois as mulheres enfrentam períodos de licença-maternidade, o que seria um "empecilho" à produtividade. Atualmente, no Brasil, a licença-maternidade é de 120 dias, enquanto os homens têm direito a apenas 5 dias de licença-paternidade, uma disparidade que reflete e reforça a concepção de que as responsabilidades parentais devem recair quase exclusivamente sobre as mulheres.

Por isso é que o alcance de novos direitos é tão importante quanto a preservação daqueles já conquistados. Nesse cenário, os Objetivos da Agenda 2030 da ONU, em especial as metas 5 e 8, tem se revelado como verdadeiro porto seguro para as trabalhadoras. O compromisso do governo e das empresas em alinhar suas políticas e práticas às metas da Agenda 2030 são determinantes para orientar avanços concretos na promoção dos direitos das mulheres no ambiente de trabalho. Prova desse comprometimento são as recentes iniciativas do Estado Brasileiro para ratificar as Convenções ns. 156 e 190 da OIT.

## 2.1. A Convenção n. 156 da OIT no Brasil

A Convenção n. 156 da Organização Internacional do Trabalho, adotada em 23 de junho de 1981[15], representa um marco essencial na busca pela promoção da igualdade de oportunidades e tratamento no ambiente de trabalho, especialmente para trabalhadores que possuem responsabilidades familiares. O principal objetivo desta convenção é garantir que as obrigações como o cuidado de filhos, parentes idosos ou pessoas com deficiência não se tornem um impedimento para que homens e mulheres acessem, permaneçam e progridam em suas carreiras. A proposta é garantir que essas responsabilidades não resultem em discriminação no mercado de trabalho, promovendo um ambiente no qual a igualdade de gênero seja respeitada e valorizada.

O conceito subjacente a esta convenção é o reconhecimento de que tanto homens quanto mulheres podem ter responsabilidades familiares que exigem tempo e atenção, e que isso não deve se transformar em uma barreira à participação plena no mercado de trabalho. Muitas vezes, essas responsabilidades caem de forma desproporcional sobre as mulheres, o que limita suas oportunidades de desenvolvimento profissional e, consequentemente, aprofunda as desigualdades de gênero. A convenção propõe, portanto, que essas obrigações não sejam motivo de discriminação, mas, ao contrário, que sejam impostas políticas que permitam conciliar a vida pessoal com a profissional, promovendo um equilíbrio que beneficia tanto os trabalhadores quanto as empresas.

(15) OIT. *Convenção n. 156*. Disponível em: https://www.ilo.org/pt-pt/media/268941/download. Acesso em: 04 nov. 2024.

Entre as disposições centrais da Convenção n. 156 está a promoção da igualdade de tratamento para trabalhadores que possuem responsabilidades familiares, garantindo que eles tenham os mesmos direitos em termos de contratação, progressão na carreira, salários e condições de trabalho que os demais. Para que isso seja possível, a convenção sugere que os países membros desenvolvam políticas de apoio, como a criação de serviços de creches e outras formas de assistência, além de medidas que permitam a flexibilização dos horários de trabalho e a concessão de licenças específicas para que os trabalhadores possam cumprir suas responsabilidades familiares sem prejuízo de suas trajetórias profissionais. Essa abordagem não apenas valoriza a equidade, mas também confirma que um ambiente de trabalho, que respeita as necessidades familiares de seus trabalhadores, é mais produtivo e sustentável.

No Brasil, a Convenção n. 156 ainda não foi ratificada, o que revela um desafio significativo em termos de alinhamento com as melhores práticas internacionais no que diz respeito à proteção dos trabalhadores com responsabilidades familiares. No entanto, diversos princípios defendidos pela convenção já se refletem na legislação brasileira. A Constituição Federal de 1988, por exemplo, assegura a proteção ao mercado de trabalho da mulher e promove a igualdade de direitos e deveres entre homens e mulheres. Além disso, o país conta com políticas de licença-maternidade e licença-paternidade, bem como iniciativas de flexibilização da jornada de trabalho em alguns setores, que refletem parcialmente os objetivos da convenção.

No contexto contemporâneo, a relevância dessa convenção é ainda mais evidente, especialmente em um mundo que vem buscando considerar a importância do equilíbrio entre a vida profissional e pessoal. Historicamente, as mulheres são as mais impactadas pelas responsabilidades familiares, o que resulta em uma menor participação no mercado de trabalho e limita suas oportunidades de crescimento na carreira. A implementação dos princípios defendidos pela Convenção n. 156 seria um passo significativo para a redução dessas barreiras, promovendo um ambiente de trabalho mais inclusivo, justo e equilibrado para todos os trabalhadores, independentemente de seu gênero ou situação familiar.

Apesar dos avanços, ainda há desafios a serem superados. A falta de ratificação da convenção por muitos países, incluindo o Brasil, destaca a necessidade de uma maior sensibilização sobre a importância de políticas públicas que apoiem os trabalhadores com responsabilidades familiares. Com a crescente adoção do trabalho remoto e horários flexíveis, especialmente após a pandemia, os princípios dessa convenção foram ainda mais pertinentes para criar um mercado de trabalho que seja verdadeiramente inclusivo e equitativo. A adoção plena dessas diretrizes teria o potencial de transformar a realidade de muitos trabalhadores, especialmente das mulheres, que enfrentam uma dupla jornada entre trabalho remunerado e não remunerado. Assim, garantir a efetividade dessas políticas significaria não apenas a promoção da igualdade de gênero, mas também a valorização de um modelo de desenvolvimento econômico e social mais sustentável e justo.

Dentro desta temática, é importante analisar os dados recentes do IBGE (2022) que revelam um cenário ainda profundamente desigual em relação ao trabalho de cuidado e às ações domésticas no Brasil, evidenciando uma divisão desproporcional que recai, em grande medida, sobre as mulheres. Apesar de alguns avanços modestos, o levantamento indica que, em 2019, as mulheres dedicavam em média 10,6 horas a mais do que os homens por semana em tarefas domésticas e cuidados de pessoas. Em 2022, essa diferença melhorou para 9,6 horas, mas a desigualdade persiste, mostrando que, mesmo com uma leve melhoria, as mulheres continuam arcando com a maior parte dessas responsabilidades(16).

Os números também evidenciam que 92,1% das mulheres com 14 anos ou mais realizaram afazeres domésticos e cuidados de pessoas em 2022, enquanto apenas 80,8% dos homens estavam envolvidos nessas atividades. A menor taxa foi observada entre os homens do Nordeste, com 73,9% dedicando-se a essas tarefas. Isso demonstra que, apesar de uma maior conscientização sobre a necessidade de dividir as tarefas, a sobrecarga doméstica ainda é predominantemente feminina(17). Mesmo entre os trabalhadores ocupados, a disparidade permanece: mulheres que estão no mercado de trabalho formal dedicam, em média, 6,8 horas a mais por semana do que os homens às atividades domésticas e ao cuidado de pessoas. Esse fenômeno é comumente descrito como a "dupla jornada" das mulheres, que precisam conciliar o trabalho remunerado com as obrigações domésticas não remuneradas.

A análise revela ainda que essa divisão desigual é influenciada por fatores como escolaridade e raça. Entre os homens, a realização de ações domésticas é mais alta entre aqueles com curso superior completo (86,2%) e significativamente menor entre aqueles sem instrução ou com ensino fundamental incompleto (74,4%). Para as mulheres, a diferença é ainda mais evidenciada quando se se promovo o recorte racial do tema: as mulheres que se declararam pretas possuem maior taxa de realização de ações domésticas, atingindo 92,7%. Esse dado ilustra como a desigualdade de gênero é exacerbada por outras formas de discriminação, especialmente para mulheres negras, que enfrentam barreiras adicionais no mercado de trabalho e na sociedade.

Além disso, a pesquisa mostra uma redução na taxa de pessoas que realizam cuidados de outras pessoas, que passou de 33,3% em 2019 para 29,3% em 2022, o que representa uma queda de aproximadamente 5,3 milhões de pessoas envolvidas nessas atividades. Esse declínio deve, em grande parte, à redução do cuidado de crianças de 0 a 14 anos, enquanto houve um aumento no cuidado dedicado a adultos de 15 a 59 anos e idosos.

---

(16) IBGE. Agência de notícias IBGE. *Em 2022, mulheres dedicaram 9,6 horas por semana a mais do que os homens aos afazeres domésticos ou ao cuidado de pessoas.* 11 ago. 2023. Disponível em: https://agenciadenoticias.ibge.gov.br/agencia-noticias/2012-agencia-de-noticias/noticias/37621-em-2022-mulheres-dedicaram-9-6-horas-por-semana-a-mais-do-que-os-homens-aos-afazeres-domesticos-ou-ao-cuidado-de-pessoas. Acesso em: 05 out. 2024.

(17) *Idem.*

Com o envelhecimento da população brasileira, cresce a demanda por cuidado das pessoas mais velhas, e essa responsabilidade recai frequentemente sobre as mulheres da família, aumentando ainda mais a carga de trabalho não remunerado que elas enfrentam.

A chamada "geração sanduiche", termo que surgiu nos anos 1980 para retratar mulheres que tem responsabilidade de cuidado sobre filhos e pais idosos, enfrenta agora uma nova face da sobrecarga feminina: o trabalho de cuidado com os netos. O termo, cunhado pela professora Simone Wajnman de "geração panqueca" refere-se às mulheres que, na faixa de seus 55 anos e, portanto, em idade produtiva, precisam cuidar de seus pais idosos, mas, também, auxiliar no cuidado com os netos, especialmente porque, em muitas situações, os filhos estão entrando no mercado de trabalho e ainda enfrentam dificuldades de natureza financeira. Sanduiches ou panquecas, o fato é que as mulheres estão sempre comprimidas pelas várias camadas de responsabilidades familiares a elas destinadas, o que limita a sua presença no mercado de trabalho.(18)

Outro aspecto relevante é o aumento da taxa de trabalho voluntário no país, que, embora ainda baixo, passou para 4,2%, representando 7,3 milhões de pessoas. Esse crescimento foi registrado em todas as regiões do Brasil entre 2019 e 2022, indicando que, apesar das dificuldades econômicas e sociais, há um interesse crescente em atividades de apoio à comunidade(19).

Em resumo, os dados do IBGE destacam a necessidade urgente de políticas públicas externas para a promoção de uma divisão mais equitativa do trabalho de cuidado e dos afazeres domésticos. Embora os homens estejam assumindo gradualmente mais responsabilidades, a sobrecarga ainda recai majoritariamente sobre as mulheres, especialmente aquelas que também enfrentam discriminação por raça e classe. A implementação de políticas como a ampliação das licenças de paternidade, a promoção de horários de trabalho mais flexíveis, e o investimento em serviços públicos de cuidado — como creches e programas de assistência a idosos — é essencial para aliviar essa sobrecarga. Somente a partir de um esforço coordenado para reequilibrar as responsabilidades familiares e domésticas será possível avançar na direção da igualdade de oportunidades para mulheres no mercado de trabalho e através da melhoria de sua qualidade de vida.

Os ventos favoráveis a adoção desta Convenção se deu em março de 2023, oportunidade em que o presidente do Brasil anunciou o início do processo de ratificação

(18) EVA, Think. *"Geração sanduíche":* uma nova face da sobrecarga feminina. Disponível em: https://thinkeva.com.br/sobrecarga-geracao-sanduiche/. Acesso em: 1º nov. 2024.

(19) IBGE. Agência de notícias IBGE. *Em 2022, mulheres dedicaram 9,6 horas por semana a mais do que os homens aos afazeres domésticos ou ao cuidado de pessoas.* 11 ago. 2023. Disponível em: https://agenciadenoticias.ibge.gov.br/agencia-noticias/2012-agencia-de-noticias/noticias/37621-em-2022-mulheres-dedicaram-9-6-horas-por-semana-a-mais-do-que-os-homens-aos-afazeres-domesticos-ou-ao-cuidado-de-pessoas. Acesso em: 05 out. 2024.

da Convenção n. 156 da OIT[20]. Nesse mesmo sentido, o Supremo Tribunal Federal, comprometido em cumprir as metas dos Objetivos de Desenvolvimento Sustentável, na Ação Direta de Inconstitucionalidade n. 20 (ADO n. 20), em decisão de 14 de dezembro de 2023, reconheceu a existência de omissão inconstitucional na regulamentação da licença-paternidade prevista no art. 7º, XIX, da CF/1988, com fixação do prazo de 18 meses para o Congresso Nacional legislar a respeito da matéria[21].

## *2.2. Convenção n. 190 da OIT no Brasil*

A Convenção n. 190 da Organização Internacional do Trabalho, adotada em 21 de junho de 2019[22], representa um avanço histórico na proteção dos direitos dos trabalhadores ao ser a primeira convenção internacional dedicada exclusivamente à eliminação da violência e do assédio no mundo do trabalho. Essa convenção é particularmente significativa para as mulheres, que, em diversos contextos, são desproporcionalmente afetadas por essas práticas tanto dentro quanto fora do ambiente de trabalho. A violência e o assédio no trabalho são amplamente reconhecidos pela Convenção como exposta dos direitos humanos e uma ameaça direta à igualdade de oportunidades, afetando especialmente os grupos mais vulneráveis, como as mulheres, que frequentemente enfrentam situações de discriminação de gênero, intimidação e assédio sexual.

O principal objetivo da Convenção n. 190 é prevenir e combater todas as formas de violência e assédio no trabalho, incluindo aquelas motivadas por questões de gênero, e garantir que todos os trabalhadores, independentemente de seu vínculo empregatício ou posição hierárquica, possam usufruir de um ambiente de trabalho seguro e respeitoso. A convenção admite que a violência de gênero é uma realidade que afeta mais intensamente as mulheres, especialmente aquelas em posições subordinadas, onde a desigualdade de poder torna-as mais vulneráveis a abusos.

Nesse contexto, o ambiente de trabalho muitas vezes reflete e perpetua as disparidades de poder presentes na sociedade mais ampla, tornando o espaço laboral um campo propício para a perpetuação do assédio e da violência contra as mulheres. O mundo do trabalho é um espaço que não apenas reflete as assimetrias de gênero, mas que as

---

(20) BRASIL. *Ratificação da Convenção n. 156 da OIT e compromisso global pela igualdade de oportunidades.* Disponível em: https://www.gov.br/secom/pt-br/assuntos/obrasilvoltou/cuidado/ratificacao-da-convencao-156-da-oit-e-o-compromisso-global-pela-igualdade-de-oportunidades#:~:text=O%20Presidente%20da%20Rep%C3%BAblica%20deu,trabalho%20relacionada%20%C3%A0s%20responsabilidades%20familiares. Acesso em: 1º nov. 2024.

(21) STF. *ADO n. 20.* Rel. Min. Marco Aurélio. Redator do acórdão: Min. Edson Fachin. Reqte. Confederação Nacional dos Trabalhadores na Saúde — CNTS. Disponível em: https://portal.stf.jus.br/processos/detalhe.asp?incidente=4288299. Acesso em: 03 nov. 2024.

(22) OIT. *Convenção n. 190 e a Recomendação n. 206.* Disponível em: https://c190.lim.ilo.org/?lang=pt-br. Acesso em: 04 nov. 2024.

produz e reproduz para se organizar e se manter. Essas dinâmicas estão profundamente enraizadas em problemas estruturais que remontam a séculos de exclusão e exploração, cujas origens podem ser identificadas em processos históricos-políticos que fundaram o mundo do trabalho e consolidaram as suas assimetrias de gênero. A separação artificial criada durante a modernidade entre os espaços público e privado, para destinar os espaços públicos exclusivamente aos homens e confinar as mulheres aos espaços domésticos é um forte exemplo dessa questão estrutural que contribuiu para naturalizar as desigualdades e limitar o acesso das mulheres a posições de poder e decisão nos espaços públicos.(23)

A Convenção n. 190 é abrangente ao adotar uma definição ampliada do que constitui o "mundo do trabalho", indo além do físico local e incluindo situações que envolvam pessoas, eventos relacionados ao trabalho e até mesmo interações mediadas por tecnologias digitais. Essa abordagem é essencial para lidar com a complexidade dos espaços em que ocorrem as dinâmicas de assédio. A convenção exige que os países membros adotem políticas robustas de prevenção e combate à violência, estabelecendo responsabilidades tanto para trabalhadores quanto para trabalhadores. Isso inclui o desenvolvimento de políticas internacionais, treinamentos obrigatórios, e a criação de canais seguros para que denúncias possam ser feitas sem o temor de retaliações, garantindo assim um ambiente em que as vítimas se sintam encorajadas a se manifestarem.

O Brasil deu início ao processo de ratificação em 13 de março de 2023, por Mensagem de Acordos, convênios, tratados e atos internacionais MSC n. 86/2023(24). É importante destacar que a Constituição Federal de 1988 e a Consolidação das Leis do Trabalho já contêm dispositivos que visam garantir um ambiente de trabalho digno e livre de discriminação, mas ainda existem lacunas significativas quando se trata de proteção específica contra o assédio e a violência de gênero. A falta de uma legislação específica que aborda essa questão de maneira detalhada e abrangente reflete uma necessidade urgente de o país alinhar suas políticas com as melhores práticas internacionais.

O início do processo de ratificação e implementação das diretrizes da Convenção n. 190 no Brasil tiveram um impacto substancial, especialmente para os trabalhadores, que continuam a ser as principais vítimas de assédio sexual e outras formas de violência no trabalho. A adoção dessas medidas poderia não apenas contribuir para a criação de ambientes de trabalho mais seguros, mas também para o empoderamento das mulheres, permitindo que elas acessassem e permanecessem no mercado de trabalho de forma mais igualitária. A existência de um quadro legal que proteja eficazmente as mulheres encorajaria as vítimas a quebrarem o silêncio, sabendo que há respaldo legal para denunciar abusos sem medo de retaliação.

---

(23) COTTA, Mayra; FARAGE, Thais. *Mulher, roupa, trabalho: como se veste a desigualdade de gênero*. 1. ed. São Paulo: Paralela, 2021.

(24) Câmara dos Deputados. *MSC 86/2023*. Autor: Poder Executivo. Disponível em: https://www.camara.leg.br/proposicoesWeb/fichadetramitacao?idProposicao=2351227. Acesso em: 05 nov. 2024.

Portanto, a Convenção n. 190 da OIT é um instrumento essencial para promover ambientes de trabalho mais justos e seguros, não apenas combatendo a violência e o assédio, mas também enfrentando a cultura de silenciamento e impunidade que ainda prevalece em muitos contextos. Sua ratificação pelo Brasil seria um passo decisivo para garantir a proteção eficaz das trabalhadoras e para avançar em direção a um mercado de trabalho mais inclusivo e livre de discriminação de gênero. A implementação dessas diretrizes fortaleceria a luta contra a desigualdade, criando um ambiente em que todas as mulheres pudessem trabalhar com segurança e dignidade.

A OIT por meio da Conferência Internacional do Trabalho, 107ª Sessão, 2018, emitiu o Relatório V1 "Acabar com a violência e o assédio contra mulheres e homens no mundo do Trabalho", esmiuçando o tema e disponibilizando soluções e nortes para o combate ao assédio no trabalho[(25)].

Essas ferramentas fornecidas pela Organização Internacional do Trabalho são de extrema importância devido ao crescimento de casos. Entre o ano de 2020 a 2023, a Justiça do Trabalho julgou 419.342 ações envolvendo assédios moral e sexual (em todas as suas instâncias). No tocante ao assédio sexual, houve um crescimento de 44,8% neste período, ao passo que os casos de assédio moral aumentaram 5%[(26)]. Destaca-se que o CNJ enfatiza que "o crescimento não significa o crescimento de casos, mas, o crescimento de conscientização das pessoas sobre o tema e a sensação de maior segurança para reivindicar direitos"[(27)]. A divulgação e conscientização sobre assédio, fortalece o combate e a erradicação, como o Seminário "Cultura organizacional Livre de Assédio: Interfaces entre trabalho, indivíduo e saúde mental", realizada pelo Tribunal Superior do Trabalho[(28)]

No âmbito das empresas, Lei n. 14.457, de 21 de setembro de 2022 inseriu junto a Comissão Interna de Prevenção de Acidentes a prevenção do Assédio (CIPA). Como recomendado pelo Relatório de 2018 da OIT, o art. 23 da referida lei brasileira trata de Capítulo denominado "Das medidas de prevenção e de combate ao assédio sexual e a outras formas de violência no âmbito do Trabalho". Em seus incisos prevê a inclusão de regras de conduta a respeito do assédio sexual e outras formas de violência (I); fixação de procedimentos para recebimento e acompanhamento de denúncias, para apuração dos fatos e eventual aplicação de sanções administrativas ao responsáveis (II); inclusão de temas referentes a prevenção ao assédio sexual nas atividades e práticas da CIPA (III);

---

(25) OIT. *Acabar com a violência e o assédio contra mulheres e homens no mundo do trabalho.* Genebra, 2018. Disponível em: https://www.tst.jus.br/documents/1199940/1321373/Violencia_Assedio_Relatorio_V1_OIT_2018.pdf/614e8f0b-7267-8d86-a3f1-4a09a775bd95. Acesso em: 05 nov. 2024.

(26) CNJ. *Em três anos, Justiça do Trabalho julgou mais de 400 mil casos de assédio moral e sexual.* 3 maio 2024. Disponível em: https://www.cnj.jus.br/em-tres-anos-justica-do-trabalho-julgou-mais-de-400-mil-casos-de-assedio-moral-e-sexual/. Acesso em: 05 nov. 2024.

(27) *Idem.*

(28) ENAMAT. *Seminário Cultura Organizacional Livre de Assédio:* Interfaces entre trabalho, indivíduo e saúde mental. Disponível em: https://sites.google.com/tst.jus.br/livredeassedio. Acesso em: 06 nov. 2024.

realização, no mínimo a cada 12 meses, de ações de capacitação, de orientação e de sensibilização dos empregados e empregadas sobre temas relacionados à violência, ao assédio, à igualdade e à diversidade no âmbito do trabalho (IV)[29].

Com isso, pode-se notar como as Convenções e Recomendações internacionais impactam na evolução de direitos trabalhistas às mulheres, proporcionando ferramentas para a proteção a dignidade humana, por meio de trabalho decente.

## Conclusão

À medida que o Brasil se empenha em alinhar suas políticas às convenções internacionais, como as de números 156 e 190 da OIT, ele avança no sentido de promover um ambiente de trabalho mais seguro e igualitário, especialmente para as mulheres. Essas convenções, ao focarem na eliminação da violência, do assédio e na proteção dos trabalhadores com responsabilidades familiares, representam um avanço significativo na busca pelo fim das assimetrias de gênero. No entanto, esta jornada é longe de ser fácil, pois exige um compromisso constante com a implementação de políticas.

Ainda que o início do processo de ratificação dessas convenções demonstre um passo positivo, há muitos desafios a serem enfrentados para que suas diretrizes se tornem realidade no cotidiano dos trabalhadores brasileiros. É um esforço que exige não apenas a criação de leis, mas também uma mudança de práticas culturais enraizadas, que continua a relegar às mulheres a maior parte das responsabilidades familiares e a submetê-las à condição.

Neste ponto, é necessário considerar que as conquistas obtidas até aqui são importantes, mas insuficientes. Como nas travessias mais desafiadoras, as milhas mínimas sempre sofrem com as características geográficas de esticamento. Quanto mais próximos estamos da terra, mais compridas as viagens ficam. Assim também ocorre na luta pela igualdade de direitos: embora pareça que estamos próximos da meta, os últimos obstáculos tendem a ser os mais difíceis. É preciso, portanto, persistência e determinação para que o Brasil consiga alcançar a eficácia das convenções, garantindo que as mulheres possam, finalmente, desfrutar de um mercado de trabalho verdadeiramente justo.

## Referências

BRASIL. *Constituição da República Federativa do Brasil de 1988.* Disponível em: https://www.planalto.gov.br/ccivil_03/constituicao/constituicao.htm. Acesso em: 07 out. 2024.

BRASIL. *Decreto n. 4.377, de 13 de setembro de 2002.* Disponível em: https://www.planalto.gov.br/ccivil_03/decreto/2002/D4377.htm#art4. Acesso em: 05 out. 2024.

(29) BRASIL. *Lei n. 14.457, de 21 de setembro de 2022.* Disponível em: https://www.planalto.gov.br/ccivil_03/_ato2019-2022/2022/lei/l14457.htm. Acesso em: 06 nov. 2024.

BRASIL. *Decreto n. 24, de 29 de maio 1956.* Disponível em: https://legis.senado.leg.br/norma/577060#:~:text=APROVA%20AS%20CONVEN%C3%87%C3%95ES%20DO%20TRABALHO,DA%20ORGANIZA%C3%87%C3%83O%20INTERNACIONAL%20DO%20TRABALHO. Acesso em: 03 nov. 2024.

BRASIL. *Decreto n. 41.721, de 25 de junho de 1957.* Disponível em: https://www.planalto.gov.br/ccivil_03/decreto/antigos/d41721.htm . Acesso em: 02 nov. 2024.

BRASIL. *Decreto n. 62.150, de 19 de janeiro de 1968.* Disponível em: https://www.planalto.gov.br/ccivil_03/decreto/1950-1969/d62150.htm. Acesso em: 02 nov. 2024.

BRASIL. *Decreto n. 89.460, de 20 de março de 1984.* Disponível em: https://www.planalto.gov.br/ccivil_03/decreto/1980-1989/1980-1984/D89460.htm#:~:text=D89460&text=DECRETO%20N%C2%BA%2089.460%2C%20DE%2020%20DE%20MAR%C3%87O%20DE%201984.&text=Promulga%20a%20Conven%C3%A7%C3%A3o%20sobre%20a,Discrimina%C3%A7%C3%A3o%20contra%20a%20Mulher%2C%201979. Acesso em: 05 out. 2024.

BRASIL. *Lei n. 14.457, de 21 de setembro de 2022.* Disponível em: https://www.planalto.gov.br/ccivil_03/_ato2019-2022/2022/lei/l14457.htm. Acesso em: 06 nov. 2024.

BRASIL. *Ratificação da Convenção n. 156 da OIT e compromisso global pela igualdade de oportunidades.* Disponível em: https://www.gov.br/secom/pt-br/assuntos/obrasilvoltou/cuidado/ratificacao-da-convencao-156-da-oit-e-o-compromisso-global-pela-igualdade-de-oportunidades#:~:text=O%20Presidente%20da%20Rep%C3%BAblica%20deu,trabalho%20relacionada%20%C3%A0s%20responsabilidades%20familiares. Acesso em: 01 nov. 2024.

CÂMARA DOS DEPUTADOS. *MSC 86/2023.* Autor: Poder Executivo. Disponível em: https://www.camara.leg.br/proposicoesWeb/fichadetramitacao?idProposicao=2351227. Acesso em: 05 nov. 2024.

CNJ. *Em três anos, Justiça do Trabalho julgou mais de 400 mil casos de assédio moral e sexual.* 3 maio 2024. Disponível em: https://www.cnj.jus.br/em-tres-anos-justica-do-trabalho-julgou-mais-de-400-mil-casos-de-assedio-moral-e-sexual/. Acesso em: 05 nov. 2024.

COTTA, Mayra; FARAGE, Thais. *Mulher, roupa, trabalho:* como se veste a desigualdade de gênero. 1. ed. São Paulo: Paralela, 2021.

DGERT. *Direção Geral do emprego e das Relações de Trabalho.* Disponível em: https://www.dgert.gov.pt/convencao-n-o-45-dos-trabalhos-subterraneos-mulheres-1935#:~:text=rogadas%20Conven%C3%A7%C3%B5es%20Ratificadas-,Conven%C3%A7%C3%A3o%20n.%C2%BA%2045%2C%20dos,Trabalhos%20Subterr%C3%A2neos%20(Mulheres)%2C%201935&text=Adotada%20pela%20Confer%C3%AAncia%20Geral%20da,21%20de%20junho%20de%201935.&text=Abrogada%20pela%20Confer%C3%AAncia%20Internacional%20do,de%20junho%20de%202024%20(vd. Acesso em: 03 nov. 2024.

ENAMAT. *Seminário Cultura Organizacional Livre de Assédio:* Interfaces entre trabalho, indivíduo e saúde mental. Disponível em: https://sites.google.com/tst.jus.br/livredeassedio. Acesso em: 06 nov. 2024.

EVA, Think. *"Geração sanduíche":* uma nova face da sobrecarga feminina. Disponível em: https://thinkeva.com.br/sobrecarga-geracao-sanduiche/. Acesso em: 1º nov. 2024.

IBGE. Agência de notícias IBGE. *Em 2022, mulheres dedicaram 9,6 horas por semana a mais do que os homens aos afazeres domésticos ou ao cuidado de pessoas.* 11 ago. 2023. Disponível em: https://agenciadenoticias.ibge.gov.br/agencia-noticias/2012-agencia-de-noticias/noticias/37621-em-2022-mulheres-dedicaram-9-6-horas-por-semana-a-mais-do-que-os-homens-aos-afazeres-domesticos-ou-ao-cuidado-de-pessoas. Acesso em: 05 out. 2024.

NAMIR/UFBA — *Núcleo de apoio a migrantes e refugiados.* Por que o filme "As nadadoras", top 10 na Netflix, é mais do que entretenimento. Disponível em: https://namir.ufba.br/noticias/por-que-o-filme-nadadoras-top-10-na-netflix-e-mais-do-que-entretenimento. Acesso em: 30 out. 2024.

OIT. *Acabar com a violência e o assédio contra mulheres e homens no mundo do trabalho.* Genebra, 2018. Disponível em: https://www.tst.jus.br/documents/1199940/1321373/Violencia_Assedio_Relatorio_V1_OIT_2018.pdf/614e8f0b-7267-8d86-a3f1-4a09a775bd95. Acesso em: 05 nov. 2024.

OIT. *Convenção n. 156.* Disponível em: https://www.ilo.org/pt-pt/media/268941/download. Acesso em: 04 nov. 2024.

OIT. *Convenção n. 190 e a Recomendação n. 206.* Disponível em: https://c190.lim.ilo.org/?lang=pt-br. Acesso em: 04 nov. 2024.

STF. *ADI n. 5938.* Relator(a): Min. ALEXANDRE DE MORAES, Tribunal Pleno, julgado em 29.05.2019, PROCESSO ELETRÔNICO *DJe*-205 DIVULG 20.09.2019 PUBLIC 23.09.2019), disponível em: https://portal.stf.jus.br/processos/detalhe.asp?incidente=5447065. Acesso em: 04 nov. 2024.

STF. *ADO n. 20.* Rel. Min. Marco Aurélio. Redator do acórdão: Min. Edson Fachin. Reqte. Confederação Nacional dos Trabalhadores na Saúde — CNTS. Disponível em: https://portal.stf.jus.br/processos/detalhe.asp?incidente=4288299. Acesso em: 03 nov. 2024.

UNICEF. *Declaração Universal dos Direitos Humanos.* Disponível em: https://www.unicef.org/brazil/declaracao-universal-dos-direitos-humanos. Acesso em: 05 out. 2024.

Universidade Federal da Integração Latino-Americana. *Protagonizando por mulheres, trabalho de cuidado segue "invisível" à população.* 06 mar. 2023. Disponível em: https://portal.unila.edu.br/noticias/protagonizado-por-mulheres-trabalho-de-cuidado-segue-201cinvisivel201d-a-populacao-1. Acesso em: 02 nov. 2024.

# Trabalho Decente para Transformação: Uma Análise da Base Jurídico Normativa da Tutela da Pessoa Trabalhadora Transexual e Mecanismos de Eficácia em Prol do Trabalho Decente

## *Decent Work for Transformation: An Analysis of the Legal and Normative Basis of the Protection of Transgender Workers and Mechanisms for the Effectiveness in Favor of Decent Work*

*Larissa Matos*

*Bianca Bastos*

*Thiago William Pereira Barcelos*

**Resumo:** O artigo discute a marginalização e abjeção dos corpos trans, que, alicerçado em uma CIStemática heteronormativa, branca, patriarcal e colonial, posiciona-os em papéis coadjuvantes do exercício pleno de sua cidadania e de acesso aos direitos humanos positivados na Constituição Federal de 1988. Os desafios da inserção das pessoas trans no mercado de trabalho resvala a sua condição de invisibilidade, enfrentando o que, para a intelectual trans Sayonara Nogueira, denominou-se de morte social, levando cerca de 90% da população T para a informalidade e a prostituição, contribuindo para uma expectativa de vida de 35 anos. Os resultados demonstram que o Brasil falhou na efetiva proteção do direito ao trabalho decente de trabalhadores trans, seja pela marginalização destes trabalhadores, seja pela predominância da cisheteronormartividade nos espaços de trabalho formal. Assim, conclui-se que para garantir a eficácia das normas jurídicas é preciso estruturar políticas públicas, a partir de um diálogo social, cujos atores (poder público, empresas e sindicatos) estejam comprometidos com a pauta do trabalho decente, de modo a transformar a realidade atual, ofertando o utópico, mas necessário trabalho digno.

**Palavras-chave:** Trabalhadores trans; Eficácia das normas; Trabalho decente; Dignidade da pessoa humana; Invisibilidade.

**Abstract:** The article discusses the marginalization and abjection of trans bodies, rooted in a heteronormative, white, patriarchal, and colonial CIStematic structure, which relegates them to subordinate roles in the full exercise of their citizenship and access to human rights enshrined in the 1988 Federal Constitution. The challenges of integrating trans individuals into the labor market are tied to their condition of invisibility, facing what trans intellectual Sayonara Nogueira termed social death, pushing around 90% of the trans population into informality and prostitution, contributing to an average life expectancy of just 35 years. The findings reveal that Brazil has failed to effectively protect the right to decent work for trans workers, either due to their marginalization or the predominance of cisheteronormativity in formal workplaces. Thus, it is concluded that, to ensure the effectiveness of legal norms, public policies must be structured through a social dialogue involving key actors (the public sector, companies, and unions) committed to the agenda of decent work, aiming to transform the current reality and offer the utopian yet necessary vision of dignified labor.

**Keywords:** Trans workers; Effectiveness of standards; Decent work; Dignity of the human person; Invisibility.

## 1. Introdução

Muitas são as dificuldades encontradas para responder a complexidade social que perseguem grupos minorizados como a população LGBTQIAPN+, em especial o sujeito desse trabalho — pessoas trans*[(1)]. Para isso, devemos ir para além do Direito, com um olhar TRANSdisciplinar, e entender os efeitos da abjeção e da subjugação destas em relação à sociedade cis-hetero-normativa, tendo em vista o preocupante e devastador cenário no qual o sujeito deste artigo está inserido.

Na primeira parte do texto, foca-se nas pessoas trans, nas violências e nas dificuldades de acesso ao mercado de trabalho formal, digno e decente. Dessa forma, inicialmente são expostos alguns conceitos que as acompanham, para que, assim, seja possível entender

(1) De acordo com o dicionário de Leticia Lanz, o termo "Trans*" refere-se a todo sujeito que tem a identidade de gênero não reconhecida dentro da lógica binária homem-mulher (Lanz, 2016).

as necessidades e peculiaridades sociais e políticas desses sujeitos. Além disso, será analisado o contexto social de marginalização e de violência que insistem em manter as ruas e a prostituição o único espaço para os que transgredem a binaridade de gênero, e, assim, dar-lhes uma expectativa de vida de 35 anos.

Posteriormente, evidencia-se o diálogo entre o ordenamento jurídico brasileiro, a partir da análise do arcabouço normativo antidiscriminatório, constituído por uma gama de princípios e regras, que, juntos, formam uma estrutura de proteção contra discriminações no ambiente de trabalho, e todo o ordenamento jurídico internacional, Declarações e Recomendações que o Brasil ratificou, em especial a ODS 8, da Agenda 2030, da ONU.

Por fim, serão apresentadas algumas das ações do Estado brasileiro — em especial o Programa Transcidadania da cidade de São Paulo — que objetivam reduzir as desigualdades de gênero e de acesso ao mercado de trabalho formal e digno, e, ao final, serão propostas outras medidas e sugestões para que o Estado brasileiro possa garantir a eficácia das normas jurídicas, a partir de um diálogo social, cujos atores (poder público, empresas e sindicatos) estejam comprometidos com a pauta do trabalho decente, de modo a transformar a realidade atual, ofertando o utópico, mas imprescindível, trabalho digno.

## 2. As pessoas transexuais no mercado de trabalho e as violências enfrentadas: Identidade de gênero e transgeneridade

A Constituição Federal de 1988 estabelece, entre seus fundamentos, a dignidade da pessoa humana e os valores sociais do trabalho, além de objetivar a promoção do bem-estar de todos, sem qualquer forma de discriminação. Contudo, a sociedade contemporânea, estruturada em padrões cis-heteronormativos e racistas, marginaliza aqueles que não se enquadram nessas normas, violando sua dignidade e direitos fundamentais. Nesse contexto, as pessoas trans enfrentam exclusão, violência e desigualdade, especialmente no acesso ao trabalho formal, digno e decente, perpetuando um ciclo de invisibilidade e precarização.

O reflexo dessa marginalização é comprovado pelo dossiê intitulado A Geografia dos Corpos Trans, organizado por Euclides Cabral, Sayonara Nogueira e Tathiane Aquino (2017), pela Rede Nacional de Pessoas Trans do Brasil, ao constatar que, no ano de 2016, cerca de 90% da população trans estava na informalidade e na prostituição.

O Dossiê Assassinatos e Violências contra Travestis e Transexuais Brasileiras em 2023, publicado pela Associação Nacional de Travestis e Transexuais do Brasil, registrou 145 assassinatos de pessoas trans, sendo 57% das vítimas travestis e mulheres trans que trabalhavam como profissionais do sexo. Diante dessa realidade, o artigo propõe explorar termos e conceitos relacionados à pessoa trabalhadora trans, começando pelo gênero, frequentemente confundido com sexo biológico na língua portuguesa, mas que representa uma construção social e cultural mais ampla.

No entanto, a filósofa e escritora francesa Simone de Beauvoir nos ensina, em sua obra O segundo sexo, que "não se nasce mulher, torna-se mulher" (BEAUVOIR, 2014, p.9), afirmando que as mulheres e os homens são construções sociais. E nessa mesma linha de raciocínio, Jesus (2012, p. 8) nos ensina que o "gênero vai além do sexo", definindo-se como "a auto-percepção e a forma como a pessoa se expressa socialmente". Na mesma linha de raciocínio das autoras, o gênero pode ser definido como uma construção social e cultural que é variável, em que o indivíduo cisgênero é àquele que se identifica com o gênero que lhe foi atribuído no seu nascimento; e o transgênero é àquele que não se identifica com o gênero que lhe foi atribuído no nascimento.

No entanto, ao explicar as diferentes formas de vivenciar-se o gênero, Jesus (2012, p. 10-11) e diversos outros estudiosos enfatizam que a diferença entre os indivíduos travestis e transexuais não é pautada única e exclusivamente na realização (ou não) da cirurgia de redesignação sexual, já que muitas pessoas transexuais não se submetem ao procedimento cirúrgico, mas, mesmo assim, são consideradas como tais.

O Manual de Promoção dos Direitos Humanos de Pessoas LGBT no Mundo do Trabalho (2014) ressalta que reduzir a diferença entre travestis e transexuais à realização de cirurgias é simplista e impreciso, ignorando realidades diversas, como a dos homens trans que, em sua maioria, não realizam a faloplastia, sem que isso os descaracterize como homens. O gênero, sendo uma construção social e cultural, não é determinado pelo órgão sexual, e muitas travestis recorrem a intervenções como próteses de silicone e hormônios para adequar sua expressão corporal, enquanto pessoas transexuais podem ou não optar pela transgenitalização, sem que isso afete sua identidade de gênero.

E, sendo assim, a importância de abordar alguns termos, como o sexo, a identidade de gênero, a transexualidade e a travestilidade, está na clara necessidade de garantir que a base jurídica normativa seja respeitada, em especial a dignidade da pessoa humana e a construção das tutelas antidiscriminatórias, facilitando, assim, a efetivação dos direitos humanos aos trabalhadores transexuais. E, a partir desse cenário, o Brasil poderá alcançar a verdadeira posição de Estado Democrático de Direito.

## 3. Perspectivas que transparecem a face da violência, da exclusão e da marginalização profissional: Em busca do trabalho formal, digno e decente

Pelo décimo ano consecutivo, o Brasil continua ocupando o primeiro lugar do pódio dos países que mais reporta assassinatos de pessoas trans no mundo. De acordo com o levantamento feito, houve, em 2023, "[...] um aumento de mais de 10% nos casos de assassinatos de pessoas trans em relação a 2022 [...]", apurando "[...] 145 casos de assassinatos e 10 pessoas trans suicidadas [...]" (ANTRA, 2024, p. 6 e 78), registrando, "[...] pelo menos 57% dos assassinatos foram direcionados contra travestis e mulheres trans que atuam como profissionais do sexo [...]" (2024, p. 55), confirmando o reflexo do preconceito e da discriminação transfóbica construída e disseminada por uma sociedade cis, hétero, branca e patriarcal, onde "[...] as ruas continuam sendo o espaço de maior incidência dos assassinatos [...]" (2024, p. 79).

Essa violência é a chamada transfobia, definida, por Teixeira (2019, p.30), "[...] como toda ação ou omissão de aversão ou de discriminação de qualquer tipo direcionada à população trans, marginalizando-a de exercer sua cidadania, como o acesso ao mercado de trabalho formal, digno e decente, "alimentada e validada pelo poder público e político brasileiro".

Os dados confirmam que a realidade social da população trans ainda é devastadora, em que suas lutas de acesso ao trabalho decente são invisibilizadas pela política anti-gênero, como uma verdadeira herança da colonialidade, em que, tudo aquilo que TRANSgrede a binariedade, deve ser expurgada.

A exclusão de trabalhadores trans do seu direito à profissionalização e ao mercado de trabalho formal, digno e decente, reitera sua condição de vulnerabilidade, marginalização e abjeção — termo cunhado por Julia Kristeva (1982) e aplicado por Buttler, com impacto na garantia do direito à vida e de exercício pleno da cidadania.

Jesus (2012) aponta a exclusão estrutural como um sistema que limita o acesso a direitos básicos, educação e mercado de trabalho, agravando a evasão escolar e dificultando a inserção laboral de pessoas trans.

Ademais, levantamentos da ANTRA mostram que a invisibilidade, o preconceito de gênero e a falta de políticas públicas são os principais fatores que empurram essa população para a informalidade e, frequentemente, para a prostituição, perpetuando sua marginalização social.

A constante segregação e discriminação de gênero é uma realidade do mercado de trabalho, em que, segundo Adelman, "[...] o mercado de trabalho possui uma estrutura segmentada pelo gênero-definido pela dicotomia convencional homem/mulher [...]", esclarecendo que "[...] pessoas com uma ambiguidade de gênero poderiam causar confusão e sentir rejeição, por não se encaixarem facilmente nos nichos que existem no mercado de trabalho [...]" (2003, p. 83-84).

A partir da análise desses dados, Adelman (2023) esclarece que o mercado de trabalho já possui uma segregação estrutural de gêneros, em que as pessoas trans encontram obstáculos que as marginalizam do acesso ao trabalho formal e decente.

Assim, constatou-se que as inúmeras faces da transfobia, alimentadas pela colonialidade e pela imposição de uma cis-heteronormatividade branca, atuam como verdadeiros obstáculos no caminho social, educacional e profissional da população trans e, por consequência, afastam-nas do acesso ao trabalho formal, digno e decente para as atividades informais e sexuais, em clara segregação ocupacional.

Tendo em vista a segregação e os dados alarmantes que a população T se encontra, analisar-se-á, nos próximos tópicos, as normas jurídicas e as propostas para a garantia de uma sociedade igualitária, sem preconceitos, e, assim, atingir a meta do trabalho decente para toda a população brasileira.

## 4. Normas jurídicas e eficácia

As pessoas trans sofrem diferentes formas de violência que, conforme reconhecido pela Corte Interamericana de Direitos Humanos (Corte IDH), estão enraizadas em preconceitos e estigmatizações históricas. Uma das manifestações é a violência física, que inclui assassinatos, espancamentos, sequestros e agressões sexuais, além da violência psicológica, expressa em ameaças, coação e privação arbitrária de liberdade, como internações psiquiátricas forçadas (Corte IDH, 2021).

As violências motivadas por preconceitos contra a identidade ou expressão de gênero carregam um caráter simbólico, reforçando mensagens de exclusão e negação de direitos humanos, incluindo crimes de ódio alimentados por discursos discriminatórios que limitam liberdades fundamentais e perpetuam desigualdades no mercado de trabalho (Corte IDH, 2021). Apesar disso, o ordenamento jurídico brasileiro conta com um bloco normativo antidiscriminatório, composto por princípios e regras que estruturam a proteção contra discriminações no ambiente laboral.

Entre os princípios fundamentais, está o princípio da isonomia, previsto no art. 5º, *caput* e inciso I, da CF/88, e delineado em documentos internacionais como a Declaração Universal dos Direitos Humanos e os Pactos Internacionais dos Direitos Econômicos, Sociais e Culturais e dos Direitos Civis e Políticos.

Além disso, há o princípio da não discriminação, presente nos incisos XXX, XXXI e XXXII, do art. 7º, da CF/88, na Declaração Universal dos Direitos Humanos e nos mesmos pactos internacionais, que reforçam essa proteção ao proibir práticas discriminatórias.

Outro princípio central é o da dignidade da pessoa humana, estabelecido no art. 1º, inciso III, da CF/88, que determina o tratamento justo para todos os trabalhadores, promovendo a igualdade e o respeito no ambiente de trabalho.

No campo da proteção específica, o princípio da indenidade assegura que trabalhadores que denunciem práticas discriminatórias não sofram represálias. Esse princípio decorre do art. 1º, da Lei n. 9.029/95, do princípio da dignidade da pessoa humana e do valor social do trabalho, além de estar em consonância com a Convenção n. 111, da OIT, que versa sobre discriminação em emprego e ocupação.

Complementando esses princípios, o art. 170, *caput* e inciso III, da CF/88, consagra a função social da empresa, impondo aos empregadores o compromisso de promover um ambiente de trabalho inclusivo e que valorize a diversidade.

São normas que se alinham ao conceito de trabalho decente, compreendido como aquele "[...] adequadamente remunerado, exercido em condições de liberdade, equidade e segurança, capaz de garantir uma vida digna ao trabalhador [...]" (SILVA, TRT-7, 2023).

No contexto do trabalho decente, as normas jurídicas devem ser interpretadas e aplicadas em prol do pleno gozo dos direitos humanos fundamentais, contemplando grupos minorizados, como as pessoas trans, de forma a dar total efetividade ao comando constitucional.

Como explica Adilson Moreira, é preciso adotar uma postura hermenêutica que tenha o potencial de promover a proteção de minorias, com parâmetros adequados para se analisar a legalidade das normas e as práticas sociais, pois o Estado é um agente de transformação social e assim deve agir (MOREIRA, 2024).

Um dos princípios jurídicos essenciais nesse cenário é o princípio da segurança jurídica. A Corte IDH, ao tratar dele, enfatiza a necessidade de estabilidade e previsibilidade nas relações jurídicas. Assim, a adequação de documentos e registros conforme a identidade de gênero autopercebida da pessoa trabalhadora deve garantir que não haja prejuízos aos direitos anteriormente adquiridos e que a mudança de identidade não interfira nos direitos e obrigações contratuais.

Desse modo, o princípio *pro persona* orienta que a interpretação das normas seja sempre a mais benéfica ao trabalhador, promovendo a dignidade e autonomia da pessoa trans e a sua plena inclusão no mercado de trabalho.

Nessa linha de raciocínio, o direito à tutela da personalidade jurídica é um dos fundamentos para a proteção de trabalhadores trans. Reconhecer juridicamente a identidade de gênero significa assegurar que as pessoas trans sejam respeitadas, o que inclui a capacidade de atuar legalmente, firmar contratos e exercer plenamente seus direitos no ambiente laboral.

A não conformidade dos documentos com a identidade de gênero autodeclarada pode acarretar tratamento discriminatório e segregação no ambiente de trabalho, comprometendo a eficácia das normas de proteção ao trabalho decente e, por consequência, ferindo o princípio da igualdade — que é norte da hermenêutica, nos termos do art.5º, *caput*, da CF/88.

A Justiça do Trabalho tem avançado na compreensão das especificidades desse grupo e na necessidade de combater discriminações estruturais, tanto no ambiente laboral quanto nas decisões judiciais — inclusive, recentemente foi lançado o Protocolo que apontam a importância da aplicação de uma perspectiva antidiscriminatória e interseccional, incorporando a proteção à identidade de gênero e orientação sexual (TST, 2024).

Esse documento está alinhado às normas jurídicas que protegem os direitos da população LGBTQIAP+ no trabalho, que incluem a Constituição Federal de 1988, com destaque para os princípios da dignidade da pessoa humana e da não discriminação, bem como para as Convenções como a CEDAW, os Princípios de Yogyakarta e a Convenção n. 190, da OIT, que compõem o arcabouço normativo que orienta o Brasil em suas políticas de proteção social para esse grupo. Essas normas recomendam ações como o reconhecimento do nome social, o uso de instalações conforme a identidade de gênero e a adoção de políticas contra o assédio e discriminação (TST, 2024).

Dessa forma, a análise de normas jurídicas em prol do trabalho decente de pessoas trans exige uma compreensão dos princípios de segurança jurídica, da eficácia normativa e da aplicação de tratados internacionais, conforme já sinalizado pela Corte IDH.

A eficácia das normas jurídicas para a proteção de trabalhadores transexuais está intrinsecamente ligada à implementação de um controle de convencionalidade, prática que exige que Estados signatários da Convenção Americana de Direitos Humanos adaptem suas normas internas para estarem em conformidade com os padrões internacionais de direitos humanos. Esse controle visa assegurar que normas nacionais não contrariem o objeto e o propósito da Convenção Americana, especialmente no que tange à igualdade e não discriminação.

Os Estados, ao ratificarem a Convenção Americana de Direitos Humanos, assumem a responsabilidade de garantir que suas normas internas sejam interpretadas de acordo com o princípio da dignidade humana, assegurando que trabalhadores trans sejam tratados com igualdade e respeito (Corte IDH, 2021).

No ambiente de trabalho, a proteção jurídica deve garantir o direito à identidade de gênero e condições laborais decentes para pessoas trans. Contudo, a eficácia dessas normas enfrenta limitações devido à falta de políticas concretas e à resistência na aplicação de diretrizes como o uso do nome social e banheiros adequados. Para superar esses obstáculos, é essencial que tanto o Judiciário, como os empregadores (no âmbito privado) adotem uma perspectiva inclusiva e interseccional, fortalecendo a proteção aos trabalhadores LGBTQIAP+ e combatendo a cultura cisheteronormativa que marginaliza identidades dissidentes (TST, 2024).

Esse cenário também depende da implementação de capacitações permanentes para a magistratura — inclusive, essa é uma das medidas recomendadas pela Corte IDH para assegurar que o direito seja efetivo e transformador, especialmente para grupos minorizados (Corte IDH, 2021).

Nesse contexto, o papel do Poder Judiciário é fundamental na efetivação dos direitos trabalhistas para a população LGBTQIAP+, uma vez que a interpretação conforme os direitos humanos e o controle de convencionalidade são ferramentas centrais para garantir que normas internas estejam em conformidade com os tratados internacionais (TST, 2024).

A análise dessas normas sob uma perspectiva antidiscriminatória permite um avanço na promoção da igualdade no ambiente laboral, onde a proteção contra a discriminação estrutural seja assegurada (TST, 2024). Assim, a análise da legislação e sua aplicação indicam que a eficácia das normas de proteção para a população LGBTQIAP+, entre elas as pessoas trans, depende de uma abordagem mais inclusiva e de uma interpretação interseccional que considere as múltiplas camadas de opressão enfrentadas por essas pessoas no ambiente de trabalho.

## 5. Propostas para um trabalho decente

A construção de propostas para garantir trabalho decente às pessoas transgênero exige a transformação da estrutura social e o enfrentamento das condutas discriminatórias. Dada a realidade devastadora e marginalizada dessa população, o Direito tem um papel fundamental na efetivação do direito ao trabalho em condições de igualdade, conforme previsto na Constituição Federal e em normas internacionais, como as Convenções ns. 2, 88, 111, 122, 142, 168 e 190 da OIT, que asseguram empregabilidade e inclusão.

Nesse ponto cabe a consideração de que a atuação prática do Direito ocorre somente após a violação das normas de proteção. O controle jurídico no caso de violação a direitos humanos não restitui ou repara integralmente a violação já consumada.

Essa reflexão conduz à conclusão de que a atuação do Direito, embora necessária para trazer maior segurança aos trabalhadores trans, terá eficácia limitada a um modelo reparatório, que é insatisfatório.

Ainda que se possa fazer, por meio do Direito o controle jurídico de políticas públicas, é na falta destas que esbarra a amplitude da eficácia da atuação jurídica. Portanto, o quadro atual é o de precariedade, que sequer há inclusão da população trans como destinatária da ODS 08, da ONU, no atingimento da Agenda 2030, que prevê o trabalho decente. Aliás, em nenhum dos 10 objetivos a população T é citada de forma específica, mesmo diante de um cenário preocupante.

Os desafios da inserção das pessoas transgênero no mercado de trabalho resvala a condição de invisibilidade que atinge seus destinatários, que enfrentam o que se denominou de morte social. Esse conceito, citado por Sousa Rezende (2024, p. 321), foi criado pela ativista e intelectual transgênera Sayonara Nogueira, definindo-o como um processo de exclusão e apagamento de existência de pessoas T.

A exclusão dos espaços sociais impede que pessoas trans sobrevivam e, finalmente, provoca-lhes a morte física. Por isso, há referência dos estudiosos de que, em relação a pessoas transgênero, está ocorrendo um verdadeiro genocídio, que não é restrito ao altíssimo índice de assassinatos ocorridos no Brasil, mas também **à morte social, a qual acaba resultando na limitação da expectativa de vida.**

Portanto, além da questão da vulnerabilidade da classe trabalhadora, decorrente da relação entre o poder econômico da empresa e a dependência financeira da pessoa trabalhadora, as práticas discriminatórias vão além e impedem que a pessoa transgênero receba o reconhecimento que é dado a todos pela realização do trabalho, ocorrendo fragmentação de sua própria identidade com o trabalho, que passa a ser produzido num campo de exclusivo sofrimento.

Esse quadro leva à inexistência de reconhecimento do valor do trabalho da população transgênero e isto ocorre não pelo desvalor do trabalho em si, mas por uma característica da pessoa que o realiza. A mudança, com certeza, deve ocorrer a partir de uma revisão nas estruturas sociais, o que não impede a atuação do poder público e da sociedade civil na promoção de resultados imediatos decorrentes de políticas públicas, que são imprescindíveis para aqueles que dependem do trabalho.

Daí porque a realização de propostas para o trabalho decente de pessoas transexuais encontra uma segunda barreira, que é o fato de o próprio mercado de trabalho, em sua gênese ter sido concebido a pessoas cujas características as excluem. Enfim, o modelo capitalista de distribuição de postos de trabalho é construído de forma a repercutir toda a discriminação enfrentada pela pessoa trans.

Em São Paulo houve implementação do Projeto Transcidadania, durante o governo do Prefeito Fernando Hadad, no dia 29.01.2015 (Dia Nacional da Visibilidade Trans), no qual foi concedido um auxílio mensal (R$. 840,00) à população T que desejassem frequentar escolas e cursos profissionalizantes. O programa é um exemplo de proposta que dialoga com cidadania, empregabilidade, qualificação profissional, elevação de escolaridade e transferência de renda.

Atualmente, o sítio da Prefeitura informa o valor do auxílio mensal de R$ 1.482,60, indicando a existência de um termo de cooperação vigente até 31/12/2024, consignando, sequencialmente, a lista de beneficiários. Contudo, não há qualquer outra informação que indique a escolarização de referidos beneficiários e, tampouco, os resultados do Programa.

O Projeto Transcidadania foi inovador e trouxe a expectativa de se tornar uma política pública duradoura. Por isto, as associações representativas da população T intentam a nacionalização desse programa. Nesse sentido, o PL n. 144/21, de autoria do Deputado Federal/PT Alexandre Padilha, apresentado em 03.02.2021, institui a Política Nacional de Emprego e Renda para População Trans — TransCidadania, obrigando empresas com mais de 100 empregados que gozem de incentivos fiscais, ou que participem de licitação ou que mantenham contrato ou convênio com o Poder Público Federal, contratarem travestis ou transexuais, na proporção de, no mínimo 3% do total de seus empregados, buscando, assim, à promoção da cidadania destes trabalhadores.

De acordo com o mapeamento realizado pelo CEDEC — Centro de Estudos de Cultura Contemporânea, constatou-se que, no ano de 2021, a principal ocupação exercida por travestis e mulheres trans é a da prostituição: 46% dos travestis e 34% das mulheres trans se declararam profissionais do sexo, acompanhantes e garotas de programa, o que representa 80% das pessoas entrevistadas no Município de São Paulo. Quanto aos homens trans, o índice de declarados como profissionais do sexo foi de apenas 3%, sendo que as ocupações mais significativas são as do comércio, como vendedor/atendente de loja; analista *control desk/ telemarketing* (9% dos homens trans) e vendedor ambulante (2021, p. 38-46).

Diante das características das ocupações, o tipo de vínculo mais comum na população transgênero é o informal, de curta duração e sem contrato (bico), que alcança 72% para os travestis, 62% para mulheres trans, sendo que os homens trans constituem exceção nesse caso, pois trabalham na proporção de 49% dos ocupados, com carteira assinada.

As condições adversas do mercado de trabalho ocasionam dupla atividade, já que 21% da população trans ocupada exerce uma segunda atividade, muito provavelmente para obter um complemento de renda.

O portal TransEmpregos foi criado em 2013, pela associação de pessoas que se dispuseram a "[...] trabalhar junto às empresas para confrontar a discriminação, o preconceito causadores da grande dificuldade de acesso a empregos por esta população [...]", trazendo um relatório de dados para 2023 no qual destaca-se o número de 24.646 usuários, com 2.549 oportunidades prestadas, e 1.040 profissionais empregados, sendo que 39,02% tem graduação, mestrado ou doutorado. Os quadros demonstrativos que ilustram o site da TransEmpregos confirmam as demais pesquisas trazidas neste artigo, já que seu resultado, embora importante, não representa a inclusão desejada para a população transgênero.

Como se vê, as propostas de trabalho decente para a população transgênero é um desafio que depende de uma transformação ou reconstrução social, por meio de ações afirmativas para promover inclusão e eliminar o grande potencial discriminatório que incide sobre as pessoas transgênero. O asseguramento da garantia dos direitos fundamentais das pessoas travestis e trans deve ser inicialmente imputada ao governo brasileiro. E é responsabilidade do poder público tornar eficiente a escolarização da população transgênero, dentro dos patamares previstos a todos os cidadãos brasileiros.

Há também necessidade de parcerias para oferecimento de cursos de capacitação e qualificação de pessoas trans, como o sistema S (SESC/SENAC/SENAI). Embora já exista um banco de dados de currículos pelo TransEmpregos, a ampliação dessa iniciativa é essencial.

A criação de comitês de diversidade junto às empresas é medida que possibilita a informação dos demais trabalhadores quanto a um letramento que os capacita a interagir com a população transgênero com respeito. E esses comitês também seriam adequados a capacitar os gestores que atuam na área de Gestão de Pessoas. Essa iniciativa se inseriria como programa para empresas, segundo sua responsabilidade social.

Por fim, programas e parcerias com o Ministério Público, o Poder Judiciário e o Conselho Nacional de Justiça são essenciais para a manutenção e implementação de políticas públicas.

## 6. Consideraçõres finais

Considerando o exposto, observa-se que a inclusão das pessoas trans no mercado de trabalho formal, digno e decente exige um esforço conjunto e coordenado de diversos setores da sociedade, especialmente do poder público, das empresas e da sociedade civil, para que os apontados obstáculos sejam superados por meio de soluções práticas e ações afirmativas.

Nesse sentido, é preciso que o Estado brasileiro assuma um papel protagonista, implementando políticas públicas específicas e estruturadas, como a nacionalização do Programa Transcidadania. Além disso, a criação de normas que vinculem incentivos fiscais e contratações públicas à inclusão de pessoas trans no mercado de trabalho pode atuar como uma ferramenta de incentivo à igualdade.

No âmbito educacional, a ampliação do acesso à escolarização e à qualificação profissional é essencial. Parcerias com o sistema S (SESC, SENAI e SENAC) e a criação de programas de formação específicos para pessoas trans podem promover a inclusão e aumentar as oportunidades de empregabilidade.

No setor empresarial, é indispensável a criação de comitês de diversidade, capazes de desenvolver programas de capacitação para gestores e trabalhadores, fomentando um ambiente inclusivo e permeado pela equidade, a fim de garantir que a inclusão seja efetiva e sustentável, e não meramente simbólica.

Por fim, é imprescindível que o Poder Judiciário, em parceria com o Ministério Público do Trabalho e o Conselho Nacional de Justiça, continue a aplicar uma interpretação antidiscriminatória e interseccional das normas jurídicas, promovendo a fiscalização e o cumprimento das leis que garantem a igualdade no trabalho.

## Referências

ADELMAN, Miriam. *Travestis e Transexuais e os Outros: Identidade e Experiências de Vida.* Niterói: UFF, 2003.

ASSOCIAÇÃO NACIONAL DE TRAVESTIS E TRANSEXUAIS DO BRASIL (ANTRA). *Nota pública sobre a produção de dados acerca de pessoas trans e travestis no Brasil.* Disponível em: https://antrabrasil.org/wp-content/uploads/2024/03/nota-producao-de-dados-antra-2024-1.pdf. Acesso em: 27 out. 2024.

BEAUVOIR, Simone de. *O Segundo Sexo: fatos e mitos.* 4. ed. São Paulo: Difusão Europeia, 2014

BENEVIDES, Bruna G. *Dossiê:* assassinatos e violências contra travestis e transexuais brasileiras em 2023. ANTRA (Associação Nacional de Travestis e Transexuais). Brasília, DF: Distrito Drag; ANTRA, 2024. ISBN: 978-85-906774-9-9. Disponível em: https://antrabrasil.org/wp-content/uploads/2024/01/dossieantra2024-web.pdf. Acesso em: 03 nov. 2024.

BUTLER, Judith. *Problemas de gênero:* feminismo e subversão da identidade. 15. ed. Rio de Janeiro: Civilização Brasileira, 2017.

BUTLER, Judith. *Problemas de gênero:* feminismo e subversão da identidade. Tradução de Renato Aguiar. 8. ed. Rio de Janeiro: Civilização Brasileira, 2015.

CEDEC — Centro de Estudos de Cultura Contemporânea. *Mapeamento das Pessoas Trans na Cidade de São Paulo:* relatório de pesquisa. São Paulo, 2021.

CIDH — Corte Interamericana de Derechos Humanos. *Cuadernillo de Jurisprudencia de la Corte Interamericana de Derechos Humanos n. 19:* Derechos humanos de las personas LGBTI. Corte Interamericana de Derechos Humanos. San José, C.R.: 2021. Disponível em: https://www.corteidh.or.cr/sitios/ libros/todos/docs/cuadernillo19_ 2021.pdf. Acesso em: 27 out. 2024.

GOMES, Luiz Geraldo do Carmo; LIMA, Jairo Neia. Horizontalidade social trans: o direito social à saúde dos transexuais nas relações entre particulares. *Revista Jurídica Cesumar:* Mestrado (*online*), v. 19, p. 39-63, 2019. Disponível em: https://periodicos.unicesumar.edu.br/index.php/revjuridica/article/view/6603/3395. Acesso em: 03 nov. 2024.

JESUS, Jaqueline Gomes de. *Orientações sobre identidade de gênero:* conceitos e termos: guia técnico sobre pessoas transexuais, travestis e demais transgêneros, para formadores de opinião. 2. ed. Brasília, 2012. Disponível em: diversidadesexual.com.br/wp-content/uploads/2013/04/gênero-conceitos-e-termos. pdf. Acesso em: 03 nov. 2024.

KRISTEVA, Julia. *Powers of Horror* — An Essay on Abjection. New York:Columbia University Press, 1982.

Lanz, L. (2006). *Dicionario de Gênero*. Curitiba: Transgente.

MOREIRA, Adilson José. *Pensando com um negro:* ensaio de hermenêutica jurídica. 2. ed. São Paulo: Editora Contracorrente, 2024.

NAÇÕES UNIDAS DO BRASIL. *Os Objetivos de Desenvolvimento Sustentável no Brasil.* 8. Trabalho decente e crescimento econômico. Disponível em: https://brasil.un.org/pt-br/sdgs/8. Acesso: 31 nov. 2024.

NASCIMENTO, Ewerton S. *Alternativas de mercado de trabalho para as travestis de Aracaju.* Aracaju: Ministério da Justiça, 2003.

NOGUEIRA, S. N. B.; AQUINO, T. A.; CABRAL, E. A. *Dossiê:* a geografia dos corpos das pessoas trans. Aracaju: Rede Trans Brasil, 2017. Disponível em: https://issuu.com/redetransbrasil/docs/redetransbrasil_dossier. Acesso em: 03 nov. 2024.

OIT/UNAIDS/PNUD. *Promoção dos Direitos Humanos de pessoas LGBT no Mundo do Trabalho:* Construindo a igualdade de oportunidades no mundo do trabalho: combatendo a homo-lesbo-transfobia. Disponível em: https://unaids.org.br/wp-content/uploads/2016/01/2015_ManualPromocaoDireitosL GBTTrabalho_PT_V2.pdf. Acesso em: 03 nov. 2024.

PREFEITURA DE SÃO PAULO. *Programa TransCidadania*. Secretaria Municipal de Direitos Humanos e Cidadania. Disponível em: https://capital.sp.gov.br/web/desenvolvimento/w/cursos/operacao_trabalho/170430. Acesso em: 1º nov. 2024.

REDE TRANS BRASIL. *Censo Trans*. Disponível em: https://redetransbrasil.org.br. Acesso: 31 out. 2024.

RESENDE, Renato de Souza. O outro do outro: desafios do mercado de trabalho das pessoas transgêneros. *Igualdades e diversidades*. Organização: Mauricio Godinho Delgado... [*et al*]; coordenação: Mauricio Godinho Delgado, Kátia Magalhães Arruda. 1. ed. Araucaria, PR: Impressoart Gráfica e Editora, 2024. (Coleção Estudos Enamat; 13), p. 317-339.

SILVA, Francisco José Gomes. TRT 7. *O trabalho decente na perspectiva da Organização Internacional do Trabalho (OIT)*. Disponível em: https://www.trt7.jus.br/index.php?option=com_content&view=article&id=7543&catid=327&Itemid=1443. Acesso em: 30 out. 2024.

TEIXEIRA, Bruno Farias. *Diversidade e inclusão nas Organizações:* o desafio da inclusão de pessoas transgênero no mercado de trabalho formal. Monografia. Universidade Federal do Rio de Janeiro (FACC/UFRJ). 2019. RJ. Disponível em: https://pantheon.ufrj.br/bitstream/11422/12354/1/BFTeixeira.pdf. Acesso em: 02 nov. 2024.

TRANSEMPREGOS. Disponível em: http:///transempregos.com.br. Acesso em: 1º nov. 2024.

# (In)Efetividade da Lei de Cotas para Contratação das Pessoas com Deficiência no Mercado de Trabalho Brasileiro

## *(Un)Effectiveness of the Law of Quotas for Hiring People with Special Needs in the Brazilian Labor Market*

*Dayana dos Anjos Rodrigues Mattos Magalhães*

*Paulo Campanha Santana*

**Resumo:** Este artigo tem como objetivo analisar a efetividade da Lei n. 8.213/91 que trata das cotas para contratação de pessoas com deficiência impostas às empresas, e a Convenção n. 159 da OIT, visando a ampliar o acesso ao mercado de trabalho destas pessoas. A metodologia de pesquisa utilizada foi a hipotético-dedutiva, com revisão bibliográfica e análise documental, com enfoque nas pesquisas oficiais divulgadas sobre o tema e análise das decisões judiciais que impõem sanções às empresas que não atingem a cota de contratações das pessoas com deficiência. As pesquisas indicam que nos últimos anos, em que pese ter havido aumento no volume das contratações de pessoas com deficiência no Brasil, esse aumento não foi capaz de majorar exponencialmente a inclusão dessas pessoas no mercado de trabalho. Além disso, constata-se que as sanções aplicadas pela Justiça do Trabalho não têm sido suficientes, para impelir às empresas a manterem em dia as cotas legais nesse tipo de contratação, revelando um descaso com a inclusão das pessoas com deficiência no Brasil.

**Palavras-chave:** Pessoas com deficiência; Mercado de trabalho; Convenção n. 159 OIT; Inclusão; Dano moral coletivo.

**Abstract:** This article aims to analyze the effectiveness of Law No. 8.213/91, which deals with quotas for hiring people with special needs imposed on companies, and ILO Convention No. 159, aiming to expand access to the labor market for those people. The research methodology used was hypothetical-deductive, bibliographical review and documentary analysis, focusing on official research published on the topic and analysis of judicial decisions that impose sanctions on companies that do not meet the hiring quota for people with special needs. Research indicates that in recent years, although there has been an increase in the volume of hiring people with special needs in Brazil, this rise has not been able to exponentially increase the inclusion of those people in the labor market. Furthermore, it appears that the sanctions applied by the Labor Court are not sufficient to compel companies to keep the legal quotas in that type of hiring up to date, revealing a disregard for the inclusion of people with special needs in Brazil.

**Keywords:** People with special needs; Labor market; Convention No. 159 ILO; Inclusion; Collective moral damage.

## Introdução

Este artigo tem como objetivo analisar a efetividade ou não da Lei n. 8.213/1991, que implementou percentual de cotas para inclusão das pessoas com deficiência no Brasil, bem como, a Convenção n. 159 da Organização Internacional do Trabalho, identificando se houve efetiva ampliação do acesso dessas pessoas ao mercado de trabalho.

Ao longo dos anos a questão do acesso das pessoas com deficiência se tornou uma preocupação mundial, e estamos falando não só de barreiras físicas, mas também de amplo acesso ao mercado de trabalho. Já não há mais espaço para que as pessoas com deficiência sejam rejeitadas e excluídas da vida social e da vida profissional. É preciso garantir condições efetivas de acesso ao mercado de trabalho.

Assim, garantindo acesso a formação profissional adequada, seja por meio da educação nas escolas, seja por meio, da qualificação profissional adquirida através dos programas de aprendizagem e estágios, essas pessoas poderão adentrar ao mercado de trabalho de maneira segura, eficaz e digna.

O problema de pesquisa está na questão na seguinte indagação: a Convenção n. 159 da OIT e a promulgação da lei de cotas no Brasil teve efetividade em ampliar a inclusão da pessoa com deficiência no mercado de trabalho? A metodologia de pesquisa utilizada foi a hipotético-dedutiva, com revisão bibliográfica e análise documental, com enfoque nas pesquisas oficiais divulgadas sobre o tema e análise das decisões judiciais que impõem sanções às empresas que não atingem a cota de contratações das pessoas com deficiência.

No primeiro capítulo será apresentado o histórico da criação das normas que tratam da inclusão da pessoa com deficiência no mercado de trabalho, tanto no cenário brasileiro, quanto no cenário internacional. No segundo, os dados de pesquisas que demonstram a evolução da inclusão da pessoa com deficiência no mercado de trabalho brasileiro.

Já, no terceiro capítulo, discorrer-se-á sobre as decisões judiciais advindas das ações civis públicas já ajuizadas nos Tribunais Regionais do Trabalho do Brasil, contendo condenações, com deferimento de indenizações por danos morais coletivos, em desfavor das empresas que não cumprem na totalidade as cotas de contratação das pessoas com deficiência. Por fim, serão apresentadas algumas críticas sobre os valores e as obrigações de fazer descritas nas decisões judiciais proferidas.

## 1. Histórico sobre o surgimento das normas sobre inclusão da pessoa com deficiência no mercado de trabalho

Numa primeira fase do cenário mundial, a pessoa com deficiência era enxergada como uma situação de castigo divino, no qual suas limitações tinham como justificativas vícios ou mazelas dos seus antepassados. A partir da Revolução Industrial, iniciada no século XVIII, a questão da habilitação e reabilitação da pessoa com deficiência para o trabalho ganha força, em função das condições precárias de trabalho que passam a ocasionar acidentes mutiladores e, também, doenças profissionais.(1)

No século XIX, surge uma atenção especializada para o indivíduo com deficiência e não só institucional, como hospitais e abrigos. Iniciam-se estudos específicos para os problemas ligados a cada tipo de deficiência. As grandes guerras mundiais geraram diversos deficientes, o que gerou uma mudança no tratamento destes.

A partir daí, sentindo-se à margem da sociedade, as pessoas com deficiência passaram a se organizar, surgindo o modelo social da deficiência. Nesse contexto, a deficiência não é mais ligada a uma doença, mas a consequência da interação entre características corporais do indivíduo e as condições sociais em que ele vive. É fruto da combinação de limitações impostas pelo corpo com alguma lesão, combinados a uma organização social pouco sensível a diversidade corporal.(2)

Com isso, o cenário internacional passou a demonstrar forte preocupação com o tema da inclusão da pessoa com deficiência no mercado de trabalho. Em 1975, a Organização das Nações Unidas publicou a declaração dos Direitos das Pessoas Deficientes, a qual teve grande relevância por trazer o conceito de "pessoa deficiente", entendendo como aquela pessoa incapaz de satisfazer por si própria, as necessidades de uma vida normal individual ou social, em função da deficiência.(3)

---

(1) FERNANDES, Lorena. Breve histórico da deficiência e seus paradigmas. *Revista do Núcleo de Estudos e Pesquisas Interdisciplinares em Musicoterapia*, Curitiba v. 2, p. 132-144. 2011. Disponível em: http://www.fap.pr.gov.br/arquivos/File/extensao/Arquivos2011/NEPIM/NEPIM_Volume_02/Art08_NEPIM_Vol02_BreveHistoricoDeficiencia.pdf. Acesso em: 15 nov. 2024.

(2) MEDEIROS, M.; Diniz, D. *A nova maneira de se entender a deficiência e envelhecimento*. Brasília: IPEA, 2004.

(3) ORGANIZAÇÃO DAS NAÇÕES UNIDAS (ONU). ***Declaração dos direitos das pessoas deficientes***. Disponível em: http://portal.mec.gov.br/seesp/arquivos/pdf/dec_def.pdf. Acesso em: 16 out. 2024.

Em seguida, foi criada a Convenção n. 159 da Organização Internacional do Trabalho, ratificada pelo Brasil em 18.05.1991, visando conceder participação plena e igualdade de tratamento, protegendo e assegurando o pleno exercício dos direitos humanos dessas pessoas[4].

No Brasil, o acesso ao mercado de trabalho para as pessoas com deficiência é assunto imperativo constitucional decorrente de uma sociedade que se constitui em Estado Democrático de Direito (art. 1º, caput, da Constituição Federal de 1988), pautada nos princípios da isonomia, dignidade da pessoa humana e não discriminação. Além disso, há a questão da preservação da dignidade que está diretamente ligada a questão da inclusão social pois a Carta Magna proíbe a discriminação no tocante ao salário, critérios de admissão do trabalhador com deficiência (art. 7º, XXXI, da Constituição Federal de 1988)[5].

Em julho do mesmo ano da ratificação da Convenção n. 159 da OIT pelo Brasil, entrou em vigor a Lei n. 8.213/91[6], determinando, no art. 93, que as empresas com mais de cem empregados, fossem obrigadas a manter empregados com deficiência em seus quadros. Com isso, esperou-se que haveria um amplo acesso das pessoas com deficiência no mercado de trabalho brasileiro. Ainda nesse contexto em 2015, foi publicada a lei de inclusão n. 13.146, a qual instituiu a lei brasileira de inclusão da pessoa com deficiência, também conhecida como Estatuto da Pessoa com Deficiência.[7]

A intenção das normas, tanto internacionais quanto brasileiras, foi genuína, visto que a inclusão das pessoas com deficiência no mercado de trabalho, garantiria que desfrutassem do direito ao trabalho, com dignidade, gerando menos custo para a administração pública. Estas pessoas se tornariam independentes financeiramente e reduziriam a necessidade de recebimento de benefícios governamentais. No entanto, passados mais de 30 anos da entrada em vigor tanto das normas internacionais, quanto das leis brasileiras, serão analisados dados para verificar a sua efetividade.

---

(4) ORGANIZAÇÃO DAS NAÇÕES UNIDAS (ONU). *Decreto-lei n. 10.088, de 05 de novembro de 2019*. Consolida atos normativos editados pelo Poder Executivo Federal que dispõem sobre a promulgação de convenções e recomendações da Organização Internacional do Trabalho — OIT ratificadas pela República Federativa do Brasil. Disponível em: https://www.planalto.gov.br/ccivil_03/_Ato20192022/2019/Decreto/D10088.htm#anexo45. Acesso em: 15 out. 2024.

(5) BRASIL. *Constituição da República Federativa do Brasil de 1988*. Disponível em: http://www.planalto.gov.br/ccivil_03/constituicao/constituicao.htm. Acesso em: 05 out. 2024.

(6) BRASIL. *Lei n. 8.213/91, de 24 de julho de 1991*. Dispõe sobre os Planos de Benefícios da Previdência Social e dá outras providências. Disponível em: https://www.planalto.gov.br/ccivil_03/leis/l8213cons.htm. Acesso em: 15 out. 2024.

(7) BRASIL. *Lei n. 13.146/15, de 06 de julho de 2015*. Institui a Lei Brasileira de Inclusão da Pessoa com Deficiência (Estatuto da Pessoa com Deficiência). Disponível em: https://www.planalto.gov.br/ccivil_03/_ato2015-2018/2015/lei/l13146.htm. Acesso em: 06 nov. 2024.

## 2. Acesso ao mercado de trabalho das pessoas com deficiência no Brasil

Para melhor elucidação dos resultados das pesquisas que serão demonstradas a seguir, a população brasileira, até 1º de julho de 2024, estava estimada em 212,6 milhões de pessoas, de acordo com a estimativa divulgada pelo Instituto Brasileiro de Geografia e Estatística (IBGE) e publicada no Diário Oficial da União, no dia 29 de agosto de 2024.(8)

No mês de julho de 2023, o Instituto Brasileiro de Geografia e Estatística — IBGE publicou a pesquisa nacional por amostra de domicílios — pessoas com deficiência 2022. Tal pesquisa nasceu de uma parceria entre a Secretaria Nacional dos Direitos das Pessoas com Deficiência do Ministério dos Direitos Humanos e da Cidadania e o IBGE.

Os dados dessa pesquisa contemplam o terceiro trimestre de 2022 e apresentam um cenário detalhado sobre as características das pessoas com deficiência no Brasil, bem como a questão da inserção no mercado de trabalho. Pela primeira vez, foram produzidos dados específicos sobre pessoas com deficiência.

Esta pesquisa apurou que temos aproximadamente 18,6 milhões de pessoas com deficiência no Brasil. No tocante à participação dessas pessoas no mercado de trabalho, constatou-se que apenas 26,6% do total de pessoas com deficiência encontra espaço no mercado de trabalho, enquanto o nível de ocupação para o resto da população é de 60,7%. Outro ponto que merece destaque é que cerca de 55% das pessoas com deficiência estão na informalidade no mercado de trabalho.

No portal "sit" do Ministério do Trabalho, é possível observar a evolução da contratação de pessoas com deficiência no setor privado. No ano 2000, apenas 11,8% do total de vagas destinadas ao empregado com deficiência estava preenchido, já, no ano de 2021, 50,65% das vagas estavam preenchidas. O *site* oficial do Ministério do Trabalho não divulgou o percentual para os anos posteriores a 2021. Entretanto, pode-se verificar que o aumento da fiscalização por parte do Ministério do Trabalho, aumentou significativamente a inclusão das pessoas com deficiência no mercado de trabalho.(9)

A partir do ano de 2008, foi implementada a fiscalização com atividades sistemáticas no Brasil, para apurar o cumprimento das cotas de contratação de pessoas com deficiência nas empresas privadas com mais de 100 empregados. A partir da fiscalização, a contratação pelas empresas aumentou 64%.

---

(8) PRESIDÊNCIA DA REPÚBLICA. Secretaria de Comunicação Social. *População do Brasil chega a 212,6 milhões de habitantes, aponta estudo.* Disponível em: https://www.gov.br/secom/pt-br/assuntos/noticias/2024/08/populacao-do-brasil-chega-a-212-6-milhoes-de-habitantes-aponta-ibge. Acesso em: 02 nov. 2024.

(9) MINISTÉRIO DO TRABALHO E EMPREGO. *Portal da Inspeção do Trabalho.* Disponível em: https://sit.trabalho.gov.br/radar/. Acesso em: 05 nov. 2024.

No ano de 2024, a Secretaria de Inspeção do Trabalho, órgão vinculado ao Governo Federal, publicou um levantamento no qual destaca que aproximadamente 545 mil pessoas com deficiência e reabilitados do INSS estão inseridos no mercado formal de trabalho no Brasil[(10)].

No âmbito da participação dos empregados com deficiência na esfera da administração pública, destaca-se uma pesquisa denominada "Censo das Pessoas com Deficiência — uma pesquisa sobre acessibilidade de inclusão", produzida pelo Tribunal Regional do Trabalho da 2ª Região (São Paulo). Nesta pesquisa, foram utilizados dados coletados no período entre 1º e 25 de agosto de 2023. Um dos objetivos desta pesquisa foi incentivar a reaplicação dessa boa prática em outros Tribunais do país no tocante ao tema da inclusão. No período compreendido na pesquisa do total de aproximadamente seis mil empregados, havia 199 pessoas com deficiência no TRT da 2ª Região[(11)].

## 3. As decisões dos Tribunais Regionais do Trabalho sobre as condenações impostas às empresas que não cumprem as cotas legais

As jurisprudências dos Tribunais Regionais do Trabalho Brasileiros têm se posicionado no sentido de não admitir ou tolerar o descumprimento das cotas legais de inclusão da pessoa com deficiência no mercado de trabalho. Dentro desse contexto, o âmbito de aplicação desta pesquisa englobou os Tribunais Regionais do Trabalho da 1ª, 2ª, 3ª, 5ª, e 18ª Região, por serem os maiores Tribunais do país.

Os termos "ação civil pública" e "cotas" foram utilizados como critério de pesquisa pelo acesso aos *sites* oficiais destes Tribunais, durante o período de 1º.10.2024 a 06.11.2024. Os acórdãos foram selecionados como os principais documentos de análise com datas de julgamento entre 2019 e 2024.

A análise dessas decisões permitiu identificar as razões para determinar as condenações em indenizações por danos morais coletivos, bem como, em obrigação de fazer, visando a compelir as empresas a manterem as cotas de contratação em conformidade com a lei.

No Tribunal Regional do Trabalho da 1ª Região, ocorreu o julgamento da ação civil pública n. 0100683-85.2022.5.01.0013 (26/06/2024), na qual uma grande empresa de fornecimento e manutenção de energia elétrica do Estado do Rio de Janeiro, foi condenada ao pagamento de R$ 1.000.000,00 (um milhão de reais), por danos morais

(10) MINISTÉRIO DO TRABALHO E EMPREGO. *Levantamento do e-Social aponta 545,9 mil trabalhadores com deficiência no mercado de trabalho no Brasil.* Disponível em: https://www.gov.br/trabalho-e-emprego/pt-br/noticias-e-conteudo/2024/Marco/levantamento-do-esocial-aponta-545-9-mil-trabalhadores-com-deficiencia-no-mercado-de-trabalho-no-brasil. Acesso em: 02 nov. 2024.

(11) JUSTIÇA DO TRABALHO. TRT DA 2ª REGIÃO. *TRT-2 Mostra dados do 1º Censo das Pessoas com Deficiência.* Disponível em: https://ww2.trt2.jus.br/noticias/noticias/noticia/2a-regiao-divulga-relatorio-do-1o-censo-das-pessoas-com-deficiencia. Acesso em: 10 out. 2024.

coletivos, pela ausência de comprovação efetiva de tentativa de contratação de pessoas com deficiência. Destacou-se, inclusive, que a divulgação de vagas foi falha ao não divulgar as vagas para pessoas com deficiência visual, revelando uma deficiência empresarial na oferta de tecnologias assistivas.

O Tribunal apurou, ainda, que havia diversas vagas na empresa com possibilidade de desempenho de pessoas com deficiência. Ademais, destacou que a empresa tinha por hábito demitir muitos profissionais com deficiência e não contratar os respectivos substitutos, conforme mandamento legal. Considerando o tamanho da empresa que é concessionária do serviço público do ramo da energia, entendemos que o valor arbitrado a indenização não foi proporcional.

No Tribunal Regional do Trabalho da 2ª Região, houve o julgamento do processo n. 10005852-30.2017.5.02.0511 (02/04/2019), que analisava os pedidos de uma ação civil pública, proposta pelo Ministério Público do Trabalho, o qual manteve a condenação arbitrada em primeira instância no valor de R$ 500.000,00 (quinhentos mil reais), por danos morais coletivos, pela ausência de comprovação efetiva sobre a ampla divulgação de vagas para contratação de pessoas com deficiência. Neste caso, a empresa possuía aproximadamente 10 mil empregados e mantinha apenas 97 empregados contratados caracterizados como pessoas com deficiência.

No caso acima, o relator concluiu que a empresa não logrou êxito em comprovar que envidou todos os esforços para a contratação e adequação à cota legal e, por esta razão, manteve a condenação em danos morais, mantendo, inclusive, o valor arbitrado em primeira instância. Condenou, ainda, a empresa determinando a abertura de processo seletivo amplamente divulgado para preenchimento integral da cota, sob pena de multa diária, arbitradas considerando o grande porte da empresa reclamada, que se tratava de companhia detentora de diversas varejistas digitais.

No caso acima, constata-se que o valor da indenização não se demostrou razoável, considerando que, em 2021 o faturamento anual dessa empresa foi de aproximadamente 15,6 milhões(12). Será que uma condenação no patamar de meio milhão de reais será suficiente para compelir a empresa a manter em dia a cota legal?

No Tribunal Regional do Trabalho da 3ª Região, no julgamento do processo n. 0010169-20.2023.5.03.0135 (18/09/2023), uma empresa de pequeno porte foi condenada ao pagamento de indenização por danos morais coletivos no valor de R$ 50.000,00, utilizando como fundamento o caráter preventivo, pedagógico e punitivo da decisão, desestimulando a conduta ilícita de não cumprir a cota legal de pessoas com deficiência

(12) VALOR INVESTE EMPRESAS. *B2W registra lucro de R$ 15,6 milhões no 4º tri, mas prejuízo de R$ 203,8 milhões no ano.* Disponível em: https://valorinveste.globo.com/mercados/renda-variavel/empresas/noticia/2021/03/04/b2w-registra-lucro-de-r-156-milhoes-no-4o-tri-mas-prejuizo-de-r-2038-milhoes-no-ano.ghtml. Acesso em: 06 nov. 2024.

contratadas na empresa. Neste caso, considerando se tratar de empresa de pequeno porte entendemos que o valor de indenização arbitrado foi razoável.

No Tribunal Regional do Trabalho da 5ª Região, no julgamento do processo n. 0000516-80.2022.5.05.0035 (20/02/2024), o Tribunal entendeu por reformar a decisão que primeira instância que havia julgado improcedente o pedido de condenação em danos morais coletivos. No acórdão, destacou-se todas as normas internacionais e nacionais sobre o tema da inclusão da pessoa com deficiência. Ressaltou, ainda, os autos de infração recebidos pela empresa e a negativa de celebração de termo de ajustamento de conduta com o MPT, após instauração de inquérito civil público. Em vista disso, reformou a sentença de primeiro grau, para condenar a empresa ao pagamento de R$ 100.000,00, a título de danos morais coletivos, bem como, contratar as pessoas com deficiência habilitadas em concurso público.

No Tribunal Regional do Trabalho da 18ª Região, a Sociedade Goiana de Cultura foi condenada ao pagamento de R$ 300.000,00, a título de danos morais coletivos, bem como, determinou que a Sociedade mantenha em dia a cota legal de pessoas com deficiência. O valor da condenação foi considerado razoável, na medida em houve descumprimentos reiterados da cota legal, sem adoção de medidas efetivas para atingi-la.

Da análise dos fundamentos de todas as decisões apresentadas neste artigo, podemos destacar alguns pontos que são entendidos como primordiais a justificar a condenação das empresas, quais sejam, negativa de assinatura de termo de ajustamento de conduta com o Ministério Público do Trabalho, negligência no cumprimento das cotas legais que resulta na violação dos direitos da coletividade, impossibilitando o acesso ao mercado de trabalho, exigência de qualificações excessivas dos candidatos com deficiência o que torna inócuo o espírito da lei de realizar a inclusão social.

Outrossim, também houve grande destaque para as normas internacionais, seja pela Convenção da ONU sobre os Direitos das Pessoas com Deficiência e a Convenção n. 159 da Organização Internacional do Trabalho. As decisões ainda destacaram algumas práticas entendidas como razoáveis, na busca incessante de profissionais com deficiência no mercado de trabalho: parcerias com entidades/associações representativas de PCDs e reabilitados do INSS, divulgação de vagas em *sites* de busca de emprego na *internet* e páginas de redes sociais, oferecimento de cursos de capacitação para os novos funcionários, habilitação por meio dos contratos de aprendizagem.

Todas essas práticas combinadas entre si, torna efetiva a inclusão da pessoa com deficiência e reabilitados do INSS ao mercado de trabalho, garantindo a dignidade plena e acesso digno ao mercado de trabalho.

## Considerações finais

A questão da inclusão das pessoas com deficiência tornou-se ao longo dos anos um grande desafio para todas as nações. Como garantir pleno acesso ao mercado de trabalho das pessoas que muitas vezes possuem limitações físicas e/ou mentais? As normas internacionais e nacionais têm importante destaque nessa inclusão.

No cenário nacional, verifica-se que as pesquisas apontaram um crescimento na inclusão da pessoa com deficiência no mercado de trabalho, especialmente após a promulgação da lei, que incluiu cota legal para que as empresas incluam em seus quadros pessoas com deficiência, assim como o início da fiscalização por parte do Governo Federal, através do Ministério do Trabalho e Emprego.

Contudo, essa não foi a solução definitiva para resolver por completo a questão da inclusão. Mesmo com as fiscalizações intensas e as ações civis públicas, ajuizadas pelo Ministério Público do Trabalho, visando o ressarcimento moral coletivo, as empresas ainda enfrentam o desafio do manter as cotas de contratação da pessoa com deficiência em conformidade com o ordenamento legal.

Em todas as decisões analisadas, identifica-se condenações tanto pecuniárias, quanto em obrigação de fazer, concedendo prazo para adequação da contratação de pessoas com deficiência, com imposição de multa diária. Em contrapartida, não foi possível identificar se de fato as condenações em obrigação de fazer foram cumpridas, mesmo porque as empresas condenadas, muitas vezes, continuam a descumprir a cota legal.

Após análise dos dados e informações apresentados neste artigo, entendemos que a lei de cotas tem eficácia, na medida em que possibilitou e ampliou o acesso das pessoas com deficiência no mercado de trabalho. Ainda que o desafio da inclusão seja grande, a legislação vigente, a fiscalização e as decisões do Tribunais estão contribuindo para a efetividade dessa inclusão.

## Referências

AGÊNCIA IBGE NOTÍCIAS. *Pessoas com deficiência têm menor acesso à educação, ao trabalho e à renda.* Disponível em: https://agenciadenoticias.ibge.gov.br/agencianoticias/2012agenciadenoticias/noticias/37317-pessoas-com-deficiencia-tem-menor-acesso-a-educacao-ao-trabalho-e-a-renda. Acesso em: 10 out. 2024.

BRASIL. *Constituição da República Federativa do Brasil de 1988.* Disponível em: http://www.planalto.gov.br/ccivil_03/constituicao/constituicao.htm. Acesso em: 05 out. 2024.

BRASIL. *Lei n. 8.213/91, de 24 de julho de 1991.* Dispõe sobre os Planos de Benefícios da Previdência Social e dá outras providências. Disponível em: https://www.planalto.gov.br/ccivil_03/leis/l8213cons.htm. Acesso em: 15 out. 2024.

BRASIL. *Lei n. 13.146/15, de 06 de julho de 2015.* Institui a Lei Brasileira de Inclusão da Pessoa com Deficiência (Estatuto da Pessoa com Deficiência). Disponível em: https://www.planalto.gov.br/ccivil_03/_ato2015-2018/2015/lei/l13146.htm. Acesso em: 06 nov. 2024.

BRASIL. *Decreto-lei n. 10.088, de 05 de novembro de 2019.* Consolida atos normativos editados pelo Poder Executivo Federal que dispõem sobre a promulgação de convenções e recomendações da Organização Internacional do Trabalho — OIT ratificadas pela República Federativa do

Brasil. Disponível em: https://www.planalto.gov.br/ccivil_03/_Ato20192022/2019/Decreto/D10088.htm#anexo45. Acesso em: 15 out. 2024.

BRASIL. Tribunal Regional do Trabalho da 1ª Região (9ª Turma). *Processo 0100683-85.2022.5.01.0013*. Data: 26.06.2024. Relator: Rildo Albuquerque Mousinho de Brito.

BRASIL. Tribunal Regional do Trabalho da 2ª Região (3ª Turma). *Processo 1000582-30.2017.5.02.0511*. Data: 02.04.2019. Relator: Kyong Mi Lee.

BRASIL. Tribunal Regional do Trabalho da 3ª Região (1ª Turma). *Processo 0010169-20.2023.5.03.0135*. Data: 18.09.2023. Relator: Angela Castilho Rogedo Ribeiro.

BRASIL. Tribunal Regional do Trabalho da 5ª Região (1ª Turma). *Processo 0000516-80.2022.5.05.0035*. Data: 20.02.2024. Relator: Paulo Viana de Albuquerque Juca.

BRASIL. Tribunal Regional do Trabalho da 18ª Região (2ª Turma). *Processo 0010217-92.2022.5.18.0006*. Data: 10.07.2024. Relator: Daniel Viana Junior.

FERNANDES, Lorena. Breve histórico da deficiência e seus paradigmas. *Revista do Núcleo de Estudos e Pesquisas Interdisciplinares em Musicoterapia*, Curitiba v. 2, p. 132-144, 2011. Disponível em: http://www.fap.pr.gov.br/arquivos/File/extensao/Arquivos2011/NEPIM/NEPIM_Volume_02/Art08_NEPIM_Vol02_BreveHistoricoDeficiencia.pdf. Acesso em: 15 nov. 2024.

JUSTIÇA DO TRABALHO. TRT DA 2ª REGIÃO. *TRT-2 Mostra dados do 1º Censo das Pessoas com Deficiência*. Disponível em: https://ww2.trt2.jus.br/noticias/noticias/noticia/2a-regiao-divulga-relatorio-do-1o-censo-das-pessoas-com-deficiencia. Acesso em: 10 out. 2024.

MINISTÉRIO DOS DIREITOS HUMANOS E DA CIDADANIA. *Brasil tem 18,6 milhões de pessoas com deficiência indica pesquisa divulgada pelo IBGE e MDHC*. Disponível em: https://www.gov.br/mdh/pt-br/assuntos/noticias/2023/julho/brasil-tem-18-6-milhoes-de-pessoas-com-deficiencia-indica-pesquisa-divulgada-pelo-ibge-e-mdhc. Acesso em: 10 out. 2024.

MINISTÉRIO DO TRABALHO E EMPREGO. *Levantamento do e-Social aponta 545,9 mil trabalhadores com deficiência no mercado de trabalho no Brasil*. Disponível em: https://www.gov.br/trabalho-e-emprego/pt-br/noticias-e-conteudo/2024/Marco/levantamento-do-esocial-aponta-545-9-mil-trabalhadores-com-deficiencia-no-mercado-de-trabalho-no-brasil. Acesso em: 02 nov. 2024.

MINISTÉRIO DO TRABALHO E EMPREGO. *Portal da Inspeção do Trabalho*. Disponível em: https://sit.trabalho.gov.br/radar/. Acesso em: 05 nov. 2024.

MEDEIROS, M; Diniz, D. *A nova maneira de se entender a deficiência e envelhecimento*. Brasília: IPEA, 2004.

ONU — Organização das Nações Unidas (ONU). *Declaração dos direitos das pessoas deficientes*. Disponível em: http://portal.mec.gov.br/seesp/arquivos/pdf/dec_def.pdf. Acesso em: 16 out. 2024.

PRESIDÊNCIA DA REPÚBLICA. Secretaria de Comunicação Social. *População do Brasil chega a 212,6 milhões de habitantes, aponta estudo*. Disponível em: https://www.gov.br/secom/pt-br/assuntos/noticias/2024/08/populacao-do-brasil-chega-a-212-6-milhoes-de-habitantes-aponta-ibge. Acesso em: 02 nov. 2024.

VALOR INVESTE EMPRESAS. *B2W registra lucro de R$ 15,6 milhões no 4º tri, mas prejuízo de R$ 203,8 milhões no ano.* Disponível em: https://valorinveste.globo.com/mercados/renda-variavel/empresas/noticia/2021/03/04/b2w-registra-lucro-de-r-156-milhoes-no-4o-tri-mas-prejuizo-de-r-2038-milhoes-no-ano.ghtml. Acesso em: 06 nov. 2024.

# O Processo Estrutural e a Igualdade de Gênero e Raça nas Relações de Emprego

# *The Structural Process and Gender and Race Equality in Employment Relationships*

*Priscila de Oliveira Cazalle*
*Paulo Campanha Santana*

**Resumo:** O objetivo do presente estudo cinge-se na abordagem histórica e sociocultural do racismo estrutural na sociedade contemporânea e na abordagem do processo estrutural sob o enfoque da obtenção da decisão estrutural com vistas a tornar efetiva a Convenção da Organização do Trabalho (OIT) de ns. 111 e 190, que preveem a não discriminação de raça e de gênero, em matéria de emprego e profissão, o que se coaduna com os objetivos fundamentais da República Federativa do Brasil da promoção do bem de todos e com os desafios comuns a toda comunidade latino-americana da superação de preconceitos e práticas coloniais. Como metodologia foi utilizada a hipotético-dedutiva, com pesquisa bibliográfica sobre o direito processual e o tema de direito material para autores negros. A pesquisa partiu dos conceitos amplos de racismo e de processo e decisão estrutural para um resultado mais específico sobre a existência do referido fenômeno ou não em determinada decisão estruturante proferida no âmbito do Tribunal Superior do Trabalho (Brasil). Como conclusão, verifica-se a necessidade da interferência da sociedade civil e da tutela jurisdicional para a efetivação da não discriminação racial e da garantia dos direitos fundamentais protegidos pelo ordenamento internacional e nacional.

**Palavras-chaves:** Discriminação racial; Discriminação de gênero; Litígio coletivo; Processo estrutural; direito do trabalho.

**Abstract:** The aim of this study is limited to the historical and sociocultural approach to structural racism in contemporary society and the conceptualization of the structural process from the perspective of obtaining a structural decision with a view to making ILO Convention 111 e 190 effective, which provides for non-discrimination based on race. (and also gender), in terms of employment and profession, which is in line with the fundamental objectives of the Federative Republic of Brazil of promoting the good of all and with the challenges common to the entire Latin American community of overcoming prejudices and practices colonials. The hypothetical-deductive methodology was used, with bibliographical research on procedural law and the topic of substantive law for black authors. The research started from the broad concepts of racism and structural process and decision to a more specific result on the existence of the aforementioned phenomenon or not in a given structural decision issued within the scope of the Superior Labor Court (Brazil). As a conclusion, it is verified the need for the intervention of civil society and judicial protection to enforce racial non-discrimination and guarantee fundamental rights protected by the international and national legal system.

**Keywords:** Racial discrimination; Gender discrimination; Collective litigation; Structural process; Labor law.

## Introdução

A investigação proposta é analisar em que medida o processo estrutural contribui para igualdade das relações de gênero e raça, na América Latina e no Brasil. Adentrar-se-á na história do Brasil, em um passado que dista alguns séculos, mas que suas práticas e sentimentos estão ainda enraizados. Em todas as relações, há diversos pontos de vista e, especialmente, de toda a bagagem do autor da narrativa, o que atualmente se designa de "local de fala".

Como metodologia foi utilizada uma pesquisa bibliográfica a fim de conceituar, no âmbito do direito processual e de apreender verdades sobre o tema de direito material buscando subsídio na literatura brasileira. Quanto à base lógica, a pesquisa foi dedutiva porque partiu dos conceitos amplos de racismo e de processo e decisão estrutural para um resultado mais específico sobre a existência do referido fenômeno ou não em determinada decisão estruturante proferida no âmbito do Tribunal Superior do Trabalho (Brasil).

Será realizado um exercício de subversão das coisas normalmente apreendidas, tendo em vista o local social vigente da branquitude, inclusive, acadêmica. Assim, vida, gênero, raça, relações, instrumentos legais e jurídicos serão examinados, perquirindo como estes vêm esculpindo essas relações do racismo estrutural na sociedade contemporânea e o papel do processo estrutural para sua extirpação nas relações de emprego, ainda que questionando a viabilidade desse novo instrumento jurídico de aceitação controvertida.

Dessa forma, será investigada a plausibilidade da adoção do processo estrutural pelo ordenamento jurídico brasileiro e sua serventia à conquista de um estado de democracia de raça e gênero no trabalho.

## 1. Recortes de como a história da escravidão no Brasil foi contada

Dos bancos das escolas, de uma história contada sob a ótica europeia, a data de 13 de maio de 1988 é apontada como o marco da abolição da escravatura no Brasil, data da assinatura da Lei Áurea, pela Princesa Isabel. E muito mais, a benemérita Princesa, um marco de fraternidade, liberdade e inclusão.

O feriado de 13 de maio foi celebrado em todo o Brasil por quatro décadas, com o objetivo celebrar a "fraternidade dos brasileiros". Ele simbolizava o sentimento patriótico e republicano, que surgiu após a abolição da escravatura, a queda da monarquia e a implementação do novo regime republicano. Um gesto superficial da elite agrária escravocrata brasileira, que até então lutava ferozmente pela manutenção do sistema escravista.

Por causa da resistência obstinada dos senhores de engenho e dos barões do café, aliados da monarquia, o Brasil foi o último país do hemisfério ocidental a abolir o tráfico de escravos, em 1850, e a pôr fim à escravidão, em 1888. Essa mudança só ocorreu devido à forte pressão internacional. Tanto que o 13 de maio, que já foi feriado nacional, há muito tempo deixou de integrar o calendário nacional como data comemorativa para substitui-lo por 21 de novembro.

Assim, na década de 1990, por força da Lei n. 12.519, de 2011, o dia 21 de novembro, passou a ser feriado em diversos municípios, celebrando o Dia Nacional de Zumbi e da Consciência Negra, pois: "Personagens, datas e acontecimentos históricos são ferramentas de construção de identidade. Funcionam como âncoras lançadas no passado (...) enquanto preparamos a jornada rumo ao futuro(1)". E ZUMBI (DOS PALMARES) foi um ícone da resistência contra a escravidão.

Por sua vez, PALMARES liga-se à noção dos Quilombos dos Palmares: "o maior e mais importante e duradouro reduto de escravos fugitivos do Brasil Colônia(2)". E "o nome Palmares devia-se a abundância de palmeiras, de diversas espécies presentes na região"(3). O que distinguiu Palmares de outros quilombos, na história da escravidão no Brasil, foi sua vasta extensão territorial e a notável capacidade de resistência de seus habitantes. Essa força também faz dele, até hoje, um símbolo da luta dos afro-brasileiros por liberdade e direitos.

E a luta pelos direitos da dignidade dessa população afro-brasileira tem toda uma história de aviltamento, aniquilação de qualquer dignidade, como o vilipêndio da condição humana, identidade, cultura e da imposição de religião, com flagrante imposição

(1) GOMES, Laurentino. *Escravidão* — volume I – Do primeiro leilão de cativos em Portugal até a morte de zumbi dos Palmares, primeira edição, Rio de Janeiro: Globo livros, 2019. (Uma história da escravidão no Brasil), p. 422-423.

(2) GOMES, 2019, p. 403.

(3) GOMES, 2019, p. 403.

de internalização do sentimento de inferioridade. A literatura brasileira, notadamente daqueles autores negros que estão no melhor local de fala, expõem verdades que devem ser contadas e apreendidas para que todos entendam o dever de reparação espraiado na sociedade.

Também se destaca o pensamento do sociólogo peruano Aníbal Quijano, teórico decolonial, expoente na América Latina, que propõe uma visão mais ampla, além dessa específica racionalidade ou perspectiva de conhecimento eurocentrista, que se sobrepõe aos saberes concretos e inatos. Um clássico da literatura brasileira, chamado "Um defeito de cor"(4), baseado em manuscritos localizados na Igreja do Sacramento, na Vila de Itaparica – Bahia denuncia alguns dos tantos maus tratos sofridos.

Interessante ilustrar a personagem central da referida obra, sobre quem era e como ela foi transfigurada de sua identidade original para um "produto" para uso comum do colonizador europeu. Sobre a identidade original, pode-se verificar que há toda uma significação cultural e nomes próprios. Ela era a "Kehinde", por ser uma "Ibêji", como são chamados os gêmeos entre os "Iorubás" e por ser a última a nascer. Ou seja, os nomes na cultura Iorubá, grupo étnico da África Ocidental, de Kehinde detinham um significado especial, identificando não só o filho, mas como a sua ordem dentro do sistema familiar.

Porém, ao chegar no Brasil foi lhe imputado um nome brasileiro e uma nova religião, o catolicismo. Aliás, antes mesmo, tal ocorrera ao entrarem no navio negreiro, ocasião em que o padre sumariamente batizou a todos, então, para os brancos, ela passara a ser "Luísa", Luísa Gama (sobrenome do seu senhor).

E, na mesma percepção: "Forçaram (...) os colonizados a aprender parcialmente a cultura dos dominadores em tudo que fosse útil para a reprodução da dominação (...) É este o caso da religiosidade judaico-cristã"(5). Uma passagem narra o que dizia a "Sinhá" sobre a sua aparência e seu primeiro contato com sua imagem que ao olhar no espelho pela primeira vez, quando abriu os olhos se achou feia: "... e durante alguns dias me achei feia, como a sinhá sempre dizia que todos os pretos eram"(6).

E, assim, gradativamente, os africanos iam perdendo a sua identidade, cultura, religião, autoestima, e com todos esses estigmas introjetados passavam eles próprios a perpetuarem os dogmas equivocados, tanto que assim foi narrado sobre os retornados à África: "(...) Todos os retornados se achavam melhores e mais inteligentes que os

---

(4) GONÇALVES, Ana Maria. *Um defeito de cor*. 34. ed. Rio de Janeiro: Record, 2023.

(5) QUIJANO, Aníbal. *Colonialidade do poder*. Eurocentrismo e América Latina, 2005, A colonialidade do saber: eurocentrismo e ciências sociais. Perspectivas latino-americanas; CLACSO, Consejo Latinoamericano de Ciencias Sociales Editorial/Editor. Disponível em; https://biblioteca.clacso.edu.ar/clacso/sur-sur/20100624103322/12_Quijano.pdf. Acesso em: 25 out. 2024, 9:47h.

(6) GONÇALVES, 2023, p. 85.

africanos. (...) os brasileiros chamavam os africanos de selvagens, de brutos, atrasados e pagãos"[(7)].

Lado outro, relevante adentrar na seara dos bens da nossa terra, dela própria e, consequentemente, do trabalho, frutos e sua distribuição o que impacta necessariamente em desenvolvimento.

## 2. Terra, trabalho e o acesso a esse mercado. Uma política de exclusão, até 1950, e de inclusão, a partir de 1951, suplementada pela Convenção n. 111 da OIT, em 1958

No Brasil, a Lei Áurea e a abolição da escravatura não foram acompanhadas de medidas a que prestassem assistência a esses contingentes populacionais até então dependentes dos seus "proprietários". E não foi somente não dar assistência, mas dificultar e marginalizar a participação do negro da sociedade brasileira, inclusive, proibindo, por meio do Decreto n. 528 de 28 de junho de 1890, a entrada no território brasileiro.

Aliás, muito antes, na própria época em que ainda existia a escravidão, os Africanos foram proibidos de ingressar no solo brasileiro. No mencionado decreto, está disciplinada toda a forma de promoção do trabalho do imigrante branco (leia-se europeu) com o custeio das passagens, o chamamento de proprietários de terras dispostos a receber famílias, com a possibilidade de indicação da sua nacionalidade, condições básicas, como fornecer casa, terra e insumos para o plantio, bem como prazos alongados para a quitação.

Importante ressaltar que os proprietários de terras brasileiras, que se dispusessem a receber os imigrantes, auferiam prêmios, em dinheiro, do governo brasileiro. Assim, com o fim da escravidão implementou-se a política do branqueamento populacional — g.n.: "(...) a partir de um conjunto de leis que dificultavam o acesso do negro liberto, alforriado, à terra e ao trabalho, enquanto que promovia a entrada ao mercado de trabalho dos grupos de imigrantes europeus".[(8)]

E, ao não conferir qualquer estrutura e marginalizar o negro, automaticamente, estes estavam vulneráveis a todas as mazelas do descaso e da desinformação e às novas formas de escravidão (sem a deliberada privação da liberdade). Sobre a desinformação, mesmo após o final da escravatura, simplesmente mantinham pessoas escravas, valendo-se das dimensões continentais do Brasil e da falta do efetivo conhecimento do novo direito à liberdade.

(7) GONÇALVES, Ana Maria. *Um defeito de cor*. 34. ed. Rio de Janeiro: Record, 2023, p. 756.

(8) MUSEUDAIMIGRAÇÃO. *Migrações em debate*. https://www.museudaimigracao.org.br/public/blog/migracoes-em-debate/legislacao-brasileira-controle-e-embranquecimento-do-mercado-de-trabalho-livre. Acesso em: 03 out. 2024, 19:05h.

E sobre as novas formas de escravidão, na obra mais contemporânea, "Torto Arado"[(9)], que narra a vida de trabalhadores rurais descendentes de escravos e de como foi implantado o trabalho, sem remuneração no campo, valendo-se das necessidades mais singulares dessas pessoas (de comer e morar). Porém, em razão da introdução de uma fiscalização efetiva por parte do governo, a prática passou a ser, de fato, abolida: "os donos já não podiam ter mais escravos, por causa da lei, mas precisavam deles. Então, foi assim que passaram a chamar os escravos de trabalhadores e moradores"[(10)].

"Evoluindo" para uma nova modalidade de servidão, com aparente liberdade e promessa de salários impossíveis de serem recebidos, pois: "Os dias de trabalho eram pagos com a retirada de mercadorias e, ao sair de lá, os moradores terminavam deixando uma dívida maior do que o pagamento que tinham a receber"[(11)]. Ou seja, da servidão por dívidas (nem se fala mais em escravidão, eis que retoricamente abolida), que retrata realidade ainda comum e encontrada em fiscalizações do trabalho em atuação conjunta com o Ministério Público do Trabalho e a Polícia Federal.

Soma-se à servidão, da ausência de pagamento e dívidas, também as condições aviltantes de trabalho, sem condições mínimas de higiene, proteção, limites de jornada e, inclusive, com a privação de água potável e fresca, trabalhos expostos ao sol escaldante, com sujeição à desidratação e à morte súbita nos campos brasileiros, na contramão de qualquer dignidade e do trabalho decente.

Até 1950, a discriminação em relação ao emprego era uma prática comum e legitimada pela lei consuetudinária, os anúncios de emprego diziam: "não se aceitam pessoas de cor"[(12)]. A lei Afonso Arinos, Lei n. 1.390, de 3 de julho de 1951, que proibia a discriminação racial, foi um marco legislativo, mas teve poucos efeitos práticos.

Após a lei, os anúncios se tornaram mais sutis: "... mais sofisticados que antes: requerem agora "pessoas de boa aparência". Basta substituir "boa aparência" por "branco" para se obter a verdadeira significação do eufemismo" (NASCIMENTO, 2016, p. 97)[(13)]. O antropólogo Gilberto Freyre é citado reiteradamente como o autor do grande desserviço, para o mito de que em razão da miscigenação racial e cultural existia a convivência harmoniosa e fraterna entre negros e brancos. Desserviço, pois, reconhecer a existência de um problema é o primeiro passo para a sua desconstrução e é o caminho da reparação.

E, até hoje convive-se com a ilusão da democracia racial sendo consenso entre os autores que o maior dos pecados é o de silenciar a realidade discriminatória: "*Quanto ao*

(9) VIEIRA JUNIOR, Itamar. *Torto Arado*. 39. reimp. São Paulo: Todavia, 2019. p. 204.

(10) (VIEIRA JÚNIOR, 2024, p. 204.

(11) VIEIRA JUNIOR, 2024, p. 204.

(12) NASCIMENTO, Abdias do. *O genocídio do negro brasileiro:* processo de um racismo mascarado. 3. ed. São Paulo: Perspectiva, 2016. p. 97.

(13) *Idem.*

*racismo, digamos, 'à brasileira', existe a falsa crença da democracia racial"*.[14] E, pior ainda, quando há a junção de fatores (interseccionalidades) — raça e gênero: "... sobre a mulher negra incide opressão de classe, de gênero e de raça tornando o processo ainda mais complexo"[15].

A pressão internacional sempre atuou no Brasil como fator progressista, e, nesse cenário, a Convenção n. 111[16] da Organização Internacional do Trabalho — OIT veio ao encontro na tutela da liberdade e direitos. Visando a resguardar a não discriminação no emprego considerando que os ditames da Declaração de Filadélfia que afirma que todos os seres humanos, seja qual for a raça, credo ou sexo.

Todos têm direito ao progresso material e desenvolvimento espiritual em liberdade e dignidade, em segurança econômica e com oportunidades iguais. E, mais adiante, a Convenção n. 190[17], norma internacional do trabalho a fornecer uma estrutura comum para prevenir, remediar e eliminar a violência e o assédio no mundo do trabalho, incluindo a violência de gênero e o assédio.

É possível que em tão exíguo espaço de tempo tenha se alterado drasticamente uma mentalidade de exclusão e inferiorização da população negra?

## 3. Processo estrutural e sua função de reparar distorções históricas do racismo e sexismo (interseccionalidades)

O processo estrutural teve sua origem no direito norte americano e nas chamadas "Class Actions". Coincidência ou não, pois essa é uma chaga global, iniciaram-se a fim de coibir políticas racistas e segregacionistas positivadas. Eis a história do primeiro caso citado pela doutrina: *"Brown v. Board of Education.* O julgado reuniu um conjunto de casos que questionava a constitucionalidade da separação entre brancos e negros nas escolas (...)"[18].

(14) CARVALHO, Camila Moura de. *Mulher e trabalho: por uma luta libertadora das mulheres negras brasileiras.* 1. ed. Campinas/SP: Lacier, 2024. p. 36.

(15) RIBEIRO, de Djamila. *Pequeno manual antirracista.* 1. ed. 2020: 8. reimp. São Paulo: Companhia das Letras; p. 20-22.

(16) ORGANIZAÇÃO INTERNACIONAL DO TRABALHO (OIT). *Convenção n. 111.* Aprovada na 42ª reunião da Conferência Internacional do Trabalho (Genebra — 1958), entrou em vigor no plano internacional em 15.6.60. Aprovação = Decreto Legislativo n. 104, de 24.11.64 (vigência nacional = 26 de novembro de 1966.); Disponível em: www.ilo.org. Acesso em: 25 out. 2024, 12:43h.

(17) ORGANIZAÇÃO INTERNACIONAL DO TRABALHO (OIT). *Convenção n. 190.* Aprovada em 2019 pela Organização Internacional do Trabalho (OIT), N. 86, de 8 de março de 2023. Disponível em: www.ilo.org, Acesso em: 25 out 2024, 12:46h.

(18) BALAZEIRO, Alberto Bastos (Org.), *et al.. Novos horizontes do processo estrutural.* Londrina, PR: Thoth, 2024. p. 71.

Alguns conceitos são propedêuticos por comporem a base dogmática daquilo que se criou e materializou no mundo do direito. Assim, na concepção clássica do processo estrutural, está a noção do litígio coletivo que surge dentro de uma relação jurídica representada por uma coletividade. E o processo coletivo é a ferramenta que o ordenamento jurídico disponibiliza à sociedade para buscar a proteção dos direitos materiais que foram violados.

O litígio estrutural, por sua vez, decorre de uma grave violação de direitos fundamentais, com marcada ausência da atuação do Estado na sua consecução ou grave falha nesta. E o processo estrutural é aquele que busca resolver esse litígio, encontrar soluções e compensações, por meio da atuação da jurisdição. Eis algumas de suas características:

> (i) O caráter bifásico: envolvendo a identificação da grave violação existente e, posteriormente, do detalhamento da solução, execução de providências necessárias e monitoramento do cumprimento, sempre comportando atos de cognição e de decisão;
>
> (ii) A flexibilidade processual: mitigando o rigor de algumas normas, podendo existir o julgamento *extra-petita* para que se alcance a solução. E mesmo a decisão de mérito comporta futura alterações a fim de acompanhar o fato social;
>
> (iii) A dialogicidade: a busca pelo diálogo e construção de decisões entre as pessoas afetadas, sociedade civil, autoridades e instituições;
>
> (iv) a coletividade e multipolaridade: tradicionalmente o processo estrutural envolve uma situação coletiva, afeta a diversos sujeitos de direitos, a ele subjacente; e
>
> (v) a complexidade da solução: é isso que depende de um detalhamento e a definição dos meios adequados alcançar o objetivo, o que não obsta a definição de diretrizes gerais.

Na América Latina, destaca-se o litígio estrutural conhecido por estado de coisas inconstitucional (ECI) — expressão utilizada na Ação de Descumprimento de Preceito Fundamental (ADPF) 347. Ele é exemplo de processo estrutural no Supremo Tribunal Federal (STF) brasileiro, que busca o reconhecimento do ECI para a superação das condições indignas de encarceramento no Brasil.

Assim, o Poder Judiciário assume um protagonismo veiculado ao seu ideal da busca da justiça e da realização do próprio direito. E, para a consecução desses ideais, verificam-se alinhados ao objetivo do processo estrutural os protocolos instituídos pelo Conselho Nacional de Justiça, CNJ, destacadamente os de raça e gênero, reafirmando, com fulcro no seu poder normativo, esse objetivo da realização de direitos fundamentais. E, na Justiça do Trabalho, o Ato Conjunto do Conselho Superior da Justiça do Trabalho (CSHT) n. 85, de 20 de novembro de 2023, para o enfrentamento ao Trabalho Escravo e ao Tráfico de Pessoas e de Proteção ao Trabalho do Migrante.

E, especificamente, para o direito do trabalho, defende-se a autonomia do processo estrutural trabalhista, em razão de suas características propícias: com destaque para o princípio da proteção, como elemento diferenciador do direito do trabalho, agora reforçado nos protocolos de julgamento do CNJ e da CSJTA; a tradição nomogenética (da criação de normas, historicamente via sentenças normativas) e o objetivo de tutela do direito fundamental do trabalho decente.

Mencionados protocolos foram criados independentes da veiculação ao processo estrutural, mas, na prática, verifica-se que vão ao encontro de demandas de ajuste da própria doutrina do trabalho de análise, sob o prisma das interseccionalidades para desnaturalizar processos de opressões sobrepostos.

Retomando o diálogo alusivo às interseccionalidades, vale destacar a citação do pensamento da pesquisadora feminista brasileira, Carla Akotirene: "do caráter instrumental da interseccionalidade, que pode ser usada como ferramenta que assegura pela via teórico-metodológica a inseparabilidade das estruturas do racismo, capitalismo e cisheteropatriarcado".

Nessa linha, associa-se o trabalho aos desafios históricos, sendo que "os homens negros, na maioria dos indicadores sociais (...) encontram-se socialmente abaixo das mulheres brancas[(19)]". E as mulheres negras ostentam condições ainda piores de superexploração e precarização, algo aquém da subordinação, localizado no lugar do subalterno, com a marca da exclusão das vozes, dos sujeitos e dos saberes, e muitas vezes relegadas ao campo da informalidade.

No campo da informalidade, pode situar-se o trabalho doméstico, das diaristas, excluídas do vínculo de emprego e, nessa linha, citar que, no 4º trimestre de 2022, a ocupação do trabalho doméstico no Brasil era de 5,7 milhões. E "de acordo com o estudo, mulheres representariam 92% das ocupações no trabalho doméstico, das quais 65% eram mulheres negras"[(20)].

Outro apontamento no campo das interseccionalidades e do histórico cultural escravagista de abusos e coisificação do corpo da mulher negra é que a elas estariam majoritariamente relegados os trabalhos das antigas mucamas, de empregadas domésticas, babás e prostitutas.

Nesse sentido, o processo estrutural tem a atenção voltada a uma grave problemática subjacente que ao longo deste artigo desenvolveu-se em torno da formação escravagista da sociedade, com a marginalização do negro e, ainda, machista, afetando todas as mulheres e, com mais rigor, as negras.

---

(19) CARVALHO, Camila Moura de. *Mulher e trabalho:* por uma luta libertadora das mulheres negras brasileiras. 1. ed. Campinas/SP: Lacier, 2024. p. 65.

(20) CARVALHO, 2024, p. 80.

Dessa forma, todas essas populações marginalizadas e, historicamente, o negro e a mulher negra (com nítida discriminação e ligação ao trabalho doméstico, que somente em 2013 foi erigida à proteção dos mesmos direitos dos trabalhadores urbanos e rurais!) colhem os frutos da desigualdade semeados pelas políticas coloniais, em que se formou a nossa sociedade contrárias a noção do que se entende por trabalho decente.

"Nesse cenário, o processo estrutural fornece amplo potencial para reparar distorções históricas em cima das quais se funda a sociedade brasileira"(21). E, aqui novamente, o direito do trabalho vai além, pois, mesmo nas lides, à princípio, essencialmente privadas se detecta no plano de fundo deficiências oriundas das políticas públicas afetas à marginalização de populações (negros, mulheres, migrantes).

Destaca-se desde logo que estas detêm um caráter individual e a sensibilidade do julgador e atenção aos citados protocolos de julgamentos as elevou ao caráter de decisões estruturantes. Talvez mencionadas decisões não estejam ainda atacando as raízes do problema, devido a sua complexidade e *status* de infecção generalizada em nossa sociedade, pois como será visto a reparação do ilícito ficou no campo de reparação pecuniária pedagógica e do ofício aos órgãos competentes.

Portanto, o caráter é *sui generis* ao rito coletivo e construtivo das decisões estruturantes, todavia, sem dúvida, representa o avanço do reconhecimento da interseccionalidade e da punição em si, a qual sendo reiterada alcança paulatinamente avanços sociais.

## 4. Processo estrutural e decisões do Tribunal Superior do Trabalho — TST

No TST, destacam-se duas decisões paradigmáticas, sendo a primeira delas a proferida nos autos do Processo: RRAg-597-15.2020.5.06.0021(22), 3ª Turma, relator Ministro Alberto Bastos Balazeiro, *DEJT* 30.06.2023. Ela tem como pano de fundo a interseccionalidade do preconceito de raça e gênero, com caráter pedagógico que ficou conhecida como "O Caso Mirtes".

O mencionado processo tem como substrato fático a queda de uma criança, o Miguel, do 9º andar (35 metros, chegando ao solo com vida e vindo a óbito). Nele, a morte ocorrera por omissão de uma cuidadora, a patroa da sua mãe, Mirtes Renata e também da avó, Marta Maria, que trabalhavam em plena pandemia Covid e levaram a criança ao trabalho.

A empregadora tinha o dever jurídico de zelar pela integridade do filho da Sra. Mirtes Renata, eis que ele estava sob sua tutela temporária. O caráter estruturante destacou

(21) BALAZEIRO, Alberto Bastos (Org.), *et al. Novos horizontes do processo estrutural*. Londrina, PR: Thoth, 2024. p. 71.

(22) BRASIL. Tribunal Superior do Trabalho. Jurisprudência. *Recurso de Revista em Agravo 597-15.2020.5.06.0021*, 3ª Turma, relator Ministro Alberto Bastos Balazeiro, *DEJT* 30.06.2023. Brasília, DF: Tribunal Superior do Trabalho, [2003]. Disponível em: https://jurisprudencia.tst.jus.br/. Acesso em: 28 out. 2024.

a lesão de caráter macrossocial que atingiu a toda comunidade de trabalhadoras domésticas. E que a ausência de proteção à vida de criança tão pequena transcende a esfera de interesses particulares e/ou concernentes ao mundo do trabalho, revelando-se, portanto, verdadeira ofensa aos direitos difusos da sociedade.

O Ministro relator Alberto Bastos Balazeiro fixou indenização com função pedagógica, atrelada ao conteúdo decisório estrutural para conferir efetividade aos princípios fundamentais da República Federativa Brasileira, em especial o de uma sociedade livre de racismo, sem o que não há que se falar em igualdade de todos e todas perante a lei, tampouco em justiça social ou trabalho decente.

Por fim, oficiou o Tribunal de Contas do Estado de Pernambuco, o Ministério Público do Estado de Pernambuco e o Ministério Público Federal para ciência e providências cabíveis.

A segunda proferida, nos autos do Processo RRAg-1142-17.2015.5.02.0007[(23)], 2ª Turma, relatora Ministra Maria Helena Mallmann, *DEJT* 14.06.2024, trata do enquadramento jurídico dos carregadores de mercadorias no âmbito da CEAGESP, contratados de forma autônoma por permissionários e terceiros, se são caracterizados como trabalhadores avulsos de porto seco, regidos pela Lei n. 12.023/2009.

Na decisão, restara reconhecida a aplicação da Lei n. 12.023/2009 aos "carregadores autônomos" e, assim, um estado de desconformidade estruturada no que diz respeito ao tratamento jurídico conferido aos carregadores autônomos na CEAGESP, a caracterizar problema estrutural.

E que o estado de inconformidade exigia uma solução ajustada, dinâmica, que não poderia se dar com apenas um único ato, mas sim uma execução flexível de meios, concertada entre os atores sociais e o juízo, com adoção de regime de transição e atenção às consequências das decisões tomadas a fim de compatibilizar com uma reestruturação sistêmica. Tratou-se a gênese do problema estrutural, definindo como finalidade o atingimento da situação de conformidade. Não obstante, também foi reconhecida a existência do dano moral coletivo, arbitrando indenização, também com vistas ao caráter pedagógico.

Dessa forma, no C. TST, as duas decisões destacadas, uma de natureza individual e outra coletiva, mas em ambas restaram reconhecidos problemas estruturais.

## 5. Conclusão

O processo estrutural no Brasil e na América Latina, enfocando o direito do trabalho, tem a missão de contribuir para corrigir distorções históricas. Estas, na própria concepção desse conhecimento e dos problemas ainda hoje enraizados em nossas sociedades

(23) BRASIL. Tribunal Superior do Trabalho. Jurisprudência. *Recurso de Revista em Agravo 1142-17.2015.5.02.0007*. 2ª Turma, relatora Ministra Maria Helena Mallmann, *DEJT* 14.06.2024. Brasília, DF: Tribunal Superior do Trabalho, [2003]. Disponível em: https://jurisprudencia.tst.jus.br/. Acesso em: 28 out. 2024.

alusivos ao racismo e das interseccionalidades (raça e gênero), e de todas as categorias de trabalhadores que se encontram em estado de violação de direitos fundamentais e desconformidades.

Mencionados objetivos vão ao encontro daqueles propalados notadamente pelas Convenções ns. 111 e 190 da OIT, alinhados também na consecução dos protocolos instituídos pelo Conselho Nacional de Justiça, CNJ e pelo Conselho Superior da Justiça do Trabalho – CSJTA.

E, especificamente para o direito do trabalho, defende-se a autonomia do processo estrutural trabalhista, em razão de suas características próprias, com destaque para o princípio da proteção, como elemento diferenciador do direito do trabalho, agora reforçado nos protocolos de julgamento do CNJ e da CSJTA; a tradição nomogenética (da criação de normas, historicamente via sentenças normativas) e o objetivo de tutela do direito fundamental do trabalho decente.

Lado outro, não existe ainda uma normatização para o processo estrutural e há questionamentos sobre sua implementação, com argumentos de que os órgãos judiciários não detêm capacidade para absorver essas demandas em razão do próprio déficit de servidores e juízes, em todos os âmbitos da Justiça. Destacam também que não haveria inovação propriamente dita, pois esse trabalho já vem sendo realizado pelo Ministério Público do Trabalho, com seus Termos de Ajustamento de Conduta e decisões judiciais que contemplam uma gama de obrigações de fazer ou não fazer (e, normalmente, também indenizações).

O fato é que o processo estrutural segue ganhando força no cenário nacional, e as decisões comentadas indicam essa relevância, pois há o reconhecimento do problema, que é o primeiro passo para a solução. Ele sinaliza a cooperação para o alcance do trabalho decente que eleva a dignidade do ser humano é que um objetivo global.

Dessa forma, a tendência é a da normatização do processo estrutural, com a distinção dos meios já existentes, ficando cada dia mais claro seu papel e autonomia na sociedade. Ele atua em situações muito excepcionais e sensíveis como da luta para que a democracia racial saia da condição meramente mitológica e se torne realidade.

## Referências

BRASIL. *Decreto n. 10.088, de 5 de novembro de 2019*. Consolida atos normativos editados pelo Poder Executivo Federal que dispõem sobre a promulgação de convenções e recomendações da Organização Internacional do Trabalho — OIT ratificadas pela República Federativa do Brasil. Diário Oficial [da] República Federativa do Brasil, de 6.11.2019, retificado em 4.12.2019 – Edição extra e retificado em 13.12.2019 Disponível em: https://www.planalto.gov.br/ccivil_03/_Ato2019-2022/2019/Decreto/D10088.htm#anexo28. Acesso em: 03 out. 2024, 16h54min.

BRASIL. *Decreto n. 528, de 28 de junho de 1890*. Regularisa o serviço da introducção e localisação de immigrantes na Republica dos Estados Unidos do Brazil. Disponível em: https://legis.senado.leg.br/norma/388093/publicacao/15636460, Acesso em: 20 out. 2024, às 16h15min.

BRASIL. *Lei n. 1.390, de 3 de julho de 1951*. Inclui entre as contravenções penais a prática de atos resultantes de preconceitos de raça ou de cor. Fonte: publicado no *DOU* de 10.7.1951 e retificado em 28.9.1951; Disponível em: http://www.planalto.gov.br/ccivil_03/leis/l1390.htm. Acesso em: 20 out. 2024, às 16h17min.

BRASIL. Tribunal Superior do Trabalho. Jurisprudência. *Recurso de Revista em Agravo 597-15.2020.5.06.0021*, 3ª Turma, relator Ministro Alberto Bastos Balazeiro, *DEJT* 30.06.2023. Brasília, DF: Tribunal Superior do Trabalho, [2003]. Disponível em: https://jurisprudencia.tst.jus.br/. Acesso em: 28 out. 2024.

BRASIL. Tribunal Superior do Trabalho. Jurisprudência. *Recurso de Revista em Agravo 1142-17.2015.5.02.0007*. 2ª Turma, relatora Ministra Maria Helena Mallmann, *DEJT* 14.06.2024. Brasília, DF: Tribunal Superior do Trabalho, [2003]. Disponível em: https://jurisprudencia.tst.jus.br/. Acesso em: 28 out. 2024.

BALAZEIRO, Alberto Bastos (Org.), *et al.*, *Novos horizontes do processo estrutural*. Londrina, PR: Thoth, 2024. p. 71.

CARVALHO, Camila Moura de. *Mulher e trabalho:* por uma luta libertadora das mulheres negras brasileiras. 1. ed. Campinas/SP: Lacier, 2024. p. 36, 65, 74 e 80.

GONÇALVES, Ana Maria. *Um defeito de cor*. 34. ed. Rio de Janeiro: Record: 2023 p. 15, 19, 72-73, 85, 756-757 e868.

GOMES, Laurentino. *Escravidão* — volume I — Do primeiro leilão de cativos em Portugal até a morte de zumbi dos Palmares, primeira edição, Rio de Janeiro: Globo livros: 2019. (Uma história da escravidão no Brasil), p. 403, 411, 421-423.

QUIJANO, Aníbal. *Colonialidade do poder. Eurocentrismo e América Latina*, 2005. A colonialidade do saber: eurocentrismo e ciências sociais. Perspectivas latino-americanas; CLACSO, Consejo Latinoamericano de Ciencias Sociales Editorial/Editor. Disponível em: https://biblioteca.clacso.edu.ar/clacso/sur-sur/20100624103322/12_Quijano.pdf. Acesso em: 25 out. 2024, às 9h47m.

MUSEU DA IMIGRAÇÃO. *Migrações em debate*. Disponível em: https://www.museudaimigracao.org.br/public/blog/migracoes-em-debate/legislacao-brasileira-controle-e-embranquecimento-do-mercado-de-trabalho-livre. Acesso em: 03 out. 2024, às 19:05.

NASCIMENTO, Abdias do. *O genocídio do negro brasileiro:* processo de um racismo mascarado. 3. ed. São Paulo: Perspectiva, 2016. p. 97.

OIT — Organização Internacional do Trabalho. *Convenção n. 111*. Aprovada na 42ª reunião da Conferência Internacional do Trabalho (Genebra — 1958), entrou em vigor no plano internacional em 15.6.60. Aprovação = Decreto Legislativo n. 104, de 24.11.64 (vigência nacional = 26 de novembro de 1966.); Disponível em: www.ilo.org, Acesso em: 25 out. 2024, às 12:43.

OIT — Organização Internacional do Trabalho. *Convenção n. 190*. Aprovada em 2019 pela Organização Internacional do Trabalho (OIT), n. 86, de 8 de março de 2023. Disponível em: www.ilo.org. Acesso em: 25 out. 2024, às 12:46.

RIBEIRO, de Djamila. *Pequeno manual antirracista*. 1. ed., 2020: 8. reimp. São Paulo: Companhia das Letras. p. 20-22.

VIEIRA JUNIOR, Itamar. *Torto Arado*. 39. reimp. São Paulo: Todavia, 2019. p. 204 p.

VITORELLI, Edilson. Levando os conceitos a sério: processo estrutural, processo coletivo, processo estratégico e suas diferenças. *Revista de Processo*, vol. 284/2018, p. 333 – 369, Out. 2018. DTR\2018\19904. Thomson Reuters. *Revista dos Tribunais Online*. Disponível em: https://edisciplinas.usp.br/pluginfile.php/7863793/mod_resource/content/1/LEVANDO_OS_CONCEITOS_A_SERIO_PROCESSO_ES%20(1).pdf. Acesso em: 04 out. 2024, às 12:23.

# Direito Fundamental ao Trabalho Digno e a Discriminação Contra Mães Solo: Uma Perspectiva Interdisciplinar e Decolonial Rumo às Transições Justas na América Latina

## *Fundamental Right to Dignified Work and Discrimination Against Single Mothers: An Interdisciplinary and Decolonial Perspective Towards Just Transitions in Latin America*

*Maria Cecília de Almeida Monteiro Lemos*

*Júlia Figueiredo Lima*

**Resumo:** Este artigo explora as implicações da transição justa no contexto das mães solo no Brasil, investigando como as normativas e práticas vigentes exacerbam desigualdades estruturais. Partindo do conceito de Discriminação por Retaliação Familiar (Family Responsibilities Discrimination — FRD), analisa-se como as transições econômicas e sociais impactam desproporcionalmente as mulheres, especialmente as mães solo, perpetuando a precarização no trabalho. Utilizando uma abordagem interdisciplinar decolonial, examina--se a colonialidade de poder, saber e gênero que molda o Direito do Trabalho no Brasil, destacando a normatividade que prioriza o trabalho subordinado e livre, excluindo as sujeições interseccionais que afetam as mulheres negras e mães solo. A pesquisa fundamenta-se na interseccionalidade para compreender as opressões históricas que perpetuam as desigualdades estruturais. O objetivo é propor uma releitura do Direito do Trabalho brasileiro a partir de uma perspectiva interseccional e decolonial, que reconheça e promova a emancipação das trabalhadoras mães solo. Para promover uma transição justa, propõe-se a criação de políticas afirmativas, implementação da Convenção n. 156 da OIT e a reformulação decolonial do direito ao trabalho no Brasil, visando uma verdadeira inclusão social e econômica dessas mulheres, rompendo com as estruturas eurocêntricas que sustentam as desigualdades contemporâneas.

**Palavras-chave:** Transição Justa; Discriminação por Responsabilidade Familiar (DRF); Decolonialidade; Direito fundamental ao trabalho digno; Mães solo.

**Abstract:** This article explores the implications of just transition in the context of single mothers in Brazil, investigating how current norms and practices exacerbate structural inequalities. Building on the concept of Family Responsibilities Discrimination (FRD), the study analyzes how economic and social transitions disproportionately impact women, particularly single mothers, perpetuating precarious work conditions. Using an interdisciplinary decolonial approach, it examines the coloniality of power and gender that shapes Labor Law in Brazil, highlighting norms that prioritize subordinate and free labor while excluding intersectional subjectivities affecting Black women and single mothers. The research is grounded in intersectionality to understand the historical oppressions that perpetuate structural inequalities. The aim is to propose a re-reading of Brazilian Labor Law from an intersectional and decolonial perspective that recognizes and promotes the emancipation of single mother workers. To foster a just transition, the proposal includes the creation of affirmative policies, the implementation of ILO Convention 156, and a reformation of the right to work in Brazil, aiming for the true social and economic inclusion of these women and breaking with the Eurocentric structures that sustain contemporary inequalities.

**Keywords:** Just transition; Family Responsibilities Discrimination (FRD); Decoloniality; Fundamental right to decent work; Single mothers.

## Introdução

"E a única coisa mais alta que a arrogância do opressor é o silêncio do mundo" (SABINO, 1956). As mães solo no Brasil carregam em seus corpos e jornadas o peso de uma exclusão histórica, sistemática e estrutural. São 11 milhões de famílias chefiadas por elas, das quais 63% são negras e 41% vivem na pobreza (IBGE, 2023). Estes números não são apenas estatísticas — são vidas, sonhos e potenciais sufocados por um sistema que perpetua desigualdades históricas.

Concebido como instrumento de justiça social, o Direito do Trabalho, prometeu proteção e dignidade. No entanto, "toda promessa é um nó na garganta do futuro" (NIETZSCHE, 2017, p. 44). Esse nó mantém-se nas bases eurocêntricas da sua criação, que continuam a ignorar mães solo em suas múltiplas vulnerabilidades, ainda mais acentuadas quando racializadas, divididas entre o trabalho produtivo e o cuidado invisibilizado — uma dupla responsabilidade negligenciada tanto pelo mercado quanto pelo Estado.

Como sustenta Quijano (2005, p. 233), a colonialidade do poder manifesta-se não apenas no racismo que molda as relações de trabalho, mas na própria hierarquização dos papéis sociais: o trabalho masculino produtivo é valorizado como essencial, enquanto o trabalho feminino de cuidado é naturalizado e invisibilizado.

No Brasil, dados do IBGE (2023) revelam um aumento de 48% no número de famílias chefiadas por mães solo negras entre 2012 e 2022, enquanto o percentual de mães solo brancas manteve-se estável no mesmo período. Esta disparidade, raramente problematizada na literatura acadêmica tradicional, evidencia como a colonialidade do saber (SANTOS, 2014, p. 72-73) opera na invisibilização de determinadas realidades sociais. Esta invisibilização torna-se ainda mais cruel quando observamos que 73% das mães solo não têm acesso a direitos trabalhistas básicos, e 89% trabalham na informalidade, sem proteção previdenciária. A urgência por renda leva 78% dessas trabalhadoras a aceitarem condições precárias de trabalho, (2023) evidenciando como a colonialidade de gênero, nos termos de Lugones (2008), delimita quem merece inclusão e quem deve permanecer à margem.

Este artigo investiga, sob uma perspectiva interseccional e decolonial, como as normas e práticas vigentes do Direito do Trabalho brasileiro legitimam exclusões estruturais que atingem desproporcionalmente as mães solo, especialmente as mulheres negras. Partindo do conceito de Discriminação por Responsabilidade Familiar (FRD), analisamos como o sistema jurídico prioriza requisitos que perpetuam um paradigma eurocentrado, subordinando o trabalho a uma lógica produtivista que exclui o cuidado.

Como aponta Crenshaw (2002, p. 177), "a interseccionalidade é uma conceituação do problema que busca capturar as consequências estruturais e dinâmicas da interação entre dois ou mais eixos da subordinação". Nesse sentido, a discriminação contra mães solo não pode ser compreendida apenas pela ótica do gênero, mas deve considerar também raça, classe e responsabilidades familiares.

Alinhando-se às epistemologias do Sul e às teorias decoloniais, defende-se uma reconstrução do Direito do Trabalho que reconheça as mães solo como protagonistas de um novo paradigma jurídico. Santos (2019, p. 17) destaca que essas epistemologias "referem-se à produção e validação de conhecimentos ancorados nas experiências de resistência de grupos sociais sistematicamente vítimas da injustiça, opressão e destruição causadas pelo capitalismo, colonialismo e patriarcado".

Por fim, adota-se o paradigma da complexidade de Morin (2015, p. 7), reconhecendo que "o pensamento complexo é animado por uma tensão permanente entre a aspiração a um saber não fragmentado e o reconhecimento do inacabado e incompleto de todo conhecimento". Esta abordagem permite compreender as múltiplas dimensões da exclusão enfrentada pelas mães solo no mercado de trabalho.

O reconhecimento da Discriminação por Responsabilidade Familiar representa um avanço significativo para a proteção dessas mulheres no Brasil. A implementação da Convenção n. 156 da OIT e a criação de políticas afirmativas são medidas urgentes, mas sua eficácia depende da decolonização do pensamento jurídico-trabalhista. A colonialidade do poder, gênero, saber e ser demanda uma reavaliação das bases epistemológicas do direito, enfatizando a legitimação de saberes e experiências historicamente marginalizadas (SANTOS, 2010). Assim, evidencia-se seu protagonismo como agentes de uma transição justa e emancipadora, apresentando as mães solo como figuras centrais de transformação que não apenas resistem às exclusões impostas, mas também constroem alternativas que reimaginam a justiça social e econômica.

As mães solo, especialmente as negras, não são apenas vítimas de um sistema excludente — são agentes de transformação que, há séculos, resistem e reinventam formas de existir e trabalhar. Como afirma Bell Hooks, "não existe luta por justiça social que possa triunfar sem que nós, mulheres negras, estejamos no centro" (HOOKS, 2019, p. 15). Essa centralidade evidencia o papel histórico das mulheres negras na luta contra as estruturas de opressão, conectando o pessoal ao político. Não se pode mais olhar para essas mulheres através do prisma da exclusão. Elas são, como diria Pessoa, "o intervalo entre o que sonham e o que a vida fez delas" (PESSOA, 2014, p. 332). Se a ciência e o direito não podem devolver-lhes o poder, então é preciso pensar em um novo saber, em uma nova justiça. Não um retorno às antigas estruturas, mas a construção de algo inédito, em que o poder não pertença apenas aos que sempre o dominaram.

Como nos lembra Audre Lorde, "as ferramentas do mestre nunca vão desmantelar a casa-grande" (LORDE, 2012). São necessárias novas ferramentas, novas epistemologias, para desmantelar as estruturas de opressão que mantêm as mães solo, especialmente as negras, em situação de vulnerabilidade. A epistemologia dos dissidentes, como argumentam Flávia Máximo e Pedro Nicoli, não busca respostas definitivas, mas propõe perguntas que desafiam o pensamento hegemônico (PEREIRA; NICOLI, 2020, p. 423-442). Esse movimento epistemológico tem como premissa desconstruir paradigmas tradicionais e abrir caminho para novas interpretações que privilegiem a justiça social e a pluralidade de saberes. Inspirando-se na teoria da complexidade de Edgar Morin (2015, p. 7), que entende o conhecimento como um processo sempre inacabado, este trabalho é um passo nessa direção, uma tentativa de contribuir com essas ferramentas, de reescrever o direito do trabalho a partir das margens, das vozes silenciadas, das experiências invisibilizadas.

## 1. Responsabilidade familiar como categoria discriminatória

O que existe de mais essencial e inegociável nas relações humanas ressurge quando falamos de responsabilidades familiares, o que foi reconhecido em 1981, pela Convenção

n. 156 da OIT, que aborda a discriminação relacionada a tais responsabilidades. Nos anos 1990, os Estados Unidos reconheceram juridicamente essa questão, evidenciando as barreiras enfrentadas por trabalhadores que conciliam obrigações profissionais e familiares (SHILTON, 2015). No Canadá, a proteção ao status familiar está incorporada nos códigos de direitos humanos, desafiando a divisão entre esferas produtiva e reprodutiva enraizada no modelo industrial. A Comissão de Direitos Humanos de Ontário 2002) enfatizou que, ao contratar um empregado, contrata-se o ser humano por inteiro, incluindo suas obrigações familiares", destacando que o trabalho deve adaptar-se à vida, e não o inverso (SHILTON, 2015).

O termo "maternal wall" surgiu para descrever o fenômeno sistemático de discriminação contra mães trabalhadoras, que enfrentavam desde negativas de promoção até demissões motivadas por suas responsabilidades com filhos (WILLIAMS; BORNSTEIN, 2016). Esta forma de discriminação se materializa em decisões do empregador — desde a rejeição na contratação até dispensas — fundamentadas em estereótipos sobre a conduta do trabalhador em razão de suas responsabilidades como cuidador familiar, seja de idosos, filhos menores ou familiares com deficiência.

O Brasil é um dos poucos países da América Latina que ainda não ratificou a Convenção n. 156, junto com México e Venezuela (OIT, 2023). O art. 373-A da CLT proíbe práticas discriminatórias relacionadas a sexo, idade, cor ou situação familiar, servindo como base para desenvolvimentos em torno da desigualdade nas relações de trabalho. Previsão semelhante já havia na Lei n. 9.029/1995 (BRASIL, 1995). No entanto, normas formais não eliminam práticas culturais e institucionais arraigadas, como demonstram as teorias da discriminação estrutural (BONILLA-SILVA, 2006, p. 45) e da interseccionalidade (CRENSHAW, 2020, p. 43).

Entre as mães solo de 15 a 60 anos no Brasil, 29,4% estão fora da força de trabalho, destacando-se as interseccionalidades que impactam a população negra. Entre essas, 34,6% das mães solo negras com filhos pequenos estão excluídas do mercado de trabalho, enfrentando uma taxa de desemprego 50% superior à das mulheres brancas na mesma condição (IBGE, 2023; DIEESE, 2023). Essas estatísticas evidenciam a intersecção de desigualdades de gênero e raça, que perpetuam a marginalização socioeconômica de mulheres negras e mães solo.

No contexto brasileiro, esta discriminação assume contornos ainda mais complexos quando observada sob a lente das múltiplas discriminações direcionadas às diversas interseccionalidades de gênero, raça, classe e origem — lugares ocupados pelas mães solo. Estas discriminações não são fenômenos isolados, mas constituem construções dominadoras e exploratórias impostas no contexto da colonização, perpetuadas e refinadas pela racionalidade neoliberal contemporânea.

## 2. Discriminação por Responsabilidade Familiar (FRD) e evolução patriarcal

Quando o labirinto do tempo nos empurra ao limiar da modernidade, há um convite a ouvir ecos do passado: Pandora e sua caixa aberta, Eva e sua busca pelo saber, Lilith e sua recusa em se curvar. As mitologias que moldaram a civilização ocidental não são apenas histórias, mas arquiteturas de poder que ressoam nas estruturas sociais até hoje (LERNER, 1986). Sob o véu da modernidade, essas narrativas se transformaram em normas, e as normas, em leis. As mães solo no Brasil são herdeiras silenciosas desses mitos. Carregam, em seus corpos e jornadas, o peso de uma punição sempre imposta, mas nunca explicada.

A estrutura social patriarcal não apresentou o seu caráter opressor e sistematizado com o mesmo grau ao longo do tempo, intensificando-se na transição para o capitalismo. Segundo Maturana, antes da cultura pré-patriarcal existia a cultura matrística, a qual, apesar de não estar imune a influências patriarcais, não apresentava a predominância de imposições hierárquicas e apropriações absolutas da verdade (MATURANA; VERDEN-ZÖLLER, 2004, p. 31). Tais sociedades se pautavam em "conversações de participação, inclusão, colaboração, compreensão, acordo, respeito e conspiração". No feudalismo, as mulheres exerciam papéis centrais nas comunidades, contribuindo como curandeiras e parteiras para a saúde coletiva (EHRENREICH; ENGLISH, 1973, p. 28).

O controle da reprodução, evidenciado pela perseguição às bruxas e pela regulamentação da sexualidade, consolidou a transição para o sistema capitalista (FEDERICI, 2017). A maternidade solo foi severamente afetada por essas transições sociais. Mães solo, progressivamente, foram marginalizadas como incapazes de manter a ordem moral e econômica. Essa exclusão se intensificou com a expansão colonial, alcançando níveis alarmantes de brutalidade (LUGONES, 2014).

## 3. A promessa e o paradoxo da modernidade, patriarcado e as teorias decoloniais

A era moderna trouxe uma promessa irresistível: o progresso e a racionalidade científica construiriam uma sociedade mais justa e avançada. Sob a perspectiva decolonial, essa promessa desvenda uma estrutura de dominação que estabeleceu e intensificou as desigualdades sociais, raciais e epistemológicas. Aníbal Quijano contribui com uma perspectiva crítica essencial para compreender como a modernidade consolidou um sistema global de dominação, o qual denomina "colonialidade do poder" (QUIJANO, 2005, p. 227-278). Trata-se de uma engrenagem de controle profundo, que articula patriarcado e capitalismo em uma estrutura de opressão que, não apenas impôs o trabalho forçado e o extermínio de populações indígenas, mas também moldou o papel das mulheres, em especial das racializadas, que foram objetificadas como mão de obra barata e submissa.

A sobreposição entre capitalismo e patriarcado, impulsionada pela racionalidade moderna, permitiu que a estrutura colonialista se perpetuasse, adaptando-se aos contextos contemporâneos (SANTOS, 2007, p. 64-65). Quando a globalização prometia "oportunidades iguais", as antigas hierarquias coloniais persistiram e ainda operam por meio das corporações transnacionais e políticas neoliberais, a explorar, subalternizar e silenciar populações marginalizadas (MIGNOLO, 2007, p. 456-458).

A "colonialidade do saber" manifesta-se na exclusão e subordinação sistemática de formas de conhecimento que não se alinham aos parâmetros eurocêntricos de ciência e racionalidade. Para Santos, esse fenômeno representa um verdadeiro "epistemicídio", em que saberes indígenas, africanos e outras epistemologias do Sul são invisibilizados ou relegados a meros "folclores" ou curiosidades exóticas (SANTOS, 2014, p. 72-73). Esse epistemicídio sustenta-se no "pensamento abissal", que delimita o que é saber legítimo e o que é marginal, separando-os de forma rígida e binária. Na prática, a ciência moderna consolidou-se como única fonte de conhecimento, que ignora a diversidade cultural e epistemológica de cada povo. Essa estrutura cria uma "linha abissal" que separa o "saber verdadeiro" do "saber outro" e desvaloriza o conhecimento dos povos colonizados. É uma barreira invisível, mas profunda, que silencia vozes e epistemologias distintas em prol de um saber eurocêntrico e homogêneo.(SANTOS, 2014, p. 64-65).

Lugones chama de "patriarcado de baixa intensidade", o sistema presente em algumas sociedades indígenas pré-coloniais, diferenciando-o drasticamente do conceito de patriarcado colonial europeu e do impacto destrutivo da colonização sobre identidades e papéis de gênero no Sul Global. O sistema colonial impôs uma lógica binária e opressora de gênero, que relegou mulheres racializadas a posições de subordinação e exploração intensa, forçando-as aos trabalhos exaustivos, violentos e insalubres, sem qualquer proteção estatal (LUGONES, 2018, p. 23-25).

A colonialidade de gênero se traduz na opressão de mulheres subalternizadas por meio de processos combinados de racialização, colonização, exploração capitalista, e heterossexualismo. Entender as questões de colonialidade de gênero nos permite visualizar o mundo por meio das lentes que revelam construções normativas de raça e gênero impostas pelo colonialismo.

A continuidade dessa lógica de subordinação é visível no mercado de trabalho contemporâneo, em que mulheres racializadas são as mais afetadas pela precarização e exploração laboral, especialmente em setores informais como o trabalho doméstico e a agricultura (IBGE, 2022; LUGONES, 2018, p. 27). Nesse sentido, como exemplo inicial e de grande relevo, no universo dos 5,8 milhões de trabalhadores domésticos no Brasil, 92% são mulheres, sendo 65% mulheres negras. Apenas 23,8% possuem registro formal em carteira de trabalho (IBGE, 2023, p. 12; SANTOS, 2014, p. 45-46).

Boaventura de Sousa propõe que a superação da colonialidade do saber se concretize por meio da construção de uma "ecologia de saberes", na qual diversas epistemologias possam dialogar de maneira horizontal, sem hierarquias que favoreçam o conhecimento ocidental (SANTOS, 2014). A justiça epistêmica e social requer o reconhecimento dos saberes locais e subalternos como legítimos. A visão pós-abissal do conhecimento defende a coexistência das vozes de povos marginalizados com o saber científico, promovendo um entendimento mais inclusivo da realidade social (SANTOS, 2014).

## 4. Colonialidade nas normas e a distopia da proteção

### *4.1. Colonialidade de gênero nas principais normas trabalhistas*

A Constituição Federal de 1988 (BRASIL, 1988), em seu art. 5º, inciso I, assegura a igualdade entre homens e mulheres, enquanto o art. 7º, inciso XX, prevê proteção específica ao trabalho feminino. No entanto, uma análise decolonial revela que tais normas são simbólicas e insuficientes. Mães solo enfrentam estigmas por parte de empregadores que as percebem como potenciais "custos", devido a afastamentos e encargos sociais (TEODORO; MIRAGLIA, 2020, p. 57; SOUSA MELLO; BOMFIM, 2022, p. 43).(1)

A licença-maternidade, regulamentada pela Consolidação das Leis do Trabalho, concede um afastamento remunerado de 120 dias, podendo ser estendida para até 180 dias por meio do Programa Empresa Cidadã (BRASIL, 2008). Em contrapartida, a licença-paternidade é limitada a 5 dias, com possibilidade de prorrogação restrita a 20 dias (BRASIL, 2016). A Lei n. 14.457/2022 introduziu o direito a 60 dias adicionais de licença compartilhada entre os genitores, mas impôs requisitos que perpetuam uma lógica colonial-patriarcal, marginalizando a participação dos pais e centralizando a proteção na maternidade (BRASIL, 2022).

A estabilidade provisória para gestantes, que abrange o período da concepção até cinco meses após o parto, busca coibir a discriminação (BRASIL, 1943). Contudo, a discriminação estrutural permanece, resultando na recusa de empregadores em contratar mulheres em idade fértil. Em 2022, 48% das mulheres relataram dificuldades em reintegrar-se ao mercado de trabalho após o nascimento de filhos, enquanto apenas 3% dos homens enfrentaram obstáculos semelhantes (IPEA, 2022). O Tribunal Superior do Trabalho (TST) mantém uma interpretação restritiva em relação à equiparação das

(1) Os custos relacionados à proteção da maternidade no ambiente de trabalho são frequentemente superestimados. De acordo com a OIT, esses gastos não recaem sobre os empregadores, mas são financiados pelo sistema previdenciário. Além disso, o impacto financeiro direto para os empregadores com a substituição da mulher durante a licença-maternidade é insignificante, representando menos de 0,09% da remuneração bruta no Brasil.

licenças[2], e a não ratificação da Convenção n. 156 da OIT pelo Brasil contribui para tal posicionamento (OIT, 1981).

A estabilidade provisória para gestantes abrange o período da concepção até cinco meses após o parto, busca coibir a discriminação (BRASIL, 1943). Contudo, a discriminação estrutural permanece, resultando na recusa de empregadores em contratar mulheres em idade fértil. Em 2022, 48% das mulheres relataram dificuldades em reintegrar-se ao mercado de trabalho após o nascimento de filhos, enquanto apenas 3% dos homens enfrentaram obstáculos semelhantes (IPEA, 2022).

A CLT estabelece direitos trabalhistas que beneficiam exclusivamente empresas com mais de 30 funcionárias, como a oferta de espaços apropriados para amamentação e o auxílio-creche (BRASIL, 1943, art. 389). Essa situação evidencia a colonialidade e a perpetuação de desigualdades, uma vez que trabalhadoras informais e pequenas empresas são excluídas dessas garantias (COUTO; PEREIRA, 2019, p. 230-232). O auxílio-creche, por sua vez, revela-se apenas simbolicamente eficaz, dado que seu valor é insuficiente para cobrir os custos de creches privadas (MÁXIMO TEODORO; MIRAGLIA, 2020, p. 110).

As normas referentes à amamentação, que preveem dois intervalos diários de 30 minutos até que a criança complete seis meses, reforçam a ideia de que a responsabilidade pelo cuidado é exclusivamente da mãe, o que compromete sua progressão profissional (BRASIL, 1943, art. 396). É cediço que as mães costumam armazenar leite, o que possibilita que a amamentação seja igualmente compartilhada com os pais, desde que estes tenham garantidos direitos similares (MÁXIMO TEODORO; MIRAGLIA, 2020, p. 134-135). A proposta não visa à eliminação das proteções, mas à sua extensão a todos os gêneros, em consonância com o Princípio da Progressividade dos Direitos Trabalhistas.

Essa lógica também poderia ser aplicada a outros direitos, como o intervalo de 15 minutos previsto no art. 384 da CLT, cuja aplicabilidade foi restrita a ações judiciais anteriores a novembro de 2017, em decorrência de sua revogação pela reforma trabalhista (BRASIL, 2017). Adicionalmente, o art. 390 da CLT, que limita o peso que as mulheres podem carregar em comparação aos homens, perpetua estereótipos de gênero e restringe o acesso feminino a cargos mais bem remunerados (BRASIL, 1943, art. 390). A força física é uma característica individual e não deve ser utilizada para insinuar a inferioridade feminina; é preferível que as normas respeitem a diversidade de biotipos, priorizando a saúde e o bem-estar de todos os trabalhadores (COUTO; PEREIRA, 2019, p. 230-232).

---

(2) TST-RR-1000-45.2019.5.02.0000. O Tribunal Superior do Trabalho (TST) mantém uma interpretação restritiva em relação à equiparação das licenças, afirmando que a licença-maternidade e a licença-paternidade possuem naturezas distintas, sendo a primeira vinculada diretamente à proteção da criança e da saúde da mãe. Essa diferenciação foi consolidada no julgamento do processo TST-RR-1000-45.2019.5.02.000049, que reafirmou a impossibilidade de estender automaticamente os direitos da licença-maternidade para a licença-paternidade, em virtude de previsão legal limitada (TST, 2019).

Embora haja alguns avanços, estes permanecem limitados, como o direito de os pais terem ausências justificadas para consultas médicas de filhos até seis anos, que se restringe a um dia por ano, e até dois durante a gravidez da esposa ou companheira (BRASIL, 1943, art. 473). A Sociedade Brasileira de Pediatria recomenda um total de 12 consultas nos primeiros anos de vida da criança (SOCIEDADE BRASILEIRA DE PEDIATRIA, 2018).

### 4.2. A Colonialidade Do Saber Do Núcleo Protetivo Do Direito Do Trabalho

As epistemologias dissidentes não se afirmam como verdades absolutas, mas, sob uma perspectiva decolonial, questionam e desconstroem a prevalência do eurocentrismo no Direito do Trabalho, especialmente em sua aplicação no contexto brasileiro. Embora essa área do Direito atue como um instrumento de proteção e de luta social, também pode reforçar desigualdades existentes. No Brasil, a adoção acrítica de conceitos jurídicos eurocêntricos resulta na desproteção das populações mais vulneráveis (PEREIRA; NICOLI, 2020, p. 523-524). A situação das mulheres mães solo é emblemática, uma vez que enfrentam um sistema de exploração que vai além da relação de emprego, levando-as a trabalhos informais e precários, o que agrava a precarização, especialmente entre as mulheres racializadas (SANTOS, 2014, p. 64-65).

Dados recentes demonstram, de forma interseccional, a persistência de um padrão de exploração que atinge desproporcionalmente as mulheres, com um foco acentuado nas mães solo racializadas. A linha abissal que separa o humano do não humano torna-se evidente no mercado de trabalho brasileiro, onde 73% das mães solo não têm acesso a direitos trabalhistas básicos e 89% atuam na informalidade (IBGE, 2023, p. 12). Essa barreira invisível reflete o que Santos (2014, p. 64-65) denomina como "pensamento abissal", que desvaloriza o trabalho invisibilizado das mulheres, especialmente mães solo negras, em favor de lógicas mercantis que perpetuam a exclusão.

O conceito de não eventualidade revela parâmetros androcêntricos e mercantis que ignoram a dimensão subjetiva do tempo feminino no trabalho reprodutivo e de cuidado. A dicotomia entre tempo livre e trabalho produtivo desconsidera a complexidade do tempo das mulheres, que se veem constantemente imersas nas demandas do cuidado. Segundo Pereira e Nicoli, o trabalho de cuidado é permanente e onipresente, desafiando teorias que tentam categorizar o trabalho de forma linear (PEREIRA; NICOLI, 2019, p. 134-135).

No Brasil, as mulheres dedicam, em média, 21,3 horas semanais a tarefas domésticas e cuidados de pessoas, quase o dobro do tempo gasto pelos homens, que dedicam 11,7 horas (IBGE, 2022, p. 23). Entre mulheres negras com filhos, essa disparidade é ainda mais acentuada, com uma média de 1,6 hora a mais em relação às mulheres brancas (IBGE, 2022, p. 29). Em termos de rendimentos, no quarto trimestre de 2022, o rendimento médio das mães solo brancas/amarelas foi de R$ 2.772, enquanto o das mães solo negras foi de R$ 1.685, um valor significativamente inferior à média nacional de R$ 2.837 (IBGE, 2023, p. 12). Essas mães enfrentam dificuldades adicionais na conciliação entre trabalho remunerado e responsabilidades familiares. O paradigma da onerosidade, que se concentra na troca salarial, desconsidera a contribuição das mulheres no trabalho reprodutivo, tornando-o invisível, especialmente para mães solo de comunidades periféricas (PEREIRA; NICOLI, 2020, p. 423-442). Este trabalho essencial, não remunerado, dificulta a inserção dessas mulheres no mercado formal e revela a colonialidade do poder na valorização das atividades produtivas (LUGONES, 2014, p. 935-952).

## 5. Transições justas e o direito ao trabalho digno

A teoria da transição justa engloba uma abordagem multifacetada que visa garantir que a mudança de uma economia baseada em combustíveis fósseis para uma sustentável e de baixo carbono seja equitativa e inclusiva (ILO, 2015, p. 10). Originário do movimento sindical de 1980, dedicava-se à proteção de direitos trabalhistas e à criação de empregos decentes durante as transições ambientais (NEWELL; MULVANEY, 2013, p. 135-136), evoluiu para incluir princípios mais amplos de justiça social, enfatizando a necessidade de mudanças sistêmicas que abordem tanto a sustentabilidade ambiental quanto as desigualdades socioeconômicas (SOVACOOL, 2020, p. 110-112).

O Direito ao Trabalho é considerado o mais fundamental dos direitos humanos, essencial para a preservação da dignidade humana (WANDELLI, 2010, p. 11-38). Os arts. 6º e 7º da Constituição Brasileira reconhecem o trabalho como um direito social fundamental, corroborando a posição da Organização Internacional do Trabalho (OIT), que define trabalho digno como aquele que assegura condições justas, segurança e oportunidades de desenvolvimento e expressão (OIT, 2022). Gabriela Neves enfatiza que o trabalho em condições dignas deve ser visto como um direito fundamental, em contraposição à sua simplificação como mero fator produtivo (DELGADO, 2006, p. 207).

O Direito Fundamental ao Trabalho é compreendido como uma mediação crucial para a satisfação das necessidades humanas, abrangendo dimensões materiais, existenciais e sociais. Essa perspectiva antropológica considera o trabalho um elemento central na formação da subjetividade e na realização das potencialidades humanas, transcendendo sua função meramente econômica (WANDELLI, 2010, p. 11-38). A proteção deste direito é especialmente relevante para mulheres que são mães solo. Nesse sentido, a transição verdadeiramente justa exige uma abordagem decolonial, interdisciplinar e transdisciplinar que integre diversos saberes, vozes e fundamentações capazes de densificar o direito ao trabalho digno como essencial à dignidade humana e justiça social (WANDELLI, 2010, p. 11-38).

Nesse cenário, a Convenção n. 156 da OIT representa um marco na compreensão das inter-relações entre trabalho e família. Essa convenção amplia o conceito de proteção integral aos trabalhadores que possuem responsabilidades familiares, incluindo o cuidado com dependentes(3). Os países que ratificaram esta convenção observaram uma redução significativa da discriminação no trabalho e um aumento da participação feminina no mercado laboral(4).No Brasil, a não ratificação da convenção perpetua desigualdades estruturais no mercado de trabalho, prejudicando mães solo e outros grupos marginalizados.

Recentemente, observa-se um avanço sob a ótica decolonial, especialmente em relação à flexibilização da jornada. A Lei n. 14.457/2022 garantiu o regime de tempo parcial, a antecipação de férias e a flexibilidade de horários para pais e mães de crianças até seis anos ou com deficiência. O Tribunal Superior do Trabalho (TST) tem consolidado sua jurisprudência em relação à redução da carga horária para pais de crianças com Transtorno do Espectro Autista (TEA), permitindo a redução da jornada sem comprometimento salarial (BRASIL, 2022).

Destaca-se na jurisprudência do TST a interpretação do art. 389 da CLT de forma ampla, que exige que shoppings, como gestores das áreas comuns, disponibilizem espaços apropriados para amamentação a todas as funcionárias (TST, 2023). Atribui-se a responsabilidade social a esses centros comerciais, alinhando-se à Convenção n. 103 da OIT e aos princípios constitucionais de proteção à maternidade e ao nascituro (TST, 2023). A adoção do Protocolo para Julgamento com Perspectiva de Gênero pelo TST é outro avanço significativo, pois incorpora diretrizes de transversalidade e interseccionalidade de gênero nas decisões judiciais, enriquecendo a prática jurídica e promovendo uma decolonização do direito (TST, 2023).

No Brasil, a economia solidária tem demonstrado o potencial de um paradigma diverso. Cooperativas de mulheres, como a Rede de Mulheres Pescadoras do Maranhão, mostram como a valorização de práticas tradicionais pode sustentar famílias e comunidades enquanto protege ecossistemas costeiros. Essas iniciativas, baseadas na partilha de recursos e no protagonismo feminino, já beneficiaram mais de 15 mil mulheres em regiões de alta vulnerabilidade (Rede de Mulheres Pescadoras do Maranhão, 2023). A articulação com políticas públicas, como o Programa de Compras Institucionais da Agricultura Familiar, tem garantido renda para mulheres indígenas e quilombolas, promovendo autonomia e reconhecendo sua contribuição histórica para a segurança alimentar (BRASIL, 2023).

---

(3) A Convenção define responsabilidades familiares como aquelas relacionadas não apenas aos filhos dependentes, mas também a outros membros da família direta que necessitem claramente de cuidados ou apoio. ORGANIZAÇÃO INTERNACIONAL DO TRABALHO. Convenção n. 156, art. 1º, 1981.

(4) Na Suécia, após a ratificação em 1982, registrou-se aumento de 21% na taxa de participação feminina no mercado de trabalho, enquanto Portugal apresentou redução de 15% nos casos de discriminação laboral por motivos familiares. EUROPEAN INSTITUTE FOR GENDER EQUALITY. *Gender Equality Index 2020:* Work-life balance. Luxembourg: Publications Office of the European Union, 2020, p. 32.

Na Bolívia, o princípio do *Vivir Bien*, inspirado no conceito indígena de equilíbrio com a natureza, orienta políticas de redistribuição de terras e apoio técnico às comunidades tradicionais, fortalecendo a soberania local sobre recursos naturais. Uma transição justa deve romper com a lógica do lucro como valor absoluto, integrando práticas colaborativas e horizontais que valorizem saberes diversos. A ecologia de saberes permite que as epistemologias indígenas, femininas e periféricas dialoguem em pé de igualdade com a ciência ocidental (SANTOS, 2014, p. 84-86). Em termos práticos, fomenta redes de economia solidária, sistemas públicos de cuidado e prioriza políticas que equilibrem justiça ambiental e social.

## 6. Conclusão

O direito ao trabalho digno, sob a ótica decolonial, vai além da proteção normativa, constituindo-se em um instrumento de justiça social e reparação histórica para grupos marginalizados, como as mães solo. A análise revela a presença da colonialidade nas práticas trabalhistas, interligadas ao patriarcado, evidenciando que a marginalização dessas mulheres não é um fenômeno isolado, mas parte de uma estrutura mais ampla que oprime mulheres e minorias raciais e econômicas. Tal exclusão perpetua hierarquias de gênero e raça, ainda vigentes em normas trabalhistas que desconsideram as necessidades específicas dessas trabalhadoras.

O reconhecimento da Discriminação por Responsabilidade Familiar representa um avanço significativo para a proteção dessas mulheres no Brasil. A implementação da Convenção n. 156 da OIT e a criação de políticas afirmativas são medidas urgentes, mas sua eficácia depende da decolonização do pensamento jurídico-trabalhista. A colonialidade do poder, gênero, saber e ser demanda uma reavaliação das bases epistemológicas do direito, enfatizando a legitimação de saberes e experiências historicamente marginalizadas.

Ao adotar uma ecologia de saberes e uma epistemologia plural, que inclua as demandas das mães solo, abre-se caminho para uma sociedade mais inclusiva, em que o cuidado, a maternidade e o trabalho produtivo se integrem em um sistema de proteção que valorize a totalidade da vida humana. A luta pela justiça social global deve incluir uma justiça cognitiva, permitindo que saberes locais e experiências marginalizadas tenham protagonismo nas políticas públicas (SANTOS, 2009).

Portanto, o direito ao trabalho digno deve ser compreendido não apenas como um acesso ao emprego, mas como uma ferramenta de transformação que respeite as especificidades das mães solo e demais grupos vulneráveis. A construção de um modelo de trabalho inclusivo requer uma ação conjunta entre Estado, empresas e sociedade civil, a fim de enfrentar as desigualdades estruturais e promover uma convivência harmoniosa entre trabalho e vida familiar. A verdadeira transformação no direito do trabalho dependerá da incorporação efetiva das experiências e conhecimentos das mulheres que resistem e reinventam suas formas de existir e laborar. Como afirma EVARISTO (2016, p. 14), "sem as mulheres negras, não há revolução. Somos o centro da transformação social e do futuro". Em resposta, a pesquisa abraça a célebre frase de Angela Davis: "Quando uma mulher negra se movimenta, toda a estrutura da sociedade se movimenta com ela" (DAVIS, Angela 2016, p. 17).

## Referências

BENJAMIN, Walter. *Magia e Técnica, Arte e Política:* ensaios sobre literatura e história da cultura. Tradução de Sérgio Paulo Rouanet. 7. ed. São Paulo: Brasiliense, 1994. p. 222-232.

BRASIL. Consolidação das Leis do Trabalho (CLT). *Decreto-lei n. 5.452, de 1º de maio de 1943.*

BRASIL. *Constituição da República Federativa do Brasil, de 5 de outubro de 1988.*

BRASIL. *Lei n. 11.770, de 9 de setembro de 2008.* Cria o Programa Empresa Cidadã, destinado à prorrogação da licença-maternidade mediante concessão de incentivo fiscal, e altera a Lei n. 8.212, de 24 de julho de 1991. *Diário Oficial da União*: seção 1, Brasília, DF, ano 145, n. 175, p. 1, 10 set. 2008. Disponível em: https://www.planalto.gov.br/ccivil_03/_ato2007-2010/2008/lei/l11770.htm. Acesso em: 13 nov. 2023.

BRASIL. *Lei n. 14.457, de 21 de setembro de 2022.* Institui o Programa Emprega + Mulheres e altera a Consolidação das Leis do Trabalho para dispor sobre medidas de flexibilização da jornada. *Diário Oficial da União*, Brasília, 22 set. 2022.

BRASIL. *Lei n. 13.257, de 8 de março de 2016.* Marco Legal da Primeira Infância. Disponível em: https://www.sbp.com.br. Acesso em: 13 nov. 2023.

BRASIL. Ministério do Desenvolvimento Social. *Governo Federal lança novo PAA priorizando mulheres, negros, indígenas, quilombolas e assentados da reforma agrária.* Brasília, 2023. Disponível em: https://www.gov.br/mds/pt-br/noticias-e-conteudos/desenvolvimento-social/noticias-desenvolvimento-social/governo-federal-lanca-novo-paa-priorizando-mulheres-negros-indigenas-quilombolas-e-assentados-da-reforma-agraria. Acesso em: 19 abr. 2024.

BRASIL. Tribunal Superior do Trabalho. *Recurso de Revista n. 1000-45.2019.5.02.0000.* Relator: Ministro Augusto César Leite de Carvalho. Brasília, DF, 15 mar. 2022. *Diário Eletrônico da Justiça do Trabalho.*

BRASIL. Tribunal Superior do Trabalho. *AIRR-10454-06.2013.5.01.0343.* Relatora: Ministra Maria Helena Mallmann. 2ª Turma. *Diário Eletrônico da Justiça do Trabalho*, Brasília, 19 abr. 2023.

BRITISH COLUMBIA COURT OF APPEAL. Campbell River & North Island Transition Society. *2004 BCCA 260.* Vancouver, 2004.

CARNEIRO, Sueli. *Racismo, sexismo e desigualdade no Brasil.* São Paulo: Selo Negro, 2011.

FEDERICI, Silvia. *Calibã e a Bruxa:* Mulheres, Corpo e Acumulação Primitiva. Elefante, 2017.

CRENSHAW, Kimberlé. Documento para o encontro de especialistas em aspectos da discriminação racial relativos ao gênero. *Revista Estudos Feministas*, v. 10, n. 1, p. 171-188, 2002.

DAVIS, Angela. *Mulheres, raça e classe.* Trad. Heci Regina Candiani. São Paulo: Boitempo, 2016.

DELGADO, Gabriela Neves. *Direito fundamental ao trabalho digno.* São Paulo: LTr, 2006.

DELGADO, Mauricio Godinho. *Direito do trabalho no Brasil:* formação e desenvolvimento — Colônia, Império e República. São Paulo: JusPodivm, 2023.

DIEESE. Mulheres no mercado de trabalho: desafios e desigualdades constantes. *Boletim Especial*, 8 mar. 2024. Disponível em: https://www.dieese.org.br/boletimespecial/2024/mulheres2024.pdf. Acesso em: 29 out. 2024.

EHRENREICH, Barbara; ENGLISH, Deirdre. Witches, Midwives, and Nurses: A History of Women Healers. *The Feminist Press*, 1973, p. 28.

EUROPEAN INSTITUTE FOR GENDER EQUALITY. *Gender Equality Index 2020:* Work-life balance. Luxembourg: Publications Office of the European Union, 2020,

EVARISTO, Conceição. *Olhos d'água*. Rio de Janeiro: Pallas, 2016.

FRYE, Northrop. *Anatomy of Criticism*. Princeton University Press, 1957.

GONZALEZ, Lélia; RIOS, Flávia *et al.* (Orgs.). *Por um feminismo afro-latino-americano:* ensaios, intervenções e diálogos. Rio de Janeiro: Zahar, 2020.

HOOKS, Bell. *Teoria feminista:* da margem ao centro. São Paulo: Perspectiva, 2019.

IBGE. *Pesquisa Nacional por Amostra de Domicílios Contínua 2022:* Retrato das desigualdades no mercado de trabalho. Brasília: IBGE, 2022. Disponível em: https://agenciadenoticias.ibge.gov.br. Acesso em: 29 out. 2023.

IBGE. *Estatísticas de Gênero:* Indicadores sociais das mulheres no Brasil. Rio de Janeiro: IBGE, 2023. Disponível em: https://biblioteca.ibge.gov.br/visualizacao/livros/liv102066_informativo.pdf. Acesso em: 29 set. 2024.

IBGE. *Estudo sobre mães solo no Brasil*. Brasília: IBGE, 2023. Disponível em: https://biblioteca.ibge.gov.br. Acesso em: 29 set. 2024.

ILO (Organização Internacional do Trabalho). *Guidelines for a Just Transition towards Environmentally Sustainable Economies and Societies for All*. Genebra: ILO, 2015. Disponível em: https://www.ilo.org/global/topics/greenjobs/publications/WCMS_432859/lang--en/index.htm. Acesso em: 9 set. 2024.

KAVANAGH, James H. Lilith and Her Sisters. *Feminist Studies*, 1980.

LERNER, Gerda. *The Creation of Patriarchy*. New York: Oxford University Press, 1986. p. 5-15.

LORDE, Audre. *Sister outsider:* essays and speeches. Berkeley: Crossing Press, 2007.

LUGONES, María. *Colonialidade de gênero*. São Paulo: Cortez, 2018. p. 23-25.

LUGONES, María. Rumo a um feminismo decolonial. *Revista Estudos Feministas*, v. 22, n. 3, p. 935-952, 2014.

MATURANA, Humberto R.; VERDEN-ZÖLLER, Gerda. *Amar e brincar:* fundamentos esquecidos do humano. São Paulo: Palas Athena, 2004.

MENESES, Maria Paula. *Epistemologias do Sul*. Coimbra: Almedina, 2009.

MORIN, Edgar. *Introdução ao Pensamento Complexo*. Porto Alegre: Sulina, 2015.

NARVAZ, Martha Giudice; KOLLER, Sílvia Helena. Famílias e patriarcado: da prescrição normativa à subversão criativa. *Psicologia & Sociedade*, v. 18, n. 1, 2006,

NEWELL, Peter; MULVANEY, Dustin. The political economy of the 'just transition'. *Geographical Journal*, v. 179, n. 2, p. 135-136, 2013. Disponível em: https://www.jstor.org/stable/10.1111/geoj.12008. Acesso em: 9 set. 2024.

ONTARIO HUMAN RIGHTS COMMISSION. *Policy on discrimination based on family status*. Toronto: Government of Ontario, 2002.

ORGANIZAÇÃO INTERNACIONAL DO TRABALHO. *Convenção n. 156*. Sobre a Igualdade de Oportunidades e de Tratamento para Homens e Mulheres Trabalhadores: Trabalhadores com Encargos de Família. Genebra: OIT, 1981.

PEREIRA, Flávia Souza Máximo; NICOLI, Pedro Augusto Gravatá. Os segredos epistêmicos do direito do trabalho. *Revista Brasileira de Políticas Públicas*, 2020.

PESSOA, Fernando. *Livro do Desassossego*. Ed. de Jerónimo Pizarro. Lisboa: Tinta-da-china. 2. ed. 2014.

QUIJANO, Aníbal. Colonialidade do poder, eurocentrismo e América Latina. In: LANDER, Edgardo (Org.). *A colonialidade do saber:* eurocentrismo e ciências sociais. Buenos Aires: CLACSO, p. 227-278, 2005.

REDE DE MULHERES PESCADORAS DO MARANHÃO. *Relatório de Impacto 2023*. Disponível em: https://www.redepescadoras.org.br. Acesso em: 15 jul. 2024.

SANTOS, Boaventura de Sousa. *Para Além do Pensamento Abissal:* Das Linhas Globais a uma Ecologia de Saberes. São Paulo: Cortez, 2007.

SANTOS, Boaventura de Sousa. Para além do pensamento abissal: das linhas globais a uma ecologia de saberes. In: SANTOS, Boaventura de Sousa; MENESES, Maria Paula (Orgs.). *Epistemologias do Sul*. Coimbra: Almedina, 2014.

SHILTON, Elizabeth. *Family Status Discrimination:* New Tool for Transforming Workplaces, or Trojan Horse for Subverting Gender Equality? Queen's University, Kingston, Canadá, 2015. p. 5-7. Disponível em: https://ssrn.com/abstract=2330294. Acesso em: 12 de nov. 2024.

SOUSA MELLO, Nathália Alice; BOMFIM, Rainer. (De)colonialidade de gênero no mercado laboral. *Cadernos de Direito*, v. 21(40): 43-59, jan./jun. 2022.

Suprema Corte do Canadá. B. *v.* Ontario (Human Rights Commission). *2002 SCC 66*. Ottawa, 2002.

SOCIEDADE BRASILEIRA DE PEDIATRIA. *Recomendações para o acompanhamento de saúde de crianças e adolescentes*. 2018. Disponível em: https://www.sbp.com.br. Acesso em: 13 nov. 2023.

TEODORO, Maria Cecília Máximo; MIRAGLIA, Lívia Mendes Moreira. *Feminismo, Trabalho e Literatura:* Reflexões sobre o Papel da Mulher na Sociedade Contemporânea. Porto Alegre: Editora Fi, 2020.

TRIBUNAL SUPERIOR DO TRABALHO (TST). *Boletim de Jurisprudência n. 8/2024*. Aplicação do Protocolo para Julgamento com Perspectiva de Gênero nas Relações Trabalhistas. Brasília: TST, 2024. Disponível em: https://basis.trt2.jus.br/handle/123456789/16668. Acesso em: 28 nov. 2024.

WILLIAMS, Joan C.; BORNSTEIN, Stephanie. The Evolution of "Family Responsibilities Discrimination" and Litigation Trends. *Yale Law Journal*, 2016.

# A Pessoa com Deficiência e o Salário-Maternidade em Face às suas Respectivas Implicações no Tempo de Contribuição e na Carência e a Necessidade do Acatamento no Brasil da Norma Mínina Internacional

## *The People with Disabilities and Maternity Salary in View of their Respective Implications for Contribution Time and Waiting Periods and the Need for Brazil to Comply with the International Minimum Standard*

*Marcelo Borsio*

*Igor Borher*

*Renato A. Borges Dias*

**Resumo:** Este artigo trata da análise dos panoramas normativos, doutrinários e jurisprudenciais da aposentadoria do deficiente e o salário maternidade. O trabalho tem como escopo investigar a evolução e a construção teórica sobre os aspectos constitucionais dos direitos das pessoas com deficiência com enfoque na aposentadoria da pessoa com deficiência e no salário maternidade, trazendo, além do seu conceito, natureza jurídica, critérios e requisitos à sua concessão e os tipos de seguradas da Previdência Social.

**Palavras-chave:** Direito do trabalho; Direito do previdenciário; Direitos das pessoas com deficiência; Aposentadoria da pessoa com deficiência; Salário-maternidade; Aspectos constitucionais, doutrinários e jurisprudenciais; Direito fundamental; Proteção à maternidade; Isonomia.

**Abstract:** This article deals with the analysis of the normative, doctrinal and jurisprudential panoramas of the retirement of the disabled and the maternity salary. The scope of the work is to investigate the evolution and theoretical construction on the constitutional aspects of the rights of people with disabilities with a focus on the retirement of people with disabilities and the maternity salary, bringing, in addition to its concept, legal nature, criteria and requirements for its concession and the types of Social Security.

**Keywords:** Labor law; Pension law; Rights of persons with disabilities; Disability retirement; Maternity pay; Constitutional, doctrinal and jurisprudential aspects; Fundamental right; Maternity protection; Isonomy.

## Introdução

Este artigo trata da análise dos panoramas normativos, doutrinários e jurisprudenciais da aposentadoria do deficiente e o salário maternidade. O trabalho tem como escopo investigar a evolução e a construção teórica sobre os aspectos constitucionais dos direitos das pessoas com deficiência com enfoque na aposentadoria da pessoa com deficiência e no salário-maternidade, trazendo, além do seu conceito, natureza jurídica, critérios e requisitos à sua concessão e os tipos de seguradas da Previdência Social, com foco na problematização em relação ao período da licença-maternidade, bem como no momento em que ocorre a deficiência, se antes da licença, durante, se em decorrência do parto ou posterior ao parto/licença, considerando portanto as implicações do tempo de contribuição e da carência em cada caso.

Será abordado os aspectos constitucionais dos direitos das pessoas com deficiências, cujo assunto é tratado na Constituição da República Federativa do Brasil (CRFB/88) como garantir à pessoa com deficiência o seu ingresso na vida social e no ambiente de trabalho, programando um conjunto de normas compensatórias. Para tal, o inciso XXXI do art. 7º da Constituição Federal ao tratar dos direitos dos trabalhadores urbanos e rurais, além de outros que visem a melhoria de sua condição social apresenta de forma expressa a proibição de qualquer discriminação no tocante a salário e critérios de admissão do trabalhador portador de deficiência.

Com relação aos aspectos infraconstitucionais dos direitos das pessoas com deficiências, o artigo destaca a Lei n. 13.146, de 6 de julho de 2015, para fins previdenciários abarca toda e qualquer tipo de deficiência, inclusive, aquela prevista na Lei n. 14.126, de 22 de março de 2021, que classifica a visão monocular como deficiência sensorial, do tipo visual.

Em seguida passará a abordar sobre salário-maternidade e seus aspectos gerais e relações jurídicas, bem como a problematização se o período da licença-maternidade conta para fim de tempo de contribuição e carência para o PCD poder receber a aposentadoria especial, considerando o momento que ocorre a deficiência, antes, durante ou após o parto, considerando as respectivas implicações do tempo de contribuição e da carência.

O Brasil, em face desses institutos tabulados no artigo, precisa assegurar a norma mínima da OIT n. 102 de 1952, que diz que os países devem ter uma carta mínima de benefícios previdenciários e de segurança social, visando a reconstrução do ordenamento jurídico mínimo que garante os direitos humanos de todos.

Para tanto, utilizou-se de metodologia científica com formato dedutivo-lógico, bem como análise de legislação à luz da Constituição Federal e de normas internacionais, conferindo abordagem dinâmica e construtiva com raciocínio coerente e eficaz.

## 1. Aspectos constitucionais dos direitos das pessoas com deficiência

Para que possamos entrar, propriamente, no estudo da aposentadoria da pessoa com deficiência e no salário maternidade, é importante apresentar fundamentalmente que os direitos das pessoas com deficiência foram alçados ao texto constitucional em vários dispositivos.

Sobre o assunto, a Constituição da República Federativa do Brasil (CRFB/88)[(1)] busca garantir à pessoa com deficiência o seu ingresso na vida social e no ambiente de trabalho, programando um conjunto de normas compensatórias[(2)].

Para tal, o inciso XXXI do art. 7º da Constituição Federal ao tratar dos direitos dos trabalhadores urbanos e rurais, além de outros que visem à melhoria de sua condição social apresenta de forma expressa a proibição de qualquer discriminação no tocante a salário e critérios de admissão do trabalhador portador de deficiência[(3)].

---

(1) BRASIL. Constituição (1988). *Constituição da República Federativa do Brasil: promulgada em 5 de outubro de 1988*. Disponível em: http://www.planalto.gov.br/ccivil_03/constituicao/constituicao.htm. Acesso em: 11 mar. 2023.

(2) FARIAS, Cristiano Chaves de; CUNHA, Rogério Sanches; PINTO, Ronaldo Batista. *Estatuto da Pessoa com Deficiência Comentado Artigo por Artigo*. 4. ed., rev., ampl. e atual. Salvador: JusPodivm, 2021. p. 271.

(3) Art. 7º São direitos dos trabalhadores urbanos e rurais, além de outros que visem à melhoria de sua condição social: XXXI – proibição de qualquer discriminação no tocante a salário e critérios de admissão do **trabalhador portador de deficiência**.

Simplificadamente, portanto, vale a pena ressaltar que, o inciso II do art. 23 da Carta Magna trouxe como competência comum da União, dos Estados, do Distrito Federal e dos Municípios, cuidar da saúde e assistência pública, da proteção e garantia das pessoas portadoras de deficiência(4).

Por conseguinte, o inciso XIV do art. 24 da Carta Política traduz que compete à União, aos Estados e ao Distrito Federal legislar concorrentemente sobre a proteção e integração social das pessoas portadoras de deficiência(5).

Sob esse ponto de vista, o inciso VIII do art. 37 do Vigente Texto Constitucional dispõe que a lei reservará percentual dos cargos e empregos públicos para as pessoas portadoras de deficiência e definirá os critérios de sua admissão(6).

Em sequência, vale registrar que, a Emenda Constitucional n. 94, de 2016, da Carta vigente ao falar, no § 2º do art. 100, de privilégios dos pagamentos devidos pelas Fazendas Públicas Federal, Estaduais, Distrital e Municipais, em virtude de sentença judiciária, com exclusividade na ordem cronológica de apresentação dos precatórios e à conta dos créditos respectivos, acenou que os débitos de natureza alimentícia cujos titulares, originários ou por sucessão hereditária, tenham 60 (sessenta) anos de idade, ou sejam portadores de doença grave, ou pessoas com deficiência, assim definidos na forma da lei, serão pagos com preferência sobre todos os demais débitos, até o valor equivalente ao triplo fixado em lei, admitido o fracionamento para essa finalidade, sendo que o restante será pago na ordem cronológica de apresentação do precatório(7).

Agora, mas ainda dentro do quadro normativo constitucional, vale a pena fazer um apanhado dos direitos da pessoa com deficiência na perspectiva da ordem social. Antes, informa-se que em didática definição, Wagner Balera conceitua a Seguridade Social como um sistema de proteção que abrange a Previdência Social, a Saúde e a Assistência Social, em consonância com o art. 194 da Constituição da República Federativa do Brasil(8).

---

(4) Art. 23. É competência comum da União, dos Estados, do Distrito Federal e dos Municípios: II – cuidar da saúde e assistência pública, da proteção e garantia das **pessoas portadoras de deficiência**.

(5) Art. 24. Compete à União, aos Estados e ao Distrito Federal legislar concorrentemente sobre: XIV – proteção e integração social das **pessoas portadoras de deficiência**.

(6) Art. 37. A administração pública direta e indireta de qualquer dos Poderes da União, dos Estados, do Distrito Federal e dos Municípios obedecerá aos princípios de legalidade, impessoalidade, moralidade, publicidade e eficiência e, também, ao seguinte: VIII – a lei reservará percentual dos cargos e empregos públicos para as **pessoas portadoras de deficiência** e definirá os critérios de sua admissão.

(7) BRASIL. Emenda Constitucional n. 94, de 15 de dezembro de 2016. **Altera o art. 100 da Constituição Federal, para dispor sobre o regime de pagamento de débitos públicos decorrentes de condenações judiciais; e acrescenta dispositivos ao Ato das Disposições Constitucionais Transitórias, para instituir regime especial de pagamento para os casos em mora.** Disponível em: https://www.planalto.gov.br/ccivil_03/constituicao/emendas/emc/emc94.htm. Acesso em: 11 mar. 2023.

(8) BALERA, Wagner. *Sistema de seguridade social*. 5. ed. São Paulo: LTr, 2009. p. 11.

De igual forma, para Sérgio Pinto Martins, o Direito da Seguridade Social consiste no conjunto de princípios, de regras e de instituições destinado a estabelecer um sistema de proteção social aos indivíduos contra as contingências que os impeçam de prover suas necessidades pessoais básicas e de suas famílias, integrado por ações de iniciativa dos Poderes Públicos e da sociedade, visando a assegurar os direitos relativos à saúde, à previdência e à assistência social(9).

Pois bem: As prestações da Seguridade Social têm natureza de direitos fundamentais, mais especificamente sociais, como se observa do art. 6º da Constituição da República Federativa do Brasil (CRFB/88), considerados essenciais à proteção e à promoção da dignidade da pessoa humana, a qual é fundamento do Estado Democrático de Direito.

A Previdência Social tem como principais características o caráter contributivo e a filiação obrigatória (art. 201 da Constituição da República), ao passo que a Assistência Social, por seu turno, deve ser prestada a quem dela necessitar, independentemente de contribuição à Seguridade Social (art. 203 da Constituição Federal de 1988)(10).

Já a Saúde é direito de todos e dever do Estado (art. 196 da Constituição da República), ou seja, não se exige contribuição do beneficiário para ter acesso ao Sistema Único de Saúde(11).

Ainda sobre esse tópico, Wladimir Novaes Martinez afirma que o Direito Previdenciário é um ramo do direito público disciplinador de relações jurídicas substantivas e adjetivas presentes no bojo da previdência social pública ou privada, em matéria de custeio e prestações, que objetiva a realização dessa técnica de proteção social(12).

A previdência social pública é composta em duas dimensões, em outras palavras, pelo Regime Geral de Previdência Social (RGPS) e pelos Regimes Próprios de Previdência Social (RPPS) e a previdência social privada pelo Regime de Previdência Privada ou Complementar.

Nesse artigo, focaremos nos tópicos dos direitos das pessoas com deficiência, assim como no salário maternidade, referentes aos aspectos constitucionais e infraconstitucionais relacionados ao tema dessa pesquisa.

Por seu turno, importante trazer que a Emenda Constitucional n. 103, de 2019, alterou o Texto Magno a ponto de trazer uma nova roupagem à aposentadoria especial, essencialmente, para os servidores públicos, ou seja, que lei complementar do respectivo

---

(9) MARTINS, Sérgio Pinto. *Direito da seguridade social*. 32. ed. São Paulo: Atlas, 2012. p. 21.

(10) AMADO, Frederico. *Direito previdenciário e assistencial para o concurso do INSS*. 1. ed. Salvador: JusPodivm, 2019. p.18.

(11) GARCIA, Gustavo Filipe Barbosa. *Curso de direito da seguridade social*. 4. ed. São Paulo: Saraiva, 2018. p. 33-34.

(12) MARTINEZ, Wladimir Novaes. *Curso de direito previdenciário*. 5. ed. São Paulo: LTr, 2013. p. 35.

ente federativo poderá estabelecer idade e tempo de contribuição diferenciados para aposentadoria de servidores com deficiência, previamente submetidos à avaliação biopsicossocial realizada por equipe multiprofissional e interdisciplinar(13).

Nessa linha, o inciso I do § 2º do art. 100, também, trouxe uma preocupação com a aposentadoria, mas agora para os trabalhadores civis da iniciativa privada, vinculados ao Regime Geral de Previdência Social (RGPS), ao afirmar que é vedada a adoção de requisitos ou critérios diferenciados para concessão de benefícios, ressalvada, nos termos de lei complementar, a possibilidade de previsão de idade e tempo de contribuição distintos da regra geral para concessão de aposentadoria exclusivamente em favor dos segurados, com deficiência.

Assim, no que se refere à previdência social, o inciso I do § 1º do art. 201 incluído pela a Emenda Constitucional n. 103, de 2019, manifesta uma importante proteção a pessoas com deficiência, especialmente, ao espelhar o princípio da igualdade ao afirmar que é vedada a adoção de requisitos ou critérios diferenciados para concessão de benefícios, ressalvada, nos termos de lei complementar, a possibilidade de previsão de idade e tempo de contribuição distintos da regra geral para concessão de aposentadoria exclusivamente em favor dos segurados com deficiência.

Os incisos IV e V do art. 203 do constituinte originário sempre destacou a proteção em relação à assistência social, ao afirmar que será prestada a quem dela necessitar, independentemente de contribuição à seguridade social, e tem por objetivos a habilitação e reabilitação das pessoas portadoras de deficiência e a garantia de um salário-mínimo de benefício mensal à pessoa portadora de deficiência.

## 2. Aspectos infraconstitucionais dos direitos das pessoas com deficiência

O Estatuto da Pessoa com Deficiência, embora criticável por um lado, possui muitos méritos, dentre eles o de tentar, por uma forma ou outra, emancipar o deficiente, principalmente o portador de deficiência física, mas também, dentro de certa medida, o portador de deficiência mental. Sem dúvida alguma, fá-lo, em alguns momentos, de modo muito generalizado, o que levou a comunidade jurídica a uma certa perplexidade, mormente quanto à situação do deficiente mental(14).

A Lei Brasileira de Inclusão da Pessoa com Deficiência considera pessoa com deficiência aquela que tem impedimento de longo prazo de natureza física, mental, intelectual

---

(13) BRASIL. *Emenda Constitucional n. 103, de 12 de novembro de 2019.* Altera o sistema de previdência social e estabelece regras de transição e disposições transitórias. Disponível em: https://www.planalto.gov.br/ccivil_03/constituicao/emendas/emc/emc103.htm. Acesso em: 11 mar. 2023.

(14) SILVA, Marcelo Rodrigues da; OLIVEIRA FILHO, Roberto Alves de; FIUZA, César. *Temas relevantes sobre o estatuto da pessoa com deficiência.* 1. ed., rev., ampl. e atual. Salvador: JusPodivm, 2018. p. 18.

ou sensorial, o qual, em interação com uma ou mais barreiras, pode obstruir sua participação plena e efetiva na sociedade em igualdade de condições com as demais pessoas(15).

Aqui, defendemos que o conceito trazido pela Lei n. 13.146, de 6 de julho de 2015, para fins previdenciários abarca toda e qualquer tipo de deficiência, inclusive, aquela prevista na Lei n. 14.126, de 22 de março de 2021, que classifica a visão monocular como deficiência sensorial, do tipo visual.

Por fim, vale lembrar que a Lei n. 13.146, de 2015, trouxe um importante reconhecimento igualdade perante a lei para as pessoas com deficiência, em outras palavras, a pessoa com deficiência tem assegurado o direito ao exercício de sua capacidade legal em igualdade de condições com as demais pessoas.

Inclusive, tem o direito fundamental de a segurada, mulher com deficiência, ficar grávida, ter seu filho e perceber livremente o salário-maternidade, mas nem sempre é tão simples.

## 3. Salário-maternidade e seus contornos normativos

Oriundo da proteção à maternidade, bem como do direito à previdência social, ambos consagrados no ordenamento jurídico pátrio, pela Constituição Federal de 1988, como direitos sociais fundamentais, surge o benefício previdenciário que garante à trabalhadora, no final da gestação e no pós-parto, um sustento mínimo durante o necessário período de afastamento do trabalho.

Apesar de ter nomenclaturas e características diferentes nos diversos regimes previdenciários existentes no país, é no Regime Geral de Previdência Social (RGPS) que o salário-maternidade encontra sua maior abrangência. Não poderia ser diferente, já que esse é o regime que assegura o maior número de trabalhadores brasileiros nas contingências sociais.

O benefício repercute diretamente nas relações trabalhistas e previdenciárias do trabalhador, sendo necessária uma adequação das normas respectivas a cada caso.

O Direito Previdenciário está intimamente ligado ao Direito do Trabalho. E, apesar de o primeiro ser uma subespécie do Direito Público e o segundo ser derivado do Direito Privado, a aplicação conjunta dos dois garante um eficaz sistema de proteção à figura da trabalhadora segurada.

Ocorre que nem sempre essas duas esferas do Direito são congruentes. Em algumas situações acontece um conflito de normas, sendo necessária a intervenção do Judiciário para a resolução da problemática.

---

(15) BRASIL. *Lei n. 13.146, de 6 de julho de 2015*. Institui a Lei Brasileira de Inclusão da Pessoa com Deficiência (Estatuto da Pessoa com Deficiência. Disponível em: https://www.planalto.gov.br/ccivil_03/_ato2015-2018/2015/lei/l13146.htm. Acesso em: 18 mar. 2023.

Objetivando abordar, de maneira não exaustiva, uma dessas problemáticas, trazendo considerações sobre o benefício e sua relação com o Direito Laboral, faz-se, inicialmente, uma análise sucinta sobre a responsabilidade pelo pagamento do salário-maternidade à empregada dispensada sem justa causa durante o contrato de experiência.

O tema é de extrema relevância social, pois trata da proteção à maternidade, direito social previsto no *caput* do art. 6º e art. 201, II, ambos da Constituição Federal.

O enfrentamento do problema contribuirá para o debate jurídico, proporcionando maior visibilidade à questão, visto que inúmeras são as dúvidas a respeito da temática que ora se pretende aprofundar.

O salário-maternidade, benefício a que tem direito as seguradas da Previdência Social por ocasião do parto, da adoção ou da guarda judicial para fins de adoção, é devido durante 120 (cento e vinte) dias antes do parto e a data de ocorrência deste, nos termos do art. 71 e seguintes da Lei n. 8.213/1991, que dispõe acerca dos Planos de Benefícios da Previdência Social e dá outras providências.

Referido benefício, para a segurada empregada, consiste numa renda mensal igual a sua remuneração integral, sendo que, com a entrada em vigor da Lei n. 10.710/2003, que estabeleceu nova redação ao § 1º, do art. 72 da Lei n. 8.213/1991, produziu efeitos em relação aos benefícios requeridos a partir de 1º.09.2003, cabendo à empresa empregadora pagar o salário-maternidade devido à respectiva empregada gestante.

Tal previsão, entretanto, poderia ser interpretada pelo INSS como forma de eximir-se da responsabilidade de realizar o pagamento do benefício, em casos em que não houvesse o devido repasse do valor respectivo, pelo empregador, na vigência do contrato de trabalho.

Sendo certo que o salário-maternidade devido à trabalhadora avulsa, à empregada do microempreendedor individual (§ 3º, do art. 72 da Lei n. 8.213/91), bem como o da empregada doméstica, contribuinte individual e facultativa, é pago diretamente pela Previdência Social. Não há razão para que, em casos de não pagamento do benefício pelo empregador, seja restringido o direito, apenas da segurada empregada, de requerer diretamente à Autarquia Previdenciária o seu respectivo salário-maternidade.

O salário-maternidade é um dos benefícios mais complexos do Regime Geral de Previdência Social. Possui diferentes critérios, tais como fato gerador e valor do benefício, para os variados tipos de seguradas. Seus principais requisitos são, além da inafastável qualidade de segurada, a óbvia existência gestação ou adoção. O fato gerador do benefício pode ser o parto, o aborto não criminoso ou a adoção. Após o julgamento da ADI 2110 pelo STF, eliminou-se a carência exigida para seguradas contribuinte individual, seguradas especiais e seguradas facultativas. O INSS ainda é claudicante quanto à normatização destes efeitos, o que tem trazido injustiças e incoerências.

O salário-maternidade, juntamente com o salário-família, é um dos benefícios que visam à cobertura dos encargos familiares. Tem por objetivo a substituição da remuneração da segurada gestante durante os 120 dias de repouso, referentes à licença-maternidade.

Assim, o objetivo desse instrumento de proteção social é justamente assegurar a remuneração à gestante durante o período de afastamento das atividades laborais em virtude do parto, aborto ou adoção.

E, em se tratando de avanços em prol dos direitos da mulher trabalhadora, a licença-maternidade, bem como o benefício do salário-maternidade, foi uma grande evolução. O esforço do legislador em proporcionar, gradativamente, à obreira, além de sua recuperação física, o amparo à sua dignidade, contra a discriminação na sua profissão, a preservação do seu salário durante o gozo da licença como forma de manter-se a si e sua família, a garantia do emprego, com o fim de atender as necessidades primárias da criança, bem como estreitar laços afetivos entre mãe e filho, representa um grande passo na proteção à mulher, frente às explorações e abusos a que sempre esteve exposta.

Para fins de concessão de salário-maternidade, considera-se parto o evento ocorrido a partir da vigésima terceira semana (sexto mês) de gestação, inclusive em caso de natimorto.

No que concerne à carência para a concessão do salário-maternidade, o inciso III, do art. 29 do Decreto n. 3.048 de, 06 de maio de 1999, especificava que seriam dez contribuições mensais, para as seguradas facultativas, contribuintes individuais e seguradas especiais. Para as demais seguradas, o requisito sempre foi dispensado. Como dito, a ADI 2110 eliminou essa diferenciação.

A prestação previdenciária é devida desde o início da gestação, sendo paga por um período que pode ser de duas semanas até cento e vinte dias. Em caso de aborto não criminoso, comprovado mediante atestado médico, a segurada terá direito ao salário-maternidade correspondente a duas semanas. No caso de parto normal ou antecipado, ainda que ocorra parto de natimorto, o benefício é devido durante cento e vinte dias, com início vinte e oito dias antes e término noventa e um dias depois do parto.

Em se tratando de adoção, o pagamento do benefício é feito de forma inversamente proporcional à idade da criança adotada, na forma do *caput* do art. 93-A do Decreto n. 3.048/1999. Note-se:

> Art. 93-A. O salário-maternidade é devido à segurada da Previdência Social que adotar ou obtiver guarda judicial para fins de adoção de criança com idade:
>
> I – até um ano completo, por cento e vinte dias;
>
> II – a partir de um ano até quatro anos completos, por sessenta dias; ou
>
> III – a partir de quatro anos até completar oito anos, por trinta dias.

Existe ainda a possibilidade de prorrogação do período do benefício. Em casos excepcionais, os períodos de repouso anterior e posterior ao parto podem ser aumentados de mais duas semanas, mediante atestado médico específico.

A Lei n. 10.710/2003 alterou a Lei n. 8.213/1991, para restabelecer o pagamento, pela empresa, do salário-maternidade devido à segurada empregada gestante:

> § 1º Cabe à empresa pagar o salário-maternidade devido à respectiva empregada gestante, efetivando-se a compensação, observado o disposto no art. 248 da Constituição Federal, quando do recolhimento das contribuições incidentes sobre a folha de salários e demais rendimentos pagos ou creditados, a qualquer título, à pessoa física que lhe preste serviço.

Embora se reconheça a nobre intenção do legislador em favorecer a segurada empregada na obtenção do seu benefício salário-maternidade, desburocratizando todo o processo de concessão, evitando deslocamentos por parte das seguradas à Autarquia previdenciária, pagando o benefício como se a própria remuneração fosse, tal discriminação normativa gerou um reflexo negativo para as seguradas empregadas, na medida em que quando o empregador, por diversos fatores, não honra o benefício na vigência do contrato de trabalho, poderia eximir-se o INSS em pagar o salário-maternidade de forma direta, invocando justamente o dispositivo acima consignado, efetuando uma interpretação apenas literal do respectivo regramento.

Oportuno mencionar que para todas as demais seguradas o benefício do salário-maternidade é pago diretamente pela Autarquia Previdenciária. É o que se depreende da inteligência do § 3º, do art. 72 e o *caput* do art. 73, ambos da Lei n. 8.213/91. Transcrevem-se:

> § 3º O salário-maternidade devido à trabalhadora avulsa e à empregada do microempreendedor individual de que trata o art. 18-A da Lei Complementar n. 123, de 14 de dezembro de 2006, será pago diretamente pela Previdência Social.
>
> Art. 73. Assegurado o valor de um salário-mínimo, o salário-maternidade para as demais seguradas, pago diretamente pela Previdência Social, consistirá:
>
> Além da segurada que adotar ou obtiver guarda judicial para fins de adoção de criança, que, neste caso, também por força da lei, receberá o benefício do salário-maternidade diretamente pela Previdência Social.

Portanto, percebe-se que, conforme mencionado, apesar de inicialmente favorável à segurada empregada o referido regramento, na hipótese específica do não pagamento pela empresa empregadora do benefício na vigência do contrato de trabalho, tornar-se-ia prejudicial para ela (a segurada empregada), pois, de acordo com a interpretação literal da lei, apenas ela não poderia requerer diretamente à Previdência Social o seu benefício, devendo sempre pleitear o pagamento à empresa empregadora.

Evidente que tal hipótese viola de forma manifesta o princípio da isonomia.

Deve ser entendido como o tratamento igual e uniformizado de todos os seres humanos, bem como sua equiparação no que diz respeito à concessão de oportunidades de forma igualitária a todos os indivíduos. O art. 3º e 7º da Constituição Federal brasileira, por exemplo, trazem inúmeros exemplos de regras que visam à implementação da igualdade material, regras que proíbem distinções fundadas em certos fatores ao vedarem diferenças de salários, funções, critérios de admissão por motivo de sexo, idade, cor ou estado civil.

Portanto, tolher à segurada empregada a possibilidade de requerer seu benefício salário-maternidade diretamente à Autarquia Previdenciária, ao passo que todos os outros perfis de seguradas podem fazê-lo, é afronta patente ao princípio da igualdade, nos termos acima caracterizado, tratando iguais de forma desigual.

Mas os entraves sobre salário-maternidade não param por aí, especificamente se analisarmos à luz de tempo de contribuição, carência e período de afastamento por incapacidade antes do parto, piorando a questão humana se a segurada for uma PCD.

## 4. Tempo de contribuição, carência e os limites da norma mínima da Convenção OIT n. 102 de 1952

Após a EC n. 20 de 1998, o ordenamento jurídico brasileiro passou a considerar, em termos previdenciários, com prova de tempo de contribuição e não mais tempo de serviço, que era aquele considerado como período de exercício de atividade laborativa remunerada para efeitos de concessão de benefícios previdenciários, mormente para as aposentadorias.

Tal período foi extinto pela citada emenda constitucional e criado com ela o tempo de contribuição, não bastando o mero trabalho remunerado, mas a existência contributiva efetiva e recolhida, ou sua presunção em face dos responsáveis tributários.

Um parêntese. O tempo de contribuição é aquele estoque contributivo que o trabalhador precisa possuir para fazer jus a alguns benefícios previdenciários, como aposentadorias por idade, por tempo de contribuição e, depois da EC n. 103/19, para a voluntária de idade mínima e tempo contributivo, ou mesmo para aquele de tempo especial exposto a agentes nocivos. Trata-se de afirmar que tempo de contribuição é o chamado tempo-estoque do trabalhador.

Repisando. O § 4º da respectiva emenda premiou os tempos de serviço exercidos e cumpridos até que lei vigente discipline o tema (ainda não editada) como tempo de contribuição.

Mas a EC n. 103 de 2019 inseriu o § 14 no art. 201 da CF/88 salientando que é "vedada a contagem de tempo de contribuição fictício (sem contribuição ou serviço prestado efetivos) para efeito de concessão dos benefícios previdenciários e de contagem recíproca".

Mas, quanto ao tempo ficto, o art. 25 da EC n. 103/19 assentou que "será assegurada a contagem de tempo de contribuição fictício no RGPS decorrente de hipóteses descritas na legislação vigente até a data de entrada em vigor desta emenda constitucional, para fins de concessão de concessão de aposentadoria, observado, a partir da sua entrada em vigor, o disposto no § 14 do art. 201 da Constituição Federal".

Algo desnecessário, pois a EC n. 20/98 vedou a contagem ficta após seu advento. Deste modo, o art. 25 da EC n. 103/19 passou a derrogar tacitamente a vedação de 1998, passando a permitir tempos fictícios até a data da publicação da emenda de 2019, tanto para o RGPS, quanto para o RPPS, inclusive para fins de emissão de CTC (certidão de tempo de contribuição), em contagem recíproca.

A EC n. 103/2019, também, passou a mudar a forma de contagem de tempo de contribuição. O derrogado art. 59 do Decreto n. 3.048/99 considerava a definição de data a data, desde o início até a data do requerimento ou desligamento da atividade laboral, com desconto dos períodos legalmente estabelecidos como de suspensão de contrato de trabalho, de interrupção de exercício etc.

Entretanto, a partir de 14.11.2019 poderá a comprovação ser em dias ou por competência mensal, dependendo da remuneração mensal atingir ou não o piso legal ou convencional da categoria em face do salário de contribuição, e se inexistente, o salário mínimo nacional vigente. E tal qual, mesmo raciocínio, para o período de carência.

Se um contribuinte individual trabalhou um dia e emitiu uma nota fiscal relativa a um salário-mínimo e em face dela efetuou contribuição previdenciária correspondente, terá direito a um mês de contribuição, tendo laborado um dia e ganhado 29 dias sem trabalhar e contribuir. Percebe-se, ainda, que a EC n. 103/19 ainda permite tempo fictício, reforçado pelo mal engendrado Decreto n. 10.410/2020, em patente inconstitucionalidade.

E o citado decreto, alterando o § 4º do art. 125 do RPS (Regulamento da Previdência Social), assentou que somente as competências (a partir de 14.11.2019) com salários de contribuição que tenham valor igual ou superior ao limite mínimo mensal do salário de contribuição para o RGPS, para efeitos de contagem recíproca, serão consideradas.

Essa regra passou a traçar novos rumos para empregados, avulsos e domésticos, posto que mesmo antes da reforma previdenciária de 2019, para contribuintes individuais, segurados especiais e segurados facultativos, o valor contributivo mensal já era fixado em base ao valor do salário-mínimo, não contando como tempo de contribuição para fins de contagem recíproca (direito de contagem de tempo de contribuição de um regime previdenciário em outro, quando da migração do trabalhador da origem para o de destino, considerado um deles, pelo menos, como de investidura como servidor público de cargo efetivo e ente possuidor de RPPS), salvo se fosse efetuado o recolhimento complementar.

Normalizou-se a regra para todos.

Quanto à carência, trata-se de instituto que busca resguardar disciplina de contribuições, o chamado tempo-disciplina, e que mantém o equilíbrio financeiro e atuarial do sistema, para prevenir fraudes e irregularidades, bem como participação em vasto recolhimento em atraso, de uma única vez, sem que este período pudesse ter sido contado mês a mês, em nome da solidariedade, e da saúde e equilíbrio das contas. A técnica de seguro depende de coerência, habitualidade e disciplina nos pagamentos regulares dos prêmios, idem para o seguro público previdenciário.

Carência é pagamento prévio de um número mínimo de contribuições previdenciárias mensais, e em dia, sem atraso (tempo-disciplina), observado o art. 26 do RPS, que determina os recolhimentos mensais em base de salário de contribuição quando igual ou superior ao limite mínimo mensal.

Como dito, a partir de 14.11.2019, os segurados empregado, avulso e doméstico somente poderão contar, também como período de carência, aquelas competências com recolhimento com salário de contribuição igual ou superior ao limite mínimo mensal, ou se fizer complementação, utilização de excesso de outras competências, ou se agrupar competências contributivas, nos termos do Decreto n. 10.410 de 2020, em face dos arts. 19-E e § 27-A do art. 216, ambos do RPS.

Para contribuinte individual por conta própria e segurado facultativo, mesmo antes da reforma de 2019, sempre tiveram que contribuir como base no limite mínimo mensal, e se assim não fosse, não teriam a contagem de carência, nem tempo de contribuição. Para o segurado especial, basta a demonstração da atividade do exercício de atividade rural ou pesqueira artesanal para fins de subsistência.

As exceções, para antes da EC n. 103 de 2019, são para aqueles casos de segurados com presunção de recolhimento de contribuição previdenciária, não se falando em contribuição em atraso, devendo a carência ser computada desde a filiação. É o caso dos empregados, avulsos, domésticos e contribuintes individuais que prestam serviço para empresas ou equiparadas.

Alguns benefícios previdenciários dependem de carência, nos termos do art. 25 da Lei n. 8.213/91: 12 contribuições mensais para benefício por incapacidade temporária comum e para aposentadoria por incapacidade permanente (ambos não acidentários); 24 contribuições mensais para auxílio-reclusão e 180 contribuições mensais para aposentadorias por idade, por tempo de contribuição e especial.

A ADI 2110, no STF, determinou que está dispensada a carência de 10 contribuições mensais para contribuintes individuais, segurados especiais e segurados facultativos.

De acordo com a jurisprudência pacífica, o período em que o segurado percebeu benefício por incapacidade será considerado para fins de carência, em que pese não haver contribuição efetiva (apenas potencial no tocante a diferença de 100% para 91%, da renda mensal inicial, implicitamente 9% contributivos), e não ter havido labor (TRF2, TRF3, TRF4)[(16)].

Entretanto, para o INSS este período não computa para efeitos de carência, pois pressupõe haver necessidade contributiva, apesar da manutenção qualidade de segurado.

E o STJ e o STF firmaram entendimento que o citado período conta como carência, desde que intercalados como períodos contributivos (2ª Turma, REsp. 142208; 6ª Turma – AgRg. no REsp 1271928; ARE 802.877 e ARE 746.835-AgR).

O art. 60 do RPS (revogado pelo Decreto n. 10.410/20) previa que se o benefício por incapacidade fosse acidentário, não necessitava da intercalação, mas o § 1º do art. 19-C do citado Decreto de 2020 prevê que o tempo intercalado de incapacidade e labor somente para contagem de tempo contributivo, exceto para efeito de carência. Portanto, à luz do art. 55, inciso II da Lei n. 8.213/91, o benefício por incapacidade (comum ou acidentária) deve estar intercalado com atividade laboral para ser considerado apenas como tempo de contribuição, não mais como carência (para benefícios a contar de 1º.07.2020).

Permanece a retórica de vedação constitucional do tempo ficto, pois o período intercalado considerado como tempo de contribuição é uma contradição constitucional.

Todavia, derrubando toda a mudança normativa, o STF, no Tema de Repercussão Geral 1.125, reafirmou que o período intercalado de labor e incapacidade (comum e acidentário) deve ser contado como tempo de contribuição e carência.

Diante de tudo, um caso que representa muitos outros.

> Uma mulher PCD, de nome Sirlene, está gravida e é enquadrada como contribuinte individual por conta própria, junto ao RGPS, em face de suas atividades como artesã, vendendo suas obras, estando contribuindo por dois meses apenas. Estamos no âmbito antes da decisão da ADI 2110, por hipótese, ou seja, precisa provar carência de 10 meses para ter direito ao salário maternidade. Mas num período anterior ao início da gravidez, ela esteve afastada por incapacidade temporária por alguns meses, em face de depressão e síndrome do pânico, diante de doenças comuns, tendo recebido alta.

(16) AMS 37037; AMS 272378 e AC 2001.04.01.075498-6.

Após o afastamento, ficou grávida e não chegou a ter 10 meses de contribuição. Após o parto, foi solicitar o benefício ao INSS e obteve indeferimento pela ausência de carência de 10 meses, pois somente foram considerados os meses de contribuição efetivos anteriores ao afastamento e os posteriores, o que não totalizou a carência prevista. Recorreu ao CRPS não obtendo êxito e teve que judicializar.

A ação judicial, depois de muito tempo, confirmou a decisão dos TRFs citados, bem como as do STJ e do STF, pois ela teve intercalação de atividades laborais e, portanto, válido o período de incapacidade como tempo de contribuição e carência.

A judicialização corrigiu o histórico de confusões normativas, antes e depois da EC n. 103/2019, quer porque o RPS avançou em relação à Lei n. 8.213/91, quer porque o RPS acabou por corrigir o que a LBPS não quis trazer (art. 55, inciso II), mas ao mesmo tempo restou em desacordo com a jurisprudência dominante do STJ e STF (se intercalados, vale o período de incapacidade intercalada com labor como tempo de contribuição e carência). Ou seja, um ato do executivo desafiou entendimento pacífico da jurisprudência. Claro que os tribunais superiores repetiriam o entendimento, como fez o STF no Tema RG 1.125, em face de ato executivo apenas.

As pessoas não escolhem estarem doentes, lesionadas e incapacitadas. Em ambiente regular, sem fraudes ou irregularidades, este fato gerador é não programado. Por mais que se fale de equilíbrio financeiro e atuarial para manter o sistema, não acatando carência, nem mesmo em períodos intercalados, o governo federal resolveu normatizar assim para proteger a arrecadação.

Outras fontes de custeio precisam ser criadas para proteger e manutenir (§ 4º do art. 195 da CF/88) a seguridade social para situações como essa serem solucionadas.

A dignidade humana precisa ser sopesada. O equilíbrio financeiro e atuarial pode ser resolvido com novas fontes de custeio, em face da modernidade (tributação de robôs; de *e-commerce*; de heranças; de patrimônio para além de determinado montante — IR, IPVA e IPTU — em alteração ao § 4º do art. 167 da CF/88; de determinação de prescrição de 30 anos para execução fiscal de contribuições previdenciárias etc.). Deve haver um olhar para os seres humanos afetados por incapacidades que não as escolheram ter.

A Convenção da OIT n. 102 de 1952 foi criada para que os países conheçam a norma mínima de seguridade social e, a partir dela, ajustem seus ordenamentos jurídicos para que não tenham nada menos que o convencionado. O Brasil é signatário dela.

Em seu art. 10, a citada convenção assenta que as prestações previdenciárias de um país devem abranger, no mínimo, em caso de gestação, parto e suas consequências, a assistência pré-natal, assistência durante o parto e assistência após o parto, prestada por médico ou parteira diplomada, além do correspondente benefício previdenciário, reforçado pelo art. 46 do mesmo diploma.

E postula que o país pactuante (item 3 do art. 71) deve assumir uma responsabilidade geral no que diz respeito às prestações concedidas em cumprimento à presente convenção e tomar todas as medidas necessárias para atingir as finalidades visadas; devendo, se preciso for, certificar-se de que os estudos e cálculos necessários referentes ao equilíbrio financeiro são periodicamente executados por atuários e, em qualquer caso, antes de qualquer modificação das prestações, da taxa de contribuições de seguro ou dos impostos destinados à cobertura dos eventos em apreço.

Portanto, antes de fazer modificações para diminuição do direito à prestação, que o ordenamento jurídico seja ajustado quanto ao custeio, buscando a cobertura dos eventos com o mínimo existencial.

Por fim, o Brasil deveria minimamente proteger as pessoas com deficiência, cuja convenção internacional foi hospedada em nosso ordenamento jurídico por meio do Decreto Legislativo n. 186/2008, e regulamentado pelo Decreto n. 6.949, de 25 de agosto de 2009, posteriormente sendo aprovado no país o Estatuto do PCD, por meio da Lei n. 13.146 de 2015.

Não porque as pessoas sem deficiência não merecessem entrar nesta regra de imputação de carência quando de afastamentos por incapacidade (deveriam todos usufruir), mas apenas para preservar o status da convenção de emenda constitucional, em posicionamento infraconstitucional e supralegal, em face de seu caráter de direitos humanos.

Assim assenta a alínea "*j*" do preâmbulo da Convenção da PCD: "reconhecendo a necessidade de promover e proteger os direitos humanos de todas as pessoas com deficiência, inclusive daquelas que requerem maior apoio".

Então, o art. 55, inciso II da Lei n. 8.213/91 deveria assim ser alterado:

> II – o tempo intercalado em que esteve em gozo de auxílio-doença ou aposentadoria por invalidez, **inclusive para fins de contagem de período de carência para os segurados enquadrados nos requisitos e critérios a que se refere a Lei n. 13.146/2015 e a LC n. 142/2013.**

E, portanto, o art. 19-C do Decreto n. 10.410 de 2020 deveria vir com a seguinte inclusão após o seu § 1º:

> § 1º Será computado o tempo intercalado de recebimento de benefício por incapacidade, na forma do disposto no inciso II do caput do art. 55 da Lei n. 8.213, de 24 de julho de 1991, exceto para efeito de carência.
>
> **§ 1º A Não se aplica a exceção a que se refere o parágrafo anterior para os segurados enquadrados nos requisitos e critérios a que se refere a Lei n. 13.146/2015 e a LC n. 142/2013.**

Somente deste modo mulheres como Sirlene terão seus direitos conquistados administrativamente sem precisar passar pelo calvário de uma ação judicial e nela sofrer até ter seu benefício por maternidade concedido por justiça.

## 5. Conclusão

Em vista dos argumentos mencionados, observamos que a Seguridade Social Contemporânea com seus novos aspectos Constitucionais do Financiamento representa uma importante mudança no sistema de proteção da Previdência Social, da Saúde e da Assistência Social, especialmente, porque no caso do Brasil trará nova forma para as contribuições entre os diversos regimes de previdência e os modelos não contributivos da saúde e da assistência social em relação ao semblante da solidariedade sistêmica e do encontro do ponto de equilíbrio financeiro e atuarial.

Não se pode negar que a proteção constitucional à maternidade vem sendo, de forma muito ampla, satisfeita. A existência de estabilidade provisória no emprego, de licença do trabalho e de benefício previdenciário específicos destinados à gestante, consagra essa proteção e rechaça as discriminações socioculturais suportadas pelas mulheres em outros tempos.

A problemática tratada reflete uma fragilidade nem sempre aparente na aplicação conjunta de normas de Direito Público e Direito Privado. Diante disso, cabe ao Estado intervir, fazendo uso do seu sistema de proteção social e evitando assim a perpetuação de injustiças, o que não se admite, principalmente num Estado Democrático de Direito.

Assim como é feito nos Direitos do Trabalho e do Consumidor, deve-se ser feito no Direito Previdenciário. A proteção estatal independe da esfera do direito, seja ela pública ou privada, o que se busca é extinção de injustiças e a segurança dos mais fracos.

Independentemente de quem seja a responsabilidade pelo pagamento do salário-maternidade, não é tolerável que milhares de trabalhadoras sejam prejudicas num momento tão ímpar de suas vidas pela fragilidade das normas vigentes.

Desse modo, cabe ao Estado, enquanto não se edita uma norma que resolve a celeuma, proteger as seguradas gestantes prejudicadas, concedendo e pagando os benefícios previdenciários, mormente se são PCD e passam por afastamentos por incapacidade laboral antes do parto, podendo não ter o critério de carência previamente preenchido, necessitando contar o tempo do benefício como aquele apto a lhe conferir o instituto, o que atualmente só a jurisprudência dos tribunais conferem a proteção, neste caso.

## Referências

AMADO, Frederico. *Direito previdenciário e assistencial para o concurso do INSS*. 1. ed. Salvador: JusPodivm, 2019. p.18.

BALERA, Wagner. *Sistema de seguridade social*. 5. ed. São Paulo: LTr, 2009. p. 11.

BRASIL. Constituição (1988). *Constituição da República Federativa do Brasil: promulgada em 5 de outubro de 1988.* Disponível em: http://www.planalto.gov.br/ccivil_03/constituicao/constituicao.htm. Acesso em: 11 mar. 2023.

BRASIL. *Emenda Constitucional n. 103, de 12 de novembro de 2019.* Altera o sistema de previdência social e estabelece regras de transição e disposições transitórias. Disponível em: https://www.planalto.gov.br/ccivil_03/constituicao/emendas/emc/emc103.htm. Acesso em: 11 mar. 2023.

BRASIL. *Emenda Constitucional n. 94, de 15 de dezembro de 2016.* Altera o art. 100 da Constituição Federal, para dispor sobre o regime de pagamento de débitos públicos decorrentes de condenações judiciais; e acrescenta dispositivos ao Ato das Disposições Constitucionais Transitórias, para instituir regime especial de pagamento para os casos em mora. Disponível em: https://www.planalto.gov.br/ccivil_03/constituicao/emendas/emc/emc94.htm. Acesso em: 11 mar. 2023.

BRASIL. *Lei n. 13.146, de 6 de julho de 2015.* Institui a Lei Brasileira de Inclusão da Pessoa com Deficiência (Estatuto da Pessoa com Deficiência). Disponível em: https://www.planalto.gov.br/ccivil_03/_ato2015-2018/2015/lei/l13146.htm. Acesso em: 18 mar. 2023.

CARRION, Valentin. *Comentários à Consolidação das Leis do Trabalho.* 34. ed. São Paulo: Saraiva, 2009.

DALVI, Luciano. *Previdência Social Comentada e Aplicada ao Processo.* 1. ed. Campo Grande: Contemplar, 2012.

FARIAS, Cristiano Chaves de; CUNHA, Rogério Sanches; PINTO, Ronaldo Batista. *Estatuto da Pessoa com Deficiência Comentado Artigo por Artigo.* 4. ed., rev., ampl. e atual. Salvador: JusPodivm, 2021. p. 271.

GARCIA, Gustavo Filipe Barbosa. *Curso de direito da seguridade social.* 4. ed. São Paulo: Saraiva, 2018. p. 33-34.

LAZZARI. João Batista; CASTRO. Carlos Alberto Pereira. *Manual de Direito Previdenciário.* 8. ed. Florianópolis: Conceito, 2007.

MARTINEZ, Wladimir Novaes. *Curso de direito previdenciário.* 5. ed. São Paulo: LTr, 2013. p. 35.

MARTINS, Sérgio Pinto. *Direito da seguridade social.* 32. ed. São Paulo: Atlas, 2012. p. 21.

SANCHEZ, Adilson; XAVIER, Victor Hugo. *Advocacia previdenciária.* 2. ed. São Paulo: Atlas, 2009.

SARAIVA, Renato. *Direito do Trabalho:* versão universitária. 4. ed. Rio de Janeiro: Método, 2011. Somente poderá optar pelo encargo de pagamento, as convenentes que fazem a complementação de benefícios, observada a conveniência administrativa do INSS.

SILVA, Marcelo Rodrigues da; OLIVEIRA FILHO, Roberto Alves de; FIUZA, César. *Temas relevantes sobre o estatuto da pessoa com deficiência.* 1. ed., rev., ampl. e atual. Salvador: JusPodivm, 2018. p. 18.

# O Trabalho de Cuidado no Brasil e no Peru: Caminhos para Valorizá-lo e Reduzir as Desigualdades de Genero e Raça

## *Care Work in Brazil and Peru: Ways to Value it and Reduce Gender and Race Inequalities*

*Matheus Elias Hanna*
*Kátia Magalhães Arruda*

**Resumo:** Brasil e Peru vivenciam, cada um à sua maneira, a falácia do mito da democracia racial. Sabe-se, no entanto, que as populações negras e indígenas destes países sofrem com as mazelas do racismo estrutural e, como consequência, se distanciam do centro em que os direitos sociais, econômicos e culturais são assegurados. As mulheres, por sua vez, são as mais atingidas por esta realidade social. Tanto é verdade que, como resultado da discriminação racial e de matrizes coloniais de dominação, os empregos mais estigmatizados das sociedades brasileira e peruana, a exemplo dos trabalhos de cuidado, são destinados majoritariamente às mulheres negras ou indígenas. Daí a razão desta camada da sociedade ser a mais impactada pela informalidade e precariedade no mercado de trabalho. Diante deste cenário, através da análise de censos demográficos, doutrinas e legislações aplicáveis aos referidos países, o presente trabalho se propõe a analisar a relação existente entre o trabalho de cuidado e as desigualdades de gênero, classe e raça existentes no Brasil e no Peru. Além disso, à luz das Convenções ns. 111, 156, 189 e 190 da OIT, pretende-se apontar as políticas públicas que podem ser adotadas nestes países no sentido de valorizar os trabalhos de cuidado e fazer com que as mulheres permaneçam e progridam no mercado de trabalho em condições de igualdade. Afinal, o trabalho de cuidado é indiscutivelmente desvalorizado no Brasil e no Peru, de modo a perpetuar as desigualdades de gênero e raça.

**Palavras-chave:** Discriminação; Raça; Gênero; Trabalho de cuidado; Políticas públicas.

**Abstract:** Brazil and Peru, each in their own way, experience the fallacy of the myth of racial democracy. It is known, however, that the black and indigenous populations of these countries suffer from the ills of structural racism and, consequently, they are distance from the center where social, economic and cultural rights are guaranteed. Women, in turn, are the most affected by this social reality. So much so that, because of racial discrimination and colonial matrices of domination, the most stigmatized jobs in Brazilian and Peruvian societies, such as care work, are mostly intended for black or indigenous women. Hence the reason why this layer of society is the most impacted by informality and precariousness in the job market. Given this scenario, through the analysis of demographic censuses, doctrines and legislation applicable to the aforementioned countries, this paper proposes to analyze the relationship between care work and the gender, class and race inequalities that exist in Brazil and Peru. Furthermore, considering ILO Conventions 111, 156, 189 and 190, we intend to point out public policies that can be adopted in these countries, to value care work and ensure that women remain and progress in the job market on equal terms. After all, care work is arguably devalued in Brazil and Peru, perpetuating gender and racial inequalities.

**Keywords:** Discrimination; Race; Gender; Care work; Public policies.

## Introdução

"Sankofa" é um símbolo africano que retrata um pássaro mítico que segura um ovo com o bico e tem a cabeça voltada para trás, naquilo que seria uma representação da necessidade de compreender o passado para moldar o futuro, a fim de que os erros pretéritos não sejam novamente cometidos.(1) Veja-se:

**Figura 1 – Sankofa (símbolo africano).**

Fonte: Quebrada Maps.(2)

O tratamento que se dá aos trabalhadores de cuidado do Brasil e do Peru aponta que esses países, a exemplo do que ocorria no período escravocrata, seguem fazendo dos trabalhos de cuidado um elemento de subjugação das minorias raciais. É a repetição dos erros do passado, como nos revela a história de Miguel e Mirtes contada a seguir.

(1) SILVA, Marisa Francisca da. "Voltar Atrás": Uma Contemplação sobre o Pássaro e o Adinkra Sankofa na Cultura Afro-brasileira. *Nhengatu*, v. 1, n. 07, 2023.

(2) Disponível em: https://quebradamaps.wordpress.com/2019/07/23/sankofas-no-mapa/. Acesso em: 07 nov. 2024.

No dia 02.06.2020, 05 anos após a publicação da Lei Complementar n. 150[3], que regulamentou o trabalho doméstico no Brasil, Miguel Otávio Santana da Silva, de apenas 05 anos, faleceu ao cair do 9º andar de um prédio de luxo localizado na cidade de Recife – PE[4].

Miguel era filho da então empregada doméstica Mirtes Renata Santana, que, tendo sido obrigada por seus empregadores a trabalhar no auge da pandemia provocada pela Covid-19, deixou seu filho aos cuidados da sua empregadora para passear com o cachorro da família.

Para além do abandono de incapaz que culminou no trágico falecimento da criança, Miguel e Mirtes foram vítimas de um processo de invisibilidade e desumanização que aflige as pessoas negras e aqueles que são responsáveis por trabalhos de cuidado. Enquanto Miguel não recebeu o cuidado devido, tendo passado despercebido pela mulher branca que o assistia, Mirtes teve seus sentimentos e vida pessoal completamente ignorados por seus patrões, ao ter sido compelida a trabalhar em plena pandemia com a sonegação de diversos direitos e garantias individuais.

Quando o empregador de Mirtes se tornou prefeito da cidade de Tamandaré – PE, registrou-a pela prefeitura, como se empregada daquela cidade o fosse. Além disso, ele e sua esposa não realizaram o recolhimento previdenciário e de FGTS devidos à Mirtes, e não efetuaram o pagamento das horas extras, do vale-transporte e das verbas rescisórias que lhe eram devidas.

Com efeito, apesar de ter eivado valorosos esforços para cozinhar, limpar, lavar, passear com o cachorro e realizar outros serviços domésticos em favor dos seus empregadores, Mirtes foi tratada com total descaso e, repita-se, foi invisibilizada por seus patrões, o que frequentemente ocorre com os trabalhadores de cuidado brasileiros, especialmente os negros.

O trabalho precário e degradante que atingiu Mirtes é também observado no Peru, atingindo milhares de trabalhadores de cuidado e pessoas negras e indígenas.

Isto ocorre porque, tanto naquele país quanto no Brasil, o trabalho doméstico reflete uma tradição autoritária e racista das suas sociedades, atuando como uma ferramenta de manutenção de privilégios dos grupos dominantes. A diferença é que, no Peru,

---

(3) BRASIL. *Lei Complementar n. 150, de 1º de junho de 2015*. Dispõe sobre o contrato de trabalho doméstico; altera as Leis ns. 8.212, de 24 de julho de 1991, 8.213, de 24 de julho de 1991, e 11.196, de 21 de novembro de 2005; revoga o inciso I do art. 3º da Lei n. 8.009, de 29 de março de 1990, o art. 36 da Lei n. 8.213, de 24 de julho de 1991, a Lei n. 5.859, de 11 de dezembro de 1972, e o inciso VII do art. 12 da Lei n. 9.250, de 26 de dezembro 1995; e dá outras providências. Diário Oficial da União: Brasília, publicado em 02/06/2015. Disponível em: https://www.planalto.gov.br/ccivil_03/leis/LCP/Lcp150.htm. Acesso em: 02 out. 2024.

(4) CASO Miguel: a queda de menino do 9º andar que levou à condenação da patroa da mãe por abandono de incapaz. *G1*, 1º jun. 2022. Disponível em: https://g1.globo.com/pe/pernambuco/noticia/2022/06/01/caso-miguel-a-queda-de-menino-do-9o-andar-que-levou-a-condenacao-da-patroa-da-mae-dele-por-por-abandono-de-incapaz.ghtml. Acesso em: 02 out. 2024.

não obstante os negros também se dedicarem aos trabalhos de cuidado, os indígenas são os mais atingidos por esta tecnologia de poder e dominação. No Brasil, ao contrário, por ter uma composição étnica distinta daquela observada no país andino, são eles — os negros — que ocupam os cargos mais estigmatizados da sociedade, sendo alvos frequentes do descaso e da discriminação.

Em ambos os países, no entanto, esta realidade social decorre de um passado marcado pela escravidão e colonização, que fizeram com que, ao longo dos anos, o racismo penetrasse nos tecidos sociais, consumando aquilo que se conhece atualmente como racismo estrutural. A consequência é a naturalização do exercício precário dos trabalhos de cuidado por mulheres negras e indígenas, sem que isso seja objeto de revolta ou contrariedade pela sociedade.

Mais do que isso, como resultado do caráter estrutural das discriminações de gênero e raça existentes nas sociedades brasileira e peruana, as trabalhadoras domésticas do Brasil e do Peru, especialmente as negras e as indígenas, não se percebem vítimas deste tratamento abusivo e, não raro, nutrem uma relação de interdependência com os seus patrões, calcada em uma aparente demonstração de afeto desses últimos.

Diante deste cenário, mediante análise de censos demográficos, doutrinas e legislações aplicáveis aos referidos países, o presente trabalho se propõe a, inicialmente, analisar com mais profundidade a relação existente entre o trabalho de cuidado e as desigualdades de gênero, classe e raça observadas no Brasil e no Peru.

Após, considerando as normas internacionais aplicáveis à espécie, pretende-se apontar as políticas públicas que podem ser adotadas nestes países, no sentido de valorizar os trabalhos de cuidado e fazer com que as mulheres permaneçam e progridam no mercado de trabalho em condições de igualdade.

## A relação existente entre o trabalho de cuidado e as desigualdades de gênero e raça existentes no Brasil e no Peru

O racismo estrutural, fenômeno social observado no Brasil e no Peru, ocorre quando os estereótipos e falsos consensos existentes acerca de um determinado grupo racial já fazem parte do imaginário social, sendo reforçados cotidianamente pela indústria cultural, pelos padrões de consumo e pelo sistema educacional vigente. A consequência é a naturalização da desigualdade racial pela sociedade, de modo a afastar aqueles que sofrem das mazelas do racismo estrutural do centro em que os direitos sociais, econômicos e culturais são assegurados.

A imagem caricata e estereotipada dos negros e indígenas na sociedade peruana pode ser simbolizada na figura de dois personagens conhecidos na cultura popular do Peru, ambos interpretados pelo ator Jorge Benavides. Tratam-se de "Jacinta", uma mulher indígena de classe baixa, com imagem descuidada, desdentada e andar encurvado, e "Negro

Mama", um homem negro que se apresenta como um delinquente, conhecido pela frase infame *"Seré negrito, pero tengo mi cerebrito"*.(5)

Não obstante os referidos personagens terem sido alvos de críticas severas de setores da sociedade por reforçarem estereótipos negativos acerca dos negros e das comunidades indígenas, o fato de terem tido grande alcance nos setores populares demonstra que o racismo já é parte indissociável do Peru, ainda que de forma não refletida, sendo reforçado pela indústria cultural e pelas grandes mídias. Daí a concepção de que o racismo no Peru é estrutural, tendo como alvos os indígenas rurais e os negros.

No Brasil, a personagem negra "Tia Nastácia", da obra infantil "O Sítio do Picapau Amarelo", de Monteiro Lobato, também é uma figura caricata do racismo praticado no país. Nesta obra, a personagem em questão é retratada como uma mulher ingênua, simplória, medrosa e serviçal, além de ser alvo constante de racismo explícito por seus pares. Como exemplo, cita-se uma frase dita pela boneca Emília em uma guerra travada com as onças que rondavam o sítio que dá nome à obra: "Não vai escapar ninguém — nem Tia Nastácia, que tem a carne preta"(6).

Trata-se, com efeito, de uma demonstração infantil — com apelo inadvertidamente educativo — do funcionamento da hierarquia social brasileira, em que a mulher negra ocupa a base da pirâmide, responsabilizando-se por atividades serviçais, através de um tratamento discriminatório e, por vezes, hostil de seus empregadores. O racismo brasileiro, afinal, assim como no Peru, é estrutural.

Na realidade, nos dois países, essa forma de discriminação racial tem origem em um passado marcado pela escravidão e pelo colonialismo. Além disso, considerando a alta miscigenação existente nesses países, ambos nutrem simpatia ao discurso da democracia racial, que sustenta a existência de igualdade formal e material entre os diversos grupos étnicos e raciais que compõem as sociedades brasileira e peruana.

Sabe-se, no entanto, que a miscigenação existente no Brasil e no Peru evidencia tão somente a natureza assimilatória do racismo praticado naqueles países, de maneira que a intolerância a determinados grupos raciais não os impede de se relacionar social e sexualmente com outros grupos tidos como dominantes. Não raro, o que se busca com essa interação racial é justamente o branqueamento da população negra e indígena por meio do clareamento da pele ou do alcance do *status* social atribuído aos brancos. Isto faz com que os negros e indígenas se sintam verdadeiros alienígenas em suas relações

(5) LUNDU: Centro de Estudios y Promoción Afroperuanos. Observatorio Afroperuano 2010. Lima: R & F Publicaciones y Servicios S.A.C, 2010. Disponível em: https://www.lundu.org/uploads/5/8/3/9/58393617/observatorioafroperuano2010.pdf. Acesso em: 04 out. 2024.

(6) LOBATO, J. B. M (1933). *As Caçadas de Pedrinho*. São Paulo: Editora Globo, 2008.

interpessoais, sem que a condição de subalternidade em que estão inseridos seja objeto de uma revolta mais efetiva e organizada pela sociedade.(7)

Com efeito, a discriminação racial praticada no Brasil e no Peru, dado o seu caráter assimilatório, se difere do racismo que segrega e conduz ao *apartheid*, a exemplo do que ocorre nos Estados Unidos, na África do Sul e em alguns países da Europa. É que, enquanto o racismo por assimilação, ao pretensamente carregar uma imagem de sociabilidade, torna o negro e o indígena reféns deles próprios, de modo a condicioná-los a uma situação de opressores e oprimidos ao mesmo tempo, o racismo segregatório, em que pese a crueldade que lhe é peculiar, permite, ao menos, a conservação de uma identidade cultural pelos negros e indígenas, propiciando a criação organizada de redes de solidariedade dentro dessas comunidades.(8)

No caso brasileiro, segundo Gilberto Freyre, precursor do mito da democracia racial no Brasil, a alta miscigenação entre portugueses, negros e indígenas teria origem na tendência à miscibilidade dos primeiros, o que seria resultado de uma "perversão inata" dos lusitanos.(9)

Vainfas, ao contrário, estabelece que a referida miscigenação seria resultado da escassez de mulheres brancas no processo de colonização do país pelos portugueses e, principalmente, da necessidade de povoamento de um país de grande extensão territorial como o Brasil.(10)

O fato é que o processo de miscigenação da população brasileira que se inicia a partir do século XVI assentou as bases do racismo assimilatório e estrutural observado atualmente, tendo sido enfim solidificado pelos processos de exploração das mãos de obra indígena e negra. Enquanto a primeira sofreu um processo de dizimação, que culminou em uma redução drástica da população indígena brasileira ao longo dos séculos, a escravização dos negros constituiu a base da economia colonial e imperial, cuja atuação se deu tanto no setor rural, na extração de cana-de-açúcar, na criação de gado, nas plantações de café e na extração de ouro, quanto no setor urbano, em ofícios mecânicos e, especialmente, domésticos. Aos indígenas, as doenças, o molesto e o esquecimento; aos negros, os maus-tratos, as humilhações e a exploração.

Aliás, como consequência desta exploração da mão de obra negra que durou vergonhosos 388 anos, o que se verifica atualmente é uma verdadeira divisão racial do mercado de trabalho, em que os ofícios mais estigmatizados e menos valorizados da sociedade são destinados aos negros. Os trabalhos domésticos, por exemplo, são atribuídos

---

(7) RIBEIRO, Darcy. *O povo brasileiro:* a formação e o sentido do Brasil. 3. ed. São Paulo: Global, 2015.

(8) *Idem.*

(9) FREYRE, Gilberto. *Casa-grande & senzala*. Global Editora e Distribuidora, 2019.

(10) VAINFAS, Ronaldo. Colonização, miscigenação e questão racial: notas sobre equívocos e tabus da historiografia brasileira. *Revista Tempo*, v. 8, n. 3, p. 1-12, 1999.

majoritariamente às mulheres negras e consistem em notórios demonstrativos da persistência de uma mentalidade escravista na sociedade atual, que se materializa através da negação de direitos e da discriminação nas relações de trabalho.

Os trabalhadores domésticos, por exemplo, foram excluídos da Consolidação das Leis do Trabalho(11), promulgada em 1º de maio de 1943, não obstante a notável articulação de Laudelina de Campos Melo, mulher negra que, em 1936, fundou a primeira organização de trabalhadoras domésticas no Brasil e lutou incansavelmente na busca de direitos para a categoria.

Mais tarde, em 1988, dos 34 direitos positivados no art. 7º da Constituição Federal em benefício dos trabalhadores urbanos e rurais, apenas 08 foram assegurados à categoria das empregadas domésticas.(12) Somente em 2013, com a Emenda Constitucional n. 72, é que os demais direitos foram estendidos à categoria.(13)

Em 2015, os direitos das empregadas domésticas foram, finalmente, regulamentados pela Lei Complementar n. 150. Apesar disso, esta mesma lei que teria o condão de conferir dignidade aos empregados domésticos criou a categoria das diaristas, que segue desprotegida juridicamente, sem qualquer proteção trabalhista e previdenciária.

Atualmente, segundo dados da PNAD Contínua, 75,3% dos empregados domésticos não possuem carteira assinada, com renda média mensal inferior a um salário-mínimo(14), o que demonstra que o Brasil está longe de cumprir com o ideal estabelecido pela Convenção n. 189 da OIT em conferir um tratamento digno e decente aos empregados domésticos. Além disso, a precariedade que atinge o trabalho doméstico evidencia que o racismo permeia as relações de trabalho através da reprodução de atos ilícitos pelos empregadores, que podem ocorrer sob a forma de discriminação direta ou indireta. A tragédia de Mirtes narrada na introdução deste artigo é um demonstrativo explícito disto.

---

(11) BRASIL. Consolidação das Leis do Trabalho. *Decreto-lei n. 5.452, de 1º de maio de 1943. Diário Oficial da União*, Rio de Janeiro, 9 ago. 1943. Disponível em: https://www.planalto.gov.br/ccivil_03/decreto-lei/del5452.htm. Acesso em: 07 nov. 2024.

(12) BRASIL. Constituição (1988). *Constituição da República Federativa do Brasil de 1988. Art. 7º. Diário Oficial da União*, Brasília, DF, 5 out. 1988. Disponível em: http://www.planalto.gov.br/CCIVil_03/Constituicao/Constituicao.htm. Acesso em: 07 nov. 2024.

(13) BRASIL. *Emenda Constitucional n. 72, de 2 de abril de 2013*. Dá nova redação ao parágrafo único do art. 7º da Constituição Federal, ampliando os direitos dos trabalhadores domésticos. *Diário Oficial da União*: seção 1, Brasília, DF, p. 1, 3 abr. 2013. Disponível em: https://www.planalto.gov.br/ccivil_03/constituicao/emendas/emc/emc72.htm. Acesso em: 07 nov. 2024.

(14) INSTITUTO BRASILEIRO DE GEOGRAFIA E ESTATÍSTICA (IBGE). Pesquisa Nacional por Amostra de Domicílios Contínua. *Trabalho Doméstico no Brasil*. 2022. Disponível em: https://www.dieese.org.br/infografico/2023/trabalhoDomestico2023.pdf. Acesso em: 07 nov. 2024.

À propósito, na brilhante decisão proferida no julgamento da Ação Civil Pública n. TST-RRAg-597-15.2020.5.06.0021[(15)] movida pelo Ministério Público do Trabalho, o Ministro Alberto Balazeiro manteve a condenação dos empregadores de Mirtes Renata Santana ao pagamento de danos morais coletivos, sob o argumento de que as condutas antijurídicas por eles praticadas "mobilizam a engrenagem do racismo estrutural e institucional no que concerne à sistêmica negação de direitos trabalhistas das mulheres pertencentes à categoria doméstica". Em outras palavras, ao reconhecer que as dimensões estrutural e institucional do racismo atuam como elementos centrais do mundo do trabalho doméstico, o Ministro Balazeiro reconheceu que as diversas irregularidades cometidas pelos empregadores impactaram não somente a Sra. Mirtes, que se viu diante de uma perda pessoal irreparável, mas todas as empregadas domésticas que teriam na impunidade do casal infrator a manutenção de um padrão discriminatório nas suas relações de trabalho.

Esta decisão, vale dizer, seguiu a determinação da Resolução n. 492/2023 do Conselho Nacional de Justiça que, ao reconhecer que o patriarcado, o racismo e as demais opressões influenciam a atuação jurisdicional, tornou obrigatória a adoção pela magistratura brasileira do Protocolo para Julgamento com Perspectiva de Gênero (Portaria CNJ n. 27/2021).[(16)] Este protocolo pressupõe uma prestação jurisdicional atenta às assimetrias de gênero, raça, classe e demais interseccionalidades, uma vez que, de acordo com o grupo de estudo formado pela referida Portaria, "o direito foi forjado a partir da perspectiva de um sujeito jurídico universal e abstrato, que tem como padrão o 'homem médio', ou seja, homem branco, heterossexual, adulto e de posses".[(17)] Desta forma, ainda que de forma inconsciente, os magistrados brasileiros estariam sujeitos a reproduzir estereótipos de gênero e raça, sem levar em conta as desigualdades e diferenças históricas entre os diferentes grupos sociais.

O lamentável é que, não obstante a decisão proferida pelo Ministro Balazeiro ter rompido com esse círculo vicioso da insensibilidade voluntária ou involuntária na prestação jurisdicional, em setembro de 2024, o Superior Tribunal de Justiça suspendeu a ação trabalhista movida por Mirtes em face dos seus ex-empregadores, sob o argumento

---

(15) BRASIL. Tribunal Superior do Trabalho. 3ª turma. Acórdão *RRAg-597-15.2020.5.06.0021*. Relator: Min. Alberto Bastos Balazeiro. Brasília, 28 jun. 2023.

(16) CONSELHO NACIONAL DE JUSTIÇA (Brasil). *Resolução n. 492, de 17 de março de 2023*. Estabelece, para adoção de Perspectiva de Gênero nos julgamentos em todo o Poder Judiciário, as diretrizes do protocolo aprovado pelo Grupo de Trabalho constituído pela Portaria CNJ n. 27/2021, institui obrigatoriedade de capacitação de magistrados e magistradas, relacionada a direitos humanos, gênero, raça e etnia, em perspectiva interseccional, e cria o Comitê de Acompanhamento e Capacitação sobre Julgamento com Perspectiva de Gênero no Poder Judiciário e o Comitê de Incentivo à Participação Institucional Feminina no Poder Judiciário. Brasília, DF, 17 mar. 2023. CNJ, 2023. Disponível em: https://atos.cnj.jus.br/files/original1444142023032064187 13e177b3.pdf. Acesso em: 07 nov. 2024.

(17) CONSELHO NACIONAL DE JUSTIÇA (Brasil). Protocolo para julgamento com perspectiva de gênero. Brasília: Conselho Nacional de Justiça — CNJ; Escola Nacional de Formação e Aperfeiçoamento de Magistrados — Enfam, 2021. Disponível em: https://www.cnj.jus.br/wp-content/uploads/2021/10/protocolo-para-julgamento-com-perspectiva-de-genero-cnj-24-03-2022.pdf. Acesso em: 07 nov. 2024.

de que o pedido de indenização por danos morais realizado naquela ação não estaria diretamente ligado ao contrato de trabalho firmado entre as partes.(18)

Isso demonstra que o sistema de justiça brasileiro, a despeito de constituir o meio mais eficiente de combate às desigualdades raciais no mercado de trabalho, o que pôde ser comprovado no julgamento da Ação Civil Pública mencionada acima, ainda atua como instrumento de perpetuação da desigualdade racial e da injustiça social, naquilo que Foucault reconhece como um "mecanismo de sujeição e dominação"(19). É que, contanto o Direito seja considerado uma relação entre sujeitos, ele também é capaz de refletir as mesmas discriminações de raça e gênero existentes na sociedade.

Tem-se, assim, que o racismo estrutural brasileiro é resultado de matrizes coloniais de dominação e detém relação direta com a precariedade existente nas relações de trabalho domésticas, com contribuição decisiva dos sistemas político, legislativo, jurídico e social.

No Peru, o cenário não é diferente. Se, no Brasil, Gilberto Freire escreveu que todo brasileiro carrega na alma, quando não no corpo, a sombra do indígena e do negro, o poeta afro-peruano Nicomedes Santa Cruz estabelece que os negros e indígenas peruanos compartilham das mesmas experiências de dor, tristeza e lutas, desde os períodos da colonização e da escravidão até a atualidade. No poema "Indio de la cordillera", apelando pelos laços que unem os dois grupos sociais, Santa Cruz escreve que:

> ¿Indio? No: ¡Peruano! (Índio? Não: peruano!)
> Voy hacia tu muda queja, (Eu vou em direção à sua reclamação silenciosa,)
> acerca a mi voz tu oreja (aproxime seu ouvido da minha voz)
> que no hablaremos en vano: (que não falaremos em vão:)
> Yo, tu hermano; tú, mi hermano, (Eu, seu irmão; você, meu irmão)
> frutos de un dolor intenso (frutos de uma dor intensa)
>
> (...)
>
> Por la legendaria guerra (Para a guerra lendária)
> juntos, muy juntos, llorar; (juntos, muito juntos, chorar)
> secar el llanto y luchar (secar as lágrimas e lutar)
> y reconquistar la tierra. (e reconquistar a terra)(20)

Não obstante as semelhanças que envolvem a maneira com a qual o racismo é manifestado no Brasil e no Peru, os obstáculos sociais enfrentados pelos negros e indígenas são diferentes em cada país.

---

(18) BRASIL. Superior Tribunal de Justiça. *Acórdão CC n. 202513/PE (2024/0012595-1)*. Relator: Min. Marco Aurélio Bellizze. Brasília, 10 set. 2024.

(19) FOUCAULT, Michel. *Microfísica do poder*. Rio de Janeiro: Paz e Terra, 2014.

(20) SANTA CRUZ, Nicomedes. *Décimas y poemas:* antologia. Lima: Campodónico, 1971.

Em menor número se comparado com o Brasil, apesar de muitos escravos terem trabalhado em minas e plantações costeiras, a escravidão dos negros no Peru se deu majoritariamente nos centros urbanos, no exercício de funções domésticas. Segundo Bowser, "las exigencias de la vida elegante y el deseo de prestigio imponían el desembolso de sumas impresionantes por africanos que servían como cocineros, lavanderas, doncellas, amas de cría, peones y jardineros en los hogares españoles".(21)

Mas não só os ricos utilizavam a mão de obra escrava nos serviços domésticos. A classe média e, em alguns casos, a baixa também a desfrutavam, sendo que as atividades domésticas eram consideradas como próprias de gente "inferior".(22)

Por outro lado, uma série de acontecimentos históricos no Peru, ao longo do século XIX, fizeram com que a mão de obra negra fosse, aos poucos, substituída pela indígena nos serviços domésticos. São eles: a abolição da escravidão em 1854; a proibição do tráfico de escravos em 1861; o grande afluxo de imigrantes chineses e europeus para trabalhar em fazendas e minas entre os anos 1870 e 1880; e a expansão da urbanização no país.(23)

É que, se até o início do século XIX, a escravidão era voltada principalmente para a mão de obra negra, com a sua abolição em 1854 e a expansão da urbanização peruana, os indígenas passaram a ser cada vez mais utilizados nos trabalhos domésticos, mantendo, assim, uma lógica de dominação e imposição de poder dos grupos raciais dominantes.

Com isso, atualmente, 73,1% das trabalhadoras domésticas no Peru são indígenas e 12,1% são negras.(24) Além disso, apesar do trabalho doméstico no Peru ter sido regulado em 2020, através da Ley de Las Trabajadoras y Trabajadores Del Hogar(25), 55,6% de todas elas não tem contrato de trabalho(26), 64,1% não tem acesso à educação formal além do fundamental(27) e 45,6% recebem menos de um salário-mínimo(28).

---

(21) BOWSER, Frederick (1977). *El esclavo africano en el Perú colonial, 1524-1650*, México, Siglo XXI.

(22) *Idem*.

(23) GONZALBO, Pilar; RABELL, Cecilia Andrea. Patrones, esclavos y sirvientes domésticos en Lima (1800-1860). In: *Familia y vida privada en la historia de Iberoamérica:* Seminario de historia de la familia. El Colegio de México, 1996. p. 401-422.

(24) INSTITUTO NACIONAL DE ESTATÍSTICA E INFORMÁTICA DO PERU (INEI). *Encuesta Nacional de Hogares (ENHO)*. Lima: INEI, 2020.

(25) PERU. *Ley n. 31047/2020.* Ley de Las Trabajadoras y Trabajadores Del Hogar. Diario Oficial El Peruano, Lima, 2020. Disponível em: https://busquedas.elperuano.pe/dispositivo/NL/1889434-1. Acesso em: 31 out. 2024.

(26) MINISTÉRIO DO TRABALHO E PROMOÇÃO DO EMPREGO DO PERU. *Estadísticas Laborales*. Lima: MTPE, 2020.

(27) ORGANIZAÇÃO INTERNACIONAL DO TRABALHO. *Trabajo doméstico en el Perú:* Un análisis de la situación laboral y social. Lima: OIT, 2019.

(28) INEI. *Encuesta Nacional de Hogares (ENHO)*. Lima: INEI, 2020.

Desta forma, considerando os dados acima, não há dúvidas de que o trabalho doméstico no Peru também é marcado pelo racismo e pela discriminação.

Aliás, é válido destacar que a discriminação existente nos trabalhos de cuidado do Peru e do Brasil não é só de raça; é também de gênero. Tanto é verdade que, no Brasil, as mulheres representam 92% das pessoas ocupadas no trabalho doméstico, dentre as quais 65% são negras[29]. Além disso, em média, as mulheres dedicam cerca de 20 horas semanais a afazeres domésticos, remunerados ou não, enquanto os homens dedicam cerca de 11 horas.[30]

No Peru, as mulheres também são maioria nos trabalhos domésticos, o que, aliado ao fato de que o trabalho por elas executado é, em regra, precário e desvalorizado, evidencia que as discriminações de gênero permeiam o mercado de trabalho daquele país, tudo isso em um contexto de uma sociedade patriarcal e, não raro, machista e misógina.

Diante desse cenário, o próximo tópico se debruçará sobre as políticas públicas que podem ser adotadas nestes países no sentido de valorizar os trabalhos de cuidado e fazer com que as mulheres permaneçam e progridam no mercado de trabalho em condições de igualdade. Afinal, os serviços domésticos e os trabalhos de cuidado como um todo, não podem mais ser bastiões da tradição autoritária, racista e machista das sociedades brasileira e peruana.

## As políticas públicas que podem valorizar os trabalhos de cuidado e fazer com que as mulheres permaneçam e progridam no mercado de trabalho em condições de igualdade

Em primeiro lugar, é válido destacar que os trabalhos de cuidado, remunerados ou não, são um direito de todos que deles necessitam e envolvem não apenas os trabalhos domésticos atinentes à limpeza, cozinha e cuidado com as roupas, mas, também, atividades diárias como cuidar de crianças, idosos, enfermos e pessoas com deficiência. Os direitos ao cuidado, a ser cuidado e ao autocuidado abrangem, portanto, atividades realizadas para o sustento da vida e para o bem-estar de todas as pessoas. Tratam-se, em última análise, de bens essenciais para o funcionamento da sociedade, das famílias e das empresas, cuja responsabilidade pelas atividades a eles inerentes deve ser, idealmente, distribuída por toda a sociedade, sem discriminação de gênero, raça e classe social.

Apesar disso, como visto no tópico anterior, esses trabalhos são desenvolvidos majoritariamente por mulheres e não são valorizados como deveriam, atuando como verdadeiros instrumentos de manutenção de privilégios dos grupos dominantes — em geral, homens brancos e heterossexuais.

---

(29) IBGE. Pesquisa Nacional por Amostra de Domicílios Contínua. *Trabalho Doméstico no Brasil.* 2021. Disponível em: https://www.dieese.org.br/infografico/2022/trabalhoDomestico.pdf. Acesso em: 07 nov. 2024.

(30) IBGE. Pesquisa Nacional por Amostra de Domicílios Contínua. *Trabalho Doméstico no Brasil.* 2022.

Conscientes da nocividade desta realidade social, além da promoção de legislações e políticas internas, Brasil e Peru são signatários das Convenções ns. 111, 156, 189 e 190 da OIT.

A Convenção n. 111 busca elidir do mercado de trabalho as discriminações baseadas na raça, cor, sexo, religião, opinião política e origem social. Para tanto, a norma estabelece a necessidade de os países dela signatários promulgar leis que promovam a igualdade de oportunidade e de tratamento em matéria de emprego e profissão.(31)

A Convenção n. 156, por sua vez, tem o propósito de combater a discriminação relacionada às responsabilidades familiares no ambiente de trabalho. Trata-se, assim, de medida que estimula os países que a adotam a implementar políticas que evitem que os encargos familiares sejam um empecilho para a participação plena no mercado de trabalho.(32)

A Convenção n. 189 consiste em um instrumento internacional de proteção ao trabalho doméstico, que constrange os países a adotar políticas que garantam um trabalho digno aos trabalhadores domésticos no que se refere à remuneração, segurança, saúde, segurança social, idade mínima etc.(33)

E, finalmente, a Convenção n. 190 da OIT visa garantir aos trabalhadores um ambiente de trabalho livre da violência e do assédio, contribuindo para a promoção da igualdade de gênero e do respeito aos direitos humanos no mundo do trabalho.(34)

Com efeito, tratam-se de normas internacionais que, dentre outras coisas, buscam conferir dignidade aos trabalhadores de cuidado, de modo a restringir discriminações e desigualdades de gênero e raça, além de oferecer padrões mínimos de tratamento dos empregados, sobretudo no que se refere à saúde, segurança, seguridade social, remuneração digna e combate à violência sexual e ao assédio.

Acontece que, como já mencionado, Brasil e Peru estão distantes das finalidades propostas pelas referidas Convenções. As mulheres, sobretudo as negras e as indígenas,

---

(31) ORGANIZAÇÃO INTERNACIONAL DO TRABALHO (OIT). *Convenção n. 111, de 25 de junho de 1958*. Convenção sobre Discriminação (Emprego e Ocupação). Disponível em: https://www.ilo.org/global/standards/subjects-covered-by-international-labour-standards/discrimination/lang--en/index.htm. Acesso em: 07 nov. 2024.

(32) OIT. *Convenção n. 156, de 23 de junho de 1981*. Convenção sobre Igualdade de Oportunidades e de Tratamento para Trabalhadores de Ambos os Sexos: Trabalhadores com Responsabilidades Familiares. Disponível em: https://www.ilo.org/global/standards/subjects-covered-by-international-labour-standards/equality-of-opportunity-and-treatment/lang--en/index.htm. Acesso em: 07 nov. 2024.

(33) OIT. *Convenção n. 189, de 16 de junho de 2011*. Convenção sobre Trabalho Decente para Trabalhadores Domésticos. Disponível em: https://www.ilo.org/global/standards/subjects-covered-by-international-labour-standards/domestic-workers/lang--en/index.htm. Acesso em: 07 nov. 2024.

(34) OIT. *Convenção n. 190, de 21 de junho de 2019*. Convenção sobre Violência e Assédio no Mundo do Trabalho. Disponível em: https://www.ilo.org/global/standards/subjects-covered-by-international-labour-standards/violence-and-harassment/lang--en/index.htm. Acesso em: 7 nov. 2024.

são as maiores responsáveis pelos trabalhos de cuidado e a maior parte delas está desassistida, com remunerações e tratamentos indignos. Com isso, ao mesmo tempo que cuidam das pessoas e dos lares, as brasileiras e peruanas são descuidadas pela sociedade.

A falta de mecanismos de *enforcement* pela OIT, ou seja, a ausência de poder da organização para impor sanções diretas aos países que não cumprem as convenções, é um fator que contribui para o desrespeito às mesmas. Somam-se a isto as dificuldades econômicas encontradas pelo Brasil e o Peru, o baixo nível educacional desses países, a resistência às mudanças e a ausência de vontade política e legislativa em promover leis que mudem esta realidade.

Acima de tudo, os dois países vivenciam as mazelas do racismo estrutural, que privilegia grupos raciais em detrimento de outros e faz com que a sociedade e as suas instituições não despertem o desejo de reverter essa lógica de dominação e subjugação de minorias sociais.

Em um cenário como este, o papel do Estado é central nesta reorganização da sociedade e na garantia de um trabalho de cuidado digno. Afinal, não há como efetivar a construção de um país justo e menos desigual sem que a figura estatal concentre esforços para tanto.

Na realidade, países que se afirmam Estados Democráticos de Direito, como o Brasil e o Peru, tem o dever de promover leis e políticas públicas que busquem erradicar a pobreza e as desigualdades sociais. No caso brasileiro, as diretrizes positivas de atuação impostas aos legisladores e aos membros do executivo estão previstas no art. 3º da Constituição Federal[35], que, dentre outras coisas, estabelece como objetivos fundamentais da República reduzir as desigualdades e promover o bem-estar de todos, sem preconceitos de origem, raça, sexo, cor, idade e quaisquer outras formas de discriminação. No Peru, nesta mesma direção, o art. 59 da Constituição de 1993[36] estabelece que o Estado deve oferecer oportunidades de progresso para os setores que sofrem tratamentos desiguais. Trata-se, com efeito, da consagração do princípio da igualdade aristotélico, segundo o qual deve-se tratar igualmente os iguais e desigualmente os desiguais, na medida das suas respectivas desigualdades.

O fato é que as políticas públicas de cuidado são elementos fundamentais dos sistemas de proteção social, que estão na base dos Estados Democráticos de Direito. Essas políticas, afinal, não consistem apenas em deveres constitucionais de países como o Brasil e o Peru; elas dinamizam a economia, geram empregos, aumentam a renda das famílias, contribuem na arrecadação de impostos e, finalmente, reduzem a pobreza e as desigualdades sociais.

---

(35) BRASIL. Constituição (1988). *Constituição da República Federativa do Brasil de 1988. Art. 3º*. Disponível em: https://www.planalto.gov.br/ccivil_03/constituicao/constituicao.htm. Acesso em: 07 nov. 2024.

(36) PERU. *Constitución Política del Perú de 1993. Art. 59*. Disponível em: https://www4.congreso.gob.pe/ntley/ConstitucionP.htm. Acesso em: 07 nov. 2024.

Neste sentido, para a promoção de um trabalho de cuidado digno, o Estado é a força motriz para a construção de políticas públicas que o valorizem. Essas políticas, vale dizer, devem atuar no sentido de atender as necessidades de quem precisa de cuidados e de garantir o trabalho decente para os profissionais que deles se encarregam. Além disso, elas devem promover uma cultura de corresponsabilidade entre homens, mulheres, famílias, comunidades, Estado, mercado e empresas, além de reconhecer e enfrentar as desigualdades estruturais que marcam as sociedades brasileira e peruana. Finalmente, as políticas públicas voltadas para o trabalho de cuidado devem atuar no reconhecimento, redistribuição e redução dos trabalhos não remunerados, para diminuir a sobrecarga das mulheres e permitir uma participação mais ativa delas no mercado de trabalho.

Como exemplos de medidas que podem ser adotadas neste sentido, citam-se, inicialmente, as licenças maternidade, paternidade, parental e de acompanhamento de dependentes. Essas licenças permitem a conciliação dos empregos formais com os trabalhos de cuidado, além de promover a corresponsabilização do cuidado dos filhos e de pessoas dependentes entre os homens e as mulheres.

Nesta mesma direção, iniciativas legislativas que visam reduzir jornadas e escalas de trabalho, caso efetivadas, também produzem os efeitos acima mencionados. À título de exemplo, o fim da escala 6x1, objeto da Proposta de Emenda à Constituição formulada em 2024 pela deputada federal brasileira Erika Hilton, ao aumentar de 01 para 03 os dias de folga semanais, pode, se concretizado, favorecer a redistribuição dos trabalhos de cuidado entre os entes familiares e, ainda, possibilitar uma maior participação das mulheres no mercado de trabalho formal.

Da mesma forma, as transferências monetárias para as pessoas que dependem de cuidado, como, por exemplo, crianças, idosos e pessoas com deficiência, também são políticas importantes para a valorização dos trabalhos de cuidado, porque possibilitam a contratação desses serviços pelas pessoas que deles necessitam. Essas transferências, acompanhadas de direitos previdenciários, também podem ser destinados aos cuidadores não remunerados, como uma espécie de retribuição pelos serviços prestados e, mais do que isso, como recompensa às pessoas que, em razão das atividades de cuidado que possuem, estão impossibilitadas de participar ativamente do mercado de trabalho formal.

Há de se mencionar, ainda, os serviços de creche, os centros de atenção a idosos e pessoas com deficiência, os cuidados domiciliares e os serviços de tele assistência, que podem ser implementados ou incrementados pelos entes públicos brasileiros e peruanos, no sentido de conferir à figura estatal o compromisso de cuidar das pessoas que necessitam de cuidados. Tratam-se de políticas que podem, inclusive, contar com o auxílio dos sistemas públicos de saúde já existentes – no Brasil, pelo Sistema Único de Saúde (SUS), e, no Peru, pelo Sistema Integral de Saúde (SIS) – com vistas a propiciar uma efetiva entrada dos trabalhadores de cuidado no mercado de trabalho.

Os treinamentos, os cursos de formação, os programas de respiro e o acompanhamento psicológico aos cuidadores também consistem em políticas públicas que buscam valorizar esses trabalhadores e, ainda, fornecer condições mínimas para o exercício digno dos trabalhos de cuidado.

Todos esses serviços também podem ser realizados por instituições privadas, que, assim como as públicas, devem garantir os direitos trabalhistas e previdenciários para os cuidadores remunerados. Daí a necessidade de políticas de regulação e fiscalização dessas instituições, para que se possa estabelecer padrões mínimos de qualidade para os serviços de cuidado que serão realizados.

À propósito, as referidas fiscalizações devem garantir também o cumprimento das legislações trabalhistas pelos empregadores domésticos, a fim de que os seus empregados tenham seus contratos de trabalho devidamente formalizados e respeitados segundo as leis pertinentes. Para tanto, o Ministério Público do Trabalho (MPT), no Brasil, e a Superintendencia Nacional de Fiscalización Laboral (SUNAFIL), no Peru, devem ser cada vez mais fortalecidos e amparados pelos estados brasileiro e peruano. Afinal, são eles os órgãos responsáveis pela fiscalização do cumprimento de leis voltadas para o Direito do Trabalho, pela investigação de denúncias de violações trabalhistas e, caso necessário, pela aplicação de multas aos infratores.

Finalmente, é importante destacar as políticas de transformação cultural, que seriam responsáveis por incluir em programas educacionais, campanhas publicitárias e debates públicos a necessidade de se implementar um trabalho de cuidado digno, atento às desigualdades de raça e gênero existentes na sociedade. Esta providência se faz necessária porque, como bem destacado por Foucault[(37)], a educação é um instrumento político de formação da personalidade dos indivíduos, por meio do qual pode-se manter ou modificar as crenças enraizadas da sociedade. Em outras palavras, é a educação que pode desmantelar as bases estruturais do racismo e da desigualdade de gênero, formando indivíduos que compreendam a injusta e desigual organização dos trabalhos de cuidado na sociedade como um todo.

Todas essas políticas, apesar de não estarem convertidas em ações concretas, constam da Política Nacional de Cuidados[(38)], criada pelo governo brasileiro a partir da instituição de um grupo interministerial em meados de 2023 e enviada para apreciação do Congresso Nacional em julho de 2024. Se aprovada, tratar-se-á de um importante marco legal para a elaboração e concretização de políticas públicas que, de fato, confiram dignidade aos trabalhos de cuidado. Essas iniciativas, afinal, sairiam do contexto de políticas regionais e pontuais e se tornariam direitos legais para toda a população brasileira.

---

(37) FOUCAULT, Michel. *El orden del discurso*. Barcelona: Tusquets, 2002, p. 45.

(38) BRASIL. *Projeto de Lei n. 2.762, de 3 de julho de 2024*. Institui a Política Nacional de Cuidados e dá outras providências. Disponível em: https://www.camara.leg.br/proposicoesWeb/fichadetramitacao?idProposicao=2447010. Acesso em: 07 nov. 2024.

Apesar desse avanço, sabe-se que, no Brasil e no Peru, há muito o que se fazer para valorizar os trabalhos de cuidado e para reduzir as desigualdades de gênero e raça neles existentes. É que, acima de tudo, para reverter as lógicas de dominação e manutenção de privilégios observadas nos trabalhos de cuidado desses países, faz-se necessário, antes, compreender as matrizes colonial, racista e patriarcal das sociedades brasileira e peruana, que tornam as desigualdades de gênero e raça fenômenos eminentemente estruturais. Ademais, somente através de uma perspectiva de respeito aos direitos humanos e sociais, é que será possível vislumbrar um futuro digno aos trabalhadores de cuidado, livres da discriminação, do estigma e do preconceito(39).

## Conclusão

"A memória é uma armadilha pura e simples que altera e sutilmente reorganiza o passado, de forma a encaixar-se no presente". A frase atribuída ao célebre escritor peruano Mario Vargas Llosa descreve exatamente a função nociva do mito da democracia racial disseminado nas sociedades brasileira e peruana: reorganizar artificialmente o passado para justificar as anomalias do presente.

Neste sentido, ao sustentar que há uma convivência pacífica e desprovida de preconceitos entre os diversos grupos raciais que compõem as sociedades brasileira e peruana, tal qual um conto de fadas, o mito da democracia racial ignora os efeitos do racismo estrutural observado no Brasil e no Peru e desperta nos negros e indígenas os sentimentos de impotência e não pertencimento. Mais do que isso, ele desconsidera os impactos da escravidão e do colonialismo nesses países e extrai da sociedade qualquer sentimento de revolta no que diz respeito às desigualdades raciais existentes.

Na realidade, o que se observa no Brasil e no Peru é a persistência de uma lógica de subjugação dos negros e povos originários oriunda dos períodos colonial e escravocrata, que se manifesta atualmente nos setores culturais, na economia, nos programas educacionais e no mercado de trabalho. Isso faz com que, dentre outras coisas, os empregos mais estigmatizados das sociedades brasileira e peruana sejam destinados aos negros e indígenas — no Brasil, sobretudo aos negros, e, no Peru, principalmente aos indígenas.

No que se refere aos trabalhos de cuidado, a desigualdade não é só de raça; é também de gênero. Tanto é verdade que as mulheres são maioria no desenvolvimento dessas atividades e a maior parte delas está desassistida, sem qualquer proteção social. Quando remuneradas, recebem salários notadamente impróprios e, com frequência, são invisibilizadas por seus empregadores, convivendo com a discriminação, o desprezo e o preconceito.

Com isso, no Brasil e no Peru, os trabalhos de cuidado são baluartes de uma tradição autoritária, racista e machista das suas sociedades, atuando como verdadeiros

(39) ARRUDA, Kátia Magalhães. O trabalho infantil doméstico: rompendo com o conto da Cinderela. *Revista do Tribunal Regional do Trabalho da 3ª Região*, Belo Horizonte, v. 45, n. 75, p. 199-206, jan./jun. 2007.

instrumentos de poder e dominação de mulheres, negros e indígenas por grupos sociais dominantes.

Neste cenário, na esteira do que propõe a Política Nacional de Cuidados estabelecida pelo governo brasileiro, Brasil e Peru devem concentrar seus esforços para reduzir as desigualdades de gênero e raça nos trabalhos de cuidado, trazendo dignidade aos que os recebem e aos que os realizam. Trata-se, afinal, de um dever dos países que se consideram Estados Democráticos de Direito e que, portanto, se comprometem a promover políticas públicas que reduzam as desigualdades sociais e regionais.

Diante disso, propõe-se que as políticas voltadas para os trabalhos de cuidado no Brasil e no Peru sejam agrupadas em cinco categorias: as políticas de tempo, que concedem licenças-maternidade, paternidade e parental aos cuidadores; as políticas de recursos, que promovem transferências monetárias aos que recebem cuidados e aos cuidadores não remunerados; as políticas de serviços, que viabilizam creches, centros de atenção a idosos e pessoas com deficiência, cuidados domiciliares e serviços de tele assistência aos que necessitam de cuidados, além de programas de formação, treinamentos, respiro e acompanhamento psicológico aos que se responsabilizam pelos trabalhos de cuidado; as políticas de regulação e fiscalização, que se responsabilizam por estabelecer padrões de qualidade para os serviços de cuidado, bem como garantir o cumprimento dos direitos trabalhistas e previdenciários aos cuidadores remunerados; e, finalmente, as políticas de transformação cultural, que tratam de incluir em programas educacionais, campanhas publicitárias e debates públicos a necessidade de se implementar um trabalho de cuidado digno, atento às desigualdades de raça e gênero existentes na sociedade.

Essas políticas, vale dizer, estariam atentas aos preceitos trazidos pelas Convenções ns. 111, 156, 189 e 190 da OIT, que buscam, dentre outras coisas, conferir dignidade aos trabalhadores de cuidado, de modo a restringir as discriminações e desigualdades de gênero e raça, bem como oferecer padrões mínimos de tratamento dos empregados, maiormente no que se refere à saúde, segurança, seguridade social, remuneração digna e combate à violência sexual e ao assédio.

Ao adotá-las, como o "Sankofa", símbolo africano que representa a necessidade de estudar o passado, entender o presente e, a partir disso, transformar o futuro, Brasil e Peru estariam comprometidos com a promoção de um trabalho de cuidado digno, sem perder a conexão com as origens e causas das suas desigualdades estruturantes.

## Referências

ARRUDA, Kátia Magalhães. O trabalho infantil doméstico: rompendo com o conto da Cinderela. Revista do Tribunal Regional do Trabalho da 3ª Região, Belo Horizonte, v. 45, n. 75, p. 199-206, jan./jun. 2007.

BOWSER, Frederick (1977), *El esclavo africano en el Perú colonial, 1524-1650*, México, Siglo XXI.

BRASIL. Consolidação das Leis do Trabalho. *Decreto-lei n. 5.452, de 1º de maio de 1943. Diário Oficial da União*, Rio de Janeiro, 9 ago. 1943. Disponível em: https://www.planalto.gov.br/ccivil_03/decreto-lei/del5452.htm. Acesso em: 07 nov. 2024.

BRASIL. Constituição (1988). *Constituição da República Federativa do Brasil de 1988. Diário Oficial da União*, Brasília, DF, 5 out. 1988. Disponível em: http://www.planalto.gov.br/CCIVil_03/Constituicao/Constituicao.htm. Acesso em: 07 nov. 2024.

BRASIL. *Emenda Constitucional n. 72, de 2 de abril de 2013*. Dá nova redação ao parágrafo único do art. 7º da Constituição Federal, ampliando os direitos dos trabalhadores domésticos. *Diário Oficial da União*: seção 1, Brasília, DF, p. 1, 3 abr. 2013. Disponível em: https://www.planalto.gov.br/ccivil_03/constituicao/emendas/emc/emc72.htm. Acesso em: 07 nov. 2024.

BRASIL. *Lei Complementar n. 150, de 1º de junho de 2015*. Dispõe sobre o contrato de trabalho doméstico; altera as Leis ns. 8.212, de 24 de julho de 1991, 8.213, de 24 de julho de 1991, e 11.196, de 21 de novembro de 2005; revoga o inciso I do art. 3º da Lei n. 8.009, de 29 de março de 1990, o art. 36 da Lei n. 8.213, de 24 de julho de 1991, a Lei n. 5.859, de 11 de dezembro de 1972, e o inciso VII do art. 12 da Lei n. 9.250, de 26 de dezembro 1995; e dá outras providências. *Diário Oficial da União*: Brasília, publicado em 02.06.2015. Disponível em: https://www.planalto.gov.br/ccivil_03/leis/LCP/Lcp150.htm. Acesso em: 02 out. 2024.

BRASIL. *Projeto de Lei n. 2.762, de 3 de julho de 2024*. Institui a Política Nacional de Cuidados e dá outras providências. Disponível em: https://www.camara.leg.br/proposicoesWeb/fichadetramitacao?idProposicao=2447010. Acesso em: 07 nov. 2024.

BRASIL. Superior Tribunal de Justiça. *Acórdão CC n. 202513/PE (2024/0012595-1)*. Relator: Min. Marco Aurélio Bellizze. Brasília, 10 set. 2024.

BRASIL. Tribunal Superior do Trabalho. 3ª Turma. *Acórdão RRAg-597-15.2020.5.06.0021*. Relator: Min. Alberto Bastos Balazeiro. Brasília, 28 jun. 2023.

CASO Miguel: a queda de menino do 9º andar que levou à condenação da patroa da mãe por abandono de incapaz. *G1*, 1º jun. 2022. Disponível em: https://g1.globo.com/pe/pernambuco/noticia/2022/06/01/caso-miguel-a-queda-de-menino-do-9o-andar-que-levou-a-condenacao-da-patroa-da-mae-dele-por-por-abandono-de-incapaz.ghtml. Acesso em: 02 out. 2024.

CONSELHO NACIONAL DE JUSTIÇA (Brasil). *Protocolo para julgamento com perspectiva de gênero*. Brasília: Conselho Nacional de Justiça — CNJ; Escola Nacional de Formação e Aperfeiçoamento de Magistrados — Enfam, 2021. Disponível em: https://www.cnj.jus.br/wp-content/uploads/2021/10/protocolo-para-julgamento-com-perspectiva-de-genero-cnj-24-03-2022.pdf. Acesso em: 07 nov. 2024.

CONSELHO NACIONAL DE JUSTIÇA (Brasil). *Resolução n. 492, de 17 de março de 2023*. Estabelece, para adoção de Perspectiva de Gênero nos julgamentos em todo o Poder Judiciário, as diretrizes do protocolo aprovado pelo Grupo de Trabalho constituído pela Portaria CNJ n. 27/2021, institui obrigatoriedade de capacitação de magistrados e magistradas, relacionada a direitos humanos, gênero, raça e etnia, em perspectiva interseccional, e cria o Comitê de Acompanhamento e Capacitação sobre Julgamento com Perspectiva de Gênero no Poder Judiciário e o Comitê de Incentivo à Participação Institucional Feminina no Poder Judiciário. Brasília, DF, 17 mar. 2023. CNJ, 2023. Disponível em: https://atos.cnj.jus.br/files/original144414202303206418713e177b3.pdf. Acesso em: 07 nov. 2024.

FOUCAULT, Michel. *El orden del discurso.* Barcelona: Tusquets, 2002. p. 45.

FOUCAULT, Michel. *Microfísica do poder*. Rio de Janeiro: Paz e Terra, 2014.

FREYRE, Gilberto. *Casa-grande & senzala*. Global Editora e Distribuidora, 2019.

GONZALBO, Pilar; RABELL, Cecilia Andrea. Patrones, esclavos y sirvientes domésticos en Lima (1800-1860). In: *Familia y vida privada en la historia de Iberoamérica:* Seminario de historia de la familia. El Colegio de México, 1996. p. 401-422.

IBGE. Pesquisa Nacional por Amostra de Domicílios Contínua. *Trabalho Doméstico no Brasil.* 2021. Disponível em: https://www.dieese.org.br/infografico/2022/trabalhoDomestico.pdf. Acesso em: 07 nov. 2024.

IBGE. Pesquisa Nacional por Amostra de Domicílios Contínua. *Trabalho Doméstico no Brasil.* 2022. Disponível em: https://www.dieese.org.br/infografico/2023/trabalhoDomestico2023.pdf. Acesso em: 07 nov. 2024.

INSTITUTO NACIONAL DE ESTATÍSTICA E INFORMÁTICA DO PERU (INEI). *Encuesta Nacional de Hogares (ENHO)*. Lima: INEI, 2020.

LOBATO, J. B. M. (1933). *As Caçadas de Pedrinho*. São Paulo: Editora Globo, 2008.

LUNDU: Centro de Estudios y Promoción Afroperuanos. *Observatorio Afroperuano 2010.* Lima: R & F Publicaciones y Servicios, 2010. Disponível em: https://www.lundu.org/uploads/5/8/3/9/58393617/observatorioafroperuano2010.pdf. Acesso em: 04 out. 2024.

MINISTÉRIO DO TRABALHO E PROMOÇÃO DO EMPREGO DO PERU. *Estadísticas Laborales*. Lima: MTPE, 2020.

OIT. *Convenção n. 156, de 23 de junho de 1981*. Convenção sobre Igualdade de Oportunidades e de Tratamento para Trabalhadores de Ambos os Sexos: Trabalhadores com Responsabilidades Familiares. Disponível em: https://www.ilo.org/global/standards/subjects-covered-by-international-labour-standards/equality-of-opportunity-and-treatment/lang--en/index.htm. Acesso em: 07 nov. 2024.

OIT. *Convenção n. 189, de 16 de junho de 2011*. Convenção sobre Trabalho Decente para Trabalhadores Domésticos. Disponível em: https://www.ilo.org/global/standards/subjects-covered-by-international-labour-standards/domestic-workers/lang--en/index.htm. Acesso em: 07 nov. 2024.

OIT. *Convenção n. 190, de 21 de junho de 2019*. Convenção sobre Violência e Assédio no Mundo do Trabalho. Disponível em: https://www.ilo.org/global/standards/subjects-covered-by-international-labour-standards/violence-and-harassment/lang--en/index.htm. Acesso em: 7 nov. 2024.

OIT. *Convenção n. 111, de 25 de junho de 1958*. Convenção sobre Discriminação (Emprego e Ocupação). Disponível em: https://www.ilo.org/global/standards/subjects-covered-by-international-labour-standards/discrimination/lang--en/index.htm. Acesso em: 07 nov. 2024.

OIT. *Trabajo doméstico en el Perú:* Un análisis de la situación laboral y social. Lima: OIT, 2019.

PERU. *Constitución Política del Perú de 1993. Art. 59*. Disponível em: https://www4.congreso.gob.pe/ntley/ConstitucionP.htm. Acesso em: 07 nov. 2024.

PERU. *Ley n. 3.1047/2020.* Ley de Las Trabajadoras y Trabajadores Del Hogar. Diario Oficial El Peruano, Lima, 2020. Disponível em: https://busquedas.elperuano.pe/dispositivo/NL/1889434-1. Acesso em: 31 out. 2024.

RIBEIRO, Darcy. *O povo brasileiro:* a formação e o sentido do Brasil. 3. ed. São Paulo: Global, 2015.

SANTA CRUZ, Nicomedes. *Décimas y poemas:* antologia. Lima: Campodónico, 1971.

SILVA, Marisa Francisca da. "Voltar Atrás": Uma Contemplação sobre o Pássaro e o Adinkra Sankofa na Cultura Afro-brasileira. *Nhengatu*, v. 1, n. 07, 2023.

VAINFAS, Ronaldo. Colonização, miscigenação e questão racial: notas sobre equívocos e tabus da historiografia brasileira. *Revista Tempo*, v. 8, n. 3, p. 1-12, 1999.

# Parte II

# Teletrabalho, Saúde e Direitos no Ambiente Laboral

# Teletrabalho para Pessoas com Deficiência: Instrumento de Inclusão ou de Segregação Social?

## *Teleworking for People With Disabilities: An Instrument of Inclusion or Social Segregation?*

*Ênio Borges Araújo Campos*
*Paulo Campanha Santana*

**Resumo:** A Convenção de Direitos das Pessoas com Deficiência trata-se de marco normativo na busca pela inclusão social de pessoas com deficiência. Dentre os direitos enunciados em tal tratado, tem-se o direito à adaptação razoável. Diante da destacada importância normativa desse instituto e da intensificação da utilização do teletrabalho na atualidade, o presente artigo busca, por meio de pesquisa bibliográfica e manejo do método hipotético dedutivo, investigar se o teletrabalho se mostra como instrumento de adaptação razoável apto a promover a inclusão social de pessoas com deficiência no âmbito laboral. A pesquisa apresenta como resultado a reflexão de que não é possível avaliar, em abstrato, se o teletrabalho funciona ou não como ferramenta inclusiva e sugere alguns critérios a serem investigados nesse processo de aferição.

**Palavras-chave:** Teletrabalho; Pessoas com deficiência; Adaptação razoável; Inclusão social; Direito ao trabalho; *Right to work*.

**Abstract:** The Convention on the Rights of Persons with Disabilities is a regulatory framework in the search for the social inclusion of people with disabilities. Among the rights set forth in this treaty is the right to reasonable accommodation. Given the outstanding normative importance of this institute and the intensification of the use of telework today, this article seeks, through bibliographical research and the use of the hypothetical-deductive method, to investigate whether telework is an instrument of reasonable accommodation capable of promoting the social inclusion of people with disabilities in the workplace. The research presents as a result the reflection that it is not possible to evaluate, in the abstract, whether telework works or not as an inclusive tool and suggests some criteria to be investigated in this assessment process.

**Keywords:** Telework; People with disabilities; Reasonable accommodation; Social inclusion.

## Introdução

A Convenção de Direitos das Pessoas com Deficiência trata-se de marco normativo na busca pela inclusão social de pessoas com deficiência.

Dentre os direitos enunciados em tal tratado, o instituto da adaptação razoável figura como relevante direito das pessoas com deficiência. No âmbito das relações trabalhistas, por meio desse direito, propugna-se a adaptação da ambiência laboral para fins de atender necessidades particulares de obreiros com deficiência.

Nesse contexto, com a intensificação do teletrabalho na sociedade hodierna, surge o debate se tal modelo de organização laboral consiste em exercício do direito à adaptação razoável e, por consequência, se pode contribuir para a concretização da onda da inclusão social de pessoas com deficiência.

Para responder a esse questionamento, por meio de pesquisa bibliográfica e manejo do método hipotético dedutivo, o artigo é desenvolvido em três etapas.

De partida, é feita explanação do que se trata a onda a inclusão social. Nesse ponto, são tecidas notas acerca da análise histórica da evolução do tratamento social dado às pessoas com deficiência, perpassando pelos elementos caracterizadores de quatro grandes ondas: exclusão social; segregação social; integração social; inclusão social.

Em um segundo momento, aprecia-se o que se trata o conceito de adaptação razoável e como ela é compreendida no cenário internacional, sobretudo no âmbito da Organização das Nações Unidas e Organização Internacional do Trabalho.

Por fim, em uma terceira etapa, são feitas considerações acerca de questões que influenciam na avaliação da possibilidade de a concessão do teletrabalho para pessoas com deficiência funcionar como instrumento de inclusão social, abordando-se seus potenciais e desafios.

## 1. O longo itinerário rumo à onda da inclusão social

Partindo da doutrina de Romeu Kazumi Sassaki, pode-se estudar a evolução do tratamento social dado às pessoas com deficiência em quatro grandes fases: exclusão social; segregação social; integração social; inclusão social[(1)].

(1) SASSAKI, Romeu Kazumi. *Inclusão:* Construindo uma sociedade para todos. 7. ed. Rio de Janeiro: WVA, 2006.

De plano, antes das notas acerca de cada uma dessas ondas, vale registra que elas não se tratam de fases estanques. Não obstante, tal estudo é válido pois permite analisar o pensamento social dominante e a legislação imperativa predominante em dado momento e lugar.

A fase da exclusão social teve sua hegemonia na Antiguidade Clássica, tendo também se feito presente na Idade Média. Segundo ela, pessoas com deficiência deveriam ser eliminadas ou abandonadas à própria sorte(2). Trata-se, portanto, de uma fase rudimentar da existência humana, a qual apresentou traços repulsivos também durante a defesa de ideias nazifascistas em prol das práticas pseudocientíficas de "eugenia"(3).

Exemplo notório da onda da exclusão social é a eliminação dos recém-nascidos com deficiência na Cidade-Estado de Esparta na Idade Antiga, sendo arremessados do alto do Taigeto, abismo de mais de 2.400 metros(4).

Avançando na análise histórica, tem-se que a Idade Média foi um período dúbio, marcado por práticas de exclusão social das pessoas com deficiência e medidas assistenciais.

Concebia-se a relação entre deficiência e pecado dos genitores das crianças com deficiência ou do indivíduo que adquirisse deficiência ao longo da vida(5), sendo essas alvo do escárnio social e exclusão, seja em suas casas ou instituições, longe de qualquer convívio social adequado(6).

Por outro lado, também era crescente a prática de medidas de assistencialismo, pautadas no discurso de caridade, sob influência ou retórica de princípios cristãos(7). Mesmo nesse segundo caso, não raro, pessoas com deficiência sofriam com péssimas condições de vida e até mesmo exploração de sua mão de obra(8).

---

(2) Mesmo atualmente, algumas tribos indígenas no Brasil ainda mantém a prática secular do "infanticídio" em variadas situações, inclusive no caso de deficiências físicas do recém-nascido (Rodrigues, Guilherme Scotti. Direitos Humanos e multiculturalismo: o debate sobre o infanticídio indígena no Brasil. *Revista Jurídica da Presidência*, Brasília, v. 15, n. 106, p. 489 a 515, 2013. Disponível em: https://revistajuridica.presidencia.gov.br/index.php/saj/article/view/138/1310.

(3) LORENTZ, Lutiana Nacur. As Pessoas com Deficiência e sua Inserção Jurídica no Brasil: da estruturação e avanço da onda inclusiva deflagrada pela Constituição de 1988 aos desafios regressivos despontados com a reforma trabalhista de 2017. *Revista Direito das Relações Sociais e Trabalhistas*, v. 5, p. 192-227, 2020, p. 200.

(4) BRANDÃO, Cláudio. *Direitos Humanos das Pessoas com Deficiência:* História no Brasil e em Portugal. Brasília: Editora Venturoli, 2023. p. 30.

(5) FONSECA, Ricardo Tadeu Marques da. O Novo Conceito Constitucional de Pessoa com Deficiência: um ato de coragem. *Revista do TRT da 2ª Região*, São Paulo, n. 10, p. 37-77, 2012, p. 51.

(6) BRANDÃO, Cláudio. Direitos Humanos das Pessoas com Deficiência: História no Brasil e em Portugal. Brasília: Editora Venturoli, 2023, p. 32

(7) BRANDÃO, Cláudio. *Direitos Humanos das Pessoas com Deficiência:* História no Brasil e em Portugal. Brasília: Editora Venturoli, 2023, p. 33.

(8) BARACAT, Eduardo Milléo. *Trabalho da Pessoa com Deficiência:* Estudos sobre a Exclusão e Inclusão Social. Curitiba: Juruá: 2020. p. 25

Com o avanço da medicina, mutilações decorrentes das Revoluções Industriais e das Duas Grandes Guerras Mundiais, o olhar sobre a deficiência passou a ser alterado(9), marcando uma incipiente alteração da mentalidade acerca das pessoas com deficiência, em que pese as nefastas eliminações ocorridas sob o manto destruidor do nazifascismo(10).

A segunda onda, qual seja, segregação social, é marcada pela institucionalização de pessoas com deficiência à margem do convívio social.

Como dito, essa prática já era frequente desde a Idade Média, mas ganhou impulso na Idade Moderna. Segundo Sassaki, a partir da década de 1960, ocorreu um verdadeiro "*boom* das instituições especializadas, tais como: escolas especiais, centros de habilitação, centros de reabilitação, oficinas protegidas de trabalho, clubes sociais especiais"(11).

No que tange propriamente ao mundo do trabalho na onda segregacionista, esse modelo social era imprimido, preponderantemente, em instituições filantrópicas, oficinas protegidas ou mesmo no domicílio dos obreiros(12).

A prática da segregação social impunha às pessoas com deficiência o alijamento do real contato com a vida em sociedade, não tendo condições favoráveis ao desenvolvimento de suas potencialidades. Tal circunstância as tornava mais vulnerabilizadas para eventuais abusos, dentre eles a submissão à condição de mão de obra barata(13).

Já a fase da integração social restou fortalecida a partir da década de 1980, diante de movimentos de luta pelos direitos das pessoas com deficiência(14), passando-se a admitir que pessoas com deficiência poderiam acessar os círculos sociais.

Apesar da evolução em relação às ondas anteriores, tinha-se que cabia apenas às pessoas com deficiência e suas famílias buscar maneiras para realizar essa integração. Ou seja, não era dominante a concepção de que a sociedade tinha alguma parcela de responsabilidade na eliminação das barreiras de acessibilidade, de forma que enorme contingente de pessoas com deficiência sequer conseguia exercer seus direitos básicos, não havendo, assim, preocupação com a igualdade de oportunidade(15).

---

(9) DESTRO, Carla Roberta Ferreira Destro. *Pessoa com Deficiência:* Direito à Acessibilidade, Cidadania e Inclusão à Luz da Teoria do Reconhecimento de Axel Honneth. Curitiba: Juruá: 2020. p. 69.

(10) LORENTZ, Lutiana Nacur. As Pessoas com Deficiência e sua Inserção Jurídica no Brasil: da estruturação e avanço da onda inclusiva deflagrada pela Constituição de 1988 aos desafios regressivos despontados com a reforma trabalhista de 2017. *Revista Direito das Relações Sociais e Trabalhistas*, v. 5, p. 192-227, 2020, p. 200.

(11) SASSAKI, Romeu Kazumi. *Inclusão:* Construindo uma sociedade para todos. 7. ed. Rio de Janeiro: WVA, 2006. p. 31.

(12) *Ibidem*, p. 59.

(13) *Idem*.

(14) *Ibidem*, p. 33.

(15) *Idem*.

Mesmo antes da década de 1980, nas décadas de 1960 e 1970, já era possível verificar intensas reivindicações das pessoas com deficiência contra o movimento segregacionista em países como Inglaterra e Estados Unidos(16).

Esses movimentos sociais defendiam que a deficiência se fazia limitante à medida que a sociedade se comportava de forma a alijar as pessoas com deficiência. Nessa esteira, reivindicavam a responsabilidade de todos em prol de uma sociedade inclusiva, permitindo igualdade de oportunidades e participação social de todos.

Nas décadas seguintes, esses movimentos foram se intensificando e organizando-se, tendo gerado grande impacto social e político, o que desencadeou em reformas legislativas e políticas e políticas, além de ter culminado com a consolidação da Convenção da Organização das Nações Unidas sobre Pessoas com Deficiência, de 2006 (CDPD), marco mundial da onda inclusiva(17).

Segundo essa concepção, cabe à sociedade adaptar-se para poder incluir as pessoas com deficiência, tratando-se, portanto, de um "processo bilateral no qual as pessoas, ainda excluídas, e a sociedade, buscam, em parceria, equacionar problemas, decidir sobre soluções e efetivar a equiparação de oportunidades para todos"(18).

Em que pese a relevância desse tratado(19) o fato é que a inclusão social de pessoas com deficiência no Brasil ainda é uma realidade distante. Conforme divulgado pelo Instituto Brasileiro de Geografia e Estatística (IBGE), com base na Pesquisa Nacional por Amostra de Domicílios Contínua de 2022, a "taxa de participação na força de trabalho das pessoas sem deficiência foi de 66,4%, enquanto entre as pessoas com deficiência essa taxa era de apenas 29,2%"(20). De acordo com essa pesquisa, "55,0% das pessoas com deficiência estavam na informalidade, enquanto para as pessoas ocupadas sem deficiência esse percentual foi de 38,7%"(21).

---

(16) DESTRO, Carla Roberta Ferreira Destro. *Pessoa com Deficiência:* Direito à Acessibilidade, Cidadania e Inclusão à Luz da Teoria do Reconhecimento de Axel Honneth. Curitiba: Juruá, 2020. p. 72.

(17) KANTER, Arlene S. Do Human Rights Treaties Matter: the case for the United Nation Convention on the Rights of People with Disabilities. *Revista de Direito da Relações Sociais e Trabalhistas*, Brasília, v. 8, n. 1, p. 13-49, 2022, p. 15, 29.

(18) SASSAKI, Romeu Kazumi. *Inclusão:* Construindo uma sociedade para todos. 7. ed. Rio de Janeiro: WVA, 2006. p. 39-40.

(19) A CDOD foi aprovada com status indiscutivelmente constitucional no Brasil, dada a observância do quórum qualificado indicado no art. 5º, § 3º da Constituição da República Federativa do Brasil (CRFB) e seus reflexos na ordem jurídica pátria, como se pode perceber pela Lei n. 13.146/2015, denominada Lei Brasileira de Inclusão (LBI)

(20) IBGE Notícias. *Pessoas com deficiência têm menor acesso à educação, ao trabalho e à renda.* Rio de Janeiro: 2023. Disponível em: https://agenciadenoticias.ibge.gov.br/agencia-noticias/2012-agencia-de-noticias/noticias/37317-pessoas-com-deficiencia-tem-menor-acesso-a-educacao-ao-trabalho-e-a-renda. Acesso em: 5 mar. 2024.

(21) *Idem.*

Não se pode desprezar que, diante do quadro evolutivo histórico, cultural e normativo da humanidade, a inclusão social de pessoas com deficiência, e nela se insere a inclusão laboral mostra-se imperiosa. Dessa feita, nesse caminho inclusivo, diversos estudos merecem cuidadosa apreciação, dentre os quais tem lugar a "adaptação razoável".

## 2. O instituto da adaptação razoável à luz da inclusão social

A adaptação razoável diz respeito à acomodação de interesses dos sujeitos da relação de trabalho, de modo a que o exercício da livre iniciativa por parte do empregador ou tomador de serviços não acarrete ônus excessivo aos trabalhadores, fornecendo-se, assim, os mecanismos necessários para que o obreiro exerça seu direito ao trabalho em igualdade de oportunidades(22).

Tal instituto teve seu nascedouro no Direito estadunidense, estando associado, a princípio, ao exercício da liberdade religiosa. A Lei de Igualdade de Oportunidade de Emprego, de 1972, a qual, acrescentando a Seção 701(j) no Título VII do *Civil Rights Act*, de 1964, consignou ser ato discriminatório a negativa do empregador de acomodar razoavelmente as necessidades religiosas do trabalhador, a não ser que essa adaptação acarrete ônus excessivo à condução do empreendimento do empregador(23).

A interpretação inicial da jurisprudência norte-americana de tal previsão normativa era bastante restritiva. Segundo ela, bastava que a adaptação demandasse custo mínimo para que se reputasse caracterizado o ônus excessivo apto a retirar o condão da obrigatoriedade da acomodação, conforme indicado no julgamento do Caso *Trans World Airlines Inc. v. Hardson*, de 1977(24). Além disso, ainda que a adaptação fornecida não fosse a mais eficiente, era considerada razoável, como apontado no julgamento do Caso *Ansonia Board of Education v. Philbrook*, de 1986(25).

No que toca particularmente às pessoas com deficiência, a previsão normativa do direito à adaptação razoável se deu com o *American with Disabilities Act* (ADA), de 1990(26).

Não obstante essa previsão legal, como destaca Luiz Carlos de Assis Junior, nos primeiros anos de vigência do *ADA*, a interpretação de "adaptação razoável" era bastante refratária aos interesses das pessoas com deficiência. Exemplo disso foi a decisão do *Vande Zane v. State Wisconsin Departmente of Aministration*, de 1995. Nela, o Tribunal

---

(22) BELMONTE, Alexandre Agra. O Direito Fundamental à Adaptação Razoável em Casos de Discriminação de Minorias nas Relações de Trabalho. *Revista do Tribunal Superior do Trabalho*, v. 89, n. 2, p. 45-76, 2023, p. 43.

(23) ASSIS JUNIOR, Luiz Carlos de. *Direito Fundamental das Pessoas com Deficiência à Adaptação Razoável*. São Paulo: JusPodivm: 2022. p. 69.

(24) *Ibidem*, p. 74.

(25) *Ibidem*, p. 76.

(26) *Ibidem*, p. 88-90.

de Recursos da 7ª Circunscrição dos Estados Unidos estabeleceu que a adaptação não deve ser interpretada com o objetivo de buscar identidade entre trabalhadores, sendo suficiente o fornecimento de acomodação mínima para permitir conforto razoável ao trabalhador[27].

Como aponta Luiz Carlos de Assis Junior, com o aprimoramento do *ADA* em 2009, por meio da *ADA Amendmdments Act (ADAAA)*, em que houve alargamento da compreensão da deficiência, restaram fortalecidos entendimentos judiciais mais ampliativos à adaptação razoável. Isso é ilustrado pela decisão do Tribunal de Recursos da 5ª Circunscrição dos Estados Unidos no caso *Feist v. Lousiana*, de 2013, em que foi consignado que a adaptação não se restringe às funções essenciais do trabalho, abarcando, também, possibilidades e benefícios em condições de igualdade com demais obreiros[28].

Apesar dessa evolução, ao longo dos anos, a jurisprudência estadunidense, preponderantemente, prosseguiu albergando muitas teses do que se pode considerar ônus excessivo, tendo tal concepção restringido a eficácia do instituto da adaptação razoável.

Por outro lado, em alvissareira mudança de entendimento no que toca à questão religiosa, a Suprema Corte estadunidense, ao julgar o caso *Groff v. DeJoy*, em 29 de junho de 2023, superou o entendimento referente ao critério do custo mínimo para aceitar a negativa do empregador em realizar acomodação religiosa[29]. Segundo ela, a acomodação deve ser concretizada, "a menos que isso resulte em aumento substancial de custos em relação à condução dos negócios específicos do empregador"[30]

O instituto da adaptação razoável recebeu proteção também em outras localidades, a exemplo da União Europeia, conforme previsão no art. 5º da Diretiva 200/78/CE[31].

Tal direito encontrou seu ápice com a previsão na Convenção de Direitos das Pessoas com Deficiência, em que em seu art. 2 estabelece que:

> significa as modificações e os ajustes necessários e adequados que não acarretem ônus desproporcional ou indevido, quando requeridos em cada caso, a fim de assegurar que as pessoas com deficiência possam gozar ou exercer, em igualdade de oportunidades com as demais pessoas, todos os direitos humanos e liberdades fundamentais.

---

(27) ASSIS JUNIOR, Luiz Carlos de. *Direito Fundamental das Pessoas com Deficiência à Adaptação Razoável.* São Paulo: JusPodivm: 2022, p. 1.938-1.942

(28) *Ibidem*, p. 92.

(29) Supreme Court of the United States. *Groff v. Dejoy, Postmaster General*. Disponível em: https://www.supremecourt.gov/opinions/22pdf/22-174_k536.pdf. Acesso em: 20 set. 2024.

(30) Bloomberg Law. *Religious Accommodation in the Workplace*. Disponível em: https://pro.bloomberglaw.com/insights/labor-employment/religious-accommodation-in-the-workplace/. Acesso em: 20 set. 2024.

(31) European Union Law. *Directiva 2000/78/CE do Conselho, de 27 de Novembro de 2000, que estabelece um quadro geral de igualdade de tratamento no emprego e na actividade profissional*. Disponível em: https://eur-lex.europa.eu/legal-content/PT/TXT/?uri=celex%3A32000L0078. Acesso em: 8 jun. 2024.

A CDPD também consigna, em seu art. 5, que como fim "de promover a igualdade e eliminar a discriminação, os Estados Partes adotarão todas as medidas apropriadas para garantir que a adaptação razoável seja oferecida".

Nessa toada, seguindo o norte da onda inclusiva, que tem seu marco com a CDPD, o instituto da adaptação razoável merece ser analisado como instrumento apto a facilitar o exercício do direito ao trabalho, sem que retire o dever de todos para que torne a ambiência social inclusiva. Funciona, assim, como ferramenta subsidiária em prol da inclusão social.

Em sintonia com o conceito indicado pela CDPD, esse instituto também recebe guarida pela Organização Internacional do Trabalho. Segundo ela, a adaptação exige que sejam identificadas as medidas eficientes a removerem ou reduzirem as barreiras enfrentadas pelo trabalhador e posterior avaliação da razoabilidade de tais medidas(32), tendo por objetivo permitir "que trabalhadores e seus empregadores se beneficiem do pleno potencial profissional daqueles trabalhadores e que ambos os lados contribuam ao sucesso das empresas"(33).

No âmbito brasileiro, em relação ao direito ao trabalho, esse instituto recebe previsão no art. 37 da LBI, a qual aponta que:

> Art. 37. Constitui modo de inclusão da pessoa com deficiência no trabalho a colocação competitiva, em igualdade de oportunidades com as demais pessoas, nos termos da legislação trabalhista e previdenciária, na qual devem ser atendidas as regras de acessibilidade, o fornecimento de recursos de tecnologia assistiva e a adaptação razoável no ambiente de trabalho.

Evidente, portanto, a relevância do direito à adaptação razoável no cenário normativo hodierno.

Notório exemplo de exercício desse direito é o labor realizado em regime de teletrabalho, o qual, em que pese não ser tão recente, ganhou notória propulsão nos últimos anos ante às evoluções tecnológicas propulsionadas pela era digital.

## 3. Teletrabalho — Uma ferramenta inclusiva?

Pessoas com deficiência enfrentam uma série de barreiras para o ingresso e permanência no mundo do trabalho.

De forma didática, tais barreiras são classificadas pela LBI da seguinte maneira:

> Art. 3º Para fins de aplicação desta Lei, consideram-se:

---

(32) Organização Internacional do Trabalho. *Promovendo a Diversidade e a Inclusão mediante Adaptações no Local de Trabalho:* um Guia Prático. São Paulo: Santa Casa: 2018, v. 3, p. 23.

(33) *Ibidem*, p. 11.

IV – barreiras: qualquer entrave, obstáculo, atitude ou comportamento que limite ou impeça a participação social da pessoa, bem como o gozo, a fruição e o exercício de seus direitos à acessibilidade, à liberdade de movimento e de expressão, à comunicação, ao acesso à informação, à compreensão, à circulação com segurança, entre outros, classificadas em:

*a)* barreiras urbanísticas: as existentes nas vias e nos espaços públicos e privados abertos ao público ou de uso coletivo;

*b)* barreiras arquitetônicas: as existentes nos edifícios públicos e privados;

*c)* barreiras nos transportes: as existentes nos sistemas e meios de transportes;

*d)* barreiras nas comunicações e na informação: qualquer entrave, obstáculo, atitude ou comportamento que dificulte ou impossibilite a expressão ou o recebimento de mensagens e de informações por intermédio de sistemas de comunicação e de tecnologia da informação;

*e)* barreiras atitudinais: atitudes ou comportamentos que impeçam ou prejudiquem a participação social da pessoa com deficiência em igualdade de condições e oportunidades com as demais pessoas;

*f)* barreiras tecnológicas: as que dificultam ou impedem o acesso da pessoa com deficiência às tecnologias;

Nesse contexto de inúmeros obstáculos à acessibilidade social de pessoas com deficiência, o teletrabalho poderia romper com diversos aspectos negativos de algumas dessas barreiras, permitindo o labor dessas pessoas ou de pais de pessoas com deficiência em seu âmbito doméstico ou em outro ambiente que reputem confortável.

Isso poderia permitir, por exemplo, que o labor pudesse ser realizado mesmo no caso de existência de barreiras urbanísticas, arquitetônicas e nos transportes. Além disso, por permitir maior flexibilidade de horários e com menor dispêndio de energia no ato de locomover-se ao estabelecimento empresarial, o que pode ser de grande valia para trabalhadores cuja deficiência implique necessidade de realização de compromissos relacionados à saúde ou que tenham dificuldade de locomoção.

Nesse sentido, caso o teletrabalho seja fornecido para atender aos anseios da própria pessoa com deficiência, e não como forma de separação delas do convívio social, pode facilitar o acesso ao mundo do trabalho(34).

Por outro lado, o teletrabalho não pode provocar um distanciamento do trabalhador do seio social. Afinal, enquanto ser social, não se pode negar a importância do sentimento de pertencimento e de participação social na vida humana(35).

---

(34) KANTER, Arlene S. Remote work and the future of disability accommodations. *Cornell Law Review*, Vol. 107, p. 1.927-2.006, 2022.

(35) VICENTIN, Paolla Mangueira; TANAKA, Tatiana Fujisaka; CAMARGO, Mário Lázaro; FEIJÓ, Marianne Ramos; GOULART JÚNIOR, Edward. A importância do trabalho na construção da identidade de pessoas com deficiência. *Revista Laborativa*, v. 10, p. 118-143, 2021, p. 169. Disponível em: https://ojs.unesp.br/index.php/rlaborativa/article/view/3386/pdf. Acesso em: 13 abr. 2024.

Não basta, todavia, a mera adaptação razoável. Necessária mudança cultural, inclusive dos colegas de trabalho(36). Caso contrário, ainda, que essa pessoa com deficiência seja contratada, continuará não participando ativamente da sociedade e nem tendo oportunidades de desenvolver suas potencialidades.

Nesse particular, vale registrar que não apenas a pessoa com deficiência é contemplada com a inclusão social, mas toda a sociedade, visto que, de tal maneira, pessoas com deficiência poderão desenvolver amplamente suas potencialidades. Tal diretriz vai ao encontro da Declaração relativa aos Fins e Objetivos da OIT, conhecida como Declaração da Filadélfia, e artigo XXV da Declaração Universal dos Direitos do Homem, segundo os quais deve o ser humano ser respeitado em toda sua complexidade, possibilitando o desempenho eficiente de sua multifacetada existência.

Além disso, a concessão do teletrabalho não flexibiliza o dever de empregadores e tomadores de serviço tornarem a ambiência laboral, em sua inteireza, acessível. Assim, deve ser encarado como ferramenta subsidiária no processo laboral, sendo aplicado para os casos que sejam interessantes aos interesses do próprio trabalhador, e não como método para não evolução do ambiente de trabalho.

Uma outra preocupação é que o processo de solicitação e manutenção de adaptação razoável pode ser demasiadamente invasivo e desrespeitoso.

Como aponta Katie Rose Guest Pryal, a solicitação de adaptação, muitas vezes, acarreta estigma social, tendo o trabalhador que enfrentar a desconfiança de seus colegas e superiores hierárquicos. Além disso, é frequente que o processo de obtenção dessa adaptação demande o fornecimento de informações íntimas para pessoas que não deveriam ter acesso a dados tão sensíveis, além do solicitante se ver impelido a enfrentar a presunção de fraude no processo de busca pela adaptação(37).

Com efeito, o processo de avaliação do teletrabalho enquanto medida de adaptação razoável deve ser humanizado. Aliás, o tratamento humanizado dos trabalhadores trata-se de pedra angular da OIT, como se pode perceber pela Declaração da Filadélfia, segundo a qual o trabalho não é mera mercadoria.

Além dessas preocupações, o teletrabalho de pessoas com deficiência impõe preocupações que os demais teletrabalhadores enfrentam, a exemplo do direito a desconectar-se do trabalho e consequente tempo para dedicar-se a afazeres particulares(38).

---

(36) KANTER, Arlene S. Remote work and the future of disability accommodations. *Cornell Law Review*, Vol. 107, p. 1.927-2.006, 2022, p. 1.979.

(37) PRYAL, Katie Rose Guest. *Life of the Mind Interrupted:* Essays on Mental Health and Disability in Higher Education. Chapel Hill: Blue Crow Books, 2017. p. 49-54.

(38) GOLDSCHMIDT, Rodrigo; Graminho, Vivian Maria Caxambu. *Desconexão:* um direito fundamental do trabalhador. 1 ed. Rio de Janeiro: Lumen Juris, 2020. p. 91-105.

Essa questão desencadeou amplos estudos por parte da OIT. Evidencia-se isso pela *Eurofund Report*, a qual aponta que o excessivo uso de tecnologias de informação e comunicação pode intensificar o ritmo de trabalho, podendo acarretar maior estresse e esgotamento dos funcionários(39). Fato esse que provoca ainda maior preocupação ao se falar de pessoas com pessoas com deficiência, pois, muitas vezes, têm que enfrentar barreiras atitudinais, o que, por si só, é deletério ao equilibrado convívio social.

## 4. Conclusão

Pelas notas anteriores, percebe-se que a temática do teletrabalho não é simples, merecendo variados cuidados.

Primeiramente, o teletrabalho não pode servir de pretexto para a ausência de esforço do Poder Público e da sociedade quanto à eliminação ou, ao menos, intensa fragilização das barreiras de acessibilidade. Pensamento contrário iria de encontro a todo processo histórico de conquistas das pessoas com deficiência, as quais tiveram o direito de igualdade de oportunidades e direito de participação social reafirmados na Convenção de Direitos das Pessoas com Deficiência, marco da inclusão social.

Assim, caso seja adotado com medida de adaptação razoável, e não como prática aplicada aos trabalhadores em geral, o teletrabalho deve ser encarado como uma ferramenta subsidiária, a ser manejada caso a ambiência laboral não se mostre acessível em razão de alguma particularidade não prevista ou por conta do interesse do obreiro.

Com essa afirmação não se defende maior dificuldade na concessão caso o teletrabalho seja da vontade do trabalhador, mas apenas que sejam envidados esforços para que o ambiente de trabalho se torne mais acessível.

Em segundo lugar, o teletrabalho não pode ser imposto ao obreiro com deficiência, visto que somente pode surtir algum efeito inclusivo caso se mostre adequado à realidade particular do próprio trabalhador.

Além disso, caso seja proveitoso para o obreiro a solicitação da referida adaptação, esse processo de análise do pedido e implementação da medida, em respeito aos direitos à intimidade e ao trabalho, devem ser conduzidos sem preconceitos, desconfianças e com discrição.

Uma outra questão que não pode ser olvidada é que o teletrabalho deve ser tido como um instrumento de facilitação ao direito ao trabalho, não como método de segregação de trabalhadores com deficiência. Imperioso, assim, em sintonia com a onda da

---

(39) MESSENGER, Jon Vargas; Llave, Oscar; Gschwind, Lutz; Boehmer, Simon; Vermeylen, Greet; Wilkens, Mathijn. *Working anytime, anywhere*: The effects on the world of work. *Eurofound and the International Labour Office*. Luxemburgo e Genova, 2017, p. 36-37. Disponível em: https://www.eurofound.europa.eu/publications/report/2017/working-anytime-anywhere-the-effects-on-the-world-of-work. Acesso em: 9 jul. 2023.

inclusão social, que o teletrabalho não iniba a participação da pessoa com deficiência no seio social.

Por fim, deve-se observar que o teletrabalho para pessoas com deficiência, assim como para demais teletrabalhadores, apesar possibilitar inúmeros benefícios, também é marcado por riscos que lhes são particulares, como o possível desrespeito ao direito à desconexão, merecendo cuidados dos gestores para que a forma de implementá-lo.

Portanto, a tônica da avaliação do proveito do teletrabalho enquanto medida de adaptação razoável para pessoas com deficiência deve ser a aferição se ele se encontra ou não em consonância com as diretrizes da onda da inclusão social. Onda essa que assevera o necessário respeito a todos os seres humanos, os quais são dotados de identidades que lhes são próprias, bem como o dever de todos nos combates às barreiras de acessibilidade, com vistas a promover igualdade de oportunidades e participação social de todas as pessoas.

## Referências


ASSIS JUNIOR, Luiz Carlos de. *Direito Fundamental das Pessoas com Deficiência à Adaptação Razoável*. São Paulo: JusPodivm: 2022.

BARACAT, Eduardo Milléo. *Trabalho da Pessoa com Deficiência:* Estudos sobre a Exclusão e Inclusão Social. Curitiba: Juruá: 2020.

BELMONTE, Alexandre Agra. O Direito Fundamental à Adaptação Razoável em Casos de Discriminação de Minorias nas Relações de Trabalho. *Revista do Tribunal Superior do Trabalho*, v. 89, n. 2, p. 45-76, 2023.

Bloomberg Law. *Religious Accommodation in the Workplace*. Disponível em: https://pro.bloomberglaw.com/insights/labor-employment/religious-accommodation-in-the-workplace/. Acesso em: 20 set. 2024.

BRANDÃO, Cláudio. *Direitos Humanos das Pessoas com Deficiência:* História no Brasil e em Portugal. Brasília: Editora Venturoli, 2023.

DESTRO, Carla Roberta Ferreira Destro. *Pessoa com Deficiência:* Direito à Acessibilidade, Cidadania e Inclusão à Luz da Teoria do Reconhecimento de Axel Honneth. Curitiba: Juruá: 2020.

European Union Law. *Directiva 2000/78/CE do Conselho, de 27 de Novembro de 2000, que estabelece um quadro geral de igualdade de tratamento no emprego e na actividade profissional*. Disponível em: https://eur-lex.europa.eu/legal-content/PT/TXT/?uri=celex%3A32000L0078. Acesso em: 8 jun. 2024.

FONSECA, Ricardo Tadeu Marques da. O Novo Conceito Constitucional de Pessoa com Deficiência: um ato de coragem. *Revista do TRT da 2ª Região*, São Paulo, n. 10, p. 37-77, 2012.

GOLDSCHMIDT, Rodrigo; Graminho, Vivian Maria Caxambu. *Desconexão:* um direito fundamental do trabalhador. 1. ed. Rio de Janeiro: Lumen Juris, 2020.

IBGE Notícias. *Pessoas com deficiência têm menor acesso à educação, ao trabalho e à renda.* Rio de Janeiro: 2023. Disponível em: https://agenciadenoticias.ibge.gov.br/agencia-noticias/2012-agencia-de-noticias/noticias/37317-pessoas-com-deficiencia-tem-menor-acesso-a-educacao-ao-trabalho-e-a-renda. Acesso em: 5 mar. 2024.

KANTER, Arlene S. Do Human Rights Treaties Matter: the case for the United Nation Convention on the Rights of People with Disabilities. *Revista de Direito da Relações Sociais e Trabalhistas*, Brasília, v. 8, n. 1, p. 13-49, 2022.

KANTER, Arlene S. Remote work and the future of disability accommodations. *Cornell Law Review*, Vol. 107, p. 1927-2006.

LORENTZ, Lutiana Nacur. As Pessoas com Deficiência e sua Inserção Jurídica no Brasil: da estruturação e avanço da onda inclusiva deflagrada pela Constituição de 1988 aos desafios regressivos despontados com a reforma trabalhista de 2017. *Revista Direito das Relações Sociais e Trabalhistas*, v. 5, p. 192-227, 2020.

MESSENGER, Jon Vargas; Llave, Oscar; Gschwind, Lutz; Boehmer, Simon; Vermeylen, Greet; WILKENS, Mathijn. *Working anytime, anywhere:* The effects on the world of work. Eurofound and the International Labour Office. Luxemburgo e Genova, 2017, p. 36-37. Disponível em: https://www.eurofound.europa.eu/publications/report/2017/working-anytime-anywhere-the-effects-on-the-world-of-work. Acesso em: 9 jul. 2023.

ORGANIZAÇÃO INTERNACIONAL DO TRABALHO. *Promovendo a Diversidade e a Inclusão mediante Adaptações no Local de Trabalho:* um Guia Prático. São Paulo: Santa Casa: 2018, v. 3.

PRYAL, Katie Rose Guest. *Life of the Mind Interrupted:* Essays on Mental Health and Disability in Higher Education. Chapel Hill: Blue Crow Books, 2017.

RODRIGUES, Guilherme Scotti. Direitos Humanos e multiculturalismo: o debate sobre o infanticídio indígena no Brasil. *Revista Jurídica da Presidência*, Brasília, v. 15, n. 106, p. 489 a 515, 2013. Disponível em: https://revistajuridica.presidencia.gov.br/index.php/saj/article/view/138/1310.

SASSAKI, Romeu Kazumi. *Inclusão:* Construindo uma sociedade para todos. 7. ed. Rio de Janeiro: WVA: 2006.

Supreme Court of the United States. *Groff v. Dejoy, Postmaster General.* Disponível em: https://www.supremecourt.gov/opinions/22pdf/22-174_k536.pdf. Acesso em: 20 set. 2024.

VICENTIN, Paolla Mangueira; TANAKA, Tatiana Fujisaka; CAMARGO, Mário Lázaro; FEIJÓ, Marianne Ramos; GOULART JÚNIOR, Edward. A importância do trabalho na construção da identidade de pessoas com deficiência. *Revista Laborativa*, v. 10, p. 118-143, 2021, p. 169.

# Teletrabalho e Saúde do Trabalhador: O Papel das Normas da OIT na Proteção da Saúde Física e Mental

## *Teleworking and Workers' Health: The Role of ILO Standards in Protecting Physical and Mental Health*

*João Pedro Ignácio Marsillac*

*Sandra Regina Cavalcante*

**Resumo:** O objetivo deste artigo é analisar o papel das normas da OIT na proteção da saúde física e mental dos trabalhadores em teletrabalho, realçando o dilema entre a obrigação do empregador de promover e fiscalizar um ambiente de trabalho saudável e seguro e a inviolabilidade do domicílio constitucionalmente garantida. A metodologia empregada consiste em uma análise qualitativa das Convenções e Recomendações da OIT, incluindo as Convenções ns. 155 e 177, bem como das normas regulamentadoras e demais leis brasileiras aplicáveis ao teletrabalho. O estudo também prevê a revisão da literatura existente para identificar falhas, controvérsias e boas práticas na interpretação e aplicação dessas normas no cenário atual. Os resultados indicam que, apesar de uma base robusta para um ambiente de trabalho decente e saudável, as normas da OIT e as NRs carecem de direcionamentos claros quanto à delimitação de responsabilidades e disciplina de ações específicas no teletrabalho, especialmente no que tange à jornada, mobiliário, metas e pressões organizacionais que possam causar lesões ou danos biopsicossociais. A conclusão é que uma regulamentação complementar é necessária para assegurar o equilíbrio entre proteção e inviolabilidade, responsabilizando empregadores e trabalhadores com regras objetivas na criação de ambiente de teletrabalho saudável, em harmonia com os valores da OIT de trabalho decente.

**Palavras-chave:** Teletrabalho; Aaúde do trabalhador; Normas da OIT.

**Abstract:** The objective of this article is to analyze the role of ILO standards in protecting the physical and mental health of teleworking workers, highlighting the dilemma between the employer's obligation to promote and monitor a healthy and safe work environment and the inviolability of the home constitutionally guaranteed. The methodology employed consists of a qualitative analysis of ILO Conventions and Recommendations, including Conventions no. 155 and n. 177, as well as regulatory standards and other Brazilian laws applicable to teleworking. The study also provides for a review of existing literature to identify flaws, controversies and good practices in the interpretation and application of these standards in the current scenario. The results indicate that, despite a robust basis for a decent and healthy work environment, ILO standards and NRs lack clear guidelines regarding the delimitation of responsibilities and discipline of specific actions in teleworking, especially with regard to working hours, furniture, goals and organizational pressures that may cause injury or biopsychosocial damage. The conclusion is that complementary regulation is necessary to ensure the balance between protection and inviolability, holding employers and workers accountable with objective rules in creating a healthy teleworking environment, in harmony with the ILO values of decent work.

**Keywords:** teleworking; worker health; ILO standards.

## Introdução

Com a consolidação da internet na intermediação das relações humanas, novas formas de trabalho surgiram e se propagaram, sendo o teletrabalho uma das mais proeminentes. Em especial durante a crise de Covid-19, em que muitas pessoas tiveram de se isolar para evitar a transmissão da doença. Apesar de ser benéfico de várias formas, incluindo a redução dos custos operacionais e a criação de um horário de trabalho mais flexível, o teletrabalho carrega vários desafios, incluindo um impacto negativo na vida e na saúde dos trabalhadores.

A Organização Internacional do Trabalho (OIT) tem desempenhado um papel importante na promoção de condições dignas de trabalho, buscando garantir que os direitos e a saúde dos trabalhadores sejam respeitados, independentemente do local onde as atividades laborais são exercidas, inclusive aquelas realizadas no próprio domicílio, como ocorre no caso dos teletrabalhadores. E essa modalidade de labor exige adaptação de normas de proteção laboral, para que seja possível prevenir lesões e doenças decorrentes do ambiente de trabalho remoto, fora dos controles do centro produtivo empresarial.

O objetivo deste artigo é analisar como as normas da OIT, em especial as Convenções ns. 155 e 177, podem contribuir para a proteção da saúde dos trabalhadores em regime de teletrabalho, considerando o dilema entre a responsabilidade do empregador de assegurar um ambiente de trabalho saudável e a inviolabilidade do domicílio garantida pela legislação nacional.

Por meio de uma análise qualitativa exploratória com foco nas normas da OIT, na legislação brasileira aplicável — incluindo as Normas Regulamentadoras (NRs) — e de revisão da literatura, o estudo pretende identificar lacunas e propor melhorias regulatórias que minimizem os riscos para o trabalhador e para o empregador sujeitos à modalidade do teletrabalho.

Este artigo está organizado em três subcapítulos, além da introdução e considerações finais sobre o tema. No primeiro, será abordado o papel da OIT na proteção dos trabalhadores, analisando as principais convenções aplicáveis ao tema, em especial a 155 e a 177. Após, será explorada a legislação brasileira e as lacunas existentes. Prosseguindo, serão discutidos os desafios e propostas de melhorias.

## 1. Contextualização do teletrabalho e da saúde do trabalhador

Importante conceituar o que seria o teletrabalho. João Hilário Valentim o define como sendo "a prestação de serviço destinada a outrem e sob a subordinação deste, exercida por um trabalhador, preferencialmente em sua casa e com o suporte se modernos instrumentos e tecnologias relacionados às telecomunicações e informática"(1).

A possibilidade de trabalhar em casa trouxe inúmeras vantagens e desvantagens. Marília Mottin Borges(2), em uma enumeração de vantagens e desvantagens, destaca os seguintes pontos positivos:

> ... diminuição das despesas com transportes e combustíveis, diminuição do estresse, possibilidade de trabalhar sem interrupções ou interferências, maior liberdade para organizar sua vida de um modo diferente com a possibilidade de controle do seu ritmo de trabalho, diminuição dos conflitos decorrentes da convivência empresarial, aumento do bem-estar, maior disponibilidade para a família.

Por sua vez, a mesma autora enumera as seguintes desvantagens:

> (...) não ter colegas de trabalho, possibilidade de problemas familiares em virtude da dificuldade em separar a vida profissional da vida pessoal, quebra da comunicação informal, sensação de insegurança econômica, social e profissional, isolamento social e afetivo, falta de metodologia, dificuldade

(1) VALENTIM, João Hilário. Teletrabalho e relações de trabalho. *Revista Gênesis de Direito do Trabalho*, Rio de Janeiro: Editora Gênesis, n. 82, out. 1999, p. 98-100.

(2) BORGES, Marília Mottin. *O teletrabalho como forma de (des)inclusão das pessoas portadoras de deficiência.* Porto Alegre: Pontifícia Universidade Católica do Rio Grande do Sul, 2009. [Monografia, inédito] 2009. p. 22.

> na adaptação num novo emprego; redução das oportunidades profissionais no caso de promoções ou incrementos na carreira, (...)

O teletrabalho também revelou desafios significativos para a saúde dos trabalhadores. Diversos estudos[(3)(4)] apontam que, sem uma regulamentação adequada, o teletrabalho pode contribuir para o surgimento doenças, como lesões por esforço repetitivo (LER), fadiga mental, estresse e síndrome de burnout.

Além disso, a falta de delimitação clara entre o ambiente doméstico e o profissional pode gerar sobrecarga de trabalho, prejudicando o equilíbrio entre vida pessoal e profissional. Esses fatores evidenciam a necessidade de normas específicas que assegurem a saúde física e mental dos trabalhadores em teletrabalho, enquanto respeitam a inviolabilidade do domicílio.

## 2. O papel da OIT na proteção da saúde dos trabalhadores

Desde sua criação em 1919, a Organização Internacional do Trabalho (OIT) tem como um de seus principais objetivos a promoção de condições de trabalho justas e saudáveis. Por meio de suas convenções e recomendações, a OIT procura guiar os Estados-membros na elaboração de políticas trabalhistas que honrem os direitos dos empregados e fomentem ambientes de trabalho seguros.

Tal órgão busca atingir os seus objetivos por meio da utilização de atividade normativa, criando convenções e recomendações. Além dessas normas, ela criou no ano de 1976 o Programa Internacional para Melhoria das Condições de Trabalho e Meio Ambiente (PIACT), com a missão de dar mais efetividade e garantir uma qualidade de vida mais digna aos trabalhadores e ele tem como principais finalidades:

> "... a proteção contra os efeitos desfavoráveis de fatores físicos, químicos e biológicos no local de trabalho e no meio ambiente imediato; a prevenção de tensão mental resultante da duração excessiva de jornada, do ritmo, do conteúdo e da monotonia do trabalho, visando este a distribuição adequada do tempo e bem-estar dos trabalhadores; a adaptação das instalações e locais de trabalho à capacidade mental e física dos operários, mediante aplicação da ciência ergonômica."[(5)]

---

(3) EU-OSHA (European Agency for Safety and Health at Work). *Telework and health risks in the context of the Covid-19 pandemic:* evidence from the field and policy implications. Luxemburgo: European Union, 2021. Disponível em: https://osha.europa.eu/sites/default/files/Telework_and_health_risks_EN.pdf. Acesso em: 10 out. 2024.

(4) Kadri, Fauzi El; Lucca, Sérgio Roberto de. Fatores psicossociais e Transtornos Mentais Comuns no teletrabalho do judiciário trabalhista na pandemia de Covid-19. *Saúde em Debate* [*on-line*]. 2024, v. 48, n. 140. Disponível em: https://doi.org/10.1590/2358-289820241408895P. Acesso em: 10 out. 2024.

(5) GROTT, João Manoel. *Meio ambiente do trabalho:* prevenção — a salvaguarda do trabalhador. Curitiba, PR: Juruá, 2005. p. 97

Dentre os vários objetivos do PIACT, que foi o precursor das Convenções da OIT ns. 155 (segurança e saúde dos trabalhadores), 148 (contaminação do ar, ruído e vibrações) e 161 (serviços de saúde), destacam-se os de:

> a) proteção contra os efeitos desfavoráveis de fatores físicos, químicos e biológicos no local de trabalho e no meio ambiente imediato;
>
> b) prevenção da tensão mental resultante da duração excessiva, do ritmo, do conteúdo ou da monotonia do trabalho;
>
> c) promoção de melhores condições de trabalho, visando à distribuição adequada do tempo e do bem-estar dos trabalhadores;
>
> d) adaptação das instalações e locais de trabalho à capacidade mental e física dos trabalhadores, mediante aplicação da ergonomia;(6)

Segundo Süssekind(7), a OIT, sensibilizada com o tema da proteção à saúde do trabalhador, editou a agenda 21, com vários objetivos que deveriam ter sido alcançados até o ano de 2000, dentre eles:

> a) Promover a ratificação das convenções pertinentes da OIT e a promulgação de legislação em apoio dessas convenções;
>
> b) Estabelecer mecanismos bipartidos e tripartites sobre segurança, saúde e desenvolvimento sustentável;
>
> c) Aumentar o número de acordos ambientais coletivos destinados a alcançar um desenvolvimento sustentável;
>
> d) Reduzir os acidentes, ferimentos e moléstias de trabalho, segundo procedimentos estatísticos reconhecidos;
>
> e) Aumentar a oferta de educação, treinamento e reciclagem para os trabalhadores, em particular na área de saúde e segurança no trabalho e do meio ambiente.

Portanto, quanto ao tema saúde e segurança do trabalho, a Organização Internacional do Trabalho teve importante papel em elevar ao plano internacional a sua tutela. O que se mostra bastante pertinente, já que tal órgão estabelece um patamar mínimo a ser seguido por todos os seus Estados membros, apontando uma direção de qualidade de vida e proteção do direito fundamental à saúde do trabalhador.

---

(6) SÜSSEKIND, Arnaldo. *et al. Instituições de direito do trabalho*. 21 ed. São Paulo: LTr, 2004. p. 922.

(7) SÜSSEKIND, Arnaldo. *Convenções da OIT e outros tratados*. 3. ed. São Paulo, SP: LTr, 2007.

A OIT divulgou balanço informando que o custo das adversidades decorrentes de práticas inseguras no ambiente de trabalho consome 4% do PIB global, em decorrência das quase 2,3 milhões de mortes por ano e 337 milhões de acidentes. Em 2010, a Organização Internacional do Trabalho (OIT) publicou o "Relatório de Riscos Emergentes e Novos Modelos de Prevenção em um Mundo do Trabalho em Transformação", em que se a inovação tecnológica pode trazer novos riscos laborais e sugere métodos para evitar tais danos à saúde dos empregados. Este relatório classifica os riscos como químicos, físicos e de tendência, apontando a nanotecnologia, fatores biológicos e a utilização de produtos químicos como fatores de risco para a saúde dos empregados.[(8)(9)]

A Convenção n. 155, que trata da segurança e saúde no trabalho, define orientações básicas para assegurar que o ambiente laboral não cause danos à saúde física e mental dos funcionários. Esta convenção é crucial para a formulação de políticas nacionais que garantam a saúde em todos os ambientes de trabalho, inclusive no teletrabalho.

A Convenção n. 177 da OIT, originalmente concebida para regulamentar o trabalho domiciliar, voltado principalmente a atividades manuais realizadas por trabalhadores independentes, também pode ser aplicada ao teletrabalho moderno. Embora tenha sido criada em um contexto anterior ao uso de tecnologias eletrônicas, seus princípios podem ser adaptados para garantir que os empregados contratados para trabalhar remotamente tenham suas condições de trabalho devidamente protegidas. Contudo, seus princípios podem ser modificados para assegurar que os empregados contratados para trabalhar à distância tenham suas condições de trabalho adequadamente salvaguardadas.

A abordagem adotada pela legislação trabalhista brasileira, que se limita a compensar financeiramente o risco no ambiente de trabalho, em vez de prevenir os danos, contraria as diretrizes da Organização Internacional do Trabalho (OIT). Isso porque a OIT não considera esse modelo adequado para enfrentar os problemas decorrentes de um ambiente de trabalho desequilibrado, que pode prejudicar a saúde dos trabalhadores. Pelo contrário, a OIT estabelece que primeiro se deve eliminar o risco e, não sendo possível, se deve afastar a exposição a ele. Em terceiro, isolá-lo dos trabalhadores. Apenas por último, caso nenhuma das três ações anteriores se mostre eficiente, há, como solução, o fornecimento de equipamentos de proteção individual para evitar o contato direto do trabalhador com o agente[(10)]. Ou seja, sequer se cogita remunerar os trabalhadores por estarem em contato direto com esses riscos, sendo o fornecimento de equipamentos a última hipótese prevista.

(8) RIBEIRO, HP. *A violência oculta do trabalho:* as lesões por esforços repetitivos [*on-line*]. Rio de Janeiro: Editora FIOCRUZ, 1999. 240 p. ISBN 85-85676-67-1.

(9) International Labour Organization. *Riscos Emergentes e Novas Formas de Prevenção.* Disponível em: www.ilo.org/pt-pt/publications/riscos-emergentes-e-novas-formas-de-prevencao. Acesso em: 22 out. 2024

(10) ROSSIT, L. A. *O meio ambiente de trabalho no direito ambiental brasileiro.* São Paulo: LTr, 1998. p. 62.

A visão que monetiza a saúde e segurança colocadas em risco é extremamente prejudicial, pois um ambiente de trabalho desequilibrado afeta diretamente a saúde de todos que ali exercem alguma atividade, causando prejuízos até mesmo na esfera social. O Brasil possui gastos elevadíssimos em benefícios previdenciários, muitos decorrentes de acidentes de trabalho e doenças laborais. Segundo a ferramenta *SmartLab*, o INSS gastou R$ 14,5 bilhões em 2021 com benefícios de natureza acidentária (auxílio-doença por acidente de trabalho, auxílio-acidente por acidente de trabalho, aposentadoria por invalidez por acidente de trabalho e pensão por morte).(11)

## 3. A legislação brasileira aplicável ao teletrabalho

No Brasil, a Reforma Trabalhista de 2017 oficializou a regulamentação do teletrabalho, inserindo no Capítulo II-A da Consolidação das Leis do Trabalho (CLT) normas específicas sobre essa forma de trabalho. De acordo com o art. 75-B, o teletrabalho é definido pela prestação de serviços majoritariamente fora do local de trabalho, utilizando-se de tecnologias de informação e comunicação. Contudo, a legislação continua com falhas em aspectos fundamentais para a saúde e o bem-estar dos empregados.

Para Guilherme Guimarães Feliciano, "a incorporação de uma definição legislativa foi importante para delimitar a quem se aplicam os dispositivos sobre teletrabalho"(12).

Por outro lado, as Normas Regulamentadoras (NRs) fornecem orientações para assegurar a segurança e a saúde no local de trabalho. A NR-17, que aborda a ergonomia, tem implicações significativas para o teletrabalho, pois fornece diretrizes sobre a estruturação do trabalho, a escolha de móveis apropriados e os intervalos necessários para prevenir lesões por esforços repetidos e outras questões de saúde. O item 17.5.2, por exemplo, trata de qual índice de temperatura que deve ser aplicado aos ambientes em que são executadas "atividades que exijam solicitação intelectual e atenção constantes, tais como: salas de controle, laboratórios, escritórios, salas de desenvolvimento ou análise de projetos, dentre outros".

No entanto, as NRs foram originalmente concebidas para serem aplicadas em ambientes de trabalho convencionais, o que apresenta desafios na implementação dessas normas no cenário de trabalho à distância. Como garantir tais proteções aos trabalhadores que estão em suas residências?

Neste debate, um importante aspecto a considerar é a inviolabilidade do lar, assegurada pelo art. 5º, inciso XI, da Constituição Federal. Esta garantia constitucional dispõe

---

(11) MPT. Ministério Público do Trabalho. *SmartLab* — Observatório de Saúde e Segurança no Trabalho. Despesa INSS. [s.d]. Disponível em: https://smartlabbr.org/sst/localidade/0?dimensao=despesa. Acesso em: 23 out. 24.

(12) FELICIANO, Guilherme Guimarães; PASQUALETO, Olívia de Quintana Figueiredo. Teletrabalho, saúde e segurança do trabalho e regulamentação estatal: pandemia, aprendizados e perspectivas futuras. *Revista do Tribunal Regional do Trabalho da 3ª Região*. Belo Horizonte, v. 66, n. 102, item 01, p. 107-127, jul./dez. 2020.

que a residência é o refúgio inviolável do indivíduo, sendo proibido entrar nela sem o seu consentimento. O dispositivo estabelece exceções restritas para situações de flagrante delito, desastres, prestação de socorro ou mediante determinação judicial. Essas exceções são essenciais para equilibrar a proteção da privacidade com as demandas da segurança pública e da justiça. Destaque-se, ainda, que o Código Penal, em seu art. 150, tipifica a violação de domicílio como um crime.

Por outro lado, esta restrição pode ser interpretada como um impasse, quando se leva em conta a necessidade de o empregador assegurar um ambiente de teletrabalho seguro e saudável. Afinal, a supervisão direta no local de trabalho à distância — neste caso, o próprio lar do funcionário — poderia ser considerada uma infração ao princípio da inviolabilidade de domicílio.

O teletrabalho possui um capítulo especial na CLT desde 2017. O art. 75-D dispõe sobre a "responsabilidade pela aquisição, manutenção ou fornecimento dos equipamentos tecnológicos e da infraestrutura necessária e adequada à prestação do trabalho remoto", que serão previstas em contrato escrito. Já o art. 75-E dispõe que "empregador deverá instruir os empregados, de maneira expressa e ostensiva, quanto às precauções a tomar a fim de evitar doenças e acidentes de trabalho", atraindo para si uma responsabilidade que passa a ser do empregador.

Assim a lei brasileira, apesar da regulamentação recente envolvendo o tema, ainda deixa lacunas que impedem que se lide com os desafios específicos do teletrabalho. A ausência de orientações precisas sobre como assegurar a saúde e a segurança dos empregados nesse sistema, mantendo simultaneamente a privacidade do lar, é um dos aspectos que precisa ser melhor normatizado.

## 4. Análise dos desafios e propostas de melhoria

Em estudo elaborado em 2020, no auge da pandemia, quando foram entrevistados 194 teletrabalhadores acerca de orientações dadas pelas empresas sobre ruídos sonoros, iluminação, vibrações, temperatura, postura, adequação da mesa, adequação do assento, espaço-físico utilizado, tempo máximo de jornada de trabalho, tempo de intervalo diário, folga semanal, realização de alongamentos, utilização de periféricos em notebook e o fornecimento de ferramentas para o serviço, os resultados mostrados foram os seguintes:

Do total de entrevistados, 22 (11%) alegam não ter recebido nenhuma orientação a cercados temas, apesar disso, mais da metade dentre eles, ou seja, 12 indivíduos receberam da empresa algum tipo de ferramenta para a realização do teletrabalho. Na contramão desse dado, apenas 11 (5,5%) dos entrevistados receberam algum tipo de orientação que englobasse todos os temas questionados nesta etapa, sendo que 4 dentre eles afirmaram ter recebido orientações detalhadas em todos os temas.(13)

---

(13) OLIVEIRA, M. de; KEINE, S. (2020). Aspectos e comportamentos ergonômicos no teletrabalho. *Revista Produção Online*, 20(4), p, 1.405–1.434. Disponível em: https://doi.org/10.14488/1676-1901.v20i4.4146.

A respeito dos cuidados tomados pelos próprios trabalhadores, por sua vez, foi constatado que:

> ... 16 (8%) indivíduos não estariam tomando cuidado em nenhum dos temas abordados neste estudo, sendo que 19 (10%) admitiram se preocupar com todos os temas abordados, tendo o que pode ser caracterizado ao menos como um cuidado parcial. Com auxílio da Tabela 3 e Figura 3, foi constatado que, de forma geral,as menores preocupações com os cuidados no ambiente do teletrabalhador são em relação às vibrações (61%) e aos alongamentos e ginástica laboral (63%), enquanto que se considerarmos apenas aqueles que tiveram algum tipo de cuidado,os temas de maior cautela são:- folga semanal (77%), intervalo intrajornada (69%), utilização de périfericos no notebook(68% daqueles que utilizam notebook), iluminação (67%), utilização de espaço físico predeterminado (66%), postura corporal (65%) e adequação da mesa de trabalho (63%). Entre os indivíduos que alegaram estar tomando parcialmente os cuidados questionados, as maiores preocupações estão na postura corporal (50%), intervalos intrajornada (41%) e ruídos sonoros (40%), já entre aqueles que admitiram tomar total cuidado, os temas principais são as folgas semanais (45%),utilização de espaço físico preestabelecido (36%) e iluminação (29%).[14]

Esse estudo indica que, no cenário do teletrabalho, um dos grandes obstáculos reside na definição de responsabilidades entre empregador e empregado. No contexto tradicional, o empregador tem a responsabilidade direta de assegurar um ambiente de trabalho seguro e saudável, e essa obrigação é extensivamente regulamentada pelas Normas Regulamentadoras (NRs) e pela Consolidação das Leis do Trabalho (CLT). Contudo, no teletrabalho, em que o local de trabalho é a residência do funcionário, organizar e fiscalizar o cumprimento de tal obrigação se torna um desafio, o que obriga também uma participação ativa dos trabalhadores no processo.

A ausência de normas sobre mobiliário apropriado, postura e ergonomia no ambiente domiciliar é uma das questões existentes. A NR-17 já estabelece orientações ergonômicas, contudo, sua aplicação em um contexto doméstico, sem supervisão direta, é desafiadora, mesmo que a própria CLT estabeleça que cabe aos empregados também observarem as normas de segurança e medicina do trabalho (art. 158, inciso I).

Um desafio adicional é a questão da duração do trabalho. Isso porque a Lei n. 13.467/17 incluiu o inciso III ao art. 62 da CLT, afastando a obrigatoriedade de controle da jornada os teletrabalhadores. A justificativa foi a flexibilidade que esse tipo

(14) OLIVEIRA, M. de; KEINE, S. (2020). Aspectos e comportamentos ergonômicos no teletrabalho. *Revista Produção Online*, 20(4), p, 1.405–1.434. Disponível em: https://doi.org/10.14488/1676-1901.v20i4.4146.

de labor poderia representar. A grande dúvida é se o teletrabalho impossibilita esse tipo de controle, sendo certo que a resposta demanda cautelas, pois nem todo teletrabalho inadmite a mensuração do tempo efetivo de trabalho[15].

Para enfrentar esses aspectos, algumas questões precisam ser mais bem discutidas, como a regulamentação específica sobre ergonomia no teletrabalho, definições sobre jornada, formação de trabalhadores e empregadores sobre as normas de saúde e segurança, além de medidas de fiscalização, na forma como a NR-17 já estabelece para trabalhos presenciais em seu texto atual.

Ou seja, a NR-17 deve fornecer parâmetros, para estabelecer uma regulamentação específica que leve em conta as especificidades do ambiente doméstico e estabeleça diretrizes práticas para assegurar a adequação do mobiliário e a organização do local de trabalho em casa. Também são necessários programas de capacitação aptos a incentivar práticas saudáveis no teletrabalho, como o uso de ferramentas de autoavaliação e consultoria ergonômica *on-line*.

Compatibilizar a fiscalização das condições de trabalho com a inviolabilidade do domicílio no teletrabalho é um desafio que exige equilíbrio entre os direitos do empregador e do empregado. Os autores do presente artigo entendem que seja possível respeitar ao princípio da inviolabilidade do lar com medidas que garantam que o local de trabalho doméstico esteja em conformidade com as diretrizes de saúde e segurança. Por sua vez, na falta de lei sobre o tema, o contrato de trabalho deve estabelecer um horário de trabalho e estruturar o ambiente laboral, podendo também considerar a realização de intervalos frequentes para prevenir complicações de saúde.

Tomando por base práticas e regulamentação de outros países[16], algumas estratégias podem ser consideradas, para assegurar que o teletrabalho seja uma prática sustentável e benéfica, tanto para os empregados quanto para as organizações, porque respeita os preceitos do trabalho seguro e digno da OIT, bem como a legislação aplicável ao tema:

**Acordo Prévio:** O consentimento do empregado para inspeções domiciliares deve ser obtido pelo empregador, formalizando-o por escrito para garantir que ambas as partes estejam cientes e de acordo com os termos. Assim, não haveria ofensa ao princípio da inviolabilidade do domicílio, pois a visita seria previamente ajustada, com local e horário definidos entre as partes. Além disso, o empregado pode assinar um termo de responsabilidade comprometendo-se a seguir as orientações de

(15) PEREIRA, Carlos Alberto; DUARTE, Castro1 Maria Raquel. *O TELETRABALHO E A DURAÇÃO DO TRABALHO.* Lavori atipici ed economia digitale-Prospettiva luso-italo-brasiliana, p. 47, 2022.

(16) EU-OSHA. European Agency for Safety and Health at Work. *Telework and health risks in the context of the Covid-19 pandemic:* evidence from the field and policy implications. Luxemburgo: European Union, 2021. Disponível em: https://osha.europa.eu/sites/default/files/Telework_and_health_risks_EN.pdf. Acesso em: 10 out. 2024.

segurança e ergonomia fornecidas pelo empregador, conforme previsto na CLT (parágrafo único do art. 75-E). A partir dessa previsão legal, o empregador deve, de forma preventiva, organizar seu Programa de Gerenciamento de Riscos (PGR), contemplando o trabalhador remoto e visualizando os riscos no posto de trabalho.

**Fiscalização Remota:** Para a fiscalização, o uso de ferramentas tecnológicas, como videoconferências, fotos e vídeos do local de trabalho do empregado, permite ao empregador verificar as condições de trabalho sem invadir fisicamente o domicílio. Além disso, a implementação de checklists de ergonomia e segurança, que o empregado deve preencher e enviar periodicamente com fotos ou vídeos, contribui para uma fiscalização eficaz e respeitosa da privacidade.

**Orientação e Treinamento:** No âmbito da orientação, é fundamental que o empregador ofereça treinamentos online sobre boas práticas de ergonomia e segurança no trabalho remoto. Essa capacitação garante que os empregados estejam cientes das melhores práticas para manter a segurança no ambiente doméstico. Além disso, a comunicação contínua com os trabalhadores, fornecendo orientações e lembretes regulares sobre a importância de manter um ambiente de trabalho seguro e saudável, é essencial para promover um ambiente de trabalho adequado.

**Legislação e Regulamentação:** Em relação à legislação, o cumprimento das diretrizes trabalhistas é imprescindível, especialmente no que diz respeito à instrução dos empregados sobre precauções para evitar doenças e acidentes de trabalho. Também é importante incluir ajustes contratuais que abordem especificamente a fiscalização das condições de trabalho no regime de teletrabalho, garantindo que as responsabilidades e os direitos de ambas as partes sejam devidamente formalizados.

Essas medidas ajudam a garantir que a fiscalização das condições de trabalho seja realizada de maneira eficaz e respeitosa, protegendo tanto a saúde e segurança do trabalhador quanto a inviolabilidade de seu domicílio. Neste sentido, estudo sugerindo alterações nas Normas Regulamentadoras NR-1, NR-12 e NR-17 para incluir os trabalhadores a distância e quem trabalha por plataformas foi encaminhado ao Ministério do Trabalho e Emprego. A proposta é alterar a definição de ambiente de trabalho para "ambiente designado para a execução de atividades profissionais, abrangendo tanto instalações físicas quanto espaços virtuais, incluindo plataformas digitais e ambientes de trabalho remoto".[17]

(17) GERCINA, Cristiane. Normas de saúde e segurança do trabalho podem mudar para incluir motorista de aplicativo e MEIs. *Folha de S. Paulo*, 23 out. 2024. Disponível em: https://www1.folha.uol.com.br/mercado/2024/10/normas-de-saude-e-seguranca-no-trabalho-podem-mudar-para-incluir-motorista-de-aplicativo-e-meis.shtml . Acesso em: 24 out. 2024.

Dessa forma, as propostas de alteração nas normas regulamentadoras e a ampliação da definição de ambiente de trabalho para abranger o teletrabalho e o trabalho em plataformas digitais representam um passo importante para a adaptação da legislação às novas formas de trabalho. Contudo, é essencial que tais mudanças sejam acompanhadas por regulamentações claras que garantam a efetiva proteção à saúde física e mental dos trabalhadores, sem comprometer direitos fundamentais, como a inviolabilidade do domicílio. Somente assim será possível assegurar um ambiente de trabalho decente e saudável, em consonância com os princípios da OIT e as demandas do cenário atual.

## 5. Conclusões

Apesar dos inúmeros benefícios para empregados e empresas, como a flexibilidade e a otimização do tempo, o teletrabalho também apresenta desafios consideráveis na proteção da saúde física e mental dos empregados. A legislação laboral do Brasil, juntamente com as diretrizes da OIT, proporciona um alicerce relevante para assegurar condições de trabalho dignas. No entanto, faltam normas mais detalhadas acerca da saúde e segurança dos trabalhadores sob as especificidades do regime de teletrabalho.

As regras da OIT, em particular as Convenções ns. 155 e 177, estabelecem orientações relevantes, contudo, sua implementação prática no teletrabalho ainda encontra barreiras, principalmente no que se refere à definição de responsabilidades entre empregador e funcionário. Ademais, a garantia constitucional de inviolabilidade do lar, assegurada pela Constituição do Brasil, traz desafios à supervisão das condições laborais no âmbito doméstico.

Portanto, conclui-se que é necessária uma regulamentação adicional que esclareça a função de empregadores e empregados na construção de um ambiente de trabalho remoto saudável, balanceando a proteção da saúde com a preservação da privacidade, não deixando o tema apenas para o campo da negociação entre o empregado e o empregador, como sugere a Lei n. 13.467/17. É essencial estabelecer regras mais claras, que incluam orientações ergonômicas, gestão de tempo e programas de sensibilização, para assegurar que o teletrabalho seja uma forma de trabalho segura e sustentável, em conformidade com os princípios da OIT de trabalho digno e seguro, bem como responsabilidade para quem não cumprir essas normas.

De todo modo, há vários caminhos que podem ser trilhados enquanto tais normas não são articuladas, como acordo prévio, fiscalização remota, orientação e treinamento dos empregados, assim como ajustes contratuais que formalizem a divisão de responsabilidades já existente no ordenamento jurídico brasileiro.

## Referências

BORGES, Marília Mottin. *O teletrabalho como forma de (des)inclusão das pessoas portadoras de deficiência.* Porto Alegre: Pontifícia Universidade Católica do Rio Grande do Sul, 2009. [Monografia, inédito]

EU-OSHA. European Agency for Safety and Health at Work. *Telework and health risks in the context of the Covid-19 pandemic:* evidence from the field and policy implications. Luxemburgo: European Union, 2021. Disponível em: https://osha.europa.eu/sites/default/files/Telework_and_health_risks_EN.pdf. Acesso em: 10 out. 2024.

FELICIANO, Guilherme Guimarães; PASQUALETO, Olívia de Quintana Figueiredo. Teletrabalho, saúde e segurança do trabalho e regulamentação estatal: pandemia, aprendizados e perspectivas futuras. *Revista do Tribunal Regional do Trabalho da 3ª Região*, Belo Horizonte, v. 66, n. 102, item 01, p. 107-127, jul./dez. 2020.

GERCINA, Cristiane. Normas de saúde e segurança do trabalho podem mudar para incluir motorista de aplicativo e MEIs. *Folha de S.Paulo*, 23 out. 2024. Disponível em: https://www1.folha.uol.com.br/mercado/2024/10/normas-de-saude-e-seguranca-no-trabalho-podem-mudar-para-incluir-motorista-de-aplicativo-e-meis.shtml. Acesso em: 24 out. 2024.

GROTT, João Manoel. *Meio ambiente do trabalho:* prevenção — a salvaguarda do trabalhador. Curitiba, PR: Juruá, 2005.

INTERNATIONAL LABOUR ORGANIZATION. *Riscos Emergentes e Novas Formas de Prevenção*. Disponível em: www.ilo.org/pt-pt/publications/riscos-emergentes-e-novas-formas-de-prevencao. Acesso em: out. 2024

KADRI, Fauzi El; LUCCA, Sérgio Roberto de. Fatores psicossociais e Transtornos Mentais Comuns no teletrabalho do judiciário trabalhista na pandemia de Covid-19. *Saúde em Debate* [*on-line*]. 2024, v. 48, n. 140. Disponível em: https://doi.org/10.1590/2358-289820241408895P. Acesso em: 10 out. 2024.

MPT. Ministério Público do Trabalho. *SmartLab* — Observatório de Saúde e Segurança no Trabalho. Despesa INSS. [s.d]. Disponível em: https://smartlabbr.org/sst/localidade/0?dimensao=-despesa. Acesso em: 23 out. 24.

OLIVEIRA, M. de; KEINE, S. (2020). Aspectos e comportamentos ergonômicos no teletrabalho. *Revista Produção Online*, 20(4), p. 1.405-1.434. Disponível em: https://doi.org/10.14488/1676-1901.v20i4.4146.

PEREIRA, Carlos Alberto; DUARTE, Castro Maria Raquel. *O TELETRABALHO E A DURAÇÃO DO TRABALHO*. Lavori atipici ed economia digitale-Prospettiva luso-italo-brasiliana, 2022.

RIBEIRO, H. P. *A violência oculta do trabalho:* as lesões por esforços repetitivos [*on-line*]. Rio de Janeiro: Editora FIOCRUZ, 1999. 240 p. ISBN 85-85676-67-1.

ROSSIT, L. A. *O meio ambiente de trabalho no direito ambiental brasileiro*. São Paulo: LTr, 1998.

SÜSSEKIND, Arnaldo. *et al. Instituições de direito do trabalho*. 21. ed. São Paulo: LTr, 2004.

SÜSSEKIND, Arnaldo. *Convenções da OIT e outros tratados*. 3. ed. São Paulo, SP: LTr, 2007.

VALENTIM, João Hilário. Teletrabalho e relações de trabalho. *Revista Gênesis de Direito do Trabalho*, Rio de Janeiro: Editora Gênesis, n. 82, out. 1999.

# A Reificação Humana na Era do Capitalismo Virtual

## *Human Reification in the Age of Virtual Capitalism*

*Maria Cecília de Almeida Monteiro Lemos*
*André de Araújo Chavante*
*Miller Ferreira Menezes*

**Resumo:** Esta pesquisa visa analisar se evolução tecnológica, em especial, a partir das mudanças promovidas pela Indústria 4.0 tem contribuído para o alcance do Objetivo de Desenvolvimento Sustentável n. 8 (ODS 8) da Organização das Nações Unidas (ONU). A investigação propõe-se problematizar a possível reificação humana e sua redução a mero elemento empresarial o que, hipoteticamente, se contrapõe ao proposto pela Agenda 2030 da ONU. A investigação é metodologicamente fundada na pesquisa bibliográfica, dados estatísticos e estudos das modificações no mercado de trabalho pela Organização Internacional do Trabalho — OIT. O objetivo geral circunda no antagonismo entre o capitalismo virtual em (contra)mão ao conceito trabalho digno. Especificamente, objetiva-se investigar a reificação humana nos novos modelos disruptivos de contratação e a (des)qualificação dos trabalhadores no mercado de trabalho virtual. Como resultados iniciais, verificou-se que as novas tecnologias a partir da Indústria 4.0 têm contribuído para a precarização das relações de trabalho com inserção de pessoas em trabalho informal, redução de direitos sociais, empobrecimento e concentração de riquezas pelas gigantes empresas e plataformas de tecnologia. Conclui-se que o desenvolvimento tecnológico, para ser sustentável, só representa verdadeiro progresso se respeitada a dignidade humana.

**Palavras-chave:** Capitalismo virtual; Trabalho decente; Reificação humana.

**Abstract:** This research aims to analyze if technological developments, especially the changes brought upon through Industry 4.0, have contributed to achieving Sustainable

Development Goal 8 (SDG 8) of the United Nations (UN). The research aims to problematize the possible reification of the human person and their reduction to a mere enterprise element, which, hypothetically, runs counter to the proposals of the UN's 2030 Agenda. The research is methodologically based on bibliographic research, statistics and studies of modifications in the labor market by the International Labor Organization — ILO. The general objective is to examine the antagonism between virtual capitalism and the concept of decent work. Specifically, the aim is to investigate human reification in the new disruptive hiring models and the (de)qualification of workers in the virtual labor market. The initial results show that new technologies, from Industry 4.0 onwards, have been contributing to the precariousness of labor relations, with people being placed into informal work, a reduction in social rights, poverty and the concentration of wealth by the giant technology companies and platforms. In conclusion, in order to be sustainable, technological development only constitutes genuine progress if human dignity is respected.

**Keywords:** Virtual capitalism; Decent work; Human reification.

## Introdução

O trabalho humano, desde os primórdios, expressa a mediação do homem com a natureza e carrega uma dualidade intrínseca, na medida em que "emancipa e aliena, humaniza e sujeita, liberta e escraviza"(1). Marx considera a produtividade como uma condição necessária à transformação histórica, assim, se as forças produtivas não se modificam, a capacidade de criação da vida humana se imobiliza, e se elas se modificam, tudo se move(2).

As transformações no mundo do trabalho levaram ao atual estágio de desenvolvimento da sociedade, com o surgimento da chamada Indústria 4.0, marcada pelo exponencial avanço das telecomunicações e da computação, o que originou novas formas de trabalho, eliminando as barreiras físicas que obrigavam a presença da dos trabalhadores em um ambiente físico, o que já não existe mais para diversas atividades.

Empresas cuja existência seria impensável surgem a cada momento. Destacam-se, entre outras, as chamadas plataformas digitais, nas quais as pessoas podem ser recrutadas em qualquer parte do mundo para realizar pequenas tarefas, motoristas são chamados para realizar corridas a partir de aplicativos controlados por algoritmos, bem como, entregadores são acionados para realizarem entregas de mercadorias e alimentos no sistema de *delivery*.

Não obstante as facilidades que as tecnologias têm trazido, nem todas as formas de trabalho tem contribuído para o desenvolvimento sustentável voltado prestígio à dignidade humana e ao valor social trabalho.

---

(1) ANTUNES, Ricardo. *Os sentidos do trabalho:* ensaio sobre a afirmação e negação do trabalho. São Paulo: Boitempo, 2009. p. 12

(2) REIS, José Carlos. *A história entre a filosofia e a ciência*. 3. ed. Belo Horizonte: Autêntica, 2004. p. 52, *apud* DELGADO, Gabriela Neves. *Direito fundamental ao trabalho digno*. São Paulo: LTr, 2006. p. 129-131.

A ausência de direitos trabalhistas e sociais básicos como remuneração que garanta o mínimo existencial, proteção contra acidentes de trabalho e a contribuição para aposentadoria tem sido desafios enfrentados a partir de trabalhos em plataformas digitais.

Desse modo, nesta pesquisa será avaliado o desenvolvimento do trabalho e o processo tecnológico, os impactos na vida das pessoas e a indesejável reificação derivada de um capitalismo em sua forma de exploração do trabalho virtual. Serão divulgados dados acerca do trabalho em plataformas em países latinos-americanos, bem como, estudados os objetivos da Agenda 2030 da Organização das Nações Unidas (ONU) para o desenvolvimento sustentável e a concepção de Trabalho Decente pela Organização Internacional do Trabalho (OIT).

## 1. A questão do processo tecnológico e o retrocesso social: Reificação humana

O desenvolvimento do processo tecnológico ao longo da história está ligado intrinsicamente a própria evolução da sociedade. A contínua transformação das tecnologias influencia a forma como as pessoas se alimentam, comunicam, constroem suas residências, realizam seus deslocamentos, a expectativa de vida e a forma como é realizado o trabalho humano.

Em relação ao modo de trabalho, nos tempos remotos, as pessoas criavam instrumentos para serem utilizados como ferramentas a partir de ossos e pedras para auxiliar no corte de madeira, da carne de caça e na própria defesa pessoal. Na sequência a partir do domínio do fogo, surgem ferramentas construídas a partir de metais que contribuíram para a produção de armas e na produção agropecuária. Posteriormente, as máquinas a vapor e movidas à eletricidade contribuíram para a produção em larga escala. Entre os séculos XX e XXI se verifica o avanço nas telecomunicações, na robotização e mais recentemente da inteligência artificial.

Entretanto, apesar de o progresso dos processos tecnológicos terem contribuído com o trabalho humano e para o aumento da produtividade e da riqueza, não significou avanços sociais para todas as pessoas.

Neste sentido, ao observarmos o desenvolvimento das máquinas a vapor e da própria eletricidade que contribuíram para o surgimento da Primeira Revolução Industrial, as formas trabalho eram precárias, que contribuíam com o aprofundamento da pobreza e as das más condições de vida dos operários[(3)].

O trabalho humano era considerado mercadoria, pois diante da grande oferta de mão de obra, os trabalhadores eram submetidos a condições laborais precárias, tais como

(3) LEMOS, Maria Cecília de Almeida Monteiro. *O dano existencial nas relações de trabalho intermitentes.* 1. ed. São Paulo: LTr, 2020. p. 29.

jornadas extenuantes e salários ínfimos, sem direito a descanso remunerado ou gozo de férias. Observava-se, ainda, superexploração do trabalho desenvolvido por mulheres e crianças, que laboravam em jornadas superiores a 16 horas ou até o pôr do sol, com salários menores que os pagos aos homens[(4)].

Neste contexto social evidencia-se o conceito da reificação ou coisificação do ser humano: os trabalhadores em precárias condições de trabalho eram tratados como peças ou engrenagens do sistema de produção. Neste sentido, Baptista afirma que "coisificar" o homem é transformá-lo em mercadoria, que produz outras mercadorias:

> Geram-se, com estas perspectivas, os fundamentos para a reificação do trabalhador, compreendido como o processo de coisificação do homem. Coisificar o homem é condição necessária para a produção e reprodução do capital, pois o ser humano não consegue se ver mais em sua condição de humanidade, mas em sua condição de coisa, conectando-se com outras coisas, mesmo tendo a condição de produzi-las. Isso faz sentido ao se compreender a reificação como processo de se converter o homem em uma coisa, uma mercadoria produtora de outras mercadorias.[(5)]

Inegável que houve avanços no âmbito dos direitos sociais conquistados a partir do final dos séculos XIX e do início do século XX, como a constitucionalização de direitos sociais[(6)], a necessidade de se abandonar o individualismo e o abstencionismo ou neutralismo do Estado Liberal, que provocaram injustiças sociais[(7)]. As crescentes mobilizações dos trabalhadores e o fim da Segunda Grande Guerra Mundial geraram condições que originaram o Estado Democrático de Direito que, na perspectiva legal, reconheceu a centralidade da pessoa humana e a proteção ao trabalhador como um sujeito de direitos trabalhistas e de uma vida digna[(8)].

Entretanto, apesar dos avanços sociais conquistados nos últimos dois séculos, atualmente, restam evidenciados os retrocessos nas conquistas alcançadas pelos trabalhadores, em particular, decorrentes das modificações introduzidas pelo exponencial crescimento tecnológico e informacional.

---

(4) MARTINS, Sérgio Pinto. *Direito do Trabalho*. 28. ed. São Paulo: Atlas, 2012. p. 7-8.

(5) BAPTISTA, Tadeu João Ribeiro. *Educação do Corpo:* Produção e Reprodução. Orientadora: Anita Cristina Azevedo Resende, 2007. 152 f. Tese (Doutorado em Ciências Humanas) – Universidade Federal de Goiás, Goiânia, 2007. Disponível em: https://repositorio.bc.ufg.br/tede/items/36ac3d80-7c59-48f2-bd1f-b5455a3af3c9 Acesso em: 5 nov. 2024.

(6) DELGADO, Mauricio Godinho; DELGADO, Gabriela Neves. *Constituição da República e direitos fundamentais:* dignidade da pessoa humana, justiça social e direito do trabalho. 4. ed. São Paulo: LTr, 2017. p. 41.

(7) SILVA, José Afonso da. *Curso de Direito Constitucional Positivo*. 37. ed. São Paulo: Malheiros, 2014. p. 117.

(8) DELGADO, Mauricio Godinho; DELGADO, Gabriela Neves. *Constituição da República e direitos fundamentais:* dignidade da pessoa humana, justiça social e direito do trabalho. 4. ed. São Paulo: LTr, 2017. p. 44.

Neste contexto está inserida a chamada Quarta Revolução Industrial, oriunda da Indústria 4.0, expressão que, para Ricardo Antunes, significa "um novo e profundo saldo tecnológico no mundo produtivo"[9]. Para o autor, esse novo contexto substituiu a rigidez fabril das indústrias por modelos de negócios voltados a empresas "liofilizadas e flexíveis" baseadas em trabalhos precarizados informais, com utilização de trabalhadores terceirizados, com contratos flexíveis e intermitentes.[10]

Por meio de sistemas informacionais geridos por algoritmos, o uso da internet, de aplicativos instalados em smartphones, pessoas são acionadas para realizarem tarefas, "bicos", na condição de parceiros, colaboradores ou prestadores de serviços, assim ficando na margem da proteção social em que o trabalhador assalariado possui.

Nesse ambiente também estão inseridos os chamados trabalhadores plataformizados ou mesmo "uberizados", em referência ao aplicativo de transporte de passageiros mundialmente conhecido. Não se trata apenas de motoristas acionados por aplicativos, mas também entregadores (*delivery*), comércio eletrônico, tradutores, eletricistas, encanadores, diaristas, entre outras atividades.

Tais formas de trabalho, surgidas a partir da Indústria 4.0, como exposto, tem deixado os riscos da atividade nas mãos dos trabalhadores, eis que há diferentes entendimentos jurídicos no mundo acerca da existência de vínculo de emprego entre as plataformas e os trabalhadores, especialmente aquelas relacionadas a transporte de passageiros e entrega. No Brasil, por exemplo, o Poder Judiciário ainda não pacificou o assunto, e o próprio Poder Executivo encaminhou à Câmara dos Deputados o Projeto de Lei Complementar n. 12/2024, que no seu art. 3º reconhece o trabalhador motorista como autônomo[11].

Em outros países da América do Latina não é diferente. Países como Chile, Colômbia e Uruguai encaminharam ao Legislativo propostas de regulamentação da atividade como autônoma ou uma categoria especial de trabalho[12]. No Peru, os trabalhadores do mesmo modo são considerados autônomos[13].

---

(9) ANTUNES (Org). *Uberização, trabalho digital e Indústria 4.0.* 1. ed. São Paulo: Boitempo, 2020, p. 13.

(10) *Idem.*

(11) BRASIL. Câmara dos Deputados. *Projeto de Lei Complementar n. 12/2024.* Disponível em: https://www.camara.leg.br/proposicoesWeb/prop_mostrarintegra?codteor=2391423&filename=PLP%2012/2024. Acesso em: 3 nov. 2024.

(12) Instituto de Pesquisa Econômica (IPEA). *Proteção Social dos Trabalhadores de Plataformas Digitais:* Experiência Internacional — América Latina E Europa. Disponível em: https://repositorio.ipea.gov.br/bitstream/11058/13998/1/TD_3004_Web.pdf. Acesso em: 4 nov. 2024.

(13) FAIRWORK. *Fairwork Peru 2023:* Estándares Laborales en la Economía de Plataformas. Disponível em: https://fair.work/wp-content/uploads/sites/17/2023/11/Fairwork_Peru_Report_2023_Spanish.pdf. Acesso em: 4 nov. 2024.

Ricardo Antunes destaca que esse tipo de trabalho está inserido em um contexto no qual a sociedade do capital busca cada vez mais trabalhos não estáveis e oferece outras formas de contrato, fragmentadas e flexíveis. Tais formas de trabalho são chamadas pelo autor de "precariado", no qual "a superexploração da força de trabalho, além de aumentar o desemprego, vem ampliando enormemente a informalidade, a terceirização e a precarização"[(14)].

Assim, sem prejuízo ao maior detalhamento do impacto do trabalho plataformizado no Brasil e na própria América Latina, no capítulo a seguir, importante destacar que o capitalismo de plataforma tem demonstrado formas de exploração de trabalho que, nas palavras de Ricardo Antunes, remetem "aos primórdios da Revolução Industrial"[(15)]:

> Podemos indicar, como expressão do que estamos argumentando, as jornadas diárias frequentes superiores a oito, dez, doze, catorze horas; remuneração salarial rebaixada, em contraposição ao aumento e intensificação do trabalho (traço que vem se agudizando na pandemia); crescimento de um contingente sem acesso a qualquer direito social e do trabalho; entre tantos outros elementos que remetem aos inícios do capitalismo, à sua fase de acumulação primitiva.[(16)]

O Instituto de Pesquisa Econômica (IPEA), ao realizar avaliação no 3º trimestre do ano de 2022, identificou que somente 23% dos trabalhadores de transporte por aplicativo contribuem para a Previdência Oficial no Brasil[(17)]. No que tange à jornada trabalhada, o Instituto Brasileiro de Geografia e Estatística (IBGE), a partir de dados da Pesquisa Nacional por Amostra de Domicílios Contínua (PNAD Contínua, no módulo temático sobre teletrabalho e trabalho por meio de plataformas digitais, em pesquisa realizada no 4º trimestre de 2022, identificou-se que a jornada semanal de motoristas plataformizados era 47,9 horas enquanto de trabalhadores não plataformizados eram 40,9 horas[(18)].

Em relação a acidentes, conforme pesquisa da Universidade Federal da Bahia (UFBA), em Salvador, entre março de 2021 e junho de 2023, 58,9% das pessoas entrevistadas relatam

---

(14) ANTUNES, Ricardo. *Riqueza e Miséria do Trabalho no Brasil IV:* trabalho digital, autogestão e expropriação da vida. 1. ed. São Paulo: Boitempo, 2019.

(15) ANTUNES, Ricardo (Org.). *Uberização, trabalho digital e Indústria 4.0.* 1. ed. São Paulo: Boitempo, 2020.

(16) *Idem.*

(17) Instituto de Pesquisa Econômica (IPEA). *Apenas 23% dos trabalhadores de transporte por aplicativo contribuem para o INSS.* Disponível em: https://www.ipea.gov.br/portal/categorias/45-todas-as-noticias/noticias/13530-apenas-23-dos-trabalhadores-de-transporte-por-aplicativo-contribuiam-para-o-inss. Acesso em: 4 nov. 2024.

(18) Instituto Brasileiro de Geografia e Estatística (IBGE). *Teletrabalho e trabalho por meio de plataformas digitais 2022.* Disponível em: https://biblioteca.ibge.gov.br/visualizacao/livros/liv102035_informativo.pdf Acesso em: 4 nov. 2024.

ter sofrido acidente de trânsito, assalto, tiro ou agressão, trabalhando para empresas de entrega ou transporte de passageiros[(19)].

No âmbito de países latino-americanos, estudo realizado em 2021, no México envolvendo entregadores por aplicativos, 70% não contribuem para nenhum sistema de aposentadoria e, embora 3/4 tivessem conta de aposentadoria voluntária, apenas um décimo fez alguma contribuição no ano anterior à pesquisa[(20)].

Pelo que se pôde observar, o capitalismo virtual tem provocado retrocessos sociais, onde os trabalhadores têm se sujeitado às jornadas superiores àquelas praticadas por trabalhadores que exercem as mesmas atividades, altos índices de acidentes de trabalho e ausência de contribuição previdenciária.

O trabalho humano mostra-se desprestigiado, não compatível com os preceitos estabelecidos seja na Constituição da República de 1988, que no seu art. 1º III, traz a dignidade da pessoa humana como um dos seus fundamentos[(21)], seja pela própria previsão do art. 23 da Declaração Universal dos Direitos Humanos, que estabelece que o todo ser humano que trabalha tem direito a uma remuneração justa e satisfatória que lhe assegure, entre outros uma existência compatível com a dignidade humana e a que se acrescentarão, se necessário, outros meios de proteção social[(22)].

Neste aspecto, o trabalho humano parece se transformar em mercadoria ou uma coisa, portanto, passando o ser humano por um processo de reificação. Neste sentido, Konder (2009), assim esclarece:

> A sociedade capitalista é a sociedade em que a alienação assume, claramente as características de reificação, com esmagamento das qualidades humanas e individuais do trabalhador por um mecanismo inumano, que transforma tudo em mercadoria.[(23)]

---

(19) Universidade Federal da Bahia (UFBA). Levantamento sobre o Trabalho de Entregadores e Motoristas das autointituladas "plataformas digitais". *Relatório de Pesquisa Número 2* — Volume I. Disponível em: https://www.gov.br/fundacentro/pt-br/comunicacao/noticias/noticias/2023/agosto/fundacentro-e-ufba-celebram-acordo-para-mapear-adoecimento-ocupacional/relatorio-caminhos-do-trabalho-2023-entregadores-e-motoristas-final.pdf Acesso em: 4 nov. 2024.

(20) BRIDI, Maria Aparecida; OLIVEIRA, Roberto Véras de; SALAS, Minor Mora. Plataformas de repartidores en América Latina: estado del arte. *Revista Brasileira de Sociologia*, vol. 11, n. 29, set./dez. 2023, p. 14-40.

(21) BRASIL. Constituição (1988). *Constituição da República Federativa do Brasil de 1988, de 5 de outubro de 1988.* Disponível em: http://www.planalto.gov.br/ccivil_03/constituicao/constituicao.htm. Acesso em: 4 nov. 2024.

(22) Unicef. *Declaração Universal dos Direitos Humanos*. Disponível em: https://www.unicef.org/brazil/declaracao-universal-dos-direitos-humanos. Acesso em: 4 nov. 2024.

(23) KONDER, Leandro. *Marxismo e Alienação*. 1. ed. São Paulo: Expressão Popular, 2009.

A falta de centralidade do ser humano dentro deste contexto plataformizado nos faz refletir sobre como esses trabalhadores têm perdido sua capacidade de criação e controle do processo produtivo e, em que pese haja promessas de ganhar o quanto quiser, se transformado em um objeto. Marx (1996), assim se manifestou:

> Como os produtores somente entram em contato social mediante a troca de seus produtos de trabalho, as características especificamente sociais de seus trabalhos privados só aparecem dentro dessa troca. Ou seja, os trabalhos privados só se afirmam, de fato, como membros do trabalho total social através das ligações nas quais a troca permuta os produtos de trabalho e, por intermédio destes, os produtores. Por isso, aos últimos aparecem as relações sociais entre seus trabalhos privados como o que são, isto é, não como relações diretamente sociais entre pessoas em seus próprios trabalhos, senão como relações reificadas entre as pessoas e relações sociais entre coisas.(24)

Pode concluir que a produção capitalista de plataforma tem contribuído para a coisificação ou reificação do ser humano ao transformá-lo em uma peça na engrenagem deste modelo produtivo, ao desprestigiá-lo de trabalho decente e que contribua para o seu desenvolvimento e vida digna.

Assim, como se verá a seguir, no capitalismo virtual, o ser humano tem sido colocado a margem do que está estabelecido na essência de trabalho digno e na Agenda 2030 da Organização das Nações Unidades (ONU).

## 2. Modificações no mercado de trabalho: Dados e estatísticas

A informalidade ainda é uma das marcas do trabalho desenvolvido em países latino-americanos. Nesse sentido, em relatório divulgado, em dezembro de 2023, pela OIT, sobre a taxa de desemprego na América Latina que conclui que, apesar da menor taxa de desemprego em 2023, a recuperação dos mercados de trabalho na América Latina e no Caribe no período pós-pandêmico ainda é insuficiente. Tal afirmativa se deve em especial à necessidade de se adotar medidas para evitar a precarização do emprego formal e de se criar oportunidades de empregos decentes(25).

Referido estudo indica que, apesar do crescimento do aumento da taxa de emprego na região, outro índice que chama a atenção é a quantidade de empregos informais. Neste sentido, a informalidade representou entre 40% e 95% da criação de postos de trabalho

---

(24) MARX, Karl. *O Capital*. São Paulo: Nova Cultural, 1996. v. 1.

(25) Organização Internacional do Trabalho (OIT). *Panorama Laboral 2023 OIT:* Apesar de apresentar uma menor taxa de desemprego em 2023, a recuperação dos mercados de trabalho na América Latina e no Caribe ainda é insuficiente. Disponível em: https://www.ilo.org/pt-pt/resource/news/oit-apesar-de-apresentar-uma-menor-taxa-de-desemprego-em-2023-recuperacao. Acesso em: 4 nov. 2024.

entre o terceiro trimestre de 2020 e o segundo trimestre de 2023. No quesito taxa média de informalidade nos mercados de trabalho da região verificou-se o percentual de 48% em meados de 2023, mas em alguns países foi superior a 70%(26).

Entre os países pesquisados, por exemplo, no 2º trimestre de 2023 os percentuais de informalidade eram: Argentina (47,4%), Bolívia (80,8%), Brasil (37,2%), México (53,1%), Paraguai (62,5%) e Peru (73,6%)(27).

No que tange ao trabalho plataformizado na América Latina, o Banco de Desenvolvimento da América Latina e Caribe (CAF), divulgou, em 2021, estudos sobre os desafios do uso das plataformas digitais no continente latino-americano. Dentre os pontos destacados na pesquisa estão: **i)** riscos da volatilidade da renda; **ii)** deterioração das condições de emprego; e **iii)** acesso à proteção social. Estudo da OIT indica ainda que, metade dos trabalhadores desta atividade, são remunerados com menos de dois dólares por hora(28).

Ainda segundo informações no momento da pesquisa do CAF, cerca de 9,4% em média dos trabalhadores da região já haviam prestado serviços por meio de intermediação de plataformas digitais, destacam-se cidades como a Cidade do Panamá (23%), Bogotá (20%) e Quito (19%).

Ademais, a pesquisa destaca que, do total de trabalhadores com atividades de plataforma no momento da sua realização, 60% foram classificados como autônomos, 27% assalariados, 10% empregadores e os restantes 3% foram distribuídos entre trabalhadores familiares não remunerados, cooperados e empregados domésticos. Portanto, observa-se que o maior percentual de pessoas tinham a atividade em plataforma como fonte de renda única ou principal(29).

Além da questão da informalidade, importante destacar as condições de trabalho desempenhadas por esses trabalhadores. Neste sentido, cabe destacar que estudo divulgado, em 2023, pelo Fairwork, projeto criado por pesquisadores da Universidade de Oxford, no Reino Unido, e da WZB Berlin Social Science Centre, da Alemanha, concluiu, ao analisar as seis principais plataformas digitais no Peru. No referido documento, evidenciou-se a necessidade de melhorar as condições de trabalho dos trabalhadores nas

(26) Organização Internacional do Trabalho (OIT). *Panorama Laboral 2023 OIT:* Apesar de apresentar uma menor taxa de desemprego em 2023, a recuperação dos mercados de trabalho na América Latina e no Caribe ainda é insuficiente. Disponível em: https://www.ilo.org/pt-pt/resource/news/oit-apesar-de-apresentar-uma-menor-taxa-de-desemprego-em-2023-recuperacao. Acesso em: 4 nov. 2024.

(27) *Idem.*

(28) Banco de Desenvolvimento da América Latina e Caribe (CAF). *Os desafios do uso de plataformas digitais na América Latina.* Disponível em: https://www.caf.com/pt/presente/noticias/2021/04/os-desafios-do-uso-de-plataformas-digitais-na-america-latina. Acesso em: 4 nov. 2024.

(29) *Idem.*

plataformas digitais e que são necessários esforços contínuos para promover um trabalho justo e digno no referido setor[30].

Para as conclusões foram utilizados os seguintes critérios: salário justo, condições justas, contratos justos, gestão justa e representação justa. Também foram pesquisados trabalhadores das 10 principais plataformas em atividade no país: Rappi, PedidosYa, DidiFood, InDrive entregas, InDrive, Cabify, Didi, Uber, Chazki e Urbaner.

Também foram considerados os dados de 2023, ano da pesquisa, e 2014 quando chegou a plataforma Uber naquele país. Segundo a pesquisa, o Peru tem em torno de 25 milhões de pessoas em idade de exercer uma atividade econômica, das quais 72,4% fazem parte da população economicamente ativa, portanto, 18,5 milhões de pessoas, apresentando uma informalidade de 74%. Em 2014, havia 16,2 milhões de empregos e 70,6% de informais. Neste sentido, se pode verificar que não houve contribuição do trabalho plataformizado para formalidade dos empregos.

Dentre os quesitos avaliados, identificou-se que nenhuma das plataformas demonstrou que remunera os trabalhadores ao menos no valor do salário-mínimo do país, que era S/.1.647,00 soles por mês, o equivalente a US$ 1,77 dólares por hora.

Do mesmo modo, nenhuma empresa implementou ações para proteger os trabalhadores dos riscos que surgem presentes em seus locais de trabalho. Por serem considerados *freelancers,* cabe aos trabalhadores a responsabilidade pelos custos de seguridade social, licença para seguros de doença, saúde e acidentes e entre outros.

No âmbito do quesito Contratos Justos, somente Cabify e Urbaner demonstraram que os contratos o os termos e condições são claros, transparentes e acessíveis a todos os trabalhadores.

Acerca da Gestão Justa, nenhuma plataforma evidenciou a criação de canais para garantir um procedimento adequado para tomar decisões que têm impacto sobre os trabalhadores, inclusive no que tange ao bloqueio ou desligamentos da plataforma.

Por fim, no quesito Representação Justa, nenhuma plataforma evidenciou que possuía ou cumpria mecanismos que possibilitem a expressão de voz dos trabalhadores, que não há inibição de associação ou que estejam dispostas a reconhecer ou negociar com um órgão coletivo de trabalhadores.

Adicionalmente, no Brasil, dados de 2022, indicam que pessoas que desempenham atividades em plataformas também apresentam condições desvantajosas no que tange ao cumprimento de jornada de trabalho e contribuições para a Previdência Oficial. Entre os plataformizados, 35,7% contribuíam com a Previdência Social, enquanto entre os não plataformizados, o índice é de 61,3%. Quanto à jornada de trabalho, em relação

(30) FAIRWORK. Ob. cit.

aos trabalhadores formais, os motoristas vinculados às plataformas trabalham 7 horas a mais por semana, enquanto os entregadores laboraram adicionalmente 4,8 horas semanais[(31)].

Pelos dados das pesquisas, se pode observar que, no âmbito dos países latino-americanos, não fica evidenciado que o trabalho em plataformas tem contribuído para melhoria das condições de vida dos trabalhadores. Assim distantes do que preconiza a Agenda 2030 da ONU, os objetivos de Desenvolvimento Sustentável e a busca do desenvolvimento econômico sustentável instrumentalizado pelo Trabalho Decente, como será visto nos próximos capítulos.

## 3. A Agenda 2030 da ONU e os objetivos de desenvolvimento sustentável

Em setembro de 2015, a comunidade mundial, reunida na Assembleia da Organização das Nações Unidas[(32)] instituiu um plano de ação universal, transformador e baseado em direitos. Os objetivos traçados pela ONU têm o nobre intuito de reafirmar a necessidade de um crescimento sustentável e inclusivo, fundado na proteção ao meio ambiente e inclusão social. Para seu desenvolvimento, é indispensável a ação comum para países, organismos da ONU e todos os agentes de desenvolvimento, de forma colaborativa e em paz[(33)].

Os objetivos de desenvolvimento sustentável (ODS) conclamam a comunidade global a refletir sobre os principais desafios atuais da sustentabilidade, em busca de soluções criativas, tomada de ações e formação de parcerias. Os cinco principais alicerces da Agenda 2030 da ONU são: pessoas, prosperidade, paz, parcerias e planeta. Referidos marcos, por sua vez, refletem nos dezessete ODSs e se aplicam a todos os países[(34)].

Os dezessete ODS não podem ser interpretados como uma mera lista, mas devem ser abordados de uma maneira global, considerando a totalidade, numa interpretação holística, trazendo soluções pontuais para os interdependentes desafios a fim de alcançar soluções de longo prazo para a questão social[(35)]. Referidos objetivos são voltados à erradicação da pobreza; fome zero e agricultura sustentável; saúde e bem-estar; educação de qualidade; igualdade de gênero; água potável e saneamento; energia limpa e acessível; trabalho decente e crescimento econômico; indústria, inovação e infraestrutura; redução

(31) Instituto Brasileiro de Geografia e Estatística (IBGE). *Op. cit.*

(32) SUPREMO TRIBUNAL FEDERAL. Agenda 2030. *Portal STF, 2024*. Disponível em: https://portal.stf.jus.br/hotsites/agenda-2030/. Acesso em: 11 nov. 2024.

(33) CENTRO DE CONHECIMENTO PARA O DESENVOLVIMENTO SUSTENTÁVEL. A Agenda 2030 da ONU e os Objetivos de Desenvolvimento Sustentável. *YouTube*, 2024. Disponível em: https://www.youtube.com/watch?v=pZ2RsinirlA. Acesso em: 11 nov. 2024.

(34) *Idem.*

(35) *Idem.*

das desigualdades; cidades e comunidades sustentáveis; consumo e produção responsáveis; ação contra a mudança global do clima; vida na água; vida terrestre; paz, justiça e instituições eficazes; e parcerias e meios de implementação(36).

A despeito das razoáveis margens para críticas, é importante destacar que a Agenda 2030 de desenvolvimento alcançou considerável apoio e consenso em escala global, principalmente ao ser comparada com experiências semelhantes anteriores. A vigente Agenda, outrossim, permitiu o alcance dos objetivos não apenas pelos países desenvolvidos, incluindo também os países em desenvolvimento. Para Thais Maingon, os ODS desafiam mais diretamente os países desenvolvidos em virtude do compromisso de incorporar a Agenda em suas próprias estruturas políticas sob o nobre objetivo de compatibilizar o desenvolvimento econômico com a inclusão social e a preservação ao meio ambiente(37).

Diante da magnitude dos desafios da Agenda 2030 é necessária a execução multifatorial, multinível e multidimensional dos ODS. *Multifatorial* porquanto a concretização da Agenda 2030 demanda de esforços de outros atores sociais além do Poder Público, a exemplo das ONGs, organizações sociais, fundações, empresas e Universidades; *multinível*, porque há indispensável necessidade de convênio entre Estados com as estruturas de governança supraestatais (globais e regionais), os quais devem adaptar e adotar os ODS às suas realidades específicas; *multidimensional* porque os objetivos são interdependentes e interconexos, de forma que para alcançar sua execução é necessário avançar de forma simultânea e transversal, de um modo diverso a forma de atuação internacional que prevalecia até então(38).

Desafios globais como a pandemia, as migrações ilegais, os conflitos armados e guerras, a desigualdade social e a crise climática, levaram a comunidade internacional a pensar em novos projetos de governança, nos quais a América Latina também foi convidada a atuar. Em termos gerais, são identificados três períodos de integração latino-americana no século de XXI. O primeiro período (2000-2008) operou-se com a adoção da Agenda do Milênio pela ONU, no qual a América Latina buscou responder conjuntamente às agendas de desenvolvimento, atualmente materializada pelos 17 Objetivos de Desenvolvimento Sustentável na Agenda 2030(39).

---

(36) BRASIL. Ministério dos Direitos Humanos e da Cidadania. *Direitos Humanos integra Fórum dos Países da América Latina e do Caribe para avanço dos Objetivos do Desenvolvimento Sustentável.* Brasília, DF, 2024. Disponível em: https://www.gov.br/mdh/pt-br/assuntos/noticias/2024/abril/direitos-humanos-integra-forum-dos-paises-da-america-latina-e-do-caribe-para-avanco-dos-objetivos-do-desenvolvimento-sustentavel. Acesso em: 12 nov. 2024.

(37) MAINGON, Thais; VALENTE, Xavier. Los desafíos del desarrollo social inclusivo para América Latina y el Caribe en el marco de la Agenda 2030. *Cuadernos del Cendes*, v. 41, n. 115, p. 63-84, 2024.

(38) *Idem.*

(39) DABÈNE, Olivier; SERVIERES, Laurie. *Atlas América Latina y el Caribe.* 17 iniciativas de desarrollo sostenible. 2024.

Inspirados pela experiência anterior, os países latino-americanos viram a oportunidade de fortalecer o diálogo bilateral e promover ações regionais, num momento que marcou o segundo período de integração, chancelado pelo aumento de reuniões entre os países da reunião e implementação de iniciativas de cooperação Sul-Sul. O terceiro período teve início com a crise econômica do ano de 2009 que afetou drasticamente a estabilidade econômica latino-americana. Em resposta, entre os anos de 2013 e 2018, houve maior integração regional para enfrentar os desafios comuns de desenvolvimento econômico, meio ambiente, promoção de direitos humanos e a construção de uma cidadania regional. Em reforço, na busca por ampliar oportunidades de comércio e desenvolvimento tecnológico, os países latino-americanos buscaram alianças estratégicas com as potências mundiais (Rússia, Estados Unidos, China e outros) além de aliar-se aos organismos internacionais(40).

Com relação aos planos para cumprimento das ODSs os países da América Latina adotaram estratégias diferentes. No caso da Brasil, Colômbia, Chile, Costa Rica, República Dominicana, Peru, Paraguai, Panamá e El Salvador optaram por criar espaços nacionais específicos, ou seja, uma Comissão ou Conselho *ad hoc* para coordenar e dirigir o coordenar e dirigir o processo de adoção e implementação da Agenda 2030. Já a Argentina, Guatemala, Honduras, México e Venezuela optaram em colocar a implementação da Agenda 2030, sob a responsabilidade de órgãos governamentais pré-existentes com funções de coordenação entre agências e que, em alguns casos, já eram responsáveis pela implementação dos ODSs(41).

A sexta Reunião do Fórum dos Países da América Latina e do Caribe sobre o Desenvolvimento Sustentável ocorrida em maio de 2023 teve por objeto *"acelerar a recuperação pós pandemia de Covid-19 e a plena implementação da Agenda 2030 para o Desenvolvimento Sustentável em todos os níveis"*, para a construção de um futuro melhor e que não deixe ninguém para trás(42).

Estudos da Comissão Econômica para América Latina e o Caribe (CEPAL) estimam que apenas 25% das metas permitem antever o cumprimento em 2030. No entanto, 75% das metas têm risco de não serem atingidas caso não seja executado um plano estratégico e ações ousadas, inspiradoras e transformadoras. Para Volter Türk do Alto Comissariado das Nações Unidas para os Direitos Humanos (ACNUDH) *"Sem direitos*

(40) DABÈNE, Olivier; SERVIERES, Laurie. *Atlas América Latina y el Caribe.* 17 iniciativas de desarrollo sostenible. 2024.

(41) MAINGON, Thais; VALENTE, Xavier. Los desafíos del desarrollo social inclusivo para América Latina y el Caribe en el marco de la Agenda 2030. *Cuadernos del Cendes*, v. 41, n. 115, p. 63-84, 2024.

(42) ONU BRASIL. *Países da América Latina e Caribe concordam com urgência de ações transformadoras e ousadas para alcançar os Objetivos Globais até 2030.* 3 maio 2023. Disponível em: https://brasil.un.org/pt-br/230014-paises-da-america-latina-e-caribe-concordam-com-urgencia-de-acoes-transformadoras-e-ousadas. Acesso em: 12 nov. 2024.

*humanos não pode haver desenvolvimento sustentável. É urgente integrar os direitos humanos nos planos dos países para implementar os Objetivos de Desenvolvimento Sustentável"*[43].

## 5. O desenvolvimento econômico sustentável instrumentalizado pelo trabalho decente

A virtualização do trabalho e a prestação de serviços por meio de plataformas digitais revolucionou o mercado numa escala sem precedentes. As plataformas digitais já fazem parte do cotidiano, e com relação ao mundo trabalho, as plataformas digitais abriram novos mercados com mais oportunidade de contratação para trabalhadores. Essa revolução trabalhista tecnológica foi inegavelmente impulsionada pela pandemia Covid-19, que ampliou significativamente o uso das plataformas digitais e as inovações tecnológicas correlacionadas a ela. Referido processo de trabalho à distância impulsionou o comércio e serviços eletrônicos e o trabalho *online*[44].

O desenvolvimento tecnológico é inegável e o expressivo lucro pelas grandes plataformas de tecnologia é comprovado por números. As plataformas digitais apresentam lucros bilionários, conforme pode ser destacado a seguir com relação aos lucros alcançados no ano de 2023. Em primeiro lugar o WhatsApp com receita de 906 bilhões de dólares[45]; em segundo lugar a Amazon, com lucros de 574.79 bilhões de dólares[46] e em terceiro lugar o Facebook com receita de 134.9 bilhões de dólares[47].

Dentre os aplicativos de transporte, logística e entrega, a Amazon, já citada acima, é a campeã nos lucros. Em seguida, a Uber alcançou lucros de 37.2 bilhões de dólares no ano de 2023[48] enquanto o iFood que realiza mais de 80 milhões de entregas por mês

(43) ONU BRASIL. *Países da América Latina e Caribe concordam com urgência de ações transformadoras e ousadas para alcançar os Objetivos Globais até 2030.* 3 maio 2023. Disponível em: https://brasil.un.org/pt-br/230014-paises-da-america-latina-e-caribe-concordam-com-urgencia-de-acoes-transformadoras-e-ousadas. Acesso em: 12 nov. 2024.

(44) ORGANIZACIÓN INTERNACIONAL DEL TRABAJO. *El papel de las plataformas digitales en la transformación del mundo del trabajo.* Ginebra: OIT, 2021. Disponível em: https://www.ilo.org/sites/default/files/wcmsp5/groups/public/@dgreports/@dcomm/@publ/documents/publication/wcms_823119.pdf. Acesso em: 12 nov. 2024.

(45) TIMELINES AI. WhatsApp User Statistics and Revenue Analysis. *Timelines AI*, [s.d.]. Disponível em: https://timelines.ai/whatsapp-user-statistics-and-revenue-analysis/. Acesso em: 12 nov. 2024.

(46) STOCK ANALYSIS. *Amazon Revenue.* 2024. Disponível em: https://stockanalysis.com/stocks/amzn/revenue/. Acesso em: 12 nov. 2024.

(47) META PLATFORMS, INC. *Meta reports fourth quarter and full year 2023 results;* initiates quarterly dividend. 2024. Disponível em: https://investor.fb.com/investor-news/press-release-details/2024/Meta-Reports-Fourth-Quarter-and-Full-Year-2023-Results-Initiates-Quarterly-Dividend/default.aspx. Acesso em: 12 nov. 2024.

(48) BUSINESS OF APPS. *Uber Revenue and Usage Statistics (2024).* [S. l.], 2024. Disponível em: https://www.businessofapps.com/data/uber-statistics/. Acesso em: 12 nov. 2024.

gerou a receita total de 7,1 bilhões de reais durante o ano fiscal de 2023, com expectativa de crescimento de mais de 50% na receita de sua divisão financeira no ano fiscal de 2025[(49)].

As consideráveis transformações no mercado de trabalho, incrementadas pelo contexto pós-pandêmico, reforçam a necessidade de integração do mundo e de suas regiões para promoção de desenvolvimento sustentável e equitativo[(50)]. O recorte de pesquisa se concentra no ODS 8, que visa promover o *"trabalho decente e crescimento econômico"*, desdobrado nos seguintes objetivos específicos:

> **Objetivo 8. Promover o crescimento econômico sustentado, inclusivo e sustentável, emprego pleno e produtivo e trabalho decente para todas e todos**
>
> **8.1** Sustentar o crescimento econômico per capita de acordo com as circunstâncias nacionais e, em particular, um crescimento anual de pelo menos 7% do produto interno bruto [PIB] nos países menos desenvolvidos
>
> **8.2** Atingir níveis mais elevados de produtividade das economias por meio da diversificação, modernização tecnológica e inovação, inclusive por meio de um foco em setores de alto valor agregado e dos setores intensivos em mão de obra
>
> **8.3** Promover políticas orientadas para o desenvolvimento que apoiem as atividades produtivas, geração de emprego decente, empreendedorismo, criatividade e inovação, e incentivar a formalização e o crescimento das micro, pequenas e médias empresas, inclusive por meio do acesso a serviços financeiros
>
> **8.4** Melhorar progressivamente, até 2030, a eficiência dos recursos globais no consumo e na produção, e empenhar-se para dissociar o crescimento econômico da degradação ambiental, de acordo com o Plano Decenal de Programas sobre Produção e Consumo Sustentáveis, com os países desenvolvidos assumindo a liderança
>
> **8.5** Até 2030, alcançar o emprego pleno e produtivo e trabalho decente para todas as mulheres e homens, inclusive para os jovens e as pessoas com deficiência, e remuneração igual para trabalho de igual valor
>
> **8.6** Até 2020, reduzir substancialmente a proporção de jovens sem emprego, educação ou formação
>
> **8.7** Tomar medidas imediatas e eficazes para erradicar o trabalho forçado, acabar com a escravidão moderna e o tráfico de pessoas, e assegurar a proibição e eliminação das

(49) TERRA. iFood estima salto de 50% na receita da unidade financeira em 2025. Terra, 12 nov. 2024. Disponível em: https://www.terra.com.br/byte/ifood-estima-salto-de-50-na-receita-da-unidade-financeira-em-2025,016788dfe6054613e533f803ec5097aac2pnoa4c.html. Acesso em: 12 nov. 2024.

(50) FONSECA DUARTE, Sonia Juliana et al. Construcción del marco histórico e institucional de los procesos de integración regional en América Latina y el Caribe. 2024.

piores formas de trabalho infantil, incluindo recrutamento e utilização de crianças-soldado, e até 2025 acabar com o trabalho infantil em todas as suas formas

**8.8** Proteger os direitos trabalhistas e promover ambientes de trabalho seguros e protegidos para todos os trabalhadores, incluindo os trabalhadores migrantes, em particular as mulheres migrantes, e pessoas em empregos precários

**8.9** Até 2030, elaborar e implementar políticas para promover o turismo sustentável, que gera empregos e promove a cultura e os produtos locais

**8.10** Fortalecer a capacidade das instituições financeiras nacionais para incentivar a expansão do acesso aos serviços bancários, de seguros e financeiros para todos

**8.a** Aumentar o apoio da Iniciativa de Ajuda para o Comércio [*Aid for Trade*] para os países em desenvolvimento, particularmente os países menos desenvolvidos, inclusive por meio do Quadro Integrado Reforçado para a Assistência Técnica Relacionada com o Comércio para os países menos desenvolvidos

**8.b** Até 2020, desenvolver e operacionalizar uma estratégia global para o emprego dos jovens e implementar o Pacto Mundial para o Emprego da Organização Internacional do Trabalho [OIT](51)

Com relação ao trabalho prestado em plataformas digitais, a pesquisa do Banco de Desenvolvimento da América Latina e Caribe (ECAF) realizada no Relatório de Economia e Desenvolvimento do ano de 2019, revela que *"cerca de **16%** da força de trabalho pode ser classificada como trabalhador de plataforma ativo ou potencial. As cidades onde este total é maior são Cidade do Panamá (23%), Bogotá (20%) e Quito (19%)"*. O mesmo relatório aponta que o emprego por plataforma digital constitui atividade principal em 41% dos casos(52), conforme gráfico a seguir:

(51) NAÇÕES UNIDAS BRASIL. *Objetivo 8:* Trabalho decente e crescimento econômico. [S. l.], [2024?]. Disponível em: https://brasil.un.org/pt-br/sdgs/8. Acesso em: 11 nov. 2024.

(52) CAF. Os desafios do uso de plataformas digitais na América Latina. *CAF*, 2021. Disponível em: https://www.caf.com/pt/presente/noticias/2021/04/os-desafios-do-uso-de-plataformas-digitais-na-america-latina/. Acesso em: 11 nov. 2024.

Distribución del empleo de plataformas en las principales ciudades de América Latina según características de las actividades

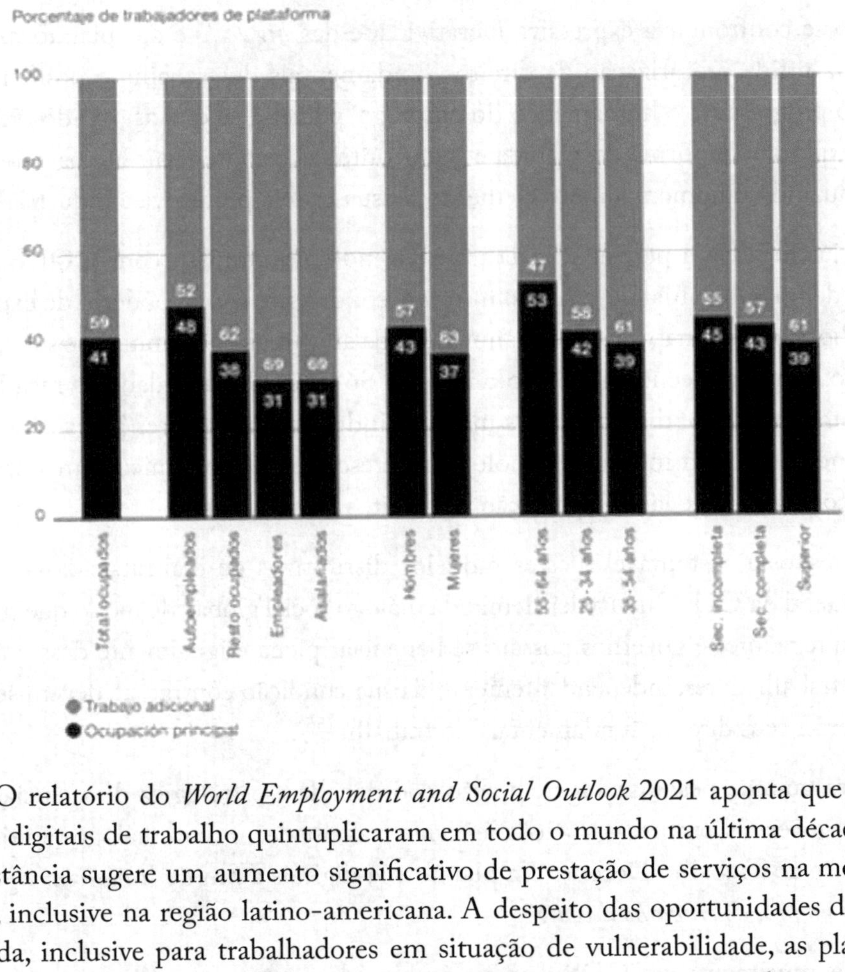


O relatório do *World Employment and Social Outlook* 2021 aponta que as plataformas digitais de trabalho quintuplicaram em todo o mundo na última década[53]. Tal circunstância sugere um aumento significativo de prestação de serviços na modalidade virtual, inclusive na região latino-americana. A despeito das oportunidades de geração de renda, inclusive para trabalhadores em situação de vulnerabilidade, as plataformas digitais apresentam risco significativo à efetivação do pleno emprego e produtivo e Trabalho Decente para todos (ODS 8).

A OIT externa os significativos riscos ao Trabalho Decente em prejuízo aos Trabalhadores de plataforma diante da ausência de uma renda mínima ou suficiente marginaliza o trabalhador hipossuficiente e o expõe a pobreza, a grande escala dos trabalhadores que não têm acesso a proteção social[54]. No específico caso da América Latina e do Caribe,

(53) ORGANIZAÇÃO INTERNACIONAL DO TRABALHO. *World Employment and Social Outlook 2021:* O papel das plataformas digitais de trabalho na transformação do mundo do trabalho. Genebra: OIT, 2021.

(54) ORGANIZAÇÃO INTERNACIONAL DO TRABALHO. *Perspectivas Sociais e de Emprego no Mundo 2021:* O papel das plataformas digitais na transformação do mundo do trabalho. Genebra: OIT, 2021. Disponível em: https://www.ilo.org/sites/default/files/wcmsp5/groups/public/@americas/@ro-lima/@ilo-brasilia/documents/publication/wcms_845019.pdf. Acesso em: 12 nov. 2024.

esses modelos disruptivos de contratação intermediados por plataformas digitais, a maior informalidade do emprego assalariado e o trabalho por conta própria representam retrocessos no cumprimento do ODS 8 da Agenda 2030 da ONU.

Ao se confrontar a expressiva lucratividade das *big techs* e das plataformas digitais com a nítida precarização de direitos fundamentais do trabalho e desmantelo do construto progressista e humanístico do emprego, percebe-se que as grandes indústrias virtuais exploram de forma desregrada e sem fronteiras os potenciais lucros pelo mundo afora, reduzindo o homem a mero elemento de sua cadeia produtiva e industrial.

A justificativa e pertinência da urgência no compromisso com o ODS n. 8 no mercado de trabalho atual deve ser, ao mínimo, condizente com o poderio de exploração do trabalho transnacional, sob risco manutenção da atual reificação humana e subversão do serviço do homem à tecnologia e não o inverso. Só há sustentabilidade da raça humana se vir acompanhada de dignidade. Os modelos industriais anteriores já revelaram que é fundamental equilibrar inovação tecnológica e crescimento econômico com a promoção de condições dignas de labor e proteção de direitos trabalhistas.

A resposta sustentável a estes modelos disruptivos de contratação, na visão do Diretor-Geral da OIT Guy Ryder demanda diálogo social global, de modo que trabalhadores, empregadores e governos possam se beneficiar plena e igualmente desses avanços. Todos os trabalhadores, independentemente da sua condição contratual, devem ser capazes de exercer seus direitos fundamentais no trabalho[(55)].

Para tanto, a pesquisa sugere a ação coordenada e estratégica de agências internacionais, governos, empresas, sociedade civil e trabalhadores num diálogo multisetorial em proteção ao Trabalho Decente em plataforma digitais a fim de "*canalizar e gerenciar tecnologia em prol do trabalho decente*"[(56)].

O cumprimento do ODS n. 8 no âmbito das plataformas digitais pressupõe a adoção de ações no campo individual, coletivo e algorítmico, para a garantia do trabalho digno. No campo individual, é necessária a adequada regulamentação do trabalho plataformizado, com garantia de proteção à saúde e segurança, inclusão previdenciária e tutela à relação de trabalho com acesso aos direitos trabalhistas básicos, independentemente do

(55) ORGANIZAÇÃO INTERNACIONAL DO TRABALHO. *Perspectivas Sociais e de Emprego no Mundo 2021:* O papel das plataformas digitais na transformação do mundo do trabalho. Genebra: OIT, 2021. Disponível em: https://www.ilo.org/sites/default/files/wcmsp5/groups/public/@americas/@ro-lima/@ilo-brasilia/documents/publication/wcms_845019.pdf. Acesso em: 12 nov. 2024.

(56) CEPAL: plataformas digitais e informalidade ameaçam condições de trabalho na América Latina. *Nações Unidas Brasil*, 2019. Disponível em: https://brasil.un.org/pt-br/83158-cepal-plataformas-digitais-e-informalidade-amea%C3%A7am-condi%C3%A7%C3%B5es-de-trabalho-na-am%C3%A9rica-latina. Acesso em: 12 nov. 2024.

vínculo contratual. No âmbito coletivo, é necessária a implementação do diálogo social e a garantia de negociação coletiva, além da promoção da igualdade de oportunidades para grupos vulneráveis, mulheres e jovens, com combate a toda forma de discriminação. No campo algorítmico, é importante a implementação de mecanismos de governança, ética e transparência na prestação de contas por parte das plataformas digitais.

## 6. Conclusão

O risco do aprofundamento das desigualdades e precarização no cenário atual do trabalho plataformizado confrontam diretamente com o objetivo sustentável de trabalho decente e crescimento econômico. Após um construto internacional de direitos humanos e uma Agenda Universal voltada a promoção do Trabalho Decente, é urgente a retomada do trabalho digno. Na concepção moderna, só há sustentabilidade humana e verdadeiro desenvolvimento econômico se, paralelamente, houver a promoção ao Trabalho Decente.

Nesse desiderato, à guisa do cumprimento do ODS n. 8 no âmbito das plataformas digitais, o estudo propõe a adoção de ações em três cenários: individual, coletivo e algorítmico. No campo individual, é indispensável a adequada regulamentação do trabalho plataformizado com abordagem voltada a proteção à saúde e segurança, inclusão previdenciária e tutela à relação de trabalho com acesso aos direitos trabalhistas básicos independentemente do vínculo contratual. Na seara coletiva, é necessário o fomento ao diálogo social e a negociação coletiva, a promoção da igualdade de oportunidades para grupos vulneráveis, mulheres e jovens, com combate a todo custo à discriminação. Em nível algorítmico é importante a implementação de mecanismos de governança, ética e transparência na prestação de contas por parte das plataformas digitais.

## Referências

ANTUNES, Ricardo. *Os sentidos do trabalho:* ensaio sobre a afirmação e negação do trabalho. São Paulo: Boitempo, 2009.

ANTUNES, Ricardo. *Uberização, trabalho digital e Indústria 4.0.* 1. ed. São Paulo: Boitempo, 2020.

ANTUNES, Ricardo. *Riqueza e Miséria do Trabalho no Brasil IV:* trabalho digital, autogestão e expropriação da vida. 1. ed. São Paulo: Boitempo, 2019.

Banco de Desenvolvimento da América Latina e Caribe (CAF). *Os desafios do uso de plataformas digitais na América Latina.* Disponível em: https://www.caf.com/pt/presente/noticias/2021/04/os-desafios-do-uso-de-plataformas-digitais-na-america-latina Acesso em: 4 nov. 2024.

BAPTISTA, Tadeu João Ribeiro. *Educação do Corpo:* Produção e Reprodução. Orientadora: Anita Cristina Azevedo Resende, 2007. 152 f. Tese (Doutorado em Ciências Humanas) – Universidade Federal de Goiás, Goiânia, 2007. Disponível em: https://repositorio.bc.ufg.br/tede/items/36ac3d80-7c59-48f2-bd1f-b5455a3af3c9 Acesso em: 5 nov. 2024.

BRASIL. Câmara dos Deputados. *Projeto de Lei Complementar n. 12/2024.* Disponível em: https://www.camara.leg.br/proposicoesWeb/prop_mostrarintegra?codteor=2391423&filename=PLP%20 12/2024 Acesso em: 3 nov. 2024.

BRASIL. Constituição (1988). *Constituição da República Federativa do Brasil de 1988, de 5 de outubro de 1988.* Disponível em: http://www.planalto.gov.br/ccivil_03/constituicao/constituicao.htm Acesso em: 4 nov. 2024.

BRASIL. Ministério dos Direitos Humanos e da Cidadania. *Direitos Humanos integra Fórum dos Países da América Latina e do Caribe para avanço dos Objetivos do Desenvolvimento Sustentável.* Brasília, DF, 2024. Disponível em: https://www.gov.br/mdh/pt-br/assuntos/noticias/2024/abril/direitos-humanos-integra-forum-dos-paises-da-america-latina-e-do-caribe-para-avanco-dos-objetivos-do-desenvolvimento-sustentavel. Acesso em: 12 nov. 2024.

BRIDI, Maria Aparecida; OLIVEIRA, Roberto Véras de; SALAS, Minor Mora. Plataformas de repartidores en América Latina: estado del arte. *Revista Brasileira de Sociologia*, vol. 11, n. 29, set./dez. 2023, p. 14-40.

BUSINESS OF APPS. *Uber Revenue and Usage Statistics (2024).* [S. l.], 2024. Disponível em: https://www.businessofapps.com/data/uber-statistics/. Acesso em: 12 nov. 2024.

CAF. Os desafios do uso de plataformas digitais na América Latina. *CAF*, 2021. Disponível em: https://www.caf.com/pt/presente/noticias/2021/04/os-desafios-do-uso-de-plataformas-digitais-na-america-latina/. Acesso em: 11 nov. 2024.

CENTRO DE CONHECIMENTO PARA O DESENVOLVIMENTO SUSTENTÁVEL. A Agenda 2030 da ONU e os Objetivos de Desenvolvimento Sustentável. *YouTube*, 2024. Disponível em: https://www.youtube.com/watch?v=pZ2RsinirlA. Acesso em: 11 nov. 2024.

CEPAL. Plataformas digitais e informalidade ameaçam condições de trabalho na América Latina. *Nações Unidas Brasil*, 2019. Disponível em: https://brasil.un.org/pt-br/83158-cepal-plataformas-digitais-e-informalidade-amea%C3%A7am-condi%C3%A7%C3%B5es-de-trabalho-na-am%C3%A9rica-latina. Acesso em: 12 nov. 2024

DABÈNE, Olivier; SERVIERES, Laurie. *Atlas América Latina y el Caribe.* 17 iniciativas de desarrollo sostenible. 2024.

DELGADO, Gabriela Neves. *Direito fundamental ao trabalho digno.* São Paulo: LTr, 2006

DELGADO, Mauricio Godinho; DELGADO, Gabriela Neves. *Constituição da República e direitos fundamentais:* dignidade da pessoa humana, justiça social e direito do trabalho. 4. ed. São Paulo: LTr, 2017.

FAIRWORK. *Fairwork Peru 2023:* Estándares Laborales en la Economía de Plataformas. Disponível em: https://fair.work/wp-content/uploads/sites/17/2023/11/Fairwork_Peru_Report_2023_Spanish.pdf Acesso em: 4 nov. 2024.

FONSECA DUARTE, Sonia Juliana *et al. Construcción del marco histórico e institucional de los procesos de integración regional en América Latina y el Carib*e. 2024.

Instituto Brasileiro de Geografia e Estatística (IBGE). *Teletrabalho e trabalho por meio de plataformas digitais 2022.* Disponível em: https://biblioteca.ibge.gov.br/visualizacao/livros/liv102035_informativo.pdf. Acesso em: 4 nov. 2024.

Instituto de Pesquisa Econômica (IPEA). *Apenas 23% dos trabalhadores de transporte por aplicativo contribuem para o INSS.* Disponível em: https://www.ipea.gov.br/portal/categorias/45-todas-as-noticias/noticias/13530-apenas-23-dos-trabalhadores-de-transporte-por-aplicativo-contribuiam-para-o-inss. Acesso em: 4 nov. 2024.

Instituto de Pesquisa Econômica (IPEA). *Proteção Social dos Trabalhadores de Plataformas Digitais: Experiência Internacional* — América Latina e Europa. Disponível em: https://repositorio.ipea.gov.br/bitstream/11058/13998/1/TD_3004_Web.pdf. Acesso em: 4 nov. 2024.

KONDER, Leandro. *Marxismo e Alienação*. 1. ed. São Paulo: Expressão Popular, 2009.

LEMOS, Maria Cecília de Almeida Monteiro. *O dano existencial nas relações de trabalho intermitentes*. 1. ed. São Paulo: LTr, 2020.

MAINGON, Thais; VALENTE, Xavier. Los desafíos del desarrollo social inclusivo para América Latina y el Caribe en el marco de la Agenda 2030. *Cuadernos del Cendes*, v. 41, n. 115, p. 63-84, 2024.

MARTINS, Sérgio Pinto. *Direito do Trabalho*. 28. ed. São Paulo: Atlas, 2012.

MARX, Karl. *O Capital.* São Paulo: Nova Cultural, 1996. v. 1.

META PLATFORMS, INC. *Meta reports fourth quarter and full year 2023 results;* initiates quarterly dividend. 2024. Disponível em: https://investor.fb.com/investor-news/press-release-details/2024/Meta-Reports-Fourth-Quarter-and-Full-Year-2023-Results-Initiates-Quarterly-Dividend/default.aspx. Acesso em: 12 nov. 2024

STOCK ANALYSIS. *Amazon Revenue.* 2024. Disponível em: https://stockanalysis.com/stocks/amzn/revenue/. Acesso em: 12 nov. 2024.

NAÇÕES UNIDAS BRASIL. *Objetivo 8:* Trabalho decente e crescimento econômico. [S. l.], [2024?]. Disponível em: https://brasil.un.org/pt-br/sdgs/8. Acesso em: 11 nov. 2024.

Organização Internacional do Trabalho (OIT). *Panorama Laboral 2023 OIT:* Apesar de apresentar uma menor taxa de desemprego em 2023, a recuperação dos mercados de trabalho na América Latina e no Caribe ainda é insuficiente. Disponível em: https://www.ilo.org/pt-pt/resource/news/oit-apesar-de-apresentar-uma-menor-taxa-de-desemprego-em-2023-recuperacao Acesso em: 4 nov. 2024.

ORGANIZAÇÃO INTERNACIONAL DO TRABALHO. *World Employment and Social Outlook 2021:* O papel das plataformas digitais de trabalho na transformação do mundo do trabalho. Genebra: OIT, 2021.

SCHWAB, Klaus. *A quarta revolução industrial.* São Paulo: Edipro, 2016.

SILVA, José Afonso da. *Curso de Direito Constitucional Positivo*. 37. ed. São Paulo: Malheiros, 2014.

SUPREMO TRIBUNAL FEDERAL. Agenda 2030. *Portal STF*, 2024. Disponível em: https://portal.stf.jus.br/hotsites/agenda-2030/. Acesso em: 11 nov. 2024.

TERRA. iFood estima salto de 50% na receita da unidade financeira em 2025. *Terra*, 12 nov. 2024. Disponível em: https://www.terra.com.br/byte/ifood-estima-salto-de-50-na-receita-da-unidade-financeira-em-2025,016788dfe6054613e533f803ec5097aac2pnoa4c.html. Acesso em: 12 nov. 2024.

TIMELINES AI. WhatsApp User Statistics and Revenue Analysis. *Timelines AI*, [s.d.]. Disponível em: https://timelines.ai/whatsapp-user-statistics-and-revenue-analysis/. Acesso em: 12 nov. 2024.

Unicef. *Declaração Universal dos Direitos Humanos.* Disponível em: https://www.unicef.org/brazil/declaracao-universal-dos-direitos-humanos. Acesso em: 4 nov. 2024.

Universidade Federal da Bahia (UFBA). Levantamento sobre o Trabalho de Entregadores e Motoristas das autointituladas "plataformas digitais". *Relatório de Pesquisa Número 2* — Volume I. Disponível em: https://www.gov.br/fundacentro/pt-br/comunicacao/noticias/noticias/2023/agosto/fundacentro-e-ufba-celebram-acordo-para-mapear-adoecimento-ocupacional/relatorio-caminhos-do-trabalho-2023-entregadores-e-motoristas-final.pdf. Acesso em: 4 nov. 2024.

# O Direito à Desconexão Digital e os Direitos da Personalidade: Uma Análise Comparada entre Brasil e Espanha

## *The Right to Digital Disconnection and Personality Rights: A Compared Analysis Between Brazil and Spain*

*Letiane Corrêa Bueno*

*Paulo Campanha Santana*

**Resumo:** O objetivo do presente estudo é analisar a jornada de trabalho no regime de prestação de serviços em teletrabalho, diante dos direitos da personalidade, comparando os sistemas normativos brasileiro e espanhol. Desse modo, a realização de jornadas mais flexíveis, especialmente nesse regime de trabalho, expõe os trabalhadores a maiores jornadas de trabalho e conectividade e, portanto, maiores riscos físicos, psíquicos e sociais, ora base dos direitos da personalidade. A relevância do tema evidencia-se pela necessidade de disseminar mecanismos de proteção ao núcleo dos direitos fundamentais. Nesse contexto, cumpre destacar a função social da empresa, que deve propiciar aos empregados bem-estar, pois eles são a base do sistema produtivo. Para tanto, por meio da metodologia exploratória e hipotético-dedutiva, com abordagem qualitativa, a pesquisa investigou as legislações dos mencionados países sobre o tema e procurou identificar em que medida a previsão normativa espanhola pode aperfeiçoar o ordenamento jurídico brasileiro sobre a temática de proteção a jornada extenuantes, assegurando sua dignidade. Como resultado, identificou-se que a legislação espanhola apresenta mecanismos expressos de maior proteção a essa modalidade de prestação de serviços, podendo-se concluir que o sistema legislativo brasileiro necessita de maior afeição à temática, pela análise das normas estrangeiras, comparando-as, e, portanto, garantir os direitos de personalidade àqueles que contribuem com sua força de trabalho no regime de teletrabalho.

**Palavras chaves:** Teletrabalho; Direito à desconexão; Direitos de personalidade; Brasil; Espanha.

**Abstract:** The objective of this study is to analyze the working day in the teleworking service provision regime, in view of personality rights, comparing the Brazilian and Spanish regulatory systems. Therefore, working more flexible working hours, especially in this work regime, exposes workers to longer working hours and connectivity and, therefore, greater physical, psychological and social risks, now the basis of personality rights. The relevance of the topic is evidenced by the need to disseminate protection mechanisms for the core of fundamental rights. In this context, it is important to highlight the social function of the company, which must provide employees with well-being, as they are the basis of the production system. To this end, through exploratory and hypothetical-deductive methodology, with a qualitative approach, the research investigated the legislation of the aforementioned countries on the subject and sought to identify to what extent the Spanish normative provision can improve the Brazilian legal system on the subject of protection of strenuous journeys, ensuring their dignity. As a result, it was identified that Spanish legislation presents express mechanisms of greater protection for this type of service provision, and It can be concluded that the Brazilian legislative system needs greater affection for the subject for the subject, by analyzing foreign standards, comparing them, and, therefore, guaranteeing personality rights to those who contribute with their workforce under the teleworking regime.

**Keywords:** Teleworking; Right to disconnect; Personality rights; Brazil; Spain.

## Introdução

É urgente dar mais segurança aos trabalhadores, fortalecendo os direitos trabalhistas para evitar um futuro de maiores desigualdades e riscos sociais. Inicialmente, o estudo proposto parte de indagações de quais seriam os impactos das novas formas de prestação de serviços, diga-se teletrabalho, nos direitos da personalidade? Quais direitos necessitam ser preservados? E mais, por que se falar em direito à desconexão digital?

Na modalidade de prestação de serviços em regime de teletrabalho, constata-se os impactos nos direitos da personalidade e, portanto, a relevância na contemporaneidade de disseminar mecanismos de proteção ao núcleo dos direitos fundamentais. Destarte, os direitos da personalidade são aqueles inerentes ao ser humano na completude física, moral e psíquica e, assim, essenciais e inerentes à condição humana.

Desse modo, a realização de jornadas mais flexíveis, especialmente em regime de teletrabalho, expõe os trabalhadores a uma maior conectividade e, portanto, maiores riscos físicos, psíquicos e sociais, ora base dos direitos da personalidade.

Nesse sentido, surge com as novas tecnologias e formas de prestação de serviços em teletrabalho uma maior vulnerabilidade dos direitos da personalidade e, nos limites do presente estudo, surgem desafios da efetivação do direito a desconexão.

Em razão disso, em uma análise normativa do Brasil e Espanha, busca-se investigar as legislações sobre o tema, comparando-as, para identificar as oportunidades de melhoria no ordenamento jurídico brasileiro, situação a qual, pode impactar os direitos da personalidade e afetar o núcleo essencial do ser humano, isto é, sua dignidade.

A importância do direito à desconexão é atribuir valor aos direitos da personalidade com o bem-estar físico e psíquico do trabalhador e, nessa perspectiva, no presente ano, com esteio no direito espanhol, foi proposto um estudo com sugestões de atualização de Normas Regulamentadoras (NRs) ao Ministério do Trabalho e Emprego pelo Grupo de Pesquisa e Extensão "Meio Ambiente do Trabalho" (GPMAT-USP), vinculado à Universidade de São Paulo pelo convênio firmado entre o Núcleo da Faculdade de Direito da USP, a Justiça do Trabalho, por intermédio do Programa Trabalho Seguro (PTS), e o Ministério Público do Trabalho (MPT).

A Lei espanhola n. 10/2021, impulsionada pela crise sanitária da Covid-19, disciplinou o trabalho a distância, com 40 regras, sendo 22 artigos específicos, oito disposições adicionais, quatro disposições transitórias e 14 disposições finais.

Nesse ponto, observa-se que a legislação espanhola apresenta maior regulação sobre o tema em comparação com as Leis brasileiras, tanto a de número 13.467/17, quanto a de número 14.442/22, com sanção após a crise sanitária. Portanto, com experimentação de toda a fase da crise sanitária, são desidiosas com aspectos básicos da modalidade de prestação de serviços em regime de teletrabalho, no tocante ao tema proposto de estudo, ou seja, proteção dos direitos a personalidade e da importância do direito à desconexão.

Convém, portanto, apresentar uma reflexão da importância do direito à desconexão ao empregado em regime de teletrabalho com objetivo de garantir os direitos da personalidade. Em síntese, o trabalho será desenvolvido, inicialmente, discorrendo acerca dos direitos da personalidade e as necessidades humanas e, posteriormente, a forma de prestação de serviços pelo teletrabalho e a efetividade do direito à desconexão.

## 1. Os direitos da personalidade e as necessidades humanas

O conceito dos direitos da personalidade considera-se como aqueles que nascem como mecanismos de defesa de valores inatos ao homem, como a vida, higidez física, intimidade, honra, intelectualidade, entre outros direitos reconhecidos à pessoa humana, tomada em si mesma e em sua projeção com a sociedade[1].

---

(1) BITTAR, Carlos Alberto. *Os direitos da personalidade*. 5. ed. Rio de Janeiro: Forense Universitária, 2001.

Assim, são direitos subjetivos que visam a salvaguardar perspectivas do "ser humano, no aspecto biológico, como a vida, integridade física, saúde, necessidades vitais, etc.; morais — integridade moral, identidade, nome, imagem, intimidade, etc.; e sociais — família, bom nome, reputação, respeito"(2).

Destarte, há o Enunciado 274 da Jornada de Direito Civil, que assim dispõe: "Os direitos da personalidade, regulados de maneira não exaustiva pelo Código Civil, são expressões da cláusula geral de cautela da pessoa humana, contida no art. 1º, III, da Constituição Federal"(3).

Nessa linha, observar-se que, nos limites do objeto do presente estudo, quanto à jornada de trabalho na prestação de serviços em regime de teletrabalho os aspectos biológicos, morais e sociais do empregado são altamente influenciados.

Em viés da psicologia proposta pelo americano Abraham H. Maslow, a ideia central de cada ser humano está enraizada na satisfação das necessidades pessoais e profissionais. Portanto, apresentando um esquema hierárquico, ou seja, pontuando que cada ser humano deve atender primeiramente as necessidades mais baixas e escalar até chegar à sua realização.

Nesse aspecto, há a pirâmide destacada pela hierarquia de necessidades de Maslow e a explicação de cada uma delas em viés trabalhista(4):

> **1. Necessidades fisiológicas:** São aquelas que se relacionam com o ser humano como ser biológico. São as mais importantes: necessidades de manter-se vivo, de respirar, de comer, de descansar, beber, dormir, ter relações sexuais, etc. **No trabalho: Necessidade de horários flexíveis, conforto físico, intervalos de trabalho etc.**
>
> **2. Necessidades de segurança:** São aquelas que estão vinculadas com as necessidades de sentir-se seguros: sem perigo, em ordem, com segurança, de conservar o emprego etc. No trabalho: emprego estável, plano de saúde, seguro de vida etc. **No trabalho: Necessidade de estabilidade no emprego, boa remuneração, condições seguras de trabalho etc.**
>
> **3. Necessidades sociais:** São necessidades de manter relações humanas com harmonia: faz relação direta com nossos vínculos sociais, amizades, família, amor e demais ambientes de sociabilidade e pertencimento. **No trabalho: Necessidade de conquistar amizades, manter boas relações, ter superiores gentis etc.**

---

(2) VIDALETTI, Leiliane Piovesani; BONOTTO, Ana Carolina Garcia. DIREITOS DA PERSONALIDADE SOB A PERSPECTIVA DO DIREITO DO TRABALHO. *Revista de Direito Fundamentais nas Relações do Trabalho, Sociais e Empresariais*, 2016.

(3) BRASIL. CONSELHO DA JUSTIÇA FEDERAL. *Enunciado 274.*

(4) A hierarquia de necessidades de Maslow — O que é e como funciona. Disponível em: https://www.gov.br/transportes/pt-br/assuntos/portal-da-estrategia/artigos-gestao-estrategica/a-hierarquia-de-necessidades-de-maslow#. Acesso em: 13 out. 2024, 16h07.

**4. Necessidades de estima:** Existem dois tipos: o reconhecimento das nossas capacidades por nós mesmos e o reconhecimento dos outros da nossa capacidade de adequação. Em geral é a necessidade de sentir-se digno, respeitado por si e pelos outros, com prestígio e reconhecimento, poder, orgulho etc. Incluem-se também as necessidades de auto-estima. **No trabalho: Responsabilidade pelos resultados, reconhecimento por todos, promoções ao longo da carreira, *feedback* etc.**

**5. Necessidades de auto-realização:** Também conhecidas como necessidades de crescimento. Incluem a realização, aproveitar todo o potencial próprio, ser aquilo que se pode ser, fazer o que a pessoa gosta e é capaz de conseguir. Relaciona-se com as necessidades de estima: a autonomia, a independência e o auto controle. **No trabalho: Desafios no trabalho, necessidade de influenciar nas decisões, autonomia etc**. [grifos nossos]

Pois bem, em uma análise com os direitos da personalidade destacados, a hierarquia de necessidades de Maslow pode ser aplicada de forma associativa a prestação de serviços em teletrabalho e especialmente a jornada de trabalho, vejamos.

O empregado em regime de prestação de serviços pelo teletrabalho tem necessidades fisiológicas, as quais merecem destaque, visto que o controle do tempo de trabalho é transferido ao empregado, portanto, ter horários destinados a intervalos para sua recuperação física e psíquica é essencial a manutenção da vida. A atenção é colocada ao direito à desconexão, ora objeto de estudo.

Nesse ínterim, outra necessidade do empregado é ter condições seguras de trabalho, podendo, inclusive, o empregador fornecer mecanismos de conscientização acerca dos riscos psíquicos e físicos dessa modalidade de prestação de serviços.

É crucial as necessidades sociais desse empregado, o qual é afastado da convivência com os pares de trabalho. Portanto, com o objetivo de resguardar sua sanidade mental, deve haver o incentivo de manter vínculos com as demais pessoas, incentivando momentos de desconexão, os quais contribuem para uma maior criatividade. Haverá, também, as necessidades de estima ou de se sentir digno com o reconhecimento acerca do trabalho desenvolvido e a auto realização de ser aquilo que se pode ser.

Na contemporaneidade, observa-se as discussões acerca da gestão psicossocial, ou seja, um método com objetivo de tutelar a saúde mental, mas também emocional dos trabalhadores e, portanto, na criação de um ambiente de trabalho seguro, a qual pode ter apoio na hierarquia destacada.

Ora o direito ao meio ambiente do trabalho equilibrado é um direito constitucional, nos termos do *caput* art. 225 da Constituição Federal Brasileira, *in verbis*: "Todos têm direito ao meio ambiente ecologicamente equilibrado, bem de uso comum do povo e essencial à sadia qualidade de vida, impondo-se ao Poder Público e à coletividade o dever de defendê-lo e preservá-lo para as presentes e futuras gerações". É o destaque da desconexão na contemporaneidade.

Destarte, as necessidades de cada ser humano estão nitidamente interligadas na forma como o seu trabalho é desenvolvido e, no objeto do presente estudo, como as necessidades de cada empregado está sendo observada no teletrabalho e no tocante a jornada de trabalho realizada e o direito à desconexão.

## 2. O teletrabalho e a efetividade do direito à desconexão

O art. 75-B da CLT assim conceitua o teletrabalho: considera-se teletrabalho ou trabalho remoto a prestação de serviços fora das dependências do empregador, de maneira preponderante ou não, com a utilização de tecnologias de informação e de comunicação, que, por sua natureza, não configure trabalho externo(5).

Portanto, o direito à desconexão ganha realce nessa modalidade de prestação de serviços, bem como nas discussões de efetividade na legislação brasileira, visto que, após a pandemia da Covid-19, a forma de prestação de serviços pelo teletrabalho foi impulsionada. Importante apresentar o levantamento quanto ao aumento de horas de trabalho em trabalhadores no regime de prestação de serviços em teletrabalho:

De acordo com o levantamento, 73% das pessoas estão satisfeitas com o trabalho de casa. [...] Para completar, 81% dos entrevistados afirmaram que a produtividade, trabalhando de casa, é maior ou igual à da atividade presencial. **Apesar das avaliações positivas, muitos funcionários dizem estar trabalhando mais horas de casa do que se estivessem no escritório. Com a economia de tempo do deslocamento, muitos funcionários dizem estar trabalhando mais horas de casa do que se estivessem no escritório. Com a economia de tempo do deslocamento, muitos acabam começando a trabalhar mais cedo — e se desligando mais tarde. Dos entrevistados pelas instituições de ensino, 45% estão trabalhando acima de 45 horas. Desse número, 23% afirmam que trabalham entre 49 e 70 horas por semana, enquanto 6% falaram em volume de 70 horas semanais.** A legislação trabalhista estabelece, salvo casos especiais, que a jornada convencional de trabalho seja de 44 horas semanais. "É um dado impressionante e que pode interferir bastante na questão da saúde mental das pessoas. Eu mesmo estou trabalhando mais horas do que antes", diz Fischer. "Por estarem conectados o tempo inteiro, muitos acabam trabalhando também o dia inteiro.(6) [grifos nossos]

---

(5) BRASIL. *Consolidação das Leis do Trabalho.* Disponível em: http://www.planalto.gov.br/ccivil_03/decreto-lei/Del5452.htm. Acesso em: 10 nov. 2024.

(6) JANKAVSKI, André. *Brasileiros querem manter* home office, *mas temem excesso de trabalho, diz estudo.* Disponível em: https://www.cnnbrasil.com.br/business/maioria-aprova-o-home-office-mas-ha-preocupacao-com-excesso-de-trabalho/. Acesso em: 17 jun. 2022.

Há de se analisar que, na forma de prestação de serviços em teletrabalho, é atribuída ao empregado o controle do tempo, o qual, muitas vezes é refletido com jornadas extensas. Cumulativamente, há também a existência de ausência inerente dos órgãos de fiscalização nas residências do empregado, distanciamento do empregado das organizações sindicais e ausência do um convívio no ambiente laboral.

O ponto em comento remete aos direitos da personalidade acima descrito, visto que pode ser atingido o ser humano em seu aspecto biológico, como a vida, integridade física, saúde, necessidades vitais, entre outros; morais — integridade moral, identidade, nome, imagem, intimidade, entre outros; e sociais — família, bom nome, reputação, respeito.

No livro "A corrosão do caráter. O desaparecimento das virtudes com o novo capitalismo", o autor apresenta a necessidade de apresentar novas maneiras de organizar o tempo, sobretudo, o do trabalho. Além do mais, o autor destaca que um dos motivos de superficialidade degradante é a desorganização do tempo(7).

Nessa direção, Souto Maior(8) destaca a relevância da tecnologia na vida moderna, mas também o direito de não trabalhar como direito do homem. Logo, de forma metafórica, o direito que ele tem de desconectar-se do trabalho. Sobre o tema, o autor apresenta alguns paradoxos:

> [...] A **primeira contradição** está, exatamente, na preocupação com o **não trabalho em um mundo que tem como traço marcante a inquietação com o desemprego**. **A segunda**, diz respeito ao fato de que, como se tem dito por aí à boca pequena, é o avanço tecnológico que está roubando o trabalho do homem, mas, por outro lado, como se verá, é a tecnologia que tem escravizado o homem ao trabalho. Em **terceiro plano**, em termos das contradições, releva notar que se **a tecnologia proporciona ao homem uma possibilidade quase infinita de se informar e de estar atualizado com seu tempo, de outro lado, é esta mesma tecnologia que, também, escraviza o homem aos meios de informação**, vez que o prazer da informação transforma-se em uma necessidade de se manter informado, para não perder espaço no mercado de trabalho. E, por fim, ainda no que tange às contradições que o tema sugere, importante recordar que o trabalho, **no prisma da filosofia moderna, e conforme reconhecem vários ordenamentos jurídicos, dignifica o homem,**

(7) SENNETT, Richard. *A corrosão do caráter.* O desaparecimento das virtudes com o novo capitalismo. 2012.

(8) SOUTO MAIOR, Jorge Luiz. *Do direito à desconexão do trabalho*. Disponível em: https://www.studocu.com/pt-br/document/centro-universitario-autonomo-do-brasil/direito-do-trabalho/souto-maior-jorge-luiz-do-direito-a-desconexao-do-trabalho/9331970. Acesso em: 25 maio 24.

> **mas sob outro ângulo, é o trabalho que retira esta dignidade do homem, impondo-lhe limites enquanto pessoa na medida em que avança sobre a sua intimidade e a sua vida privada.**(9) [grifos nossos]

Aqui, destacam-se as NRs que são editadas pelo Ministério do Trabalho e Emprego (MTE), desde o ano de 1978, com proposito de definir parâmetros normativos mínimos para a proteção da saúde e da segurança de trabalhadores em diversos ramos da economia.

No presente ano de 2024, foi apresentado um estudo com sugestões de atualização de NRs ao Ministério do Trabalho e Emprego pelo Grupo de Pesquisa e Extensão “Meio Ambiente do Trabalho” (GPMAT-USP), vinculado à Universidade de São Paulo, pelo convênio firmado entre o Núcleo da Faculdade de Direito da USP, a Justiça do Trabalho, por intermédio do Programa Trabalho Seguro (PTS), e o Ministério Público do Trabalho (MPT). Inclusive, a proposta ganhou destaque, sendo matéria na página eletrônica do Tribunal Superior do Trabalho(10).

Quanto ao proposto para alterar a NR-17, ele teve o objetivo de apresentar efetividade ao direito à desconexão, inserindo novos itens para tratar do trabalho realizado em domicílio em *home office*. Ganhou destaque, também, os aspectos psicossociais, ergonômicos, organizacionais e aqueles relacionados a gestão de relações interpessoais do trabalho, que possam comprometer a segurança e a saúde do trabalhador.

A proposta tratou também, entre outros aspectos, das garantias de períodos de desconexão aos trabalhadores em trabalhos desenvolvidos de forma remota, com avaliação psicossocial obrigatória. Nela, constou que, aos trabalhadores em trabalhos desenvolvidos de forma remota, é obrigatória a implementação de períodos de desconexão a serem implementados em sistemas de gerenciamento dos riscos e, expressamente, introduzidos em contrato de trabalho, convenção ou acordo coletivos.

No que se refere à análise de normas estrangeiras, principalmente da Lei espanhola n. 10/2021, utilizada como esteio para o projeto-piloto de pesquisa teórico-empírica e de desenvolvimento legislativo (lato sensu) quanto à NR-17, observa-se que a legislação brasileira é precária no tocante a efetividade do direito à desconexão digital, a qual espera que seja aprimorada.

Assim, surge a necessidade de alterações legislativas, com novas previsões legais, capazes de instituir a garantia do direito à desconexão como um elemento necessário dos programas de gerenciamento de riscos das empresas.

---

(9) SOUTO MAIOR, Jorge Luiz. *Do direito à desconexão do trabalho*. Disponível em: https://www.studocu.com/pt-br/document/centro-universitario-autonomo-do-brasil/direito-do-trabalho/souto-maior-jorge-luiz-do-direito-a-desconexao-do-trabalho/9331970. Acesso em: 25 maio 24.

(10) BRASIL. TST. *Justiça do Trabalho entrega estudo com sugestões de atualização de NRs ao Ministério do Trabalho e Emprego*. 2024.

## 3. Conclusão

A lei espanhola prevê especificadamente acerca do direito à desconexão digital, em seu art. 18, atribuindo um dever patronal e uma garantia do empregado à limitação da utilização das ferramentas tecnológicas e, consequentemente, fortalece o cumprimento da duração máxima da jornada.

A análise dessa norma, comparando-a com a brasileira, constata-se que é preciso garantir àqueles que contribuem com sua força de trabalho no regime de teletrabalho o direito à desconexão, pois ampara os direitos da personalidade. Portanto, a legislação pátria necessita aprimorar sua previsão para que contribua para efetivação do direito de se desconectar.

É imperiosa a avaliação das figuras protetivas do Direito do Trabalho e os direitos da personalidade, em consonância com a celeridade das evoluções tecnológicas disruptivas. Elas garantem equilíbrio nas relações de emprego e, certamente, o direito à desconexão tem proeminência nessa indagação com objetivo de proteger o núcleo dos direitos mínimos.

Por fim, a observância da frase consagrada do jurista francês Georges Ripert é de notório realce: "Quando o Direito ignora a realidade, a realidade se vinga, ignorando o Direito". Portanto, analisar e enfatizar a valia da garantida à saúde e a segurança no ambiente de trabalho é, consequentemente, priorizar os direitos da personalidade.

## Referências

BITTAR, Carlos Alberto. *Os direitos da personalidade.* 5. ed. Rio de Janeiro: Forense Universitária. 2001.

BRASIL. *Código Penal.* Disponível em: http://ww w.planalto.gov.br/ccivil_03/decreto-lei/Del2848compilado.htm. Acesso em: 10 ago. 2024.

BRASIL. *Consolidação das Leis do Trabalho.* Disponível em: http://www.planalto.gov.br/ccivil_03/decreto-lei/Del5452.htm. Acesso em: 10 nov. 2024.

BRASIL. CONSELHO DA JUSTIÇA FEDERAL. *Enunciado 274.*

BRASIL. *Medida Provisória n. 927/20.* Disponível em: http://www.planalto.gov.br/ccivil_03/_ato2019-2022/2020/mpv/mpv927.htm. Acesso em: 16 abr. 2024.

BRASIL. *Constituição Federativa da República do Brasil.* Disponível em: http://www.planalto.gov.br/ccivil_03/constituicao/cons tituicao.htm. Acesso em: 10 ago. 2024.

BRASIL. *NR-17* — ERGONOMIA. Disponível em: https://www.gov.br/trabalho-e-emprego/pt-br/acesso-a-informacao/participacao-social/conselhos-e-orgaos-colegiados/comissao-tripartite-partitaria-permanente/arquivos/normas-regulamentadoras/nr-17-atualizada-2022.pdf. Acesso em: 21 jul. 2024.

BRASIL. *Declaração Universal dos Direitos Humanos.* Disponível em: https://www.unicef.org/brazil/declaracao-universal-dos-direitos-humanos. Acesso em: 27 jul. 2024.

BRASIL. A hierarquia de necessidades de Maslow — O que é e como funciona. Disponível em: https://www.gov.br/transportes/pt-br/assuntos/portal-da-estrategia/artigos-gestao-estrategica/a-hierarquia-de-necessidades-de-maslow#. Acesso em: 13 out. 24, 16h07.

BRASIL. Ministério da Economia. *Portaria n. 20, de 18 de junho de 2020.* Disponível em: https://www.in.gov.br/en/web/dou/-/portaria-conjunta-n-20-de-18-de-junho-de-2020-262408085. Acesso em: 17 jun. 2022.

BRASIL. TST. *Justiça do Trabalho entrega estudo com sugestões de atualização de NRs ao Ministério do Trabalho e Emprego.* Disponível em: https://www.tst.jus.br/en/-/justi%C3%A7a-do-trabalho-entrega-estudo-com-sugest%C3%B5es-de-atualiza%C3%A7%C3%A3o-de-nrs-ao-minist%C3%A9rio-do-trabalho-e-emprego. Acesso em: 19 out. 2024, 12h04.

BRASIL. CJT. *Projeto-Piloto de Pesquisa Teórico-Empírica e de Desenvolvimento Legislativo* (lato sensu). Disponível em: https://www.csjt.jus.br/documents/955023/0/2024.06.18-Proposta+Final+-VCompleta.pdf/7b717023-4947-e81c-d4db-3da51f929112?t=1729011186096. Acesso em: 19 out. 2024, 12h04.

BUENO, Letiane Corrêa. *A escravidão contemporânea e digital do empregado em regime de teletrabalho.* Universidade de São Paulo. Faculdade de Direito de Ribeirão Preto. 2018.

BUENO, Letiane Corrêa. *Trabalhadores fazenda Brasil Verde:* Trabalho escravo contemporâneo com ênfase nas flexibilizações de direitos introduzidas pela Lei n. 13467/17 (reforma trabalhista) e Portaria n. 1.129/17 do Ministério do Trabalho. Reforma trabalhista e seus impactos. São Paulo: JusPodivm, 2018.

BUENO, Letiane Corrêa. Avanço ou retrocesso: invisibilidade do descontrole? O distanciamento atual das regras da duração da jornada e condições de trabalho. *Jota.* Disponível em: https://www.jota.info/opiniao-e-analise/artigos/avanco-ou-retrocesso-invisibilidade-do-descontrole-08122019. Acesso em: 16 mar. 2024.

CHIARELLA, J. R. *A influência das gerações Y e Z no teletrabalho.* 1. ed. São Paulo: A4 Ideias, 2017.

DELGADO. Mauricio Godinho. *Curso de Direito do Trabalho.* São Paulo. LTr. 2019.

ESPANHA. *Ley 10/2021, de 9 de julio, de trabajo a distância.* Disponível em: https://www.boe.es/eli/es/l/2021/07/09/10/dof/spa/pdf. Acesso em: 16 mar. 2024.

Forbes. *Espanha oferece pagar empresas que testarem semana de trabalho de 4 dias.* Disponível em: https://forbes.com.br/carreira/2023/04/espanha-oferece-pagar-empresas-que-testarem-semana-de-trabalho-de-4-dias/. Acesso em: 16 mar. 2024.

HAN, Byung-Chul. *Sociedade do Cansaço.* São Paulo: Vozes. 2023.

JANKAVSKI, André. Brasileiros querem manter *home office*, mas temem excesso de trabalho, diz estudo. *CNN Brasil.* Disponível em: https://www.cnnbrasil.com.br/business/maioria-aprova-o-home-office-mas-ha-preocupacao-com-excesso-de-trabalho/. Acesso em: 17 jun. 2022.

KROST, Oscar. Trindade, Rodrigo. *Teletrabalho na Espanha:* redescobrindo a América. 2021. Disponível em: https://amatra12.org.br/teletrabalho-na-espanha-redescobrindo-a-america-2/. Acesso em: 16 mar. 2024.

Mundo sindical. *Espanha anuncia que reduzirá jornada de trabalho para 37,5 horas semanais.* Disponível em: https://www.mundosindical.com.br/Noticias/58022,Espanha-anuncia-que-reduzira-jornada-de-trabalho-para-37-5-horas-semanais. Acesso em: 17 mar. 2024.

RAMOS, Letiane Corrêa Bueno Nogueira. Jornada de trabalho: uma análise da escravidão contemporânea e digital do empregado em regime de teletrabalho. *Revista do Tribunal Regional do Trabalho da 15ª Região*, Campinas/SP, n. 61, 2022, p. 249.

RAMOS, Letiane Corrêa Bueno Nogueira. *Directo a la desconexión digital:* un análisis contemporáneo y digital del régimen de teletrabajo frente al sistema legislativo brasileño y español. 52º Cursos de Especialización en Derecho celebrados en Salamanca del 15 al 31 de enero de 2024. Fundación General de la Universidad de Salamanca. 2024.

SOUTO MAIOR, Jorge Luiz. *Do direito à desconexão do trabalho.* Disponível em: https://www.studocu.com/pt-br/document/centro-universitario-autonomo-do-brasil/direito-do-trabalho/souto-maior-jorge-luiz-do-direito-a-desconexao-do-trabalho/9331970. Acesso em: 25 maio 24.

SENNETT, Richard. *A corrosão do caráter.* O desaparecimento das virtudes com o novo capitalismo. 2012.

VIDALETTI, Leiliane Piovesani. Bonotto, Ana Carolina Garcia. Direitos da personalidade sob a perspectiva do direito do trabalho. *Revista de Direito, Fundamentais nas Relações do Trabalho, Sociais e Empresariais*, 2016.

# A OIT e a Saúde e Segurança no Meio Ambiente Laboral: Brasil e Argentina

## *The ILO and Health and Safety in the Workplace: Brazil and Argentina*

*Ana Paula Castelo Branco Costa*

*Guilherme Guimarães Feliciano*

**Resumo:** A pesquisa tratou de tema relacionado à saúde e segurança no meio ambiente de trabalho/SST. Nesse sentido, justifica-se a investigação em razão do importante acréscimo da SST como quinto princípio e direito fundamental no sistema normativo da OIT. Nesse cenário, o objetivo do estudo foi trazer uma análise crítica da atuação normativa da OIT no Brasil e na Argentina quanto ao tema da proteção da SST. Para alcançar esse intuito, a metodologia utilizada foi a pesquisa bibliográfica e documental sobre as convenções da OIT e dois indicativos de coletas de dados: o observatório de SST no Brasil e o observatório de riscos do trabalho na Argentina. Em sendo assim, o resultado a que se chegou foi o de que houve significativa atuação normativa da OIT em ambos os países, os dados encontrados constituem importantes iniciativas nessa temática para a elaboração e execução de políticas públicas voltadas à SST.

**Palavras-chave:** Saúde; Segurança; OIT; Brasil; Argentina.

**Abstract:** The research dealt with a topic related to health and safety in the work environment/OSH. In this sense, the investigation is justified due to the important addition of OSH as the fifth principle and fundamental right in the ILO normative system. In this scenario, the objective of the study was to bring a critical analysis of the ILO's normative performance in Brazil and Argentina regarding the theme of OSH protection. To achieve this purpose, the methodology used was the bibliographic and documentary research on the ILO conventions and two data collection indicators: the OSH observatory in Brazil and the observatory of occupational risks in Argentina. Thus, the result reached was that there was significant normative action by the ILO in both countries in relation to OSH, the data found constitute important initiatives in this theme for the elaboration and execution of public policies aimed at OSH.

**Keywords:** Health; Safety; ILO; Brazil; Argentina.

## Introdução

O presente estudo realiza uma breve análise comparativa sobre a saúde e segurança no meio ambiente do trabalho/SST no Brasil e na Argentina, quanto às normas e políticas públicas. O tema escolhido encontra sua justificativa na importância que essas questões estão sendo tratadas em nível mundial, tendo em vista que desde 2022 a OIT acrescentou a SST como seu quinto princípio fundamental. Nesse sentido, tem-se portanto, um assunto relevante e atual, uma vez que o adoecimento dos trabalhadores, inclusive em termos de saúde mental, apresenta-se em curva ascendente, como se analisará na pesquisa mais a frente.

A pesquisa adota a metodologia de revisão bibliográfica parcial da doutrina, com base em dados disponíveis em banco de dados públicos do Brasil e da Argentina. Verifica-se uma temática complexa, pois envolve questões interdisciplinares, além da seara jurídica. Com isso, buscam-se respostas à seguinte problemática: Em que áreas e programas estão sendo implementadas políticas públicas de SST pelo Poder Público em relação ao meio ambiente laboral no Brasil e Argentina? E em sendo assim, inicia-se com posições doutrinárias e legislação com conceitos, a seguir analisados.

## 1. SST e o meio ambiente do trabalho: Conceitos, normas e objetivos

No Brasil, a tutela do meio ambiente laboral está prevista no art.200 da Carta Maior desde 1988[(1)], bem como em leis específicas, decretos, portarias, resoluções e normas regulamentadoras oriundas do Poder Executivo, e programas de SST nas empresas.

Essas normas são complementares ao Capítulo V (Da Segurança e da Medicina do Trabalho) do Título II da Consolidação das Leis do Trabalho/CLT, com redação dada pela Lei n. 6.514, de 22 de dezembro de 1972.

Na Argentina, a proteção ao meio ambiente está prevista na Constituição da Nação no art. 41[(2)]. Na Carta Maior argentina não existe norma sobre o meio ambiente do

(1) Art. 200 da Constituição Federal. Ao sistema único de saúde compete, além de outras atribuições, nos termos da lei (...) VIII – colaborar na proteção do meio ambiente, nele compreendido o do trabalho.

(2) Art. 41 de la Constitución Nacional. Todos los habitantes gozan del derecho a un ambiente sano, equilibrado, apto para el desarrollo humano y para que las actividades productivas satisfagan las necesidades presentes sin comprometer las de las generaciones futuras; y tienen el deber de preservarlo. El daño ambiental generará prioritariamente la obligación de recomponer, según lo establezca la ley. Las autoridades proveerán a la protección de este derecho, a la utilización racional de los recursos naturales, a la preservación del patrimonio

trabalho. Existem várias normas infraconstitucionais que tratam da SST. Algumas das principais incluem: 1. Lei do Contrato de Trabalho/LCT n. 20.744/1974 que rege a relação entre empregadores e empregados, delineando os direitos e obrigações de ambos; protege os funcionários de demissões injustas, estabelecendo um período de aviso prévio e direitos a indenização em caso de demissão injustificada; 2. Lei de Higiene e Segurança no Trabalho n. 19.587/1972 que estabelece as condições de higiene e segurança que devem ser cumpridas em todas as atividades no território argentino, regulamentada pelo Decreto n. 351/1979; 3. Lei de Riscos do Trabalho n. 24.557/1995 que visa reduzir a sinistralidade laboral mediante prevenção dos riscos derivados do trabalho e reparar os danos causados por acidentes de trabalho e doenças profissionais; 4. Resolução SRT n. 230/2003 que obriga os empregadores a denunciar todos os acidentes de trabalho e doenças profissionais; 5. Resolução SRT 299/2011 que estabelece regulamentações para a provisão de equipamentos de proteção pessoal confiáveis aos trabalhadores. Por ora, verifica-se que todas estão em vigor, uma vez que a reforma laboral proposta pelo Presidente Milei foi derrubada pela Justiça.

Nesse contexto, na doutrina, Oliveira (2001, p. 28), em análise ampla sobre o conceito, ensina que:

> o ambiente de trabalho, não é só o ambiente físico, mas todo o complexo de relações humanas na empresa, a forma de organização do trabalho, sua duração, os ritmos, os turnos, os critérios de remuneração, as possibilidades de progresso, a satisfação dos trabalhadores etc.

Dito de outra maneira, além do aspecto físico envolvem-se fatores psicossociais, mais a frente estudados. A seguir, estuda-se as Convenções da OIT.

### *1.1. SST nas Convenções da OIT*

A OIT apresenta várias convenções que tratam da SST no meio ambiente de trabalho, elas são fundamentais para garantir um ambiente de trabalho seguro e saudável, promovendo a proteção dos trabalhadores em diversos setores, selecionam-se duas das principais convenções: a Convenção n. 155, que estabelece um quadro para a promoção de uma política nacional coerente em matéria de SST e a Convenção n. 187, que trata do quadro promocional para a SST no trabalho, incentiva a sua melhoria contínua através de um sistema nacional de gestão.

O Brasil ratificou a Convenção n. 155 e não ratificou a 187. A Argentina ratificou as duas Convenções.

---

natural y cultural y de la diversidad biológica, y a la información y educación ambientales. Corresponde a la Nación dictar las normas que contengan los presupuestos mínimos de protección, y a las provincias, las necesarias para complementarlas, sin que aquéllas alteren las jurisdicciones locales.

### *1.2. SST como quinto princípio e direito fundamental da OIT*

A Declaração sobre os Princípios e Direitos Fundamentais no Trabalho de 1998 traz obrigações para todos os Estados-Parte, independentemente da ratificação das convenções da OIT. Em 2022, quase 25 anos depois, na 110ª Conferência Internacional da OIT foi acrescentado à essa Declaração o quinto princípio, que trata do ambiente de trabalho seguro e saudável. Este quinto princípio se aplica a todos os trabalhadores do mundo, formais ou informais, eis que protege o direito à vida saudável no trabalho, com redução de enfermidades e mortes. Em sendo assim, estuda-se em seguida, o conceito de trabalho decente.

### *1.3. Trabalho decente*

A partir dos documentos sobre SST pode-se discutir o conceito de Trabalho Digno. Segundo a OIT ele engloba: oportunidades de trabalho produtivo e de qualidade; liberdade para escolher seu trabalho e direitos trabalhistas respeitados; diálogo social e tripartismo (trabalhadores, empregadores e governo); SST e proteção social, com igualdade de oportunidades. A Estratégia Global da OIT 2024-2030 define um ambiente de trabalho seguro e saudável como um princípio e direito fundamental no trabalho, alinhado com o conceito de Trabalho Digno.

Nessa linha de raciocínio ensina Arantes (2023, p. 74):

> O conceito de Trabalho Decente é definido textualmente pela própria OIT, considerando a abrangência de diversos elementos integrados à proteção social, tais como liberdade, remuneração, segurança no trabalho, inerentes à vida do trabalhador e à de sua família.

Verifica-se e conclui-se, portanto, que SST está intrinsicamente relacionado ao trabalho decente, que para ser implementado necessita de estrutura administrativa, a qual nos dois países membros apresenta diferentes formatos.

## 2. SST e o direito comparado: Estrutura administrativa do Brasil e Argentina

No Brasil, a estrutura administrativa do Poder Executivo Federal quanto a SST envolve principalmente o Ministério da Saúde/MS e o Ministério do Trabalho e Emprego/MTE, que idealmente trabalhariam em conjunto para garantir um ambiente de trabalho seguro e saudável para todos os trabalhadores.

O MS é responsável pela organização e elaboração de planos e políticas públicas voltadas para a promoção, prevenção e assistência à saúde dos brasileiros. Dentro deste ministério, a área de saúde do trabalhador se dedica à promoção e proteção da saúde, além da recuperação e reabilitação daqueles submetidos a riscos e agravos advindos das condições de trabalho.

O MTE, por meio da Secretaria de Inspeção do Trabalho/SIT e do Departamento de Segurança e Saúde do Trabalhador/DSST é responsável pela fiscalização das condições de trabalho e pelo cumprimento das Normas Regulamentadoras de SST. Este ministério tem como objetivo melhorar os locais, processos e ambientes de trabalho para reduzir os acidentes e doenças relacionadas ao trabalho.

A Secretaria de Proteção ao Trabalhador/SPT do MTE tem como objetivo principal garantir a SST, sendo algumas das principais funções e atividades: 1. Fiscalização das Condições de Trabalho: A SPT fiscaliza o cumprimento das NRs e da legislação trabalhista; 2. Combate ao Trabalho Infantil e ao Trabalho Escravo: A SPT organiza operações especiais para combater essas práticas ilegais; 3. Gestão de Benefícios; 4. Coordenação de Fundos: A SPT coordena fundos como o Fundo de Amparo ao Trabalhador e o Fundo de Garantia do Tempo de Serviço; 5. Participação Social: A SPT promove audiências e consultas públicas para envolver a sociedade nas discussões sobre políticas de trabalho e segurança;6. Cadastro Nacional de Empreendimentos Econômicos Solidários (CADSOL): A SPT mantém o CADSOL, que é um registro de empresas solidárias no Brasil. Feita essa breve análise da estrutura brasileira, passa-se ao estudo comparado com a Argentina.

Na Argentina, o Ministério do Trabalho, Emprego e Previdência Social da Nação MTEPSN é um órgão nacional, dependente do Poder Executivo, cuja missão é servir os cidadãos nas áreas de sua competência, ele integra a estrutura administrativa governamental para a formação e execução de políticas públicas de trabalho, ele propõe, projeta, prepara, administra e supervisiona políticas para todas as áreas de trabalho, emprego e relações de trabalho e treinamento profissional.

Nesse cenário, a Superintendência de Riscos Ocupacionais/SRO é um órgão previsto pela Lei n. 24.557 de 13 de setembro de 1995, dependente do MTEPSN. O seu principal objetivo é garantir o efetivo cumprimento do direito à saúde e segurança da população no ambiente laboral. Sendo que, com base nas funções estabelecidas pela lei, concentra sua tarefa em alcançar um trabalho decente, preservando a SST, promovendo uma cultura de prevenção e colaborando com os compromissos do MTEPSN e das Províncias na erradicação do trabalho infantil, na regularização do emprego e no combate ao trabalho não registrado.

As principais funções são: Controlar o cumprimento dos regulamentos de Saúde e Segurança Ocupacional; Supervisionar e fiscalizar o funcionamento das Seguradoras de Riscos Ocupacionais; Garantir a concessão de assistência médica e benefícios monetários em caso de acidentes de trabalho ou doenças profissionais; Promover a prevenção para alcançar ambientes de trabalho saudáveis e seguros; Impor as sanções previstas na

Lei n. 24.557/95; Manter o Cadastro Nacional de Incapacidade para o Trabalho no qual são registrados os dados de identificação da vítima e de sua empresa, tempo de infortúnio, benefícios pagos, incapacidades reclamadas, e ainda, elaborar índices de acidentes; Supervisionar as empresas e o cumprimento das normas de Saúde e Segurança Ocupacional previstas pelo MTEPSN.

Nesse diapasão, a SRT adotou as "Diretrizes sobre Sistemas de Gestão de Saúde e Segurança Ocupacional", da Repartição Internacional do Trabalho-OIT através da Resolução n. 103/2005 e por meio da Resolução n. 523/2007 aprovou as "Diretrizes Nacionais para Saúde e Segurança Ocupacional e Sistemas de Gestão". Embora a aplicação do modelo proposto pela OIT não exija certificação, a SRO elaborou um regulamento para o reconhecimento da implementação do sistema da Resolução n. 1.629/2007.

Em conclusão, percebe-se que na estrutura administrativa brasileira existem mais órgãos responsáveis pelas demandas relacionadas a SST do que na estrutura administrativa argentina, cujo aparato administrativo apresenta-se mais simples. Após essa análise, passa-se ao estudo das políticas públicas de ambos os países.

## 2.1. Políticas públicas de SST: Brasil e Argentina

Bucci (2006, p.150) conceitua políticas públicas como:

> programas de ação governamental que visam a realização de direitos e a promoção do bem-estar social. Elas são compostas por um conjunto de normas, decisões e medidas operacionais que se entrelaçam para alcançar objetivos específicos.

Nesse contexto, verifica-se que no Brasil e na Argentina existem vários órgão e políticas públicas de SST que visam a melhoria no meio ambiente laboral. Em breve resumo, aqui estão algumas áreas e programas destacados no Brasil:

1. Política Nacional de Saúde do Trabalhador e da Trabalhadora/PNSTT: Instituída pela Portaria n. 1.823, de 23 de agosto de 2012, esta política visa proteger a saúde dos trabalhadores contra riscos de adoecimento e morte decorrentes do trabalho.

2. Normas Regulamentadoras/NRs: Estabelecem requisitos técnicos e legais para garantir a SST em diversas atividades econômicas, o Decreto n. 11.496 de 19 de abril de 2023 dispõe sobre o a Comissão Tripartite Paritária Permanente/CTPP, dentre outros assuntos, cuja Resolução n. 1 de 5 de fevereiro de 2024 estabelece o Regimento das Comissões Nacionais Tripartites Temáticas, que apresenta a competência de acompanhar a implementação de alterações nas NRs de SST.

Em relação a NR-1[3], apesar das atualizações de termos e definições, a atenção da maioria dos gestores se voltou para a inclusão de fatores psicossociais na sua redação, que estabelece diretrizes para o gerenciamento de riscos ocupacionais/GRO, ele deve abranger os riscos que decorrem dos agentes físicos, químicos, biológicos, riscos de acidentes e riscos relacionados aos fatores ergonômicos, incluindo os fatores de risco psicossociais relacionados ao trabalho.

Dito de outra maneira, a partir de 2025, as empresas precisarão, obrigatoriamente, monitorar os riscos psicossociais de todos os seus trabalhadores e grupos hegemônicos, implementando programas de prevenção com o intuito de evitar a ocorrência de doenças ocupacionais associadas ao mal-estar mental, como por exemplo, a síndrome de *Burnout*[4]. Essa inclusão faz parte de um movimento de atualização das práticas em segurança e saúde dos colaboradores, tendo em vista a reafirmação do compromisso das empresas em promover ambientes de trabalho efetivamente saudáveis. Em termos práticos, com programas adequadamente implementados e conduzidos por uma equipe multidisciplinar de profissionais, a redução de absenteísmos pode ser um efeito colateral esperado em algumas empresas.

---

(3) Os riscos psicossociais são um dos temas incluídos na Norma Regulamentadora n. 1 (NR-1), que passou a ser regulamentada pela Portaria MTE n. 1.419/2024. A NR-1 exige que as empresas gerenciem os riscos psicossociais no ambiente de trabalho, como parte do processo de identificação, avaliação e controle de riscos ocupacionais. Os riscos psicossociais são elementos que podem afetar a saúde física, psicológica ou social dos trabalhadores, e podem ser causados por fatores como:

- Assédio moral ou sexual
- Sobrecarga de trabalho
- Pressão
- Insegurança no emprego
- Condições de trabalho inadequadas
- Falta de reconhecimento
- Comunicação ineficaz
- Falta de apoio da chefia e colegas
- Falta de participação nas tomadas de decisões

As empresas devem incluir parâmetros psicossociais em seus relatórios de gerenciamento de riscos, que são entregues periodicamente ao governo.

A NR-1 entrará em vigor em 26 de maio de 2025. As empresas que não se adequarem à norma podem sofrer penalidades, como embargo ou interdição parcial ou total das atividades.

(4) Desde janeiro de 2022, a doença passou a ter nova classificação, antes disso, em 2019 ela estava apenas incluída na 11ª Revisão da Classificação Internacional de doenças. Para a Organização Pan-Americana da Saúde/OPAS, a definição de *Burnout*/CID 11 é: *Burnout* é uma síndrome conceituada como resultante do estresse crônico no local de trabalho que não foi gerenciado com sucesso. Ela é caracterizada por três dimensões: sentimentos de exaustão ou esgotamento de energia; aumento do distanciamento mental do próprio trabalho, ou sentimentos de negativismo ou cinismo relacionados ao próprio trabalho; e redução da eficácia profissional. Pesquisas apontam o crescimento do adoecimento dos teletrabalhadores, dentre elas a realizada pela LHH, do Grupo Adecco, empresa suíça de recursos humanos que atua em 60 países. Os dados revelaram que 38% dos entrevistados afirmaram ter sofrido com a Síndrome de *Burnout* ao longo de 2021.

3. Programa de Controle Médico de Saúde Ocupacional/PCMSO: Focado na prevenção, rastreamento e diagnóstico precoce dos agravos à saúde relacionados ao trabalho.

4. Certificação para Empresa Promotora de Saúde Mental: Conforme a Lei n. 14.831/2024 está prevista uma honraria a ser dada pelo governo federal para as empresas que adotem critérios de promoção da saúde mental e do bem-estar de seus colaboradores. O certificado será concedido por comissão nomeada pelo governo federal, que será responsável por analisar a conformidade das práticas desenvolvidas pela empresa.

5. Os Centros de Referência em Saúde do Trabalhador (CEREST): eles promovem ações para melhorar as condições de trabalho e a qualidade de vida do trabalhador. Suas atribuições incluem apoiar investigações de maior complexidade, assessorar a realização de convênios de cooperação técnica, subsidiar a formulação de políticas públicas, fortalecer a articulação entre a atenção básica, de média e alta complexidade para identificar e atender acidentes e agravos relacionados ao trabalho, em especial, mas não exclusivamente, aqueles contidos na Lista de Doenças Relacionadas ao Trabalho ou de notificação compulsória Nesta dimensão, são apresentadas, para cada Unidade Federativa, os municípios cobertos e não cobertos pelos Cerests Regionais, bem como algumas informações relevantes para a compreensão do cenário de SST em cada circunscrição.

Na Argentina, são exemplos de políticas públicas voltadas para a SST:

1. Programa Nacional de SST (PRONETS): Visa promover a SST por meio de ações preventivas, educação e capacitação.

2. Programa de Prevenção de Riscos Ambientais (PPRA): Focado na prevenção de riscos ambientais no ambiente de trabalho, inclui ações de monitoramento e controle de agentes nocivos.

3. Programa de Qualificação Profissional (PROQUAL): Oferece cursos de capacitação e qualificação para trabalhadores, visando melhorar suas habilidades e segurança no trabalho.

4. Programa de Saúde Ocupacional (PROSAO): Focado na promoção da saúde ocupacional, este programa inclui ações de prevenção e tratamento de doenças profissionais.

5. Programas Nacionais de Prevenção por Ramos de Atividade (Pro.Na.Pre): Programas específicos para diferentes setores econômicos, com o objetivo de reduzir acidentes de trabalho e doenças ocupacionais.

6. Observatório de Riscos do Trabalho/ORT: Coleta e analisa dados sobre acidentes de trabalho e doenças ocupacionais para desenvolver políticas de prevenção mais eficazes. Essas políticas públicas são implementadas pelo MTESPN, em parceria com outras instituições governamentais e organizações do setor privado.

Conclui-se, portanto, que todas essas políticas públicas são fundamentais para melhorar as condições de trabalho e proteger a saúde dos trabalhadores em ambos os países.

## 2.2. Avanços e desafios em SST

Como avanço em relação ao tema existe a plataforma Observatório de Segurança e Saúde no Trabalho/OSST, ela foi desenvolvida pela iniciativa SmartLab de Trabalho Decente, em colaboração com pesquisadores da Faculdade de Saúde Pública da USP, no âmbito do projeto "Acidente de Trabalho: da Análise Sociotécnica à Construção Social de Mudanças", com iniciativa conjunta do MPT e da OIT Brasil. Ela tem fortalecido a cooperação com organizações governamentais, não governamentais e internacionais que atuam na promoção dessa agenda e que precisam de informações para tomar decisões sobre as ações que desenvolvem. Por meio de Observatórios Digitais, a plataforma beneficia também a comunidade científica, que passa a ter acesso a informações com facilidade sem precedentes para pesquisa. Além disso, o fluxo público de informações para tomada de decisões baseadas em evidências e orientadas para resultados beneficia a sociedade civil em geral.

O OSST fornece estatísticas e indicadores integrados de diversas fontes governamentais, como o INSS e o MS, com dados abertos, facilitando a pesquisa e a compreensão sobre o tema. Essas informações são utilizadas para desenvolver novas iniciativas e aumentar a eficiência de ações já existentes em órgãos governamentais, ONGs, instituições do setor privado e na academia. Exemplo de dados coletados são os números e perfis com frequências de afastamentos do INSS, em 2022 foram afastados 203 mil habitantes, conforme Censo do IBGE. De 2012 a 2022, o Brasil registrou: 6.774.543 notificações de acidentes de trabalho (AEAT/CAT-INSS); 25.492 acidentes de trabalho com mortes (AEAT/CAT-INSS); 2.293.297 afastamentos por acidente de trabalho (AEAT/CAT-INSS) e 2.448.239 notificações de acidentes ao sistema nacional de agravos de notificação (SINAN – MS/SUS).

Nessa linha de raciocínio, ainda há desafios para a coleta de dados, com a integração da perspectiva de gênero em todas as ações de SST, também se faz necessária revisão e atualização da política nacional de SST para refletir as novas realidades do mundo do trabalho, com a proteção de grupos vulneráveis, como trabalhadores migrantes e aqueles em empregos precários.

Outro desafio é a implementação dos comitês mistos de SST, que são instâncias criadas para promover o diálogo e a cooperação entre representantes dos trabalhadores, empregadores e governo na elaboração de políticas e diretrizes relacionadas à SST.

Na Argentina existe o Observatório de SST, ele foi criado para fornecer informação sistemática, atualizada e permanente para o estudo das características, comportamentos, dinâmicas e tendências das condições de emprego, trabalho, saúde e segurança, de forma a apoiar o desenvolvimento de políticas e a tomada de decisão por parte dos atores ligados ao mundo do trabalho para contribuir com os Objetivos de Desenvolvimento Sustentável/ODS e a Agenda 2030 nesta área, de Saúde e Trabalho Decente.

Os seus principais objetivos são: 1. Publicar sistematicamente informações sobre saúde e segurança ocupacional, tanto de interesse nacional quanto internacional; 2. Monitorar periodicamente as condições de trabalho, prevenção e saúde da população trabalhadora argentina, com base em indicadores e resultados de monitoramento; 3. Identificar fatores de risco e problemas emergentes e reemergentes em termos de saúde e segurança no trabalho, favorecendo o desenho de políticas preventivas eficazes; 4. Identificar a população trabalhadora que, de acordo com suas exposições ocupacionais específicas, possui perfis epidemiológicos que a tornam vulnerável; 5. Envolver e conscientizar os atores sociais e lideranças políticas sobre a importância de ter um sistema de informação e análise vinculado à saúde e segurança ocupacional em nível nacional; 6. Fornecer instrumentos que apoiem a concepção, implementação e avaliação de ações e políticas que beneficiem e fortaleçam o Sistema de Riscos Ocupacionais e 7. Facilitar a comparação entre países e regiões com base em indicadores validados internacionalmente.

Para realizar os objetivos são feitas as ações de: 1. Conhecer, divulgar e tornar acessível informação relacionada com a SST no país; 2. Produzir pesquisas nacionais sobre condições de trabalho e saúde e outras pesquisas; 3. Publicar bancos de dados em formatos apropriados e sob licenças de uso que favoreçam sua reutilização, de acordo com a política de transparência de dados; 4. Estudar e analisar a relação entre os resultados dos inquéritos e as estatísticas de acidentes de trabalho; 5. Incentivar a reflexão e o debate sobre as diferentes tendências e características relacionadas com a SST no mundo do trabalho e 6.Colaborar na harmonização de indicadores e estatísticas sobre SST e melhorar sua qualidade.

Verifica-se, portanto, que em ambos os países, os indicadores tratam as informações para subsidiar as políticas públicas de SST.

No intuito de avanços no tema foi firmada a Carta de Intenção entre o MTE do Brasil e o MTEPS da Argentina em 2023, trata-se de um acordo voltado para a cooperação técnica entre os dois países, o documento abrange várias áreas importantes, incluindo: 1. Formação Profissional: Para promover programas de capacitação e treinamento para melhorar as habilidades dos trabalhadores; 2. Trabalho Decente nas Plataformas

Digitais: Para garantir condições de trabalho justas e seguras para trabalhadores de plataformas digitais, como motoristas de aplicativos e entregadores; 3. Emprego Verde: Para incentivar práticas de trabalho que sejam sustentáveis e que contribuam para a preservação do meio ambiente.

Após a assinatura, os próximos passos incluem: a) Desenvolvimento de Planos de Ação: Ambos os órgãos trabalharão juntos para criar planos detalhados que especificam como cada área de cooperação será implementada; b) Formação de Grupos de Trabalho que serão formados grupos de trabalho compostos por especialistas de ambos os países para coordenar e monitorar as atividades; c) Troca de Informações e Boas Práticas. Está previsto um intercâmbio contínuo de informações, experiências e boas práticas entre os dois países, com o início de projetos piloto em áreas específicas para testar e ajustar as estratégias antes de uma implementação mais ampla, com monitoramento e avaliação dos resultados iniciais, fazendo ajustes conforme necessário para garantir que os objetivos da cooperação sejam alcançados. Esses passos são fundamentais para transformar os compromissos da Carta de Intenção em ações concretas que beneficiem os trabalhadores de ambos os países. Os prazos para a implementação das ações descritas no documento podem variar de 3 a 24 meses. Esses prazos são estimativas e podem ser ajustados conforme o progresso das atividades e a colaboração entre os ministérios. A comunicação contínua e a flexibilidade são essenciais para o sucesso da cooperação.

## 3. Conclusão

Conclui-se que garantir um ambiente de trabalho seguro e saudável é um desafio global que exige esforços conjuntos de governos, empregadores e trabalhadores. Conclui-se que o Brasil precisa avançar na ratificação de convenções internacionais e na melhoria dos seus resultados para a implementação de políticas públicas eficazes para garantir a SST.

O relatório da OIT destaca avanços da Argentina na SST nos últimos 20 anos, incluindo a ratificação das Convenções ns.155 e 187, a diminuição consistente nos índices de acidentes de trabalho e o desenvolvimento e execução de uma política nacional de SST e do meio ambiente de trabalho, além da Estratégia Argentina de SST, se faz necessária maior atenção para o combate da informalidade.

A alta taxa de informalidade, tanto na Argentina quanto no Brasil, é um desafio à garantia do Trabalho Digno, pois impede o acesso à SST, proteção social e direitos trabalhistas. O diálogo social, presente em ambos os países, é fundamental para a construção de um ambiente de trabalho justo e digno, com a participação de trabalhadores, empregadores e governo.

Conclui-se que alguns desafios se apresentam para ambos: 1. Trabalho Decente nas Plataformas Digitais com a garantia de condições de trabalho justas e seguras para trabalhadores de plataformas digitais; 2. Emprego Verde para incentivar práticas de trabalho sustentáveis que contribuam para a preservação do meio ambiente.

A 110ª CIT de 2022 trouxe um passo importante na promoção de um ambiente de trabalho seguro e saudável como um direito fundamental para todos, espera-se que os dois países continuem a avançar nessa direção. A SST é um componente crucial do Trabalho Digno para assegurar um ambiente de trabalho seguro e saudável para o bem-estar dos trabalhadores, prevenir acidentes e doenças ocupacionais e promover o desenvolvimento social e econômico. A Argentina e o Brasil, como membros da OIT, demonstram compromisso com a agenda da OIT e em várias áreas e programas estão sendo implementadas políticas públicas de SST pelo Poder Público, sendo que a Estratégia Global da OIT 2024-2030 oferece um roteiro para que ambos os países avancem na promoção do Trabalho Digno por meio da garantia de ambientes de trabalho seguros e saudáveis.

## Referências

ARANTES, Delaíde Alves Miranda. *Trabalho decente*. São Paulo: LTr, 2023.

ARGENTINA. *Constitución Nacional*. Disponível em: https://www.argentina.gob.ar. Acesso em: 10 set. 2024.

ARGENTINA. *Ley 24.557/1995*. Disponível em: https://www.argentina.gob.ar/normativa/nacional/ley-24557-27971/normas-modifican. Acesso em: 16 nov. 2024

ARGENTINA. *SRT*. Disponível em: https://www.argentina.gob.ar/srt/observatorio-srt Acesso em: 10 set. 2024.

BALAZEIRO, Alberto; CONFORTI, Luciana. Meio ambiente do trabalho. Princípio fundamental. *Conjur*. Disponível em: https://www.conjur.com.br/2023-jun-05/opiniao-meio-ambiente-trabalho-principio-fundamental/#:~:text=seguro%20e%20saud%C3%A1vel.-,Diante%20de%20tal%20quadro%2C%20celebra%2Dse%20a%20seguran%C3%A7a%20e%20sa%C3%BAde,de%20adoecimentos%20e%20acidentes%20ocupacionais. Acesso em: 09 set. 2024.

BRASIL. *Carta de Intenção Brasil e Argentina*. Disponível em: https://www.gov.br/trabalho-e-emprego/pt-br/noticias-e-conteudo/2023/junho/ministerios-do-trabalho-do-brasil-e-da-argentina-assinam-carta-de-intencao-em-genebra. Acesso em: 09 set. 2024.

BRASIL. *Constituição Federal*. Disponível em: https://www.planalto.gov.br/ccivil_03/constituicao/constituicao.htm. Acesso em: 09 set. 2024.

BRASIL. *Políticas do MTE*. Disponível em: https://www.gov.br/trabalho-e-emprego/pt-br/assuntos/g20-brasil-2024/politicas-do-mte. Acesso em: 09 set. 2024.24.

BRASIL. *Smartlab* — Observatório de Segurança e Saúde no Trabalho 203 mil habitantes foram afastados em 2022, conforme Censo do IBGE. Disponível em: https://smartlabbr.org/sst?form=MG0AV3. Acesso em: 16 nov. 2024.

BRASIL. *MPT e OIT lançam observatório digital de saúde e segurança do trabalho*. Disponível em: https://brasil.un.org/pt-br/76412-mpt-e-oit-lan%C3%A7am-observat%C3%B3rio-digital-de-sa%C3%BAde-e-seguran%C3%A7a-do-trabalho?form=MG0AV3. Acesso em: 16 nov. 2024.24.

BUCCI, Maria Paula Dallari. *Políticas Públicas em Direito*. Disponível em: https://edisciplinas.usp.br/pluginfile.php/4182322/mod_resource/content/1/BUCCI_Maria_Paula_Dallari._O_conceito_de_politica_publica_em_direito.pdf Acesso em: 09 set. 2024.

CONSULTOR JURÍDICO, 30 jan. 24. Disponível em: https://www.conjur.com.br/2024-jan-30/justica-da-argentina-derruba-reforma-trabalhista-imposta-por-milei/. Acesso em: 09 set. 2024.24.

FELICIANO, Guilherme Guimarães (Org.). *Estudos críticos sobre o marco jurídico do meio ambiente do trabalho*. Campinas: Lacier, 2024.

HURTADO, Sandra Lorena Beltran. *Políticas de saúde do trabalhador no Brasil.* Disponível em: https://www.scielosp.org/article/csc/2022.v27n8/3091-3102/. Acesso em: 12 nov. 2024.

MACHADO, Cristiani Vieira. Políticas de Saúde na Argentina, Brasil e México: Diferentes caminhos, muitos desafios. *Revista da Associação Brasileira de Saúde Coletiva.* Disponível em: http://cienciaesaudecoletiva.com.br/artigos/politicas-de-saude-na-argentina-brasil-e-mexico-diferentes-caminhos-muitos-desafios/16727?id=16727. Acesso em: 12 nov. 2024.

OIT. *110ª CIT de 2022.* Disponível em: https://www.ilo.org/ilo-declaration-fundamental-principles-and-rights-work. Acesso em: 09 set. 2024.

*OIT Argentina.* Disponível em: https://www.ilo.org/sites/default/files/wcmsp5/groups/public/@americas/@ro-lima/@ilo-buenos_aires/documents/publication/wcms_878915.pdf. Acesso em: 09 set. 2024.

OIT. *Convenções.* Disponível em: https://ww2.trt2.jus.br/legislacao/convencoes-da-oit/page. Acesso em: 16 set. 2024.

OIT. *Estratégias 2024-2030.* Disponível em: https://www.ilo.org/sites/default/files/wcmsp5/groups/public/@ed_norm/@relconf/documents/meetingdocument/wcms_899175.pdf. Acesso em: 09 nov. 2024.

*OIT Peru.* Disponível em: https://www.ilo.org/sites/default/files/wcmsp5/groups/public/@americas/@ro-lima/documents/publication/wcms_883467.pdf. Acesso em: 11 set. 2024.

OIT. *Relatório de 22.04.2024.* Garantir a segurança e a saúde no trabalho em um clima em mudança. Disponível em: https://brasil.un.org/pt-br/267131-garantir-seguran%C3%A7a-e-sa%C3%BAde-no-trabalho-em-um-clima-em-mudan%C3%A7a. Acesso em: 16 nov. 2024.

OIT. SST. *Princípio fundamental.* Disponível em: https://www.ilo.org/pt-pt/media/268961/download Acesso em: 09 set. 2024.

OLIVEIRA, Sebastião Geraldo de. *Proteção jurídica à saúde do trabalhador*. São Paulo: LTr, 1998.

OPAS. ORGANIZAÇÃO PAN-AMERICANA DA SAÚDE/OPAS. *CID: Burnout* é um fenômeno ocupacional. Disponível em: https://www.paho.org/pt/noticias/28-5-2019-cid-burnout-e-um-fenomeno-ocupacional. Acesso em: 13 set. 2024.

# Controle de Convencionalidade na Efetivação das Normas Internacionais Ratificadas pelos Países Membros e o Descumprimento Perante a Corte Interamericana de Direitos Humanos com Perspectiva sobre o Trabalho Globalizado Decente

## *Control of Conventionality in the Implementation of International Standards Ratified by Countries and Non-Compliance with the Inter-American Court of Human Rights with a Perspective on Decent Globalized Work*

*Ivani Contini Bramante*

*Michel Borges da Silva*

*Mayara Cayres Borges Silva*

**Resumo:** O presente artigo avalia o manto protetivo imprimido pela Corte Interamericana de Direito Humanos (IDH), conjugando a importância das normas internacionais ratificadas pelos países membros da Organização Internacional do Trabalho (OIT) para a garantia do trabalho decente, à luz do controle da convencionalidade. **Objetivo** – Investigar-se-á o grau de efetividade e de aplicação das normas internacionais sobre o trabalho decente no Brasil com enfoque sobre os direitos irrenunciáveis e fundamentais mínimos civilizatórios em conflito com o quanto positivado na Constituição Federal de 1988. **Métodos** – Para o alcance dos objetivos gerais e específicos, utilizar-se-á a revisão das decisões judiciais, sob o enfoque quantitativo e qualitativo e a efetiva aplicação das normas internacionais do trabalho relacionadas aos direitos humanos, que garantem o acesso à Corte (IDH). **Resultados** – Buscar-se-á demonstrar as consequências da não aplicação das normas internacionais em contraponto à efetividade de punição e o efeito mandamental adequado, diante da soberania de cada país. Notou-se uma repercussão direta emanada da fonte primordial "Pacto de San José da Costa Rica" na precarização das relações laborais atuais. Assim, atrelando a liberdade conquistada mediante lutas e esforços mundiais, observou-se que as formas introduzidas pela alta tecnologia são fontes que merecem ser estudadas. **Conclusões** – Com o fim de resguardar a forma disruptiva perante as novas tendências tecnológicas, constatou-se que as fontes materiais (Leis) e as fontes jurídicas (Decisões judiciais) nacionais estão cada vez mais em desacordo com os padrões internacionais, em especial as normas editadas pela OIT, o que gera, por corolário, o confronto com a constituição e diretrizes firmadas pela Corte (IDH).

**Palavras-chave:** Controle de convencionalidade; Corte Interamericana de Diretos Humanos (IDH); Trabalho decente globalizado; Inconstitucionalidade do art. 611-A da CLT; Normas internacionais.

**Abstract:** The article evaluates the protective mantle imposed by the Inter-American Court of Human Rights (IDH), combining the importance of international standards ratified by the member countries of the International Labor Organization (ILO) to guarantee decent work, in light of the control of conventionality. **Objective** – The degree of effectiveness and application of international standards on decent work in Brazil will be investigated, focusing on the inalienable and fundamental minimum civilizing rights in conflict with what is affirmed in the Federal Constitution of 1988. **Methods** – To achieve the general and specific objectives, the review of judicial decisions will be used, under a quantitative and qualitative approach, and the effective application of international labor standards related to human rights, which guarantee access to the Court (HDI). **Results** – It will seek to demonstrate the consequences of the non-application of international norms in contrast to the effectiveness of punishment and the adequate mandatory effect, in view of the sovereignty of each country. A direct repercussion emanating from the primordial source "Pact of San José de Costa Rica" in the precariousness of current labor relations was noted. Thus, linking the freedom conquered through global struggles and efforts, it was observed that the forms introduced by high technology are sources that deserve to be studied. **Conclusions** – In order to safeguard the disruptive form in the face of new technological trends, it was found that the material sources (Laws) and the legal sources (Judicial Decisions) are increasingly in disagreement with international standards, especially the norms issued by the ILO, which generates, as a corollary, the confrontation with the constitution and guidelines signed by the Court (HDI).

**Keywords:** Control of conventionality; Inter-American Court of Human Rights (IDH); Globalized decent work-international norms; Unconstitutionality of article 611-A of the CLT; Respect for national sovereignty.

## Introdução

O presente artigo trará aspectos relevantes acerca das normas internacionais atrelados aos direitos humanos e decentes do trabalhador, conectando aspectos processuais e jurisprudenciais da Corte interamericana de Direitos Humanos (CIDH).

Decisões e leis internas, mundo afora, sobre o trabalho decente, podem conflitar com normas internacionais que foram produzidas para proteger a classe menos favorecida, historicamente falando. Referidas decisões e leis podem, inclusive, violar preceitos de direitos humanos protegidos pela Corte Interamericana mencionada.

As mudanças sistemáticas da tecnologia e globalização estão gerando atualizações no processo evolutivo 4.0, no qual os aspectos humanos e sociais podem estar cada vez mais distantes da realidade internacional laboral.

É importante mantermos um olhar visionário, porém protetor, ligado diretamente às formas de trabalho decente, estudadas na atualidade. Importante focar nas partículas esquecidas e adormecidas da população trabalhadora, pois processos econômicos globais não podem contrariar direitos naturais existentes, sob pena de tornarmos a humanidade cada vez mais fria e indiferente.

Desta forma, o presente artigo tem como escopo apresentar estudos dos principais órgãos internacionais de proteção, atrelados às constituições de cada país, respeitando-se o marco soberano de cada nação. A ideia central está subordinada ao estudo dos principais pontos transnacionais sobre o regramento que envolve o trabalho decente, com acesso fácil e profundo à Corte (IDH), garantindo-se amplo efeito mandamental no cumprimento das regras de caráter transnacional.

Em resumo, buscar-se-á a interligação das nações vinculadas à Organização Internacional do Trabalho (OIT), como sendo ponto focal para a proteção do trabalho decente, com o intuito de indicar as possíveis punições que os países membros podem enfrentar em caso de violações soberanas das normas internacionais protetivas.

## 1. Conceito-trabalho decente e meio ambiente laboral

Tomando como base o trabalho decente globalizado, mister se faz trazer a conjunção do princípio da dignidade da pessoa humana, norma que norteia e traz como base de todo o ordenamento jurídico o conceito de trabalho decente, traduzido sob nosso entendimento como conceito de seres humanos.

Partindo-se desse prisma, temos que tal ideia deve ser considerada como valor central de toda a ordem jurídica, econômica e social, que deve orientar a atuação do governo, do Legislativo, do Judiciário e de toda soberania.

De forma soberana, o Brasil promulgou a sua Carta Maior em 1988, trazendo como um dos pilares norteadores de todo o sistema constitucional a dignidade humana. Referida norma, ligada aos direitos humanos, além de integrar os fundamentos e objetivos da República (art. 1º CRF8/88), é vinculada com a ordem econômica (art. 170, CRFB/88).

A ordem econômica e a dignidade humana são consagradas como os principais pilares fundamentais responsáveis por trazer a existência e subsistência de todo ser humano vinculado à República do Brasil.

Desta forma, o Direito do Trabalho possui robustez suficiente para ter incidência direta sobre os direitos fundamentais com eficácia vertical e proteção horizontal. Tais direitos trabalhistas, em sua plenitude, não se limitam a direitos constitucionais indicados, mas, de igual forma, senão menos importante, têm como base transnacional os tratados internacionais ratificados pelo Brasil(1), além dos tratados de direitos humanos implicitamente aplicados ao sistema brasileiro.

Introduzido o sistema digno do trabalho no âmbito brasileiro, surge a necessidade de saber o que seria considerado como "Trabalho Decente", tema global e de suma relevância mundial. Em sábias palavras, a Ministra do Tribunal Superior do Trabalho Brasileiro, Delaíde Alves Miranda Arantes(2), define o que seria trabalho decente:

> [...]
>
> O conceito de Trabalho Decente é definido textualmente pela própria OIT, considerando a abrangência de diversos elementos integrados à proteção social, tais como liberdade, remuneração, segurança no trabalho, inerentes à vida do trabalhador e à de sua família.
>
> [...]

A OIT apresentou conceituação sobre o que seria o trabalho decente em nível global:

> O conceito de trabalho digno resume as aspirações do ser humano no domínio profissional e abrange vários elementos: oportunidades para realizar um

(1) DELGADO, Maurício Godinho. Direitos fundamentais na relação de trabalho. *Revista de Direitos e Garantias Fundamentais*, n. 2, p. 11-40, 2007, p. 26. Disponível em: https://sisbib.emnuvens.com.br/direitosegarantias/issue/view/10. Acesso em: 1º jan. 2024.

(2) ARANTES, Delaíde Alves Miranda. *Trabalho Decente:* uma análise na perspectiva dos direitos humanos trabalhistas a partir do padrão decisório do Tribunal Superior do Trabalho. São Paulo: LTr, 2023. p. 74.

> trabalho produtivo com uma remuneração equitativa; segurança no local de trabalho e proteção social para as famílias; melhores perspectivas de desenvolvimento pessoal e integração social; liberdade para expressar as suas preocupações; organização e participação nas decisões que afetam as suas vidas; e igualdade de oportunidades e de tratamento para todas as mulheres e homens.(3)

A referida agenda e definição pela OIT caracterizou um marco no combate à exploração do trabalho humano com as principais pautas (trabalho infantil, trabalha escravo e análogo, discriminação no ambiente laboral), fazendo com que os estados membros possam participar ativamente em suas políticas públicas direcionadas ao bom andamento e desenvolvimento de trabalho digno.

Ainda na esteira dos estudos transnacionais sobre o tema, o maior desafio é esclarecer se o trabalho digno e decente estaria ligado aos direitos humanos e à própria dignidade da pessoa humana. Em 2008, a OIT publicou um documento importante denominado *"Declaração sobre a Justiça Social por uma Globalização Equitativa"*(4) no qual foram reafirmados prismas importantes sobre a pauta do trabalho decente.

A importância do tema é tamanha, que a ONU aprovou sua agenda de 2030, com a pauta sobre o trabalho decente, com alcance do desenvolvimento sustentável ligado aos direitos humanos e dignos do trabalho.

Um dos fatores importantes sobre o tema é a tentativa de mudar padrões historicamente prejudicados, como, por exemplo, as formas de discriminação entre homens e mulheres, ou seja, para que haja igualação dos direitos entre homens e mulheres, a fim de aplicar nos países membros impulsionamentos que tragam a criação de ações afirmativas capazes de imprimir métodos disruptivos históricos, garantindo-se, assim, um olhar horizontal mais digno em matéria de emprego e ocupação entre homens e mulheres.

Sem prejuízos das várias normas internacionais sobre o tema, citamos as Convenções ns. 155 e 187 da OIT, regras sobre ambiente do trabalho mais seguro, priorizando, além de suas extensas preocupações com a medicina e saúde do ambiente do trabalho, o trabalho decente.

Assim, a importância do tema se resume na missão histórica de se promover a oportunidade igualitária para homens e mulheres, ampliando a dignidade humana nas relações trabalhistas em geral, tentando globalizar essa ideia em prol de um mundo melhor.

---

(3) Disponível em: https://www.ilo.org/pt-pt/resource/trabalho-digno. Acesso em: 14 nov. 2024.

(4) OIT. Organização Internacional do Trabalho. *Declaração sobre a Justiça Social por uma Globalização Equitativa.* Disponível em: https://www.oitcinterfor.org/sites/default/files/file_publicacion/declaracao_oit_globalizacao_213.pdf. Acesso em: 14 nov. 2024.

## 2. Importância da Corte Interamericana (CIDH) no Trabalho Decente

*A priori*, destacam-se importantes reflexões sobre o significado dos direitos humanos ligados ao trabalho digno e à vida:

> Direitos humanos são, assim, sempre apostas utópicas na perspectiva de transformar as institucionalidades, resgatando a sua razão de ser que é estar a serviço da vida. Qualquer ordem ou norma que, aplicada concretamente, fere a vida, é uma contradição performativa. E isso ocorre com muito maior intensidade quando as normas são consideradas de forma rigorista e autorreferente, a despeito dos contextos reais da vida [...][(5)].

A miscigenação dos direitos humanos, em suas várias gerações, sempre tendenciou sua eficácia e suas garantias de cumprimento, ou seja, a concretização de tais direitos está posta em dois planos distintos, o primeiro da criação e estudos e o segundo de sua internalização e concretude de aplicação. Para Norberto Bobbio[(6)], o fato de existir muitas pretensões dificulta a sua eficácia mandamental e concretização desses direitos.

Existem vários eixos jurídicos de proteção aos Direitos Humanos, podendo citar-se os principais: i – Declaração Universal dos Direitos Humanos (DUDH), promulgada em 1948; ii – Pacto Internacional dos Direitos Humanos Civis e Políticos (1966); iii – Pacto Internacional dos Direitos Econômicos Sociais e Culturais (1966).

Referidas declarações de proteção aos direitos sociais e humanos formam uma ordem internacional de proteção, com eixos protetivos em nível global, em especial dos países membros e integrantes de principais órgãos, tais como OIT, ONU, CIDH, dentre outros.

Valério de Oliveira Mazzuoli[(7)] destaca os sistemas regionais e os instrumentos protetivos dos países europeus, americanos e africanos, apontando que o sistema mais evoluído é o europeu, pois a formação natural é antecedente aos sistemas protetivos americanos e africanos.

Para Mauricio Godinho Delgado, existem muitos documentos importantes atrelados aos eixos protetivos, dentre eles: i – Declaração Universal dos Direitos Humanos (1948); ii – Declaração Relativa aos Fins e Objetivos da Organização Internacional do Trabalho (Declaração de Filadélfia, de 1944); iii – Pacto Internacional dos Direitos Econômicos, Sociais e Culturais (1966), iv – Convenções Internacionais da OIT, v – Declaração da OIT sobre Princípios e Direitos Fundamentais no Trabalho (1998), vi – convenções, pactos e declarações internacionais de proteção da pessoa humana, entre outras.

---

(5) WANDELLI, Leonardo Vieira. *O Direito Humano e Fundamental ao Trabalho:* fundamentação e exigibilidade. São Paulo: LTr, 2012. p. 352.

(6) BOBBIO, Norberto. *A era dos direitos*. 2. ed. Rio de Janeiro: Campus, Elsevier, 2004. p. 13.

(7) MAZZUOLI, Valério de Oliveira. *Curso de Direitos Humanos*. 6. ed., rev., atual. e ampl. Rio de Janeiro: Forense, Método, 2019. p. 70-71

Com o advento das ideias protetivas em nível internacional, foi aventado, ao longo da história, que fosse intentada uma força que emanasse dos direitos naturais contra violências sobre direitos humanos.

Referida corte tem papel fundamental para o controle mandamental dos direitos primordiais preservados ao longo da história, ou seja, imperioso que se tenha proteção superior executável no âmbito internacional e nacional de cada país membro.

Sem prejuízo das penalidades impostas pela IDH, após o devido processo legal, as pressões internacionais exercidas pelos países responsáveis desempenham um controle concentrado fundamental para a efetividade final buscada. Qual é a finalidade buscada? Pode-se dizer que é a soberania dos direitos fundamentais, cumpridos em prol do emprego decente, direitos estes de eficácia vertical, sobre os quais o estado pode se sobressair no seu cumprimento final.

A Corte Interamericana de Direitos Humanos tem papel fundamental no âmbito do trabalho decente, como, por exemplo, seu papel na internalização dos direitos da mulher e das domésticas.

Cita-se, nesse sentido, o caso da Lei Maria da Penha. Em 2001, o Brasil, após casos de abuso, tentativas de homicídio e violências generalizadas contra a mulher, começou a ser penalizado pela Corte IDH, por omissão e negligência no que diz respeito à violência doméstica e, como cumprimento da sanção, em 2006, promulgou a Lei n. 11.340, conhecida como "Lei Maria da Penha", pois o Brasil, para não ser penalizado, deveria, entre outras medidas, criar políticas públicas para a prevenção da violência contra as mulheres.

Outro marco relevante e histórico sobre os direitos e lutas das mulheres, no sentido da Convenção n. 189 da OIT, que mesmo não tendo sido ratificada pelo Brasil, levou, em 2013, a uma Emenda Constitucional, de n. 72/2013, a introduzir no rol de direitos constitucionais a categoria das domésticas:

> Art. 7º (...)
>
> Parágrafo único. São assegurados à categoria dos trabalhadores domésticos os direitos previstos nos incisos IV, VI, VII, VIII, X, XIII, XV, XVI, XVII, XVIII, XIX, XXI, XXII, XXIV, XXVI, XXX, XXXI e XXXIII e, atendidas as condições estabelecidas em lei e observada a simplificação do cumprimento das obrigações tributárias, principais e acessórias, decorrentes da relação de trabalho e suas peculiaridades, os previstos nos incisos I, II, III, IX, XII, XXV e XXVIII, bem como a sua integração à previdência social. (NR)

Tais evoluções são frutos de processos internacionais conduzidos pela OIT e pela corte IDH, as quais possuem em sua criação regimental normas de cumprimento e regimento internacional para todos os estados membros.

Para exemplificar, a Corte (IDH) tem, em seu rol de artigos, importante artigo de n. 41[8], responsável por obrigarem os estados membros a mudarem suas legislações nacionais em prol dos tratados internacionais sobre os temas:

> Art. 41 – A Comissão tem a função principal de promover a observância e a defesa dos direitos humanos e, no exercício do seu mandato, tem as seguintes funções e atribuições: [...]
>
> *b)* formular recomendações aos governos dos Estados-Membros, quando o considerar conveniente, no sentido de que adotem medidas progressivas em prol dos direitos humanos no âmbito de suas leis internas e seus preceitos constitucionais, bem como disposições apropriadas para promover o devido respeito a esses direitos; [...]

Desta forma, não fosse a OIT, criada em 1919, pelo *Tratado de Versalhes,* a corte IDH, criada a partir do pacto San José da Costa Rica, em 1969 e 1978 e o controle de convencionalidade existente e previsto por nossa Carta Magna (art. 5º, §§ 2º e 3º da CF), nada disto teria acontecido com os direitos da violência contra a mulher e em prol das domésticas.

## *2.1. Do processo perante a Corte IDH*

Regulada por uma constituição composta por 79 artigos, a Corte oferece ampla atuação perante os estados membros e perante as vítimas de violações em seus direitos humanos[9].

Desempenhando papel processual fundamental, a Corte tentou deixar aberta a possibilidade de o particular provocar diretamente seus preceitos, solicitando apurações concretas sobre violações aos direitos humanos.

Citam-se, por exemplo, os arts. 34 ao 64 da referida Constituição, compostos por procedimentos de cunho processual. A base procedimental está toda escrita e depende de avaliação preliminar para sua instauração. Referida avaliação preliminar pende de enquadramento ou não nas violações dos vários tratados sobre direitos humanos, assumidos pelos países membros.

Após a regulação do processo e suas anuências, os arts. 65 ao 69 do regramento preveem a prolação da sentença, pedidos de revisões e efetivo cumprimento mandamental da decisão.

O acesso à Corte não é fácil, no que tange à forma técnica de sua aceitação, pois, para o caso ser julgado perante sua competência, cada país membro deverá esgotar seus recursos, para que se evite utilizar do tribunal internacional (CIDH) para fins políticos ou recursais *per saltum.*

---

(8) IDH. *Corte Interamericana.* Disponível em: https://www.corteidh.or.cr/estatuto.cfm?lang=pt. Acesso em: 14 nov. 2024.

(9) *Idem.*

Desta forma, é importante relatar que existem processos e que eles podem servir de base para aqueles que violam com absoluta certeza os direitos humanos.

## 3. Controle de convencionalidade e seu papel fundamental na regulação da norma brasileira interna

Com a promulgação da Constituição Federal de 1988, o legislador brasileiro, seguindo princípios internacionais, incluiu, no art. 5º, §§ 2º e 3º, a obrigação do ordenamento jurídico interno respeitar normas e tratados internacionais:

> Art. 5º Todos são iguais perante a lei, sem distinção de qualquer natureza, garantindo-se aos brasileiros e aos estrangeiros residentes no País a inviolabilidade do direito à vida, à liberdade, à igualdade, à segurança e à propriedade, nos termos seguintes:
>
> (...)
>
> § 2º Os direitos e garantias expressos nesta Constituição não excluem outros decorrentes do regime e dos princípios por ela adotados, ou dos tratados internacionais em que a República Federativa do Brasil seja parte.

Conceitualmente falando, referido dispositivo interno brasileiro é conhecido como "Controle de Convencionalidade".

Referida ideia é dar força à regulação internacional protetiva dos direitos sociais juslaborais, conferindo aos países membros maiores credibilidades provenientes de normas estudadas em nível transnacional.

Partindo-se do pressuposto de que os princípios gerais que norteiam o direito do trabalho são fundados na dignidade da pessoa humana em sua utilidade mínima essencial a uma vida digna, não se pode desvirtuar direitos conseguidos através de muitas lutas.

Assim e resguardados em forças soberanas, cada país integrante e adepto da OIT e da corte IDH, através de suas constituições internas, determina, via de regra geral e humana, o caráter primordial ligado ao conceito de que toda pessoa humana deve ter acesso ao mínimo de utilidades essenciais a uma vida digna, independentemente de suas virtudes individuais(10).

Fazendo o paralelo e a ligação dos direitos fundamentais e dos direitos sociais humanos, pode-se citar o princípio da função social da propriedade, positivado nos arts. 5º e 170 da Constituição Federal brasileira, aduzindo que a livre iniciativa neoliberal e o lucro só são legítimos e, portanto, dignos de defesa, quando ofereçam algum benefício ao ser humano e à sociedade como um todo.

---

(10) DELGADO, Mauricio Godinho. Direitos fundamentais na relação de trabalho. *Revista de Direitos e Garantias Fundamentais*, n. 2, p. 11-40, 2007, p. 20. Disponível em: https://sisbib.emnuvens.com.br/direitosegarantias/issue/view/10. Acesso em: 1º jan. 2024.

Tomando-se com gancho tais ilações, em recentes alterações legais internas, o Brasil, por intermédio da Reforma Trabalhista (Lei n. 13.467/2017), introduziu o art. 611-A e 611-B nas normas trabalhistas brasileiras. Referidos artigos criam um *by pass* entre o sistema legislativo brasileiro, ou seja, usurpam do poder legislativo e colocam nas mãos dos sindicatos poderes praticamente de legislar. Vejamos a redação do atual art. 611-A da CLT: Art. 611-A. "A convenção coletiva e o acordo coletivo de trabalho têm prevalência sobre a lei quando, entre outros, dispuserem sobre [...]".

Criou um rol de 15 (XV) incisos que indicam os principais direitos trabalhistas, dando poderes aos sindicatos de transacionar direitos diretamente com as empresas em geral. O § 2º do referido artigo retira o princípio protetor compensatório sobre os direitos de ter os trabalhadores, caso fossem suprimidos direitos, direitos em contrapartida de suas perdas, regulando o texto de lei com a seguinte redação: "§ 2º A inexistência de expressa indicação de contrapartidas recíprocas em convenção coletiva ou acordo coletivo de trabalho não ensejará sua nulidade por não caracterizar um vício do negócio jurídico".

Desta forma, criou-se um cheque em branco para que as empresas possam reduzir juntamente com os sindicatos direitos conquistados através de lutas e guerras. A ideia é destruir o sistema protetivo, ou seja, a blindagem conseguida pelo princípio norteador da proteção.

Instaurou-se na justiça brasileira uma discussão sobre os bancos colocarem quase que todo o efetivo bancário com status de "Gerente", e para driblar a legislação brasileira, que limita a jornada dos bancários comuns em 36 horas, os bancos introduziram nos salários dos bancários um adicional legal de no mínimo 40%, encontrando, desta forma, a alternativa para ampliar a jornada de trabalho dos bancários.

Com as várias ações judiciais, o órgão máximo da justiça trabalhista brasileira, o TST (Tribunal Superior do Trabalho), com seu sistema de precedentes, editou, em 2003, a Súmula n. 109[(11)] que assim previu:

> SUM-109 GRATIFICAÇÃO DE FUNÇÃO (mantida) – Res. 121/2003, *DJ* 19, 20 e 21.11.2003. O bancário não enquadrado no § 2º do art. 224 da CLT, que receba gratificação de função, não pode ter o salário relativo a horas extraordinárias compensado com o valor daquela vantagem.

Com a autorização negativa de os bancos terem de volta a gratificação de função (40%) paga de forma errada aos trabalhadores, os bancos fizeram grandes pressões para introduzir no sistema coletivo a cláusula 11ª, com a seguinte redação:

> A Cláusula 11ª da Convenção Coletiva de Trabalho 2018/2020 (com disposições correlatas na ulterior) tem a seguinte redação:

---

(11) Disponível em: https://tst.jus.br/documents/10157/63003/LivroInternet+%286%29.pdf/778cc371-66ec-6b88-8310-fabd1504f0a5?t=1691685168350. Acesso em: 10 nov. 2024.

> O valor da gratificação de função, de que trata o § 2º do art. 224, da Consolidação das Leis do Trabalho, não será inferior a 55% (cinquenta e cinco por cento), à exceção do Estado do Rio Grande do Sul, cujo percentual é de 50% (cinquenta por cento), sempre incidente sobre o salário do cargo efetivo acrescido do adicional por tempo de serviço, já reajustados nos termos da cláusula primeira, respeitados os critérios mais vantajosos e as demais disposições específicas previstas nas Convenções Coletivas de Trabalho Aditivas.
>
> Parágrafo primeiro – Havendo decisão judicial que afaste o enquadramento de empregado na exceção prevista no § 2º do art. 224 da CLT, estando este recebendo ou tendo já recebido a gratificação de função, que é a contrapartida ao trabalho prestado além da 6ª (sexta) hora diária, de modo que a jornada somente é considerada extraordinária após a 8ª (oitava) hora trabalhada, o valor devido relativo às horas extras e reflexos será integralmente deduzido/compensado, com o valor da gratificação de função e reflexos pagos ao empregado. **A dedução/compensação prevista neste parágrafo será aplicável às ações ajuizadas a partir de 1º.12.2018.**

Em linhas simples de entendimento, ao invés de contratar os trabalhadores bancários e adequá-los às suas cargas horárias (6 horas), os bancos preferem se valer de expediente equivocado, tentando incluir quase que a totalidade de seus trabalhadores como exercentes de cargo de confiança, chamando-os de “gerentes”.

A base legal brasileira para essa estratégia está no (art. 224 e § 2º CLT):

> **Art. 224** – A duração normal do trabalho dos empregados em bancos, casas bancárias e Caixa Econômica Federal será de 6 (seis) horas contínuas nos dias úteis, com exceção dos sábados, perfazendo um total de 30 (trinta) horas de trabalho por semana. § 2º As disposições deste artigo não se aplicam aos que exercem funções de direção, gerência, fiscalização, chefia e equivalentes ou que desempenhem outros cargos de confiança desde que o valor da gratificação não seja inferior a um terço do salário do cargo efetivo.

Para dificultar os direitos fundamentais, o princípio protetivo do trabalho, a Suprema corte Brasileira STF fixou, através de seu sistema de precedentes vinculantes, o TEMA de repercussão geral, concedendo de maneira ampla e *erga omnes* força aos instrumentos coletivos, sem ter, todavia, dito se o art. 611-A da CLT (Negociado sobrepõe o legislado) era ou não constitucional, devolvendo ao TST (Tribunal Superior do Trabalho Brasileiro) a competência para explorar a constitucionalidade do referido art. 611-A da CLT, conforme se verifica em trechos da decisão e acórdão do Tema 1046 do STF:(12)

> [...] Considerando que, na presente ação, não estamos discutindo a constitucionalidade dos arts. 611-A e 611-B da CLT, entendo que uma resposta mais efetiva sobre os limites da negociabilidade coletiva deve ser buscada na própria jurisprudência consolidada do TST e do STF em torno do tema. [...].

---

(12) ARE 1121633/GO. Disponível em: https://portal.stf.jus.br/processos/downloadPeca.asp?id=15357610710&ext=.pdf. Acesso em: 14 nov. 2024.

Em uma avaliação singela e baseada em todos os entendimentos mundiais sobre o mesmo tema, temos que referidas normas conflitam diretamente com o conceito do trabalho decente, guardando incompatibilidade interna e externa graves, conflitando diretamente com direitos humanos estabelecidos e resguardados por normas internacionais promulgadas pela OIT com ratificação do Brasil, bem como normas de caráter sobre os direitos humanos também seguidas pelo Brasil.

Sobre este ponto, a comissão de especialistas sobre o controle efetivo da aplicação de convênios e recomendações da OIT (CEARC), no contexto de sua observação sobre referidos arts., 611-A (Negociado sobrepõe o legislado) e 611-B da Lei trabalhista Brasileira (CLT), infirmou que referido dispositivo confronta diretamente com a Convenção n. 98 da OIT, indicando, inclusive, que existe forte tendência de confronto com as Convenções ns. 98, 151 e 154, pois o cerne da promoção da negociação coletiva para encontrar acordo sobre termos e condições de trabalho que sejam mais favoráveis que os previstos na legislação não estão tendo seu objetivo final.

Em reunião, juristas renomados, ao participar da 2ª Jornada de Direito e Processo do Trabalho, entabulada pela pelo XIX Congresso Nacional dos Magistrados da Justiça do Trabalho – Conamat (2018), editaram o Enunciado n. 48 que assim dispôs sobre o tema:

> Negociação *"in pejus"* e inconvencionalidade do art. 611-A da CLT negociação *"in pejus"*. Inconvencionalidade. Efeitos paralisantes. A comissão de expertos em aplicação de convênios e recomendações da OIT (CEARC), no contexto de sua observação de 2017 sobre a aplicação, pelo Brasil, da Convenção n. 98 da OIT, reiterou que o objetivo geral das Convenções ns. 98, 151 e 154 é a promoção da negociação coletiva para encontrar acordo sobre termos e condições de trabalho que sejam mais favoráveis que os previstos na legislação. Segundo a CEARC, um dispositivo legal que institui a derrogabilidade geral da legislação laboral por meio da negociação coletiva é contrário ao objetivo da promoção da negociação coletiva livre e voluntária prevista em tais convenções. O art. 611-A da CLT "reformada" não é verticalmente compatível com a Convenção n. 98 da OIT e remanesce formalmente inconvencional, circunstância que impede a sua aplicação, em virtude da eficácia paralisante irradiada pelas convenções.[13]

Segundo os especialistas neste controle (CEARC), o art. 611-A (Negociado sobrepõe o legislado) está instituindo efeitos derrogáveis de direitos previstos em norma laboral anteriormente prevista e estudada por muitos séculos. Ainda na visão dos especialistas, conferir poderes às normas coletivas, ao invés de promoverem melhorias e salvaguardar direitos, impõe a perda de direitos sem qualquer troca substancial. O poder central conferido por referida norma viola direitos humanos protegidos internacionalmente, além de colocar em risco a própria existência do trabalho, fonte primordial da geração de riqueza

(13) Disponível em: https://www.anamatra.org.br/attachments/article/27175/livreto_RT_Jornada_19_Conamat_site.pdf. Acesso em: 1º nov. 2024.

no mundo, e protegido de forma interna pela Constituição Federal brasileira (art. 1º, IV da CF). "Art. 1º A República Federativa do Brasil, formada pela união indissolúvel dos Estados e Municípios e do Distrito Federal, constitui-se em Estado Democrático de Direito e tem como fundamentos: (...) IV – os valores sociais do trabalho e da livre iniciativa".

O caso é de extrema relevância, pois com a entrada em vigor do art. 611-A da CLT (Negociado sobrepõe o legislado), o órgão máximo da justiça do trabalho, TST, em discussão se a cláusula 11 prevista na convenção coletiva dos bancários poderia confrontar com a Súmula n. 109 do TST, e considerando-se a aderência e força conferida pelo art. 611-A da CLT, fixou em 14.05.2024, como matéria de recurso repetitivo a seguinte tese:

> RECURSO DE REVISTA DO RECLAMADO – QUESTÃO DE ORDEM – INSTAURAÇÃO DE INCIDENTE DE RECURSOS REPETITIVOS – BANCÁRIO – NÃO ENQUADRAMENTO NO ART. 224, § 2º, DA CLT POR DECISÃO JUDICIAL – GRATIFICAÇÃO DE FUNÇÃO – COMPENSAÇÃO COM HORAS EXTRAS – PREVISÃO EM NORMA COLETIVA – POSSIBILIDADE – PROPOSTA DE AFETAÇÃO Questão de ordem acolhida para a instauração do Incidente de Resolução de Recursos Repetitivos, com o encaminhamento do feito ao Excelentíssimo Senhor Presidente desta Corte, para fins de submissão do Recurso de Revista do Reclamado à Egrégia Subseção I Especializada desta Corte, em conformidade com os arts. 896-B e 896-C da CLT, com a redação dada pela Lei n. 13.015/2014, c/c arts. 280 e seguintes do Regimento Interno do TST, a fim de fixar tese vinculante sobre a possibilidade de compensação, prevista em norma coletiva, do valor recebido a título de gratificação de função com o valor de horas extras deferidas em juízo em virtude do desenquadramento do exercício da função de confiança prevista no § 2º do art. 224 da CLT.

O caso está pendente de tramitação perante a Corte superior em matéria trabalhista (TST), e guarda bastante preocupação aos milhares de trabalhadores bancários, pois seus direitos, as horas extras, poderão ser suprimidos por acordo coletivo de trabalho, considerando-se que, nitidamente por instrumento coletivo, o sindicato dos trabalhadores bancários cedeu à pressão dos bancos e autorizou a inclusão de uma cláusula que viola vários preceitos fundamentais do trabalho.

Desta forma, e traçando desde já um paralelo acadêmico ao caso concreto, aponta-se, no presente artigo, o papel fundamental do direito internacional sobre o direito nacional, combatendo a tendência econômica de pressão, sob a falsa pretensão do neoliberalismo econômico.

## 4. Regramento internacional unificado sobre normas de trabalho decente.

Observa-se que parte da solução seria a unificação das leis internas e internacionais dos povos, e no que diz respeito a essa padronização única, o Papa Francisco, em 04 de outubro de 2020, publicou a encíclica *Fratelli Tutti*(14), incluindo, nos arts. 7º e 8º,(15) importantes diretrizes sobre junção de normas em padrão unificado, de forma que os países que forem adeptos das normas internacionais poderão seguir um patamar único de ideias, trazendo segurança jurídica para os padrões mínimos civilizatórios.

Francisco de Assis Barbosa Junior(16) trouxe ideias e apreensão sobre a unificação dos direitos, descrevendo a problemática da seguinte forma:

> [...]
>
> Em face da Narrada Realidade Atual, a superada crise regulatória do direito do trabalho internacional passa necessariamente pela adoção de novos focos legislativos, constatando o legislador que há hoje uma saturação do contrato de trabalho por sua incapacidade para abarcar todas as situações possíveis no trabalho.
>
> A Cibernética e as novas maneiras de mourejo (Como o teletrabalho transnacional) inerentes à sociedade da informação demandam regulamentação correta e específica, a qual não pode ser demasiadamente rígida e atrelada a paradigmas forjados sob outra realidade do mundo do trabalho.
>
> [...].

A interconstitucionalidade possui preliminares fundamentais e de ordem hierárquica. Para introduzir a teoria da interconstitucionalidade, Canotilho aduz que basta refletir a respeito de uma ordem jurídica medieval, com acúmulo de direitos em único

(14) VATICANO. *Carta Encíclica. Fratelli Tutti* do Santo Padre Francisco Sobre a Fraternidade e a amizade social. Disponível em: https://www.vatican.va/content/francesco/pt/encyclicals/documents/papa-francesco_20201003_enciclica-fratelli-tutti.html. Acesso em: 16 jun. 2022.

(15) VATICANO.7. Além disso, quando estava a redigir esta carta, irrompeu de forma inesperada a pandemia da Covid-19 que deixou a descoberto as nossas falsas seguranças. Por cima das várias respostas que deram os diferentes países, ficou evidente a incapacidade de agir em conjunto. Apesar de estarmos superconectados, verificou-se uma fragmentação que tornou mais difícil resolver os problemas que nos afetam a todos. Se alguém pensa que se tratava apenas de fazer funcionar melhor o que já fazíamos, ou que a única lição a tirar é que devemos melhorar os sistemas e regras já existentes, está a negar a realidade. 8. Desejo ardentemente que, neste tempo que nos cabe viver, reconhecendo a dignidade de cada pessoa humana, possamos fazer renascer, entre todos, um anseio mundial de fraternidade. Entre todos: "Aqui está um ótimo segredo para sonhar e tornar a nossa vida uma bela aventura. Ninguém pode enfrentar a vida isoladamente [...]; precisamos duma comunidade que nos apoie, que nos auxilie e dentro da qual nos ajudemos mutuamente a olhar em frente. Como é importante sonhar juntos! [...] Sozinho, corres o risco de ter miragens, vendo aquilo que não existe; é juntos que se constroem os sonhos". Sonhemos como uma única humanidade, como caminhantes da mesma carne humana, como filhos desta mesma terra que nos alberga a todos, cada qual com a riqueza da sua fé ou das suas convicções, cada qual com a própria voz, mas todos irmãos.

(16) BARBOSA JUNIOR, Francisco de Assis. *Teletrabalho transnacional:* normatização e jurisdição. São Paulo: LTr, 2020, p. 130.

espaço jurídico, respeitando-se a sobreposição de ordens jurídicas e sua hierarquia, como, por exemplo: Articulação da Constituição Federal de cada país, atrelada às constituições estaduais nas confederações e federações estatais.

A precursora do referido regramento e sobreposição de normas intercontinentais é a União Europeia, eis que desde antigamente se volta aos estudos sobre:

> (i) existência de uma rede de constituições de estados soberanos; (ii) turbulência produzida na organização constitucional dos estados soberanos pelas organizações políticas supranacionais; (iii) recombinação das dimensões constitucionais clássicas através de sistemas organizativos de natureza superior; (iv) articulação da coerência constitucional estatal com a diversidade de constituições inseridas na rede interconstitucional; (v) criação de esquemas jurídico-políticos caracterizados por um grau suficiente de confiança condicionada entre essas constituições e a constituição revelada pela organização política de grandeza superior.(17)

Partindo-se deste pressuposto, a saída para a humanização das regras sobre o trabalho decente está na capacidade de os países membros se respeitarem e cumprirem as regras internacionais sobre direitos humanos e decentes.

## 5. Conclusão

O papel fundamental dos seres humanos reside no olhar fraterno ao próximo, buscando-se adequação digna e social para as relações humanas e que trará consequências e diretrizes nas relações laborais.

As regras internacionais, atreladas ao bom cumprimento interno de cada soberania, servem para trazer a paz transnacional entre as nações, regulando um mundo melhor e digno.

A dignidade da pessoa humana, ligada ao meio ambiente laboral equilibrado, serve de norte para qualquer estruturação regular final e que, acertadamente, traduz-se em equilíbrio internacional e nacional sobre a fonte de todas as buscas, qual seja, a "vida".

Pautas e agendas importantes, como a temática discutida nas relações laborais dignas e protetivas servem, após referidos encontros, para a criação de regras internacionais, diretrizes e recomendações, buscando-se sempre o princípio aristotélico de "desigualar os desiguais", para equipará-los no mesmo patamar de igualdade, ou seja, desigualam-se os desiguais para que se possa haver a justa conjugação e evitar a disparidade de armas.

---

(17) CANOTILHO, J. J. Gomes. *Brancosos e interconstitucionalidade:* itinerários dos discursos sobre a historicidade constitucional. 2. ed. Coimbra: Almedina, 2006. p. 267.

Assim, o trabalho decente faz parte deste "desigual" que será tratado com o respectivo merecimento a que alude o sistema mundial das igualdades, aplicando-se a disrupção em um sistema historicamente prejudicado por força do homem com os desiguais. Logo, devemos trazer de volta as igualdades perdidas e abandonadas pela história.

Aprimorar pautas, como as tratadas, certamente trará condições e melhores efeitos humanos, servindo como a fonte da verdadeira busca e segurança para os direitos humanos.

## Referências

ARANTES, Delaíde Alves Miranda. *Trabalho Decente:* uma análise na perspectiva dos direitos humanos trabalhistas a partir do padrão decisório do Tribunal Superior do Trabalho. São Paulo: LTr, 2023.

BARBOSA JUNIOR, Francisco de Assis. *Teletrabalho transnacional:* normatização e jurisdição. São Paulo: LTr, 2020.

BOBBIO, Norberto. *A era dos direitos.* 2. ed. Rio de Janeiro: Elsevier, 2004.

CANOTILHO, J. J. Gomes. *Brancosos e interconstitucionalidade:* itinenários dos discursos sobre a historicidade constitucional. 2. ed. Coimbra: Almedina, 2006.

DELGADO, Mauricio Godinho. Direitos fundamentais na relação de trabalho. *Revista de Direitos e Garantias Fundamentais*, n. 2 p. 11-40, 2007. Disponível em: https://sisbib.emnuvens.com.br/direitosegarantias/issue/view/10. Acesso em: 1º jan. 2024.

IDH. *Corte Interamericana.* Disponível em: https://www.corteidh.or.cr/estatuto.cfm?lang=pt. Acesso em: 14 nov. 2024.

MAZZUOLI, Valério de Oliveira. *Curso de Direitos Humanos.* 6. ed. rev., atual e ampl. Rio de Janeiro: Forense, Método, 2019.

OIT. Organização Internacional do Trabalho. *Declaração sobre a Justiça Social por uma Globalização Equitativa.* Disponível em: https://www.oitcinterfor.org/sites/default/files/file_publicacion/declaracao_oit_globalizacao_213.pdf. Acesso em: 14 nov. 2024.

VATICANO. *Carta Encíclica.* Fratelli Tutti do Santo Padre Francisco sobre a Fraternidade e a amizade social. Disponível em: https://www.vatican.va/content/francesco/pt/encyclicals/documents/papafrancesco_20201003_enciclica-fratelli-tutti.html. Acesso em: 14 nov. 2024

WANDELLI, Leonardo Vieira. *O Direito Humano e Fundamental ao Trabalho:* fundamentação e exigibilidade. São Paulo: LTr, 2012.

# Transição Tecnológica Inclusiva e Sustentável: O Teletrabalho Impulsionado pela Inteligência Artificial

## *Inclusive and Sustainable Technological Transition: Teleworking Driven by Artificial Intelligence*

*Fábio Gomes de Freitas Bastos*
*Patrícia Osório Caciquinho*
*Eduardo Milléo Baracat*

**Resumo:** Este estudo tem como objetivo abordar uma das metas da Organização Internacional do Trabalho para o futuro do trabalho, a realização de uma transição tecnológica inclusiva e sustentável, realizando uma análise específica do teletrabalho, frente à aplicação da inteligência artificial. A modalidade de trabalho à distância foi consolidada após a pandemia da Covid-19, certamente impulsionada por um desenvolvimento tecnológico que desafia toda a sociedade. O atual momento traz extrema relevância ao tema, pelos recentes estudos derivados do Fórum Econômico Mundial 2023 e, em 2024, o encontro do Grupo de Trabalho de Emprego do G20 e a realização da Cúpula do G20 no Brasil, encontros que debateram e debaterão propostas para uma transição tecnológica inclusiva e sustentável. Assim, considerando uma metodologia hipotético-dedutiva, com abordagem qualitativa, a pesquisa aborda os documentos e estudos firmados pelos organismos internacionais quanto ao tema, procurando identificar o impacto do teletrabalho no futuro do trabalho, diante das novas tecnologias. A análise de dados quantitativos e qualitativos demonstram o potencial do teletrabalho, em um contexto de transição tecnológica que, com implementação de políticas adequadas de conhecimento, visem a utilização da inteligência artificial como forma de melhoria da qualidade do trabalho e não como forma de substituição do homem pela máquina, principalmente sob a égide da modalidade híbrida, em que se objetiva a potencialização da produção, por meio de flexibilização espacial do trabalho — em uma conjuntura que propicie o desenvolvimento do trabalho com mais humanidade e criatividade.

**Palavras chaves:** Teletrabalho; Inteligência artificial; Transição tecnológica; G20 Brasil 2024; Organização Internacional do Trabalho.

**Abstract:** This study aims to address one of the International Labor Organization's goals for the future of work, the achievement of an inclusive and sustainable technological transition, by conducting a specific analysis of telework, in light of the application of artificial intelligence. The remote work modality was consolidated after the Covid-19 pandemic, certainly driven by technological developments that challenge society as a whole. The current moment brings extreme relevance to the topic, due to recent studies derived from the World Economic Forum 2023 and, in 2024, the meeting of the G20 Employment Working Group and the G20 Summit in Brazil, meetings that have discussed and will discuss proposals for an inclusive and sustainable technological transition. Thus, considering a hypothetical-deductive methodology, with a qualitative approach, the research addresses the documents and studies signed by international organizations on the topic, seeking to identify the impact of telework on the future of work, in light of new technologies. The analysis of quantitative and qualitative data demonstrates the potential of telework in a context of technological transition that, with the implementation of appropriate knowledge policies, aims to use artificial intelligence as a way of improving the quality of work and not as a way of replacing man with machine, especially under the aegis of the hybrid modality, in which the objective is to enhance production through spatial flexibility of work — in a context that favors the development of work with more humanity and creativity.

**Key-words:** Telework; Artificial intelligence; Technological transition; G20 Brazil 2024; International Labor Organization.

## Introdução

O futuro do trabalho enfrenta transformações profundas, impulsionadas pela evolução tecnológica e pelas mudanças nas dinâmicas sociais e econômicas. Entre essas transformações, destaca-se a transição tecnológica inclusiva e sustentável, uma das metas centrais da Organização Internacional do Trabalho (OIT).

Nesse cenário, o teletrabalho, consolidado como prática global após a pandemia da Covid-19, emerge como um elemento-chave, especialmente quando analisado sob a ótica da aplicação da inteligência artificial (IA).

A transição tecnológica, marcada pela integração de ferramentas digitais e inteligência artificial (IA) em processos produtivos, está remodelando as dinâmicas do trabalho em escala global. Nesse contexto, o teletrabalho surge como uma das transformações mais significativas, oferecendo flexibilidade, eficiência e novas oportunidades de acesso ao mercado de trabalho.

Entretanto, para que essa transição seja verdadeiramente inclusiva e sustentável, é fundamental abordar os desafios relacionados à desigualdade digital, capacitação profissional e impactos ambientais.

Isto porque, A Inteligência Artificial, enquanto força motriz dessa mudança, pode desempenhar um papel duplo: potencializa a produtividade no trabalho remoto e apresenta riscos de exclusão para aqueles sem acesso a tecnologias adequadas ou qualificação necessária. Por outro lado, quando utilizada de forma responsável, a IA pode se tornar um catalisador para democratizar o teletrabalho, promover inclusão e apoiar estratégias de sustentabilidade.

Nesta vertente a OIT está presente abordando de forma global os seus objetivos estratégicos que devem ser observados por todos os envolvidos, permitindo assim, um olhar cauteloso para que as condições humanas não sejam inobservadas ou ainda que não haja a sobreposição da tecnologia sob o ser humano.

O desenvolvimento tecnológico que viabilizou o teletrabalho traz desafios significativos, mas também oportunidades para a construção de um modelo de trabalho mais equitativo e produtivo. A relevância desse tema é evidenciada pelos recentes debates promovidos por eventos globais, como o Fórum Econômico Mundial 2023, os encontros do Grupo de Trabalho de Emprego do G20 e a Cúpula do G20 no Brasil, que destacam a necessidade de políticas que equilibrem inovação tecnológica, inclusão social e sustentabilidade.

Este artigo explora como a sinergia entre teletrabalho e IA pode ser aproveitada para uma transição tecnológica que equilibre eficiência econômica, justiça social e proteção ambiental, ou seja, como a inteligência artificial, aliada a políticas adequadas, pode ser utilizada não apenas para otimizar processos, mas também para fortalecer o papel humano no trabalho, promovendo um modelo híbrido que combine produtividade, criatividade e humanidade.

## 1. A importância das metas da OIT para o futuro do trabalho

A Organização Internacional do Trabalho (OIT) fundada em 1919, possui papel central na promoção de condições dignas e justas para todos os trabalhadores do mundo e, as metas estabelecidas por esta organização são fundamentais para uma compreensão global de responsabilidades, expectativas e alinhamentos.

Tais metas, são alinhadas com os Objetivos de Desenvolvimento Sustentável (ODS) da ONU e, são especialmente relevantes para moldar o futuro do trabalho em um cenário global de transformações econômicas, tecnológicas e sociais.

Isso porque, o teletrabalho ganhou relevância em 1970, impulsionados pela crise do petróleo e pela necessidade de reduzir deslocamentos e, por certo, a expansão da internet nos anos de 1990 e 2000 permitiu a conectividade em tempo real, revolucionando o ambiente laborativo.

Este novo cenário, permitiu o avanço de tecnologias como videoconferências, armazenamento em nuvens e sortwares colaborativos, viabilizando o trabalho remoto que, em 2020 com a pandemia da Covid-19 acelerou ainda mais a sua adoção de forma global, estabelecendo o teletrablho e exigindo a utilização de forma ampla e essencial em muitos setores.

Já a Inteligência artificial surge como conceito nos anos de 1950, com o trbalho pioneiro dos pesquisadores Alan Turing e John McCarthy e a partir dos anos 2000 foi possível verificar a evolução do processamento de dados massivos (*big data*) e algoritmos mais sofisticados permitiam o renascimento da IA para o mundo.

Atualmente, a IA está integrada em todas as áreas da compreensão humana, como por exemplo na automação, saúde, finanças e, claro, no ambiente laborativo, apoiando desde a filtragem de perfis, análise de currículos, performance nas atividades, bem como otimizando processos e promovendo a produtividade na execução do labor.

Neste sentido, o teletrabalho e a Inteligência artificial estão efetivamente transformando o ambiente laborativo, desde assistentes virtuais, até a personalização de fluxos de trabalho, atendendo assim às necessidades da era digital, porém, é importante observar se, as medidas coorporativas e governamentais obedecem as metas/objetivos estratégicos estabelecidos pela OIT, quais sejam, a criação de emprego, a garantia dos direitos no trabalho, a extensão da proteção social e a promoção do diálogo social.

Para a criação de emprego, a OIT elabora e promove normas internacionais que estabelecem diretrizes para práticas laborais justas, abrangendo temas como salário mínimo, jornada de trabalho e segurança no meio ambiente de trabalho. No trabalho remoto, a padronização de tais medidas de forma global permite uma maior proteção aos trabalhadores, impedindo práticas exploratórios, e maior fiscalização, principalmente em países com legislações mais flexíveis.

Na geração de emprego decente e produtivo coloca em prática um dos pilares da OIT e inclui a criação de empregos de qualidade, a garantia de igualdade de oportunidades e a promoção de ambientes saudáveis. Assim, mesmo com a robotização crescente, a OIT incentiva os governos e empresas a investir em educação e treinamento para que os trabalhadores possam se preparar para o mercado e reinventar as tarefas que vêm sendo executadas.

O sistema de proteção social de forma ampla abrange ações que incluam por exemplo o seguro desemprego, aposentadoria e benefícios para trabalhadores informais, o que, é essencial nesse novo formato, já que, pela automação das atividades temos novas frentes de trabalho e negócio que acabam incentivando o trabalho informal e das plataformas digitais, exigindo um olhar cauteloso para que não sejam criados uma geração de esquecidos.

E, para que tenhamos uma efetividade nesta medida, é de suma importância a promoção do diálogo social entre empregadores, trabalhadores e governos, permitindo assim a realidade do setor de forma ampla e a promoção de políticas públicas eficazes e inclusivas.

Isso porque, a descentralização das cadeias produtivas como uma consequência da globalização impede a garantia efetiva dos direitos enfraquecendo as lutas sociais e dos sindicatos, assim, o diálogo entre todos os envolvidos no processo permite a garantia de que todos tenham voz nas negociações sobre condições de trabalho, sustentabilidade e direitos laborais.

Observando então os objetivos traçados, teremos uma maior efetividade quanto a redução das discriminações no emprego relacionados por exemplo a gênero, raça, etnia e deficiência, garantindo assim, que grupos historicamente marginalizados não sejam esquecidos.

Tais desafios vêm sendo enfrentados na evolução dos métodos laborativos, políticas públicas e implantação da tecnologia e do teletrabalho, de forma que, é essencial o compromisso das organizações, governos e empresas, de modo a adaptar as suas estratégias às realidades emergentes.

O papel da OIT então em reduzir as desigualdades crescentes, proteger os trabalhadores em setores disruptivos e fomentar economias mais sustentáveis e inclusivas, devem ser observados para que a implantação da tecnologia da informação ofereça uma visão sólida e inclusiva para o futuro do trabalho global, com sociedades mais justas, resilientes e prósperas.

## 2. Teletrabalho e inteligência artificial

É importante de início destacar um ponto nodal ao presente estudo, historicamente sempre foi uma necessidade dos indivíduos se amoldarem às novas descobertas e às realidades vividas, em que a adaptação do ser sempre foi uma obrigação de sobrevivência, necessitando acompanhar os avanços e transformações ao longo do tempo.

Assim, para poder chegar ao objetivo deste tópico, não se pode deixar de fazer um rápido apanhado das Revoluções Industriais e fatos ocorridos ao longo do tempo, em que, com a 1ª Revolução Industrial houve a invenção e inclusão de máquinas na indústria, gerando uma revolução no mercado de trabalho, lecionando Arnaldo Süssekind, *apud*

Neto (2023)[1], que naquela época surgiram diversos protestos e rebeliões, controlados justamente com um amplo desenvolvimento do comércio e com a expansão dos mercados, gerando, ao contrário do que se pensava, um aumento nos postos de emprego.

Diga-se, inclusive, já introduzindo o objetivo deste trabalho, que alguns estudiosos remontam o teletrabalho à utilização de sistema privado de telégrafo por J. Edgard Thompson, em 1857, para gerir equipes de trabalho nas estradas de ferro.

Em sequência, no Século XX surgiram novas formas de organização do trabalho, os modelos fordista e taylorista, em que tinham uma característica de aglomeração da mão de obra, ou seja, não se permitia desenvolver qualquer método de trabalho à distância, pois haveria uma baixa qualidade e produtividade, dando implementação à Indústria 2.0.

Após, a implementação do Toyotismo fez surgir um avanço tecnológico, ao se entender que a melhoria na comunicação facilitaria o desenvolvimento de negócios, melhorando as relações comerciais, o sistema financeiro e, sobretudo, a prestação de serviços, quando pensou com muita responsabilidade na política de se evitar desperdícios, inclusive, de tempo e com reflexos positivos para o meio ambiente (BARRETO, 2024)[2].

Sem a necessidade de se impor uma efetiva data, com o desenvolvimento de computadores, de equipamentos eletrônicos e utilização de energia nuclear, na segunda metade do Século XX iniciou-se o período da Indústria 3.0.

É nesse contexto que efetivamente surgiu o termo teletrabalho — *telecommuting* ou *teleworking*, no início dos anos 1970, durante a crise do petróleo nos Estados Unidos, tendo sido adotada tal modalidade de prestação de serviços à distância e com o uso das ferramentas tecnológicas da época, visando fundamentalmente reduzir de custos, de deslocamento, de espaço físico, assim como tempo perdido em congestionamento[3].

Apenas recentemente é que se fala de 4ª Revolução Industrial, ou Indústria 4.0, em que o avanço tecnológico permitiu a automação de tarefas, com o uso frequente e indistinto de máquinas para a realização de atividades humanas, momento em que se viu originar a Inteligência Artificial, a Internet das Coisas, a *Big Data* e a computação em nuvem (NETO, 2024)[4].

---

(1) AZEVEDO NETO, Platon Teixeira de. O futuro do emprego no Brasil e a necessária regulamentação. In: VIDIGAL, Viviane; KROST, Oscar (Orgs.). *Adeus direito, tecnologia e trabalho*. Leme, SP: Mizuno, 2023. p. 280.

(2) BARRETO, Marco Aurélio Aguiar. *Relações de trabalho em transformação:* análise crítica sobre o futuro do teletrabalho e do direito à desconexão. Brasília, DF: Editora Venturoli, 2024. p. 30.

(3) ATTADEMO, Patrícia; LEITE, Kallen Souza. Teletrabalho: um olhar sobre o direito ao desenvolvimento econômico e ao meio ambiente equilibrado. *Revista de Constitucionalização do Direito Brasileiro – RECONTO*, v. 2, n. 1, jan./jun. 2019. Disponível em: http://revistareconto.com.br/index.php/Reconto/article/view/48.

(4) NETO. *Op. cit.*, p. 283.

Relembrando que as citadas revoluções industriais têm tido cada vez menos tempo de transição, já há quem diga estar em andamento hoje em dia uma Indústria 5.0, na qual haveria um processo de "reumanização" da corrida pela automação, ou seja, a Inteligência Artificial viria servir ao ser trabalhador, não substituindo seu posto de trabalho, mas sim melhorando suas condições de produtividade, sendo esta a ênfase que se busca no presente estudo.

Azevedo Neto (2024)[(5)], citando Martin Ford, traz um contexto de reflexão, entre as revoluções anteriores e a presente:

> A grande diferença dos impactos tecnológicos de outras eras paradigmáticas no mundo do trabalho em relação à atual é que nas vezes anteriores os trabalhos braçais foram os mais — e praticamente os únicos — a serem afetados. Dessa vez, de forma "mais democrática", todos os empregos, do braçal ao intelectual, passaram a correr riscos. Martin Ford mostra que as inovações decorrentes da tecnologia digital estão ameaçando também cargos qualificados, ocupados por trabalhadores com grau universitário e até mesmo com pós-graduação.

A sociedade da informação, materializada em um mundo hiperconectado trazido pela Revolução 4.0, possui um aspecto nítido e claro de um potencializado desenvolvimento tecnológico, em que os avanços possuem uma velocidade que o ser-humano tem tido dificuldade em acompanhar.

Especialmente, diante de um mundo extremamente globalizado, em que já se superou o conceito de espaço-tempo, tendo a tecnologia servido à eliminação de fronteiras, ressignificando conceitos sociais, inclusive o próprio relacionamento entre pessoas, é inegável que o trabalho surge como figura central em todos os diálogos multidisciplinares.

A análise do impacto da tecnologia tem acompanhado o correlato avanço e desenvolvimento de novas tarefas e funções pelas máquinas, sendo esta uma preocupação corrente, como observa Souto Maior (2003), *apud* MELO, LEITE[(6)]:

> A tecnologia fornece à sociedade meios mais confortáveis de viver, e elimina, em certos aspectos, a penosidade do trabalho, mas, fora de padrões responsáveis, pode provocar desajustes na ordem social, cuja correção requer uma tomada de posição a respeito de qual bem deve ser sacrificado, trazendo-se ao problema, a responsabilidade social. Claro que a tecnologia,

(5) NETO. *Op. cit.*, p. 284.

(6) MELO; LEITE. *Op cit., p. 51.*

> a despeito de diminuir a penosidade do trabalho, pode acabar reduzindo postos de trabalho e até eliminando alguns tipos de serviços manuais, mas isto não será, para a sociedade, um mal se o feito benéfico que a automação possa trazer para a produção, para os consumidores e para a economia, possa refletir também no acréscimo da rede de proteção social (seguro-desemprego e benefícios previdenciários). Recorde-se, ademais, que a própria tecnologia pode gerar novas exigências em termos de trabalho e neste sentido a proteção social adequada consiste em fornecer à mão de obra possibilidades em termos de "inovação", "deslocamento", "reabsorção", e de "requalificação profissional".

Em um cenário de desenvolvimento tecnológico, sem dúvidas o trabalho remoto conecta pessoas, aqueles que demandam por serviços e os que possuem a capacidade de desenvolvimento daquela tarefa, além de eliminar obstáculos físicos que sejam capazes de impossibilitar aquela prestação de serviços, principalmente as originadas da presença física, incluindo deficientes físicos, pessoas que precisam estar em casa cuidando de filhos, parentes, ou mesmo aqueles que residem em outra cidade, estado ou país, e que não tem a possibilidade de mudança.

Esse é o teletrabalho, que representa um novo paradigma da sociedade e possui claras vantagens, para o ser trabalhador, mas também para a sociedade, com a redução de custos ao tomador de serviços, redução de deslocamento e, consequentemente, congestionamento de trânsito, além de vantagens ambientais, com redução de emissão de gases poluentes.

No entanto, há de se falar à realidade concreta de tal modalidade, na medida em que, como já mencionado anteriormente, há riscos no desenvolvimento tecnológico e, consequentemente, no próprio modelo de trabalho remoto. MELO e LEITE (2021), citando SAKO e FINCATO[(7)], analisam que os conflitos derivados de tal avanço tecnológico e trabalho remoto ainda são incipientes, eis que os trabalhadores e organizações sindicais ainda não se deram conta nos diversos impactos que podem ocorrer diante desta nova realidade, em que a quebra do tempo-espaço de trabalho trouxe conflitos de novos interesses, desafiando o direito do trabalho a se remodelar.

Tais autores refletem, ainda, que as promessas do uso de novas tecnologias agregadoras do trabalho, como uma maior tempo para o ócio, sociabilidade, capacitação e convívio familiar, ainda não se concretizaram, tendo, na verdade, causado uma dificuldade de separação entre as atividades pessoais e profissionais, aumentando a carga e o ritmo de trabalho, diminuindo o tempo livre e causando comorbidades psíquicas.

---

(7) MELO; LEITE. *Op cit.*, p. 71.

Acerca da legislação sobre o teletrabalho, como a legislação italiana — *telelavoro* (Lei n. 191, de 16 de junho de 1998), ou o Código do Trabalho de Portugal em 2003, gerando outras legislações esparsas pelos países (Alemanha — *telearbait*; França — *teletravail*), sendo, no Brasil, apenas em 2011 a inclusão do parágrafo único ao art. 6º, da CLT, ao dispor acerca de meios telemáticos e informatizados de comando, controle e supervisão, sob a ótica da subordinação jurídica, sendo apenas em 2017 a específica regulamentação do teletrabalho, registrando, por fim, que internacionalmente existe a Convenção n. 177 da OIT, a qual, embora trate sobre o trabalho em domicílio, é pertinente à temática(8).

Carolina Santos (2023)(9), realiza uma reflexão de uma espécie de teletrabalho, que seria o nômade digital, aqueles trabalhadores que prestam serviços de maneira remota, mas, especificamente, possuem a ideia de se aproveitar desta desnecessidade de presença física para viajar, nacional e internacionalmente, fenômeno este cada vez mais visto no mundo.

Nesse contexto, é importante destacar que Portugal, vivenciando uma experiência de ter aberto o país a trabalhadores capacitados, como forma de enfrentamento e superação da crise financeira, culminou também por atrair nômades digitais, aqueles que passaram a habitar o país, consumindo, mas prestando serviços de maneira remota e globalizada.

Assim, Portugal trouxe para o mundo diversas reflexões, principalmente por um aumento exponencial de tal modalidade de trabalho após a pandemia de 2020, resultando em um documento extremamente importante, o Livro Verde para o futuro do trabalho, justamente no intuito de absorver os avanços tecnológicos e enfrentar, com regras, os possíveis problemas vindouros.

A Comissão Europeia, em evento ocorrido em 2019, ou seja, antes ainda da explosão digital forçada pela pandemia, no ano de 2020, produziu documento sobre orientações éticas para uma Inteligência Artificial de confiança, em que nitidamente tinha como preocupação a participação humana, sendo um dos requisitos o uso da IA sempre com supervisão por humano, por mecanismos de governação, como as abordagens de intervenção humana (human-in-the-loop – HITL), de fiscalização humana (*human-on--the-loop* — *HOTL*), ou de controlo humano (*human-in-command* — HIC) (MOREIRA, 2023)(10).

---

(8) CAVALCANTE, Jouberto de Quadros Pessoa; JORGE NETO, Francisco Ferreira. A tecnologia, o teletrabalho e a reforma trabalhista. In: TUPINAMBÁ, Carolina; GOMES, Fábio Rodrigues (Coords.). *A reforma trabalhista:* o impacto nas relações de trabalho. Belo Horizonte: Fórum, 2018.

(9) SANTOS, Carolina. Trabalhador nômade digital: os direitos trabalhistas do trabalhador nômade digital à luz do direito internacional e nacional. In: VIDIGAL, Viviane; KROST, Oscar (Orgs.). *Adeus direito, tecnologia e trabalho*. Leme, SP: Mizuno, 2023. p. 138.

(10) MOREIRA, Teresa Coelho. De olhos bem abertos: a gestão algorítmica do trabalho. In: VIDIGAL, Viviane; KROST, Oscar (Orgs.). *Adeus direito, tecnologia e trabalho*. Leme, SP: Mizuno, 2023. p. 47.

Aliás, a terminologia Inteligência Artificial possui incontáveis definições, por prestigiados autores, mas há algo em comum entre todos, a dificuldade de se assumir uma ou outra definição como inteiramente completa ou correta, até mesmo porque há um debate multidisciplinar acerca da própria definição de Inteligência Humana.

É costumeiro trazer ao debate o trabalho de Alan Turing, como o seu questionamento, em 1950, se as máquinas conseguiriam pensar, assim como cita-se as conferências ocorridas no Dartmouth College, em 1956, justamente com cientistas buscando ensinar problemas para as máquinas resolverem, os quais, até então, apenas humanos eram capazes de fazê-lo (MOREIRA, 2023)(11).

Teresa Moreira (2023)(12), cita as definições para Inteligência Artificial, trazidas pela Comissão Europeia e pela OCDE, como "um conjunto de tecnologias que combinam dados, algoritmos e capacidade computacional", ou "sistema baseado em máquina que podem, para um determinado conjunto de objetivos, fazer previsões, recomendações ou decisões que influenciam ambientes reais ou virtuais".

Importante citar, ainda, que Barbosa Junior (2021)(13) faz um estudo sobre *Gig Economy*, em que o mundo, impulsionado pelo desenvolvimento de tecnologias, estaria se adaptando a novas formas de trabalho, especialmente aquelas que visam dar cobro às tarefas repetidas, temporárias e/ou pontuais, sendo todas elas comuns por um aspecto, a falta de vinculação entre tomador e prestador de serviços.

Assim, Mannrich, *apud* Barbosa Junior (2021)(14), cita que estes novos formatos de trabalho, destacando o trabalho por meio de aplicativos e os *crowdworkers*, deverão, sim, gerar novos empregos, mas de baixa qualidade, chamando-os de "miniempregos".

Aliás, sobre a temática *crowdworkers*, Ana Thalita Castro (2023)(15), realiza um profundo estudo sobre trabalho decente e quarta revolução industrial, demonstrando que o trabalho por plataformas vai muito além do arquétipo Uber, apresentando em sua pesquisa a empresa *Amazon Mechanical Turk* (AMT), líder no segmento da prestação de serviços de plataforma no mundo.

Tal plataforma, seguindo as mesmas premissas do Uber, realiza a conexão entre quem busca mão de obra e trabalhadores, para a realização de microtarefas, que são especificamente chamadas de *human inteligence task* (HIT), que em tradução livre corresponderia

---

(11) MOREIRA. *Op. cit.*, p. 47.

(12) *Ibidem*, p. 49.

(13) BARBOSA JUNIOR, Francisco de Assis. Gig economy *e contrato de emprego:* aplicabilidade da legislação trabalhista aos vínculos de trabalho da nova economia. 2. ed. São Paulo: LTr, 2021. p. 53.

(14) *Ibidem*, p. 53.

(15) CASTRO, Ana Thalita Gomes Ferreira Chama de. *Trabalho decente e quarta revolução industrial:* a problemática dos crowdworkers. Leme, SP: Mizuno, 2023. p. 28.

a tarefas de inteligência humana, aquelas que não conseguem, ainda, ser desenvolvidas pelas máquinas.

Ana Thalita Castro (2023)[(16)] traz, também, o relatório da OIT sobre trabalho decente no mundo online, em que foi realizado um estudo entre 2015 e 2017 com 3.500 trabalhadores dessa categoria, o que culminou no relatório "As plataformas digitais e o futuro do trabalho: como fomentar o trabalho decente no mundo digital", publicado pela organização em 2018, que concluiu pela necessidade de se resolver diversos problemas que atingem tal classe trabalhadora, ou seja, ficou nítida a necessidade de um cuidado e regramento a nível mundial.

Barreto (2024)[(17)], traz uma importante contribuição no estudo da temática deste trabalho, ao citar Manuel Castells, em sua célebre obra "A sociedade em rede":

> Trabalhadores não desaparecem no espaço de fluxos e, do ponto de vista prático, há muito trabalho. Na verdade, contradizendo profecias apocalípticas de análises simplistas, há mais empregos e uma proporção maior de pessoas com idade para o trabalho empregadas que em qualquer outra época da história. Isso ocorre principalmente por causa da incorporação maciça das mulheres no mercado de trabalho remunerado em todas as sociedades industrializadas, incorporação que, em geral, tem sido absorvida e, em grande medida, induzida pelo mercado de trabalho sem maiores rupturas. Portanto, a difusão de tecnologias da informação, embora, sem dúvida, dispense trabalhadores e ilumine alguns postos de trabalho, não resultou e provavelmente não resultará em desemprego em massa no futuro previsível. Isto, apesar do aumento de desemprego nas economias europeias, tendência mais relacionada com as instituições sociais que com novo sistema produtivo. Mas, se trabalho, trabalhadores e classes trabalhadoras existem e até se expandem em todo o mundo, as relações sociais entre capital e trabalho sofreram uma transformação profunda. Na essência, o capital é global. Via de regra, o trabalho é local. O informacionalismo, em sua realidade histórica, leva à concentração e globalização do capital exatamente pelo emprego do poder descentralizador das redes. A mão de obra está desagregada em seu desempenho, fragmentada em sua organização, diversificada em sua existência, dividida em sua ação coletiva.

É certo que a análise de Castells data de mais de vinte anos, em um período diferente, em um mundo que ainda não tinha experimentado o isolamento social global,

---

(16) CASTRO, Ana Thalita Gomes Ferreira Chama de. *Trabalho decente e quarta revolução industrial:* a problemática dos crowdworkers. Leme, SP: Mizuno, 2023. p. 28.

(17) BARRETO. *Op. cit.*, p. 30.

trazido pela pandemia do coronavírus, mas permite refletir que ao longo do tempo, especialmente o capitalista, a sociedade tem se deparado com avanços tecnológicos e se adaptado às novas realidades.

O ponto de diferença atual está na transição que se vive e na velocidade em que novas formas e situações tem surgido, cobrando da classe trabalhadora uma constante capacitação, sob pena de inegável alijamento e, até mesmo, discriminação, sob a recente alcunha do "desemprego tecnológico".

Cita-se, aqui, as reflexões trazidas por Jorge Antonio Di Nicco (2023)[(18)]:

> A lo dicho se suma un problema aún mayor, ¿reemplazará la Inteligencia Artificial al ser humano en el trabajo? Y en caso de que esto suce-diese, ¿sería capaz el humano de reciclarse y adaptarse a un nuevo mundo laboral? Interrogantes en los que los gobiernos deben redoblar sus esfuerzos y abocarse para evitar consecuencias que pueden derivar en conflictos cuya dimensión, tal vez hoy, no estemos en condiciones de ponderar con plena lucidez y perspectiva.
>
> No es ninguna novedad que la irrupción de robots y el desarrollo de la Inteligencia Artificial ha cambiado varios sectores del mundo laboral. La Inteligencia Artificial eliminará, en principio, los trabajos de poco valor aña-dido, con la pertinente incidencia en dicho sector de trabajadores. Los que adquirirán un mayor protagonismo serán, entre otras, las labores relacionadas con la ingeniería y la tecnología. Queda pendiente el análisis de qué sucederá si las decisiones en el marco laboral queden a criterios ajenos al control del ser humano; aquí hay mucho para decir y hacer, y son muchos los actores sociales que no deben quedarse callados ni en inacción si no desean verse sorprendidos en forma más que negativa.

Moreira (2023)[(19)], aborda que a inteligência artificial e o uso de algoritmos tem sido utilizados para muito além da prestação de serviços e sua fragilidade de proteção social, mas a própria gestão, em que há ampla utilização de software de trabalho remoto que permite recolher e monitorizar dados de performance laboral, passando a trazer ainda mais força ao poder diretivo e à subordinação jurídica, em que máquinas passam a tomar decisões no lugar dos humanos.

---

(18) NICCO, Jorge Antonio Di. La inteligência artificial aplicada a la enseñanza de nível superior y su impacto. In: CARLOTO, Selma (Org.). *Inteligência artificial e novas tecnologias nas relações de trabalho*. Leme, SP: Mizuno, 2023. v. 2, p. 61.

(19) MOREIRA. *Op. cit., p. 49.*

Mais uma vez relembrando que o objetivo deste trabalho não é de aprofundar no estudo das plataformas digitais, mas sim tecer considerações sobre o avanço da inteligência artificial como forma de uma transição tecnológica inclusiva e sustentável, não se pode deixar de citar reflexões no sentido da evolução da tecnologia, em que um dia as esteiras fordistas substituíram os capatazes do chão de fábrica, que cobravam os trabalhadores um a um, bem como as empilhadeiras diminuíram os esforços físicos dos trabalhadores e a presença de máquinas propiciaram aos trabalhadores uma diminuição de risco em estarem com suas próprias mãos realizando tarefas de alto impacto.

Assim, Filgueiras e Branco (2023)[(20)], refletem que a tecnologia pode contribuir com um capitalismo mais civilizado, no intuito de liberar os seres trabalhadores de atividades penosas ou esforços físicos indesejados, especialmente por meio do trabalho remoto e longe dos espaços físicos, liberando as mentes para tarefas mais criativas, ou seja, não é exatamente o avanço da tecnologia que traria qualquer tipo de mazela, mas sim a natureza do seu uso, em especial a lógica do lucro.

Retomando o debate acerca da Indústria 5.0, ou ainda que não se presuma a existência desta, mas um simples ressignificado da Indústria 4.0, nos tempos atuais, é importante reforçar o uso da Inteligência Artificial como um meio de proporcionar uma melhoria na qualidade de vida dos trabalhadores, trazendo inclusão e sustentabilidade em tal transição tecnológica, apontando o teletrabalho como ferramenta útil de tal objetivo.

## 3. Inclusão e sustentabilidade: O compromisso mundial com o uso adequado da inteligência artificial e o futuro do teletrabalho

Assaz pertinente trazer que a Organização Mundial de Saúde, em conjunto com a OIT, realizaram trabalho científico no ano de 2021, concluindo que a realização do teletrabalho com a avaliação e gerenciamento de riscos e a hierarquia de controle, pode propiciar retornos positivos ao teletrabalhador[(21)].

Daí, então, em um paralelo traçado entre os avanços tecnológicos e o aumento da rotina de trabalhos prestados remotamente, todos os estudos visam propiciar uma análise e busca por um equilíbrio na transição de formas de trabalho.

Como já mencionado, entre as preocupações internacionais para o futuro, o aumento da população mundial impactará em uma escassez de espaços, com uma consequente redução de oportunidades de trabalho, restando o questionamento se os avanços

---

(20) FILGUEIRAS, Vitor; BRANCO, Maurício. Hora de acordar do pesadelo: Plataformas digitais. In: VIDIGAL, Viviane; KROST, Oscar (Orgs.). *Adeus direito, tecnologia e trabalho*. Leme, SP: Mizuno, 2023. p. 73.

(21) ORGANIZAÇÃO MUNDIAL DE SAÚDE — OMS; ORGANIZAÇÃO INTERNACIONAL DO TRABALHO — OIT. *Healthy and safe telework:* technical brief. Geneva: WHO, ILO, 2021. Disponível em: https://www.ilo.org/publications/healthy-and-safe-telework. Acesso em: 28 set. 2024.

tecnológicos contribuirão para eliminação de postos de trabalho (PAZZIANOTTO, Almir, *apud* MELO, LEITE[(22)]).

Nesse contexto se insere o relatório do Fórum Econômico Mundial, em maio de 2023, que observou o futuro do trabalho e das profissões, realizando uma pesquisa com organizações, as quais estimaram que, hoje, 34% de todas as tarefas relacionadas ao negócio são realizadas por máquinas. Esse ritmo de automação contradiz as expectativas dos entrevistados da pesquisa de 2020 de que quase metade das tarefas de negócios seriam automatizadas nos cinco anos seguintes, possivelmente refletindo uma visão de que máquinas e algoritmos aumentaram o desempenho humano em vez de automatizar tarefas neste período. Agora, os empregadores revisaram suas previsões para 42% automação até 2027[(23)].

O G20, realizado sob a Presidência do Brasil, propiciou uma análise detida sobre o avanço da tecnologia e o uso da inteligência artificial, entre os quais se destacaram os Grupos de Trabalho que debateram economia digital, assim como o trabalho e emprego.

Os estudos realizados visaram tentar encontrar uma correlação entre um aumento de produtividade, com ênfase no progresso tecnológico, com uma melhoria na qualidade de vida, tendo sido notado, porém, que excetuando China e Rússia, os trabalhadores viram sua remuneração real cair, em especial uma redução acentuada no Brasil (6,9%), na Itália (5%) e na Indonésia (3,5%), assim, os relatórios produzidos foram no sentido de recomendar um esforço coordenado internacionalmente, no intuito de enfrentar tais dilemas.

Na continuidade, assim, o entendimento foi que a transição digital deve ser justa e os direitos individuais e coletivos dos trabalhadores devem ser salvaguardados em todo o processo, especialmente visando a utilização da inteligência artificial como forma de propiciar um trabalho humano mais decente e menos oneroso.

Diga-se, inclusive, que a Declaração Ministerial de Maceió sobre Inclusão Digital para Todos, aprovada no marco do GT de Economia Digital do G20[(24)], reflete a crescente importância das tecnologias emergentes no contexto internacional como instrumento para o desenvolvimento sustentável com base na inclusão social.

Nesse sentido, G20 Brasil acordou o uso e desenvolvimento da Inteligência Artificial como mote para atingir os ODS, entendendo o papel da tecnologia para o enfrentamento à fome e a pobreza, a redução das desigualdades e dos efeitos climáticos extremos.

---

(22) MELO, Sandro Nahmias; LEITE, Karen Rosendo de Almeida. *Direito à desconexão do trabalho:* Teletrabalho, uberização, infoxicação, reflexos da pandemia Covid-19. São Paulo: LTr, 2021. p. 51.

(23) FÓRUM ECONÔMICO MUNDIAL. *Future of Jobs Report 2023:* insight report. Geneva: WEF, 2021. Disponível em: https://www.weforum.org/reports/the-future-ofjobs-report-2023/. Acesso em: 28 set. 2024.

(24) REUNIÃO DO GRUPO DE TRABALHO DE ECONOMIA DIGITAL DO G20. Maceió, Brasil — set. 2024. Disponível em: https://www.g20.org/pt-br/sobre-o-g20/trilhas/trilha-de-sherpas/economia-digital/g20dewgmaceioministerialdeclaration.pdf/@@download/file. Acesso em: 02 nov. 2024.

A Agenda 2030 da ONU, que inclui 17 Objetivos para o Desenvolvimento Sustentável e 169 metas, prevê um campo efetivo de Tecnologia, mas cita a palavra em quase todo o seu texto, sendo inequívoco que o alcance de tais objetivos e metas perpassa por um adequado desenvolvimento tecnológico, inclusive com ampla utilização de inteligência artificial, em que os sistemas de IA fomentem o próprio desenvolvimento humano, reforçando o bem-estar individual e social (CARLOTO, TAKAHATA, 2023)(25).

Recente pesquisa da Organização Internacional do Trabalho demonstra, ainda, que o desenvolvimento da tecnologia tem propiciado uma crescente ainda maior pelo teletrabalho, analisando que os empregadores têm aumentado o seu grupo de candidatos e reduzido a rotatividade de funcionários, tendo apresentado dados de pesquisa no Reino Unido, na qual se observou que quase um terço dos líderes empresariais recorreram à contratação de trabalhadores puramente remotos devido à escassez de mão de obra em certas ocupações(26).

## 4. Conclusão

A transição tecnológica inclusiva e sustentável representa um dos maiores desafios e oportunidades do século XXI. O teletrabalho, impulsionado pela inteligência artificial, exemplifica como avanços tecnológicos podem transformar não apenas a forma como trabalhamos, mas também como nos relacionamos com o ambiente, a economia e a sociedade.

No entanto, para que essa transformação seja efetiva, é necessário garantir que a inclusão e a sustentabilidade permaneçam no centro desse processo e, as Organizações internacionais e a efetiva comunicação entre os envolvidos, quais sejam, governantes, empregadores e empregados, é essencial.

O uso responsável da inteligência artificial no teletrabalho pode ampliar o acesso a oportunidades, reduzir desigualdades regionais e facilitar a adoção de práticas mais sustentáveis, como a redução de emissões de carbono associadas aos deslocamentos.

Neste sentido, para que isso seja alcançado, é fundamental investir em infraestrutura digital, capacitação tecnológica e políticas públicas que assegurem equidade e proteção aos trabalhadores em todas as esferas.

Ao adotar uma abordagem equilibrada, que combine inovação tecnológica com valores sociais e ambientais, será possível construir um futuro do trabalho que não apenas responda às demandas de um mundo globalizado e conectado, mas que também contribua para uma sociedade mais justa, resiliente e sustentável.

---

(25) CARLOTO, Selma; TAKAHATA, André Kazuo. ESG, ética e promoção da inclusão por meio de algoritmos de inteligência artificial (IA). In: CARLOTO, Selma (Org.). *Inteligência artificial e novas tecnologias nas relações de trabalho*. Leme, SP: Mizuno, 2023. v. 2.

(26) ORGANIZAÇÃO INTERNACIONAL DO TRABALHO — OIT. *World Employment and Social Outlook:* trends 2024. Geneva: ILO, 2024. Disponível em: https://www.ilo.org/publications/flagship-reports/world-employment-and-social-outlook-trends-2024. Acesso em: 28 set. 2024.

As discussões recentes, como as promovidas pelo Fórum Econômico Mundial e os encontros do G20, sublinham a importância de políticas que alinhem inovação tecnológica com inclusão social e sustentabilidade. A análise realizada demonstrou que, quando apoiado por estratégias adequadas, o teletrabalho tem potencial para aprimorar a qualidade do trabalho, promovendo flexibilidade, produtividade e criatividade.

A implementação da inteligência artificial deve ser orientada para fortalecer o papel humano no trabalho, priorizando a capacitação e o desenvolvimento de competências. A modalidade híbrida, nesse contexto, surge como uma solução equilibrada, integrando avanços tecnológicos com a valorização do trabalhador.

Assim, o teletrabalho, com políticas apropriadas, pode não apenas atender às metas da OIT, mas também contribuir para uma sociedade mais justa, humana e inovadora.

## Referências

AMADO, João Leal. Inteligência artificial, plataformas digitais e robotização: que futuro para o (direito do) trabalho humano? *Revista do Tribunal Regional do Trabalho da 3ª Região*, Belo Horizonte, v. 67, n. 104, p. 239-265, jul./dez/ 2021. Disponível em: https://as1.trt3.jus.br/bd-trt3/bitstream/handle/11103/74535/Revista%20104%20p.%20239-265.pdf?sequence=1&isAllowed=y. Acesso em: 29 set. 2024.

ANDRADE, Amanda Martins Rosa; CUNHA, Regiane Pereira Silva da; ZANETTI, Roberta Silveira. A invisibilidade dos trabalhadores plataformizados. In: VIDIGAL, Viviane; KROST, Oscar (Orgs.). *Adeus direito, tecnologia e trabalho*. Leme, SP: Mizuno, 2023.

ATTADEMO, Patrícia; LEITE, Kallen Souza. Teletrabalho: um olhar sobre o direito ao desenvolvimento econômico e ao meio ambiente equilibrado. *Revista de Constitucionalização do Direito Brasileiro — RECONTO*, v. 2, n. 1, jan./jun. 2019. Disponível em: http://revistareconto.com.br/index.php/Reconto/article/view/48.

AZEVEDO NETO, Platon Teixeira de. O futuro do emprego no Brasil e a necessária regulamentação. In: VIDIGAL, Viviane; KROST, Oscar (Orgs.). *Adeus direito, tecnologia e trabalho*. Leme, SP: Mizuno, 2023.

BARBOSA JUNIOR, Francisco de Assis. Gig economy *e contrato de emprego: aplicabilidade da legislação trabalhista aos vínculos de trabalho da nova economia*. 2. ed. São Paulo: LTr, 2021.

BARRETO, Marco Aurélio Aguiar. *Relações de trabalho em transformação:* análise crítica sobre o futuro do teletrabalho e do direito à desconexão. Brasília, DF: Editora Venturoli, 2024.

BARZOTTO, Luciane Cardoso; ALLES, Matheus Soletti. As relações de trabalho e o nomadismo digital: uma nova cultura de controle laboral e o sobretrabalho. *Revista de Direito do Trabalho*, vol. 229/2023, p. 97-112, maio/jun. 2023.

CARLOTO, Selma; TAKAHATA, André Kazuo. ESG, ética e promoção da inclusão por meio de algoritmos de inteligência artificial (IA). In: CARLOTO, Selma (Org.). *Inteligência artificial e novas tecnologias nas relações de trabalho*. Leme, SP: Mizuno, 2023. v. 2.

CASTRO, Ana Thalita Gomes Ferreira Chama de. *Trabalho decente e quarta revolução industrial:* a problemática dos *crowdworkers*. Leme, SP: Mizuno, 2023.

CAVALCANTE, Jouberto de Quadros Pessoa; JORGE NETO, Francisco Ferreira. A tecnologia, o teletrabalho e a reforma trabalhista. In: TUPINAMBÁ, Carolina; GOMES, Fábio Rodrigues (Coords.). *A reforma trabalhista:* o impacto nas relações de trabalho. Belo Horizonte: Fórum, 2018.

COELHO JUNIOR, Antônio Carlos Fernandes; SANTOS, Célio Augusto Galvão; ALVES, Larissa Ferreira. *A inteligência artificial (i.a.) e sua aplicabilidade ao direito do trabalho:* um estudo sobre as condições imprescindíveis para um manejo sócio-ético no âmbito jurídico brasileiro. Disponível em: https://www.revistaowl.com.br/index.php/owl/article/download/262/254/981. Acesso em: 28 set. 2024.

FELICIANO, Guilherme Guimarães; SILVA, José Antônio Ribeiro de Oliveira. *A Inteligência Artificial e o Direito do Trabalho:* lampejos utópicos para um futuro distópico. Disponível em: https://juslaboris.tst.jus.br/bitstream/handle/20.500.12178/203676/2022_feliciano_guilherme_inteligencia_artificial.pdf?sequence=1&isAllowed=y. Acesso em: 28 set. 2024.

FILGUEIRAS, Vitor; BRANCO, Maurício. Hora de acordar do pesadelo: Plataformas digitais. In: VIDIGAL, Viviane; KROST, Oscar (Orgs.). *Adeus direito, tecnologia e trabalho.* Leme, SP: Mizuno, 2023.

FÓRUM ECONÔMICO MUNDIAL. *Future of Jobs Report 2023:* insight report. Geneva: WEF, 2021. Disponível em: https://www.weforum.org/reports/the-future-ofjobs-report-2023/. Acesso em: 28 set. 2024.

INSTITUTO DE PESQUISA ECONÔMICA APLICADA — IPEA. *Texto para discussão:* os condicionantes do teletrabalho potencial no Brasil – Brasília: Rio de Janeiro: IPEA, 1990. Disponível em: https://www.ipea.gov.br/portal/publicacoes. Acesso em: 09 nov. 2024.

LEMOS, Maria Cecilia de Almeida Monteiro; CHAVANTE, André de Araujo. Do hipersuficiente ao hipossuficiente virtual: a desproteção trabalhista como padrão do neoliberalismo contemporâneo. In: ARRUDA, Katia Magalhães; ARIGON, Mario Garmendia; FELICIANO, Guilherme Guimarães; SANTANA, Paulo Campanha (Orgs.). *Direito, trabalho e tecnologia na pós-pandemia:* o direito social e o panorama internacional do trabalho. Campinas, SP: Lacier Editora, 2024.

MELO, Sandro Nahmias; LEITE, Karen Rosendo de Almeida. *Direito à desconexão do trabalho:* Teletrabalho, uberização, infoxicação, reflexos da pandemia Covid-19. São Paulo: LTr, 2021.

MOREIRA, Teresa Coelho. De olhos bem abertos: a gestão algorítmica do trabalho. In: VIDIGAL, Viviane; KROST, Oscar (Orgs.). *Adeus direito, tecnologia e trabalho.* Leme, SP: Mizuno, 2023.

MOREIRA, Teresa Coelho. O Livro Verde sobre o Futuro do Trabalho 2021 e o trabalho nas plataformas digitais: algumas questões. Sociologia: Revista da Faculdade de Letras da Universidade do Porto, Número Temático – Trabalho, plataformas digitais, cuidados: perspectivas pluridisciplinares, pp. 80-91. Disponível em: https://r.search.yahoo.com/_ylt=AwrFF34M2ThnXJ4HH1Lz6Qt.;_ylu=Y29sbwNiZjEEcG9zAzUEdnRpZAMEc2VjA3Ny/RV=2/RE=1732988428/RO=10/RU=https%3a%2f%2fojs.letras.up.pt%2findex.php%2fSociologia%2farticle%2fdownload%2f12894%2f11765%2f45600/RK=2/RS=Kw0KgMqfTtyXqThZBD0uF3YAQSY-. Acesso em: 02 nov. 2024.

NICCO, Jorge Antonio Di. La inteligência artificial aplicada a la enseñanza de nível superior y su impacto. In: CARLOTO, Selma (Org.). *Inteligência artificial e novas tecnologias nas relações de trabalho*. Leme, SP: Mizuno, 2023. v. 2.

ORGANIZAÇÃO INTERNACIONAL DO TRABALHO — OIT. *World Employment and Social Outlook: trends 2024*. Geneva: ILO, 2024. Disponível em: https://www.ilo.org/publications/flagship-reports/world-employment-and-social-outlook-trends-2024. Acesso em: 28 set. 2024.

ORGANIZAÇÃO INTERNACIONAL DO TRABALHO — OIT. *2021 labour overview:* latin america and the caribbean. Disponível em: https://www.ilo.org/publications/2021-labour-overview-latin-america-and-caribbean-executive-summary. Acesso em: 29 set. 2024.

ORGANIZAÇÃO INTERNACIONAL DO TRABALHO — OIT. *Enfoques globales para regular el trabajo em plataformas*. Geneva: ILO, 2024. Disponível em: https://www.ilo.org/pt-pt/node/664696. Acesso em: 09 nov. 2024.

ORGANIZAÇÃO INTERNACIONAL DO TRABALHO — OIT. *Futuro do Trabalho no Brasil:* Perspectivas e Diálogos Tripartites. Disponível em: http://www.ilo.org/wcmsp5/groups/public/---americas/---ro-lima/---ilo-brasilia/documents/publication/wcms_626908.pdf. Acesso em: 29 set. 2024.

ORGANIZAÇÃO INTERNACIONAL DO TRABALHO — OIT. *Working from home:* from invisibility to decent work. Geneva: ILO, 2021. Disponível em: https://www.ilo.org/publications/major-publications/working-home-invisibility-decent-work. Acesso em: 29 set. 2024.

ORGANIZAÇÃO INTERNACIONAL DO TRABALHO — OIT. *World Social Protection Report 2024–26:* universal social protection for climate action and a just transition. Geneva: ILO, 2024. Disponível em: https://www.ilo.org/pt-pt/node/664696. Acesso em: 16 nov. 2024.

ORGANIZAÇÃO MUNDIAL DE SAÚDE — OMS; ORGANIZAÇÃO INTERNACIONAL DO TRABALHO – OIT. *Healthy and safe telework:* technical brief. Geneva: WHO, ILO, 2021. Disponível em: https://www.ilo.org/publications/healthy-and-safe-telework. Acesso em: 28 set. 2024.

PORTUGAL. Livro verde sobre o futuro do trabalho. Disponível em: https://r.search.yahoo.com/_ylt=AwrEo7ww.z1nWAIAwjbz6Qt.;_ylu=Y29sbwNiZjEEcG9zAzIEdnRpZAMEc2VjA3Ny/RV=2/RE=1733324848/RO=10/RU=https%3a%2f%2fwww.portugal.gov.pt%2fpt%2fgc22%2fcomunicacao%2fdocumento%3fi%3dlivro-verde-sobre-o-futuro-do-trabalho/RK=2/RS=kT4Vy8IvJeEbtsUKsGFsG0vgeyc-. Acesso em: 28 set. 2024.

REUNIÃO DO GRUPO DE TRABALHO DE ECONOMIA DIGITAL DO G20. Maceió, Brasil – Setembro de 2024. Disponível em: https://www.g20.org/pt-br/sobre-o-g20/trilhas/trilha-de-sherpas/economia-digital/g20dewgmaceioministerialdeclaration.pdf/@@download/file. Acesso em: 02 nov. 2024.

REUNIÃO DOS MINISTROS DO TRABALHO E EMPREGO DO G20. Fortaleza, Brasil — jul. 2024. Disponível em: https://www.g20.org/pt-br/sobre-o-g20/trilhas/trilha-de-sherpas/emprego/24-07-2024_declaracao-da-reuniao-dos-ministros-do-trabalho-e-emprego-do-g20-portugues-brasil.pdf/@@download/file. Acesso em: 02 nov. 2024.

SANTOS, Carolina. Trabalhador nômade digital: os direitos trabalhistas do trabalhador nômade digital à luz do direito internacional e nacional. In: VIDIGAL, Viviane; KROST, Oscar (Orgs.). *Adeus direito, tecnologia e trabalho*. Leme, SP: Mizuno, 2023.

# Etarismo por Gêneno no Meio Ambiente do Trabalho: Um dos Maiores Desafios Enfrentados pelas Mulheres no Mercado de Trabalho

## *Ageism by Gender in The Workplace: One of the Biggest Challenges Faced by Women in the Labor Market*

*Sandra Aparecida Benevides*
*Renato Antônio Borges Dias*
*Maria Cecília de Almeida Monteiro Lemos*

**Resumo:** Este artigo tem como objetivo principal, demonstrar através das pesquisas de dados oficiais, estudos e artigos que, não bastasse as dificuldades que, as mulheres enfrentam para se inserir e se manter no mercado de trabalho é uma luta diária por várias barreiras impostas desde o período colonial. Além de desafios antigos enfrentados pelas mulheres no injusto mercado de trabalho como discriminação por gênero, raça, desigualdade salarial, ainda, por mais absurda que seja, elas também enfrentam discriminação por idade. Nestas pesquisas apresentadas ficam comprovadas que apesar do Etarismo também afetarem os homens, as mulheres são as que mais sofrem com esse tipo de discriminação. Nesse artigo será demonstrado que apesar de no Brasil existirem leis e programas de proteção e combate à discriminação, que tem como objetivos, assegurar os direitos fundamentais das mulheres, pessoas com mais 60 anos, Normas Internacionais, Nacionais, Constituição Federal de 1988, Lei Maria da Penha, Estatuto do Idoso, Leis da Consolidação das Leis do Trabalho (CLT), Políticas Públicas, esses direitos não são respeitados.

**Palavras-chave:** Etarismo feminino laboral; Inclusão e dignidade humana.

**Abstract:** The main objective of this article is to demonstrate, through research on official data, studies and articles, that, in addition to the difficulties that women face in entering and remaining in the job market, there is also a daily struggle due to various barriers imposed since the colonial period. In addition to the long-standing challenges faced by women in the unfair job market, such as discrimination based on gender, race and wage inequality, they also face, however absurd, age discrimination. The research presented here shows that, although ageism also affects men, women are the ones who suffer most from this type of discrimination. This article will demonstrate that, despite the existence of laws and programs in Brazil to protect and combat discrimination, which aim to ensure the fundamental rights of women and people over 60 years of age, international and national standards, the 1988 Federal Constitution, the Maria da Penha Law, the Statute of the Elderly, the Consolidation of Labor Laws (CLT), and public policies, these rights are not respected.

**Keywords:** Female labor ageism; Inclusion and human dignity.

## Introdução

O etarismo no mercado de trabalho refere-se à discriminação baseada na idade. Afeta tantos trabalhadores homens mais velhos, mas é especialmente prevalente entre as profissionais mulheres, resultando em barreiras de emprego, promoção e tratamento justo.

O etarismo feminino no mercado de trabalho é um fenômeno que afeta mulheres de todas as idades, resultando em discriminação e preconceito baseados na idade. Esse preconceito é agravado pelo viés de gênero, criando uma dupla marginalização que dificulta o avanço profissional e a inclusão das mulheres acima dos 50 anos.

Segundo a pesquisa da Catho(1), 69% das mulheres entrevistadas acreditam ter perdido oportunidades de emprego devido à idade.

Outro estudo feito pela Harvard Business Review(2), revelou que mulheres enfrentam etarismo no ambiente de trabalho independentemente da idade, sendo consideradas jovens demais ou sofrendo discriminação por estarem velhas e irrelevantes.

Uma pesquisa global feita pela Women of Influence+(3) (WOI+) mostrou que 77,8% das mulheres já enfrentaram preconceito ou discriminação pela idade no ambiente de trabalho.

(1) *Pesquisa da Catho 2024*. Disponível em: https://www.catho.com.br/carreira-sucesso/etarismo-no-mercado-de-trabalho/. Acesso em: 25 nov. 2024

(2) *Harvard Business Review*. Disponível em: https://www.linkedin.com/posts/margarethgoldenberg_estudo-da-harvard-business-review-revelou-activity-7212418825475002369-kVSY/?originalSubdomain=pt. Acesso em: 25 nov. 2024

(3) Women of Influence+: *Idem*.

Com advento inesperado da pandemia, várias famílias foram surpreendidas no meio ambiente de trabalho, seja pelo medo de contaminação, na maioria dos casos, por ainda não existir vacinas na época, seja pela surpresa da demissão em massa, ocorrida em centenas de empresas no Brasil fechadas pelo chamado *"lock down"*, junto com a pandemia se instalou um verdadeiro caos na população e também nos órgãos de governo em todo o Brasil.

O que antes já não funcionava como devido e não era organizado, ficou muito pior como por exemplo, a marcação de consultas, exames anuais em hospitais públicos para mulheres que na maioria dos Estados ficaram suspensos, como se a partir daquele período, não houvessem mais, exame de imagem para prevenção de câncer de mama (exigido todos os anos como prevenção), doenças que afetam e matam principalmente as mulheres, como câncer de ovários entre outras doenças que, como num passe de mágica, tivessem sumido no mundo inteiro.

No Brasil, o Censo de 2022 revelou um aumento expressivo na população idosa, que totalizou, no período, mais de 22 milhões de pessoas com 65 anos ou mais[(4)]. Este crescimento demográfico acentua a importância de garantir soluções como políticas públicas como a inclusão digital dessa faixa etária, não apenas como uma questão de acesso à informação e interação social, mas como uma necessidade vital para sua inserção no mercado de trabalho.

Além desses problemas relatados que atingiram diretamente as mulheres a pandemia de 2019, outro grande problema foi que a pandemia trouxe com ela a revolução tecnológica, acelerada pela Covid-19, ressaltando a necessidade e urgência de uma adaptação às novas realidades digitais, impactando diversos setores da sociedade. Entre os grupos principais mais afetados por essa repentina mudança estão os mais vulneráveis quais sejam mulheres, idosos e crianças. Entre os grupos mais afetados por essa transformação estavam as mulheres idosas que, na maioria das empresas, foram as primeiras a serem demitidas até mesmo por outro problema que acompanha o Brasil desde a colonização, ou seja, a cultura do patriarcado que colabora diretamente com a divisão sexual do trabalho. Mulheres idosas na linha de frente da demissão para ficar em casa, fazendo os trabalhos domésticos, cuidar de seus filhos e de seus pais, assim também no sentido oposto que, no caso das domésticas que não puderam na maioria ficar em casa pois são elas quem sustentam suas famílias ficando expostas ao vírus.

A mulheres principalmente acima de 60 anos, que têm que além de todos os desafios significativos, também tem que lidar com preconceito pela idade.

---

(4) Secretaria de Comunicação. *Censo:* número de idosos no Brasil cresceu 57,4% em 12 anos. 27 out. 2023. Disponível em: https://www.gov.br/secom/pt-br/assuntos/noticias/2023/10/censo-2022-numero-de-idosos-na-populacao-do-pais-cresceu-57-4-em-12-anos#:~:text=Em%202022%2C%20o%20total%20de,7%2C4%25%20da%20popula%C3%A7%C3%A3o.

Este artigo busca analisar os desafios enfrentados pelas mulheres acima de 60 anos e tenta demonstrar da melhor maneira possível quais são as melhores soluções para que não haja nenhum tipo de discriminação, nem por raça, nem por gênero muito menos pela idade das mulheres no mercado de trabalho, o que tratamos aqui, o Etarismo.

Além disso, a pesquisa pretende identificar e discutir as políticas públicas existentes no Brasil que visam diminuir a discriminação da mulher no mercado de trabalho, apontando suas limitações e propondo melhorias. O debate será enriquecido pela análise de experiências internacionais e por uma comparação com a realidade brasileira, destacando as particularidades que tornam este desafio ainda mais complexo no contexto nacional.

Desse modo, este artigo não só contribui para o debate jurídico sobre a discriminação por idade como também as melhores propostas de inclusão e permanência das mulheres no mercado de trabalho com as possíveis soluções de se garantir a dignidade da pessoa humana idosa.

## 1. Envelhecimento populacional

O Brasil experimentou, nas últimas décadas, um crescimento significativo da população idosa. Segundo dados do Censo de 2022, a população com 65 anos ou mais cresceu 574% nos últimos 12 anos, totalizando 22.169.101 pessoas no período analisado[(5)]. Esse aumento expressivo reflete a transição demográfica pela qual o país passa, com a diminuição das taxas de natalidade e o aumento da expectativa de vida. Essa mudança traz consigo novos desafios, principalmente no que diz respeito à garantia dos direitos e da qualidade de vida dessa parcela da população.

O envelhecimento populacional exige a reavaliação de políticas públicas, especialmente aquelas voltadas à inclusão social e políticas afirmativas para não exclusão dessas mulheres. A participação ativa da pessoa idosa na sociedade, e particularmente no mercado de trabalho, também depende de sua capacidade de se adaptar ao mundo digital, que se torna cada vez mais essencial nas interações cotidianas, nas oportunidades econômicas e para o exercício pleno da cidadania. Nesse sentido, para acessar o próprio o sistema eletrônico do Governo Federal há a necessidade de conhecimento dessas ferramentas, como por exemplo, o "Meu INSS", "Gov.br", entre outros.

A capacitação e qualificação das mulheres para o mercado de trabalho, representa um meio para garantir que essa população tenha acesso pleno aos seus direitos, que possa se adaptar às novas exigências do mercado de trabalho e mantenha sua saúde física e mental, bem-estar em um mundo cada vez mais exigente e conectado.

---

(5) Secretaria de Comunicação. *Censo:* número de idosos no Brasil cresceu 57,4% em 12 anos. 27 out. 2023. Disponível em: https://www.gov.br/secom/pt-br/assuntos/noticias/2023/10/censo-2022-numero-de-idosos-na-populacao-do-pais-cresceu-57-4-em-12-anos#:~:text=Em%202022%2C%20o%20total%20de,7%2C4%25%20da%20popula%C3%A7%C3%A3o

A inclusão no mercado de trabalho da pessoa idosa no Brasil é uma questão cada vez mais relevante, especialmente no contexto das reformas da previdência, que têm trazido desafios adicionais para essa faixa etária, uma vez que a idade mínima para aposentadoria, atualmente em 62 anos para mulheres e 65 anos para homens, respectivamente, mantém por mais tempo a população em atividade. A mais recente Reforma da Previdência, promulgada em 2019, trouxe mudanças significativas nas regras de aposentadoria, pois, além de aumentar a idade mínima, ampliou o tempo de contribuição e modificou a fórmula de cálculo dos benefícios. Essas alterações, embora justificadas como necessárias para a sustentabilidade do sistema previdenciário, impactaram diretamente as pessoas idosas, especialmente aquelas com menos acesso a informações e tecnologias.

A exclusão das mulheres no mercado de trabalho, digital é um dos principais desafios enfrentados pela população idosa no Brasil. Embora 81% dos idosos conheçam o termo "internet", apenas 19% utilizam a rede efetivamente, de acordo com os dados mais recentes do Censo(6). Além disso, 72% nunca utilizaram um aplicativo e 62% nunca acessaram redes sociais(7). Esses números revelam uma exclusão significativa, que vai além do simples acesso à tecnologia, refletindo uma exclusão social mais ampla.

O acesso à internet também reproduz a desigualdade social e econômica do país: a baixa qualidade no acesso à internet impacta principalmente as classes C, D e E, sobretudo na população negra. Ademais, 58% dos brasileiros acessam a internet somente pelo celular, e passam grande parte do mês sem conexão, o que resulta em menos de um terço da população plenamente conectada — principalmente brancos das classes A e B.(8)

A inclusão digital, nesse cenário, torna-se essencial por diversas razões. Primeiro, ela proporciona às pessoas idosas o acesso a informações atualizadas sobre seus direitos previdenciários, as mudanças nas regras e os procedimentos necessários para a obtenção de benefícios. Em um mundo cada vez mais digitalizado, onde muitos serviços são oferecidos online, a falta de habilidades digitais pode deixar essa população à margem, dificultando o acesso a recursos importantes.

A falta de acesso e familiaridade com a tecnologia digital não só limita as oportunidades de trabalho para as mulheres mais idosas, como também os impede de participar plenamente da sociedade moderna. A exclusão digital agrava o isolamento social, um problema já comum entre os idosos, e dificulta o acesso a serviços essenciais, como saúde, educação, e até mesmo entretenimento. Dessa forma, a capacitação com a inclusão

---

(6) BOCCHINI, Bruno. Pesquisa mostra exclusão de idosos do mundo digital e da escrita. *Agência Brasil*. 21 ago. 2020. Disponível em: https://agenciabrasil.ebc.com.br/geral/noticia/2020-08/pesquisa-mostra-exclusao-de-idosos-do-mundo-digital-e-da-escrita. Acesso em: 05 nov. 2024.

(7) *Idem*.

(8) PwC BRASIL. *O Abismo Digital no Brasil*. Disponível em: https://www.pwc.com.br/pt/estudos/preocupacoes-ceos/mais-temas/2022/o-abismo-digital-no-brasil.html#:~:text=No%20Brasil%2C%20somente%20o%20setor,futuro%20que%20poderia%20ser%20promissor. Acesso em: 05 nov. 2024.

digital das mulheres emerge não apenas como uma questão de acesso, mas como uma necessidade para garantir a dignidade e o bem-estar da pessoa humana.

A não discriminação da pessoa idosa está intrinsecamente ligada aos direitos humanos e constitucionais garantidos no Brasil. O art. 230 da Constituição Federal(9) determina que a família, a sociedade e o Estado têm o dever de amparar as pessoas idosas, assegurando sua participação na comunidade e defendendo sua dignidade e bem-estar. Em consonância com esse preceito, o Estatuto da Pessoa Idosa (Lei n. 10.741/2003)(10) estabelece uma série de direitos voltados à proteção e inclusão dos idosos.

Esses dispositivos legais formam uma base sólida para a defesa do direito das pessoas mais velhas, à inclusão no mercado de trabalho como parte integrante do direito à dignidade. Além disso, essas normas estão alinhadas com as diretrizes da Organização Internacional do Trabalho (OIT) sobre o Futuro do Trabalho(11), que destaca a importância da inclusão digital para a competitividade e participação no mercado de trabalho.

Baseando-se nas discussões do relatório da OIT sobre o futuro do trabalho no Brasil, as novas tecnologias desempenham um papel crucial na transformação do mercado de trabalho, particularmente para a inclusão digital dos idosos. Com o avanço da automação, inteligência artificial e outras inovações tecnológicas, há uma necessidade crescente de adaptação dos trabalhadores, incluindo a população idosa, que frequentemente enfrenta barreiras significativas em sua inclusão digital.

O relatório destaca que a chamada "quarta revolução industrial" está remodelando as relações de trabalho, substituindo atividades rotineiras por processos automatizados(12). Essa transformação exige que trabalhadores de todas as idades, inclusive os idosos, desenvolvam novas habilidades e se adaptem a funções que exigem maior interação com a tecnologia. No entanto, os idosos, que tradicionalmente possuem menos familiaridade com as tecnologias digitais, enfrentam desafios adicionais, como a falta de treinamento adequado e a percepção de irrelevância das novas ferramentas em suas vidas cotidianas.

A inclusão dos idosos, portanto, é vista como uma questão de direitos humanos e de trabalho decente. A OIT sugere que o desenvolvimento de políticas públicas que promovam a capacitação tecnológica contínua, combinada com suporte técnico adequado, é essencial para garantir que os idosos não sejam excluídos das oportunidades oferecidas

---

(9) BRASIL. *Constituição Federal de 1988.* Disponível em: https://www.planalto.gov.br/ccivil_03/constituicao/constituicao.htm. Acesso em: 21 ago. 2024.

(10) BRASIL. *Lei n. 10.741, de 1º de outubro de 2003.* Disponível em: https://www.planalto.gov.br/ccivil_03/leis/2003/l10.741.htm. Acesso em: 05 nov. 2024.

(11) OIT. *Futuro do Trabalho no Brasil:* Perspectivas e Diálogos Tripartites. Disponível em: https://www.ilo.org/sites/default/files/wcmsp5/groups/public/@americas/@ro-lima/@ilo-brasilia/documents/publication/wcms_626908.pdf. Acesso em: 05 nov. 2024.

(12) *Idem.*

pelo mercado de trabalho moderno. Além disso, é necessário que as novas tecnologias sejam integradas de maneira a promover a inclusão social e econômica dos idosos, aproveitando sua experiência e conhecimento acumulado ao longo da vida.

As políticas públicas devem focar em criar um ambiente de treinamento e aprendizagem contínua para as mulheres, com programas educacionais que respeitem seu ritmo e necessidades específicas. Isso não só ajudará na inclusão, mas também garantirá que elas possam continuar a contribuir significativamente para a sociedade e o mercado de trabalho.

Nesse contexto, é fundamental que as políticas públicas brasileiras se orientem por esses princípios legais, garantindo que as mulheres, com suporte necessário, não sofram mais pelo etarismo de maneira eficaz e segura. A inclusão sem discriminação deve ser vista como um direito humano fundamental, essencial para assegurar que os idosos possam viver com dignidade e participar plenamente da vida social e econômica do país.

## 2. Etarismo desafio da inclusão dos idosos e a dignidade humana

O etarismo na carreira das mulheres pode resultar em consequências significativas, tais como a limitação das oportunidades de promoção e o acesso a cargos de liderança. Mulheres mais velhas muitas vezes enfrentam discriminação no ambiente de trabalho, o que pode afetar não apenas a sua progressão na carreira, mas também a sua autoconfiança.

Além disso, o etarismo pode resultar em disparidades salariais, com mulheres mais velhas recebendo remuneração inferior em comparação com colegas mais jovens. Esses impactos negativos do etarismo podem criar barreiras significativas para as mulheres em diversos setores profissionais. A exclusão por etarismo não se limita ao simples acesso a dispositivos ou à internet; ela também está profundamente enraizada em fatores psicológicos e culturais. Muitas mulheres idosas enfrentam barreiras psicológicas significativas quando se deparam com novas tecnologias. Pesquisa realizada pela Faculdade de Medicina de Ribeirão Preto da Universidade de São Paulo aponta que o medo de falhas técnicas, a ansiedade em relação ao desconhecido e a percepção de que a tecnologia é irrelevante para suas vidas são desafios comuns[(13)]. Esses fatores geram uma resistência natural ao aprendizado de novas habilidades digitais, que foram desafiadas devido ao contexto pandêmico.

Além disso, a socialização dos idosos em épocas anteriores à era digital influencia suas atitudes em relação à tecnologia.

---

(13) USP. *Pesquisa tenta entender a complicada relação entre idosos e tecnologia*. 25 out. 2013. Disponível em: https://www5.usp.br/noticias/especial-2/pesquisa-tenta-entender-a-complicada-relacao-entre-idosos-e-tecnologia/. Acesso em: 05 nov. 2024.

Os fatores sociais e econômicos também desempenham um papel importante na exclusão das mulheres mais velhas. A desigualdade de renda é uma barreira significativa, pois muitas idosas têm recursos financeiros limitados, dificultando a sua qualificação para acompanhar a evolução do mercado de trabalho.

A educação também é um fator determinante. Muitas mulheres idosas não tiveram a oportunidade de adquirir habilidades tecnológicas durante sua vida ativa, e a falta de programas educacionais voltados para essa faixa etária contribui para a exclusão do mercado de trabalho. A ausência de iniciativas de alfabetização digital específicas para pessoas idosas cria um vácuo de conhecimento que perpetua a exclusão, tornando a adaptação às novas tecnologias ainda mais difícil.

A nova forma de viver em sociedade exige essa inclusão. Por exemplo, plataforma GOV.BR, parte essencial da Rede Nacional de Governo Digital, representa um marco no exercício da cidadania digital no Brasil, especialmente para as pessoas idosas. Com a digitalização de 90% dos serviços públicos, como emissão de documentos e agendamentos, a plataforma centraliza esses serviços, facilitando o acesso e reduzindo a necessidade de deslocamento. No entanto, a simples disponibilização desses serviços não garante sua plena utilização pelos idosos, que enfrentam desafios como a falta de letramento digital e o acesso limitado a dispositivos e internet(14).

É essencial que a inclusão digital das mulheres seja tratada como uma prioridade nas políticas públicas, garantindo que possam exercer seus direitos de forma autônoma e informada. A PEC n. 47/2021(15), que propõe incluir a inclusão digital como um direito fundamental na Constituição, é um passo importante nessa direção. Contudo, além da legislação, a capacitação contínua e o acesso a recursos tecnológicos são fundamentais para que o governo digital seja efetivamente acessível a toda a população, especialmente aos mais vulneráveis.

A resistência ao aprendizado é uma barreira significativa para a inclusão digital dos idosos. A falta de paciência ou confiança para aprender novas habilidades tecnológicas pode levar muitos idosos a desistirem antes mesmo de começar. Isso é agravado pela ausência de suporte contínuo e personalizado, que poderia ajudar a construir a confiança e a capacidade dos idosos para utilizar a tecnologia de forma eficaz.

Portanto, é fundamental oferecer programas de educação nas empresas com capacitação digital que sejam adaptados às necessidades específicas dos idosos, com metodologias de ensino mais lentas e repetitivas, que respeitem o ritmo de aprendizado dessa

---

(14) CAMPOS, Lucas Cruz. Dissertação de Mestrado em Direito da Universidade Federal do Rio Grande do Norte com o título: *Letramento de Imigrantes Digitais:* experiências de um projeto de inclusão digital de pessoas idosas. Natal, 2023.

(15) SENADO FEDERAL. *PEC 47/2021*. Disponível em: https://www25.senado.leg.br/web/atividade/materias/-/materia/151308. Acesso em: 17 jul. 2024.

faixa etária. Além disso, a presença de suporte técnico acessível e contínuo pode fazer a diferença na jornada de aprendizado dos idosos, permitindo que eles superem os obstáculos iniciais e se tornem mais autossuficientes no uso da tecnologia.

Essa política de inclusão contribui para a efetividade do direito à dignidade humana dessas pessoas, para que elas convivam em sociedade e tenham oportunidade de acesso ao mercado de trabalho.

A dignidade humana, princípio fundamental consagrado pela Declaração Universal dos Direitos Humanos[(16)] e refletido na Constituição Federal de 1988[(17)], é um valor central na proteção dos direitos das pessoas idosas, especialmente no que concerne à sua inclusão social e digital. A Declaração, ao afirmar a dignidade inerente a todos os membros da família humana, estabelece um marco normativo que exige que cada ser humano, independentemente de sua idade, seja tratado com respeito, igualdade e consideração.

A inclusão de mulheres mais de 50/60 anos no mercado de trabalho torna-se um imperativo para assegurar que as pessoas idosas possam exercer plenamente seus direitos, como o acesso a informações sobre seus benefícios previdenciários, serviços de saúde e oportunidades de trabalho.

Além disso, a dignidade humana também está intrinsecamente ligada ao direito ao trabalho digno, como preconizado pela Declaração Universal dos Direitos Humanos e refletido na Constituição Brasileira. O envelhecimento ativo, promovido pela inclusão digital, permite que os idosos continuem a contribuir para a sociedade e a manter sua autoestima e independência, elementos essenciais para uma vida digna.

A inclusão da mulher mais idosa no contexto das funções do direito do trabalho, conforme Mauricio Godinho Delgado[(18)], é fundamental para a promoção da dignidade humana e para o fortalecimento da democracia no capitalismo. Delgado aponta que o direito do trabalho desempenha um papel crucial na regulação das relações entre capital e trabalho, buscando equilibrar o poder entre empregadores e trabalhadores, o que é essencial para a inclusão de grupos vulneráveis, como os idosos.

No capitalismo, o etarismo reflete na exclusão dos idosos no mercado de trabalho que pode ser vista como uma consequência da lógica de maximização do lucro, que tende a privilegiar a força de trabalho mais jovem e, teoricamente, mais produtiva. No entanto,

---

(16) UNICEF. *Declaração Universal dos Direitos Humanos.* Disponível em: https://www.unicef.org/brazil/declaracao-universal-dos-direitos-humanos. Acesso em: 05 jul. 2024.

(17) BRASIL. *Constituição Federal de 1988.* Disponível em: https://www.planalto.gov.br/ccivil_03/constituicao/constituicao.htm. Acesso em: 05 jul. 2024.

(18) DELGADO, Mauricio Godinho. Funções do direito do trabalho no capitalismo e na democracia. In: COLNAGO, Lorena de Mello Rezende; ALVARENGA, Rúbia Zanotelli. *Direitos humanos e direito do trabalho.* São Paulo: LTr, 2013.

Delgado[19] argumenta que o Direito do Trabalho, enquanto mecanismo de proteção social, deve atuar para garantir a pessoa humana, e no presente trabalho os idosos, tenham acesso ao trabalho digno, respeitando sua experiência e contribuindo para sua inclusão social.

Portanto, a inclusão do idoso no mercado de trabalho é uma questão central nas funções do direito do trabalho no capitalismo e na democracia, atuando como um mecanismo para a promoção da igualdade, da dignidade humana e do fortalecimento da cidadania, conforme ensina professor Mauricio Godinho[20].

## 3. Políticas públicas e propostas para a inclusão da pessoa idosa

O Brasil conta com uma série de políticas públicas voltadas para a inclusão social e a proteção dos direitos da pessoa idosa, incluindo a sua inserção no mundo digital. O Estatuto da Pessoa Idosa (Lei n. 10.741/2003) é um marco legal que estabelece direitos fundamentais para essa população, incluindo o acesso à educação e à informação. No entanto, a aplicação prática dessas políticas ainda é insuficiente para garantir uma inclusão digital efetiva.

Programas como o "Internet para Todos"[21] e iniciativas locais de inclusão digital têm sido implementados com o objetivo de democratizar o acesso à tecnologia. No entanto, a abrangência e eficácia desses programas são limitadas, frequentemente não alcançando as comunidades mais vulneráveis, onde a exclusão digital é mais acentuada. Além disso, muitas dessas iniciativas não são especificamente direcionadas aos idosos, o que pode resultar em uma falta de adequação às necessidades particulares dessa faixa etária.

O Programa Viver — Envelhecimento Ativo e Saudável (Pró-DH) é uma iniciativa que visa promover a inclusão social e digital dos idosos, incentivando a sua participação ativa na sociedade[22]. O programa oferece atividades que envolvem educação, saúde, esporte, lazer, cultura, entre outras áreas, com o objetivo de melhorar a qualidade de vida dos idosos e fomentar a sua autonomia. Além disso, o programa busca criar oportunidades para que os idosos possam contribuir com suas experiências e conhecimentos, promovendo um envelhecimento saudável e ativo.[23]

---

(19) DELGADO, Mauricio Godinho. Funções do direito do trabalho no capitalismo e na democracia. In: COLNAGO, Lorena de Mello Rezende; ALVARENGA, Rúbia Zanotelli. *Direitos humanos e direito do trabalho*. São Paulo: LTr, 2013.

(20) *Idem*.

(21) MINISTÉRIO DA CIÊNCIA E TECNOLOGIA. *Internet para todos*. Disponível em: https://internetparatodos.mctic.gov.br/portal_ipt/opencms. Acesso em: 07 jun. 2024.

(22) GOV.BR. Assistência Social. *Aderir ao Programa Viver* — Envelhecimento Ativo e Saudável (Pró-DH). Disponível em: https://www.gov.br/pt-br/servicos/programa-viver-envelhecimento-ativo-e-saudavel#:~:text=%C3%89%20um%20programa%20que%20visa,que%20est%C3%A3o%20habilitados%20no%20Programa. Acesso em: 20 jun. 2024.

(23) *Idem*.

Muitas iniciativas são implementadas como projetos temporários, sem uma visão de longo prazo que assegure a manutenção e expansão dos programas de inclusão digital. A ausência de indicadores claros de sucesso e a falta de integração entre diferentes níveis de governo também comprometem a eficácia dessas políticas.

A educação continuada é uma ferramenta essencial para diminuir a questão do Etarismo.

Desde 2017, a Fundação Fiocruz discute um programa de inclusão digital voltado para idosos, implementado pelo Instituto Paulista de Geriatria e Gerontologia (IPGG). O programa visa proporcionar autonomia aos idosos no uso de tecnologias como computadores e smartphones, promovendo sua participação social e intergeracional. As atividades são adaptadas às necessidades específicas dos participantes, com foco em saúde, segurança digital e integração social. A iniciativa busca combater o isolamento e promover a inclusão dos idosos na era digital.

Nesse projeto, a avaliação inicial de um grupo de idosos, com média de idade de 69,7 anos, revelou maior prevalência feminina (80,4%) e diferentes estados civis. A maioria é dona de casa, com alguns ainda trabalhando. Problemas de visão e audição foram comuns, com 54,35% apresentando déficit visual e 64,4% falhando na triagem auditiva. Apesar disso, 88,9% apresentaram humor normal. Quanto ao interesse pelo curso de inclusão digital, 67,4% desejam se atualizar digitalmente, buscando integração social[(24)]. Alguns visam aprender a usar equipamentos eletrônicos domésticos.

Campanhas de conscientização sobre a importância da inclusão digital podem ser implementadas para sensibilizar a sociedade em geral sobre os desafios enfrentados pelos idosos. Essas campanhas poderiam incluir esforços para capacitar familiares e cuidadores, incentivando-os a apoiar os idosos em suas jornadas de aprendizagem digital.

Em atenção a essa realidade da pessoa idosa, a Comissão Econômica para a Europa da ONU passou a promover inclusão digital de idosos e dedicar atenção a outros fatores que envolvem essa inclusão, a exemplo da Alemanha, que está preocupada com a dignidade e a proteção de dados de pessoas na terceira idade com o avanço da inteligência artificial e seus serviços, e a Eslováquia, que desenvolveu um projeto que pretende testar e aumentar os conhecimentos dos idosos entre o ano de 2023 a 2026[(25)]

Esses programas não apenas ensinam habilidades digitais, mas também promovem o bem-estar social ao integrar diferentes gerações a fim de se evitar discriminação.

---

(24) FIOCRUZ. *Inclusão Digital para Idosos:* integrando gerações na descoberta de novos horizontes. Disponível em: https://saudedapessoaidosa.fiocruz.br/pratica/inclus%C3%A3o-digital-para-idosos-integrando-gera%C3%A7%C3%B5es-na-descoberta-de-novos-horizontes. Acesso em: 13 jun. 2024.

(25) ONU. *Comissão Econômica para a Europa promove inclusão digital de idosos*. Disponível em: https://news.un.org/pt/story/2021/07/1758342. Acesso em: 27 jul. 2024.

A adaptação dessas experiências internacionais ao contexto brasileiro pode incluir a formação de parcerias com organizações internacionais, a adoção de tecnologias assistivas mais acessíveis e o incentivo à interação intergeracional como uma forma de apoio à inclusão digital.

No Brasil, o aumento da expectativa de vida e o envelhecimento da população exigem que o país desenvolva políticas mais robustas e inclusivas. A tecnologia, se adequadamente integrada, pode servir como um poderoso aliado na promoção da autonomia, bem-estar e participação social dos idosos, preservando a dignidade humana e aquecendo a economia.

As políticas públicas devem, portanto, se concentrar em criar um ambiente inclusivo e acessível, onde os idosos possam se beneficiar das oportunidades oferecidas pelo mundo digital. Isso requer não apenas investimentos em infraestrutura e educação, mas também uma mudança cultural que valorize e promova a inclusão dos idosos como participantes ativos e valiosos na sociedade digital.

## 4. Conclusão

A educação desempenha um papel fundamental na luta contra o etarismo laboral feminino, pois promove a conscientização sobre os preconceitos e estereótipos relacionados à idade no ambiente de trabalho. Por meio de programas de treinamento e workshops, as empresas podem proporcionar oportunidades para que os funcionários compreendam a importância da diversidade etária e adquiram habilidades para promover um ambiente mais inclusivo.

Além disso, a conscientização por meio de campanhas educativas e palestras pode contribuir para a desconstrução de atitudes discriminatórias e a promoção de uma cultura organizacional mais justa e igualitária, criando um ambiente que valoriza e respeita a contribuição de todas as gerações. A discriminação por idade da mulher da população idosa no Brasil é uma questão pontual no contexto do direito do trabalho e previdenciário, especialmente diante das mudanças na legislação e do envelhecimento populacional. As transformações tecnológicas impactam diretamente o acesso a informações sobre direitos trabalhistas e previdenciários, muitas vezes excluindo os idosos menos familiarizados com o digital. Embora existam políticas públicas voltadas à inclusão, estas ainda carecem de especificidade e continuidade, não sendo suficientes para garantir uma participação equitativa dos idosos na sociedade e no mercado de trabalho.

Para uma verdadeira inclusão, é necessário que as políticas públicas integrem a capacitação digital como parte dos direitos sociais, permitindo que os idosos acessem de forma plena e independente os serviços relacionados ao trabalho e à previdência. Propostas como a criação de um Plano Nacional de Inclusão Digital para Idosos, parcerias público-privadas e subsídios específicos são essenciais para que a tecnologia se torne uma ferramenta de acesso à justiça social e aos direitos trabalhistas e previdenciários.

A inclusão digital deve ser vista como um direito humano fundamental, essencial para a autonomia e dignidade dos idosos no mundo moderno. Apenas com um compromisso conjunto do governo, sociedade civil e setor privado será possível garantir que a população idosa possa exercer seus direitos com plena participação no meio ambiente do trabalho.

Adaptações de práticas internacionais para o contexto brasileiro poderiam incluir a criação de centros de apoio de qualificação, a formação de parcerias nacionais e internacionais e o desenvolvimento de políticas públicas mais robustas e inclusivas evitando assim qualquer tipo de discriminação inclusive o Etarismo.

A luta contra o etarismo feminino laboral é fundamental para garantir igualdade de oportunidades e justiça no ambiente de trabalho. Ao longo deste trabalho, foi possível identificar os impactos negativos do etarismo na carreira das mulheres, assim como as barreiras e estereótipos enfrentados. No entanto, estratégias para combater o etarismo e promover a igualdade etária de gênero foram apresentadas, demonstrando que é possível implementar mudanças efetivas. Além disso, a exploração de estudos de caso e boas práticas empresariais oferece insights valiosos para a criação de ambientes de trabalho mais inclusivos. O papel da educação e da conscientização também se mostrou crucial, mostrando que a disseminação de informações sobre esse tema é essencial. Portanto, apesar dos desafios existentes, as tendências futuras apontam para um maior engajamento na promoção da igualdade etária de gênero, o que representa um passo importante na construção de um ambiente profissional mais justo e equitativo para as mulheres.

O etarismo feminino no mercado de trabalho é um desafio complexo que requer uma abordagem multifacetada para ser superado. Promover a conscientização, implementar políticas inclusivas e oferecer suporte contínuo para o desenvolvimento de carreira são passos essenciais para criar um ambiente de trabalho mais justo e igualitário para todas as mulheres.

## Referências

AGE UK. *Digital inclusion and older people* — how have things changed in a Covid-19 world? Disponível em: https://www.ageuk.org.uk/globalassets/age-uk/documents/reports-and-publications/reports-and-briefings/active-communities/digital-inclusion-in-the-pandemic-final-march-2021.pdf. Acesso em: 20 jul. 2024.

BOCCHINI, Bruno. Pesquisa mostra exclusão de idosos do mundo digital e da escrita. *Agência Brasil.* 21 ago. 2020. Disponível em: https://agenciabrasil.ebc.com.br/geral/noticia/2020-08/pesquisa-mostra-exclusao-de-idosos-do-mundo-digital-e-da-escrita Acesso em: 21 jul. 2024.

BRASIL. *Constituição Federal de 1988.* Disponível em: https://www.planalto.gov.br/ccivil_03/constituicao/constituicao.htm. Acesso em: 21 jul. 2024.

BRASIL. *Lei n. 10.741, de 1º de outubro de 2003.* Disponível em: https://www.planalto.gov.br/ccivil_03/leis/2003/l10.741.htm. Acesso em: 23 jul. 2024.

CENTRE FOR AGEING BETTER. Disponível em: https://ageing-better.org.uk/digital-inclusion . Acesso em: 20 jul. 2024.

DELGADO, Mauricio Godinho. Funções do direito do trabalho no capitalismo e na democracia. In: COLNAGO, Lorena de Mello Rezende; ALVARENGA, Rúbia Zanotelli. *Direitos humanos e direito do trabalho*. São Paulo: LTr, 2013.

FIOCRUZ. *Inclusão Digital para Idosos:* integrando gerações na descoberta de novos horizontes. Disponível em: https://saudedapessoaidosa.fiocruz.br/pratica/inclus%C3%A3o-digital-para-idosos-integrando-gera%C3%A7%C3%B5es-na-descoberta-de-novos-horizontes. Acesso em: 13 jun. 2024.

GOV.BR. Assistência Social. *Aderir ao Programa Viver* — Envelhecimento Ativo e Saudável (Pró-DH). Disponível em: https://www.gov.br/pt-br/servicos/programa-viver-envelhecimento-ativo-e-saudavel#:~:text=%C3%89%20um%20programa%20que%20visa,que%20est%C3%A3o%20habilitados%20no%20Programa. Acesso em: 20 jun. 2024.

CAMPOS, Lucas Cruz. Dissertação de Mestrado em Direito da Universidade Federal do Rio Grande do Norte com o título: *Letramento de Imigrantes Digitais: experiências de um projeto de inclusão digital de pessoas idosas*. Natal, 2023. Disponível em: https://repositorio.ufrn.br/bitstream/123456789/54390/1/Letramentoimigrantesdigitais_Campos_2023.pdf. Acesso em: 23 jul. 2024.

MINISTÉRIO DA CIÊNCIA E TECNOLOGIA. *Internet para todos*. Disponível em: https://internetparatodos.mctic.gov.br/portal_ipt/opencms. Acesso em: 07 jun. 2024.

OIT. *Futuro do Trabalho no Brasil:* Perspectivas e Diálogos Tripartites. Disponível em: https://www.ilo.org/sites/default/files/wcmsp5/groups/public/@americas/@ro-lima/@ilo-brasilia/documents/publication/wcms_626908.pdf . Acesso em: 05 jun. 2024.

ONU. *Comissão Econômica para a Europa promove inclusão digital de idosos*. Disponível em: https://news.un.org/pt/story/2021/07/1758342. Acesso em: 27 jul. 2024.

Secretaria de Comunicação. *Censo:* número de idosos no Brasil cresceu 57,4% em 12 anos. 27 out. 2023. Disponível em: https://www.gov.br/secom/pt-br/assuntos/noticias/2023/10/censo-2022-numero-de-idosos-na-populacao-do-pais-cresceu-57-4-em-12-anos#:~:text=Em%202022%2C%20o%20total%20de,7%2C4%25%20da%20popula%C3%A7%C3%A3o.

SENADO FEDERAL. *PEC 47/2021*. Disponível em: https://www25.senado.leg.br/web/atividade/materias/-/materia/151308. Acesso em: 17 jul. 2024.

UNICEF. *Declaração Universal dos Direitos Humanos*. Disponível em: https://www.unicef.org/brazil/declaracao-universal-dos-direitos-humanos. Acesso em: 05 jul. 2024.

USP. *Pesquisa tenta entender a complicada relação entre idosos e tecnologia*. 25 out. 2013. Disponível em: https://www5.usp.br/noticias/especial-2/pesquisa-tenta-entender-a-complicada-relacao-entre-idosos-e-tecnologia/. Acesso em: 28 jun. 2024.

# Parte III

# Convenções Internacionais, Direitos Humanos e Combate à Violência no Trabalho

# Ratificação da Convenção n. 190 da OIT Pelo Brasil: Desafios e Caminhos Para a Erradicação da Violência e Assédio no Trabalho

## *Ratification of ILO Convention n. 190: Challenges and Paths to Eradicate Violence and Harassment at Work*

*Ricardo José Macêdo de Britto Pereira*
*Juliana Bortoncello Ferreira*

**Resumo:** Este artigo, baseado em revisão bibliográfica sobre a precarização do trabalho atualmente existente e a legislação relacionada à violência e assédio no mundo laboral, destaca a importância da ratificação da Convenção n. 190 da OIT, pelo Brasil. Busca-se expor os principais aspectos e objetivos da referida Convenção, adotada pela OIT para promover a justiça social e eliminar a violência e o assédio no mundo do trabalho, incluindo questões de gênero. Especialmente após a adoção do Estado Democrático de Direito e a promulgação da Constituição Federal de 1988, o Brasil passou a incorporar dispositivos constitucionais que valorizam o trabalho e o emprego, além de proibir práticas de violência e assédio. Além disso, leis infraconstitucionais complementaram essas disposições, de forma que, atualmente, o País possui normas que coíbem o assédio no trabalho ou em decorrência deste. No entanto, o País precisa de normas mais específicas e abrangentes que tratem do tema, a fim de que sejam abarcadas todas as possibilidades de violência no aspecto e para garantir a dignidade humana. A ratificação da Convenção pelo Brasil enfrentará desafios como barreiras culturais e sociais e, entre outras, a falta de medidas efetivas das empresas.

Conclui-se que esses desafios podem ser enfrentados através da criação de um sistema sólido de inspeção, regulamentação e monitoramento detalhados, alinhando a Convenção, ainda, com as políticas de recursos humanos e segurança ocupacional. Essas medidas são essenciais para enfrentar o problema de forma eficaz e promover um ambiente de trabalho livre de violência e assédio.

**Palavras-chave:** Convenção n. 190; Ratificação; Brasil; Assédio; Violência.

**Abstract:** This article, based on a literature review on the current precariousness of labor and the legislation related to violence and harassment in the world of work, highlights the importance of Brazil's ratification of ILO Convention 190. It aims to set out the main aspects and objectives of this Convention, adopted by the ILO to promote social justice and eliminate violence and harassment in the world of labor, including gender issues. Especially after the adoption of the Democratic Rule of Law and the promulgation of the 1988 Federal Constitution, Brazil began to incorporate constitutional provisions that value labor and employment, as well as prohibiting practices of violence and harassment. In addition, infra-constitutional laws complemented these provisions, so that the country currently has rules that prohibit harassment at work or as a result of it. However, the country needs more specific and comprehensive rules dealing with the issue, in order to cover all possibilities of violence in this regard and to guarantee human dignity. Brazil's ratification of the Convention will face challenges such as cultural and social barriers and, among others, the lack of effective measures by companies. It is concluded that these challenges can be addressed by creating a solid system of detailed inspection, regulation and monitoring, while also aligning the Convention with human resources and occupational safety policies. These measures are essential to tackle the problem effectively and promote a working environment free of violence and harassment.

**Keywords:** Convention 190; Ratification; Brazil; Harassment; Violence.

## Introdução

A degradação das relações de trabalho, permeada na atualidade pela terceirização, maior precarização das condições laborais, trabalho informal, entre outros cenários, tem gerado uma preocupação internacional para uma maior proteção dos trabalhadores. Nesse contexto, a Organização Internacional do Trabalho (OIT), em 2019, adotou a Convenção n. 190, a fim de eliminar a violência e o assédio no mundo do trabalho.

O texto da nova Convenção demonstra a preocupação com a dignidade da pessoa humana, e assim, com os preceitos das demais Convenções fundamentais da OIT, entre outras normas, com a Declaração Universal dos Direitos Humanos. Além de vários preceitos inovadores e abrangentes, a Convenção amplia o termo “"violência e assédio” no trabalho, alcançando diversas situações que afetam a saúde física e mental dos trabalhadores.

O Brasil, que ainda não ratificou a nova norma internacional, possui legislação esparsa sobre o tema e carece de normas específicas e detalhadas, o que demanda uma interpretação conjunta da Constituição Federal e das normas infraconstitucionais. Tal lacuna, de início, pode não afetar a aplicação de sanções e regulamentações, mas a falta de um tratamento aprofundado da legislação deixa os trabalhadores à mercê da interpretação jurisdicional, o que pode comprometer a efetiva proteção do direito à dignidade em sentido amplo. A melhor abordagem é a prevenção, e que pode ser obtida se o Brasil ratificar a Convenção n. 190 da OIT.

A ratificação, contudo, exigirá a adequação da legislação nacional às normas internacionais sobre violência e assédio no trabalho, enfrentando desafios como a integração ao sistema jurídico local e às barreiras culturais e sociais existentes, como a tolerância a comportamentos inadequados e o estigma associado a denúncias, que pode desencorajar trabalhadores a se manifestar. Empresas menores também podem resistir à implementação de políticas eficazes, e a falta de conscientização e educação sobre o tema pode dificultar a adoção de medidas adequadas.

Portanto, a implementação bem-sucedida da Convenção exigirá políticas públicas claras, modelos adaptáveis, e uma estrutura robusta de inspeção e monitoramento.

Este artigo, baseado em revisão bibliográfica sobre a precarização do trabalho atualmente existente, bem como legislativa sobre violência e assédio no mundo laboral, visa expor a importância da ratificação da Convenção n. 190 da OIT, pelo Brasil, além dos desafios e caminhos para a erradicação de tais práticas assediadoras.

## 1. Análise do texto da Convenção n. 190: Principais aspectos e objetivos

A violência e o assédio no ambiente laboral permeiam o próprio desenvolvimento do trabalho há séculos. Costumeiramente, são destacadas as mazelas sofridas pela classe trabalhadora que, já em 1845, eram sintetizadas por Friedrich Engels — em dedicatória literária feita aos seus compatriotas operários —, no sentido de que representavam apenas uma "carne humana" à disposição e em benefício dos mais ricos(1).

Apesar da persistência da exploração do trabalho em condições desumanas, como o trabalho análogo à escravidão que ainda existe no Brasil e em outros países, o desenvolvimento dos Organismos Internacionais e das normas associadas, assim como a transição para o paradigma do Estado Democrático de Direito, especialmente no Ocidente, elevaram o trabalho a um nível civilizatório e de patamares mínimos, regido por princípios como a dignidade da pessoa humana. No entanto, ainda há progresso a ser feito.

A Organização Internacional do Trabalho (OIT), fundada para promover a justiça social e oportunidades de acesso a trabalho decente e produtivo vem, nesse sentido, emanando normas a serem cumpridas pelos Estados-membros, para alcançar os quatro

(1) "(...) a classe média — qualquer que seja a sua retórica — não possui, na realidade, outro objetivo que enriquecer à custa de vosso trabalho, enquanto puder vender o produto dele e deixar-vos morrer de fome quando já não mais puder lucrar com esse comércio indireto de carne humana" (ENGELS, Friedrich. *A situação da classe trabalhadora na Inglaterra*. Tradução de B. A. Schumann. São Paulo: Boitempo, 2010. p. 38).

objetivos estratégicos da sua Agenda de Trabalho Decente, quais sejam: estabelecer e promover normas, princípios e direitos fundamentais no trabalho; criar mais oportunidades de emprego e renda dignos para homens e mulheres; ampliar o alcance e a eficiência das redes de proteção social para todos, além de reforçar o tripartismo e o diálogo entre as partes envolvidas(2).

Assim, na ocasião do centenário da OIT, em 2019, em continuidade à concretização do princípio da justiça social, foi adotada a Convenção n. 190, que entrou em vigor em 25 de junho de 2021, cujo objetivo é o de eliminar a violência e o assédio no mundo do trabalho, inclusive a que está relacionada a gênero(3).

A Convenção n. 190 foi adotada em um contexto de avanço tecnológico e intensificação da produção em massa, o que levou ao aumento do trabalho e ao consequente adoecimento dos trabalhadores.

Ricardo Antunes descreve esse cenário de adoecimento tanto no trabalho sem modernização cibernética quanto nos impactos da tecnologia sobre a classe trabalhadora. Diz o autor que, de um lado, há os trabalhadores que lidam com tecnologia mais avançada, os quais enfrentam maior flexibilização e intensificação do ritmo de trabalho. De outro, há a maioria dos trabalhadores e que enfrentam vínculos e condições de trabalho variados, com menos tecnologia, mas com jornadas mais longas e maior insegurança e vulnerabilidade(4).

Considerando essa conjuntura, a Convenção n. 190 chegou em momento oportuno, pois atrela a eliminação da violência e do assédio no mundo do trabalho à dignidade da pessoa humana enfocada na Declaração de Filadélfia, além de outros instrumentos internacionais, a exemplo da Declaração Universal dos Direitos Humanos, do Pacto Internacional sobre os Direitos Civis e Políticos, do Pacto Internacional sobre os Direitos Econômicos, Sociais e Culturais e da Convenção sobre a Eliminação de Todas as Formas de Discriminação contra as Mulheres.

A nova norma da OIT reconhece, no Preâmbulo, que tais situações vivenciadas pelos trabalhadores "(...) podem constituir uma violação ou abuso dos direitos humanos, e que a violência e o assédio são uma ameaça à igualdade de oportunidades, são inaceitáveis e incompatíveis com o trabalho decente". Afirma, também, que "(...) afetam a saúde

---

(2) ORGANIZAÇÃO INTERNACIONAL DO TRABALHO. *Conheça a OIT.* Disponível em: https://www.ilo.org/pt-pt/regions-and-countries/americas/brasil/conheca-oit. Acesso em: 16 ago. 2024.

(3) Conforme se verifica do texto da Convenção n. 190. (ORGANIZAÇÃO INTERNACIONAL DO TRABALHO. *C190* — Convenção sobre Violência e Assédio. Disponível em: https://normlex.ilo.org/dyn/normlex/es/f?p=NORMLEXPUB:12100:0::NO::P12100_ILO_CODE:C190. Acesso em: 16 ago. 2024).

(4) ANTUNES, Ricardo. *O privilégio da servidão:* o novo proletariado de serviços na era digital. São Paulo: Boitempo, 2018. p. 158.

psicológica, física e sexual das pessoas, a dignidade e o ambiente familiar e social"(5). Tais fatores justificam, portanto, a preocupação internacional.

Um dos destaques da Convenção n. 190 é a amplitude dada ao termo "violência e assédio" no mundo do trabalho, seja em relação ao conceito, seja no tocante à extensão. De forma abrangente, compreendeu uma série de ocorrências vividas pela classe trabalhadora, todas vilipendiadoras de sua saúde física e mental. Conforme se afere da leitura sistemática dos arts. 1 a 3, a norma não se limita apenas a casos práticos de atitudes inaceitáveis, com repercussão explícita, mas, ainda, a ameaças dirigidas aos trabalhadores e que causem qualquer tipo de dano que envolva a saúde física, psicológica, sexual e, até econômica, levando-se em conta que prejuízos desta natureza também afetam o dia a dia e a dinâmica pessoal e familiar. Outro destaque é que a prática, que antes era entendida apenas em situações repetidas, agora pode ser compreendida a partir de ocorrências únicas.

A violência e o assédio são práticas com acentuada incidência de gênero, podendo ocorrer no próprio ambiente de trabalho e durante a sua execução e, ainda, fora do estabelecimento propriamente dito, desde que sejam relacionados com o trabalho ou decorrentes deste, como no caso de deslocamentos e viagens relacionadas ao labor, ou durante o percurso do trajeto entre o domicílio e o local da prestação do serviço.

Para abranger mais trabalhadores no cenário tecnológico atual e de crescente precarização, a Convenção incluiu um amplo grupo de pessoas, tanto dos setores público e privado, atuando formal ou informalmente, em áreas urbanas ou rurais. Ricardo Antunes ressalta haver vários exemplos de precarização nessa nova era, desde a diminuição do trabalho formal e regulamentado do século XX em favor de formas atípicas e precárias de trabalho, até o "empreendedorismo", que cada dia mais tem mantido de forma velada o trabalho assalariado, promovendo variadas formas de flexibilização, como a salarial e a organizativa(6). Diz o art. 2º, item "1":

> A presente Convenção protege os trabalhadores e outras pessoas no mundo do trabalho, incluindo os trabalhadores tal como definido pela legislação e prática nacional, bem como as pessoas que trabalham independentemente do seu estatuto contratual, as pessoas em formação, incluindo os estagiários e aprendizes, os trabalhadores cujo emprego foi rescindido, os voluntários, as pessoas à procura de emprego e os candidatos a emprego, e os indivíduos que exercem autoridade, deveres ou responsabilidades de um empregador.(7)

(5) ORGANIZAÇÃO INTERNACIONAL DO TRABALHO. *Conheça a OIT.* Disponível em: https://www.ilo.org/pt-pt/regions-and-countries/americas/brasil/conheca-oit. Acesso em: 19 ago. 2024.

(6) ANTUNES, Ricardo. *O privilégio da servidão:* o novo proletariado de serviços na era digital. São Paulo: Boitempo, 2018. p. 87.

(7) ORGANIZAÇÃO INTERNACIONAL DO TRABALHO. *C190* — Convenção sobre Violência e Assédio. Disponível em: https://normlex.ilo.org/dyn/normlex/es/f?p=NORMLEXPUB:12100:0::NO::P12100_ILO_CODE:C190. Acesso em: 19 ago. 2024.

A partir do art. 4º, a Convenção n. 190 dirige-se aos Membros da OIT, ao mencionar que deverão adotar as regras ali postas, em uma abordagem integrada com a sua legislação nacional, contemplando o aspecto relativo a gênero e, se ratificada, incluir diversas medidas que deverão ser implantadas, como a proibição de violência e assédio no mundo do trabalho, expressa por lei; políticas públicas; desenvolvimento de ferramentas e orientação em formatos acessíveis a todos os púbicos; garantia de mecanismos e procedimentos de resolução de conflitos, eficazes e seguros; e proteção da privacidade e da confidencialidade dos indivíduos envolvidos.

Essas ações, assim como outras definidas, devem respeitar os princípios fundamentais do trabalho, como a liberdade de associação, a eliminação do trabalho forçado ou obrigatório e a promoção do trabalho decente.

Não obstante a importância da nova Convenção adotada pela OIT e de o Brasil ser Membro efetivo da OIT, o País ainda não a ratificou. Enquanto o ato não se concretiza — a despeito de sua relevância —, a sociedade pode se valer da própria Constituição Federal de 1988 e de normas esparsas, como será visto adiante.

## 2. Legislação brasileira sobre o tema

Logo após a Segunda Guerra Mundial, com a chegada do Estado Democrático de Direito, o positivismo jurídico deu lugar à concepção principiológica do Direito. Conforme destacam Delgado, Alvarenga e Guimarães, deu-se início à criação de direitos fundamentais que fazem elo com a moral e a justiça(8).

Nessa linha, a Constituição Federal de 1988 — que abriu as portas do também denominado Estado Humanista e Social(9) no Brasil — estabeleceu como dois dos fundamentos da República Federativa do Brasil, a dignidade da pessoa humana (art. 1º, III) e o valor social do trabalho (art. 1º, IV). Na medida em que se constituem como verdadeiros pilares que sustentam o ordenamento jurídico, os fundamentos devem ser observados e em todos os segmentos.

No âmbito trabalhista, o evento violência ou assédio em face dos trabalhadores viola diretamente a sua dignidade, e assim, a própria ordem constitucional, já que até a liberdade e vida privada das pessoas são atingidas, tamanha a extensão desses danos quando ocorridos na esfera trabalhista. Da mesma forma, viola a determinação de se

---

(8) DELGADO, Mauricio Godinho; ALVARENGA, Rúbia Zanotelli; GUIMARÃES, Tâmara Matias. Notas sobre a Arquitetura Principiológica Humanista e Social da Constituição da República de 1988 e a Concretização dos Direitos Fundamentais no Constitucionalismo Contemporâneo: uma abordagem sob o prisma dos direitos individuais e sociais trabalhistas. *Revista de Direitos e Garantias Fundamentais*. v. 20, n. 2, maio/ago. 2019, p. 21. Disponível em: https://sisbib.emnuvens.com.br/direitosegarantias/article/view/1801/pdf. Acesso em: 19 ago.2024.

(9) DELGADO, Mauricio Godinho. *Princípios constitucionais do trabalho e princípios de direito individual e coletivo do trabalho*. 5. ed. São Paulo: LTr, 2017, p. 42.

assegurar respeito e bem-estar social ao primado do trabalho. Tais princípios devem ser associados a outras previsões constitucionais, como o direito à saúde (art. 6º) e à honra (art. 5º, X), por exemplo.

A Constituição Federal, como norma interna suprema, também protege a relação de emprego em face de atos arbitrários, tendo como primados da ordem econômica a valorização do trabalho e a busca do pleno emprego (arts. 7º, I; 170, *caput* e VIII e 193, todos da CRFB/88).

No âmbito infraconstitucional, sem descurar, também, da previsão dos arts. 5º, inciso XXIII e 170, inciso III, ambos da CRFB/88, o uso do contrato de trabalho para práticas ilícitas como violência ou assédio viola a função social do contrato, conforme o art. 421 do Código Civil, que dispõe que "A liberdade contratual será exercida nos limites da função social do contrato"(10). Além disso, o art. 186 do mesmo diploma legal, define como ilícita a violação de direito ou o cometimento de dano contra outrem, ainda que apenas moral.

No setor público, a Lei n. 8.112/1990(11) impõe deveres ao servidor, como manter conduta compatível com a moralidade administrativa (art. 116, inc. IX) e tratar com urbanidade as pessoas (art. 116, inc. XI). Há o art. 117, ainda, que dispõe ser proibido ao servidor público promover manifestação de apreço ou desapreço no recinto da repartição (inc. V) e coagir ou aliciar subordinados para se filiarem a associação profissional ou sindical, ou a partido político (inc. VII), destacando a preocupação legislativa com a moralidade e os princípios constitucionais no ambiente laboral público.

A prática do assédio moral no trabalho é tratada no Projeto de Lei (PL) n. 4.742/2001, na Câmara dos Deputados, que se tornou o PL n. 1.521/2019 no Senado Federal, ainda pendente de tramitação. Visa-se aprovar a tipificação da prática como crime, mediante a inserção de dispositivo que preveja o seguinte conceito: "ofender reiteradamente a dignidade de alguém causando-lhe dano ou sofrimento físico ou mental, no exercício de emprego, cargo ou função"(12).

Lado outro, o assédio sexual já é considerado crime no ordenamento jurídico brasileiro, tipificado no art. 216-A do Código Penal(13). Dessa forma, não obstante a norma deixe de prever ambientes específicos ou os vínculos tutelados, claro está que as relações de trabalho estão abrangidas, ante a própria generalidade do dispositivo.

---

(10) BRASIL. *Lei n. 10.406, de 10 de janeiro de 2002.* Institui o Código Civil. Disponível em: https://www.planalto.gov.br/ccivil_03/LEIS/2002/L10406compilada.htm. Acesso em: 19 ago. 2024.

(11) BRASIL. *Lei n. 8.112, de 11 de dezembro de 1990.* Dispõe sobre o regime jurídico dos servidores públicos civis da União, das autarquias e das fundações públicas federais. Disponível em: https://www.planalto.gov.br/ccivil_03/LEIS/L8112cons.htm. Acesso em: 20 ago. 2024.

(12) SENADO FEDERAL. *Projeto de Lei n. 1521, de 2019.* Disponível em: https://www25.senado.leg.br/web/atividade/materias/-/materia/135758. Acesso em: 20 ago. 2024.

(13) BRASIL. *Decreto-lei n. 2.848, de 07 de dezembro de 1940.* Código Penal. Disponível em: https://www.planalto.gov.br/ccivil_03/decreto-lei/del2848compilado.htm. Acesso em: 20 ago. 2024.

No entanto, a Lei mais recente a contemplar o tema assédio sexual e outras variantes de violência no ambiente laboral, foi a de n. 14.457(14), de 21/09/2022, a qual instituiu o Programa Emprega + Mulheres e que inseriu entre seus dispositivos, a necessidade de providências de combate e prevenção à violência e ao assédio.

O capítulo VII, destinado às citadas medidas, além de alterar a denominação de Comissão Interna de Prevenção de Acidentes para Comissão Interna de Prevenção de Acidentes e de Assédio, ainda estipula que empresas com CIPA constituída deverão adotar diligências que perpassam desde a inclusão de regras de conduta sobre o assédio sexual e demais formas de violências nas normas internas, o recebimento de denúncias sobre o assunto e aplicação de penalidades, até a realização de capacitações e sensibilização dos empregados, no mínimo a cada 12 meses(15).

Da análise, é possível concluir que o País, a despeito de possuir legislação sobre assédio e violência no mundo do trabalho, não ostenta norma específica e detalhada sobre o tema, o que demanda uma análise conjunta e sistemática da Constituição Federal com as normas infraconstitucionais.

Em um primeiro momento, tal situação parece não causar prejuízos à aplicação de sanções e à regulamentação das práticas de assédio e violência no ambiente laboral brasileiro. Ocorre que, como visto, a legislação do Brasil não trata do assunto de maneira aprofundada. Além disso, os jurisdicionados ficam à mercê, muitas vezes, da interpretação do Poder Judiciário para ter garantidos seus direitos, pois havendo dúvidas sobre os institutos e sendo possível análises subjetivas a respeito da aplicação das normas hoje existentes, não há efetiva garantia da recomposição dos bens lesados.

Ainda, vale lembrar, que a despeito de haver possibilidade de restabelecimento do que tenha sido afetado, o ideal é a prevenção, para que, sequer, seja iniciada qualquer violação à honra, à saúde, à imagem, à liberdade, enfim, à dignidade dos trabalhadores.

A ratificação, pelo Brasil, à Convenção n. 190 da OIT, portanto, apresenta-se como algo salutar — especialmente se concretizada via procedimento constante do § 3º do art. 5º, da Constituição Federal —, que poderá contribuir com a erradicação da violência e assédio no trabalho, não apenas por agregar à legislação nacional hoje existente, mas, também, por adentrar no ordenamento jurídico brasileiro com a mesma hierarquia de emenda constitucional.

---

(14) BRASIL. *Lei n. 14.457, de 21 de setembro de 2022*. Institui o Programa Emprega + Mulheres; e altera a Consolidação das Leis do Trabalho, aprovada pelo Decreto-lei n. 5.452, de 1o de maio de 1943, e as Leis ns. 11.770, de 9 de setembro de 2008, 13.999, de 18 de maio de 2020, e 12.513, de 26 de outubro de 2011. Disponível em: https://www.planalto.gov.br/ccivil_03/_Ato2019-2022/2022/Lei/L14457.htm. Acesso em: 20 ago. 2024.

(15) PEREIRA, Ricardo José Macedo de Britto. Assédio sexual, meio ambiente de trabalho hostil e a atualização das Normas Regulamentadoras ns. 1 e 5. In: DELGADO, Mauricio Godinho; BALAZEIRO, Alberto Bastos (Orgs.). *Coleção Estudos ENAMAT* — Normas Regulamentadoras (NR) relativas à segurança e medicina do trabalho: percurso para a efetividade do trabalho decente. v. 2. Brasília, DF: Obra coletiva Enamat, fev. 2023, p. 375-390.

Da breve análise feita no capítulo 1, foi possível observar que a referida norma de caráter internacional; aborda a temática de maneira mais abrangente, a ponto de contemplar um conceito ampliado, de considerar para a configuração do ilícito não apenas o próprio ambiente de trabalho e a ocorrência durante a execução do labor, mas ainda, fora do estabelecimento propriamente dito, desde que a violência e o assédio sejam relacionados com o trabalho ou decorrentes deste, além de abarcar o maior número de trabalhadores, já que contemplou os setores público e privado, os trabalhadores informais ou não, e ainda, aqueles que laboram em áreas urbanas ou rurais.

Nesse sentido, está o Ministério Público do Trabalho que, em 2023, editou "Nota Técnica sobre a msg n. 86/2023 (Convenção n. 190 da OIT)"(16), em defesa da ratificação pelo Brasil, e da implementação da referida Convenção. Além de argumentos que convergem com as referências acima, o órgão também destaca que a combinação dos termos "violência" e "assédio" permite um tratamento integrado desses fenômenos e uma maior flexibilidade para englobar diversas ações que visem, causem ou sejam passíveis de causar danos psicológicos, físicos, sexuais ou econômicos, inclusive no que tange às novas manifestações que possam surgir ao longo do tempo. Ademais, favorece a proteção contra diferentes formas de violência e assédio no ambiente de trabalho, desde a violência e assédio sexual, violência de gênero e assédio baseado em gênero, violência doméstica, violência física, assédio moral, assédio organizacional e, até, assédio digital. Ressalta, outrossim, que nos últimos 4 anos, houve aumento gradativo de denúncias de trabalhadores relativas à situação de violência e assédio no trabalho.

Ocorre que, não obstante a relevância da Convenção n. 190 da OIT em um cenário como o brasileiro — com crescimento exponencial das práticas de violência e assédio no mundo do trabalho —, o País ainda não ratificou a norma.

Foi dado apenas o primeiro passo rumo a tal ato, com o envio da Mensagem n. 86(17), de 2023, pelo Presidente da República ao Congresso Nacional, em conformidade com o disposto no art. 84, inc. VIII c/c com o art. 49, inc. I, da Constituição Federal. Recebida a Mensagem na Câmara dos Deputados, o ato internacional foi distribuído às Comissões de Relações Exteriores e de Defesa Nacional; Direitos Humanos, Minorias e Igualdade Racial; Defesa dos Direitos da Mulher; Trabalho e Constituição e Justiça e de Cidadania. A proposição está sujeita, outrossim à apreciação do Plenário, tendo recebido

(16) MINISTÉRIO PÚBLICO DO TRABALHO. *Nota Técnica sobre a MSG n. 86/2023 (Convenção n. 190 da OIT).* Disponível em: https://intranet.mpt.mp.br/pgt/coordenadorias-nacionais/coordigualdade/orientacoes-1/notas-tecnicas/nota-tecnica-sobre-a-msg-no-86-2023-convencao-190-da-oit.pdf. Acesso em: 20 ago. 2024.

(17) BRASIL. *Mensagem n. 86.* Convenção n. 190 da Organização Internacional do Trabalho (OIT) sobre a Eliminação da Violência e do Assédio no Mundo do Trabalho, assinada em Genebra, em 21 de junho de 2019, durante a 108ª Conferência Internacional do Trabalho. Disponível em: https://www.planalto.gov.br/ccivil_03/Projetos/Ato_2023_2026/2023/MSG_ACORDO_INTERNACIONAL/msg86-marco2023.htm. Acesso em: 20 ago. 2024.

regime de prioridade de tramitação. Até o momento da apresentação deste artigo, aguardava parecer do(a) Relator(a), Deputado Eduardo Bolsonaro, na Comissão de Relações Exteriores e de Defesa Nacional (CREDN)(18).

Sobre o ponto, destaca-se que, além da necessidade de ratificação pelo Brasil, consoante argumentos acima, também é pertinente a aprovação via procedimento constante do § 3º do art. 5º, da Constituição Federal. Isso porque, a despeito do trâmite exigido pelo dispositivo — para que a Convenção em âmbito doméstico tenha a mesma hierarquia que as emendas constitucionais — o envio da Mensagem ao Congresso Nacional pelo Presidente da República não define (pela própria redação do art. 49, inc. I, da Constituição Federal), qual o quórum de aprovação que deve ser efetivado, se por maioria simples ou maioria qualificada. Em outro giro, a norma do § 3º do art. 5º não exige a adoção obrigatória desse procedimento para tratados de direitos humanos, mas permite que sua ratificação seja aprovada por maioria qualificada, conferindo-lhes a mesma hierarquia das emendas constitucionais.

## 3. Desafios na implementação da convenção no Brasil, após eventual ratificação

A ratificação, pelo Brasil, da Convenção n. 190 da OIT impactará na melhoria da legislação sobre o tema a ser aplicada no País, pois além de normas constitucionais e infraconstitucionais, o Brasil precisará seguir as regras impostas na ordem internacional quanto à violência e o assédio no mundo do trabalho. A Convenção se mostra bem mais apta a tratar do tema, seja pela profundidade de seu texto, seja porque, ao asseverar, no art. 6º, que determinados grupos de trabalhadores em situações de vulnerabilidade são desproporcionalmente afetados pela violência e pelo assédio no ambiente laboral, reconhece que a confluência de inúmeros fatores de discriminação intensificam esses atos e reforçam a imposição de que sejam implementadas as "leis, regulamentos e políticas que assegurem o direito à igualdade e à não discriminação no emprego".

Entretanto, o Brasil precisará enfrentar alguns desafios próprios da inserção de uma norma internacional ao ordenamento jurídico doméstico, especialmente em vista da relevância e densidade de seu texto.

As barreiras culturais e sociais podem ser alguns desses obstáculos. Isso porque, no cenário nacional, ainda permeia uma cultura de tolerância em relação a comportamentos inadequados no ambiente de trabalho, que pode dificultar a adoção de políticas mais precisas. Além disso, o estigma associado a denúncias de assédio pode desencorajar trabalhadores a se manifestar. Outro fator associado, é a falta de conscientização e educação sobre o que constitui a violência e assédio no trabalho, e assim, levar a uma

---

(18) CÂMARA DOS DEPUTADOS. *MSC 86/2023*. Mensagem de Acordos, convênios, tratados e atos internacionais. Disponível em: https://www.camara.leg.br/proposicoesWeb/fichadetramitacao?idProposicao=2351227&fichaAmigavel=nao. Acesso em: 20 ago. 2024.

desconsideração do problema e à resistência a mudanças culturais necessárias para uma abordagem mais rigorosa.

A ausência de providências por parte das empresas para coibir a violência e o assédio no ambiente de trabalho já é uma constatação na realidade atual (em que a Convenção ainda nem entrou, definitivamente, no ordenamento jurídico brasileiro), normalmente com justificativas como ausência de recursos financeiros para a adoção de medidas quanto a capacitações, por exemplo.

Entretanto, com eventual ratificação da Convenção n. 190 da OIT, poderá haver um cenário de maior resistência — já que empresas de menor porte possivelmente, também, sentir-se-ão mais constrangidas a adotar providências contra a violência e o assédio em seus estabelecimentos, o que impactará em treinamentos insuficientes quanto ao assunto.

Esses fatores de negação podem estar atrelados a uma resistência organizacional a mudanças. Por esse motivo, a implementação de políticas públicas se trata de algo importante, a fim de colaborar com desenvolvimento do assunto e com a implementação de estratégias internas, que atendam completamente aos requisitos da Convenção n. 190, especialmente se houver diretrizes claras ou modelos adaptáveis disponíveis.

Outro desafio a ser enfrentado pelo Brasil é a concretização de uma estrutura de inspeção e monitoramento robusta, hoje não existente, além da definição clara de regulamentações sobre como as políticas devem ser implementadas e como os casos devem ser tratados para que não haja interpretações divergentes e dificuldades em aplicar a Convenção de maneira uniforme. Isso, em razão de que se garanta a efetividade das políticas de prevenção e combate à violência e ao assédio.

Os pontos acima somam-se à necessidade de se integrar o cumprimento da Convenção n. 190 com outras políticas e práticas de recursos humanos e segurança no trabalho, o que pode ser desafiador, especialmente em grandes organizações com sistemas complexos.

Entretanto, cada um desses desafios pode ser abordado por meio de estratégias específicas e recomendações práticas para melhorar a eficácia da aplicação da Convenção n. 190 no Brasil. A existência de problemas e adversidades não pode servir de justificativa para a não ratificação. Assim como outros países que já ratificaram a norma internacional e adotaram providências para implementá-la, cabe ao Brasil, Membro da Organização Internacional do Trabalho, adotar todas as medidas necessárias para não apenas incorporar tal norma ao ordenamento jurídico nacional, mas em assim fazendo, também providenciar as bases de sua efetiva execução.

## 4. Conclusão

A violência e o assédio no mundo do trabalho, seja no próprio ambiente laboral, no trajeto ou apenas decorrente do trabalho, trata-se de prática que atenta contra a dignidade da pessoa humana. Sua existência sempre permeou as relações laborais, mas, nessa nova era de precarizações estruturais no trabalho, somado à entrada maciça da tecnologia, tem sido crescente o aumento de várias modalidades de violência e assédio envolvendo os trabalhadores, como foi possível observar a partir das constatações do Ministério Público do Trabalho.

O Brasil, especialmente após a adoção do paradigma do Estado Democrático de Direito e da promulgação da Constituição Federal de 1988, passou a prever dispositivos constitucionais de valorização do trabalho e emprego, bem como determinações que repelem qualquer prática de violência ou assédio. Ainda, legislações infraconstitucionais somaram-se às prescrições da Constituição, de forma que, atualmente, o País possui normas que coíbem o assédio no trabalho ou em decorrência deste.

Da análise mais detida, contudo, constata-se que o Brasil necessita de normas mais específicas e amplas que tratem do tema, a fim de que sejam abarcadas todas as possibilidades de violência no aspecto e se possa garantir, com efetividade, o gozo dos direitos à honra, à imagem, à liberdade, à segurança e, em sentido macro, a contemplação da dignidade da pessoa humana.

A ratificação da Convenção n. 190 da OIT, pelo Brasil, considerando-se a visão abrangente do assunto tratada na norma, colaborará para eliminação da violência e do assédio no mundo trabalho, não obstante haja desafios a serem superados, como barreiras culturais e sociais — que ainda permeiam uma cultura de tolerância em relação a comportamentos inadequados no ambiente de trabalho — e ausência de providências por parte das empresas para coibir a violência e o assédio no ambiente, normalmente com justificativas como ausência de recursos financeiros para a adoção de medidas quanto a capacitações, por exemplo.

Esses desafios podem ser enfrentados através da criação de um sistema sólido de inspeção e monitoramento, além da elaboração de regulamentações detalhadas sobre a aplicação das políticas e o manejo dos casos, garantindo assim a uniformidade na implementação da Convenção. Além disso, é fundamental alinhar a adesão à Convenção n. 190 com as demais políticas e práticas de recursos humanos e segurança ocupacional.

## Referências

ANTUNES, Ricardo. *O privilégio da servidão:* o novo proletariado de serviços na era digital. São Paulo: Boitempo, 2018.

BRASIL. *Decreto-lei n. 2.848, de 07 de dezembro de 1940.* Código Penal. Disponível em: https://www.planalto.gov.br/ccivil_03/decreto-lei/del2848compilado.htm. Acesso em: 20 ago. 2024.

BRASIL. *Decreto-lei n. 5.452, de 1º de maio de 1940.* Aprova a Consolidação das Leis do Trabalho. Disponível em: https://www.planalto.gov.br/ccivil_03/decreto-lei/del5452.htm. Acesso em: 20 ago. 2024.

BRASIL. *Lei n. 8.112, de 11 de dezembro de 1990.* Dispõe sobre o regime jurídico dos servidores públicos civis da União, das autarquias e das fundações públicas federais. Disponível em: https://www.planalto.gov.br/ccivil_03/LEIS/L8112cons.htm. Acesso em: 20 ago. 2024.

BRASIL. *Lei n. 10.406, de 10 de janeiro de 2002.* Institui o Código Civil. Disponível em: https://www.planalto.gov.br/ccivil_03/LEIS/2002/L10406compilada.htm. Acesso em: 19 ago. 2024.

BRASIL. *Lei n. 14.457, de 21 de setembro de 2022.* Institui o Programa Emprega + Mulheres; e altera a Consolidação das Leis do Trabalho, aprovada pelo Decreto-lei n. 5.452, de 1º de maio de 1943, e as Leis ns. 11.770, de 9 de setembro de 2008, 13.999, de 18 de maio de 2020, e 12.513, de 26 de outubro de 2011. Disponível em: https://www.planalto.gov.br/ccivil_03/_Ato2019-2022/2022/Lei/L14457.htm. Acesso em: 20 ago. 2024.

BRASIL. *Mensagem n. 86*. Convenção n. 190 da Organização Internacional do Trabalho (OIT) sobre a Eliminação da Violência e do Assédio no Mundo do Trabalho, assinada em Genebra, em 21 de junho de 2019, durante a 108ª Conferência Internacional do Trabalho. Disponível em: https://www.planalto.gov.br/ccivil_03/Projetos/Ato_2023_2026/2023/MSG_ACORDO_INTERNACIONAL/msg86-marco2023.htm. Acesso em: 20 ago. 2024.

CÂMARA DOS DEPUTADOS. *MSC 86/2023.* Mensagem de Acordos, convênios, tratados e atos internacionais. Disponível em: https://www.camara.leg.br/proposicoesWeb/fichadetramitacao?idProposicao=2351227&fichaAmigavel=nao. Acesso em: 20 ago. 2024.

DELGADO, Mauricio Godinho; ALVARENGA, Rúbia Zanotelli; GUIMARÃES, Tâmara Matias. Notas sobre a Arquitetura Principiológica Humanista e Social da Constituição da República de 1988 e a Concretização dos Direitos Fundamentais no Constitucionalismo Contemporâneo: uma abordagem sob o prisma dos direitos individuais e sociais trabalhistas. *Revista de Direitos e Garantias Fundamentais*, v. 20, n. 2, maio/ago. 2019, p. 21. Disponível em: https://sisbib.emnuvens.com.br/direitosegarantias/article/view/1801/pdf. Acesso em: 19 ago. 2024.

DELGADO, Mauricio Godinho. *Princípios constitucionais do trabalho e princípios de direito individual e coletivo do trabalho*. 5. ed. São Paulo: LTr, 2017.

ENGELS, Friedrich. *A situação da classe trabalhadora na Inglaterra.* Tradução de B. A. Schumann. São Paulo: Boitempo, 2010.

MINISTÉRIO PÚBLICO DO TRABALHO. *Nota Técnica sobre a MSG n. 86/2023 (Convenção n. 190 da OIT).* Disponível em: https://intranet.mpt.mp.br/pgt/coordenadorias-nacionais/coordigualdade/orientacoes-1/notas-tecnicas/nota-tecnica-sobre-a-msg-no-86-2023-convencao-190-da-oit.pdf. Acesso em: 20 ago. 2024.

ORGANIZAÇÃO INTERNACIONAL DO TRABALHO. *C190* — Convenção sobre Violência e Assédio. Disponível em: https://normlex.ilo.org/dyn/normlex/es/f?p=NORMLEXPUB:12100:0::NO::P12100_ILO_CODE:C190. Acesso em: 16 ago. 2024.

ORGANIZAÇÃO INTERNACIONAL DO TRABALHO. *Conheça a OIT*. Disponível em: https://www.ilo.org/pt-pt/regions-and-countries/americas/brasil/conheca-oit. Acesso em: 16 ago. 2024.

PEREIRA, Ricardo José Macedo de Britto. Assédio sexual, meio ambiente de trabalho hostil e a atualização das Normas Regulamentadoras 1 e 5. In: DELGADO, Mauricio Godinho; BALAZEIRO, Alberto Bastos (Orgs.). *Coleção Estudos ENAMAT* — Normas Regulamentadoras (NR) relativas à segurança e medicina do trabalho: percurso para a efetividade do trabalho decente. v. 2. Brasília, DF: Obra coletiva Enamat, fev. 2023, p. 375-390.

SENADO FEDERAL. *Projeto de Lei n. 1.521, de 2019*. Disponível em: https://www25.senado.leg.br/web/atividade/materias/-/materia/135758. Acesso em: 20 ago. 2024.

# A Premente Necessidade da Ratificação da Convenção n. 190 da OIT pelo Brasil para Impulsonar a Implementação de Um Efetivo Programa de Combate à Violência e ao Assédio Moral no Trabalho

## *The Pressing Need for Ratification of ILO Convention n. 190 by Brazil to Boost the Implementation of an Effective Program to Combat Violence and Mortal Harassment at Work*

*Karen Falleiro Vargas*

*Guilherme Guimarães Feliciano*

**Resumo:** O estudo fará uma reflexão sobre a importância da Convenção n. 190 da OIT, como instrumento fundamental para o combate à violência e ao assédio moral no trabalho, em especial no Brasil que ainda não a ratificou. A pesquisa será qualitativa e bibliográfica, seguindo o método dedutivo. O artigo terá como objetivo de pesquisa demonstrar que a Convenção n. 190 da OIT pode servir como instrumento fundamental para o combate à violência e ao assédio moral no trabalho no Brasil, eis que ainda não a ratificou. No nosso país não há uma legislação de abrangência nacional, tampouco uma política pública que tenha como escopo o combate à violência e ao assédio moral no trabalho, conforme previsto nos artigos 4º e 6º da Convenção n. 190 da OIT. O Judiciário Trabalhista brasileiro é acionado diariamente para decidir ações envolvendo o assédio moral no trabalho, o que pode sinalizar inclusive que estejamos diante de uma epidemia do *moral harassment.* Usos da Convenção n. 190 da OIT na jurisprudência nacional, antes mesmo da ratificação. Análise e crítica. Ao final buscará apontar quão urgente faz-se a ratificação da Convenção n. 190 da OIT pelo Brasil.

**Palavras-chave:** Convenção n. 190 da OIT; Assédio moral no trabalho; Violência; Mundo do trabalho; Ratificação.

**Abstract:** The study will reflect on the importance of ILO Convention n. 190, as a fundamental instrument for combating violence and moral harassment at work, especially in Brazil, which has not yet ratified it. The research will be qualitative and bibliographic, following the deductive method. The article will have the research objective of demonstrating that ILO Convention 190 can serve as a fundamental instrument for combating violence and bullying at work in Brazil, as it has not yet been ratified. In our country there is no national legislation, nor a public policy that aims to combat violence and moral harassment at work, as provided for in articles 4 and 6 of ILO Convention 190. The Brazilian Labor Judiciary is called upon daily to decide actions involving moral harassment at work, which may even signal that we are facing an epidemic of moral harassment. Uses of ILO Convention 190 in national jurisprudence, even before ratification. Analysis and criticism. At the end, it will seek to point out how urgent it is for Brazil to ratify ILO Convention 190.

**Keywords:** ILO Convention n. 190; Moral harassment at work; Violence; World of work; Ratification.

## Introdução

A Convenção n. 190 e a Recomendação n. 206 são as primeiras normas internacionais do trabalho a fornecer uma estrutura comum para prevenir, remediar e eliminar a violência e o assédio no mundo do trabalho, incluindo a violência de gênero e o assédio(1). Mas, no presente artigo o foco será a Convenção n. 190.

A Organização Internacional do Trabalho (OIT) no ano do seu centenário, mais precisamente no dia 21 de junho de 2019, aprovou a Convenção sobre a Violência e o Assédio (2019), a Convenção n. 190, que tem como escopo a eliminação da violência e do assédio no mundo do trabalho(2), e já no seu preâmbulo anuncia: "Reconhecendo o

(1) INTERNATIONAL LABOUR ORGANIZATION. *Convenção n. 190.* Disponível em: https://c190.lim.ilo.org/?lang=pt-br. Acesso em: 31 de out. 2024.

(2) INTERNATIONAL LABOUR ORGANIZATION. *C190* — Convenção sobre Violência e Assédio, 2019. Disponível em: https://www.ilo.org/pt-pt/media/68241/download. Acesso em: 31 de out. 2024.

direito de todas as pessoas a um mundo de trabalho livre de violência e assédio, incluindo a violência e o assédio com base no género"[3].

A Convenção n. 190 passa a definir a violência e o assédio no mundo do trabalho (art. 1º), como se abordará em tópico específico, e está dividida nos seguintes capítulos: (I) definições; (II) âmbito; (III) princípios fundamentais; (IV) proteção e prevenção; (V) aplicação e reparação; (VI) orientação, formação e sensibilização; (VII) métodos de aplicação; (VIII) disposições finais. Destaca ainda a normativa internacional ser fulcral a abordagem da violência e do assédio no mundo do trabalho em políticas nacionais relevantes pelos Estados Membros, como as relativas à saúde e segurança do trabalho, à igualdade e não discriminação, e à migração (art. 11º).

Todavia, o Brasil infelizmente ainda não ratificou a Convenção n. 190 da OIT, mostrando-se premente a necessidade da sua ratificação, uma vez que no nosso país não há uma legislação de abrangência nacional, tampouco uma política pública que tenha como escopo o combate à violência e ao assédio moral no trabalho, conforme previsto nos arts. 4º (§ 2, alínea "b") e 6º da Convenção n. 190 da OIT. O Poder Judiciário Trabalhista brasileiro é acionado diariamente para decidir ações envolvendo o assédio moral no trabalho, o que pode sinalizar inclusive que estejamos diante de uma epidemia do *moral harassment*.

Neste sentido, oportuno se faz o destaque de matéria intitulada "A violência e o assédio no trabalho afetaram mais de uma em cada cinco pessoas", veiculada nas notícias da OIT (*ILO News*)[4], em 5 de dezembro de 2022, relatando sobre a pesquisa conjunta – "*Experiences of violence and harassment at work: A global first survey*"[5] ("Experiências de violência e assédio no trabalho: Uma primeira pesquisa global") – realizada pela Organização Internacional do Trabalho (OIT), Fundação Lloyd's Register (LRF) e Gallup, na qual constatou-se que mais de uma em cada cinco pessoas (quase 23%) empregadas sofreram violência e assédio no trabalho, seja físico, psicológico ou sexual.

A pesquisa apontou que apenas metade das vítimas em todo o mundo revelou suas experiências a outra pessoa e, muitas vezes, apenas somente após terem sofrido mais do que uma forma de violência e assédio. As razões mais comuns apresentadas para a não divulgação foram "perda de tempo" e "medo pela sua reputação". As mulheres são as mais propensas a partilhar as suas experiências do que os homens (60,7% em comparação com 50,1%).

(3) INTERNATIONAL LABOUR ORGANIZATION. *C190* — Convenção sobre Violência e Assédio, 2019. Disponível em: https://www.ilo.org/pt-pt/media/68241/download. Acesso em: 31 de out. 2024. p. 1.

(4) INTERNATIONAL LABOUR ORGANIZATION. *Violence and harassment at work has affected more than one in five people.* Disponível em: https://www.ilo.org/resource/news/violence-and-harassment-work-has-affected-more-one-five-people. Acesso em: 31 de out. 2024.

(5) INTERNATIONAL LABOUR ORGANIZATION. *Experiences of violence and harassment at work: A global first survey.* Disponível em: https://www.ilo.org/publications/major-publications/experiences-violence-and-harassment-work-global-first-survey. Acesso em: 31 de out. 2024.

A nível mundial, constatou o relatório que 17,9% dos homens e mulheres empregados afirmaram ter sofrido violência e assédio psicológico na sua vida profissional, e 8,5% enfrentaram violência e assédio físico (sendo os homens mais vitimados por esse situação). Dos entrevistados, 6,3% relataram ter enfrentado violência e assédio sexual, estando as mulheres particularmente expostas. Mais de três em cada cinco vítimas afirmaram ter sofrido violência e assédio no trabalho diversas vezes e, para a maioria, o incidente mais recente ocorreu nos últimos cinco anos.

Perguntou-se ainda aos entrevistados quantas vezes sofreram qualquer forma de violência e assédio — uma ou duas vezes, três a cinco vezes ou mais de cinco vezes. A nível global, 61,4% das vítimas afirmaram ter sofrido violência e assédio mais de três vezes durante a sua vida profissional.

Diante dos dados obtidos na pesquisa realizada pela OIT, Fundação Lloyd's Register (LRF) e Gallup se pode constatar que estamos diante de uma epidemia de violência e de assédio moral no âmbito laboral.

Assim, o presente artigo buscará demonstrar que a Convenção n. 190 da OIT pode servir como instrumento fundamental para o combate à violência e ao assédio moral no trabalho no Brasil, visto que ainda não a ratificou, visando sinalizar quão urgente se faz a sua ratificação pelo nosso país.

## 1. O conceito do assédio moral na doutrina

A psiquiatra francesa Marie-France Hirigoyen, precursora no estudo do assédio moral no trabalho, assim o define:

> POR ASSÉDIO EM UM LOCAL DE TRABALHO TEMOS QUE entender toda e qualquer conduta abusiva manifestando-se sobretudo por comportamentos, palavras, atos, gestos, escritos que possam trazer dano à personalidade, à dignidade ou à integridade física ou psíquica de uma pessoa, pôr em perigo seu emprego ou degradar o ambiente de trabalho.[6]

Por sua vez, a saudosa Margarida Barreto ressalta ao conceituar o assédio, tratar-se de uma modalidade de violência:

> Assédio é uma forma sutil de violência que envolve e abrange múltiplos danos, tanto de bens materiais como moral no âmbito das realções laborais. O que verifica no assédio é a repetição do ato que viola intencionalmente os direitos do outro, atingindo sua integridade biológica e causando transtornos a saúde psíquica e física. Compreende um conjunto de sinais em que

(6) HIRIGOYEN, Marie-France. *Assédio moral:* a violência perversa do cotidiano. Tradução Maria Helena Kühner. 2. ed. Rio de Janeiro: Bertrand Brasil, 2001. p. 65.

> se estabelece um cerco ao outro sem lhe dar tréguas. Sua intencionalidade é exercer o domínio, quebrar a vontade do outro, impondo o término do conflito quer pela via da demissão ou sujeição.(7)

Rodolfo Pamplona Filho, Adriana Wyzykowski e Renato Barros conceituam o assédio moral como:

> Um conjunto de condutas abusivas e intencionais, reiteradas e prolongadas no tempo, que visam a exclusão de um empregado específico, ou de um grupo determinado destes, do ambiente de trabalho por meio do ataque à sua dignidade, podendo ser comprometidos, em decorrência de seu caráter multiofensivo, outros direitos fundamentais, a saber: o direito à integridade física e moral, o direito à intimidade, o direito ao tratamento não discriminatório, dentre outros.(8)

Para Amalia Sina(9), o assédio moral poder ser definido de diferentes formas, segundo o seu enfoque, seja médico, psicológico, ou jurídico. Na área jurídica, o assédio moral no trabalho pode ser considerado um abuso emocional, com a finalidade de afastar o empregado das relações profissionais por meio de boatos, intimidações, humilhações, descrédito e isolamento.

## 2. A Convenção n. 190 da OIT

### *2.1. O conceito da violência e do assédio no mundo do trabalho na Convenção n. 190 da OIT*

A Convenção n. 190 no seu primeiro capítulo trata das definições da normativa, conceitua então a violência e o assédio:

> Artigo 1º
>
> 1. Para efeitos da presente Convenção:
>
> (a) o termo "violência e assédio" no mundo do trabalho refere-se a um conjunto de comportamentos e práticas inaceitáveis, ou de suas ameaças, de ocorrência única ou repetida, que visem, causem, ou sejam susceptíveis de causar dano físico, psicológico, sexual ou económico, e inclui a violência e o assédio com base no género.(10)

---

(7) BARRETO, Margarida Maria Silveira. *Assédio moral:* a violência sutil — análise epidemiológica e psicossocial no trabalho no Brasil. Tese de Doutorado. São Paulo: Pontifícia Universidade Católica de São Paulo, 2005. p. 74. Disponível em: https://ariel.pucsp.br/bitstream/handle/17370/1/Margarida%20Maria%20Silveira%20Barreto.pdf. Acesso em: 14 de nov. 2024.

(8) WYZYKOWSKI, Adriana; BARROS, Renato da Costa Lino de Goes; PAMPLONA FILHO, Rodolfo. *Assédio moral laboral e direito fundamentais*. São Paulo: LTr, 2014. p. 117.

(9) SINA, Amalia. *A outra face do poder*. São Paulo: Saraiva, 2007. p. 18.

(10) INTERNATIONAL LABOUR ORGANIZATION. *C190* — Convenção sobre Violência e Assédio, 2019. Disponível em: https://www.ilo.org/pt-pt/media/68241/download. Acesso em: 31 de out. 2024.

Da conceituação supracitada evidencia-se que traz algumas inovações, a primeira é que trata a violência e o assédio de forma conjunta[(11)], referindo-se sempre a ambos nos artigos subsequentes. A segunda é quando refere ao conjunto de comportamentos ou práticas que poderão ocorrer de forma única, pois, como se referiu no tópico antecedente a doutrina definia o assédio moral como a reiteração de condutas abusivas[(12)]. A terceira, é a utilização da expressão "mundo do trabalho", portanto a Convenção n. 190 da OIT não tem como o escopo apenas o "ambiente de trabalho", mas abordaremos essa questão no tópico seguinte. E quarta, é previsão de proteção dos trabalhadores em face da violência e do assédio em razão do gênero.

## *2.2. A abrangência do mundo do trabalho e não apenas do ambiente de trabalho*

Conforme está previsto no art. 1º, a Convenção n. 190 da OIT tem como escopo o "mundo do trabalho", e não se restringe apenas ao "ambiente de trabalho"[(13)], conforme dispõe o artigo 2º ao delimitar o seu âmbito:

> Artigo 2º
>
> 1. A presente Convenção protege os trabalhadores e outras pessoas no mundo do trabalho, incluindo os trabalhadores tal como definido pela legislação e prática nacional, bem como as pessoas que trabalham independentemente do seu estatuto contratual, as pessoas em formação, incluindo os estagiários e aprendizes, os trabalhadores cujo emprego foi rescindido, os voluntários, as pessoas à procura de emprego e os candidatos a emprego, e os indivíduos que exercem autoridade, deveres ou responsabilidades de um empregador.
>
> 2. A presente Convenção aplica-se a todos os sectores, sejam públicos ou privados, na economia formal e na informal, e em áreas urbanas ou rurais[(14)].

Assim como, a Convenção n. 190 da OIT será aplicável aos setores tanto públicos quanto privados, à economia formal ou informal, e às áreas urbanas e rurais. Tanto quanto aplica-se a todos os trabalhadores e outras pessoas no mundo do trabalho, incluindo os trabalhadores tal como for definido pela legislação nacional. Esclarece que abrange as pessoas que trabalham independentemente do seu estatuto contratual, as pessoas em formação, incluindo os estagiários e aprendizes, os trabalhadores com liame empregatício

(11) SANTOS, Claiz Maria Pereira Gunça dos; PAMPLONA FILHO, Rodolfo. *Convenção n. 190 da OIT:* violência e assédio no mundo do trabalho. Disponível em: https://andt.org.br/wp-content/uploads/2021/04/Convenc%CC%A7a%CC%83o-190-da-OIT.04.09.2019-Rodolfo.pdf. Acesso em: 16 de nov. 2024.

(12) *Ibidem*, p. 4.

(13) SANTOS, Claiz Maria Pereira Gunça dos; PAMPLONA FILHO, Rodolfo. *Convenção n. 190 da OIT:* violência e assédio no mundo do trabalho. Disponível em: https://andt.org.br/wp-content/uploads/2021/04/Convenc%CC%A7a%CC%83o-190-da-OIT.04.09.2019-Rodolfo.pdf. Acesso em: 16 de nov. 2024.

(14) INTERNATIONAL LABOUR ORGANIZATION. *C190* — Convenção (no 190) sobre Violência e Assédio, 2019. Disponível em: https://www.ilo.org/pt-pt/media/68241/download. Acesso em: 31 de out. 2024.

rescindido, os voluntários, as pessoas à procura de emprego e os candidatos ao emprego, e os indivíduos que exercem autoridade, deveres ou responsabilidades de um empregador. Portanto, o âmbito de sua abrangência não se adstringe-se aos empregados stricto sensu, englobando estagiários, aprendizes, trabalhadores em busca de colocação e os candidatos ao emprego, inclusive os trabalhadores que tiverem seu contrato rescindido.

A Convenção n. 190 da OIT ainda teve o cuidado de definir o lugar em que poderá ocorrer a violência e o assédio no mundo do trabalho, não limitando-se ao local da prestação propriamente dita do labor, mas abarcando os locais relacionados com o trabalho ou decorrentes deste, ampliando assim o seu alcance, conforme enumera no artigo 3º as localidades por ela abrangidas:

> Artigo 3º
>
> A presente Convenção aplica-se à violência e ao assédio no mundo do trabalho que ocorrem durante o trabalho, relacionados com o trabalho ou decorrentes do trabalho:
>
> (a) no local de trabalho, incluindo nos espaços públicos e privados onde são um local de trabalho;
>
> (b) nos locais onde o trabalhador é remunerado, descansa ou toma uma refeição, ou usa as instalações sanitárias, de lavagem e vestiáriu;
>
> (c) durante deslocações, viagens, treinamentos, eventos ou atividades sociais relacionadas com o trabalho;
>
> (d) através de comunicações relacionadas com o trabalho, incluindo as facilitadas pelas tecnologias da informação e comunicação;
>
> (e) no alojamento fornecido pelo empregador; e
>
> (f) durante o trajeto entre o domicílio e o local de trabalho.

Da enumeração feita no artigo 3º se compreende a intenção da Convenção n. 190 ao definir o mundo do trabalho para a sua abrangência quanto à ocorrência da violência e do assédio, pois considerou desde o local da prestação do labor, incluindo refeitórios, vestiários, alojamentos. Mas, também engloba as atividades relacionadas ao trabalho como viagens, treinamentos, até mesmo atividades sociais relacionadas ao trabalho, as comunicações telemáticas, e ainda o trajeto entre o domicílio e o local do trabalho.

## 2.3. A Convenção n. 190 da OIT e as políticas públicas

A Convenção n. 190 da OIT no Capítulo III traz seus princípios fundamentais (artigos 4º a 6º), prevê que cada país Membro deverá adotar medidas de forma inclusiva e integrada e sensível ao gênero visando a prevenção e a eliminação da violência e do assédio, e especificamente no artigo 4º, § 2, alínea "b" determina que deverão "garantir que políticas relevantes abordem a questão da violência e do assédio".

Já o artigo 6º determina que os países Membros adotem políticas públicas específicas que garantam o direito à igualdade e à não discriminação no emprego e no trabalho, incluindo às mulheres trabalhadoras, bem como aos trabalhadores e a outras pessoas pertencentes a um ou mais grupos vulneráveis ou a grupos em situações de vulnerabilidade que sejam afetados de forma desproporcional pela violência e pelo assédio no mundo do trabalho. Ou seja, a Convenção n. 190 impõe aos Membros que criem políticas específicas para combate da violência e do assédio contra as mulheres e grupos mais vulneráveis.

Posteriormente, no artigo 9º dispõe que os Estados Membros deverão editar leis que exijam que os empregadores tomem medidas cabíveis para a prevenção da violência e do assédio moral no mundo do trabalho, prevendo então na alínea "a" desse artigo que os empregadores adotem políticas internas sobre a violência e ao assédio:

> Artigo 9º
>
> Cada Membro deverá adoptar leis e regulamentos que exijam que os empregadores tomem medidas adequadas proporcionais ao seu grau de controlo para prevenir a violência e o assédio no mundo do trabalho, incluindo a violência e o assédio com base no género, e em particular, desde que seja razoavelmente exequível, para:
>
> (a) adotar e implementar, em consulta com os trabalhadores e os seus representantes, uma política do local de trabalho sobre a violência e o assédio; [...].

Desta forma, constata-se que a Convenção n. 190 da OIT cuidou não só de impor aos países Membros que adotem políticas públicas com foco no combate à violência e assédio, mas foi mais além, ao determinar que os países signatários adotem leis que exijam que os empregadores tomem medidas efetivas de prevenção em face da violência e do assédio, sugerindo então que as empresas implementem em consulta com os trabalhadores uma política de combate à violência e ao assédio.

## 3. A não ratificação da Convenção n. 190 da OIT pelo Brasil. Urgência da sua aderência à normativa internacional

No Brasil não há o devido enfrentamento da violência e do assédio moral no âmbito do mundo do trabalho, pois não há vigendo nenhuma lei específica de abrangência nacional nesse sentido, tampouco uma política pública que tenha como escopo de os coibir na seara laboral, conforme previsto nos arts. 4º, § 2, alínea "b" e 6º da Convenção n. 190 da OIT. No entanto, o Judiciário Trabalhista brasileiro é acionado diariamente para decidir ações envolvendo o assédio moral no trabalho, o que pode sinalizar inclusive que estejamos diante de uma epidemia de *moral harassment*.

Por isso, diante da lacuna na legislação brasileira acerca de uma norma específica com escopo no combate à violência e ao assédio moral no âmbito laboral, fulcral se faz a ratificação da Convenção n. 190 da OIT pelo Brasil, uma vez que ela expressamente prevê que os países signatários deverão implementar políticas públicas específicas visando combater a violência e o assédio moral no trabalho tal qual resta previsto nos arts. 4º, § 2º, alínea "b" e 6º.

Por certo, uma vez que o Brasil venha a ratificar a Convenção n. 190 da OIT será imperativo que a cumpra, e assim adote as políticas públicas de enfrentamento à violência e ao assédio moral no trabalho, e poderá servir como instrumento fundamental de forma a coibir ambos no trabalho no nosso país.

O Poder Judiciário brasileiro, especialmente o Judiciário Trabalhista diariamente recebe ações envolvendo alegação de assédio moral no trabalho, atento a verdadeira epidemia dessa modalidade de violência no âmbito laboral, preocupado com a questão e diante da inação do Poder Legislativo que sequer editou qualquer lei a esse respeito, tampouco ainda não ratificou a Convenção n. 190 da OIT, tratou o Conselho Nacional de Justiça de editar a Resolução n. 351, de 28 de outubro de 2020 que instituiu, no âmbito do Poder Judiciário, a "Política de Prevenção e Enfrentamento do Assédio Moral, do Assédio Sexual e da Discriminação"(15). Ou seja, o Judiciário brasileiro *interna corporis* já cuidou de editar essa normativa para prevenção não só do assédio moral, mas sexual e da discriminação no Poder Judiciário.

### 3.1. O poder judiciário trabalhista brasileiro e o julgamento de causas envolvendo alegação de ocorrência de assédio moral no trabalho. Usos da Convenção n. 190 da OIT na jurisprudência nacional antes mesmo da sua ratificação pelo Brasil

Muito embora o Brasil ainda não tenha ratificado a Convenção n. 190 da OIT, encontramos julgados tanto no Tribunal Superior do Trabalho (TST), quanto nos Tribunais Regionais do Trabalho (TRT) em que a normativa internacional é utilizada como *ratio decidendi* na fundamentação das decisões.

Neste sentido, encontramos o acórdão do C. TST, no qual foi relatora a Ministra Kátia Magalhães Arruda que bem destaca a relevância da Convenção n. 190 da OIT no tocante à eliminação da violência e do assédio moral no mundo do trabalho, mesmo não tendo sido ratificada pelo Brasil:

> [...] *Embora a República Federativa do Brasil ainda não tenha ratificado a Convenção n. 190 da OIT, o conteúdo dessa norma internacional, por ser especialmente direcionado a reger relações de trabalho, deve orientar a atuação da sociedade perante situações de violência e assédio ocorridas nas relações de trabalho.* Tal orientação tem por essência, primordialmente, os conceitos básicos de violência e assédio constantes do conteúdo da Convenção n. 190 da OIT e a abrangência subjetiva da tutela internacional aos direitos humanos (desde a pessoa que procura emprego até o próprio empregador, como visto) [...]. (G.n)(16).

(15) CONSELHO NACIONAL DE JUSTIÇA. *Resolução n. 351, de 28 de outubro de 2020*. Brasília: CNJ, [2020]. Disponível em: https://atos.cnj.jus.br/atos/detalhar/3557. Acesso em: 17 nov. 2024.

(16) BRASIL. Tribunal Superior do Trabalho. *RRAg-428-42.2017.5.09.0088*. Relatora Ministra Katia Magalhaes Arruda. *DEJT* 11.12.2023. Disponível em: https://jurisprudencia-backend2.tst.jus.br/rest/documentos/f78df93e41ac0309fd677b81b34d0a99. Acesso em: 17 nov. 2024.

Na mesma linha, o Ministro da mesma Corte, Mauricio Godinho Delgado ressalta em processo de sua relatoria que inclusive mesmo sem ter sido ratificada a Convenção n. 190 da OIT no Brasil, deve ser acatada:

> [...] *Assim, inobstante a Convenção n. 190 ainda não tenha ingressado na ordem jurídica interna brasileira, há que se ponderar que as diretrizes constantes da Convenção n. 190 devem ser promovidas e respeitadas,* como um direito fundamental de todos os trabalhadores e trabalhadoras a um meio ambiente do trabalho livre de violência e assédio com base no gênero [...]. (G.n.)(17).

Assim como, nas Cortes Regionais Trabalhistas a Convenção n. 190 da OIT é citada como fundamentação em julgados do TRT da 2ª Região como no seguinte: Processo n. 1000726-08.2024.5.02.0301, Data de assinatura: 29.10.2024; Órgão Julgador: 11ª Turma – Cadeira 3 – 11ª Turma; relatora: Libia da Graça Pires(18). Como também no TRT da 3ª Região nos seguintes julgados: **Processo n.** 0010687-85.2023.5.03.0110 (ROT); Disponibilização: 18.09.2024, *DJEN*; Órgão Julgador: Primeira Turma; relatora Adriana Goulart de Sena Orsini(19), **Processo n. 0010656-55.2023.5.03.0178 (ROT)** Disponibilização: 26.08.2024, Órgão Julgador: Primeira Turma, relatora Paula Oliveira Cantelli(20).

## 4. Considerações finais

A Convenção n. 190 da OIT foi firmada em junho de 2019, já se passaram assim mais de cinco anos, e o Brasil ainda não a ratificou. Eis que somente em 08 de março de 2023 foi enviado pelo Presidente da República Luís Inácio Lula da Silva o texto da Convenção n. 190 para ratificação ao Congresso Nacional (MSC n. 86/2023)(21). E ainda não houve o pronunciamento do parlamento brasileiro.

E uma vez que inexiste no nosso país qualquer lei específica de enfrentamento à violência e ao assédio moral, e por óbvio sequer existindo essa legislação, não há política

(17) BRASIL. Tribunal Superior do Trabalho. *RRAg-11608-79.2016.5.15.0102*. Relator Ministro Mauricio Godinho Delgado. *DEJT* 06.06.2024. Disponível em: https://jurisprudencia-backend2.tst.jus.br/rest/documentos/10a1ecffd8f3112ac45f187e34a37530. Acesso em: 17 nov. 2024.

(18) BRASIL. Tribunal Regional do Trabalho da 2ª Região. *Processo: 1000726-08.2024.5.02.0301*. Relatora: Libia da Graça Pires. Disponível em: https://pje.trt2.jus.br/jurisprudencia/77a89dde1574460e5b88b144b88b92a4. Acesso em: 17 nov. 2024.

(19) BRASIL. Tribunal Regional do Trabalho da 3ª Região. *Processo n. 0010687-85.2023.5.03.0110 (ROT)*. Relatora Adriana Goulart de Sena Orsini. Disponível em: https://juris.trt3.jus.br/juris/detalhe.htm?cid=2. Acesso em: 17 nov. 2024.

(20) BRASIL. Tribunal Regional do Trabalho da 3ª Região. *Processo n. 0010656-55.2023.5.03.0178 (ROT)*. Relatora Paula Oliveira Cantelli Disponível em: https://juris.trt3.jus.br/juris/detalhe.htm?cid=4. Acesso em: 17 nov. 2024.

(21) GOV.BR. *Despachos do Presidente da República*. Disponível em: https://www.in.gov.br/en/web/dou/-/despachos-do-presidente-da-republica-468754338. Acesso em: 08 set. de 2024.

pública de combate à violência e ao *harassment* no "mundo do trabalho", como acertadamente prefere ampliar a Convenção n. 190 da OIT o escopo da sua abrangência (e não apenas o "ambiente de trabalho").

Por isso, atualmente no Brasil, fica ao livre arbítrio das empresas em geral decidirem se irão enfrentar a violência e o assédio moral no trabalho internamente em suas corporações, o que é inaceitável e temerário. Uma vez que o assediador se encontra dentro da própria empresa, e por mais que tenha um programa de *compliance* robusto, não deve ser delegado à entidade privada legislar internamente sobre o assédio moral, inclusive a Convenção n. 190 no art. 9º, alínea "a" prevê que os países signatários criem leis para exigir que os empregadores tomem medidas efetivas de prevenção em face da violência e do assédio e que implementem uma política nesse sentido(22). Pois, a Constituição Federal do Brasil anuncia no art. 1º, III, ser a dignidade da pessoa humana um dos fundamentos da República Federativa do Brasil. Assim como, prevê no subsequente art. 3º, IV, constituir-se como um dos objetivos fundamentais da nossa nação "promover o bem de todos, sem preconceitos de origem, raça, sexo, cor, idade e quaisquer outras formas de discriminação".

Portanto, incumbe ao Estado brasileiro promover a dignidade dos trabalhadores brasileiros (art. 1, III, CF/88), tanto quanto deve promover o bem de todos eles, sem qualquer preconceito de origem, raça, sexo, cor, idade e "quaisquer outras formas de discriminação"(23). Tratam-se a violência e o assédio moral das mais repulsivas formas de discriminação do trabalhador, pois é atacado pelo assediador que visa excluí-lo do mundo do trabalho, seja por causa do seu *sexo*, como ocorre usualmente com as mulheres que são as mais vitimadas pelo assédio moral; seja pela sua *origem* como ocorre com os milhares de imigrantes que vivem no Brasil que são discriminados por serem originários de determinados países (como Bolívia, Peru); seja por sua *raça*, de acordo com o Censo de 2022, a maior parte da população brasileira (45,3%) se declarou como parda (cerca de 92,1 milhões de pessoas), 10,2% (20,6 milhões) se declararam pretas, 0,6% das pessoas (1,2 milhão) se declararam indígenas e 0,4% (850,1 mil) se declararam amarelas(24), também são mais visados pela violência e assédio moral, principalmente a mulher negra; seja por sua *idade*, a expectativa de vida no Brasil em 2023 é de 76,4 (para os homens, esse indicador foi de 67,3 anos para 73,1 anos, no período, e entre as mulheres, de 75,1

(22) Art. 9º Cada Membro deverá adoptar leis e regulamentos que exijam que os empregadores tomem medidas adequadas proporcionais ao seu grau de controlo para prevenir a violência e o assédio no mundo do trabalho, incluindo a violência e o assédio com base no género, e em particular, desde que seja razoavelmente exequível, para: (a) adotar e implementar, em consulta com os trabalhadores e os seus representantes, uma política do local de trabalho sobre a violência e o assédio; [...].

(23) Art. 3º, III da Constituição Federal.

(24) AGÊNCIA IBGE NOTÍCIAS. *Censo 2022:* pela primeira vez, desde 1991, a maior parte da população do Brasil se declara parda. Disponível em: https://educa.ibge.gov.br/jovens/conheca-o-brasil/populacao/18319-cor-ou-raca.html. Acesso em: 17 nov. 2024.

anos para 79,7 anos)(25), mas basta pesquisar em anúncios de empregos em *sites* de vagas de emprego ou nos jornais que evidenciaremos em muitos desses anúncios a preferência pelos mais jovens.

Uma vez que inexiste no Brasil legislação específica pertinente ao combate à violência e ao assédio moral no âmbito laboral, sendo que a Convenção n. 190 da OIT está pendente de ratificação no Congresso Nacional desde março de 2023. Deverá o nosso país como signatário da normativa internacional, após a ratificação, implementar políticas públicas efetivas para o enfrentamento da violência e do assédio moral no mundo do trabalho, por força dos arts. 4º (§ 2, letra "b"), 6º e 9º (letra "a") da Convenção n. 190 da OIT.

## Referências

BARRETO, Margarida Maria Silveira. *Assédio moral: a violência sutil* — análise epidemiológica e psicossocial no trabalho no Brasil. Tese (Doutorado em Psicologia Social). Pontifícia Universidade Católica de São Paulo, 2005, 188 f. Disponível em: https://ariel.pucsp.br/bitstream/handle/17370/1/Margarida%20Maria%20Silveira%20Barreto.pdf. Acesso em: 14 nov. 2024.

BRASIL. Conselho Nacional de Justiça. *Resolução n. 351, de 28 de outubro de 2020.* Brasília: CNJ, [2020]. Disponível em: https://atos.cnj.jus.br/atos/detalhar/3557. Acesso em: 17 nov. 2024.

BRASIL. [Constituição (1988)]. *Constituição da República Federativa do Brasil.* Brasília, DF: Presidência da República. Disponível em: https://www.planalto.gov.br/ccivil_03/constituicao/constituicao.htm. Acesso em: 15 nov. 2024.

BRASIL. Tribunal Regional do Trabalho da 2ª Região. *Processo: 1000726-08.2024.5.02.0301.* Relatora: Libia da Graça Pires. Disponível em: https://pje.trt2.jus.br/jurisprudencia/77a89dde-1574460e5b88b144b88b92a4. Acesso em: 17 de nov. 2024.

BRASIL. Ministério Público do Trabalho, Procuradoria Regional do Trabalho da 17ª Região, Projeto PCDLegal. *Convenção n. 190 e Recomendação n. 206 da OIT:* ações para o enfrentamento da Violência e Assédio no mundo do trabalho. Vitória, Procuradoria Regional do Trabalho da 17ª Região, 1. edição. Disponível em: https://www.pcdlegal.com.br/convencao190/. Acesso em: 16 nov. 2024.

BRASIL. Tribunal Superior do Trabalho. *RRAg-428-42.2017.5.09.0088.* Relatora Ministra Katia Magalhaes Arruda. DEJT 11/12/2023. Disponível em: https://jurisprudencia-backend2.tst.jus.br/rest/documentos/f78df93e41ac0309fd677b81b34d0a99. Acesso em: 17 nov. 2024.

BRASIL. Tribunal Superior do Trabalho. *RRAg-11608-79.2016.5.15.0102.* Relator Ministro Mauricio Godinho Delgado. Disponível em: https://jurisprudencia-backend2.tst.jus.br/rest/documentos/10a1ecffd8f3112ac45f187e34a37530. Acesso em: 17 nov. 2024.

HIRIGOYEN, Marie-France. *Assédio moral: a violência perversa no cotidiano.* 2. ed. Tradução Maria Helena Kühner. Rio de Janeiro: Bertrand Brasil, 2001.

(25) AGÊNCIA GOV. *Expectativa de vida sobe para 76,4 anos no Brasil, após queda durante a pandemia.* Disponível em: https://agenciagov.ebc.com.br/noticias/202408/expectativa-de-vida-sobe-para-76-4-anos-no-brasil-apos-queda-durante-a-pandemia. Acesso em: 17 de nov. 2024.

HIRIGOYEN, Marie-France. *Mal-estar no trabalho:* redefinindo o assédio moral. Tradução Rejane Janowitzer. 3. ed. Rio de Janeiro: Bertrand Brasil, 2006.

SANTOS, Claiz Maria Pereira Gunça dos; PAMPLONA FILHO, Rodolfo. *Convenção n. 190 da OIT:* violência e assédio no mundo do trabalho. Disponível em: https://andt.org.br/wp-content/uploads/2021/04/Convenc%CC%A7a%CC%83o-190-da-OIT.04.09.2019-Rodolfo.pdf. Acesso em: 16 nov. 2024.

SINA, Amalia. *A outra face do poder.* São Paulo: Saraiva, 2007.

WYZYKOWSKI, Adriana; BARROS, Renato da Costa Lino de Goes; PAMPLONA FILHO, Rodolfo. *Assédio moral laboral e direito fundamentais.* São Paulo: LTr, 2014, p. 117.

# Reflexos da Reforma Trabalhista na Ratificação do Protocolo de 2014 no Combate ao Trabalho Forçado

## *Reflections of the Labor Reform on the Ratification of the 2014 Protocol in the Fight Against Forced Labor*

*Ricardo José Macedo de Britto Pereira*

*Heberton Duarte de Sousa*

**Resumo:** O Brasil ratificou 82 Convenções da OIT até o momento. Dentre as que ainda não foram ratificadas, está o protocolo de 2014 à Convenção n. 29, que prevê em seu art. 1º proteção às vítimas e acesso amplo a recursos jurídicos de reparação e sanção eficazes. A reforma trabalhista de 2017 trouxe transformações relevantes na seara trabalhista. A flexibilização contratual e a terceirização trazidas pela reforma podem comprometer a aplicação dos preceitos internacionais de combate ao trabalho forçado. O objetivo é analisar qual o impacto da reforma trabalhista para a efetivação do protocolo de 2014 à Convenção n. 29 da OIT. Dessa forma, justifica-se na recorrente atuação das empresas que está pautada na ausência de critérios para identificar e punir o trabalho forçado por parte do Estado. A metodologia utilizada é a de pesquisa exploratória com método indutivo para coleta dos dados. Na primeira, analisou-se as ferramentas e tratativas elencadas pelos estados membros junto à OIT no combate ao trabalho forçado. Na segunda parte, abordou-se a obscuridade da legislação e falta de critérios para identificação do trabalho forçado e suas devidas sanções. Na terceira parte, estudou-se a atuação das empresas de forma negativa. E, por último, finalizou-se com as conclusões das partes analisadas no decorrer do presente estudo, concluindo que a reforma trabalhista incompatibiliza a aplicação das recomendações do protocolo 2014 à Convenção n. 29 da OIT, pois existe um distanciamento da intervenção estatal nas relações laborais, inclusive no acesso do trabalhador à Justiça do Trabalho.

**Palavras-chave:** Convenção n. 29; OIT; Reforma trabalhista; Trabalho forçado; Flexibilização.

**Abstract:** Brazil has ratified 82 OIT Conventions to date. Among those yet to be ratified is the 2014 Protocol to Convention No. 29, which, in its Article 1, provides protection for victims and broad access to legal remedies for effective redress and sanctions. The 2017 labor reform brought significant changes to labor law. The contractual flexibility and outsourcing introduced by the reform may undermine the implementation of international standards to combat forced labor. The objective is to analyze the impact of the labor reform on the enforcement of the 2014 Protocol to OIT Convention No. 29. In this regard, the recurring actions of companies are justified by the lack of criteria for identifying and sanctioning forced labor by the state. The methodology used is exploratory research with an inductive approach for data collection. The first part analyzed the tools and measures adopted by member states in collaboration with the OIT to combat forced labor. The second part addressed the obscurity of the legislation and the lack of criteria for identifying forced labor and its corresponding sanctions. The third part examined the negative role played by companies. Finally, the study concluded that the labor reform is incompatible with the application of the 2014 Protocol to OIT Convention No. 29, as it reflects a distance from state intervention in labor relations, including workers' access to Labor Court.

**Keywords:** Convention 29; OIT; Labor reform; Forced labor; Flexibilization.

## Introdução

As formas de trabalho precárias e desumanas continuam sendo praticadas pelo mundo. Vivemos em tempos de grandes tecnologias, inovações tecnológicas e científicas, mas o lado humano está em crise e piorando cada vez mais.

A missão da OIT em âmbito internacional é promover oportunidades para que homens e mulheres possam ter acesso a um trabalho decente e produtivo, em condições de liberdade, equidade, segurança e dignidade.[(1)]

São várias normas vigentes no combate ao trabalho forçado, com destaque para a Convenção (n. 29) sobre o Trabalho Forçado de 1930, Convenção (n. 105) sobre a Abolição do Trabalho Forçado de 1957 e o Protocolo de 2014 relativo à Convenção sobre Trabalho Forçado de 1930, que é o principal questionamento deste estudo. O Brasil é signatário de todos os tratados sobre trabalho forçado, contudo, até o momento não conseguiu assinar o protocolo de 2014, o que deixa uma lacuna legislativa e social acerca do tema.

(1) ORGANIZAÇÃO INTERNACIONAL DO TRABALHO — OIT. *Conheça a OIT*. Geneva, 2024. Disponível em: https://www.ilo.org/pt-pt/regions-and-countries/americas/brasil/conheca-oit. Acesso em: 09 set. 2024.

O país já foi reconhecido com um dos modelos no enfrentamento ao trabalho forçado, mesmo com alguns altos e baixos motivados por decisões puramente políticas. Acontece que nos últimos anos, algumas normas criadas tiraram um pouco da credibilidade e confiança nessas políticas, pois se tornaram questões de difícil aplicação abrindo brechas para que as empresas as usem como forma de planejamento temerário.

Dentre as normas obscuras se destaca a reforma trabalhista em 2017, que segundo estudiosos é profundamente dissociada das ideias matrizes da Constituição de 1988, como a concepção de Estado Democrático de Direito, a principiologia humanística e social constitucional o conceito constitucional de direitos fundamentais da pessoa humana no campo justrabalhista.(2) Essa referência negativa pode ser uma das causas da não inserção do protocolo 2014 da OIT por ser incompatível com a legislação vigente.

Tendo em mente os fatos citados acima, a presente pesquisa se propôs a problematizar: **quais os impactos jurídicos da reforma trabalhista na aprovação do protocolo de 2014 da OIT e seus reflexos na aplicação de políticas públicas no combate ao trabalho forçado?** Hipoteticamente, a pesquisa coloca em evidência que o retrocesso legislativo contrário aos preceitos constitucionais básicos fecha várias portas para adequação na luta contra o trabalho forçado, desvirtuando toda matriz constitucional de direitos humanos.

Destarte, a pesquisa tem como objetivo geral analisar qual o impacto da reforma trabalhista para a efetivação do protocolo de 2014 à Convenção n. 29 da OIT. A presente pesquisa justifica-se na recorrente atuação das empresas que está pautada na ausência de critérios para identificar e punir o trabalho forçado por parte do Estado, principalmente após a reforma trabalhista.

Metodologicamente, é uma pesquisa empírica normativa-jurídica, por se dedicar ao tratamento empírico e ocorrências da realidade.(3). Quanto ao tipo de pesquisa, foi utilizada a pesquisa exploratória, pois busca-se aprofundar o conhecimento e explorá-lo(4).

Portanto, é preciso fazer uma avaliação dos impactos causados pela nova legislação em detrimento das normas impostas pela OIT, pois o que se percebe é que existe uma barreira para que a OIT consiga praticar suas diretrizes por culturas e falhas estruturais diversas (1), bem como analisar a estrutura e aplicação das normas em âmbito interno e seu reflexo nas decisões empresariais (2), bem como verificar a influência da reforma trabalhista a não aprovação do protocolo de 2014 (3).

---

(2) DELGADO, Mauricio Godinho; DELGADO, Gabriela Neves. *A reforma Trabalhista no Brasil com os comentários à Lei n. 13.467/17*. São Paulo: LTr, 2017. Disponível em: https://www.medicina.ufmg.br/nest/wp-content/uploads/sites/79/2018/07/reformatrabalhista.pdf. Acesso em: 10 out. 2024.

(3) DEMO, Pedro. *Pesquisa e construção do conhecimento:* metodologia científica no caminho de Habermas. Rio de Janeiro: Tempo Brasileiro, 1994. p. 37.

(4) BITTAR, Eduardo Carlos Bianca. *Metodologia da Pesquisa Jurídica:* teoria e prática da monografia para os cursos de direito. 14. ed. São Paulo: Saraiva, 2014. p. 156-157.

## 1. Os desafios da Organização Internacional do Trabalho (OIT) no enfrentamento ao trabalho forçado na ausência de estrutura e culturas diversificadas

A prática do trabalho forçado é um problema enfrentado por todo o mundo desde que começaram as primeiras relações de trabalho. Essas falhas estruturais geram impactos negativos na vida dos trabalhadores desequilibrando todas as relações sociais e econômicas dentro de um país. Os impactos negativos existem devido diversos aspectos e ausência de critérios específicos para aplicação de políticas públicas eficientes no combate ao trabalho forçado (2.1) e, ainda, na falta de interesse dos Estados em efetivamente aplicar as recomendações da OIT no combate ao trabalho forçado (2.2).

### *1.1. A ausência de critério para aplicação de políticas públicas no combate ao trabalho forçado*

A Organização Internacional do Trabalho (OIT) foi criada em 1919 e é a única agência das Nações Unidas que possui estrutura tripartite, entre representantes de Governos, empregadores e trabalhadores de 187 Estados-Membros[(5)]. Sua missão é fazer com que os trabalhadores tenham uma atividade digna com a prática de uma atividade decente, o que inclui um trabalho livre e seguro sempre visando a redução das desigualdades sociais. Em contrapartida às buscas positivas de suas políticas, a OIT encontra diversidade cultural de seus Estados signatários, além de falta estrutural e desinteresse em questionar as práticas abusivas desenvolvidas pelo poder econômico. O Brasil ratificou 82 Convenções da OIT até o momento. Dentre as que ainda não foram ratificadas, está o protocolo de 2014 à Convenção n. 29, que prevê em seu art. 1º proteção às vítimas e acesso amplo a recursos jurídicos de reparação e sanção eficazes. Assim, é possível observar que a ineficácia da aplicação das políticas públicas no Brasil ficou ainda mais comprometida devido à ausência de critérios específicos e eficazes para a redução do trabalho forçado após a reforma trabalhista (2.1.1) e, ainda, pela prática impositiva e abusiva já pré-estabelecida pelas empresas (2.1.2).

#### 1.1.1. Obscuridade dos interesses nas normas internas sem critérios específicos na aplicação das políticas públicas para redução do trabalho forçado

A ausência de clareza e objetividade das normas internas de combate ao trabalho forçado para fins de trazer igualdade e dignidade social à população ocorre devido à não clareza nos objetivos das políticas públicas desenvolvidas. Observa-se que com a reforma trabalhista, mostra-se um desinteresse por parte do Estado e principalmente por parte das empresas em trazer um mínimo de dignidade para os trabalhadores, contrariando o disposto na legislação internacional (normas OIT).

---

(5) ORGANIZAÇÃO INTERNACIONAL DO TRABALHO — OIT. *Conheça a OIT.* Geneva, 2024. Disponível em: https://www.ilo.org/pt-pt/regions-and-countries/americas/brasil/conheca-oit. Acesso em: 10 nov. 2024.

A OIT é a principal Organização Internacional de combate ao trabalho escravo. Seu objetivo é minimizar os impactos negativos que a prática de atividades indignas causa nos trabalhadores e na sociedade. É um trabalho contínuo e árduo onde se desenvolvem várias políticas e normas internacionais conscientizando os estados acerca da importância da mitigação e até mesmo extinção dessa prática histórica.

A Convenção n. 29 da OIT, adotada em 1930, definiu trabalho forçado ou obrigatório como sendo "todo o trabalho ou serviço que é exigido a uma pessoa sob a ameaça de qualquer castigo e para o qual a referida pessoa não se ofereceu de livre vontade[(6)]. Esse conceito continua sendo praticado, porém o contexto de sua aplicação mudou bastante, sendo um tema ainda muito atual ainda que tenha grande aderência por diversos Estados-Membros. Na época de sua criação, o trabalho forçado era usado principalmente pelas administrações coloniais e em certos estados independentes.[(7)] O Ministério do Trabalho e Emprego, por meio da Fiscalização do Trabalho, resgatou, de janeiro a 14 de junho de 2023, um total de 1.443 trabalhadores do trabalho análogo à escravidão no Brasil.[(8)] Apesar do crescimento das tecnologias e do maior acesso à informação por parte da sociedade, o trabalho análogo ao escravo vem crescendo de forma inexplicável no país, ainda que sejam elaboradas políticas públicas para o seu combate. No início do ano de 2023, foram fiscalizados 174 estabelecimentos, possibilitando que R$6.915.358,66 em verbas salariais e rescisórias fossem pagas aos trabalhadores resgatados.[(9)] Essa prática compromete as contribuições sociais, o recolhimento de impostos e até mesmo fomenta a concorrência desleal entre as empresas, colocando trabalhadores na condição de miséria extrema sem um mínimo de dignidade humana.

A Convenção n. 29 por ser a primeira sobre o assunto trouxe o conceito de trabalho forçado, elencando cinco exceções e ainda impôs aos Estados a obrigação de punir penalmente e de forma eficaz aqueles que pratiquem o trabalho forçado.

Em 1957 a OIT com o objetivo de complementar a Convenção n. 29, influenciada pelo fim da segunda guerra mundial e práticas de perseguições políticas e discriminações raciais, adotou a Convenção n. 105 sobre trabalho forçado principalmente para combater os abusos praticados pelas autoridades estatais, reforçando a ideia de que a luta é complexa. Por fim, em 2014 foram criados mais dois instrumentos complementares no combate ao trabalho forçado, sendo o Protocolo de 2014 relativo à Convenção sobre

---

(6) ORGANIZAÇÃO INTERNACIONAL DO TRABALHO — OIT. *Conheça a OIT*. Geneva, 2024. Disponível em: https://www.ilo.org/pt-pt/regions-and-countries/americas/brasil/conheca-oit. Acesso em: 09 set. 2024.

(7) *Idem*.

(8) BRASIL. Ministério do Trabalho e do Emprego. *Trabalho Análogo à Escravidão:* MTE resgatou 1.443 trabalhadores de condições análogas à escravidão em 2023. Brasília, DF, 2023. Disponível em: https://www.gov.br/trabalho-e-emprego/pt-br/noticias-e-conteudo/2023/junho/mte-resgatou-1-443-trabalhadores-de-condicoes-analogas-a-escravidao-em-2023. Acesso em: 04 nov. 2024.

(9) *Idem*.

Trabalho Forçado de 1930 e a Recomendação (n. 203) sobre o Trabalho Forçado (Medidas Complementares). O primeiro tem caráter vinculativo e objetiva adoção de medidas preventivas, protetivas e reparativas na eliminação do trabalho escravo. O Protocolo de 2014 à Convenção n. 29 da OIT revogou as disposições transitórias expostas no artigo 1º, §§ 2º e 3º, e os arts. de 3 a 24 da Convenção n. 29 (artigo 7º), que permitiam o emprego do trabalho forçado para propósitos públicos e a título excepcional.(10) O segundo instrumento de caráter não vinculativo tem cunho informativo de aplicação de políticas públicas em âmbito interno.

Para abordar melhor as formas contemporâneas de escravidão, na 103ª Conferência Internacional do Trabalho, em junho de 2014, a OIT adotou novo protocolo, vinculado à Convenção n. 29, que entrou em vigor em 09 de novembro de 2016.(11) A primeira condição fundamental para a abolição do trabalho forçado é a existência de legislação que o defina claramente, proíba e aplique sanções aos que cometem crimes no território nacional.(12) Em 2014 a OIT reconheceu o Brasil como referência mundial no combate ao trabalho forçado, isso tudo em virtude das ações desenvolvidas e das normas elaboradas para desenvolvimento das políticas públicas. Nesse mesmo ano, foi aprovada a Emenda Constitucional n. 81 de 2014, conhecida como PEC do trabalho escravo que alterou o art. 243 da Constituição e prevê o confisco de propriedades rurais e urbanas que possuem trabalhadores submetidos à escravidão.(13)

Apesar de ser signatário das Convenções da OIT no combate ao trabalho forçado e ser considerado um dos destaques nessas políticas, o país se encontra resistente em relação à aprovação do protocolo de 2014, talvez influenciado pela nova legislação que é em parte incompatível com as exigências da norma em sua aplicação prática. Em maio de 2023 o Executivo encaminhou ao Congresso Nacional uma mensagem para ratificação desse protocolo facultativo para tentar regulamentar a questão.

Em 2017, o Ministério do Trabalho editou a Portaria n. 1.129/2027 que regulamentou os conceitos de trabalho forçado, jornada exaustiva e condições análogas à de escravo para fins de concessão de seguro-desemprego ao trabalhador que viesse a ser resgatado em fiscalização do Ministério do Trabalho.(14) Essa norma foi considerada

---

(10) BALAZEIRO, Alberto Bastos; CARVALHO, Augusto César Leite de; CONFORT, Luciana Paula. Escravidão moderna e ratificação do Protocolo de 2014 à Convenção n. 29 da OIT. São Paulo: *Conjur — Consultor Jurídico*, 2023. Disponível em: https://www.conjur.com.br/2023-jun-09/opiniao-ratificacao-protocolo-2014-convencao-29-oit/. Acesso em: 10 nov. 2024.

(11) *Idem.*

(12) *Idem.*

(13) BRASIL. Câmara dos Deputados. *Para OIT, Brasil é referência mundial no combate ao trabalho escravo.* Brasília, DF, 2014. Disponível em: https://www.camara.leg.br/noticias/446112-PARA-OIT,-BRASIL-E-REFERENCIA-MUNDIAL-NO-COMBATE-AO-TRABALHO-ESCRAVO. Acesso em: 04 nov. 2024.

(14) BRASIL. Ministério do Trabalho. *Portaria MTB n. 1.129, de 13 de outubro de 2017.* Dispõe sobre os conceitos de trabalho forçado, jornada exaustiva e condições análogas à de escravo para fins de concessão de seguro-desemprego ao trabalhador que vier a ser resgatado em fiscalização do Ministério do Trabalho,

um retrocesso no combate ao trabalho forçado e foi condenada por organismos internacionais e especialistas, fazendo com que o país perdesse o posto de referência na época. Ela dificultou a identificação do trabalho forçado e praticamente anulou a publicação da "lista suja" que identifica as empresas que praticam essas atividades ilícitas.

No mesmo ano foi aprovada a Lei n. 13.467/2017, conhecida como lei da reforma trabalhista, que é vista até hoje como um retrocesso legislativo em todos os aspectos na proteção laboral. Segundo (GODINHO, p. 39), desponta por seu direcionamento claro em busca do retorno ao antigo papel do Direito na História como instrumento de exclusão, segregação e sedimentação da desigualdade entre as pessoas humanas e grupos sociais.(15) Ele entende que a legislação é completamente contrária aos fundamentos constitucionais, ferindo gravemente a concepção de Estado Democrático de Direito, a principiologia humanística e social constitucional.(16)Os direitos humanos são visivelmente violados no campo do direito do trabalho, inclusive dificultando a fiscalização da prática do trabalho forçado no país, pois traz em seu corpo instrumentos que vão em direção gravemente contrária e regressiva aos preceitos constitucionais.

Dessa forma, ainda que tenha havido uma evolução histórica positiva no Brasil no combate ao trabalho forçado, nossa reforma legislativa parece não corroborar com as políticas públicas até aqui desenvolvidas, indo contra a proteção dos direitos humanos e as diretrizes do Estado Democrático de Direito. Tal questão acarreta, sobretudo, uma efetivação abusiva das políticas públicas já estabelecidas para banimento e mitigação do trabalho forçado por parte das empresas que detêm o poder econômico no país. É o que se passa a analisar.

### 1.1.2. A efetivação abusiva das políticas públicas já estabelecidas pelas empresas na mitigação e banimento do trabalho forçado

A concretização da prática abusiva das empresas em território nacional, respaldando-se na falha estrutural do Estado, na normatização confusa e ineficiente ocorre diariamente, de forma que prejudicam os trabalhadores e toda a sociedade, inclusive o próprio Estado de forma direta. Nossa legislação pune o trabalho análogo ao escravo no art. 149 do Código Penal que pune com reclusão, de dois a oito anos, e multa quem reduz alguém a condição análoga à de escravo, quer submetendo-o a trabalhos forçados ou a jornada exaustiva, quer sujeitando-o a condições degradantes de trabalho, quer

---

nos termos do art. 2-C da Lei n. 7.998, de 11 de janeiro de1990; bem como altera dispositivos da PIMTPS/MMIRDH n. 4, de 11 de maio de 2016. Brasília, DF, 2017. Disponível em: https://www.in.gov.br/materia/-/asset_publisher/Kujrw0TZC2Mb/content/id/19356195/do1-2017-10-16-portaria-n-1-129-de-13-de-outubro-de-2017-19356171 Acesso em: 04 nov. 2024.

(15) DELGADO, Mauricio Godinho; DELGADO, Gabriela Neves. *A reforma Trabalhista no Brasil com os comentários à Lei n. 13.467/17*. São Paulo: LTr, 2017. Disponível em: https://www.medicina.ufmg.br/nest/wp-content/uploads/sites/79/2018/07/reformatrabalhista.pdf. Acesso em: 10 out. 2024.

(16) *Idem*.

restringindo, por qualquer meio, sua locomoção em razão de dívida contraída com o empregador ou preposto.(17)

No mesmo sentido, o Estado tenta intensificar as políticas públicas para tentar mitigar ou até mesmo banir essas práticas repugnantes contra os trabalhadores. Porém, o que se percebe é que as empresas detentoras do poder econômico ditam as regras de forma a burlarem as leis e ignorarem completamente o sistema de proteção ao trabalhador, ora por ingerência, ora por planejamento cruel para obtenção de maior lucratividade.

A título de exemplo vale mencionar que apenas durante agosto de 2024, a Operação Resgate IV retirou 593 trabalhadores de condições de trabalho escravo contemporâneo. Este número é 11,65% maior do que o de resgatados da operação realizada em 2023.(18) Segundo o Ministério do Trabalho uma grande equipe fez 130 inspeções em 15 Estados e reuniu todas as instituições responsáveis pelo combate ao trabalho escravo no país, sendo uma das maiores forças conjuntas já realizadas.

Fora a questão da falha estrutural de fiscalização e ações sistêmicas organizadas pelas empresas, existe também a situação onde existem falhas na gestão de riscos de fornecedores, como ocorreu com as vinícolas do Rio Grande do Sul e com a Usina da Bunge no Estado de Goiás.

Umas das vinícolas de Bento Gonçalves possui uma certificação denominada "ótimo lugar para trabalhar" traduzido para o português, sendo que nesta foram encontrados mais de 200 trabalhadores em situação de trabalho precária por prestadores de serviços terceirizados. A outra empresa envolvida é signatária do Pacto Global da ONU de combate ao trabalho escravo, que tem como base o combate ao trabalho forçado contemporâneo. Entre várias fraudes em certificações, principalmente envolvendo muitas cifras, fica evidenciado enorme contradição entre esses títulos marketeiros e a prática de empresas renomadas que se favorecem com essas atividades criminosas.

Outro exemplo recente aconteceu quando cerca de 212 camponeses oriundos do Piauí, do Maranhão e do Rio Grande do Norte foram encontrados submetidos a "trabalho escravo" no plantio da cana-de-açúcar no interior de Goiás.(19)Eles trabalhavam em "regime de barracão" onde o empregador vendia as ferramentas para que eles pudessem trabalhar. Esse caso superou o do Rio Grande do Sul em vários aspectos, sendo que os

(17) BRASIL. *Decreto-lei n. 12.848, de 07 de dezembro de 1940.* Planalto. Código Penal. Disponível em: https://www.planalto.gov.br/ccivil_03/decreto-lei/del2848compilado.htm Acesso em: 1º nov. 2024.

(18) BRASIL. Ministério do Emprego e do Trabalho. *593 trabalhadores são resgatados em condições análogas à escravidão na maior operação da história do Brasil.* Brasília, DF, 2024. Disponível em: https://www.gov.br/trabalho-e-emprego/pt-br/noticias-e-conteudo/2024/Agosto/593-trabalhadores-sao-resgatados-em-condicoes-analogas-a-escravidao-na-maior-operacao-da-historia-do-brasil Acesso em: 01 nov. 2024.

(19) ARTUR, Gabriel. Em maior caso de 'trabalho escravo' do ano, 212 camponeses são resgatados. *A Nova Democracia*, 2023. Disponível em: https://anovademocracia.com.br/em-maior-caso-de-trabalho-escravo-do-ano-212-camponeses-sao-resgatados/. Acesso em: 20 out. 2024.

camponeses foram “contratados” por uma prestadora de serviços que fornecia mão de obra para quatro latifúndios e uma usina.(20)

Em razão disso, o prejuízo trazido à sociedade é de grande impacto, em especial aos trabalhadores que vivem em meio a condições precárias de hipossuficiência submetidos a atividades que ferem em sua totalidade o princípio da dignidade da pessoa humana. Define-se normas obscuras como aquelas que têm inseridas em seu corpo elementos que deixam em dúvida sua real intenção, sempre influenciadas por interesses políticos e do poder econômico. A falha estrutural é evidente, pois diversos acontecimentos históricos, culturais, educacionais, de combate ao trabalho forçado foram discutidos ao longo dos anos sem efetivamente obter êxito em suas políticas.

São diversas as situações levadas ao judiciário e a título de exemplo, o Tema de Repercussão Geral (1.158) oriundo do RE (RE) 1323708 onde segundo o TRF-1, a produção de provas foi deficiente, diante da ausência de depoimentos das vítimas, e a acusação teria se valido de elementos “comuns na realidade rústica brasileira”, como alojamentos coletivos e precários e falta de água potável, de instalações sanitárias e de equipamentos de primeiros socorros(21) mostra bem toda a manipulação e falta de critérios objetivos para avaliação da configuração ou não de trabalho forçado. Imagine ter que deparar com a ideia que os ribeirinhos do norte do país ou os trabalhadores rurais do Nordeste ou até mesmo os refugiados de outros países podem ser colocados em atividades análogas à escravidão simplesmente porque eles já estão acostumados a passarem por condições desumanas onde crescem e vivem como se isso fosse normal.

Esse importante precedente é um exemplo clássico de que o país é um território adoecido pelo preconceito racial, falta de amor ao próximo além de evidenciar a desorganização da aplicação das políticas públicas estipuladas pela OIT que foram aprovadas em âmbito interno. O Tribunal que deveria proteger as partes hipossuficientes optou por favorecer a parte mais forte economicamente, usando fundamentos que ferem nossa Constituição e todos os Tratados Internacionais de Direitos Humanos.

Portanto, a atuação das empresas de forma tendenciosa em burlar a legislação buscando obter maiores lucros com mão de obra barata e despreparada, justificam o crescimento contínuo da pratica de atividades laborais irregulares. Deve ser considerado também que o Estado não tem credibilidade, pois não consegue punir de forma eficiente por falta de estrutura e interesse real em acabar com o problema, ainda mais com a flexibilização da legislação no contexto da reforma trabalhista, que pode prejudicar ainda mais a aplicação das normas internacionais da OIT em âmbito interno.

---

(20) ARTUR, Gabriel. Em maior caso de ‘trabalho escravo’ do ano, 212 camponeses são resgatados. *A Nova Democracia*, 2023. Disponível em: https://anovademocracia.com.br/em-maior-caso-de-trabalho-escravo-do-ano-212-camponeses-sao-resgatados/. Acesso em: 20 out. 2024.

(21) BRASIL. Senado Federal. *STF definirá elementos necessários para condenação por crime de redução a condição análoga à de escravo*. Brasília, DF, 2021. Disponível em: https://portal.stf.jus.br/noticias/verNoticiaDetalhe.asp?idConteudo=472397&tip=UN. Acesso em: 15 nov. 2024.

## 2. A Reforma Trabalhista como uma das causas de incompatibilização do protocolo de 2014 da OIT de coibição ao trabalho forçado

As instituições internas de combate ao trabalho forçado estão vinculadas à legislação vigente e às normas internacionais de direitos trabalhistas as quais somos signatários. Não cabe exclusão ou reanálise subjetiva de situações degradantes em virtude de "situações normais" de certas regiões do país, de forma que todos os trabalhadores estão vulneráveis às atividades das empresas, podendo ser definida uma vulnerabilidade legislativa piorada pela aprovação da Lei n. 13.467/17 que dificulta a aprovação do protocolo de 2014 deixando lacunas e incertezas, ainda que haja boa intenção de alguns setores da linha de frente (3.1).

### *2.1. Vulnerabilidade legislativa fomentada pela aprovação da Lei n. 13.467/2017*

O Protocolo Facultativo à Convenção n. 29 da Organização Internacional do Trabalho (OIT) sobre o Trabalho Forçado ou Obrigatório, adotado em Genebra, em 28 de maio de 2014 foi criado como intuito de diminuir as lacunas existentes na Convenção n. 29 e demais textos sobre trabalho forçado. O Protocolo busca avançar em normas programáticas voltadas para a prevenção, a reparação, a reintegração e a proteção de trabalhadores submetidos ao trabalho forçado ou obrigatório.[22] O ponto crucial do protocolo é estipular que os Estados aumentem a fiscalização e não fiquem adstritos a sanções dos infratores, focando também na identificação, prevenção e educação da sociedade quanto à necessidade de banir o trabalho forçado em quaisquer de suas tipificações.

Apesar de o Executivo alegar em sua carta encaminhada ao Congresso Nacional que a legislação do país está em consonância com o protocolo de 2014, o que se percebe na realidade é um retrocesso principalmente em relação a fiscalização. A reforma trabalhista é considerada um desserviço em prol dos trabalhadores brasileiros, uma vez que retira várias conquistas adquiridas ao longo da história desfavorável. O país vinha em uma crescente no combate ao trabalho forçado, sendo que em 2003 por exemplo, criou o 1º Plano Nacional de Erradicação do Trabalho Escravo, da Comissão Nacional de Erradicação do Trabalho Escravo (CONATRAE) e da "lista suja do trabalho escravo" que foi considerado mais um passo importante desse processo.[23] Contudo, a Lei n. 13.467/2017 trouxe vários aspectos negativos no combate ao trabalho forçado, pois retroagiu no campo do direito individual e coletivo do trabalho e também nas ferramentas processuais.

---

(22) BRASIL. Câmara dos Deputados. *Ofício n. 231/2023* — Para OIT, Protocolo Facultativo à Convenção n. 29 da Organização Internacional do Trabalho (OIT) sobre o Trabalho Forçado ou Obrigatório, adotado em Genebra, em 28 de maio de 2014. Brasília, DF, 2023. Disponível em: https://www.camara.leg.br/proposicoesWeb/prop_mostrarintegra?codteor=2279370. Acesso em: 04 set. 2024.

(23) *Idem*.

A Lei n. 13.467/2017 busca romper uma lógica civilizatória, democrática e inclusiva do Direito do Trabalho, por meio da desregulamentação ou flexibilização de suas regras imperativas incidentes sobre o contrato trabalhista.(24)Reconhecendo a impossibilidade de esgotar o tema, é mister salientar que a nova legislação faz resgatar a desmedida prevalência do poder econômico sobre a relação de trabalho, o que é uma das principais causas iniciais do tipo de trabalho em análise. O protocolo em contrapartida prevê expressamente que todo membro deverá garantir esforços para que "os serviços de inspeção do trabalho e demais serviços responsáveis pela aplicação desta legislação sejam fortalecidos".(25)

No campo do direito coletivo do trabalho, o enfraquecimento dos sindicatos faz com que os trabalhadores mais vulneráveis fiquem ainda mais desamparados por vários pontos relevantes. Como exemplo, o novo diploma jurídico instiga o sindicalismo a se tornar potencial adversário dos trabalhadores, podendo suprimir ou atenuar, por meio da negociação coletiva trabalhista, largo número de direitos imperativamente fixados na ordem jurídica heterônoma estatal.(26) O art. 3º do protocolo prevê que todo membro tomará medidas efetivas para identificar, libertar e proteger todas as vítimas de trabalho forçado ou obrigatório e permitir sua recuperação.(27)O Estado não está aparelhado para combater essa prática, seu território e cultura são imensos e não possuí capital humano para tanto. A partir do momento que se enfraquece os sindicatos, indiretamente perde-se esse apoio importante no contato direto com todos os meios de trabalhadores nos mais diversos cantos do Brasil.

Enquanto o protocolo de 2014 busca maior fiscalização pelos Estados, os objetivos centrais da Lei de Reforma Trabalhista são de natureza sumamente diversa, centrando-se na ideia de restringir, ao máximo, o acesso à jurisdição pela pessoa humana trabalhadora, além de instigar a transmutação do processo judicial laboral em tortuoso calvário de riscos e apenações a essa pessoa humana.(28) Veja bem, se as normas internacionais

---

(24) DELGADO, Mauricio Godinho; DELGADO, Gabriela Neves. *A reforma Trabalhista no Brasil com os comentários à Lei n. 13.467/2017*. São Paulo: LTr, 2017. Disponível em: https://www.medicina.ufmg.br/nest/wp-content/uploads/sites/79/2018/07/reformatrabalhista.pdf Acesso em: 10 out. 2024.

(25) BRASIL. Câmara dos Deputados. *Ofício n. 231/2023* — Para OIT, Protocolo Facultativo à Convenção n. 29 da Organização Internacional do Trabalho (OIT) sobre o Trabalho Forçado ou Obrigatório, adotado em Genebra, em 28 de maio de 2014. Brasília, DF, 2023. Disponível em: https://www.camara.leg.br/proposicoesWeb/prop_mostrarintegra?codteor=2279370. Acesso em: 04 set. 2024.

(26) DELGADO, Mauricio Godinho; DELGADO, Gabriela Neves. *A reforma Trabalhista no Brasil com os comentários à Lei n. 13.467/2017*. São Paulo: LTr, 2017. Disponível em: https://www.medicina.ufmg.br/nest/wp-content/uploads/sites/79/2018/07/reformatrabalhista.pdf Acesso em: 10 out. 2024.

(27) BRASIL. Câmara dos Deputados. *Ofício n. 231/2023* — Para OIT, Protocolo Facultativo à Convenção n. 29 da Organização Internacional do Trabalho (OIT) sobre o Trabalho Forçado ou Obrigatório, adotado em Genebra, em 28 de maio de 2014. Brasília, DF, 2023. Disponível em: https://www.camara.leg.br/proposicoesWeb/prop_mostrarintegra?codteor=2279370. Acesso em: 04 set. 2024.

(28) DELGADO, Mauricio Godinho; DELGADO, Gabriela Neves. *A reforma Trabalhista no Brasil com os comentários à Lei n. 13.467/2017*. São Paulo: LTr, 2017. Disponível em: https://www.medicina.ufmg.br/nest/wp-content/uploads/sites/79/2018/07/reformatrabalhista.pdf. Acesso em: 10 out. 2024.

visam maior fiscalização e acesso dos trabalhadores à justiça, como pode o Estado criar uma norma que dificulte esse acesso distanciando o trabalhador da busca efetiva por seus direitos.

O Brasil se comprometeu a cumprir a meta a 8.7 dos Objetivos de Desenvolvimento Sustentável (ODS), só que para isso, precisa até 2030, acabar com a escravidão moderna e o tráfico de pessoas, e assegurar a proibição e eliminação das piores formas de trabalho infantil, incluindo recrutamento e utilização de crianças-soldado.(29) A reforma trabalhista não parece caminhar no mesmo sentido dos compromissos assumidos pelos representantes brasileiros, boa parte de seu texto dificulta a fiscalização através de flexibilizações exageradas e enfraquecimento do sistema em prol do poder econômico.

Portanto, existe uma grande vulnerabilidade legislativa causada por questões políticas e econômicas em nosso país e no mundo, são situações que percorrem décadas e estão longe de acabar. Contudo, como o país tem credibilidade internacional e boas práticas, ainda que obscuras, ainda existe esperança de melhores condições para os órgãos que atuam na linha de frente de combate ao trabalho forçado, como atuações do Ministério Público do Trabalho e projetos de lei do Poder Legislativo.

Dessa forma, a vulnerabilidade legislativa decorre de várias situações que culminam na falha ao combate do trabalho forçado, porém, considerando a inovação legislativa em 2017 percebe-se que colocou barreiras para cumprimento das Convenções da OIT, e de forma indireta prejudica a aprovação do protocolo de 2014, pois seus requisitos não podem ser cumpridos devido às incompatibilidades geradas pela legislação interna que flexibiliza a fiscalização e distancia os empregados do acesso ao Judiciário juslaboral dificultando a atuação dos Órgãos responsáveis pela mitigação e banimento do trabalho forçado.

## 3. Conclusão

O presente trabalho teve o objetivo de verificar os impactos jurídicos causados pela reforma trabalhista na aprovação do protocolo de 2014 da Convenção n. 29 da OIT e na aplicação das políticas públicas em âmbito interno.

O primeiro objetivo deste trabalho teve a intenção de conhecer algumas normas internacionais de combate ao trabalho forçado e sua aplicação na legislação interna do país, mostrando como a legislação afeta negativamente a aplicação das políticas públicas e dificulta o acesso do trabalhador em condições degradantes ao Poder Judiciário.

---

(29) BRASIL. Câmara dos Deputados. *Ofício n. 231/2023* — Para OIT, Protocolo Facultativo à Convenção n. 29 da Organização Internacional do Trabalho (OIT) sobre o Trabalho Forçado ou Obrigatório, adotado em Genebra, em 28 de maio de 2014. Brasília, DF, 2023. Disponível em: https://www.camara.leg.br/proposicoesWeb/prop_mostrarintegra?codteor=2279370. Acesso em: 04 set. 2024.

Em um segundo momento, buscou definir as causas da vulnerabilidade legislativa existente e seus impactos nas políticas públicas, e como isso pode influenciar na atuação das empresas, que utilizam dessas lacunas para planejarem redução de custos e maior rentabilidade em cima de mão de obra barata.

Por fim, buscou verificar de forma sintetizada alguns pontos da reforma trabalhista de 2017 que comprometem a internalização das normas internacionais de direito do trabalho. Pode-se observar que o próprio Judiciário possui decisões controversas e infundadas que se utilizam de maquiagem processual revestida de legalidade para tentar fundamentar atrocidades no desrespeito aos direitos humanos dos trabalhadores. O protocolo de 2014 seria uma ótima oportunidade de ajustarmos as políticas públicas aos anseios da OIT no âmbito interno, mas nos parece que pelo menos no momento existe uma dificuldade nessa aprovação pela incompatibilidade legislativa que sofreu um retrocesso drástico e também por falta de estrutura e cultura interna que vislumbre a importância de adotar tais medidas.

Portanto, os impactos jurídicos das alterações legislativas são ainda desconhecidos, e não queremos também atribuir somente à reforma trabalhista as práticas criminosas contra os trabalhadores e tão menos justificar a não aprovação do protocolo de 2014 somente por esse motivo. Contudo, ao analisar minuciosamente a proposta da OIT em contrapartida com as novas regras trazidas pela Lei n. 14.367/2017 percebe-se que o Poder Legislativo pode encontrar vários óbices para aprovar as novas regras, o que irá nos proporcionar mais uma regra que no país não conseguirá cumprir, tanto por falta de estrutura e pessoal quanto por limitações e contradições legislativas.

Para uma continuidade deste trabalho propõe-se uma pesquisa diretamente com os órgãos gestores do combate ao trabalho escravo para verificar qual o tamanho do impacto na fiscalização e controle após as alterações legislativas em 2017 e se isso de fato impede atualmente a inserção do protocolo de 2014 na legislação nacional.

## Referências

ARTUR, Gabriel. Em maior caso de 'trabalho escravo' do ano, 212 camponeses são resgatados. *A Nova Democracia*, 2023. Disponível em: https://anovademocracia.com.br/em-maior-caso-de-trabalho-escravo-do-ano-212-camponeses-sao-resgatados/. Acesso em: 20 out. 2024.

BALAZEIRO, Alberto Bastos; CARVALHO, Augusto César Leite de; CONFORT, Luciana Paula. Escravidão moderna e ratificação do Protocolo de 2014 à Convenção n. 29 da OIT. São Paulo: *Conjur – Consultor Jurídico*, 2023. Disponível em: https://www.conjur.com.br/2023-jun-09/opiniao-ratificacao-protocolo-2014-convencao-29-oit/. Acesso em: 10 nov. 2024.

BITTAR, Eduardo Carlos Bianca. *Metodologia da Pesquisa Jurídica*: teoria e prática da monografia para os cursos de direito. 14. ed. São Paulo: Saraiva, 2014. p. 156-157.

BRASIL. Câmara dos Deputados. *Ofício n. 231/2023* — Para OIT, Protocolo Facultativo à Convenção n. 29 da Organização Internacional do Trabalho (OIT) sobre o Trabalho Forçado ou

Obrigatório, adotado em Genebra, em 28 de maio de 2014. Brasília, DF, 2023. Disponível em: https://www.camara.leg.br/proposicoesWeb/prop_mostrarintegra?codteor=2279370. Acesso em: 04 set. 2024.

BRASIL. Câmara dos Deputados. *Para OIT, Brasil é referência mundial no combate ao trabalho escravo.* Brasília, DF, 2014. Disponível em: https://www.camara.leg.br/noticias/446112-PARA-OIT,-BRASIL-E-REFERENCIA-MUNDIAL-NO-COMBATE-AO-TRABALHO-ESCRAVO. Acesso em: 04 nov. 2024.

BRASIL. *Decreto-lei n. 12.848, de 07 de dezembro de 1940.* Planalto. Código Penal. Disponível em: https://www.planalto.gov.br/ccivil_03/decreto-lei/del2848compilado.htm Acesso em: 01 nov. 2024.

BRASIL. Ministério do Trabalho. *Portaria MTB n. 1.129, de 13 de outubro de 2017.* Dispõe sobre os conceitos de trabalho forçado, jornada exaustiva e condições análogas à de escravo para fins de concessão de seguro-desemprego ao trabalhador que vier a ser resgatado em fiscalização do Ministério do Trabalho, nos termos do art. 2-C da Lei n. 7.998, de 11 de janeiro de1990; bem como altera dispositivos da PIMTPS/MMIRDH n. 4, de 11 de maio de 2016. Brasília, DF, 2017. Disponível em: https://www.in.gov.br/materia/-/asset_publisher/Kujrw0TZC2Mb/content/id/19356195/do1-2017-10-16-portaria-n-1-129-de-13-de-outubro-de-2017-19356171 Acesso em: 04 nov. 2024.

BRASIL. Ministério do Emprego e do Trabalho. *593 trabalhadores são resgatados em condições análogas à escravidão na maior operação da história do Brasil.* Brasília, DF, 2024. Disponível em: https://www.gov.br/trabalho-e-emprego/pt-br/noticias-e-conteudo/2024/Agosto/593-trabalhadores-sao-resgatados-em-condicoes-analogas-a-escravidao-na-maior-operacao-da-historia-do-brasil Acesso em: 1º nov. 2024.

BRASIL. Ministério do Trabalho e do Emprego. *Trabalho Análogo à Escravidão:* MTE resgatou 1.443 trabalhadores de condições análogas à escravidão em 2023. Brasília, DF, 2023. Disponível em: https://www.gov.br/trabalho-e-emprego/pt-br/noticias-e-conteudo/2023/junho/mte-resgatou-1-443-trabalhadores-de-condicoes-analogas-a-escravidao-em-2023. Acesso em: 04 nov. 2024.

BRASIL. Senado Federal. *Senado analisa medidas de combate ao trabalho escravo.* Agência Senado. Brasília, DF, 2024. Disponível em: https://www12.senado.leg.br/noticias/materias/2024/01/29/senado-analisa-medidas-de-combate-ao-trabalho-escravo. Acesso em: 10 set. 2024.

BRASIL. Senado Federal. *STF definirá elementos necessários para condenação por crime de redução a condição análoga à de escravo.* Brasília, DF, 2021. Disponível em: https://portal.stf.jus.br/noticias/verNoticiaDetalhe.asp?idConteudo=472397&tip=UN. Acesso em: 15 nov. 2024.

DELGADO, Mauricio Godinho; DELGADO, Gabriela Neves. *A reforma Trabalhista no Brasil com os comentários à Lei n. 13.467/2017.* São Paulo: LTr, 2017. Disponível em: https://www.medicina.ufmg.br/nest/wp-content/uploads/sites/79/2018/07/reformatrabalhista.pdf. Acesso em: 10 out. 2024.

DEMO, Pedro. *Pesquisa e construção do conhecimento:* metodologia científica no caminho de Habermas. Rio de Janeiro: Tempo Brasileiro, 1994. p. 37.

ORGANIZAÇÃO INTERNACIONAL DO TRABALHO – OIT. *Conheça a OIT.* Geneva, 2024. Disponível em: https://www.ilo.org/pt-pt/regions-and-countries/americas/brasil/conheca-oit. Acesso em: 09 set. 2024.

# As Provas Indiciárias e Indiretas nos Casos Envolvendo Assédio Sexual, com Base no Protocolo para Julgamento com Perspectiva de Gênero e a Convenção n. 190 da OIT

## *Indirect and Circunstantial Evidence in Cases of Sexual Harassment: An Analysis Based on the Gender Perspective Judgment Protocol and ILO Convention n. 190*

*Camila Zangiacomo Cotrim*

*Paulo Campanha Santana*

**Resumo:** Este artigo tem como objetivo analisar o uso das provas indiretas e indiciárias em casos de assédio sexual no ambiente de trabalho, tendo como base o protocolo para julgamento com perspectiva de gênero do Conselho Nacional de Justiça (CNJ) e Convenção n. 190 da Organização Internacional do Trabalho (OIT). A metodologia de pesquisa utilizada foi a hipotético-dedutiva, com revisão bibliográfica e análise das recentes decisões da justiça do trabalho, com enfoque na aplicação do protocolo para julgamento com perspectiva de gênero. Os resultados indicam para crescente aceitação destes meios de prova, em especial pelo fato dos casos envolvendo assédio sexual ocorrem na clandestinidade, reforçada, ainda, pelo protocolo do CNJ, que elevou a necessidade de adoção de decisões mais justas e sensíveis às questões de gênero. Os resultados ainda indicaram a adoção dos preceitos da Convenção n. 190 da OIT, para consolidar uma abordagem judicial mais equânime, alinhada com normas internacionais de combate ao assédio e violência no trabalho. A pesquisa aponta que a utilização das provas indiretas e indiciárias, em conformidade com as diretrizes internacionais, é um instrumento concreto para a proteção efetiva dos direitos das vítimas de assédio sexual, visando promover um ambiente de trabalho mais seguro e inclusivo.

**Palavras-chave:** Assédio sexual; Julgamento; Convenção n. 190 OIT; Perspectiva de gênero; Provas indiretas; Provas indiciárias.

**Abstract:** This article aims to analyze the use of indirect and circumstantial evidence in cases of sexual harassment in the workplace, based on the Gender Perspective Judgment Protocol of the National Council of Justice (CNJ) and Convention 190 of the International Labour Organization (ILO). The research methodology adopted was hypothetical-deductive, with a bibliographic review and analysis of recent decisions from labor courts, focusing on the application of the Gender Perspective Judgment Protocol. The results point to a growing acceptance of these types of evidence, particularly due to the fact that sexual harassment cases often occur in secrecy. This is further reinforced by the CNJ protocol, which emphasizes the need for fairer and more gender-sensitive rulings. The findings also highlight the adoption of ILO Convention 190 principles to consolidate a more equitable judicial approach, aligned with international standards to combat harassment and workplace violence. The research suggests that the use of indirect and circumstantial evidence, in accordance with international guidelines, serves as a concrete tool for the effective protection of sexual harassment victims' rights, aiming to promote a safer and more inclusive work environment.

**Keywords:** Sexual harassment; Judgment; Gender perspective; ILO Convention n. 190; Indirect evidence; Circunstantial evidence.

## Introdução

Em 2 de maio de 2024, o Tribunal Superior do Trabalho divulgou dados[(1)] da Justiça do Trabalho, apontando que, no período compreendido entre os anos de 2020 e 2023, em todas as suas instâncias, houve o julgamento de 419.342 ações envolvendo assédio moral e assédio sexual no ambiente de trabalho. O relatório registrou um aumento de 44,8% de casos envolvendo discussões sobre assédio sexual.

Os dados divulgados ainda registraram 361.572 novas ações evolvendo discussões sobre assédio moral e sexual no trabalho, sendo que enquanto o tema assédio moral se manteve estável, houve um crescimento de processos quanto ao assédio sexual no importe de 14,3%. Dessas ações, segundo o Monitor do Trabalho Decente[(2)], 72,1% tratavam de

(1) Dados da Justiça do Trabalho sobre processos envolvendo discussões sobre assédio sexual. Disponível em: https://tst.jus.br/web/guest/-/em-tr%C3%AAs-anos-justi%C3%A7a-do-trabalho-julgou-mais-de-400-mil-casos-de-ass%C3%A9dio-moral-e-sexual%C2%A0.

(2) Disponível em: https://app.powerbi.com/view?r=eyJrIjoiZjNlYThkZjctODNlOC00YTUyLWI2YTUtNGU1MjU4NThlYjhmIi widCI6ImNjZDk5MTdlLWNiNDctNDJhNS1hMjYyLWUyMjcyZGNlZjZhYiJ9.

assédio sexual ajuizadas por mulheres, o que indica uma relação direta entre violência e gênero.

Não à toa, a discussão acerca do assédio sexual no ambiente de trabalho tem ganhado crescente relevância, não apenas pelo impacto direto que causa nas vítimas, mas também pelas implicações na sociedade, cada vez mais alerta e combativa a esses casos de violência. Se antes os casos de assédio ficavam na clandestinidade, em razão da culpabilização das vítimas e, até mesmo, por ausência de percepção da violência, hoje ganham os noticiários e a grande mídia.

Contudo, ainda é notória a dificuldade de produção de provas diretas dos casos que envolvem assédio sexual, uma vez que na maioria das situações, as condutas ocorrem em contextos de clandestinidade, sem testemunhas ou registros formais. Diante desse cenário, vem ganhando especial atenção no processo do trabalho o uso de provas indiretas e indiciárias, a fim de permitir que o Judiciário trabalhe com indícios e presunções para formar sua convicção.

A importância dessa abordagem é reforçada por instrumentos normativos recentes que visam garantir julgamentos mais justos e sensíveis às questões de gênero. Nesse contexto, destaca-se o Protocolo para Julgamento com Perspectiva de Gênero, instituído pelo Conselho Nacional de Justiça (CNJ), que orienta magistrados a considerarem as desigualdades estruturais e os estereótipos de gênero que frequentemente influenciam os litígios trabalhistas. Além disso, a Convenção n. 190 da Organização Internacional do Trabalho (OIT), em processo de ratificação pelo Brasil, estabelece um norte para o enfrentamento do assédio e da violência no trabalho, com o fim de se promover um ambiente laboral seguro e inclusivo.

Assim, este artigo tem como objetivo analisar o uso de provas indiretas e indiciárias em casos de assédio sexual no âmbito do processo trabalhista, à luz do Protocolo do CNJ e da Convenção n. 190 da OIT. A pesquisa adota uma abordagem hipotético-dedutiva, com revisão bibliográfica e análise de decisões judiciais recentes, buscando compreender como esses instrumentos têm contribuído para a efetividade da justiça e a proteção dos direitos das vítimas.

Para tanto, o estudo parte de uma revisão teórica sobre os conceitos de provas indiretas e indiciárias, contextualizando sua aplicação no direito processual trabalhista. Em seguida, explora-se o papel do Protocolo do CNJ e as diretrizes internacionais da OIT como instrumentos para assegurar julgamentos mais equitativos, com especial atenção às dinâmicas de gênero. O trabalho também inclui a análise de decisões judiciais recentes, destacando como a adoção dessas diretrizes tem influenciado a jurisprudência trabalhista no reconhecimento e combate ao assédio sexual. Por fim, o artigo reflete sobre os avanços na consolidação de uma prática judicial que valorize o contexto probatório e promova a justiça com perspectiva de gênero.

## 1. Provas indiretas e indiciárias em casos de assédio sexual

No campo do direito processual, as provas indiretas e indiciárias desempenham papel crucial quando a produção de provas diretas se torna inviável ou mesmo difícil. As provas indiretas são aquelas que, embora não estabeleçam ligação diretamente com o fato que se pretende provar, fornecem elementos que, quando analisados em conjunto, permitem ao julgador inferir sua ocorrência. Já as provas indiciárias são baseadas em indícios, que são fatos secundários ou circunstâncias que apontam para a existência de um fato principal, formando o que chamam os doutrinadores de constelação de indícios, formando assim um contexto probatório lógico e coerente a respeito da situação. O Código de Processo Civil, em seu art. 369[(3)], estabelece que todas as provas moralmente legítimas podem ser admitidas, conferindo validade às provas indiciárias no processo trabalhista.

Os casos de assédio sexual no ambiente de trabalho apresentam particularidades que dificultam a produção de provas diretas. Por sua natureza, essas condutas geralmente ocorrem de forma velada, sem a presença de testemunhas oculares ou registros físicos, já que, em regra, o ofensor, ciente da arbitrariedade da sua conduta, pratica os seus atos de forma camuflada. Esse cenário coloca as vítimas em uma posição de vulnerabilidade, o que resulta na subnotificação dos casos, já que as vítimas, diante da ausência de provas diretas, se colocam em uma posição de medo e descredito diante dessas situações.

As mulheres, maiores vítimas dos casos de assédio sexual, enfrentam em muitos casos a difícil tarefa de provocar o judiciário com a finalidade de reparação e compensação pelo dano sofrido, seja pela difícil constatação da violência, como dos estereótipos de gênero que ainda as circundam nos casos que envolvem violências de gênero. E, é nesse sentido que o Protocolo para Julgamento com Perspectiva de Gênero, instituído pelo Conselho Nacional de Justiça (CNJ) em 2021, trouxe relevante contribuição para o processo do trabalho ao destacar em sua página 114:

> "Na atuação judicial com perspectiva de gênero, é recomendável lembrar que a ocorrência da violência ou do assédio normalmente se dá de forma clandestina, o que pode ensejar uma readequação da distribuição do ônus probatório, bem como a consideração do depoimento pessoal da vítima e da relevância da prova indiciária e indireta."

Nesse contexto, as provas indiretas e indiciárias emergem como instrumentos essenciais na busca de proteção dos direitos das vítimas, em especial tratando-se das mulheres e suas interseccionalidades. Neste contexto de produção de provas, os depoimentos de terceiros sobre mudanças comportamentais da vítima, aumento de entrega de

---

(3) Art. 369. As partes têm o direito de empregar todos os meios legais, bem como os moralmente legítimos, ainda que não especificados neste Código, para provar a verdade dos fatos em que se funda o pedido ou a defesa e influir eficazmente na convicção do juiz.

atestados médicos, registros de conversas eletrônicas, e- mails ou até mesmo a recorrência de comportamentos inadequados por parte dos assediadores podem ser elementos determinantes para formar a convicção do juiz. Ao permitir a construção de uma cadeia lógica e coerente de eventos, essas provas ajudam a preencher as lacunas deixadas pela ausência de provas diretas, montando um contexto das condutas e do ambiente laboral.

A aplicação do Protocolo para Julgamento com Perspectiva de Gênero reforça a importância de valorizar provas indiciárias em casos de assédio sexual. O protocolo orienta os julgadores a considerarem o contexto social e as desigualdades de gênero que frequentemente dificultam a produção de provas pelas vítimas, mormente quando se trata de mulheres, as maiores vítimas de casos de assédio sexual. BANDEIRA (2009), destaca que não se trata de adotar uma perspectiva vitimizadora das mulheres, mas de observar que há um tipo de violência que historicamente vem sendo exercido contra corpos femininos e que existe em decorrência da assimetria das relações de poder que permeiam o cotidiano.

Assim, a abordagem, especialmente ressaltada pelo Protocolo do CNJ, reconhece que a falta de provas diretas não deve ser um impedimento para a busca da verdade real dos fatos, mormente quando o comportamento do assediador é coerente com os relatos da vítima. A jurisprudência trabalhista tem avançado nesse sentido, considerando que a análise conjunta de indícios pode ser suficiente para comprovar o assédio sexual.

Assim, as provas indiretas e indiciárias são fundamentais para garantir que casos de assédio sexual não fiquem impunes, mesmo diante das barreiras probatórias inerentes a esses casos. A adoção dessa perspectiva, alinhada às diretrizes internacionais, fortalece a proteção dos direitos trabalhistas e promove uma justiça mais equitativa e sensível às questões de gênero.

## 2. Protocolo para julgamento com perspectiva de gênero

O Protocolo para Julgamento com Perspectiva de Gênero, instituído pelo Conselho Nacional de Justiça (CNJ) em 2021, estabelece diretrizes para garantir decisões judiciais mais justas e equitativas, especialmente em casos que envolvem desigualdades estruturais de gênero e suas interseccionalidades. Entre seus princípios fundamentais, destacam-se a promoção da igualdade de tratamento, o combate a estereótipos de gênero e a sensibilidade às circunstâncias que afetam as partes de maneira diferente devido a fatores sociais ou culturais.

No que se refere a violência e assédio no ambiente de trabalho, o protocolo aponta para a questão de o contrato de trabalho colocar o trabalhador e a trabalhadora em uma condição de assimetria e de vulnerabilidade, ponto que precisa ser avaliado durante um julgamento, com a finalidade de propiciar análise justa e equitativa para as partes. Nesse sentido, em casos que envolvem discussão a respeito da ocorrência de assédio sexual, o protocolo enfatiza para as assimetrias de gênero, que colocam as mulheres em uma condição ainda mais vulnerável, em razão dos estereótipos que ainda marcam a nossa sociedade capitalista e patriarcal. O protocolo traz importante contribuição ao enfatizar:

> "A carga do estereótipo da mulher como uma espécie de "categoria suspeita", baseada nas crenças de que as mulheres exageram nos relatos ou mentem e de que se valem do Direito por motivo de vingança ou para obter vantagem indevida, pode ser acentuada quando se trata de uma trabalhadora."

Assim, o protocolo ressalta que magistrados devem considerar a desigualdade da nossa sociedade de poder e as vulnerabilidades das partes, especialmente em casos de assédio sexual, em que a vítima frequentemente se encontra em posição hierarquicamente inferior. Também, recomenda uma análise contextualizada, que leve em conta as dinâmicas de gênero e as barreiras enfrentadas pelas vítimas para reportar condutas abusivas, propiciando o devido acesso à justiça e um julgamento equânime.

Considerando que o mundo do trabalho é reflexo de uma sociedade ainda patriarcal, reproduzindo discriminações e intolerâncias, as lentes de gênero tratadas pelo protocolo do CNJ apontam um norte a fim de assegurar decisões que considerem não apenas os fatos apresentados, mas também o contexto social e as estruturas de poder subjacentes. A aplicação dessas diretrizes contribui para decisões mais justas, ao reconhecer que a falta de provas diretas em casos de assédio sexual não deve ser automaticamente interpretada como ausência de fatos.

O protocolo também orienta os magistrados a garantirem que o processo judicial seja conduzido de forma a minimizar a revitimização, adotando uma postura que valorize o relato da vítima e interprete os indícios de forma integrada, em objetivo de busca da verdade real. RIJO (2024), destaca a importância na busca da verdade, ressaltando que a dignidade sexual é um desdobramento da garantia da pessoa humana, devendo o judiciário se atentar não só para as provas indiciárias e indiretas, como também dar voz e credibilidade a palavra da vítima, já que nos casos de violência sexual a prova é dificultada sendo necessária uma valoração diversa.

As diretrizes do protocolo do CNJ, ao reconhecer as desigualdades históricas, sociais, políticas e culturais com relação a mulher, trouxeram importante avanço no campo judicial para o combate as discriminações, bem como reparar injustiças que impediam ao acesso a justiça de vítimas de assédio em razão da prova dificultada, assim como a devida reparação. O valor do protocolo nos casos de assédio sexual ao valorar a palavra da vítima e as provas indiciária e indiretas pode ser destacada no seguinte trecho do documento:

> "Faz parte do julgamento com perspectiva de gênero a alta valoração das declarações da mulher vítima de violência de gênero, não se cogitando de desiquilíbrio processual. O peso probatório diferenciado se legitima pela vulnerabilidade e hipossuficiência da

ofendida na relação jurídica processual, qualificando-se a atividade jurisdicional desenvolvida nesses moldes, como imparcial e de acordo com o aspecto material do princípio da igualdade."

## 3. Convenção n. 190 da OIT

A Convenção n. 190 da Organização Internacional do Trabalho (OIT) é um instrumento internacional dedicado exclusivamente ao combate à violência e ao assédio no mundo do trabalho. Seu principal objetivo é garantir um ambiente de trabalho seguro e livre de qualquer forma de violência, incluindo o assédio sexual. A convenção reconhece que tais práticas representam uma violação dos direitos humanos e afetam negativamente a igualdade de oportunidades no trabalho. Além disso, a Convenção n. 190 promove uma abordagem inclusiva, que considera os impactos diferenciados da violência e do assédio sobre grupos vulneráveis, incluindo mulheres, minorias e trabalhadores em situação precária.

Em 2023, o Brasil iniciou o processo de ratificação[4] da Convenção n. 190, destacando que Convenção, então aprovada em 2019 pela OIT, representa um importante marco no reconhecimento da violência e do assédio no ambiente de trabalho como violações fundamentais dos direitos humanos. E, apesar de ainda não ter sido ratificada, o documento serve de norte para os magistrados brasileiros em suas decisões, tendo ainda sido utilizada pelo CNJ na elaboração do Protocolo para Julgamento com Perspectiva de Gênero.

O Tribunal Regional do Trabalho da 1ª Região, no julgamento de um Recurso Ordinário, se referiu a Convenção n. 190 da OIT no seguinte sentido (TRT 1, Processo 0100205-82.2022.5.01.0561):

> "Na Convenção n. 190, ainda pendente de ratificação pelo Estado brasileiro, a OIT reconhece que a violência e o assédio baseados em gênero no mundo do trabalho afetam desproporcionalmente mulheres e meninas, de modo que a situação fática requer uma abordagem inclusiva, integrada e com perspectiva de gênero, enfrentando as causas subjacentes, fatores de risco, além das formas de discriminação e desigualdade nas relações de poder devido ao gênero."

A Convenção n. 190 da OIT e o Protocolo para Julgamento com Perspectiva de Gênero destacam a necessidade de uma abordagem judicial mais sensível e atenta às questões de gênero, especialmente em casos de assédio sexual. Esses instrumentos não apenas incentivam a adoção de medidas que promovam a igualdade e a proteção das vítimas, mas também orientam o judiciário a considerar as desigualdades estruturais, contribuindo significativamente para decisões mais justas, eficazes e alinhadas às normas internacionais de direitos humanos e trabalho decente.

---

(4) Disponível em: https://www.gov.br/secom/pt-br/assuntos/obrasilvoltou/cuidado/ratificacao-da-convencao-190-da-oit- que-reconhece-violencia-e-assedio-no-trabalho-como-violacoes-1.

## 4. Jurisprudência trabalhista nos casos de assédio sexual

Este capítulo analisa duas decisões recentes da Justiça do Trabalho que aplicaram as diretrizes do Protocolo de Gênero e da Convenção n. 190 da OIT, ambas retiradas do Banco de Sentenças e Decisões com aplicação do Protocolo para Julgamento com Perspectiva de Gênero(5), com filtros utilizando decisões da Justiça do Trabalho e casos envolvendo assédio sexual no ambiente de trabalho. As duas decisões da pesquisa destacam o uso das provas indiretas e indiciárias no processo do trabalho, assim como para a valoração da palavra da vítima, dada a dificuldade de produção da prova direta.

O Tribunal Regional do Trabalho da 2ª Região, no julgado de relatoria da Desembargadora Catarina Von Zuben, houve o acolhimento das provas indiciárias para reconhecer o assédio sexual contra a trabalhadora, sendo destacado a aplicação do Protocolo do CNJ e Convenção n. 190 da OIT, no seguinte sentido (TRT 2, processo: 1001456-03.2023.5.02.0059):

> "A coibição da prática de assédio sexual no ambiente de trabalho deve ser analisada não só à luz do art. 8º da CLT, mas, também, da Convenção n. 190 da OIT e do Protocolo para Julgamento com Perspectiva de Gênero (Portaria CNJ n. 27/2021), cuja adoção pela magistratura brasileira se tornou obrigatória a partir da Resolução n. 492/2023 do Conselho Nacional de Justiça, com vistas à criação de uma cultura de trabalho baseada no respeito mútuo e na dignidade da pessoa humana. Consoante os termos do Referido Protocolo, o assédio sexual dificilmente esgota-se numa conduta isolada e específica, possuindo um caráter continuado que perpetua a violência à vítima no ambiente em que acontece. As práticas de assédio moral e sexual se apoiam, em regra, numa relação assimétrica de poder, típica das relações de trabalho."

E, ciente do encargo probatório que pesa sobre aquele que alega a conduta faltosa, nos termos do art. 818(6) da CLT, a valoração dos depoimentos e provas trazidas ao juízo se deu de maneira diferenciada, prestigiando o depoimento da vítima, assim como da prova indiciária testemunhal, que embora não tenha presenciado os fatos diretamente, trouxe informações importantes aos autos acerca do comportamento do assediador no ambiente laboral, concluindo o Tribunal de São Paulo pela existência do assédio sexual, destacando:

> *"Acrescento, por oportuno, que, a respeito da valoração das provas, que o mencionado Protocolo para Julgamento com Perspectiva de Gênero 2021 do CNJ, quando da apresentação do passo 5 ("Valoração das provas"), propõe ao magistrado ponderar os casos em que*

---

(5) Disponível em: https://www.cnj.jus.br/programas-e-acoes/protocolo-para-julgamento-com-perspectiva-de-genero/.

(6) Art. 818. O ônus da prova incumbe: *(Redação dada pela Lei n. 13.467, de 2017)*

I – ao reclamante, quanto ao fato constitutivo de seu direito; *(Incluído pela Lei n. 13.467, de 2017)*

II – ao reclamado, quanto à existência de fato impeditivo, modificativo ou extintivo do direito do reclamante. *(Incluído pela Lei n. 13.467, de 2017)*

*circunstâncias fáticas podem levar testemunhas a terem algum impedimento (formal ou informal) para depor, como por exemplo pessoas que presenciam casos de assédio sexual no ambiente de trabalho mas têm medo de perder o emprego se testemunharem. A conclusão do Protocolo é que, em um julgamento atento ao gênero, **a palavra da mulher deve ter um peso elevado**."*

Em julgado proferido no âmbito do Tribunal Regional do Trabalho da 1ª Região, de relatoria da Desembargadora Raquel de Oliveira Maciel, a julgadora destaca a necessidade de flexibilização da prova nos casos de assédio sexual, tendo em vista da dificuldade de demonstração do ilícito perante o juízo e a certeza da impunidade do agressor (TRT 1, processo 0101144-83.2019.5.01.0006):

*"É certo que a prática do assédio sexual, de um modo geral, ocorre de forma secreta, o que dificulta sobremaneira a prova direta e objetiva pela vítima. Em razão disso, os agressores contam com a certeza da impunidade. Por isso, na análise de demanda sobre assédio sexual, o juiz deve investigar todos os seus indícios trazidos aos autos, avaliando-os de forma global, e, uma vez convencido, deve aplicar as sanções para impedir a continuidade da afronta aos direitos fundamentais do ser humano, em especial à dignidade, à honra, à intimidade das trabalhadoras que procuram esta Justiça Especializada. Nesse passo, deve existir, ao menos, **um início de prova do alegado assédio sexual**, circunstância que se verificou no presente caso."*

Assim, da análise de recentes julgados trabalhistas, em especial àqueles que aplicam o Protocolo para Julgamento com Perspectiva de Gênero e as diretrizes da Convenção n. 190 da OIT, a tendencia do uso das provas indiciárias e indiretas nas demandas que envolvem discussões acerca de assédio sexual, assim como a valorização do depoimento da vítima, a fim de garantir decisões mais justas e sensíveis às dinâmicas de poder e vulnerabilidades das vítimas. Essas decisões apontam no sentido de que o uso combinado do Protocolo do CNJ e da Convenção n. 190 pode fortalecer a proteção jurídica em casos de assédio sexual, assim como o devido acesso à justiça e a reparação justa dos casos.

## 5. Conclusão

O presente estudo buscou, por meio da análise de recentes julgados da Justiça do Trabalho, evidenciar a relevância das provas indiretas e indiciárias nos casos que envolvem a discussão acerca da ocorrência do assédio sexual no ambiente laboral, especialmente quando analisadas sob a ótica do Protocolo para Julgamento com Perspectiva de Gênero e da Convenção n. 190 da OIT. O estudo mostrou que o uso dos referidos instrumentos normativos tem contribuído para superar as barreiras probatórias e promover decisões mais justas e alinhadas às normas internacionais.

A pesquisa destacou a crescente aceitação de uma abordagem judicial sensível às questões de gênero, que valoriza o relato das vítimas e considera o contexto social e estrutural, com evidente preocupação com a busca pela verdade real dos fatos, busca pela efetiva reparação das vítimas e combate ao assédio no ambiente de trabalho.

## Referências

ASSAD. Sandra Flugel. *Julgamento com perspectiva interseccional de gênero:* uma releitura do direito a partir dos métodos femininos e decoloniais. 1. ed. Brasília, DF: Editora Venturoli, 2024.

BANDEIRA, Lourdes Maria. Violência de gênero: a construção de um campo teórico de investigação. In: HOLANDA, Heloisa Buarque de. *Pensamento feminista brasileiro:* formação e contexto. 1. ed. Rio de Janeiro: Bazar do Tempo, 2019.

BARROS, Alice Monteiro de. Assédio sexual no trabalho. In: *Revista do Tribunal de Trabalho Terceira Região*, n. 54, p. 43-49, 1995.

CNJ. *Protocolo para julgamento com prespectiva de gênero 2021.* Disponível em: https://www.cnj.jus.br/wp-content/uploads/2021/10/protocolo-para-julgamento-com-perspectiva-de-genero-cnj-24-03-2022.pdf.

CONVENÇÃO INTERAMERICANA para prevenir, punir e erradicar a violência contra a mulher. *Convenção de Belém do Pará.* 1994. Disponível em: https://www.cidh.org/basicos/portugues/m.belem.do.para.htm.

DELGADO. Mauricio Godinho. *Princípios do direito individual e coletivo do trabalho.* São Paulo: LTr. 2013.

HIRIGOYEN, Marie-France. *Assédio moral:* a violência perversa no cotidiano. Rio de Janeiro. Bertrand Brasil, 2010.

MENDES, Soraia da Rosa. *Processo Penal Feminista.* 2. ed. Barueri, SP: Atlas, 2021.

ORGANIZAÇÃO INTERNACIONAL DO TRABALHO. *Convenção n. 190.* 2019. Disponível em: https://c190.lim.ilo.org/?lang=pt-br.

ORGANIZAÇÃO INTERNACIONAL DO TRABALHO. *Convenção n. 111 da OIT.* 1960. Disponível em: https://www.oas.org/dil/port/1958%20Conven%C3%A7%C3%A3o%20sobre%20a%20Discrimina%C3%A7%C3%A3o%20em%20Mat%C3%A9ria%20de%20Emprego%20e%20Profiss%C3%A3o%20(Conven%C3%A7%C3%A3o%20OIT%20%20%20n%20%C2%BA%20111).pdf.

RIJO, Dulce Maria Soler Gomes. Assédio Sexual no Trabalho: Perspectiva de Gênero e Relevância da Palavra da Vítima. In: COLNAGO. Lorena de Mello Rezende. *Julgamento com perspectiva de gênero:* Casos Comentados pelas Magistradas do Tribunal Regional do Trabalho da 2ª Região. Coordenação: Lorena de Mello Rezende Colnago. 1. ed. Campinas, SP: Lacier Editora, 2023.

SOUTO, Yara Campo. Assédio Sexual Contra Adolescente Aprendiz: A Violência de Gênero como Caracterizadora de Uma das Piores Formas de Trabalho Infantil. In: COLNAGO. Lorena de Mello Rezende. *Julgamento com perspectiva de gênero:* Casos Comentados pelas Magistradas do Tribunal Regional do Trabalho da 2ª Região. Coordenação: Lorena de Mello Rezende Colnago. 1. ed. Campinas, SP: Lacier Editora, 2023.

THOME, Candy Florêncio. *O princípio da igualdade de gênero e a participação das mulheres nas organizações sindicais de trabalhadores.* São Paulo: LTr, 2012.

Tribunal Regional do Trabalho da 1ª Região. *Processo n. 0100205- 82.2022.5.01.0561.* Relatora: Desª. Carina Rodrigues Bicalho, Publicado em 22 de março de 2024. Disponível em: https://www.trt1.jus.br.

Tribunal Regional do Trabalho da 2ª Região. *Processo n. 1001456- 03.2023.5.02.0059*. Relatora: Desª. Catarina Von Zuben, Publicado em 24 de agosto de 2024. Disponível em: https://www.trt2.jus.br.

Tribunal Regional do Trabalho da 1ª Região. *Processo n. 011144.83.2019.5.01.0006*. Relatora: Desª. Raquel de Oliveira Maciel, Publicado em 17 de março de 2023. Disponível em: https://www.trt1.jus.br.

# Importância das Normas Internacionais no Mundo para o Trabalho Decente no Mundo em Transformação

## *The Importance of International Standards for Decent Work in a Changing World*

*Ivani Contini Bramante*

*Simone Bramante*

**Resumo:** O artigo analisa a importância das normas internacionais para o trabalho decente no mundo em transformação, o que imbrica o diálogo das fontes normativas internacionais e sua integração na ordem jurídica interna, a atuação interinstitucional e eficiência dos institutos jurídicos para a efetividade dos direitos humanos. A mera ratificação de uma norma internacional não é sinônimo da sua efetividade. O contexto atual revela que, diante dos avanços tecnológicos e da Inteligência Artificial, há inegáveis transformações gerais e impactos na sociedade e no mundo do trabalho. As normas internacionais ratificadas pelo Brasil revelam o compromisso com o desenvolvimento sustentável, pautado nos direitos civis, políticos, econômicos, sociais e culturais e elevam a legislação nacional ao padrão mínimo de Direitos Humanos no cenário internacional. Entretanto, uma norma internacional não ratificada pode ser efetiva na ordem jurídica interna, quando seus princípios inspiram o legislador na edição das leis e iluminam o Estado na formulação de políticas públicas; servem de aplicação na atuação do Poder Judiciário; e ainda quando adotadas nas negociações coletivas sindicais, como meio de incorporação à ordem jurídica interna. O artigo cuida também do diálogo das fontes, do intercâmbio entre a ordem jurídica nacional e internacional, entre decisões do Poder Judiciário e da Corte Interamericana de

Direitos Humanos, uma interação que tem como objetivo a proteção jurídica e fixação de novos paradigmas aos direitos humanos. Registre-se a importância da atuação interinstitucional, dos atores sociais e do Estado e do papel do Judiciário, para dar concretude às normas internacionais sobre direitos humanos.

**Palavras-chave:** Importância das normas internacionais para trabalho decente; Diálogo das fontes normativas e jurisprudencial internacional e nacional; Atuação interinstitucional e papel do judiciário.

**Abstract:** The article analyses the importance of international standards for decent work in a changing world, which involves dialogue between international normative sources and their integration into the domestic legal order, inter-institutional action and the efficiency of legal institutes for the effectiveness of human rights. The mere ratification of an international norm is not synonymous with its effectiveness. The current context reveals that, in the face of technological advances and Artificial Intelligence, there are undeniable general transformations and impacts on society and the world of work. The international standards ratified by Brazil reveal a commitment to sustainable development, based on civil, political, economic, social and cultural rights, and raise national legislation to the minimum standard of human rights on the international stage. However, an international standard that has not been ratified can be effective in the domestic legal order, when its principles inspire the legislator in the enactment of laws and enlighten the state in the formulation of public policies; when they are applied in the actions of the Judiciary; and when they are adopted in trade union collective bargaining, as a means of incorporation into the domestic legal order. The article also deals with the dialogue of sources, the exchange between the national and international legal orders, between decisions of the Judiciary and the Inter-American Court of Human Rights, an interaction that aims to provide legal protection and establish new paradigms for human rights. It is important to note the importance of inter-institutional action, by social actors and the state, and the role of the judiciary, in order to give concrete form to international human rights standards.

**Keywords:** Importance of international standards for decent work; Dialogue of normative sources and international and national jurisprudence; Inter-institutional action and the role of the judiciary.

## 1. Carta de princípios internacionais do trabalho decente

Condição degradante de trabalho é aquela que desrespeita às normas mínimas constitucionais de dignidade, segurança, saúde e medicina do trabalho. A utilização da força de trabalho em condições desumanas é caracterizada por Octavio Ianni como "superexploração": salários ínfimos, longas jornadas de trabalho 'legitimadas' pelo instituto das horas extras, aceleração do ritmo de trabalho pela emulação do grupo de trabalho e pela manipulação da velocidade das máquinas e equipamentos produtivos, ausência ou escassez de proteção ao trabalhador em ambientes de trabalho, insegurança social"(1).

(1) *A era do globalismo*. Rio de Janeiro: Civilização Brasileira, 1996. p.174.

Trata-se, pois de compatibilizar a qualidade de vida, a inclusão social e a sustentabilidade, a partir do resgate da ética e da responsabilidade social, o chamado *ESG — Environmental, Social and Corporate Governance (Agenda 2030/ONU)*, que aponta para as funções da empresa econômica, social, cultural, consumerista, ambiental, e inclui o meio ambiente tecnológico digital e informacional. Na visão da OIT, o trabalho decente sintetiza a a igualdade de oportunidades para que homens e mulheres, trabalho produtivo e de qualidade, em condições de liberdade, equidade, segurança e dignidade humana. O trabalho decente é considerado condição fundamental para a superação da pobreza, a redução das desigualdades sociais, a garantia da governabilidade democrática e o desenvolvimento sustentável e ainda é ponto de convergência dos cinco objetivos estratégicos, constante da Carta de Princípios da Organização Internacional do Trabalho (1988), associados às Convenções mais relevantes (números 29, 87, 98, 105, 111, 148, 151, 154, 155, 182 e 187) sobre liberdade sindical, eliminação do trabalho forçado, do trabalho infantil e da discriminação e direito a segurança e saúde.

## 2. Hierarquia dos tratados internacionais. Submissão do Brasil a Corte Interamericana. Submissão do Brasil na Corte de Haia

A Convenção Americana de Direitos Humanos (CADH), conhecida como Pacto de San José da Costa Rica (1969), é um documento internacional humanista, que vincula os Estados signatários e todos os órgãos dos poderes estatais, que se comprometem a cumprir de boa-fé e se submeterem à jurisdição internacional da Corte Interamericana (CIDH).

Na Constituição da Argentina (art. 75, inciso 22) os tratados gerais são dotados hierarquia infraconstitucional supralegal e os tratados de proteção dos direitos humanos têm hierarquia constitucional. Na Constituição da Colômbia (art. 93) dos tratados de direitos humanos prevalecem sobre a ordem jurídica interna. A Constituição do Chile (1980/1989) consagra o dever do Estado de respeitar e promover os direitos garantidos pelos tratados internacionais. A Constituição da Bolívia (2009) comanda os direitos constitucionais serão interpretados em conforme os tratados internacionais e prevalecerão em relação à própria Constituição se enunciarem direitos mais favoráveis (arts. 13, IV e 256). A Constituição do Equador (2008) consagra a prevalência dos direitos humanos mais favoráveis previstos em Tratados em cotejo com o direito interno, seja a Constituição ou outra norma jurídica ou ato do Poder Público (art. 424), e comanda a aplicação dos princípios "pro ser humano" de não restrição de direitos e de aplicabilidade direta e de cláusula constitucional aberta (art. 416). A Constituição do México (2011) contempla a hierarquia constitucional dos tratados de direitos humanos e a regra interpretativa fundada no "princípio pro persona".

A Constituição do Peru (1993) estabelece que os tratados de direitos humanos têm hierarquia constitucional, vinculam os poderes públicos, e só podem ser modificados pelo rito de reforma da própria Constituição (art. art. 105), ainda a Quarta Disposição Final e Transitória da Constituição determina que as normas relativas aos direitos e liberdades devem ser interpretadas em conformidade com a Declaração Universal dos Direitos Humanos e com os Tratados e Acordos internacionais.

A Constituição do Brasil (1988) traz uma "clausula de abertura" aos tratados e consagra os princípios fundamentais da dignidade da pessoa humana e a prevalência dos direitos humanos nas relações internacionais (art. 1º, inciso III, e arts. 3º e 4º, inciso II). Os §§ 2º e 3º, do art. 5º, da Constituição estabelecem:

> "§ 2º Os direitos e garantias expressos nesta Constituição não excluem outros decorrentes do regime e dos princípios por ela adotados, ou dos tratados internacionais em que a República Federativa do Brasil seja parte.
>
> § 3º Os tratados e convenções internacionais sobre direitos humanos que forem aprovados, em cada Casa do Congresso Nacional, em dois turnos, por três quintos dos votos dos respectivos membros, serão equivalentes às emendas constitucionais."

Em suma, a Carta Federal consagra o princípio "da expansão do bloco de constitucionalidade"; a hierarquia normativa os tratados de direitos humanos aprovados por rito especial terão status de norma constitucional, conforme reconhecido no julgado STF/RE n. 466.343/SP.

O Estado brasileiro reconheceu a jurisdição obrigatória e vinculante da Corte Interamericana de Direitos Humanos, órgão da Convenção Americana de Direitos Humanos (Decreto n. 678/1992 e Decreto n. 4.463/2002), bem como o dever de supervisão e de controle sobre o cumprimento das normas e o necessário diálogo entre as Cortes. Ainda, na forma do art. 5º, § 4º, da Constituição, o Brasil se submete à jurisdição de Tribunal Penal Internacional, a cuja criação tenha manifestado adesão, pelo princípio da complementaridade ou da subsidiariedade, na forma do Estatuto de Roma e Convenção da Haia, que trata do regime de cooperação administrativa e judicial[(2)].

## 3. Diálogos e integração das fontes de direito internacional e nacional. Nova hermenêutica jurídica dos direitos humanos. Princípios *"pro homine"* ou *"pro persona"* e da norma mais favorável

O contexto atual revela as preocupações acerca da efetividade do trabalho decente, diante do mundo de trabalho acentuado pelas desigualdades, exclusão social e condições precárias de trabalho, que atrai o necessário diálogo entre o cipoal principiológico, regulatório e interinstitucionais dos sistemas internacionais universais e interamericano de Direitos Humanos. Some-se a crescente importância das normas da Organização Internacional do Trabalho e do sistema interamericano, diante da sua força catalisadora, rumo a um sistema multiníveis normativos e institucionais, retratados por efetivos diálogo das

(2) Vejam-se os julgados STF/ Pet 4.625 e STF/ADPF 172.

fontes normativas nacionais e internacionais, aliados aos institutos extrajudiciais e jurisdicionais de distribuição de Justiça. A intensificação da proteção aos direitos humanos fundamentais exige uma articulação entre as ordens jurídicas nacional e internacional, somados a um diálogo entre o Poder Judiciário nacional e a Corte Interamericana de Direitos Humanos; secundada por uma interação e necessário diálogo entre a hermenêutica tradicional a denominada nova "Hermenêutica Jurídica dos Direitos Humanos".

Fernando Antonio de Lima aponta que a Hermenêutica Jurídica dos Direitos Humanos exige princípios próprios e específicos: a) o princípio da integração normativa; b) o princípio da integração valorativa; c) o princípio da ressignificação conceitual e funcional por força dos direitos humanos(3). Os Tratados de Direitos Humanos, dos sistemas global, interamericano e regional, chamado de denominado de *Ius Constitutionale Commune Universal e um Jus Commune Latino Americano,* fixam parâmetros protetivos mínimos de dignidade e quando somados a enunciam o "princípio da prevalência da norma mais benéfica" permitem uma hermenêutica *pro homine ou pro persona,* consoante: (a) art. 29, da Convenção Americana traz a "cláusula de abertura ao diálogo", uma regra interpretativas de aplicação do "princípio da prevalência da norma mais benéfica"; o art. 23, da Convenção sobre a Eliminação da Discriminação contra a Mulher; (b) o art. 41 da Convenção sobre os Direitos da Criança; (c) art. 16, § 2º, da Convenção contra a Tortura; (d) art. 4º, § 4º da Convenção sobre os Direitos das Pessoas com Deficiência. O constitucionalismo regional transformador denominado de *Ius Constitutionale Commune Universal e um Jus Commune Latino Americano*, em matéria de direitos humanos, centrado em três fatores: 1) crescente importância dos sistemas universal e interamericano de proteção dos direitos humanos e seu impacto transformador nos países; 2) emergência de Constituições dos países latino-americanas que apresentam cláusulas de abertura constitucional, apta a propiciar o diálogo e interação entre o Direito interno e o Direito Internacional dos Diretos Humanos; 3) fortalecimento da sociedade civil e das instituições, na defesa efetividade do direitos humanos rumo ao bem estar e justiça social (4).

## 4. Papel do judiciário de agente transformador da sociedade. Controle de constitucionalidade dos tratados. Controle da convencionalidade das leis. Ações estruturais de controle das políticas públicas

Valerio Mazzuoli, na temática dos direitos humanos fundamentais da classe trabalhadora, revelam que embora o agrupamento humano "trabalhador" não seja classificado como "minorias", exige uma proteção jurídica destacada e especial em nível internacional,

(3) LIMA. Fernando Antônio de. *Coletânea de Direitos Humanos, Controle de Convencionalidade e Diálogos Jurisdicionais 3 (três) Princípios Instrumentais para se estabelecer o Diálogo Jurisdicional entre Poder Judiciário Nacional e a Corte Interamericana de Direitos Humanos.* Disponível em: https://www.cnj.jus.br/wp-content/uploads/2024/05/coletanea-direitos-humanos-v5-2024.pdf.

(4) *Idem.*

em razão de suas múltiplas vulnerabilidades, o que autorizou com a criação da Organização Internacional do Trabalho (OIT/1919)[(5)]; bem como a submissão dos países à Corte Interamericana.

O Judiciário brasileiro assumiu, expressamente, o seu papel de agente transformador da Sociedade: (i) na missão de controle de convencionalidade, cumprimento das sentenças, e aplicação jurisprudência da Corte Interamericana (Resolução CNJ n. 123/2022); (ii) nas políticas judiciárias e diretrizes estratégicas para dar concretude aos direitos previstos em tratados, convenções e incutindo a modificação dos vetustos padrões discriminatórios socioculturais estruturais, baseados na ideia de inferioridade ou superioridade de qualquer dos sexos (art. 5º, "a" e "b", Cedaw e Resolução CNJ n. 492/2023 Protocolo sobre Julgamento na Perspectiva de Gênero).

O Judiciário brasileiro deu efetividade ao Pacto de São José da Costa Rica quanto a vedação de prisão por dívida civil (Súmula Vinculante n. 25). Veja-se que o "Caso José Pereira" (trabalho escravo), em que houve acordo perante a Corte Interamericana CIDH, do qual resultou na criminalização do trabalho escravo pela alteração do Código Penal brasileiro (art. 149). Ainda, o Tribunal Superior do Trabalho vem aplicando as normas internacionais em matéria de trabalho decente a exemplo da missão de erradicação do trabalho escravo (Convenção ns. 29 e 105/OIT conforme recente julgado (AIRR-0010798-97.2021.5.15.0080, 2ª Turma, relatora Ministra Liana Chaib, *DEJT* 30.09.2024).

Citem-se os exemplos de controle de constitucionalidade e controle de convencionalidade das Convenções da Organização Internacional do Trabalho, pelo Judiciário brasileiro nos julgados: STF/ADI1480 (Convenção n. 158/OIT) denúncia de dispensa arbitrária; STF/ADI 1625 e STF/ADC 39 (Convenção n. 158/OIT); STF/ADI 6276 (Convenção n. 121/OIT) vedação de indicação de pessoa que exerça cargo em organização sindical para o conselho da empresa; STF/ADI 2096 (Convenção n. 138/OIT (trabalho infantil); STF/ADI 3357,STF/ADI 3937,STF/ADI 3356; STF/ADI 4066 (Convenção n. 162/OIT) asbesto; STF/RE 1379751 (Convenção n. 169/OIT) comunidades indígenas afetadas; STF/RE 999435 (Convenções ns. 87 e 98) dispensa em massa.

(5) MAZZUOLI, Valerio de Oliveira; MARANHÃO, Ney; AZEVEDO NETO, Platon Teixeira. *Direitos humanos e direito internacional público:* considerações à luz da tutela jurídico-internacional do ser humano que trabalha. In: Revista de Direito do Trabalho, vol. 216 (2021), p. 239-272. A propósito, veja-se que o Peru foi condenado em vários casos perante a Corte Interamericana: Caso Trabajadores cesados del congreso (Aguado Alfaro y otros); Caso "cinco pensionistas"; Caso Acevedo Buendía y otros (Cesantes y Jubilados de la Contraloría); o caso Aguirre Roca e outro envolvendo a destituição de juízes e violações das garantias e independência do Poder Judiciário. No Brasil, quanto aos casos resolvidos pela Corte Interamericana (CIDH), citem-se: Caso Ximenes Lopes; Caso Nogueira de Carvalho (extermínio), Caso Escher, Caso Garibaldi, Caso Gomes Lund (Guerrilha do Araguaia) caso Fazenda Brasil Verde (trabalho escravo), Caso Favela Nova Brasília; Caso Vladimir Herzog; Caso Povo Indígena Xucuru; Caso Empregados da Fábrica de Fogos de Santo Antônio de Jesus; Caso Barbosa de Souza; Caso Sales Pimenta.

No Brasil, a ordem jurídica constitucional assegura o direito os direitos individuais e coletivos, e o manejo das chamadas "ações estruturais de controle das políticas públicas, nas ações coletivas, ações diretas de inconstitucionalidades por omissão, ações de descumprimento de preceito fundamental, e mandado de injunção coletivo, mandado de segurança coletivo. O Judiciário atua diante da omissão estrutural do Poder Público, quando configura "estado de coisas inconstitucionais", decorrente das escolhas trágicas estatais e da "cegueira deliberada", que resultam em condições desumanas, de inegável relevância pública, sobretudo quando verificada a violação sistemática de direitos e garantias fundamentais das pessoas, mediante a técnica do processo estrutural que exige a jurisdição judicial necessária (*structural litigation* , *public interest litigation* ou *public law litigation*)(6).

Na ação estrutural a missão do Judiciário é determinar a realização de atos de competência da Administração Pública, no controle de sua atividade de dar efetividade aos direitos fundamentais, que tem como contraponto a vedação da proteção insuficiente e a necessidade de fazer valer o "núcleo mínimo irredutível dos direitos", encravados na Constituição do país e nas normas internacionais ratificadas, até que o litígio seja solucionado, com a obtenção do resultado social desejado, que é a reorganização da estrutura(7). Os elementos vitais de garantia de efetividade da Constituição são: a vontade de Constituição, o sentimento constitucional e o patriotismo constitucional(8).

A Suprema Corte brasileira muitas vezes se antecipa, rumo a erradicação da violação aos direitos humanos, para evitar denúncias internacionais, sulcando uma jurisprudência alinhada com o caráter obrigatório e vinculante das decisões emanadas da Corte Interamericana de Direitos Humanos (CIDH). Cite-se os casos: aporofobia para a "população de rua" (STF/ ADPF 976), até porque de nada vale o direito à inviolabilidade do domicílio, ou o direito á à impenhorabilidade do bem de família, se o indivíduo não possui uma casa que lhe sirva de moradia. Veja-se o caso da ação judicial para fixar uma renda mínima para combate a pobreza (STF/MI 7.300); caso da proteção da pequena

(6) Edilson Venturelli lembra que, o litígio irradiado pode ocorrer em contexto não relacionado ao funcionamento de instituições, logo não é estrutural: a exemplo do litigio coletivo irradiado da queimada da palha da cana-de-açúcar, para viabilizar sua colheita que impacta vários grupos sociais (pessoas afetadas pela fumaça, trabalhadores, municípios), mas não é um litígio estrutural, já que não envolve a reestruturação de quaisquer organizações. VITORELLI, Edilson. *Levando os conceitos a sério:* processo estrutural, processo coletivo, processo estratégico e suas diferenças. https://www.trf4.jus.br/trf4/controlador.php?acao=pagina_visualizar&id_pagina=2225#:~:text=O%20processo%20estrutural%20%C3%A9%20um,funciona%2C%20originando%20um%20lit%C3%ADgio%20estrutural.

(7) Edilson Vitorelli. *Levando os conceitos a sério:* processo estrutural, processo coletivo, processo estratégico e suas diferenças. https://www.trf4.jus.br/trf4/controlador.php?acao=pagina_visualizar&id_pagina=2225#:~:text=O%20processo%20estrutural%20%C3%A9%20um,funciona%2C%20originando%20um%20lit%C3%ADgio%20estrutural.

(8) BIELSCHOWSKY, Raoni Macedo. Elemento vital e garantia interna da Constituição: vontade de constituição, sentimento constitucional e patriotismo constitucional. *Revista Direito, Estado e Sociedade*, 2021. Disponível em: https://doi.org/10.17808/des.0.1260.

propriedade rural para incentivar a segurança alimentar (STF/ARE 1038.507 – Tema 961)[9] e outros casos na área penal[10].

Em suma, Bruno Boti Bernardi anota que o Judiciário encontra no Direito Internacional as ferramentas adequadas para a sua própria independência, condição necessária para o cumprimento de normas internacionais. Hoje, pugna-se pelo reforçamento e independência da própria Corte Interamericana (CIDH) e dos respectivos juízes quanto ao modo de indicação e investidura[11]. Em suma, uma norma internacional não ratificada pode ser efetiva na ordem jurídica interna, quando seus princípios inspiram o legislador na edição das leis e iluminam o Estado na formulação de políticas públicas e quando ratificadas servem de aplicação na atuação do Poder Judiciário.

## 5. Audiências públicas como instrumento de efetivação dos direitos sociais. Participação da defensoria pública e do judiciário nas audiências públicas na Corte Interamericana

Registre-se, ainda a participação da Defensoria Pública da União na Corte Interamericana, para fortalecer o sistema e garantir a plena efetividade dos direitos humanos, prerrogativa prevista na Lei Complementar n. 80/94, missão de postular no sistema interamericano em defesa dos direitos humanos. O Conselho Nacional de Justiça (CNJ), conforme Resolução n. 364/2021, também é destinatário de convocações da Corte Interamericana (CIDH) para participar, na condição de mecanismo nacional independente, de Audiências Públicas nos casos relacionados ao Estado Brasileiro, por isso mantem uma "Unidade de Monitoramento e Fiscalização das decisões do Sistema Interamericano de Direitos Humanos", dos casos contenciosos brasileiros. Ainda participa ativamente nas Audiências públicas da Corte Interamericana (CIDH) e na supervisão do cumprimento das sentenças internacionais e promove as publicações da Jurisprudência da Corte Interamericana (CIDH), a exemplo das Audiências Privadas de Supervisão de Cumprimento de Sentença: Caso Herzog e outros *vs.* Brasil (27.10.2023); Caso Favela Nova Brasília *v.* Brasil (26.10.2023); Caso Ximenes Lopes (23/04/ 2021); Caso Favela Nova Brasília (20.08.2021); Casos Gomes Lund e Herzog (24.06.2021).

---

(9) BRAMANTE. Ivani Contini. Estudo do caso concreto relatado no livro "O Homem de Rua". Direitos Humanos, Renda Mínima de cidadania e pessoa em situação de rua. In: *A proteção social da população em situação de Rua no Brasil*. Aspectos Jurídicos e Sociais. Curitiba: Editora Juruá. 2024. BRAMANTE. Simone. Homem em situação de rua e CIDH. In: *A proteção social da população em situação de Rua no Brasil*. Aspectos Jurídicos e Sociais. Curitiba: Editora Juruá. 2024. BRAMANTE. Ivani Contini. *ESG+I Governança Ambiental Social e Corporativa*. São Paulo: LTr. 2023.

(10) Veja-se o caso do sistema carcerário desumano (STF/ADPF 347); caso de direitos da personalidade dos encarcerados (STF/RE 580.252); da execução penal com aplicação da Resolução da Corte Interamericana (STF/HC 208.337/PE; STJ/AgRgHC 757.414); do desmatamento ilegal da Floresta Amazônica (STF/ADPF 760) SUPREMO TRIBUNAL FEDERAL. Disponível em: https://portal.stf.jus.br/processos/downloadPeca.asp?id=15349336976&ext=.pdf. Acesso: 12/10/2024.

(11) TRINDADE, Antônio Augusto Cançado; MANUEL E. Ventura Robles. *El Futuro de la Corte Interamericana de Derechos Humanos*. Antônio Augusto Cançado Trindade. San José: Corte Interamericana de Derechos Humanos, Alto Comisionado de Naciones Unidas para los Refugiados, 2003.

No Brasil, no âmbito judicial interno, há previsão de audiências públicas nos âmbitos administrativo e judicial (Legislativo, Executivo, Ministério Público, Defensoria Pública, Judiciário), como instrumento de democracia para diálogo entre os atores sociais, bem como grupos representativos, para dar suporte a solução dos conflitos sociais, no chamado "incidente de coletivização", quando há repercussão geral e relevância jurídica, política, social e econômica e recursos repetitivos (58, § 2º, inciso II; art. 102; arts. 127-129, CF/1988; Lei n. 8.625/1993 art. 27, IV, parágrafo único; Lei n. 9.868/1999 e Lei n. 9.882/1999; art. 1.030/1.036 CPC). Ainda, o direito de petição em defesa de direitos e contra abusos de autoridade, qualquer cidadão, partido político, associação ou sindicato, legitimidade para denunciar irregularidades ou ilegalidades perante a Administração Pública em geral, incluído o Tribunal de Contas (art. 5º, XXXIV e art. 74, § 2º, CF/1988)(12). Citem-se o caso Uber (STF/RE 1446336 – Tema 1.291) de convocação de audiência pública, para discutir o reconhecimento de vínculo de emprego dos motoristas de aplicativo de transporte e a plataforma digital; o caso de demanda repetitiva (TST/IRDR-1000154-39.2024.5.00.0000) de audiência pública para discutir o exercício do direito de oposição a contribuição sindical pelos não sindicalizados que contou com quarenta e quatro expositores.

## 6. Conclusão

Nota-se, assim a importância das normas internacionais de direitos humanos e sua aplicação na relação trabalho e capital, bem como o papel atuante do Judiciário, quer no controle de constitucionalidade dos tratados, quer no controle da convencionalidade das leis, para fins de efetividade da Carta de princípios internacionais do trabalho decente. O Direito Internacional e o Direito interno se relacionam harmoniosamente. Assim não são duas linhas diferentes e independentes, mas círculos superpostos, no qual vigora a norma mais favorável.

A existência das cláusulas constitucionais de abertura, inseridas no art. 5º, §§ 2º, 3º e 4º, 5º, da Carta Federal, são aptas a operacionalizar a integração das ordens jurídicas locais, regionais e globais, embora por si só, não garantam a efetividade dos direitos humanos. O diálogo e Integração das fontes de Direito Internacional e nacional traz à tona a hierarquia dos tratados internacionais, quando mais favoráveis que a ordem interna. A submissão do Brasil a jurisdição da Corte Interamericana revela-se de muita importância, máxime pelo acolhimento da jurisprudência internacional e seus novos paradigmas humanistas.

O fenômeno do diálogo das fontes normativas e institucionais, nacionais e internacionais, emergem duas vertentes no campo do diálogo jurisdicional: pelo controle da

---

(12) CÉSAR, João Batista Martins. A Audiência Pública como Instrumento de Efetivação dos Direitos Sociais. *Revista RVMD*, Brasília, vol. 5, n. 2, p. 356-384, jul./dez. 2011, p. 356. Disponível em: https://portalrevistas.ucb.br/index.php/rvmd/article/view/3124.

constitucionalidade dos tratados; pelo controle da convencionalidade das leis, bem como a adoção da jurisprudência da Corte Interamericana, a emprestar ao sistema universal e interamericano de Direitos Humanos uma nova hermenêutica *pro homine ou pro persona* e uma crescente legitimação social.

A efetividade das normas internacionais depende da legislação, da atuação das instituições, dos atores sociais e dos institutos jurídicos de cada país, e do papel atuante do Judiciário, para fins de combate às causas precárias condições econômicas, sociais, ambientais, culturais do ser humano. Registre-se a importância do Poder Judiciário na efetividade dos direitos humanos fundamentais e sua atuação como agente transformador da Sociedade. Os poderes judiciais fortes e independentes são condições necessárias para o cumprimento de normas internacionais, quer no controle de constitucionalidade dos tratados, quer no controle da convencionalidade das leis, quer na integração e aplicação da jurisprudência internacional rumo para a prevalência da dignidade humana.

## Referências

BERNARDI. Bruno Boti. O Sistema Interamericano de Direitos Humanos e a Justiça de Transição no Peru. *Revista de Sociologia e Politica*. https://www.scielo.br/j/rsocp/a/Q7NWPjPBVK4YpbzByWQ8pCR/?format=pdf. Acesso em: 12 out. 2024.

BIELSCHOWSKY, Raoni Macedo. Elemento vital e garantia interna da Constituição: vontade de constituição, sentimento constitucional e patriotismo constitucional. *Revista Direito, Estado e Sociedade*, 2021. https://doi.org/10.17808/des.0.1260.

BOGDANDY, Armin Von. Armin Von Bogdandy. Ius Constitutionale Commune na América Latina. In: *Ius Constitutionale Commune na América Latina*, volume I, Marco Conceptual. Armin von Bo ddandy, Mariela Morales Antoniazzi e Flávia Piovesan (coordenadores). Curitiba: Juruá Editora, 2016. p. 11-51.

BRAMANTE. Ivani Contini. *ESG+I Governança Ambiental Social e Corporativa.* São Paulo: LTr, 2023.

BRAMANTE. Ivani Contini. Estudo do Caso Concreto Relatado no livro O Homem de Rua. Direitos Humanos, Renda Mínima de Cidadania e Pessoa em Situação de Rua. In: BRAMANTE. Ivani Contini; MARQUES, André Luiz (Coords.). *A proteção social da população em situação de Rua no Brasil.* Aspectos Jurídicos e Sociais. Curitiba: Editora Juruá, 2024.

BRAMANTE. Simone. Homem em Situação de Rua e CIDH. In: BRAMANTE, Ivani Contini; MARQUES, André Luiz (Coords.). *A proteção social da população em situação de Rua no Brasil.* Aspectos Jurídicos e Sociais. Curitiba: Editora Juruá, 2024. p. 65-81.

BRAMANTE. Ivani Contini. Introdução e aspectos evolutivos do princípio da vedação do retrocesso social. In: *O Princípio da Vedação do retrocesso Social.* 2019.

CARVALHO RAMOS, André de. *Processo Internacional de Direitos Humanos.* 6. ed. São Paulo: Saraiva, 2019.

CÉSAR, João Batista Martins. A Audiência Pública como Instrumento de Efetivação dos Direitos Sociais. *Revista RVMD*, Brasília, vol. 5, n. 2, p. 356-384, jul./dez. 2011, p. 356. Disponível em: https://portalrevistas.ucb.br/index.php/rvmd/article/view/3124.

IANNI, Octavio. A era do globalismo. Rio de Janeiro: Civilização Brasileira. 1996.

LEGALE, Siddharta. *A Corte Interamericana de Direitos Humanos como Tribunal Constitucional.* 2. ed. Rio de Janeiro: Lumen Juris, 2020.

LIMA. Fernando Antônio de. *Coletânea de Direitos Humanos, Controle de Convencionalidade e Diálogos Jurisdicionais 3 (três) Princípios Instrumentais para se estabelecer o Diálogo Jurisdicional entre Poder Judiciário Nacional e a Corte Interamericana de Direitos Humanos.* Disponível em: https://www.cnj.jus.br/wp-content/uploads/2024/05/coletanea-direitos-humanos-v5-2024.pdf.

PIOVESAN, Flávia. *Direitos Humanos e o Direito Constitucional Internacional.* 19. ed. São Paulo: Saraiva, 2021.

MAZZUOLI, Valerio de Oliveira. Futuro do Direito Internacional Público. In: MAZZUOLI, Valerio de Oliveira (Org.). *Direitos Humanos Contemporâneos:* Perspectivas da Proteção Internacional e Impactos no Direito Brasileiro Rio de Janeiro: Lumen Juris, 2023. p. 3-24.

MAZZUOLI, Valerio de Oliveira. A Constituição Brasileira de 1988 e o Direito Internacional Público. In: Editora Forense (Org.). *30 anos da Constituição Federal e o Direito Brasileiro.* Rio de Janeiro: Forense, 2018. p. 81-106.

MAZZUOLI, Valerio de Oliveira; MARANHÃO, Ney; AZEVEDO NETO, Platon Teixeira. Direitos Humanos e Direito Internacional Público: Considerações à luz da Tutela Jurídico-Internacional do Ser Humano que Trabalha. In: *Revista de Direito do Trabalho*, vol. 216 (2021), p. 239-272.

MONTOYA, Y. 2012. Límites y Avances de la Justicia Penal Frente a las Violaciones de Derechos Humanos Ocurridas Durante el Período del Conflicto Armado Interno en el Perú. In: V. M. Quinteros (Ed.). *Temas de Derecho Penal y Violación de Derechos Humanos.* Lima: Instituto de Democracia y Derechos Humanos de la Pontificia Universidad Católica del Perú.

SARLET, Ingo Wolfgang. *A Dignidade da Pessoa Humana e Direitos Fundamentais na Constituição Federal de 1988.* 10. ed. Porto Alegre: Livraria do Advogado. 2015.

SARLET. Ingo Wolfgang. O Estado Social de Direito, a Proibição de Retrocesso e a Garantia Fundamental da Propriedade. *Revista da Faculdade de Direito da UFRGS*, Porto Alegre, n. 17, p. 111-132, 1999.

SARMENTO, Daniel. Reserva do Possível e Mínimo Existencial, In: *Comentários à Constituição Federal de 1988.* Rio de Janeiro: Editora Gen Forense, 2009.

TRINDADE, Antônio Augusto Cançado. *Princípios do Direito Internacional Contemporâneo.* 2. ed. Brasília: FUNAG, 2017.

TRINDADE, Antônio Augusto Cançado; ROBLES, Manuel E. Ventura. *El Futuro de la Corte Interamericana de Derechos Humanos.* San José, C. R.: Corte Interamericana de Derechos Humanos, Alto Comisionado de Naciones Unidas para los Refugiados, 2003.

VITORELLI. Edilson. *Processo Civil Estrutural.* 3. ed. São Paulo: JusPodivm. 2022.

VILLEY, Michel. *Filosofia do Direito.* Definições e Fins do Direito: os Meios do Direito. Tradução de Maria Valéria Martinez de Aguiar. São Paulo: Martins Fontes, 2003.

# Aporofobia Processual

## *Procedural Aporophobia*

*Nilton Correia*
*Elise Ramos Correia*
*Kátia Magalhães Arruda*

**Resumo:** Um Estado que se afirma Democrático e de Direito, especialmente em uma sociedade com elevados índices de desigualdade e que gera pobres aos milhões, necessariamente deve ter um Judiciário que se conceda também às pessoas vulnerabilizadas. Indispensável ter "As Veias Abertas" do Judiciário, parafraseando o saudoso Eduardo Galeano. Se fechadas ou entupidas as veias e se estreitadas as vias da Justiça, os excluídos sociais não passarão por elas. Esse artigo objetiva identificar se o processo judicial é democrático e permite o trânsito fácil dos pobres e suas demandas. A Justiça também tem de ter postura democrática. E o Estado deve alargar os horizontes do acesso nas suas três dimensões distintas e necessárias. O trabalho busca compreender a pobreza e quem são os pobres, para perceber a presença da aporofobia (rejeição, aversão aos pobres) dentro do sistema legal e judicial. É o "racismo judicial". O insulamento dos subalternos. O resultado não é animador aos pobres. Suas demandas não empolgam, seja pelos pequenos valores financeiros ou pela ausência de teses intelectualizadas. Logo, não têm transcendência. Se tornam um "custo". O artigo conclui pela incompatibilidade entre aporofobia e democracia. Faz exame comparado da legislação no Brasil e no Peru. Diante do temário e da proposta tornou indispensável agir pelo método de abordagem hipotético-dedutivo, com pesquisa bibliográfica e documental, notadamente normas legais existentes com as quais é possível investigar o tema proposto e realizar análise comparativa dessas legislações. Aporofobia e democracia não se combinam. E o Judiciário deve reduzir os impactos negativos.

**Palavras-chave:** Pobre; Justiça gratuita; Processo democrático; Cidadania; Aporofobia processual.

**Abstract:** A State that claims to be democratic and governed by the rule of law, especially in a society with high levels of inequality and that generates millions of poor people, must necessarily have a Judiciary that also grants itself to vulnerable people. It is essential to have "Open Veins" in the Judiciary, to paraphrase the late Eduardo Galeano. If the veins are closed or clogged and the paths of justice are narrowed, the socially excluded will not pass through them. This article aims to identify whether the judicial process is democratic and allows the easy passage of the poor and their demands. Justice must also have a democratic stance. And the State must broaden the horizons of access in its three distinct and necessary dimensions. The work seeks to understand poverty and who the poor are, to perceive the presence of aporophobia (rejection, aversion to the poor) within the legal and judicial system. This is "judicial racism". The isolation of the subordinate. The result is not encouraging for the poor. Their demands are not exciting, either because of the small financial amounts or the lack of intellectualized theses. Therefore, they have no transcendence. They become a "cost". The article concludes that aporophobia and democracy are incompatible. It makes a comparative analysis of the legislation in Brazil and Peru. Given the theme and the proposal, it became essential to act using the hypothetical-deductive approach, with bibliographic and documentary research, notably existing legal norms with which it is possible to investigate the proposed theme and perform a comparative analysis of these laws. Aporophobia and democracy do not mix. And the Judiciary must reduce the negative impacts.

**Keywords:** Poor; Free justice; Democratic process; Citizenship; Procedural aporophobia.

## Introdução

Normas não faltam. Dizem proteger o trabalho, falam do acesso à Justiça e da dignidade. Resta torná-las efetivas. Esse artigo cuida desse ideal com uma questão específica, a de saber como o pobre é recebido e percebido nesse emaranhado de dispositivos e se a disputa por esses direitos está viabilizada.

A Constituição do Brasil, por exemplo, dispõe logo no art. 1º que são "fundamentos" do Estado, que se diz Democrático e de Direito, (a) a cidadania (mas o pobre teria "subcidadania"?); (b) a dignidade da pessoa humana (mas a pobreza é digna?); (c) os valores sociais do trabalho.

No Peru, a Constituição traz no art. 23 uma norma notável, porque expõe conceito e determinação: "Nenhuma relação laboral pode limitar o exercício de direitos constitucionais, nem ignorar ou diminuir a dignidade do trabalhador". Na Espanha chamam a isso de "Garantia de Indenidade". O ato que constituiu a OIT indica como princípio fundamental o de que "o trabalho não é mercadoria" e clama por muito esforço na luta "contra a carência". No artigo buscamos valorizar mais a "pobreza política" e a "**carência de cidadania**", que produzem a "**aporofobia processual**".

O art. 253, da Constituição do Uruguai, assegura a justiça gratuita, mas aos "declarados pobres", no que diverge do artigo, que sustenta a **gratuidade temática**.

Por fim, sempre falamos muito da europeia Declaração Universal dos Direitos Humanos, mas aqui optamos pela Carta Africana dos Direitos Humanos e dos Povos, a Carta de Banjul, de 1981, que traz diferenças representativas, como, por exemplo, ao famoso "todos são iguais perante a lei", seu art. 3º apresenta uma forma nova: "Todas as pessoas beneficiam-se de **uma total** igualdade perante a lei" (grifamos, item 1) e "Todas as pessoas têm direito **a uma igual** proteção da lei" (grifamos, item 2). Nessa perspectiva o artigo se projeta em defesa de uma igualdade pela sua "totalidade". Daí examina conceitos variados de pobre e pobreza, democratização dos procedimentos judiciais e, nos processos, a rejeição a que os pobres consigam demandar com mais amplitude.

O artigo se apoia em pesquisa bibliográfica e consulta legislativa, para comparar as regulamentações diversas. Tudo consolida a conclusão de que a gratuidade do Judiciário não deve estar vinculada a quantidade material de recursos financeiros, mas aos temas em debate, assegurando justiça gratuita às demandas que vindicam direitos humanos fundamentais.

## 1. Pobre. Pobreza. Questões sistêmicas. Estruturalizadas

Existem muitos e variados conceitos que buscam identificar o "pobre", quando e como alguém pode ser qualificado como pessoa pobre. O mesmo ocorre em relação a conceituar "pobreza", o que ela efetivamente é, quando ocorre, onde está, como identificar.

Todos os conceitos demonstram exibições intelectuais e acadêmicas e poderiam ser dispensados para o mundo real. Porém, servem, dizem, para estabelecimento de políticas públicas governamentais, as quais necessitam de bases (indicadores objetivos) para serem previstas, programadas e realizadas.

Jean Jacques Rosseau, em "*Contrato Social*", obra até hoje muito analisada e discutida, registrava que a desigualdade nada tinha de "natural". Ao contrário, era decorrência de um novo tipo de sociedade que emergia (já pelo menos há 100 aos antes do seu livro) com o aparecimento do conceito (apropriatório) de propriedade privada (que Marx chamou de "*cercamento*"), que deixou às claras a divisão da sociedade não apenas pelo visor social e intelectual (como na Grécia e demais, por exemplo, quando tínhamos "cidadãos" e "não cidadãos") e desenhou a divisão de cunho material em concreto, aquele tradicional "ter" ou "não ter".

Essa divisão está também presente 200 anos depois na Constituição do Brasil de 1824, que define, com clareza e medições, em quantidade de alqueires, que cidadãos (eleitores e elegíveis) eram aqueles que fossem proprietários de declinada quantidade de terras (o que excluía até pequenas propriedades).

Esse conceito não se afastou da política e da cultura no Brasil, ainda que não mais esteja escrito na Constituição. Porém, está vigente na vida real. É como o "Poder Moderador"(1), que deixou o texto da Constituição, mas não saiu do mundo real.

---

(1) "Art. 98. O Poder Moderador é a chave de toda a organisação Politica, e é delegado privativamente ao Imperador, como Chefe Supremo da Nação, e seu Primeiro Representante, para que incessantemente vele sobre a manutenção da Independencia, equilibrio, e harmonia dos mais Poderes Politicos." (*sic*)

Logo, ficou exposta a combinação "*propriedade/poder*" em oposição a "*não propriedade/subalternidade*", igual ao que já dizia Rousseau.

Estava posta uma conceituação de pobre como aquele "*não cidadão*" (alguns preferem o termo "*subcidadão*" e "*subcidadania*"), ou seja, o integrante do grupo "*não propriedade/ subalternidade*". Portanto, a sociedade (ou o homem) criou o pobre e a pobreza e o fez com foco material e com o objetivo de apoderamento, ter poder e manter poder.

Importante ter o registro de que a "*subalternidade*"[(2)] perpassa todas as fases da história, como um fio inquebrantável e que expõe, com caracteres marcantes, clara divisão ou separação na sociedade entre os que comandam e os subalternos.

E assim esse artigo apresenta um epítome da história da riqueza dos homens.

No Éden, Eva tem compreensão romântica de riqueza, ao analisar Adão: *é no coração que os valores residem. Gostaria de poder fazê-lo entender que um bom coração é uma riqueza, e riqueza suficiente, e que sem isso o intelecto é pobreza*"[(3)].

Já estão aqui expostos vários conceitos.

Importa realçar que não se deve confundir pobreza com privação. Esta é conjuntural, advém de circunstância, uma ocorrência que passará. A pobreza é estrutural, está na raiz do sistema, fixa, imóvel. Quem nasce pobre fica pobre ou mais pobre. A mobilidade é para sair da pobreza dita "relativa" para a pobreza "extrema" ou vice-versa. Sustentam que na "relativa" a subsistência é possível, ou seja, a manutenção meramente física. Na "extrema", a pobreza perde a relação com os limites e subtrai até o direito a própria vida, despossuindo o pobre até do seu corpo.

A pobreza é uma violação dos direitos humanos.

Neste 2024, próximo do dia 18 de outubro (Dia Internacional para a Erradicação da Pobreza) a ONU atualizou o Índice de Pobreza Multidimenciosal de 2024, com informes assustadores. Ao contrário de ser erradicada, a pobreza aumentou. Atingimos **1.1 bilhão de pobres**. Inacreditável![(4)]

Outra informação oficial que assusta a todos os que acompanham a evolução da pobreza e as políticas de erradicação, também oficial da ONU: "Caso não sejam tomadas

---

(2) Na perspectiva de Gramsci (Antonio), a subalternidade está associada a dominação e sua superação demanda um longo processo de conscientização e organização política e ele se refere especificamente à classe operária industrial, ou seja, gerada nas estruturas de produção capitalista, conforme exposto no *"Dicionário Gramsciano"*, organizado por Guido Liguori e Pasquale Voza, Boitempo Editorial, São Paulo, 2017, p. 746-749.

(3) TWAIN, Mark, *O Diário de Adão e Eva*. São Paulo: Publifolha, 2018. p. 62.

(4) Fonte: https://news.un.org/pt/story/2024/10/1839371. Acesso em: 12 nov. 2024, às 17:45h.

medidas para melhorar a saúde e a educação até 2030, cerca de 167 milhões de crianças vão viver na pobreza extrema."[(5)]

Se volumosa é a pobreza no presente, torna possível concluir que, ao considerar a projeção das atuais crianças, o futuro não sinaliza melhoras.

No Brasil, a Lei n. 11.346, de 15.9.2006, criou o Sistema Nacional de Segurança Alimentar e Nutricional, que não se realiza na prática.

Na visão reducionista de economistas e afins a pobreza é analisada sempre pela perspectiva material, a **carência de dinheiro**, de recursos financeiros, (1,90 dólar por dia). Daí porque sempre que se fala em erradicação se chega ao assistencialismo. A assistência é importante. Sem dúvida. Mas ela tem de ter perspectiva passageira, circunstancial, algo de impacto momentâneo. Nunca como projeto duradouro.

A durabilidade está dista do assistencialismo, porque ela constrói suportes que darão, permanentemente, sustentação para si próprio e da família. Ou seja: é a inserção nas vias e nas veias da sociedade. É incluir nela. Conviver com ela. Participar dela. Dito de outra maneira: é torna o pobre um cidadão. Isso mexe nas estruturas.

Nos alinhamos plenamente, nesse ponto, a Pedro Demo quando sustenta que "*inclusão exige muito mais que assistência, sobretudo, inserção laboral e supremacia da cidadania*"[(6)].

De fato, para este trabalho e seu propósito, mais do que a **pobreza monetária**, interessa a *"pobreza de cidadania"*, que Pedro Demo chama de *"pobreza política"*. A "*pobreza de cidadania*" carrega consigo a "*pobreza jurídica*", momento no qual o pobre perde a condição de sujeito de direito.

Sociólogo e professor, Pedro Demo sustenta essa posição e diz:

> "a) o conceito de pobreza política obtém sua pertinência maior precisamente por relevar o aspecto da exclusão política como cerne da pobreza (DEMO, 995c); esta exclusão, todavia, é de teor dialético, ou, uma unidade de contrários, tornando-se incongruente imaginar que os excluídos se tornem apenas disfuncionais ao sistema;
>
> b) a própria ONU, através do PNUD, tem evoluído no sentido de ressaltar os aspectos para além da mera carência material, por coerência com seu conceito de desenvolvimento como *oportunidade*, o maior problema das populações pobres não é propriamente a fome, mas a falta de cidadania que os impede de se tornarem sujeitos de história própria, inclusive de ver que a fome é imposta."[(7)]

---

(5) Fonte: https://unric.org/pt/eliminar-a-pobreza/. Acesso em: 12 nov. 2024, às 17:37h).

(6) DEMO, Pedro, *Charme da Exclusão Social*, Campinas, SP: Editora Autores Associados, 1998. p. 11-12.

(7) DEMO, Pedro, ob. cit., p. 5.

Pois essa é a pessoa que é alvo de uma específica discriminação, que a professora espanhola Adela Cortina identificou e a designou como "*aporofobia*".

## 2. Aporofobia. O desprezo ao pobre e sua rejeição. E a antropoemia

A **aporofobia** demonstra que é possível despersonalizar, desindividualizar a violência para a dirigir a um conjunto identificado por um marcador social específico: **o pobre**. É a violência política. No âmbito penal Jock Young anota que "*a polícia deixou de suspeitar de indivíduos e passou a suspeitar de categorias sociais*"(8).

O termo aporofobia é um neologismo criado por Adela Cortina(9), professora de Filosofia Moral e Política, da Universidade de Valência, Espanha, primeira mulher membra plena da Academia Real de Ciências Morais e Políticas da Espanha.

Em seus debates, Adela precisava distinguir a rejeição aos imigrantes (muitos que chegavam em terras espanholas naquela ocasião) e aos autores de atos terroristas, que assustavam os espanhóis. E sustentava que havia uma rejeição própria, tanto dirigida a imigrantes como a espanhóis, identificados por um só marcador social: a pobreza. Dizia:

> "Foi em 1º de dezembro de 1995 que publiquei uma coluna que levava o título de "Aporofobia". Referia-me nela a uma conferência euromediterrânea que ocorreria em Barcelona naqueles dias e que pretendia trazer à luz temas candentes dos países da área mediterrânea, temas que hoje ainda seguem pertinentes, como a imigração, o terrorismo ou os processos de paz, e aos quais se deveria somar a crise e o desemprego. Era fácil presumir que especialistas de todo o mundo diriam que o racismo, a xenofobia e os fundamentalismos religiosos são os maiores problemas da área mediterrânea. Mas eu entendia — e sigo entendendo — que, na base de todos esses problemas, estaria como sempre um tipo de rejeição, aversão e medo que tinha por destinatário os pobres, ainda que até aquele momento não fosse reconhecido como um rótulo.
>
> Dar um nome a essa patologia social era urgente para poder diagnosticá-la com maior precisão, para tentar descobrir sua etiologia e propor tratamentos efetivos (...).

Convencida de que não se rejeita tanto os estrangeiros quanto os pobres, busquei em meu dicionário grego dos tempos de bacharelado um termo para designar o pobre, o sem recursos, e encontrei o vocábulo áporos. Contando com ele, me permiti construir o termo "aporofobia", por analogia com "xenofobia" e com "homofobia".(10)

---

(8) YOUNG. Jock. *A Sociedade Excludente*. Rio de Janeiro, RJ: Editora Revan, 2002. p. 74.

(9) CORTINA, Adela, *Aporofobia*. A Aversão ao Pobre. Um Desafio para a Democracia. São Paulo, SP: Editora Contracorrente, 2020.

(10) CORTINA, Adela, ob. cit., p. 26-27.

De fato, não se trata de ***xenofobia***, pois, ao oposto, existe afeto e simpatia por estrangeiros que chegam com recursos para gastar em restaurantes, lojas, carro, iates, boates, grandes investimentos, indústrias ou novas instituições financeiras, comprar clubes de futebol e assemelhados. Portanto, há mesmo ***xenofilia***, carinho e admiração pelo estrangeiro rico, que deixará fortunas nas cidades.

***Aporofobia*** (de "áporos" = pobre + "fobia" = aversão) é, pois, o asco, o nojo, repugnância, repulsão, aversão, hostilidade, mas, sobretudo, desprezo dentro de uma perspectiva específica ao **pobre**. Aquele que não tem capacitação de "troca" porque nada possui, salvo seu corpo. Notem que sempre retornamos ao início do artigo, com a sociedade dividida entre as pessoas que têm e as que nada têm.

Isso produz — como alerta Adela Cortina — um senso de superioridade. A convicção constituída ao longo da história (verdadeiro "éthos aporofóbico") de que há uma relação assimétrica na sociedade, que produz segregação, com a captura dos corpos pobres para, no isolamento, os abandonarem em guetos, uma das formas de dominação para que não tenham acesso às cidades. Naquelas "*comunidades*" os pobres ficam expostas à violência do Estado. Enfim, são locais onde esses grupos pobres, lançados para lá por pressão econômica e social, vivem em isolamento, com carência absoluta de liberdade, repleto de atitudes discriminatórias.

Aporofobia traz e fixa o conceito de ***rejeição*** aos pobres por serem pobres. E provoca o ato de confundir pobreza com ***defeito***, ao contrário da ***plutofilia***, ou seja, o amor aos ricos, por confundir — na perspectiva política — riqueza com ***virtude***.

É notável a relação do pobre de hoje com o escravo de ontem.

Não reconhecemos os pobres e não nos identificamos com eles. Vale dizer: não percebemos neles sinais de humanidades, são animalizados, com o que nos dessensibilizamos com o que lhes afeta. Retira-se deles o conteúdo de humanização, o que justifica a fácil compreensão que se tinha antes (com os escravos) e que se tem hoje com os pobres (os transescravos) da ausência de cidadania, com o que eles deixam de ser sujeitos de direitos.

Segregados. Em guetos. Sem acesso a higiene, saúde ou moradia decente, nem a emprego digno e sempre lançados às feras, sejam os leões de ontem ou os policiais de hoje, estes mais perigosos, porque os "dentes" estão nos cartuchos e projéteis que são lançados de novíssimos fuzis contra a população negra e pobre.

Os pobres (dizem) formam grupos que assustam. Constituem o inverso da "*assepsia*" aristocrática ou burguesa atual. Enfim, dão medo, porque produzem a dita "*insegurança existencial*", a que se refere Zygmunt Bauman, que também menciona a "*desatenção civil*", como "*a arte de evitar o olhar do estranho*"(11)

(11) BAUMAN, Zygmunt, *Retrotopia*. São Paulo, SP: Zahar, 2017. p. 20.

O Professor Vinicius Siqueira, em estudo sobre o "linchamento" na perspectiva de Bauman, com o título "Interpretando os linchamentos populares com Bauman", sustenta tese sobre a **antropoemia** (muito presente nos processos de aculturação e em todo o período de colonização):

> "Os marginalizados são a sujeira que precisa ser limpa, é por isso que negros pobres são abordados pela polícia com mais frequência que brancos de classe-média. A polícia visa a sujeira, visa tudo aquilo que desestabiliza a ordem e não há nada mais desestabilizador do que os sujeitos que não se encaixam no ideal de pureza/limpeza que a construção de uma dada ordem social impõe. Os estranhos não são simplesmente excluídos, existem maneiras de fazer esta exclusão: por meio da antropofagia e da antropoemia.
>
> **A)** A estratégia da **antropofagia** se resume em absorver o outro, até que ele se torne para do nós. As diferenças são eliminadas e o tecido social permanece o mesmo, sendo assim, toda ameaça é suprimida em favor da permanência da ordem.
>
> **B)** A estratégia da **antropoemia** consiste em excluir o outro, para que ele não possa desestabilizar a ordem. Toda e qualquer comunicação é cortada com o outro, de modo que ele não possa interferir de nenhuma maneira na vida cotidiana daqueles que estão sob a ordem social."(12)

São gerados estereótipos de que podem agredir, são "bárbaros", "violentos", "inferiores", "incultos", dentro de um claro processo de "outremização".

Seguramente, o maior medo de que os pobres obtenham conhecimento, acessem escolas e universidades e, acrescidos da sua inteligência empírica, assumam postos e cargos que sempre foram "privativos" de brancos e ricos.

Enfim, o medo de que obtenham cidadania e se tornem sujeitos de direito. E possam demandar seus (agora) direitos pelas vias judiciais, antes sempre privativas dos Palácios reais e destinada a justiça para a nobreza e voltada, antes, só para as questões de propriedade (ou seja, demandas "entre cidadãos"; enquanto os escravos ontem e os pobres hoje (os "*transescravos*") estavam excluídos dessa categoria).

## 3. Processo democrático. A que e a quem serve. Por que democratizar?

A sala de uma audiência trabalhista é um salão de festa da democracia. Pelo menos, na perspectiva judicial deveria ser assim.

---

(12) Fonte: https://colunastortas.com.br/interpretando-os-linchamentos-populares-com-bauman/. Acesso em: 13 nov. 2024, às 19:18h)

Ali estão, frente a frente, Partes totalmente opostas, em todos os sentidos, político, filosófico, sociológico, financeiro e jurídico. Se encontram em disputa de direitos antagônicos. E o que mais lhe agrava: é uma demanda que poderá interferir no patrimônio. Pronto. No âmbito trabalhista (e social), esse é um superproblema.

Basta isso para que se tenha o tamanho e a dimensão do tensionamento que sustenta um processo judicial com essa pretensão.

O trabalhador entende que seu conjunto jurídico ("patrimônio") foi afetado e diminuído por uma atitude do empregador. Fundamenta a ilegalidade daquela atitude e busca um título judicial invasivo que – observado o procedimento judicial (democrático) – retirará do patrimônio (material) patronal um valor (ou bem) correspondente à fatia que foi reduzida do operário.

Se há um tema no qual a demanda judicial fica bastante tensa (às vezes, agiganta-se) é a que retira "pedaços", "fatias" do patrimônio de alguém. Isso toma relevo (por vezes, gravidade) se o atingido for membro da classe dominante, proprietário de bens de produção.

O processo trabalhista mora nesse local e tem ali seu natural "habitat".

Professor na Universidade em Frankfurt, Alemanha, Dirk Fabricius indica a existência — nessa hipótese — de "***delitos de socialização***" porque, na sua compreensão "*a assimetria entre os participantes do mercado possibilita relações de exploração*" (DIRK, 2008). E não vacila para afirmar que:

> "(...) Muitas relações de trabalho e contratos de trabalho são, de fato, escravidão e servidão. O tempo da corporificação e da servidão não passou; mesmo nos países desenvolvidos deixam-se encontrar vestígios "bastante vivos". E com o fortalecimento dos movimentos religiosos fundamentalistas e a crescente desigualdade social no trem do neoliberalismo deve-se temer que as formas modernas de servidão se propaguem e as antigas ressuscitem."[13]

Note-se que importante. Um professor da Universidade de Frankfurt afirma que ***"O tempo da corporificação e da servidão não passou"***.

A intensidade da assimetria, segundo Dirk, esgarça a já pequena liberdade da parte fragilizada a ponto de subtrair dele o que Dirk chama de ***"capacidade de consentir"*** (que é o centro do raciocínio). É isso a tal medida que conduz o vulnerável ao que ele chama de "*situação de desamparo*" e, portanto, sujeito a "*relações de coação*".[14] Portanto: "Retenção

(13) FABRICIUS, Dirk, Constituição Corporal: Desenvolvimento Perturbado da Capacidade de Consentir como Base de Intervenções Paternalistas. In: COUTINHO, Jacinto Nelson de Miranda (Org.). *Direito e Psicanálise, Interseções a partir de "O Mercador de Veneza"*. de William Shakespeare, Rio de Janeiro, RJ: Lumen Iuris, 2008. p. 19, 32, 33 e 34.

(14) Dirk Fabricius, ob. cit., p. 32, 33, 34 e 19.

de alternativas, comandos de uma escolha e demonização de alternativas não limitam apenas, diretamente, a liberdade, mas também conduzem à construção de uma limitada capacidade de consentir".

O processo judicial trabalhista somente se posicionará como "democrático" se considerar esse elemento fundamental: ***"capacidade de consentir"***, o que destrói recentes criações de considerar como capacidade de consentir o fato de o trabalhador ter determinado "*grau de instrução*", ou de "especialização", ou certa quantidade de "*dinheiro*" mensal, o que é errado porque, na maioria das vezes, quem ganha o salário-mínimo tem mais liberdade de enfrentar o patrão, porque aquele salário o trabalhador encontrará em vários lugares, do que o trabalhador que recebe valores elevados, pois este jamais brigará com a empresa, pela reduzida quantidade de empregos com aquelas remunerações altas; a tendência é de suportar violações em silêncio.

Após considerar que está na mesa da audiência uma pessoa com déficit da "*capacidade de consentir*" e, sobretudo, com "*pobreza de cidadania*", deve aquele espaço ser considerado uma real eutopia, que o habilite e o torne suscetível de ali processar e efetivar aspirações e valores humanos.

Compreender, com generosidade e altruísmo, que a pessoa ali presente pode ter falhas de percepção, permanente (por falta de cultura) ou provisória (medo, comum por estar ante autoridades, mais ainda para os vulneráveis, que têm o "medo social"), considerar ainda que o ambiente formal e institucional, de e com roupagens e linguagens que o torna um "estrangeiro dentro de casa", fica hostil ao subordinado.

Ter formação sociológica de maneira que possa apreender que (ao menos parece) os empregadores no Brasil são dotados de mnemotécnicas que geram perturbações na "memória da dívida" em geral, especialmente a trabalhista, e esquecem de pagar as obrigações decorrentes da relação de trabalho.

Deve também ter a noção sócio-histórica quanto ao escravismo no Brasil e seus efeitos consectários, formadores de uma cruel cultura segundo a qual os trabalhadores seriam "indignos" de reclamarem na Justiça contra os empregadores, pessoas socialmente inatingíveis e distantes da "malta".

Compreender com absoluta perfeição o pleno teor da Resolução n. 425, de 08.10.2021, do Conselho Nacional de Justiça (CNJ), que instituiu a Política Nacional de Atenção a Pessoas em Situação de Rua e resolveu "assegurar o amplo acesso à justiça às pessoas em situação de rua, de forma célere e simplificada, a fim de contribuir para superação das barreiras decorrentes das múltiplas vulnerabilidades econômica e social".(15)

---

(15) Conselho Nacional de Justiça (CNJ). *Resolução n. 425, de 8 de outubro de 2021*. Disponível em: https://atos.cnj.jus.br/files/original1447482021101161644e94ab8a0.pdf.

E mais um vetor essencial. Ter o acesso à jurisdição como fundamental para a formação e eficácia da dignidade da pessoa humana e assegurar a todos os que buscam o Judiciário a indispensável "*garantia de indenidade*", como sustenta o Professor Augusto César Leite de Carvalho, ministro do TST, em sua obra "Garantia de Indenidade no Brasil: o livre exercício do direito fundamental de ação sem o temor de represália patronal" (CARVALHO, 2013)(16), onde ele afirma que a garantia de indenidade é um "instrumento de afirmação do direito à tutela judicial". E afirma:

> "Como se verá adiante, a doutrina constitucional admite hoje a eficácia horizontal dos direitos fundamentais e nos parece defensável a compreensão da garantia de indenidade como um instrumento de afirmação do direito à tutela judicial efetiva e de outros direitos fundamentais, daí resultando, exempli gratia e como sanção correspondente, a obrigação de reintegrar o trabalhador que seja despedido por revide contra a ação judicial."

Acesso à jurisdição, de forma simples, fácil, célere, sem despesas, sem custos, sem obstáculos.

## 4. Acesso à justiça gratuita. Aporofobia e racismo judicial. Pobreza judicial

A Constituição Federal traz o termo "pobre" e "pobreza" por 13 vezes, o que é um sinal de que temos muitos até no texto.

E a Constituição, sabedora de que não poderia cobrar serviços de pobres, começa a dar gratuidades diversas. Comete algumas falhas culturais, como, por exemplo, quando fala do "*reconhecidamente pobre*", como se criasse a figura da "pobreza visual", ou do "*estupidamente pobre*" ou "*absurdamente pobre*". Em outra passagem fala da vulnerabilidade das pessoas em "*situação de pobreza ou de extrema pobreza*" em uma "hierarquia" da inópia. Restou pedir atestado de filiação como prova de que são todos eles filhos de Pênia, a personificação da pobreza na mitologia grega(17)

A Magna Carta de 1215 (referida como a Carta de João Sem Terra) se dirige expressamente aos condes, barões ou outras pessoas que possuam terras diretamente da Coroa (plenamente seletiva); cuida de proteger os herdeiros; proíbe a ocorrência de "ajuda" financeira (em um período de aumento da pobreza e de despesas com ela) e traz

---

(16) CARVALHO, Augusto César Leite de. *Garantia de Indenidade do Brasil:* O Livre Exercício do Direito Fundamental de Ação Sem o Temor de Represália Patronal. São Paulo, SP: LTr, 2013. p. 31.

(17) Pênia, que gerou para nós a expressão "penúria", era o símbolo da pobreza absoluta, que mendigava restos de comida, figura magérrima, que andava em trajes rotos, mencionada por Sócrates em *"O Banquete"*, de Platão, mas que, em compensação, era a mãe de Eros, Deus do amor, após inesperada relação sexual com Poros. Será que o amor vem da pobreza? Disponível em: https://pt.wikipedia.org/wiki/P%C3%AAnia.

algumas (interessantes) exceções, como salvo se tal ajuda: (i) for para "*resgate de nossa pessoa*", (ii) também se for para "*fazer cavaleiro nosso filho primogênito*", e, ainda (iii) se "*para casar nossa filha primogênita*". Identitário o uso do pronome possessivo "*nosso*" (excludente do "*eles*"). Após fixar algumas regras processuais, dispõe no art. 17, separatistamente, que não estavam ali para "*perca de tempo*" e diz no item 17 da Carta que: "*17 – Os processos* ***comuns*** *não virão* ***ao nosso*** *tribunal, mas serão apreciados num lugar fixado*". Evidente **aporofobia.**

Afinal, por que gastar "rico" tempo com essas coisas "*comuns*"?

E essa conduta será e formará uma marca na história do direito processual.

A nossa CLT trata bem desses "*processos comuns*", que são os dos pobres, nos quais os pedidos são simples, a demanda de dinheiro é pequena, menor do que o alegado "custo" do procedimento.

O art. 852 e suas divisões (de art. 852-A até 852-I), da CLT, cria o "Procedimento Sumaríssimo", quando o valor dos direitos disputados não exceda a 40 vezes o salário-mínimo. Ali incumbe ao trabalhador fazer contas e indicar com exatidão o valor dos seus pedidos e caberá indicar com precisão o endereço do empregador, porque a Justiça não fará citação. E se não cumprir essas exigências, o processo será arquivado e ele condenado a pagar custas ao Estado. Se cumprir, a ata de uma única audiência conterá "resumidamente" todos os argumentos e depoimentos. A decisão judicial também será em "resumo" e as partes serão intimadas no ato, porque a Justiça não publicará. Caso haja Recurso Ordinário, o parecer do Ministério Público será "oral" e o acórdão consistirá "unicamente" na certidão (ou seja: nada se gasta em processo de pobre) (art. 895, IV). E não caberá recurso para o Tribunal Superior do Trabalho, salvo se o processo discutir súmula ou violação direta à Constituição (art. 896, § 9º), o que jamais acontecerá se nem acórdão o processo terá para conter debate de teses. **Regras aporofóbicas.**

No Tribunal Superior do Trabalho foi criada a regra da "transcendência", sem a qual o processo não será julgado. São 4 os indicadores ou critérios. Um deles é a "transcendência econômica", esta identificada pelo "***elevado valor da causa***" (*verbis*), (art. 896-A, § 1º, I), o que afasta os processos dos pobres. **Disposição aporofóbica.**

Decisão exemplo: "De plano, contudo, verifica-se que o valor da **causa não representa patamar monetário elevado a ponto de, por si só, atrair a intervenção desta Corte**. (...) (Processo: AIRR – 11430-84.2017.5.03.0020; *DEJT* de 10.11.2022; destaque nosso).

A própria Constituição Federal, democrática, indica no art. 7º uma relação de direitos dos trabalhadores. Porém, no § 1º traz ressalva aporofóbica surpreendente, ao excluir quem trabalho em **serviços domésticos** de ter acesso à imensa maioria daquelas verbas que decorrem do ato de trabalhar. Os que trabalham naquelas atividades (domésticas) são **pobres** (todos) e **negros** (a suprema maioria). **Aporofobia.**

O subalterno efetivamente não tem voz, ele nem se representa e nem tem representante. Logo, não pode falar[(18)]. E a Constituição Federal confirma esse silenciamento ao dispor no § 4º, do art. 14: "§ 4º São inelegíveis os inalistáveis e os **analfabetos**". Inexiste analfabetismo fora do âmbito da pobreza. **Aporofobia.**

No segmento penal por vezes é até mais contundente a aporofobia.

Na legislação penal, o trabalho é obrigatório nos presídios, pelo qual os detentos recebem uma remuneração e parte dela é retida e constitui um "pecúlio", que o preso recebe ao sair em liberdade. Foi necessária intervenção do Superior Tribunal de Justiça (STJ) para facultar ao preso o direito de usar seu pecúlio, ainda preso, para compra de bens primários de higiene indispensável (não se dava a ele o direito de usar o dinheiro dele mesmo, para sua limpeza!).

Em 12.04.2024, o DJE traz decisão do Supremo Tribunal Federal (STF) que entende constitucional "condicionar o reconhecimento da extinção da punibilidade ao efetivo pagamento da pena de multa", quando são penas cumulativas (prisão + multa), salvo se a pessoa punida (certamente, pobre) **demonstrar** "a impossibilidade de pagamento da sanção patrimonial", sem o que ficará **permanentemente condenada** (criminal), por dívida (ao argumento de ser dívida "penal" e não "civil"...). (ADI 7.032/DF)[(19)].

A pessoa presa é sempre a pobre (beira a 95%). Se livre, já não sai da pobreza, menos ainda sairá quando presa. Dívida impagável. **Aporofobia processual.**

Possível dizer que ainda não saímos das Ordenações Filipinas, que no item 17, do Livro V, traz "*curiosa*" e elucidativa **norma super aporofóbica**. Veja (texto no original):

> TITULO XXXVIII.
>
> Do que matou sua mulher, pola achar em adulterio (6).
>
> Achando o homem casado sua mulher em adulterio, licitamente poderá matar assi a ella, como o adultero (7), **salvo se o marido for peão, e o adultero Fidalgo, ou nosso Dezembargador, ou pessoa de maior qualidade**. Porém, quando matasse alguma das sobreditas pessoas, achando-a com sua mulher em adulterio, não morrerá por isso, mas será degradado para Africa com pregão na audiencia pelo tempo, que aos Julgadores bem parecer, segundo a pessoa, que matar, não passando de trez annos (1). (grifamos)

A norma trazia a barbárie da "licitude" do feminicídio e pela insuportável "defesa da honra", mas com regra bem diferente quando o marido fosse "**peão**" e o adúltero um "**Fidalgo**" ou "nosso **Dezembargador**".

Felizmente muita coisa mudou. Menos a essência da **aporofobia judicial.**

---

(18) SPIVAK, Gayatri Chakravorty. *Pode o Subalterno Falar?* Belo Horizonte, MG: Editora UFMG, 2010.

(19) Disponível em: https://portal.stf.jus.br/processos/downloadPeca.asp?id=15365995568&ext=.pdf.

Fica visível que se trata de questão de poder, que se expressa em relações desiguais. Quem o detém dita as regras, sempre ao seu interesse. Ao subalterno, sem voz, cabe sujeitar-se a todas elas. É o ***"colonialismo interno"***[(20)] ou a ***"democracia de escravos"***[(21)], o que torna necessário **descolonizar** o direito, em especial do trabalho.

Sem processo judicial desamarrado dessas travas, haverá e se manterá a restrição à pobreza de cidadania e a aporofobia processual.

O acesso à Justiça nas demandas que envolvem **direitos fundamentais** tem de ser serviço público gratuito.

O pagamento à justiça deve ser para as demandas de Palácio, para as discussões que envolvam patrimonialidades, questões financeiras, teses bancárias, propriedade rurais, exportações e assemelhados.

## 5. Conclusão

Ao se falar em inclusão, indispensável considerar a "**pobreza judicial**", que decorre do evidente "**déficit de cidadania**" do pobre, produzido por atitudes políticas e culturais, históricas, de desprezo ao pobre, o que gera a criação de óbices a que eles, por suas vulnerabilidades, alcancem o Judiciário para demandar contra os que detém o poder, que, coincidentemente, são os que fazem as leis e as executa. Todas as normas que obstruam a exigibilidade de direitos pelos subalternos devem ser extirpadas, inclusive a pior de todas que é a onerosidade no combate às ilegalidades do poder, as ditas "despesas judiciais". A justiça deve ser paga para as demandas patrimoniais (questões societárias, financeiras, propriedade, contratos comerciais, exportação e assemelhados). E absolutamente gratuita para as que vindicam direitos humanos, direitos fundamentais, direitos sociais. A **gratuidade temática** é indispensável para bloquear a exclusão dos pobres e rejeitar as normas com conteúdo aporofóbico. O processo, com sua dinâmica dialeticidade, tem o dever de se ajustar às condições e à cultura dos pobres, nunca o inverso. E todos — indistintamente todos — os mecanismos de defesa dos seus direitos e interesses devem ser disponibilizados, sem restrições. Um processo judicial democrático tem de excluir meios e métodos que, direta ou indiretamente, tolham, frustrem, obstaculizem ou dificultem a presença do pobre na justiça.

## Referências

BAUMAN, Zygmunt. *Retrotopia*. São Paulo, SP: Zahar, 2017. p. 20.

BRASIL. Conselho Nacional de Justiça (CNJ). *Resolução n. 425, de 8 de outubro de 2021*. Disponível em: https://atos.cnj.jus.br/files/original144748202110116l644e94ab8a0.pdf.

---

(20) CARDOSO, Luciana Zaffalon Leme Carvalho. *A Política da Justiça*. Blindar as Elites. Criminalizar os Pobres. São Paulo, SP, Hucitec Editora Ltda, 2018, p. 118.

(21) QUEIROZ, Marcos. *Assombros da Casa-Grande*. A Constituição de 1824 e as Vidas Póstumas da Escravidão. São Paulo, SP: Editora Fósforo, 2024. p. 13.

CARDOSO, Luciana Zaffalon Leme Carvalho. *A Política da Justiça.* Blindar as Elites. Criminalizar os Pobres. São Paulo, SP: Hucitec, 2018. p. 118.

CARVALHO, Augusto César Leite de. *Garantia de Indenidade no Brasil:* o livre exercício do direito fundamental de ação sem o temor de represália patronal. São Paulo, SP: LTr, 2013. p. 31.

CORTINA, Adela. *Aporofobia.* A Aversão ao Pobre. Um Desafio para a Democracia. São Paulo, SP: Editora Contracorrente, 2020.

DEMO, Pedro. *Charme da Exclusão Social.* Campinas, SP: Editora Autores Associados, 1998. p. 11/12.

FABRICIUS, Dirk. Constituição Corporal: Desenvolvimento Perturbado da Capacidade de Consentir como Base de Intervenções Paternalistas. In: COUTINHO, Jacinto Nelson de Miranda (Org.). *Direito e Psicanálise, Interseções a partir de "O Mercador de Veneza"*, de William Shakespeare. Rio de Janeiro, RJ: Lumen Iuris, 2008. p. 19, 32, 33 e 34.

Fonte: https://news.un.org/pt/story/2024/10/1839371. Acesso em: 12 nov. 2024, às 17:45h.

Fonte: https://unric.org/pt/eliminar-a-pobreza/. Acesso em: 12 nov. 2024, às 17:37h

Fonte: https://colunastortas.com.br/interpretando-os-linchamentos-populares-com-bauman/. Acesso em: 13 nov. 2024, às 19:18h.

Fonte: https://portal.stf.jus.br/processos/downloadPeca.asp?id=15365995568&ext=.pdf.

GRAMSCI, Antonio, *Dicionário Gramsciano.* Organizado por Guido Liguori e Pasquale Voza, São Paulo, SP: Boitempo Editorial, 2017. p. 746-749.

SPIVAK, Gayatri Chakravorty, *Pode o Subalterno Falar?.* Belo Horizonte, MG: Editora UFMG, 2010.

QUEIROZ, Marcos. *Assombros da Casa-Grande.* A Constituição de 1824 e as Vidas Póstumas da Escravidão. São Paulo, SP: Editora Fósforo, 2024. p. 13.

TWAIN, Mark. *O Diário de Adão e Eva.* São Paulo SP: Publifolha, 2018. p. 62.

YOUNG. Jock. *A Sociedade Excludente.* Rio de Janeiro, RJ: Editora Revan, 2002. p. 74.

# Tutela da Democracia pela Integridade da Elegibilidade Ativa como Direito Fundamental dos Trabalhadores

## *The Preservation of Democracy by the Integrity of Active Eligibility as a Fundamental Labour Right*


*Raimundo Simão de Melo*

*Flávio da Silveira Borges de Freitas*



**Resumo:** O objetivo da pesquisa a ser realizada é apontar a possibilidade, pelo exercício abusivo do poder empregatício, de cerceio da elegibilidade ativa dos trabalhadores em suas dimensões fundamentais, ferindo, assim, o Estado Democrático de Direito previsto na Constituição brasileira de 1988. O estudo será feito por pesquisa bibliográfica de livros, periódicos e artigos científicos, cujo problema a ser desafiado será verificar sobre o cerceamento da capacidade eleitoral ativa dos trabalhadores, pelo empregador, assegurada na Constituição Federal do Brasil de 1988. O cerne da questão consiste na análise sobre a limitação da capacidade eleitoral dos trabalhadores pelo empregador, diante dos fundamentos democráticos e da possível violação dos fundamentos da República, que desarmonizam o valor social do trabalho e o direito à livre iniciativa empresarial, ferindo, inclusive, a garantia de um meio ambiente de trabalho sadio e seguro. Esse direito dos trabalhadores está assegurado pela OIT e pela ONU, rumo à Agenda 2030. Pretende-se concluir a pesquisa, alertando sobre a ameaça, por tal prática, ao Estado Democrático de Direito, especialmente sobre o conceito de Democracia defensiva.

**Palavras-chave:** Direitos fundamentais; Direito do trabalho; Meio ambiente do trabalho; Democracia; Democracia defensiva.

**Abstract:** The research aim to be done is to point towards the possibility on reducing the employee's right to elect their representants on fundamental dimensions, by the abusive exercise of the employer's ability, violating the rule of law mentioned on the Brazilian Federal Constitution of 1988. This research will carried out by books, journals and scientifical legal papers study, which research problem to be challenged is to verify whether the employers restriction of workers' electoral capacity to choose their representants is alligned with 1988 Brazilian Federal Constitution. The essence of the matter consists on the limitatation of worker's electoral capacity analysis by the employers, front of the democratic standards and the possible violations of the republic standards that disassemble the social value of work and the right of free enterprise, violating, the guarantee of a safe and secure labor enviroment. This employees right is assured by the ILO and NATO, towards the 2030's Agenda. The research is intended to be concluded by the alert for the threaten of the democratic rule of law, by this employer's behaviour, specially under the concept of "Defensive Democracy".

**Keywords:** Fundamental rights; Labor law; Working enviroment; Democracy; Defensive democracy.

## Introdução

As relações de emprego possuem como sujeitos participantes os empregados e seus respectivos empregadores, sendo que uma das principais características dessa relação é a existência do sinalagma, que contém as obrigações das partes. É certo que, quanto a tal bilateralidade, a validade das relações de emprego está diretamente vinculada ao seu equilíbrio, representativo do correto balanceio que deve estar contido entre o valor social do trabalho e o exercício da livre iniciativa, fundamento da Constituição Federal de 1988, na forma do inciso III do seu art. 1º.

Entretanto, mesmo portadora de proteção jurídica, o desequilíbrio natural das relações de emprego permite a ocorrência de abusos pela parte melhor favorecida, o empregador, ocasionando não somente lesões patrimoniais aos contratos individuais de trabalho, mas também aos direitos fundamentais individuais e metaindividuais, por conseguinte, afrontando os mais ínsitos valores democráticos, que merecem a devida correção pelo Estado Democrático de Direito.

Neste sentido, o presente artigo busca retratar a situação atual das relações de emprego diante da realidade brasileira e latino-americana, onde as repercussões de natureza política dos Estados têm refletido no equilíbrio dos contratos de trabalho por meio de limitação, total ou parcial, das liberdades políticas dos empregados por seus empregadores. Tais lesões têm o sério potencial de causar problemas às relações individuais, bem como ao meio ambiente do trabalho e, em última instância, à integridade do núcleo essencial da Constituição Federal e da democracia nela contida.

De forma a demonstrar tal gravidade, o presente artigo é dividido em dois capítulos, sendo o primeiro descritivo do Poder Empregatício, limites e sua vinculação à Constituição Federal. Já o segundo capítulo dispõe acerca dos direitos políticos dos empregados, sua inserção na ótica dos direitos humanos fundamentais, mediante análise histórica da relação constitucional entre os direitos políticos, meio ambiente e seus aspectos trabalhistas, por fim, expondo a defesa de tais direitos fundamentais por meio do conceito de "Democracia Militante".

É nesse sentido que se buscou explicitar a importância do tema, sob o ponto de vista histórico e institucional, de maneira a ser proposta a acionabilidade do Estado para defesa dos pilares democráticos em face de sujeitos que se usam da democracia para benefício individual próprio, em detrimento de outros, sob o ponto de vista da proteção de direitos humanos fundamentais e do Estado Democrático de Direito.

## 1. Poder empregatício

É do âmago do espírito democrático o estabelecimento de harmonia entre as garantias conquistadas pelos trabalhadores e as prerrogativas estabelecidas à livre-iniciativa representativa dos tomadores de mão de obra. Nesse sentido é que Délio Maranhão considera ser direito subjetivo do empregador a exigência de cumprimento de ordens pelo empregado que coloca a sua força de trabalho à disposição desse empregador para que "este dela se utilize, como fator de produção na empresa em que se lançou e cujos riscos assume"(1), como previsto pelo art. 2º da Consolidação das Leis do Trabalho(2).

Mauricio Godinho Delgado afirma que o Poder Empregatício é "o conjunto de prerrogativas asseguradas pela ordem jurídica e tendencialmente concentradas na figura do empregador para exercício no contexto da relação de emprego"(3). Por intermédio de tal faculdade direcional estabelecida aos empregadores é que há o efetivo exercício de sua atividade, seja ela de natureza empresarial ou não.

Sustenta o autor que o Poder Empregatício observa subdivisões acerca de sua atuação, quais sejam: o Poder Diretivo, entendido como aquele derivado da compatibilização entre a mão de obra a ser executada e a organização da atividade do empregador; o Poder Regulamentar que é tratado como a prerrogativa que possui o empregador para elaborar normas abstratas de gerenciamento da mão de obra a partir da organização elaborada pelo Poder Diretivo do empregador; Poder Fiscalizatório, compreendido como aquele inerente à figura do empregador, ou a comitentes, de maneira a observar o

(1) MARANHÃO, Delio. *Direito do Trabalho*. 5. ed. rev. e ampl. Rio de Janeiro: Fundação Getúlio Vargas, Editora da FGV, 1977. 76 p.

(2) BRASIL. *Decreto-lei n. 5.452, de 1º de maio de 1943*. Consolidação das Leis do Trabalho. Rio de Janeiro, 1943. Disponível em: http://www.planalto.gov.br/ccivil_03/decreto-lei/del5452.htm. Acesso em: 08 maio 2023.

(3) DELGADO, Mauricio Godinho. *Curso de Direito do Trabalho*. 20. ed. rev. e atual. e ampl. São Paulo: JusPodivm, 2023. 764 p.

cumprimento das normas abstratas produto do Poder Regulamentar e, por fim, o Poder Disciplinar, assim entendido como aquele resultante da faculdade do empregador de reorganizar o seu Poder Empregatício diante da execução incorreta da mão de obra por parte dos empregados(4).

Nesse sentido é que a natureza do Poder Empregatício merece ser enxergada como verdadeiro direito-função, em que a norma jurídica transborda sua natural abstração e passa a impor o exercício de funções a certo titular de direito subjetivo a cumprir certas obrigações(5). Por sua vez, tais obrigações devem estar de acordo com os deveres anexos de conduta, em especial a função social do contrato. Assim, o regular exercício de tal Poder Empregatício nas relações de trabalho igualmente se consolida como importante vetor axiológico constitucional ao denotar fundamentos do Estado Democrático de Direito brasileiro, quais sejam, os valores sociais do trabalho e da livre iniciativa, de modo equânime, na forma do inciso IV do art. 1º, bem como do art. 170, ambos da Constituição Federal.

É igualmente correto afirmar que, mediante amparo da norma constitucional e para os fins de alcançar os objetivos multidimensionais da democracia, o Poder Empregatício deve observar limites para assegurar a sua legitimidade. Alice Monteiro de Barros assevera a existência de limites externos, consubstanciados pelas fontes formais de Direito do Trabalho, e limites internos, concretizados pelos deveres anexos de conduta, mormente "a boa-fé e de forma regular"(6).

Independentemente de sua origem, o que se denota ao final é que os limites do Poder Empregatício se confluem no integral respeito aos direitos fundamentais dos trabalhadores, de maneira que o núcleo essencial da Constituição Federal permanece protegido e o Estado Democrático de Direito integralmente imantado.

Cumpre a ressaltar que a democracia não se trata apenas de mero sistema de natureza política. Ao contrário, como sustenta Mauricio Godinho Delgado, a democracia assume função multidimensional(7) que perpassa pelas esferas política, social, econômica, institucional e cultural. É desta maneira que os contornos limitantes oferecidos ao Poder Empregatício extravasam o mero âmbito da relação de emprego, também servindo de tutela ao patrimônio do empregado e de todos os aspectos que o cercam.

---

(4) DELGADO, Mauricio Godinho. *Curso de Direito do Trabalho*. 20. ed. rev. e atual. e ampl. São Paulo: JusPodivm, 2023. 764 p.

(5) BARROS, Alice Monteiro. *Curso de Direito do Trabalho*. 10. ed. São Paulo: LTr, 2016. 386 p.

(6) *Ibidem*, p. 387.

(7) DELGADO, Mauricio Godinho. Constituição da República, Estado Democrático de Direito e Direito do Trabalho. In: DELGADO, Gabriela Neves [*et al.*]. *Direito Constitucional do Trabalho:* Princípios e jurisdição constitucional do TST. São Paulo: LTr, 2015. p. 23-37.

Ressalte-se, portanto, que seja por meio de atos ilícitos praticados ou por intermédio de atos lícitos eivados por abuso de direito, na esteira dos arts. 186 e 187 do Código Civil[8], o irregular exercício do Poder Empregatício tem potencial de causar severos danos não somente ao patrimônio jurídico material e imaterial dos empregados, mas, igualmente lesionando os mais basilares pilares da democracia, ao romper a confiança da sociedade na indigitada manutenção do correto balanceio entre os fundamentos constitucionais da livre-iniciativa e da valorização social do trabalho.

## 2. Direitos políticos, meio ambiente do trabalho e democracia defensiva

Os direitos humanos fundamentais representam verdadeira conquista da sociedade, por representarem rompimento com os estamentos do antigo regime que compreendiam a ausência quase integral de tutela de direitos por parte do Estado.

Diante dos movimentos liberais de contestação a tal regime monárquico, consubstanciados pela Constituição Americana de 1776 e a Revolução Francesa de 1789[9], funda-se o Estado Liberal de Direito e suas constituições passam a alcançar uma sorte de direitos e garantias de natureza civil e política, cujo objeto principal foi resguardar a liberdade dos cidadãos perante o Estado[10], mediante típico movimento de tutela vertical de Direitos, em especial requerendo não intromissão estatal em seus interesses particulares. Garantias como a liberdade de expressão, liberdade de credo e liberdade de voto passaram a ser incorporadas ao patrimônio jurídico daqueles que assim a pleitearam.

Contudo, o que se vislumbrou ao largo dos séculos XVIII e XIX perante a sociedade foram as pretendidas igualdade e liberdade direcionadas tão só à parcela economicamente mais favorecida da sociedade, sendo certo que a maioria menos abastada da população permaneceu alijada dos direitos e garantias que lhes foram outrora prometidas e que fariam parte de aquisição de sua dignidade[11]. O marco histórico reflexivo de tal momento é o decurso da Revolução Industrial, cuja mais básica condição existencial dos trabalhadores não era minimamente respeitada pelos detentores dos meios de produção.

Diante de tal quadro de segregação, os menos amparados passam a reivindicar as almejadas igualdade e liberdade por meio de direitos, cujo principal desígnio era de requerer junto ao Estado a materialidade mínima para sobrevivência e dignidade diante

---

(8) BRASIL. *Lei n. 10.406, de 10 de janeiro de 2002*. Código Civil Brasileiro. Brasília, DF, *Diário Oficial da União*: 11 jan. 2002. Seção 1. p. 1. Disponível em: https://www.planalto.gov.br/ccivil_03/leis/2002/l10406compilada.htm. Acesso em: 08 maio 2023

(9) SARLET, Ingo Wolfgang. *A eficácia dos direitos fundamentais:* uma teoria geral dos direitos fundamentais na perspectiva constitucional. 12. ed. rev., atual e ampl. Porto Alegre: Livraria do Advogado, 2015, 44 p.

(10) PIOVESAN, Flavia. A Responsabilidade do Estado na Consolidação da Cidadania. In: PIOVESAN, Flavia. *Temas de Direitos Humanos*. 3. ed. São Paulo: Saraiva, 2019. p. 319-338.

(11) CAPLAN, Luciana. O Direito Humano à Igualdade, O Direito do Trabalho e o Princípio da Igualdade. In: PIOVESAN, Flavia; CARVALHO, Luciana Paula Vaz de. *Direitos Humanos e Direito do Trabalho*. São Paulo: Atlas, 2010. p. 115-130.

dos arroubos dos mais privilegiados que desequilibraram o balanceio de tutelas jurídicas à sociedade. Neste quadro é que surge o Estado Social de Direito, garantidora de direitos de natureza econômica, social e cultural, como o direito à educação, saúde e trabalho que passam a compor o patrimônio jurídico de tal parcela da sociedade(12).

O final do século XIX e início do século XX foram de intensa movimentação política entre poderosos Estados. Eventos como o Tratado de Versalhes, as duas guerras mundiais, ascensão de regimes nazi-fascistas, crise econômica mundial eclodida pela quebra da bolsa de valores de Nova Iorque e o violento processo de colonização afro-asiática trouxeram severos efeitos para a sociedade. Não obstante o seu constitucionalismo social ter trazido importantes evidências como as Constituições de México, de 1917, e de Weimar, em 1919, houve igualmente consequências devastadoras para o ser humano de tal momento histórico, com episódios trágicos como o holocausto e as bombas atômicas sobre o território japonês que exigiam certa mudança de rumos da sociedade, em vista dos nítidos prejuízos ao valor mais ínsito ao ser humano, sua dignidade como pessoa.

Assim é que, diante de tais fatídicos acontecimentos históricos, a sociedade se reorganiza ao redor da busca pela tutela das coletividades, a fim de que novos eventos que pretendam a redução da figura humana não mais se sucedessem. Desta maneira é que o Constitucionalismo Humanista emerge com documentos históricos como a Carta de São Francisco, de 1945, a Declaração de Filadélfia, de 1946, e a Declaração Universal dos Direitos Humanos, de 1948, passam a ter evidência, e seus consequentes direitos de solidariedade foram conquistados, alçando a figura do homem e sua dignidade como bem jurídico maior a ser tutelado por esta sociedade pós-guerras. Garantias ao consumidor, tutela de pessoas com deficiência, idosos e demais vulneráveis, bem como a proteção ao meio ambiente passam a ser vistos como objetos de proteção fundamental, exigindo a atenção e atuação dos entes governamentais, uma vez que a construção da cidadania passa a ser compreendida a partir da conjugação entre as liberdades civis — políticas e os direitos socioeconômicos e culturais.

Frise-se que as mencionadas garantias não são excludentes em seus conseguintes momentos históricos, ao contrário, representam flagrante teor de complementaridade — são conhecidos pelo seu caráter dimensional, representando a primeira dimensão à característica dos direitos civis e políticos, a segunda dimensão a demonstrativa dos direitos socioeconômicos e culturais e a terceira dimensão aquela representativa dos direitos de solidariedade.

Flavia Piovesan afirma que o processo de consolidação de cidadania no Constitucionalismo Humanista afigura-se necessariamente pela responsabilidade do Estado em

(12) SARLET, Ingo Wolfgang. *A eficácia dos direitos fundamentais:* uma teoria geral dos direitos fundamentais na perspectiva constitucional. 12. ed. rev., atual e ampl. Porto Alegre: Livraria do Advogado, 2015, 47 p.

assegurar os direitos e garantias fundamentais necessários à afirmação do Estado Democrático de Direito sob três aspectos distintos: assegurar a indivisibilidade e uniformidade dos direitos humanos fundamentais e o processo de especificação dos sujeitos de direito a serem tutelados(13).

No que concerne ao processo de especificação de direitos, refere-se a tendência humanista de reconhecimento de tutela específica a certos grupos em razão de suas particularidades. Reconhecendo, portanto, os trabalhadores como grupo específico e mais vulnerável a ser tutelado, é certo que existe o dever de ação do Estado em relação à manutenção de garantia fundamental desta categoria profissional em razão de sua particularidade.

Quanto à indivisibilidade e uniformidade dos direitos humanos fundamentais, salienta-se primeiramente que o § 1º do art. 5º constitucional reconhece a aplicabilidade imediata das normas que definem direitos e garantias fundamentais, tornando-se não aceitável eventual omissão do Estado em não reprimir quaisquer ameaças à concretização de tais direitos e garantias fundamentais(14).

Ademais, salienta a festejada autora que a natureza humanista do constitucionalismo instaurado no Brasil a partir de 1988 aduz uma nova forma de enxergar a política — denomina como configuração normativa da atividade política — que invariavelmente altera as funções de Estado quanto a tutela dos direitos humanos fundamentais. Isto porque tais funções passaram a ser alargadas a partir do momento em que se reconhece a ligação entre as finalidades econômicas e sociais dos direitos fundamentais e sua regulação jurídica, o que significa necessária maior ingerência do Estado nesses temas e implicando no reconhecimento que a política passa a desafiar imposições da sociedade, cuja concretização fica à cargo das entidades governamentais(15).

A Constituição Federal Brasileira de 1988 é representativa desse humanismo e reconhece que, dentre os direitos fundamentais à construção da cidadania, encontra-se a elegibilidade ativa de seus cidadãos por meio de sufrágio universal, voto direto e secreto, com igual valor entre todos, conforme insculpida no art. 14 da Constituição Federal de 1988, estando nela compreendida a integral liberdade de manifestação e escolha de seus representantes, como forma da absoluta integridade da Democracia. Por tal motivo, compõe o núcleo fundamental da Constituição Federal Brasileira de 1988 a intocabilidade dos direitos políticos de quaisquer cidadãos.

Tais direitos políticos de elegibilidade ativa são constantes da primeira dimensão de direitos, pois não se permite quaisquer interferências no direito de escolha dos cidadãos,

(13) PIOVESAN, Flávia. A Responsabilidade do Estado na Consolidação da Cidadania. In: PIOVESAN, Flavia. *Temas de Direitos Humanos*. 3. ed. São Paulo: Saraiva, 2019. p. 319-338.

(14) *Idem*.

(15) *Idem*.

assim como merece também ser qualificada como um direito de solidariedade, ínsito à terceira dimensão, pois nesta hipótese, se deve perquirir a eficácia dimensional objetiva dos direitos fundamentais em que o Estado passa a ser o responsável não somente pela tutela omissiva das garantias constitucionais, mas também pela exigência comissiva de efetivação da fundamentalidade dos direitos, por meio de oferecimento de diretrizes aos órgãos que lhe compõem a fim de resguardar a integridade de direito fundamental, neste caso a escolha de seus representantes[(16)].

Salienta-se que a garantia política da elegibilidade ativa é um dos grandes vetores assecuratórios dos padrões democráticos aos cidadãos, porém a ela não se restringe. Neste sentido, nos cumpre adentrar brevemente à lição de Daniel Sarmento, ao dispor sobre o conteúdo da liberdade de expressão, considerando a natureza conexa de tal tema aos direitos políticos, ambos ligados pela sua fundamentalidade jurídica. Assim, da mesma forma que os direitos de natureza política, é certo que a fundamentalidade de tal garantia de expressão igualmente compreende a dialética; isto é, o direito da admissibilidade ao debate como equânime parte da garantia política do cidadão. Atente-se, sobretudo, que a plenitude de tal garantia apenas se materializa mediante a existência de duas importantes condicionantes: o seu exercício com franqueza e liberdade, e especialmente, o exercício com o objetivo do atendimento da formação da vontade coletiva[(17)].

Dessa maneira, para que o Estado Democrático de Direito seja íntegro quanto às suas garantias políticas, a liberdade de exercício de manifestação política deve obedecer ao interesse coletivo da sociedade, de tal sorte que admitir que o Poder Empregatício interfira na vontade política e de sua livre expressão de manifestação política por parte dos empregados, merece ser vista como uma afronta direta a pilar fundamental da democracia.

De mais a mais, em obediência aos direitos de solidariedade representativos da terceira dimensão de garantias fundamentais, é certo que a violação da elegibilidade ativa dos empregados nas relações de emprego causa flagrante lesão e desequilíbrio ao meio ambiente do trabalho seguro e sadio, entendido como parte do núcleo essencial do Estado Democrático de Direito brasileiro inaugurado pelo constitucionalista de 1988.

A história recente nos exige rememorar que, apenas após a Segunda Guerra Mundial, as questões relativas ao meio ambiente passam a ser objeto de tutela mais amplificada, em razão do foco humanista conferido pela tutela jurídica, encontrando suas balizas principais nas legislações europeias e norte-americanas sobre meio ambiente durante os

---

(16) SARLET, Ingo Wolfgang. *A eficácia dos direitos fundamentais:* uma teoria geral dos direitos fundamentais na perspectiva constitucional. 12. ed. rev., atual e ampl. Porto Alegre: Livraria do Advogado, 2015. 149 p.

(17) SARMENTO, Daniel. Hate Speech A Liberdade de Expressão e o Problema do Hate Speech. In: SARMENTO, Daniel. *Livres e iguais:* estudos de direito constitucional. Rio de Janeiro: Lumen Juris, 2006. p. 207-262.

anos 1960 e início dos anos 1970[18]. Tais legislações foram as precursoras da Declaração de Estocolmo sobre o Meio Ambiente Humano, de 1972, sendo tal documento ostentador da consagração do direito humano ao meio ambiente e autorizador de necessária intervenção jurídica para a solução de conflitos sobre o tema[19].

Nas décadas seguinte, mediante a edição do Relatório Nosso Futuro Comum, da Comissão Brundtland[20], de 1984, e complementada pela Declaração do Rio sobre Meio Ambiente e Desenvolvimento, de 1992[21], surge o conceito atual de desenvolvimento sustentável, cujo meio ambiente, entendido como ecologicamente sustentável, de ser interpretado como aquele cuja utilização não implica no comprometimento das gerações futuras[22].

No Brasil. a incorporação da ideia de tutela jurídica do meio ambiente se deu com a Lei n. 6.938 de 1981[23], denominada Política Nacional do Meio Ambiente, sendo seguida pela influência dos ideais humanistas advindas da Constituição Federal de 1988, expressamente ostentando em seu art. 225 a garantia fundamental da sociedade ao "direito ao meio ambiente ecologicamente equilibrado, bem de uso comum do povo e essencial à sadia qualidade de vida, impondo-se ao Poder Público e à coletividade o dever de defendê-lo e preservá-lo para as presentes e futuras gerações.".

A temática constitucional brasileira do meio ambiente não se limitou à inauguração do capítulo VI do Título VIII. Ao largo de todo o texto constitucional, se observa uma série de menções, expressas ou implícitas, acerca de tal conteúdo, como o flagrante reconhecimento do meio ambiente como parâmetro objetivo para ajuizamento de ação popular, na forma do inciso LXXIII do art. 5º; ainda, a determinação da competência legislativa comum dos entes federativos pelos arts. 23, inciso VI e art. 24; em especial, estabelecendo o inciso VIII do art. 200, ao reconhecer a existência do meio ambiente do trabalho como juridicamente tutelável, bem como a implícita menção ao meio ambiente ao tratar sobre os direitos mínimos dos trabalhadores, nos incisos XXII e XXIII do art. 7º da Constituição Federal e, por fim, a instauração da defesa do meio ambiente como verdadeiro princípio com função normativa, ao considerá-lo na previsão sobre o sistema tributário nacional e nos princípios gerais de atividade econômica.

---

(18) SARLET, Ingo Wolfgang; FENSTERSEIFER, Tiago. *Curso de Direito Ambiental.* 2. ed. Rio de Janeiro, 2021. 179 p.

(19) *Ibidem*, p. 299-304

(20) BRUNDTLAND, Gro Harlem. *Nosso futuro comum:* comissão mundial sobre meio ambiente e desenvolvimento. 2. ed. Rio de Janeiro: Fundação Getúlio Vargas, 1991.

(21) FELICIANO, Guilherme Guimarães. Meio ambiente do trabalho: aspectos gerais e propedêuticos. *Revista do Tribunal Regional do Trabalho da 15ª Região*, Campinas, n. 20, p. 160-203, 2002.

(22) SARLET, Ingo Wolfgang; FENSTERSEIFER, Tiago. *Curso de Direito Ambiental.* 2. ed. Rio de Janeiro, 2021. p. 299-304

(23) BRASIL. Lei n. 6.938/1981. *Lei da Política Nacional do Meio Ambiente.* Brasília – DF. 1981. Disponível em: https://www.planalto.gov.br/ccivil_03/leis/l6938.htm. Acesso em: 10 fev. 2023.

Nesse interim, incorporando o espírito humanista do desenvolvimento ambiental sustentável, é que o constitucionalista originário de 1988 fomentou processo expansivo de criação legislativa perante o legislador ordinário, elaborando uma série de legislações sobre os mais distintos temas circundantes ao meio ambiente e recepcionando normas infra constitucionais sobre meio ambiente anteriores à promulgação da Constituição de 1988 — tal como todo o capítulo V da Consolidação das Leis do Trabalho sobre Segurança e Medicina do Trabalho.

Assim, o que se denota através de tal construção histórico-jurídica progressivamente exposta é que o avanço do poder econômico sobre as escolhas políticas dos empregados, não obstante fraturar os mais basilares direitos fundamentais individuais do cidadão trabalhador, também causa diametral lesão ao meio ambiente de trabalho que ambos ocupam, reconhecidamente direito de natureza metaindividual.

Como pudemos observar, além da garantia da fundamentalidade do meio ambiente de trabalho seguro e saudável ser direcionado ao equilíbrio humanista de forças entre os sujeitos participantes do contrato de trabalho, mas também para assegurar que o objeto e as obrigações do contrato de trabalho sejam cumpridos de forma estável e na medida de seus esforços, sem que haja quaisquer excessos, em especial por parte dos empregados e permita a execução saudável e progressiva do trabalho. o Constitucionalista e o legislador ordinário carregam consigo uma série de princípios, de nítida função normativa(24), que visam estimular tal sustentabilidade e equilíbrio do meio ambiente do trabalho.

Em função nitidamente tutelar de cautela do meio ambiente laboral, evidencia-se o Princípio da Prevenção, em que os sujeitos devem tomar medidas prévias com o intuito de reduzir ou eliminar danos antes mesmo à eventual acontecimento ou correção(25), bem como o seu corolário, o Princípio da Melhoria Contínua, cuja doutrina de Guilherme Guimarães Feliciano advoga a necessidade de implemento progressivo de tais medidas de maneira a evitar a exposição do risco ambiental(26). Da mesma forma, o Princípio da Precaução, reconhecido como uma qualificação do princípio da prevenção, cujo intuito é a eliminação ou controle dos riscos, parte do pressuposto de eventual ausência do conhecimento técnico necessário para a cessação de eventual dano ambiental(27), como se

(24) Saliente-se a importância das legislações ordinárias ambientais, instituidoras de reais princípios norteadores da tutela ambiental, dotados de real eficácia normogenética, ou seja, instrumentos jurídicos pelos quais é possível extrair normas jurídicas implícitas dos quais são possíveis extrair fundamentos. (SOUZA NETO, Claudio Pereira de; SARMENTO, Daniel. *Direito Constitucional:* Teoria, História e Métodos de Trabalho. 2. ed., 3. reimpr. Belo Horizonte: Forum, 2007. 382 p.)

(25) SARLET, Ingo Wolfgang; FENSTERSEIFER, Tiago. *Curso de Direito Ambiental.* 2. ed. Rio de Janeiro, 2021. p. 299-304.

(26) FELICIANO, Guilherme Guimarães. Meio ambiente do trabalho: aspectos gerais e propedêuticos. *Revista do Tribunal Regional do Trabalho da 15ª Região*, Campinas, n. 20, p. 160-203, 2002.

(27) SARLET, Ingo Wolfgang; FENSTERSEIFER, Tiago. *Curso de Direito Ambiental.* 2. ed. Rio de Janeiro, 2021. 624 p.

observa pelo inciso XXXIII do art. 7º da Constituição Federal ao expressamente proibir o trabalho de menores de 18 anos em condições perigosas, insalubres e penosas.

No que tange à implicação dos deveres anexos de conduta na temática, o princípio da participação mostra-se de extrema relevância na tutela dos assuntos ambientais, onde os distintos grupos sociais merecem auferir legitimidade para interferir na formulação de políticas públicas voltadas ao tema[(28)] e, espraiado em outros ramos do ordenamento jurídico brasileiro como o direito do consumidor, o princípio da informação exige a transparência pública necessária para que se contenha danos ou, na eventual hipótese de infortúnios ambientais, que as respectivas medidas sejam tomadas de acordo com o bem comum[(29)]. Atente-se, quanto a este ponto, que a doutrina sustenta a existência de três pilares norteadores da amplificação da informação pública ambiental, conforme o princípio 10 da Declaração do Rio sobre Meio Ambiente e Desenvolvimento, de 1992, quais sejam: I) acesso à informação ambiental; II) participação pública na tomada de decisões; e III) acesso à justiça em matéria ambiental na esfera de todos os poderes da república, sendo certa a abrangência de todos os poderes, inclusive o Poder Judiciário mediante participações em audiências públicas, participação do *amicus curiae* no julgamento de ações de controle abstrato[(30)].

No que concerne aos efeitos dos agentes sobre o meio ambiente, cumpre tratar sobre o princípio da integridade ecológica em que deve ser fomentada a ideia de "sistema climático" cujo objetivo é a estabilidade e manutenção das funções e processos ecológicos[(31)], bem como os princípios "Poluidor-Pagador" e "Usuário-Pagador". Ambos têm como identidade a compensação à sociedade pela utilização dos recursos oriundos do meio ambiente, avocando o objetivo constitucional do solidarismo ao conteúdo ambiental. Com efeito, enquanto o "Poluidor-Pagador" tem como lógica a necessidade de internalização dos custos decorrentes de produção[(32)], o "Usuário-Pagador" traz a interpretação que deve haver uma conscientização quanto às práticas de consumo, as adequando à ideia de utilização sustentável[(33)] dos recursos ambientais disponíveis.

Por derradeiro, cumpre ressaltar o Princípio da Função Ambiental da propriedade. Tal função é derivada dos constitucionais solidarismo e função social, cuja ideia é

(28) FELICIANO, Guilherme Guimarães. Meio ambiente do trabalho: aspectos gerais e propedêuticos. *Revista do Tribunal Regional do Trabalho da 15ª Região*, Campinas, n. 20, p. 160-203, 2002.

(29) SARLET, Ingo Wolfgang; FENSTERSEIFER, Tiago. *Curso de Direito Ambiental.* 2. ed. Rio de Janeiro, 2021. 586 p.

(30) *Ibidem*, p. 590.

(31) *Idem.*

(32) FELICIANO, Guilherme Guimarães. Meio ambiente do trabalho: aspectos gerais e propedêuticos. *Revista do Tribunal Regional do Trabalho da 15ª Região*, Campinas, n. 20, p. 160-203, 2002.

(33) SARLET, Ingo Wolfgang; FENSTERSEIFER, Tiago. *Curso de Direito Ambiental.* 2. ed. Rio de Janeiro, 2021. 545 p.

de compartilhar responsabilidades no exercício da propriedade por quem as detém. Isto porque a ideia da função social é dúplice, de maneira que deve criar um direito e um dever para aqueles que possuem a propriedade a fim de atender o interesse comum[(34)]

Ao promover lesão a direito fundamental de tamanha densidade — leia-se, a elegibilidade ativa dos empregados — o empregador desequilibra por conseguinte o meio ambiente do trabalho, que deixa de ostentar o seu equilíbrio natural, perdendo o contrato de trabalho uma de suas mais importantes características: a comutatividade, ainda autorizando considerável sorte de outras violações incida sobre o ambiente de trabalho e o desestabilizem, inclusive para os futuros trabalhadores e gerações.

A inclusão do conteúdo trabalhista na temática ambiental também se coloca em nível convencional, pois, na 110ª Conferência Internacional do Trabalho[(35)] da Organização Internacional do Trabalho, houve a inclusão de quinto princípio fundamental na Declaração da OIT sobre os Princípios e Direitos Fundamentais do Trabalho, de 1988, para a constatação do Trabalho Decente, consubstanciada nas Convenções Internacionais n. 155[(36)] e n. 187[(37)] da OIT, tanto a Declaração Socio Laboral do Mercosul[(38)], em seus arts. 17 a 19, igualmente expõe a inserção da saúde e segurança do trabalhador como temáticas relacionadas ao meio ambiente, reivindicando o compromisso do Estado em fomentar políticas públicas de criação, implementação e fiscalização normativas acerca do tema. Igualmente a importante menção acerca da proteção do meio ambiente laboral contidos nos Objetivos de Desenvolvimento Sustentável[(39)] ns. 3 (saúde e bem estar), 8 (trabalho decente e crescimento econômico) e 11 (cidades e comunidades sustentáveis) da Agenda 2030 da Organização das Nações Unidas, tendo sido compromisso assinalado pelo Brasil e indissociável à tutela ambiental.

---

(34) BRASIL. Supremo Tribunal Federal. *ADI n. 4903 DF*. Min. Luiz Fux. Brasília, 13 de agosto de 2019.

(35) ORGANIZAÇÃO INTERNACIONAL DO TRABALHO. *Resolução sobre a inclusão de segurança e saúde no meio ambiente de trabalho como estrutura dos princípios e direitos fundamentais no trabalho.* Disponível em: https://www.ilo.org/wcmsp5/groups/public/---ed_norm/---relconf/documents/meetingdocument/wcms_848632.pdf. Acesso em: 28 dez. 2013.

(36) BRASIL. *Decreto n. 10.088, de 5 de novembro de 2019.* Consolida atos normativos editados pelo Poder Executivo Federal que dispõem sobre a promulgação de convenções e recomendações da Organização Internacional do Trabalho — OIT ratificadas pela República Federativa do Brasil. *DOU* de 06.11.2019, p. 12.

(37) ORGANIZAÇÃO INTERNACIONAL DO TRABALHO. *Convenção Internacional n. 187 da OIT*. Disponível em: https://normlex.ilo.org/dyn/normlex/en/f?p=NORMLEXPUB:12100:0::NO:12100:P12100_INSTRUMENT_ID:312332:NO. Acesso em: 10 out. 2024

(38) BRASIL. *Declaração Sociolaboral do Mercosul de 2015:* 1ª Reunião Negociadora. Brasília, 17 jul. 2015. Disponível em: https://www.gov.br/mre/pt-br/canais_atendimento/imprensa/notas-aimprensa/declaracao-sociolaboral-do-mercosul-de-2015-i-reuniao-negociadora-brasilia-17-de-julhode-2015. Acesso em: 20 dez. 2022

(39) ORGANIZAÇÃO DAS NAÇÕES UNIDAS. *Transformando o nosso mundo:* A Agenda 2030 para o Desenvolvimento Sustentável. Disponível em: https://brasil.un.org/pt-br/sdgs. Acesso em: 19 dez. 2023

Neste sentido cumpre frisar a precisa recomendação de Raimundo Simão de Melo, acerca da necessidade de atuação do Estado nas matérias de cunho ambiental:

> "Observa-se do quanto exposto que o constituinte de 1988 preocupou-se sobremaneira com o meio ambiente do trabalho seguro e adequado e com a saúde e integridade física dos trabalhadores, além do que, no plano infraconstitucional (leis, regulamentos, portarias etc.), existe vasta regulamentação a respeito do assunto, que, no entanto, não vem sendo cumprida a contento para diminuir os riscos nos ambientes de trabalho, não somente por culpa das empresas, mas também do próprio Estado, que não dá o devido valor aos órgãos de fiscalização."(40)

Em outras palavras, o uso indevido e abusivo das liberdades garantidas pela democracia — no caso do Poder Empregatício, a sua utilização como forma de cerceamento da liberdade coletiva de seus empregados em prol exclusivo de ideologia política ou quaisquer outras motivações de seu empregador, direciona-se em sentido diametralmente oposto ao democraticamente pretendido, afrontando desde as liberdades políticas até o meio ambiente do trabalho, de tal sorte que resta autorizado aos Estados Democráticos de Direito a contenção de tal exercício abusivo das liberdades para evitar o sequestro da própria democracia(41).

A "Democracia Militante" ou "Democracia Repressiva" é o termo cunhado por Karl Loewenstein para caracterizar situação jurídica-política em que se defende a instituição e uso de ferramentas jurídicas hábeis a proteger a democracia contra determinados sujeitos que, a partir do uso indevido das liberdades democráticas que lhe foram concedidas, tentam sequestrar e destruir a própria democracia e as constituições que a norteiam(42).

Frise-se que, mais uma vez adotando o ministério de Daniel Sarmento, a utilização de tal ferramenta para proteção do Estado Democrático de Direito não se esgota na fundamentação acima exposta. Expõe o autor que, reconhecendo a democracia sob sua forma deliberativa — em que conceitualmente é vista como "complexo processo político voltado ao entendimento, pelo qual pessoas livres e iguais procuram tomar decisões coletivas que favoreçam ao bem comum, buscando o equacionamento de diferenças através

---

(40) MELO, Raimundo Simão de. A tutela do Meio Ambiente do Trabalho e da Saúde do Trabalhador na Constituição Federal do Brasil. In: ALVARENGA, Rubia Zanotelli (coord.) **Direito Constitucional do Trabalho**. São Paulo: LTr, 2015. 190 p.

(41) SARMENTO, Daniel. Hate Speech A Liberdade de Expressão e o Problema do Hate Speech. *In:* SARMENTO, Daniel. **Livres e iguais:** estudos de direito constitucional. Rio de Janeiro: Lumen Juris, 2006. p. 207-262.

(42) SARMENTO, Daniel; PONTES, José Gabriel Madeira. Democracia Militante e Imunidade Material dos Parlamentares. **Revista da AJURIS** – Porto Alegre, v.47. n.149. Dezembro, 2020. p.73-77

do diálogo (...)"[43], os atos que afrontem a democracia não contribuem para obtenção de entremeio de ideia e, muito menos, para a obtenção de decisões políticas coletivamente firmadas.

Contextualizando tal ideia da democracia deliberativa às relações de emprego, o exercício ilegal e abusivo de tal Poder Empregatício não apenas cerceia substancialmente o diálogo entre dois sujeitos — empregado e empregador — que já possuem uma desigualdade natural inerente à relação jurídica que compõem, como também cria um ambiente autoritário não colaborativo no trabalho, que, ao final, representam o fato gerador para ocorrências de abusos e assédios em todos os graus, aquebrantando tanto os fundamentos constitucionais de cidadania e do equilíbrio entre o valor social do trabalho e a livre-iniciativa, como os objetivos fundamentais do Estado Democrático de Direito de obtenção de uma sociedade livre, justa e solidária, e redução das desigualdades sociais, nos incisos I e III do art. 3º da Constituição Federal de 1988 e o meio ambiente do trabalho sustentável como princípio constitucional de ordem econômica que alicerça o trabalho digno.

Em caso análogo de proteção de direitos políticos fundamentais — financiamento privado de campanha política — o Supremo Tribunal Federal já condenara a tentativa de usurpação do sistema político por força do poder econômico, no julgamento da Ação Direta de Inconstitucionalidade n. 4650[44], expressamente aludindo a necessidade de atuação incisiva do Estado para coibir tais práticas que fraturam sobremaneira os pilares democráticos.

Neste sentido é que a tese da democracia militante merece ser levada em consideração como instrumento eficaz de tutela da democracia contra agentes que ultrapassam os limites da tolerância democrática a que se refere o filósofo Karl Popper e busquem usar as liberdades concedidas pelo próprio Estado Democrático de Direito para afrontar os seus mais básicos pilares. Neste caso, contra empregadores que, a partir do uso indevido do Poder Empregatício, não contribuam para o correto balanceio entre o trabalho e o capital, assim como não contribuem para meio ambiente de trabalho saudável e solidário, incrementando embates indesejados que afluem contra a paz social e não obtendo soluções coletivas para o exercício do trabalho.

Com efeito, o art. 237 do Código Eleitoral[45] prevê cláusula geral que autoriza punibilidade para as hipóteses de interferência do poder econômico ou abuso de autoridade em desfavor da liberdade de voto, assim como os arts. 297 e 301 do mesmo dispositivo

(43) SARMENTO, Daniel. Hate Speech A Liberdade de Expressão e o Problema do Hate Speech. In: SARMENTO, Daniel. *Livres e iguais:* estudos de direito constitucional. Rio de Janeiro: Lumen Juris, 2006. p. 207-262.

(44) BRASIL. Supremo Tribunal Federal. *ADI n. 4650 DF.* Min. Luiz Fux. Brasília, 24 de fevereiro de 2016. Disponível em: https://portal.stf.jus.br/processos/downloadPeca.asp?id=308746530&ext=.pdf Acesso em: 10 out. 2024.

(45) BRASIL. *Lei n. 1.164, de 24 de julho de 1950.* Institui o Código Eleitoral. Disponível em: http://www.planalto.gov.br/ccivil_03/ leis/1950-1969/L1164.htm. Acesso em: 06 fev. 2020.

encerram a tipificação penal nas condutas ali descritas. Da mesma forma, a Lei n. 9.504 de 1997[(46)], em seu art. 41-A, também possui cominação expressa de ilícito eleitoral, inclusive com expressa menção sobre a desnecessidade de pedido explícito de votos para caracterização do ilícito, na forma do § 2º do dispositivo.

Da mesma forma, não discrepa o art. 6º da Resolução n. 23.735 de 2024[(47)] do Tribunal Superior Eleitoral elenca um rol de condutas ilícitas por parte de empregadores que são considerados abuso de poder econômico, referendando autorização expressa de atuação pelo Estado para coibir tais condutas materializando a Democracia Militante.

Ressalte-se que, no recente julgamento do Agravo em Agravo de Instrumento de Recurso de Revista n. 00195-85.2020.5.12.0046[(48)], foi precisa a relatoria do Ministro Alberto Balazeiro, na 3ª turma do Colendo Tribunal Superior do Trabalho, ao expressamente reforçar posicionamento do Supremo Tribunal Federal no sentido da necessária executoriedade do Estado para proteção da democracia, de maneira a evitar o domínio pelo poder econômico sobre os direitos sociais em caso trabalhista de assédio eleitoral nas eleições presidenciais de 2022. Tal julgamento deixou evidente a necessidade de executoriedade do Estado em tais casos, tomando como referência o julgamento das Ações Diretas de Inconstitucionalidade n. 2.649[(49)] e 4.424[(50)], respectivamente, quanto à tutela de garantias dos deficientes para a obtenção de passe livre em transporte público coletivo e a acessibilidade à justiça nas hipóteses de incidência da Lei n. 11.340 de 2006[(51)] (Lei Maria da Penha), onde se propugnou a acionabilidade do Estado para proteção de direitos sociais face à sublevação do poder econômico.

No mesmo julgamento, foram igualmente contextualizados os Temas de Repercussão Geral ns. 1.072 e 1.183 do Colendo Supremo Tribunal Federal como formas de

---

(46) BRASIL. *Lei n. 9.504, de 30 de setembro de 1997.* Estabelece normas para as eleições. Disponível em: http://www.planalto. gov.br/ccivil_03/leis/l9504.htm. Acesso em: 12 fev. 2020.

(47) BRASIL. Tribunal Superior Eleitoral. *Resolução n. 23.735, de 27 de fevereiro de 2024.* Dispõe sobre os ilícitos eleitorais. Disponível em: https://www.tse.jus.br/legislacao/compilada/res/2024/resolucao-no-23-735-de-27-de-fevereiro-de-2024 . Acesso em: 12 nov. 2024.

(48) BRASIL. Tribunal Superior do Trabalho. *Ag-AIRR-195-85.2020.5.12.0046.* Min. Alberto Balazeiro. Brasília, 11 de junho de 2024. Disponível em: https://consultadocumento.tst.jus.br/consultaDocumento/acordao.do?anoProcInt=2022&numProcInt=218807&dtaPublicacaoStr=11/06/2024%2007:00:00&nia=8377732 Acesso em: 28 set 2024.

(49) BRASIL. Supremo Tribunal Federal. *ADI n. 2.649 DF.* Minª. Carmen Lucia. Brasília, 17 de outubro de 2008. Disponível em: https://portal.stf.jus.br/processos/downloadTexto.asp?id=2366228&ext=RTF Acesso em: 19 out. 2024.

(50) BRASIL. Supremo Tribunal Federal. *ADI n. 4.424 DF.* Min. Marco Aurelio. Brasília, 01 de agosto de 2014. Disponível em: https://portal.stf.jus.br/processos/downloadPeca.asp?id=245474001&ext=.pdf Acesso em: 19 out. 2024.

(51) BRASIL. *Lei n. 11.340, de 7 de agosto de 2006.* Cria mecanismos para coibir a violência doméstica e familiar contra a mulher. Disponível em: http://www.planalto.gov.br/ccivil_03/_ato2004-2006/2006/lei/l11340.htm. Acesso em: 20 out. 2020.

justiciabilidade do Estado para proteção da democracia, evitando a superveniência do poder econômico sobre os direitos sociais.

No âmbito convencional interamericano, cumpre ressaltar que a Convenção Americana de Direitos Humanos(52) não possui normas específicas de caráter sócio econômico e cultural em seu conteúdo(53), limitando-se à cláusula geral do art. 26 sobre o tema, motivo pelo qual termina por atribuir eficácia aos direitos humanos fundamentais a protocolos adicionais que permitam a inclusão de tal conteúdo humanista, por intermédio do inciso I de seu art. 77, como o Protocolo de San Salvador(54) que, em seu art. 1º, admite a aplicabilidade direta dos direitos nele contidos(55).

---

(52) BRASIL. *Decreto n. 678, de 06 de novembro de 1992.* Promulga a Convenção Americana sobre Direitos Humanos (Pacto de San José da Costa Rica, de 22 de novembro de 1969. *DOU* de 09.11.1992, p. 15.562.

(53) PIOVESAN, Flavia; FACHIN, Melina; MAZZUOLI, Valerio. *Comentários à Convenção Americana sobre Direitos Humanos*. Rio de Janeiro: Forense, 2019. 231 p.

(54) BRASIL. *Decreto n. 3.321, de 30 de dezembro de 1999.* Promulga o Protocolo Adicional à Convenção Americana sobre Direitos Humanos em Matéria de Direitos Econômicos, Sociais e Culturais "Protocolo de San Salvador", concluído em 17 de novembro de 1988, em São Salvador, El Salvador. *DOU* de 31.12.1999, p.12.

(55) No que tange à aplicabilidade dos Direitos Econômicos, Sociais e Culturais na forma do art. 26 da Convenção Americana sobre Direitos Humanos, cumpre apontar controvérsia doutrinária inaugurada pela sentença do caso Lagos del Campo vs Perú acerca de tal aplicabilidade direta assegurada pela sentença.

Com efeito, a referida sentença atribuiu aplicabilidade imediata a tal dispositivo sob o fundamento que os Direitos Econômicos, Sociais e Culturais estariam inseridos tanto ao largo da Convenção Americana, como autorizados pela Carta da Organização dos Estados Americanos, portanto, estando autorizada a aplicação direta do art. 26 de tal diploma. Para os que advogam esta tese, tal imediatidade na aplicabilidade tem o condão de reduzir as desigualdades de forma mais efetiva no ambiente latino americano, já inundado por altos graus de desigualdade e exclusão social (GARCIA, Celso Moredo; CARVALHO, Augusto Cesar Leite de. Corte Interamericana de Direitos Humanos: a importância do caso Lagos del Campo e outros vc Perú para a justiciabilidade dos direitos sociais e responsabilidade dos estados sob sua jurisdição. *In*: ASSUNÇÃO, Any Ávila; CARVALHO, Augusto Cesar Leite de (Orgs.) *Precedentes da Corte Interamericana de Direitos Humanos:* resgate da primazia concorrente dos direitos sociais em perspectiva ética emancipatória. 1. ed. Brasilia, DF: Editora Venturoli, 2023. p. 279-290).

Ocorre que a Convenção Americana expressamente aponta em seu art. 77.I, possível inclusão de novos direitos e liberdades apenas por intermédio de projetos de protocolos adicionais à Assembleia Geral. Por sua vez, o seu protocolo adicional (Protocolo de San Salvador), em seus arts. 8º e 11º, garantem respectivamente a aplicabilidade ao direito de associação sindical e educação, nada mencionando acerca de outras garantias. Desta forma, outra parcela da doutrina sustenta tal limitação e que a sentença da Corte Interamericana, no caso Lagos del Campo vs Perú assumiu relevante ativismo, por extrapolar os limites convencionais (PIOVESAN, Flavia; FACHIN, Melina; MAZZUOLI, Valerio. *Comentários à Convenção Americana sobre Direitos Humanos.* Rio de Janeiro: Forense, 2019. 254 p).

Em nosso entendimento, seja pela realidade socioeconômica e cultural do país, seja em virtude do humanismo nuclear assumido pela nossa Constituição Federal de 1988, coaduna-se de forma mais apurada à realidade brasileira o posicionamento da aplicabilidade imediata dos direitos e liberdades contidos no art. 26 da Convenção Americana, motivo pelo qual alinhamo-nos a tal entendimento sustentado por Augusto Cesar Leite de Carvalho e Cesar Moredo Garcia, dispensando o Protocolo de San Salvador para aplicabilidade da norma.

Ademais, importante consideração há de ser feita acerca do reconhecimento da Convenção Americana de Direitos Humanos como de natureza *Jus Cogens*. Segundo Valerio Mazzuoli, em hipóteses de potencial grave violação a direitos humanos – hipótese lançada pelo autor foi de violação ao Acesso à Justiça, no caso La

Foi neste sentido que tal ausência de efetividade normativa direta pela Convenção Americana permitiu que a Corte Interamericana de Direitos Humanos adotasse posicionamento executório de permitir aplicabilidade direta da cláusula geral contida no art. 26 da Convenção Americana, por intermédio do art. 25 que trata da proteção judicial de direitos humanos fundamentais, no julgamento do caso *Lagos del Campo vs.* Peru[(56)], assegurando o direito fundamental à garantia de emprego sob pena de violação à democracia. Semelhante posicionamento também foi atribuído no julgamento caso *Poblete Vilches y Otros vs.* Chile[(57)] admitindo a justiciabilidade do indigitado art. 26 do Pacto de San José como forma de proteção democrática dos direitos sócio econômicos[(58)].

É desta maneira, portanto, que se justifica a democracia militante a partir do abuso do Poder Empregatício nas relações de trabalho ao interferir na integridade da garantia fundamental política de trabalhadores. Segundo o olhar da Constituição Federal de 1988, além de se tratar de garantia fundamental que merece aplicabilidade imediata, nos termos do § 1º do art. 5º constitucional, igualmente merece análise o fato que subordinar ou limitar o direito político de escolha de seu representante ao interesse particular de seu empregador, escapa por completo à finalidade social e econômica da sociedade, portanto, exigindo necessária e devida correção estatal para restaurar a integridade da democracia neste ponto.

Ademais, é assertivo o posicionamento da própria Corte Interamericana de Direitos Humanos acerca da aplicabilidade imediata de direitos humanos fundamentais a partir do art. 26 da Convenção Americana, seja porque a superposição de direitos econômicos sobre o político reflete violação à democracia que exige correção imediata, seja pela auto aplicabilidade autorizada pela própria natureza jurídica de *Jus Cogens* das normas do Pacto de San José da Costa Rica.

---

Cantuta *vs.* Perú — a Convenção Americana assumiria natureza *Jus Cogens* constituindo norma imperativa de aplicabilidade jurídica e de aplicabilidade obrigatória pelos Estados. É com tal gravidade que enxergamos graves violações aos direitos humanos e à democracia pelo cerceamento à liberdade política dos empregados, igualmente pela violação ao meio ambiente laboral, que suscitam a assunção da natureza Jus Cogens ao art. 26 da Convenção Americana de Direitos Humanos, exigindo sua aplicabilidade independente do Protocolo de San Salvador. Advogamos, portanto, a lição de Canessa Montejo que defende a natureza de Jus Cogens Laboral às normas que tutelem a proibição de discriminação em matéria de trabalho e emprego, como na hipótese de atos perpetrados por empregadores que cerceiam a liberdade política de seus empregados, superpondo o poder econômico aos direitos sociais (CANESSA MONTEJO, Miguel Francisco. Los derechos humanos laborales en el Derecho Internacional. *Revista de la Facultad de Derecho PUCP*, n. 63, p. 349-373, 1º dez. 2009)

(56) CORTE INTERAMERICANA DE DIREITOS HUMANOS. *Sentencia Caso Lagos Del Campo* vs. *Perú* (Excepciones Preliminares, Fondo, Reparaciones y Costas). Sentença de 31 de agosto de 2017. São José da Costa Rica. Disponível em: http://www.corteidh.or.cr/docs/casos/articulos/seriec_340_esp.pdf. Acesso em: 31 out. 2024

(57) CORTE INTERAMERICANA DE DIREITOS HUMANOS. *Sentencia Caso Poblete Vilches y Otros* vs. *Chile*. Sentença de 8 de março de 2018. São Jose da Costa Rica. Disponível em: https://www.corteidh.or.cr/docs/casos/articulos/seriec_349_esp.pdf. Acesso em: 10 maio 2019.

(58) PIOVESAN, Flávia; FACHIN, Melina; MAZZUOLI, Valerio. *Comentários à Convenção Americana sobre Direitos Humanos*. Rio de Janeiro: Forense, 2019. p. 256-257.

É certo, portanto, que a interferência do empregador nas escolhas políticas dos empregados, reduzindo ou as cerceando, implica em diametral afronta aos mais elementares pilares democráticos, cuja proteção merece a devida executoriedade pelo Estado, de maneira a proteger a democracia. Por tal motivo, é que a democracia defensiva se mostra fundamental à tutela dos direitos políticos dos cidadãos, em especial aqueles ameaçados em virtude de relações abusivas de trabalho.

## 3. Conclusão

Por meio da descrição da relevância do Poder Empregatício nas relações de emprego, da necessidade de tutela dos direitos fundamentais, individuais e metaindividuais e, em sequência, mediante exposição histórico-jurídica da fundamentalidade da elegibilidade ativa dos trabalhadores é que o presente artigo buscou demonstrar que os valores fundamentais contidos na Constituição Federal merecem ser protegidos como forma de manutenção do Estado Democrático de Direito.

Foi procurado demonstrar que, a lesão a elegibilidade ativa dos trabalhadores por intermédio de abuso no Poder Empregatício dos empregadores, não obstante invadirem inicialmente a esfera política dos trabalhadores, igualmente ofendem o seu espaço socioeconômico, por indevidamente criarem uma âncora de submissão entre as partes que ultrapassa os meros liames profissionais.

O que se observa, ao final, é a lesão de tamanha gravidade que rompem até mesmo com a órbita cultural dos trabalhadores, seja por lhes inserir indevidamente em um ambiente de trabalho desequilibrado, afrontando a sustentabilidade que o meio laboral exige, seja por lhes impor uma ordem de conduta distinta àquela apregoada pela sociedade e pelo Estado, de maneira a não obedecer os deveres anexos de conduta seguidos pelos cidadãos, notadamente a boa-fé objetiva e o dever de responsabilidade.

Salienta-se, por conseguinte, que eventuais violações a tais direitos fundamentais não somente têm o condão de desequilibrar tal equação fundamental de equilíbrio entre a valorização do trabalho e a livre iniciativa, de maneira que ao ultrapassar flagrantemente o núcleo protetivo da Constituição Federal de 1988, afrontam um dos pilares principais da democracia em todos os aspectos em que ela efetivamente se manifesta para a proteção e tutela da sociedade.

## 5. Referências

BARROS, Alice Monteiro. *Curso de Direito do Trabalho*. 10. ed. São Paulo: LTr, 2016.

BRASIL. *Decreto-lei n. 5.452, de 1º de maio de 1943*. Consolidação das Leis do Trabalho. Rio de Janeiro, 1943. Disponível em: http://www.planalto.gov.br/ccivil_03/decreto-lei/del5452.htm. Acesso em: 08 maio 2023

BRASIL. *Lei n. 6.938/1981*. Lei da Política Nacional do Meio Ambiente. Brasília – DF. 1981. Disponível em: https://www.planalto.gov.br/ccivil_03/leis/l6938.htm. Acesso em: 10 fev. 2023.

BRASIL. *Lei n. 1.164, de 24 de julho de 1950.* Institui o Código Eleitoral. Disponível em: http://www.planalto.gov.br/ccivil_03/ leis/1950-1969/L1164.htm. Acesso em: 06 fev. 2020.

BRASIL, *Decreto n. 678, de 06 de novembro de 1992.* Promulga a Convenção Americana sobre Direitos Humanos (Pacto de San José da Costa Rica, de 22 de novembro de 1969. *DOU* de 09.11.1992, p. 15.562.

BRASIL. *Lei n. 9.504, de 30 de setembro de 1997.* Estabelece normas para as eleições. Disponível em: http://www.planalto. gov.br/ccivil_03/leis/l9504.htm. Acesso em: 12 fev. 2020.

BRASIL, *Decreto n. 3.321, de 30 de dezembro de 1999.* Promulga o Protocolo Adicional à Convenção Americana sobre Direitos Humanos em Matéria de Direitos Econômicos, Sociais e Culturais "Protocolo de San Salvador", concluído em 17 de novembro de 1988, em São Salvador, El Salvador. *DOU* de 31.12.1999, p. 12.

BRASIL. *Lei n. 10.406, de 10 de janeiro de 2002.* Código Civil Brasileiro. Brasília, DF, *Diário Oficial da União*: 11 jan. 2002. Seção 1, p. 1. Disponível em: https://www.planalto.gov.br/ccivil_03/leis/2002/l10406compilada.htm. Acesso em: 08 maio 2023

BRASIL. *Lei n. 11.340, de 7 de agosto de 2006.* Cria mecanismos para coibir a violência doméstica e familiar contra a mulher. Disponível em: http://www.planalto.gov.br/ccivil_03/_ato2004-2006/2006/lei/l11340.htm. Acesso em: 20 out. 2020.

BRASIL. *Declaração Sociolaboral do Mercosul de 2015:* 1ª Reunião Negociadora. Brasília, 17 jul. 2015. Disponível em: https://www.gov.br/mre/pt-br/canais_atendimento/imprensa/notas-aimprensa/declaracao-sociolaboral-do-mercosul-de-2015-i-reuniao-negociadora-brasilia-17-de-julho-de-2015. Acesso em: 20 dez. 2022

BRASIL. *Decreto n. 10.088, de 5 de novembro de 2019.* Consolida atos normativos editados pelo Poder Executivo Federal que dispõem sobre a promulgação de convenções e recomendações da Organização Internacional do Trabalho — OIT ratificadas pela República Federativa do Brasil. *DOU* de 06.11.2019, p. 12.

BRASIL. Tribunal Superior Eleitoral. *Resolução n. 23.735, de 27 de fevereiro de 2024.* Dispõe sobre os ilícitos eleitorais. Disponível em: https://www.tse.jus.br/legislacao/compilada/res/2024/resolucao-no-23-735-de-27-de-fevereiro-de-2024 . Acesso em: 12 nov. 2024

BRASIL. Tribunal Superior do Trabalho. *Ag-AIRR-195-85.2020.5.12.0046.* Min. Alberto Balazeiro. Brasília, 11 de junho de 2024. Disponível em: https://consultadocumento.tst.jus.br/consultaDocumento/acordao.do?anoProcInt=2022&numProcInt=218807&dtaPublicacaoStr=11/06/2024%2007:00:00&nia=8377732 Acesso em: 28 set. 2024

BRASIL. Supremo Tribunal Federal. *ADI n. 2.649 DF.* Minª. Carmen Lucia. Brasília, 17 de outubro de 2008. Disponível em: https://portal.stf.jus.br/processos/downloadTexto.asp?id=2366228&ext=RTF Acesso em: 19 out. 2024.

BRASIL. Supremo Tribunal Federal. *ADI n. 4.424 DF.* Min. Marco Aurelio. Brasília, 1º de agosto de 2014. Disponível em: https://portal.stf.jus.br/processos/downloadPeca.asp?id=245474001&ext=.pdf. Acesso em: 19 out. 2024

BRASIL. Supremo Tribunal Federal. *ADI n. 4.903 DF.* Min. Luiz Fux. Brasília, 13 de agosto de 2019. Disponível em: Acesso em: 02 out. 2024.

BRASIL. Supremo Tribunal Federal. *ADI n. 4650 DF*. Min. Luiz Fux. Brasília, 24 de fevereiro de 2016. Disponível em: https://portal.stf.jus.br/processos/downloadPeca.asp?id=308746530&ext=.pdf. Acesso em: 10 out. 2024.

CANESSA MONTEJO, Miguel Francisco. Los derechos humanos laborales en el Derecho Internacional. *Revista de la Facultad de Derecho PUCP*, n. 63, p. 349-373, 1º dez. 2009.

CAPLAN, Luciana. O Direito Humano à Igualdade, O Direito do Trabalho e o Princípio da Igualdade. In: PIOVESAN, Flavia; CARVALHO, Luciana Paula Vaz de. *Direitos Humanos e Direito do Trabalho*. São Paulo: Atlas, 2010. p. 115-130.

CORTE INTERAMERICANA DE DIREITOS HUMANOS. *Sentencia Caso Lagos Del Campo* vs. *Peru (Excepciones Preliminares, Fondo, Reparaciones y Costas)*. Sentença de 31 de agosto de 2017. São José da Costa Rica. Disponível em: http://www.corteidh.or.cr/docs/casos/articulos/seriec_340_esp.pdf. Acesso em: 31 out. 2024.

CORTE INTERAMERICANA DE DIREITOS HUMANOS. *Sentencia Caso Poblete Vilches y Otros* vs. *Chile.* Sentença de 8 de março de 2018. São Jose da Costa Rica. Disponível em: https://www.corteidh.or.cr/docs/casos/articulos/seriec_349_esp.pdf. Acesso em: 10 maio 2019.

DELGADO, Mauricio Godinho. *Curso de Direito do Trabalho*. 20. ed. rev., atual. e ampl. São Paulo: JusPodivm, 2023.

DELGADO, Mauricio Godinho. Constituição da República, Estado Democrático de Direito e Direito do Trabalho. In: DELGADO, Gabriela Neves [*et al.*]. *Direito Constitucional do Trabalho: Princípios e jurisdição constitucional do TST*. São Paulo: LTr, 2015. p. 23-37.

FELICIANO, Guilherme Guimarães. Meio ambiente do trabalho: aspectos gerais e propedêuticos. *Revista do Tribunal Regional do Trabalho da 15ª Região*, Campinas, n. 20, p. 160-203, 2002.

GARCIA, Celso Moredo; CARVALHO, Augusto Cesar Leite de. Corte Interamericana de Direitos Humanos: a importância do caso Lagos del Campo e outros vc Peru para a justiciabilidade dos direitos sociais e responsabilidade dos estados sob sua jurisdição. In: ASSUNÇÃO, Any Ávila; CARVALHO, Augusto Cesar Leite de. (Orgs.) *Precedentes da Corte Interamericana de Direitos Humanos:* resgate da primazia concorrente dos direitos sociais em perspectiva ética emancipatória. 1. ed. Brasília, DF: Editora Venturoli, 2023. p. 279-290.

MARANHÃO, Délio. *Direito do Trabalho*. 5. ed. rev. e aum. Rio de Janeiro: Fundação Getúlio Vargas, Editora da FGV, 1977.

MELO, Raimundo Simão de. A tutela do Meio Ambiente do Trabalho e da Saúde do Trabalhador na Constituição Federal do Brasil. In: ALVARENGA, Rúbia Zanotelli (Coord.) *Direito Constitucional do Trabalho*. São Paulo: LTr, 2015.

ORGANIZAÇÃO DAS NAÇÕES UNIDAS. *Transformando o nosso mundo:* A Agenda 2030 para o Desenvolvimento Sustentável. Disponível em: https://brasil.un.org/pt-br/sdgs. Acesso em: 19 dez. 2023.

ORGANIZAÇÃO INTERNACIONAL DO TRABALHO. *Convenção Internacional n. 187 da OIT*. Disponível em: https://normlex.ilo.org/dyn/normlex/en/f?p=NORMLEXPUB:12100:0::NO:12100:P12100_INSTRUMENT_ID:312332:NO. Acesso em: 10 out. 2024

ORGANIZAÇÃO INTERNACIONAL DO TRABALHO. *Resolução sobre a inclusão de segurança e saúde no meio ambiente de trabalho como estrutura dos princípios e direitos fundamentais no trabalho.* Disponível em: https://www.ilo.org/wcmsp5/groups/public/---ed_norm/--- relconf/ documents/meetingdocument/wcms_848632.pdf. Acesso em: 28 dez. 2013

PIOVESAN, Flavia. A Responsabilidade do Estado na Consolidação da Cidadania. In: PIOVESAN, Flavia. *Temas de Direitos Humanos* 3. ed. São Paulo – Saraiva, 2019. p. 319-338.

PIOVESAN, Flavia; FACHIN, Melina; MAZZUOLI, Valério. *Comentários à Convenção Americana sobre Direitos Humanos.* Rio de Janeiro: Forense, 2019. 231 p.

RAMOS, André de Carvalho. *Teoria Geral dos Direitos Humanos na Ordem Internacional.* 8. ed. São Paulo: Saraivajur, 2024.

SARLET, Ingo Wolfgang. *A eficácia dos direitos fundamentais:* uma teoria geral dos direitos fundamentais na perspectiva constitucional. 12. ed. rev., atual e ampl. Porto Alegre: Livraria do Advogado Editora, 2015.

SARLET, Ingo Wolfgang; FENSTERSEIFER, Tiago. *Curso de Direito Ambiental.* 2. ed. Rio de Janeiro, 2021.

SARMENTO, Daniel. Hate Speech A Liberdade de Expressão e o Problema do Hate Speech. In: SARMENTO, Daniel. *Livres e iguais:* estudos de direito constitucional. Rio de Janeiro: Lúmen Juris, 2006. p. 207-262.

SARMENTO, Daniel; PONTES, José Gabriel Madeira. Democracia Militante e Imunidade Material dos Parlamentares. *Revista da AJURIS*, Porto Alegre, v. 47, n. 149, dez. 2020. p. 73-77.

SOUZA NETO, Claudio Pereira de; SARMENTO, Daniel. *Direito Constitucional:* Teoria, História e Métodos de Trabalho. 2. ed., 3. reimpr. Belo Horizonte: Forum, 2007.

# Intersecções entre Direitos Humanos e Trabalho: A Importância das Normas Internacionais

## *Intersections Between Human Rights and Labor: The Importance of International Standards*

*Erotilde Ribeiro dos Santos Minharro*

*Líliam Regina Pascini*

*Vauzedina Rodrigues Ferreira*

**Resumo:** Os direitos humanos e o meio ambiente do trabalho são conceitos que se entrelaçam, devido à inafastável necessidade de garantia de condições dignas aos trabalhadores. A Organização Internacional do Trabalho (OIT), por intermédio de seus princípios fundamentais e convenções, desempenha um importante papel na promoção e proteção desses direitos, uma vez que estabelece padrões globais que devem ser seguidos para assegurar um ambiente laboral justo, inclusivo e saudável. Diversas outras normativas (nacionais e internacionais) reiteram os ditames da Declaração Universal dos Direitos Humanos, como o Pacto Internacional sobre Direitos Econômicos, Sociais e Culturais, o Pacto de São José da Costa Rica, a Agenda 2030 da ONU, que se destinam a fixar compromissos destinados à promoção da dignidade da pessoa humana como forma de propiciar, com equilíbrio, a paz social e o desenvolvimento econômico. Por meio da utilização do método exploratório, a partir de pesquisa bibliográfica e no ordenamento jurídico vigente, o artigo buscará evidenciar o objetivo da pesquisa, consistente na demonstração de que as normas internacionais são fundamentais para garantir que os direitos humanos sejam respeitados no ambiente de trabalho, inclusive de forma a evitar a ocorrência de "*dumping* social". Isso porque, tais normativas são lastreadas no alcance da dignidade humana e na busca da garantia de condições laborais adequadas. Conclui-se, portanto, que a implementação eficaz dessas normas é essencial para garantir que o trabalho não apenas sustente a vida, mas que a vida digna sustente o trabalho.

**Palavras-chave:** Direitos humanos; Trabalho; Normas internacionais; Trabalho decente; *Dumping* social.

**Abstract:** Human rights and the work environment are intertwined concepts, due to the unavoidable need to guarantee decent working conditions for workers. The International Labour Organization (ILO), through its fundamental principles and conventions, plays an important role in the promotion and protection of these rights, as it establishes global standards that must be followed to ensure a fair, inclusive and healthy work environment. Several other regulations (national and international) reiterate the provisions of the Universal Declaration of Human Rights, such as the International Covenant on Economic, Social and Cultural Rights, the Pact of San José de Costa Rica, and the UN 2030 Agenda, which are intended to establish commitments aimed at promoting human dignity as a way of fostering, in a balanced way, social peace and economic development. Using the exploratory method, based on bibliographical research and the current legal system, the article will seek to demonstrate the objective of the research, which is to demonstrate that international standards are essential to ensure that human rights are respected in the workplace, including in order to avoid the occurrence of "social dumping". This is because such standards are based on the achievement of human dignity and the search for adequate working conditions. It is therefore concluded that the effective implementation of these standards is essential to ensure that work not only sustains life, but that a dignified life sustains work.

**Keywords:** Human rights; Labor; International standards; Decent work; Social dumping.

## Introdução

O trabalho é uma fonte essencial de dignidade individual, harmonia comunitária, estabilidade familiar e sustentação da democracia, pois capacita o crescimento econômico ao promover oportunidades para trabalho produtivo e o avanço das empresas. Por essa razão, o programa de trabalho decente ou digno constitui um objetivo chave da Organização Internacional do Trabalho (OIT), conforme explica Arion Sayão Romita (2012, p. 230).

O meio ambiente de trabalho é o local onde o trabalhador passa considerável parte de sua existência, de modo que a sua qualidade de vida depende das características daquele ambiente, o que impõe que o Direito em geral também o proteja.

Disso exsurge o inafastável entrelaçamento existente entre os direitos humanos e o meio ambiente do trabalho, tendo em vista a necessidade de garantir condições dignas de vida e labor para os trabalhadores, onde quer que se encontrem, com o respeito a regras mínimas de segurança, saúde e proteção no trabalho.

Assim, direitos humanos e trabalho são dimensões indissociáveis, pois a proteção dos direitos humanos na esfera trabalhista, além de fomentar a justiça social, possibilita a promoção do desenvolvimento econômico sustentável e o alcance da paz social, na medida em que auxiliam na construção de ambientes de trabalho dignos e seguros.

Neste contexto, a Organização Internacional do Trabalho (OIT) tem desempenhado um importante papel ao estabelecer normas que servem como referência global para assegurar ambientes de trabalho justos e inclusivos. Por meio de suas convenções e recomendações, busca-se padronizar os direitos laborais mundialmente.

Além das regras emanadas da OIT, outras normativas, como a Declaração Universal dos Direitos Humanos e o Pacto Internacional sobre Direitos Econômicos, Sociais e Culturais, também destacam a necessidade de condições dignas no meio ambiente laboral.

Os tratados de direitos humanos devem ser vistos como base jurídica para a promoção do trabalho justo e decente, influenciando positivamente as legislações nacionais. Mesmo porque, as normativas internacionais que visam a proteção do direito ao trabalho digno fortalecem a posição dos trabalhadores e promovem uma política global de proteção social.

Segundo salientam Carina Leal Nassar e Carla Noura Teixeira (2021, p. 134), o alinhamento entre os sistemas jurídicos nacional e internacional sobre os direitos trabalhistas é essencial para garantia de futuro a toda a sociedade:

> O sistema constitucional brasileiro, por sua vez, é voltado para a garantia de direitos humanos fundamentais, sendo estes civis, políticos, sociais, econômicos e culturais. Em relação à matéria trabalhista-previdenciária, o sistema jurídico busca a efetivação dos Direitos Fundamentais relacionando-os à normas, valores e princípios, tendo sempre como base a continuidade e o desenvolvimento da sociedade.
>
> O sistema jurídico nacional aliado ao sistema jurídico internacional, com o pluralismo jurídico, trariam, por conseguinte, a garantia de um futuro viável para a própria sociedade e para a constituição como instrumentos vivos, garantindo-se ainda o interesse da comunidade internacional.

Assim sendo, veremos como algumas normativas internacionais relativas ao trabalho influenciam e melhoram a qualidade do ambiente laboral, ao promoverem a dignidade dos trabalhadores e ao visarem a prevenção da precarização, a exemplo do "*dumping*" social, prática que desvaloriza a mão de obra e reduz direitos.

## 1. Conceitos interligados: Direitos humanos e ambiente de trabalho

Os Direitos Humanos estão onde estiver o ser o humano, e nesse diapasão, a intersecção entre direitos humanos e meio ambiente de trabalho é de natural e necessária convergência.

Asseveram Mauricio Godinho Delgado e Gabriela Neves Delgado, que os Direitos Humanos surgiram, inicialmente apenas direcionados aos direitos civis e políticos, e apenas após a segunda guerra mundial houve a integração de conceitos sociais, culturais e econômicos da pessoa humana, passando, pois o direito do trabalho a integrar o conceito de Direitos Humanos (DELGADO, DELGADO, 2019).

É fato, quando o ser humano ingressa no ambiente de trabalho, não deixa sua essência humana do lado de fora, entra com ele todas as vicissitudes humanas, e o trabalho deve ser fonte de dignidade e inserção social.

Em 1919 tivemos um importante marco protetivo laboral a todos os trabalhadores do mundo, com a criação da OIT – Organização Internacional do Trabalho, que traz convenções destinadas à proteção do trabalhador, adequadas à evolução da sociedade, do capitalismo, a exemplo do persistente assédio moral, pernicioso mal que afeta os trabalhadores em todo o mundo, trazendo à baila a Convenção n. 190, que embora o Brasil ainda não a tenha ratificado, já inseriu no ordenamento nacional as suas diretrizes na "lei emprega mais mulher".

Há preocupação em proteger os trabalhadores contra discriminação e invasão de privacidade, que podem ser exacerbados pelo uso da inteligência artificial no ambiente de trabalho, especialmente devido a decisões enviesadas

A OIT possui uma série de princípios que visam garantir condições de trabalho dignas, com liberdade, segurança e reverência aos Direitos Humanos, é o principal organismo internacional, dedicado à proteção daqueles que trabalham.

A Declaração de Filadélfia de 1944 reafirma os fins e objetivos da OIT, com a premissa de que a paz duradoura se ancora na justiça social, que decorre da não discriminação, na promoção do desenvolvimento humano com segurança e igualdade de oportunidades, na premissa de que trabalho não é mercadoria, e outras proposições de crucial importância.

A Declaração Universal dos Direitos Humanos de 1948 contempla, com ênfase no art. 22 os direitos sociais que lhe promova dignidade, e que devem estar presente em seu ambiente de trabalho.

É fundamental a existência das normas internacionais a fim de proteger todos os trabalhadores do planeta dos riscos trazidos pelo meio ambiente do trabalho, em uma necessária e salutar intersecção entre direitos humanos e meio ambiente do trabalho.

Embora a OIT seja de fundamental importância não podemos olvidar a relevância de diversas outras normas e tratado que estão alinhados às premissas das Convenções e princípios fundamentais dessa importante organização do trabalho, a exemplo da ISO 45001.

Neste momento da história mundial em que vivemos, é preciso destacar as diretrizes da Agenda 2030 da ONU, que estabelecem metas a serem cumpridas, e muitas delas se direcionam à proteção do trabalhador em seu meio ambiente laboral, com o fim de promover justiça social em equilíbrio com o desenvolvimento econômico.

## 2. Normas e padrões da OIT para proteção do trabalhador

Todas as normas da OIT visam proteger os trabalhadores globais dos excessos cometido pelo capitalismo, que em nome do poder diretivo extrapola seu direto e viola direitos fundamentais humanos.

Em 1998, a OIT Instituiu seus princípios fundamentais, cujos países membros assumem o compromisso de cumprir, independente de terem ou não ratificado as respectivas Convenções. Recentemente, em 2022, integrou aos princípios fundamentais, o direito ao meio ambiente saudável e equilibrado.

Portanto promover meio ambiente saudável passa a ser um compromisso que deve ser cumprido pelos 187 países membros da OIT, entre os 193 países reconhecidos no mundo, significando que quase a totalidade dos trabalhadores mundiais devem ter assegurado meio ambiente do trabalho que preserve sua saúde física e mental.

Em que pese esse compromisso, é importante destacar algumas Convenções que são de crucial importância para a saúde física e mental dos trabalhadores, respeitando o desenvolvimento econômico. Nesse sentido importante destacar que a OIT é tripartite, dando voz a trabalhadores, empregadores e governos, em salutar concertação social.

Podemos citar as Convenções ns. 148 (Proteção dos Trabalhadores contra os Riscos Profissionais devidos à contaminação do Ar, ao ruído e às vibrações no local de trabalho), 155 (Segurança e saúde dos trabalhadores e o meio ambiente de trabalho), 161 (Serviços de Saúde do Trabalho), 187 (segurança e saúde no trabalho), 190 (Assédio Moral). Destaca-se que as Convenção ns. 187 e 190 ainda não foram ratificadas pelo Brasil.

## 3. Análise das normativas internacionais relevantes

Além da inegável relevância das normas expedidas pela OIT, há um vasto acervo normativo pelo mundo que se alinha e reforça as suas diretrizes, na busca de dignificar o homem e torna-lo centro no contexto do trabalho.

Sem a pretensão de esgotar o tema, e a título exemplificativo, podemos citar as normas da OCDE, o pacto de São José da Costa Rica, a recente Diretiva da União Europeia 2024/1760, e a ISO 45001.

Há uma rede mundial formada pela sociedade civil — OECD Watch — com cerca de 130 organizações membros em 50 países que exerce uma espécie de fiscalização nas empresas, garantindo que sejam responsabilizadas pelos danos que causarem, se não seguirem as diretrizes da OCDE – Organização para a Cooperação e Desenvolvimento Econômico, cuja premissa é o respeito aos direitos humanos, os direitos trabalhistas e o meio ambiente.

O Pacto de São José da Costa Rica, também protege a dignidade do trabalhador ao dispor no art. 5º que toda pessoa tem direito ao respeito à sua integridade física e psíquica, também no art. 11º quando garante o respeito a sua honra e ao reconhecimento de sua dignidade moral, mostrando que todos os direitos humanos se aplicam à pessoa humana, estando ela ou não no ambiente de trabalho.

A Diretiva 2024/1760 da União Europeia, que se baseia na Carta dos Direitos Fundamentais da União Europeia, alinha-se com o Pacto Internacional sobre Direitos Civis e Políticos, o Pacto Internacional sobre Direitos econômicos, sociais e culturais, e as Convenções da OIT, prima pelo desenvolvimento sustentável, com o pilar dos direitos sociais, para promover condições justas e dignas de trabalho.

Outra influência é a Organização Internacional de Padronização (ISO), que objetiva padronizar as normas de segurança, inovação e de qualidade. Temos em matéria de meio ambiente do trabalho, a ISO 45001, que possui um papel crucial nas questões de responsabilidade social, ambiental e de prevenção a acidentes do trabalho.

Portanto, as normas internacionais possuem forte influência nos países, e devem ser adaptadas de acordo com as necessidades e cultura de cada país, no momento de integrar ao ordenamento jurídico interno.

## 4. Relação com desenvolvimento econômico e paz social

A garantia de condições laborais justas estimula uma economia saudável e coesa, reforçando o desenvolvimento sustentável e a estabilidade política e econômica.

A relação entre o trabalho digno e o desenvolvimento econômico revela-se na capacidade de gerar crescimento sustentável sem sacrificar direitos fundamentais.

O trabalho digno contribui para a paz social ao diminuir desigualdades e promover inclusão, de modo que, para haver desenvolvimento econômico é essencial o respeito à dignidade dos trabalhadores e a seus demais direitos fundamentais, segundo ressalta Feliciano (2023, p. 101):

O constituinte baseou a ordem econômica brasileira na valorização do trabalho humano e na livre iniciativa (CF, art. 170, caput). O primeiro baldrame converge para a dignidade da pessoa humana, que é um dos fundamentos da República Federativa do Brasil (art. 1º, IV). O desenvolvimento econômico não pode solapar as bases naturais de subsistência da humanidade, como tampouco pode vilipendiar a dignidade humana do trabalhador ou malferir seus direitos fundamentais (como flagrantemente se deu, a propósito, durante a primeira e a segunda Revolução Industrial33). Nesses termos, tanto a tutela do meio ambiente quanto a tutela da condição social do trabalhador manifestam a opção constitucional pela primazia da pessoa humana, em quaisquer contextos de tensão crítica com outros valores constitucionais (como, p. ex., a livre-iniciativa).

Dessarte, o meio ambiente laboral desempenha destacado papel no desenvolvimento econômico sustentável de um país, pois influencia diretamente a produtividade, a saúde e a motivação dos trabalhadores. Condições adequadas de trabalho reduzem o absenteísmo, aumentam a retenção de talentos e incentivam uma força de trabalho mais engajada e eficiente.

Além disso, ambientes laborais seguros e saudáveis ajudam a minimizar os custos associados a acidentes de trabalho e doenças ocupacionais, o que representa uma economia significativa, tanto para empregadores, quanto para os sistemas de saúde pública e para a seguridade social.

Os países nórdicos (Noruega, Suécia, Dinamarca e Finlândia) são bons exemplos de sociedades com alto nível de trabalho decente e baixos índices de violência e exclusão social. Essa situação é fruto da forte regulamentação trabalhista e políticas de bem-estar social que garantem salários dignos, benefícios de saúde, segurança no trabalho e proteção contra o desemprego.

Assim, verifica-se que o meio ambiente laboral saudável e justo também se mostra necessário à promoção da paz social. A proteção dos direitos dos trabalhadores e a promoção de condições dignas de trabalho ajudam a reduzir desigualdades, além de evitar a marginalização e o conflito social. Quando as condições de trabalho são precárias, surge um ciclo de insatisfação e insegurança que pode resultar em altos índices de desemprego, greves e protestos, gerando instabilidade social e enfraquecendo a coesão entre diferentes segmentos da sociedade.

Outrossim, desenvolvimento econômico sustentável é interdependente do respeito aos direitos fundamentais dos trabalhadores, pois a inclusão social e a dignidade no trabalho são essenciais para a estabilidade e o crescimento econômico a longo prazo. Mesmo porque, um ambiente laboral que respeite as normas de segurança e ofereça condições dignas permite que os trabalhadores desempenhem suas funções de forma produtiva, o que, em última instância, impacta positivamente a economia.

Assim, proteger o trabalhador e garantir sua saúde e segurança são investimentos que fortalecem a economia e promovem uma cultura de respeito e bem-estar no ambiente de trabalho. Assegurar um meio ambiente laboral digno é, em última instância, uma política de pacificação social, pois promove o respeito, reduz tensões e contribui para a construção de uma sociedade mais justa e equilibrada.

## 5. Garantia de dignidade e trabalho decente por meio de normas internacionais

A OIT, por meio das convenções e outros tratados internacionais explanados neste estudo, busca estabelecer um padrão mínimo de dignidade, promovendo a eliminação do trabalho escravo e infantil e defendendo a segurança dos trabalhadores.

Aliás, vale lembrar o escólio de Guilherme Guimarães Feliciano e Gabriela Marcassa Thomaz de Aquino, no sentido de que todos os Estados-Membros da OIT assumiram o compromisso internacional de promover a proteção de quatro eixos fundamentais estabelecidos no art. 2º da Declaração sobre os Princípios e Direitos Fundamentais no Trabalho (1998), independentemente de terem ratificado as convenções relacionadas aos respectivos temas(1) (FELICIANO, AQUINO, 2022, p. 385-416).

Portanto, o conceito de trabalho decente implica que a dignidade humana deve ser preservada acima dos interesses econômicos, já que o trabalhador não é apenas uma força de trabalho, é um ser humano.

A ideia de trabalho decente é imanente ao trabalho desenvolvido em condições de liberdade, segurança física e mental, mitigação de riscos de acidentes, proteção social, justa remuneração, perspectivas de desenvolvimento pessoal e profissional, livre de quaisquer tipos de discriminações.

Portanto, a promoção do trabalho decente é um elemento central na agenda global para a garantia de condições de trabalho justas e dignas. Dentre as convenções da OIT, onze, agrupáveis em cinco temáticas, compõem o que se denomina de trabalho decente: trabalho forçado — Convenções ns. 29 e 105, trabalho infantil — Convenções ns. 138 e 182, discriminação — Convenções ns.100 e 111, liberdade sindical — Convenções ns. 98 e 87) e saúde e segurança no trabalho — Convenções ns. 155, 187 e 190 (SCARABELLI, 2023, p. 243).

De acordo com Raimundo Simão de Melo, para que o trabalho decente seja concretizado, "não basta combater a informalidade pela formalização do contrato de trabalho, porquanto, é necessário garantir um patamar mínimo de direitos sociais e estimular a democratização das relações de trabalho" (MELO, 2022).

Assim sendo, a efetivação do trabalho decente é essencial para o desenvolvimento socioeconômico e para a dignidade humana, vez que é capaz de garantir um ambiente de trabalho saudável e adequado. A adoção de práticas alinhadas às normas internacionais é essencial para o avanço nessa área, sendo certo que o trabalho decente não é apenas um direito, mas um alicerce para o desenvolvimento sustentável e para assegurar a dignidade humana dos trabalhadores e de toda a sociedade em geral.

---

(1) Tais eixos são os seguintes: a) liberdade sindical e o reconhecimento efetivo do direito de negociação coletiva; b) eliminação de todas as formas de trabalho forçado ou obrigatório; c) abolição efetiva do trabalho infantil, e d) eliminação da discriminação em matéria de emprego e ocupação.

## 6. "*Dumping* social": Desafios e soluções

O *dumping* social corresponde às práticas por meio das quais, em suas atuações no mercado global, empresas desenvolvem artifícios para utilizarem mão de obra mais barata, visando diminuir os custos dos seus produtos, vindo muitas vezes a transgredir direitos trabalhistas e previdenciários básicos e a gerarem danos coletivos aos trabalhadores (SANTOS, 2015, p. 65).

Em outros termos, com o intuito de obter vantagem econômica por meio da redução de custos decorrentes da exploração do trabalho e do desrespeito às normas de proteção aos trabalhadores, o *dumping social* causa concorrência desleal e leva à degradação das condições de trabalho.

No *dumping* social ocorre a "coisificação do trabalhador" (ROCHA, STEFANELLI e MANSUR, 2021, p. 261), de modo que "o que se negocia é a dignidade do ser humano, pois o homem passa a ser visto como uma mercadoria a serviço dos interesses comerciais das grandes transnacionais" (BECERRA, 2011, p. 232).[(2)]

As normas da OIT estabelecem os parâmetros para o desenvolvimento do trabalho decente, mas seriam mais eficazes se trouxessem previsões de penalidades a seus transgressores[(3)].

Não obstante isso, uma forma de combate ao *dumping* social vem sendo realizado por meio do Selo Social, do Global Compact, das Nações Unidas, do ISO Social[(4)] e dos códigos de conduta e cláusulas sociais nos acordos firmados pela Organização Mundial do Comércio (OMC), conforme destaca Enoque Ribeiro dos Santos (SANTOS, 2015, p. 72). Juntamente a tais formas de combate, temos também a certificação "B Corp" (ou

(2) "A prática de *dumping* social consiste, basicamente, na prática de uma concorrência desleal, e com uma diminuição do preço final dos produtos mediante a redução dos custos de mão de obra, em função da aplicação de legislações trabalhistas brandas ou inexistentes; ocorre, então, a precarização da mão de obra para a obtenção de vantagem econômica em relação à concorrência, coisificando o trabalhador, então comparado e confundido como sendo o próprio elemento da cadeia produtiva, mais um componente utilizado durante o processo de produção de mercadorias outras."

(3) De acordo com Leda Maria Messias da Silva e Milaine Akahoshi Novaes: "apesar de [a OIT] regular as relações de trabalho, influenciando as nações a adotarem legislações protetivas ao trabalhador e promovendo a justiça social, não dispõe de um Tribunal ou meios de coerção para fazer cumprir suas determinações, as quais possuem mais um valor moral, que efetivo. Quanto à Organização Mundial do Comércio e a proposta de implantação de uma cláusula social em seu âmbito, já que esta organização dispõe de poder coercitivo no cenário global, verificou-se que, a proposta de cláusula social visa a combater o Dumping Social com a imposição de uma sanção comercial, porém, não há consenso entre os países". (SILVA e NOVAES, 2015, p 22-39).

(4) Conforme ensina Enoque Ribeiro dos Santos: "O Selo Social consiste na vinculação de uma 'etiqueta social' a produtos e marcas de empresas que, havendo voluntariamente aderido ao sistema, demonstrem a observância de normas trabalhistas consideradas fundamentais. A seu turno, o Global Compact, desenvolvido pela Organização das Nações Unidas, visa à incorporação de princípios de responsabilidade humanitária, social e ambiental ao planejamento estratégico das companhias transnacionais." (SANTOS, 2015, p. 72).

Selo B), que é concedida a empresas que demonstram altos padrões de desempenho social e ambiental, com plena observância das legislações de regência.

É certo, outrossim, que o fortalecimento das entidades sindicais é um ponto se apresenta como desafiador para o combate ao *dumping* social, seja por sua legitimidade à postulação da reparação decorrente dessa prática, seja pela possibilidade de celebrarem acordos transnacionais, que podem preveni-la.

Referidas entidades têm legitimidade para postular a reparação dos danos decorrentes dessa prática (que são de natureza coletiva), havendo jurisprudência que afasta a possibilidade do trabalhador ajuizar individualmente demandas com tal finalidade (DUTRA, 2021, p. 75-131).(5)

Francesca Columbu (COLUMBU, 2017, p. 143-169), ao abordar o tema, reflete sobre as ideias do professor Giancelo Perone, destacando que o conflito trabalhista ultrapassou os limites locais. Com a redução das barreiras aduaneiras, a integração econômica e o avanço nas comunicações, as empresas operam sem uma base territorial fixa. Esse contexto reforça a importância dos instrumentos sindicais (como a greve e a negociação coletiva), que se tornam ainda mais essenciais para regular as relações trabalhistas.(6)

Por fim, estratégias como o fortalecimento de políticas públicas e incentivos à formalização do trabalho apresentam-se como soluções necessárias e viáveis ao combate do *dumping* social, de modo que se mostram salutares a realização de fiscalizações rigorosas e a imposição de efetivas penalidades (inclusive dotadas de caráter pedagógico) às empresas que desrespeitem os direitos humanos de seus trabalhadores(7).

---

(5) DUTRA aponta alguns julgados nessa linha, dentre os quais destacamos o seguinte:
RECURSO DE REVISTA INTERPOSTO NA VIGÊNCIA DA LEI N. 13.015/2014. **ILEGITIMIDADE ATIVA AD CAUSAM. *DUMPING* SOCIAL. INDENIZAÇÃO. Esta Corte Superior tem entendimento de que o reclamante não possui legitimidade ativa ad causam para, em reclamatória trabalhista individual, requerer indenização por dano social (*dumping* social), uma vez que esta é direcionada à tutela de interesses difusos e coletivos, ultrapassando a esfera pessoal do trabalhador.** Recurso de revista conhecido e provido, no tema. (TST; RR 0001883-42.2014.5.03.0176; Primeira Turma; rel. Min. Walmir Oliveira da Costa; *DEJT* 29.06.2020; p. 415). Destaca, contudo, que tal posicionamento jurisprudencial não é uníssono, vez que, "frente à dimensão de os danos sofridos pela prática do *dumping* social serem de origem tanto coletiva como individual, bem como frente às limitações estruturais do Ministério Público do Trabalho, existem aqueles que defendem a possibilidade de postulação individual de uma indenização pela prática de *dumping* social, inclusive com destinação parcial ou integral ao ofendido".

(6) Nessa linha de raciocínio, COLUMBU (2017, p. 143-169) observa que: "Contrariamente a quantos afirmam o fim do movimento sindical, fenômenos complexos como o acima descrito *dumping* social, junto com a desestruturação e a atomização do lugar e do tempo de trabalho, ressaltam a urgente necessidade de novas e eficazes formas de organização e ação coletiva. A tendência atual dos sistemas jurídicos ocidentais é de a lei se esvaziar de disposições substanciais, e estipular em seu lugar regras processuais destinadas a garantir o direito à negociação coletiva de trabalho, cujo resultado pode substituir, prolongar, desenvolver ou aplicar disposições legislativas."

(7) Segundo aponta Lincoln Zub Dutra: "É importante também as medidas *antidumping* comporem a agenda dos agentes políticos por meio de medidas legislativas que coíbam tal prática, impingindo medidas severas, pois o *dumping* degrada as relações comerciais e trabalhistas, e sua prática deve ser coibida por meio de um

## 7. Conclusão

O estudo evidenciou a importância das normas internacionais no ambiente de trabalho como instrumentos fundamentais para a promoção e garantia da dignidade da pessoa humana. Essas normas estabelecem padrões globais que são essenciais para assegurar condições justas, seguras e saudáveis para os trabalhadores, reforçando os direitos humanos em todas as esferas de atividade laboral.

A integração dos princípios estabelecidos por organizações internacionais e acordos globais, como aqueles promovidos pela (OIT), enfatiza diversos aspectos em que a implementação adequada das normas pode impactar positivamente na promoção do trabalho digno, desenvolvido em condições justas e favoráveis ao desenvolvimento humano, em equilíbrio com o desenvolvimento econômico e a proteção dos direitos humanos. Essas normas garantem que todos os indivíduos impactados pelas atividades empresariais, usufruam de um ambiente de trabalho digno e saudável.

No cenário global contemporâneo, há uma crescente preocupação com a dignidade da pessoa humana, o que impulsiona a necessidade de as empresas tenham a consciência de sua responsabilidade social e se adequem às boas práticas de gestão em conformidade com normas internacionais. Esse movimento contribui para a transformação do paradigma equivocado, de que a empresa existia apenas para gerar lucro, para uma visão de responsabilidade social, um papel crucial na valorização do ser humano que acompanha cada trabalhador.

Assim, seja por compromisso voluntário ou pelo poder coercitivo da legislação, emerge o conceito de capitalismo responsável, que não apenas busca o lucro, mas também se compromete com a integridade física e mental de seus trabalhadores. Portanto, a implementação eficaz das normas internacionais se mostra essencial para garantir que o ambiente de trabalho seja um espaço não só de sustento, mas de plena valorização do ser, enquanto humano, para que não apenas o trabalho sustente a vida, mas que a vida digna sustente o trabalho e o desenvolvimento econômico.

## Referências

COLUMBU, Francesca. *Dumping* social e relações laborais. *Revista dos Tribunais*, São Paulo, v. 106, n. 978, p. 143-169, abr. 2017.

DELGADO, Mauricio Godinho; Delgado, Gabriela Neves. As Normas Internacionais de Direitos Humanos e a Lei da Reforma Trabalhista no Brasil. In: Maranhão, Ney; Tupinambá, Pedro Tourinho. *Direito Internacional do Trabalho* — Estudos em Homenagem ao Centenário da OIT. 1. ed. São Paulo: LTr, 2019. p. 32.

---

sistema fiscalizatório e legislativo de repressão, como também por um sistema de prevenção às práticas de *dumping*, inclusive no sentido de se evitar um excessivo ativismo judicial na solução de questões sociais e trabalhistas". (DUTRA; 1989, p. 160).

Direção Geral do Emprego e das Relações de Trabalho — DGERT. *Declaração Relativa aos fins e Objectivos da Organização Internacional do Trabalho.* Disponível em: https://www.dgert.gov.pt/declaracao-de-filadelfia/. Acesso em: 03 nov. 2024.

DUTRA, Lincoln Zub. A necessidade de superação do modelo vigente de enfrentamento da prática do dumping social. In: DUTRA, Lincoln Zub. Dumping *social:* causa, efeitos e meios de repreensão. Leme: Mizuno, 2021.

DUTRA, Lincoln Zub. Dumping *Social no direito do trabalho:* da precarização das relação de emprego. Porto: Editorial Juruá, 2019.

FELICIANO, Guilherme Guimarães. Meio Ambiente do Trabalho: síntese nomológica de ecologia, trabalho e tutela da pessoa humana. In: DELGADO, Gabriela Neves (*et al.*). *Constitucionalismo humanista e social na jurisprudência do TST.* Leme, SP: Mizuno, 2023.

FELICIANO, Guilherme Guimarães; AQUINO, Gabriela Marcassa Thomaz de. Revolução 4.0: desafios e estratégias para garantia da liberdade sindical e da proteção dos trabalhadores. *Revista de Direito do Trabalho e Seguridade Social*, vol. 222, ano 48, p. 385-416. São Paulo: Ed. RT, mar./abr. 2022.

Fundo das Nações Unidas para a Infância — UNICEF. *Declaração Universal dos Direitos Humanos.* Disponível em: https://www.unicef.org/brazil/declaracao-universal-dos-direitos-humanos/. Acesso em: 03 nov. 2024.

INABA, Maria Yumi Buzinelli. *A responsabilidade empresarial.* Disponível em: <http://trabalhoscidhcoimbra.com/ojs/index.php/anaiscidhcoimbra/issue/view/13/>. Acesso em: 03 nov. 2024.

Instituto Brasileiro de Geografia e Estatística – IBGE. *Países*. Disponível em: https://paises.ibge.gov.br/#/. Acesso em: 03 nov. 2024.

MELO, Raimundo Simão de. *Trabalho decente:* conceito, história e objetivos estratégicos. Disponível em: https://www.conjur.com.br/2022-set-23/reflexoes-trabalhistas-trabalho-decente-conceito-historia-objetivos-estrategicos/. Acesso em: 03 nov. 2024.

NAÇÕES UNIDAS BRASIL. *A Carta das Nações Unidas*. Disponível em: https://brasil.un.org/pt-br/91220-carta-das-na%C3%A7%C3%B5es-unidas. Acesso em: 02 nov. 2024.

NAÇÕES UNIDAS BRASIL. *OIT adiciona segurança e saúde aos direitos fundamentais no trabalho.* Disponível em: https://brasil.un.org/pt-br/186004-oit-adiciona-seguran%C3%A7a-e-sa%C3%BAde-aos-direitos-fundamentais-no-trabalho/. Acesso em: 03 nov. 2024.

NASSAR, Carina Leal; TEIXEIRA, Carla Noura. Direitos fundamentais: sistema jurídico trabalhista brasileiro relacionado ao internacional e sua efetiva aplicação à relação de trabalho e previdência social. In: TUPINAMBÁ, Pedro Tourinho (Org.). *Temas atuais de direitos humanos.* Brasília, DF: Editora Venturoli, 2021.

Organização Internacional do Trabalho — OIT. *Como as Normas Internacionais do Trabalho são criadas*. Disponível em: https://www.ilo.org/pt-pt/resource/como-normas-internacionais-do-trabalho-sao-criadas. Acesso em: 16 nov. 2024.

Organização Internacional do Trabalho — OIT. *Guia das Normas Internacionais do Trabalho.* Disponível em:https://www.ilo.org/sites/default/files/wcmsp5/groups/public/@europe/@ro-geneva/@ilo-lisbon/documents/publication/wcms_723629.pdf. Acesso em: 16 nov. 2024.

ROCHA, Cláudio Jannotti da; STEFANELLI, Daniella Gonçalves; MANSUR, Maria Júlia Ferreira. O dumping social em face do direito ecológico do trabalho. In: TEODORO, Maria Cecília Máximo *et al.* (Orgs.). *Trabalho e consumo:* as duas faces da pessoa humana no contexto do data driven. Belo Horizonte, MG: RTM, 2021.

ROMITA, Arion Sayão. *Direitos fundamentais nas relações de trabalho.* 4. ed. rev. e aumentada. São Paulo, SP: LTr, 2012.

SANTOS, Enoque Ribeiro dos. O *dumping* social nas relações de trabalho: formas de combate. *Revista Eletrônica do Tribunal Regional do Trabalho da 9ª Região.* Curitiba, v. 4, n. 43, p. 62-75, ago. 2015. Disponível em: https://juslaboris.tst.jus.br/handle/20.500.12178/85659. Acesso em: 05 nov. 2024.

SCARABELLI, Camila Ceroni. A importância da Proteção aos Direitos Humanos para Cumprimento da Agenda 2030 e Concretização do Trabalho Decente. In: CÉSAR, Joao Batista Martins; MENDES, Maria Cristina Sampaio; SANTOS, Polyanna Sampaio Candido as Silva (Coords.). *Trabalho Decente de Agenda 2030.* 1. ed. São Paulo: Lacier, 2023. p. 243.

SOUSA, Rafaela. *OCDE.* Disponível em: https://brasilescola.uol.com.br/geografia/ocde.htm. Acesso em: 16 nov. 2024.

Tribunal Regional do Trabalho da 2ª Região. *Convenção n. 148.* Disponível em: https://www.trt2.jus.br/geral/tribunal2/LEGIS/CLT/OIT/OIT_148.html/. Acesso em: 03 nov. 2024.

Tribunal Regional do Trabalho da 2ª Região. *Convenção n. 155.* Disponível em: https://www.trt2.jus.br/geral/tribunal2/LEGIS/CLT/OIT/OIT_155.html/. Acesso em: 03 nov. 2024.

Tribunal Regional do Trabalho da 2ª Região. *Convenção n. 161.* Disponível em: https://www.trt2.jus.br/geral/tribunal2/LEGIS/CLT/OIT/OIT_161.html#Convencao_161/. Acesso em: 03 nov. 2024.

UNIÃO EUROPEIA. *Acesso ao direito da União Europeia.* Disponível em: https://eur-lex.europa.eu/homepage.html?locale=pt. Acesso em: 16 nov. 2024.

# Luz, Câmera e ação: A Plataformização do Trabalho Sexual à Luz das Normas Internacionais e das Tutelas Antidiscriminatórias do Trabalho Como Forma de Resguardar Proteção aos Trabalhadores Gays

## *Light, Camera and Action: The Platformization of Sex Work in Light of International Standards and Labor Anti-Discrimination Guardianships as a Way of Protecting Gay Workers.*

*Guilherme Guimarães Feliciano*

*Thiago William Pereira Barcelos*

**Resumo:** O artigo discute a plataformização do trabalho sexual, em suas mais variadas modalidades, e das dificuldades enfrentadas pelo Brasil na regulamentação da profissão e na garantia, aos profissionais do sexo, de acesso aos direitos fundamentais positivados na Constituição Federal de 1988. Os desafios quanto a regulamentação da atividade resvala a condição de invisibilidade e de precariedade que estes profissionais enfrentam, em especial aqueles que a exercem em ambientes digitais e plataformizados. Os resultados demonstram que o Brasil falhou na efetiva proteção e acesso ao trabalho decente a estes profissionais, seja pela não regulamentação, seja pela criminalização de espaços em que exercem suas atividades, dificultando, ainda mais, a possibilidade de qualquer relação de emprego. Assim, conclui-se que para garantir a eficácia das normas jurídicas é preciso estruturar políticas públicas, se desvincular no modelo jurídico abolicionista e repensar a criação de projetos que garantam a segurança, os direitos fundamentais e a dignidade da pessoa humana dos trabalhadores gay que exercem atividade sexual em plataformas digitais, espelhando-se no Projeto de Lei Gabriela Leite.

**Palavras-chave:** Trabalhadores gays; Plataformizados; Profissionais do sexo; Dignidade da pessoa humana.

**Abstract:** The article discusses the platformization of sex work, in its most varied forms, and the difficulties faced by Brazil in regulating the profession and guaranteeing sex workers access to the fundamental rights enshrined in the 1988 Federal Constitution. The challenges of regulating this activity are due to the invisibility and precarious conditions faced by these professionals, especially those who work in digital and platformized environments. The results show that Brazil has failed to provide effective protection and access to decent work for these professionals, either by not regulating them or by criminalizing the spaces in which they carry out their activities, making the possibility of any employment relationship even more difficult. Thus, we conclude that in order to guarantee the effectiveness of legal norms, it is necessary to structure public policies, break away from the abolitionist legal model and rethink the creation of projects that guarantee the safety, fundamental rights and human dignity of gay workers who carry out sexual activity on digital platforms, mirroring the Gabriela Leite Bill.

**Keywords:** Gay workers; Platformized; Sex workers; Dignity of the human person.

## Introdução

Este artigo tem, como finalidade, entender a plataformização do trabalho sexual em suas mais novas morfologias (modalidades), as dificuldades do Direito do Trabalho brasileiro em tutelar as relações nela existentes, a falta de regulamentação da atividade e a criminalização de exploração em casas de prostituição e rufianismo.

Na primeira parte do texto, abordar-se-á a história da prostituição e de como era vista em cada período da humanidade. Na sequência, analisar-se-á como a profissão mais antiga do mundo se rendeu a era digital e, a partir de plataformas e redes digitais, foi plataformizada antes mesmo de ser regulamentada no país, trazendo, para a discussão, a classificação de cada um dos trabalhadores gays que atuam no mercado do sexo, inclusive os "gays por dinheiro", chamados *gay-for-pay*.

Na segunda parte deste artigo, evidencia-se uma análise mais profunda da conjuntura jurídica aplicável, em um diálogo entre o Direito Constitucional, o Direito Penal e o Direito do Trabalho, destacando as dificuldades do país em garantir a dignidade e os direitos a estes profissionais, em um cenário embrionário de discussão.

Por fim, são apresentadas breves análises da precarização — ainda mais — das atividades exercidas pelos profissionais do sexo gays e das possibilidades, ou não, de vínculo destes com as plataformas digitais.

## 1. O corpo gay: Força de trabalho, objeto de desejo ou mercadoria tão antiga quanto o mundo: A prostituição

*A priori*, para que seja possível entender a possibilidade de plataformização do trabalho sexual, deve-se iniciar os debates a partir da análise e discussão de alguns dos termos que serão utilizados no presente artigo, como a prostituição e as modalidades da atividade sexual do trabalhador gay.

Para muitos, "tão antiga quanto o mundo", a prostituição carrega um peso indiscutível de imoralidade, blasfêmia e indignidade, acompanhada do preconceito desmedido de uma sociedade colonizada contra as pessoas que a exercem como profissão, em busca da própria subsistência.

A origem da prostituição ecoa em muitas vozes e corpos, desde um "mal necessário" para satisfazer os desejos mais sóbrios e carnais de uma sociedade, a uma função social, religiosa, ritualística, mas sempre colocando-a à margem, nas ruas escuras, ou em "casas" destinadas para este fim. Para Graça e Gonçalves, a prostituição foi encarada de diversas formas, afirmando que (2016, p. 1):

> [...] A leitura dessa prática como algo aceito, tolerável, suscetível de vigilância/controle ou como alvo de punição jurídica e/ou social depende da influência de discursos patriarcais, judaico cristãos, moralistas, higienistas, de despenalização, entre outros, conforme seja útil ou não para o regime político vigente.

Renato Muçouçah (2013, p. 32) esclarece, ainda, que, na Idade Antiga, as mulheres que prestavam serviços sexuais eram sagradas, vistas como divindades, pois eram com essas prostitutas sagradas que, para aqueles que quisessem se aproximar do sagrado divino, deveriam praticar atos sexuais, a ponto de serem chamadas de deusas terrenas da fertilidade.

No entanto, com o aumento dos trabalhos sexuais fora dos templos e espaços sagrados destinados para tais fins, a atividade perdeu sua função sagrada dada aos seus corpos, afastando a conotação religiosa e as libertando de casamentos exclusivos e destinados à fertilidade (ROBERTS, 1992, p. 28).

Então, foi na Grécia Antiga, que a prostituição passou a ser aceita pelos homens que dela poderiam pagar, sendo, inclusive, controlada pelo Estado, precisamente desde o governo do aristocrata e estadista grego Sólon (século VI, a.C), atribuindo um caráter mercantil à atividade.

Na Roma Antiga, a prostituição era aceita e explorada de forma mais natural, inclusive permitido que os homens também se dedicassem ao meretrício de seus corpos, desde que recolhessem os impostos sobre os "serviços" prestados e remunerados (ROBERTS, 1992, p. 32 e 77).

No entanto, a Idade Média mudou esse cenário, em que os ideais cristãos e patriarcais, ao tomaram o protagonismo nas sociedades, fortaleceram a perseguição aos que a praticavam, julgando-os sob a olhar da moralidade social e religiosa e dos bons costumes que dominavam. E mesmo diante deste cenário, a Igreja e a coroa passaram a manter o controle sobre os bordéis públicos, usufruindo-se, inclusive, de seus serviços e de seus lucros, com o objetivo de controlar os impulsos do homem.

Jeffrey Richards (1993, p. 123), ensina que a prostituição passou a ser vista, pela Igreja e pela sociedade, como um mal necessário, que, de um lado, era capaz de extrair lucro, e, de outro, de garantir a sobrevivência da sociedade e o controle dos impulsos sexuais do homem. Era a construção patriarcal de uma atividade que era vista como um "mal necessário".

Para Thiago Barcelos (2022, p. 17), iniciava, em 476 d.C, o período da história chamado de Idade Média, que registrou profundas modificações sociais, políticas e econômicas, como o surgimento e a consolidação do feudalismo.

Para o autor, com o domínio do cristianismo e a força política e social que a Igreja possuía na sociedade, o trabalho do sexo sofreu maior perseguição, sendo amplamente julgada, reafirmando "a noção religiosa de que o sexo deveria ocorrer após o casamento" (2022, p. 17).

Para Jeffrey Richards (1993, p. 123), essa perseguição não foi suficiente para o fim da prostituição, já que era vista como um "mal necessário", em que somente a sua "existência tornava possível manter padrões sexuais e sociais estáveis para o resto da sociedade" e, assim, "garantir a sobrevivência da sociedade e o controle dos impulsos sexuais do homem" (BARCELOS, 2022, p. 18).

Para Thiago Barcelos (2022, p. 19), a Idade Moderna "serviu de marco para modelar o entendimento acerca da prostituição, que perdura até os dias hodiernos, profissão essa a ser extirpada da sociedade".

A obra "História dos grandes bordéis do mundo", de Emmett Murphy, retrata que, no século XX, o comércio do sexo satisfez as necessidades carnais e sexuais dos militares da Primeira Guerra Mundial, nos chamados "bordéis regulamentados".

Com o passar dos anos, o século XX foi palco para um crescimento notório da figura masculina no mundo da prostituição. Então, diversos países passaram a tomar medidas legais sobre a profissão com base nos preconceitos e estigmas que persistiam em cada sociedade.

Os Estados Unidos, por exemplo, consideravam a prostituição como uma atividade ilegal, sendo proibida em quase todo o seu território, com exceção de algumas áreas do Estado de Nevada (MURPHY, 1994, p. 243-334).

Thiago Barcelos (2022, p. 22) destaca que, no Brasil, a prostituição e qualquer outra atividade sexual não é proibida, mas também não é regulamentada por lei e, em seu Código Penal, somente proíbe, a prática do lenocínio e do tráfico de pessoa com o fim de prostituir ou de explorar alguém sexualmente.

Na Suécia, Noruega, Islândia, Irlanda do Norte, Armênia, Azerbaijão, Croácia e a França a prostituição é ilegal, assim como "pagar" pelo sexo com estes profissionais. Então, para Thiago Barcelos (2022, p. 22):

> Foi a partir desse contexto social e econômico que o mundo experimentou quatro modelos jurídicos de tratamento destinados à prostituição, quais sejam: o proibicionismo (criminaliza todas as atividades e agentes relacionados a prostituição e a comercialização do sexo em si); o abolicionismo (criminaliza as próprias causas da prostituição, em todas as suas manifestações, sem punir a atividade prostitucional) o seu novo modelo, o chamado neoabolicionismo (criminaliza o cliente que contribui para a manutenção da prostituição, considerada uma forma de violência contra as mulheres); o regulamentarismo (reconhece, legitima e regulamenta a profissão, possibilitando, assim, direitos e garantias legais comuns a qualquer classe trabalhadora); e o trabalhista.

Para o autor, o Brasil vem adotando modelo abolicionista, que, de acordo com os ensinamentos de Barruel Lagenest (1960, p. 137-138), trata-se de um modelo que luta contra as causas que levam o sujeito à prostituição, destacando que a atividade do sexo e todas as suas facetas e modalidades não são crime, mas também não são consideradas atividades profissionais.

Esse modelo vem sendo adotado no país desde 1942, ano em que entrou em vigor o atual Código Penal, encarando a exploração sexual com fins econômicos (cafetinagem) como um crime que deve ser extirpado. Para Barcelos (2022, p. 38), esse modelo não deixa margens quanto os aspectos penais dados ao rufianismo da atividade, mas acaba deixando de lado a discussão sobre as garantias e os direitos fundamentais dos profissionais que a praticam, o que impossibilita a regulamentação e a possibilidade, por exemplo, de um profissional do sexo ter o reconhecimento de vínculo com o lugar em que a pratica.

Então, para além do significado dado à prostituição, o profissional do sexo também vai além. A prostituição — considerada por muitos a profissão mais antiga do mundo — é vista sob o olhar de julgamento e de estigma e, todas as atividades e morfologias que surgem dela, também. A estigma da atividade e da profissão é encontrada em qualquer dicionário da língua portuguesa, ao definir a prostituição como uma "vida desregrada de devassidão", como ato de "libertinagem", praticado por pessoas "perdidas" (Priberam da Língua Portuguesa, *on-line*).

Então, poder-se-á definir a prostituição como toda e qualquer atividade em que o corpo é o seu instrumento de trabalho e o profissional que a exerça, é o objeto de sua produção, com a prestação de serviços sexuais, mas, no contexto hodierno, não necessariamente com a presença ou contato físico, tampouco a obrigatoriedade de ser exercida em casas, ruas ou bordéis.

### 1.1. Luz, câmera e ação: A plataformização do trabalho sexual e as suas novas morfologias

Para Thiago Barcelos (2022, p. 38), o ato de se prostituir foi visto, ao longo da história, "das mais variadas formas e com os mais diferentes propósitos", sob o olhar de que a prostituição sempre estivesse ligada a um "sentido", a um "motivo" específico para justificar o comércio do próprio corpo, seja para fins religiosos e sagrados, seja, ainda, para fins sociais de controle dos desejos dos homens.

Essa definição reflete, inclusive, os motivos pelos quais, por muito tempo, o corpo feminino era o único capaz de servir esse propósito religioso e/ou social, de abjeção, em que o patriarcalismo e a colonialidade ditavam a finalidade dos corpos das mulheres, a partir de um olhar dedicado ao lar, a um olhar dedicado aos prazeres da carne.

Poucos são os registros da figura masculina exercendo a atividade do sexo, sendo observada, em grande escala, na virada da idade moderna para a idade contemporânea.

No entanto, com o avanço das tecnologias digitais e a facilidade de acesso a elas, houve uma mudança significativa na sociedade, em especial na forma como o sujeito se insere no mundo do trabalho. E isso refletiu, também, na atividade do sexo.

Para Thiago Barcelos (2022, p. 26), a prostituição — ou melhor — o meretrício do corpo gay saiu das ruas e das casas destinadas a esse fim para as plataformas +18, em ambiente virtual, onde a prostituição cria outas morfologias laborais.

O mesmo autor destaca alguns termos que rodeiam o trabalhador do sexo plataformizado, indicando que estas são as "formas de trabalhar o corpo no universo da pornografia e da prostituição virtual", entre eles: a pornografia em tempo real; a venda de *packs;* a exposição do corpo em redes sociais; praticada por trabalhadores gays e por aqueles que se denominam de *gay-for-pay.*

Como definido neste artigo, a prostituição deve ser interpretada como toda e qualquer atividade em que o corpo é o seu instrumento de trabalho e o profissional que a exerça, é o objeto de sua produção, com a prestação de serviços sexuais, mas, no contexto hodierno, não necessariamente com a presença ou contato físico, tampouco a obrigatoriedade de ser exercida em casas, ruas ou bordéis

Então, as novas morfologias da atividade prostitucional não se afastam desse conceito inaugural, tampouco deixam de ser enquadradas na Classificação Brasileira de Ocupações (CBO) n. 5198-05 — "Profissional do sexo".

A pornografia em tempo real ou *on-line* pode ser definida como a vinculação de conteúdo pornográfico em ambientes digitais, em tempo real, podendo ser chamado de conteúdo interativo, em que o profissional está *on-line,* prestando serviços na modalidade "telesexo". Para Thiago Barcelos (2022, p. 32-33), o:

> [...] mercado virtual pornográfico se consolidou nas últimas décadas, em especial com o enfraquecimento da comercialização de revistas e filmes físicos e o isolamento causado pela pandemia do Covid-19. Desde a produção e comercialização de conteúdo adulto pelas produtoras de filme, até a autonomia do profissional de roteirizar, produzir e de comercializar seu próprio conteúdo adulto, o mercado pornográfico passou a se organizar sob um modelo descentralizado da informação livre.
>
> [...] acesso ao conteúdo pornográfico do *CamBoy*, é feito, na maioria das vezes, da seguinte forma: o cliente é direcionado ao site (geralmente CâmeraPrivê, *MyCams, Live Privates* etc) onde o profissional está *on-line* a partir de chamadas publicitárias (por *pop-up* ou em aba especifica no site pornô). Ao entrar nesses sites, o cliente é direcionado para uma sala virtual coletiva onde, normalmente, o modelo está vestido e conversando com os telespectadores, e passa a realizar outras ações e atividades pagas pelos clientes.

Caso o cliente deseje, ele pode pagar pela atenção exclusiva do modelo em chamada privada e fazer pedidos mais íntimos, como se despir, utilizar brinquedos eróticos ou realizar fetiches do cliente, desde que os pedidos não contrariem as regras da plataforma. Regras essas que são definidas pelo modelo (ao que estaria ou não disposto a oferecer ao cliente), ou pela plataforma que hospeda sua sala virtual (determina os pedidos que são permitidos e os que são proibidos).

Tanto a atividade de produção e comercialização de conteúdo pornográfico virtual em plataformas como o OnlyFans, quanto a interação on-line nas salas virtuais, como o CameraPrivê, não se confundem com a prostituição tal como é compreendida, trata-se de uma nova modalidade, a do telessexo, espécie de serviço que o trabalhador do sexo oferece à distância, podendo, portanto, ser classificada como pornografia, mas não a tradicional, e sim uma virtual, interativa e *on-line.*

A plataformização da prostituição gay — como a conhecemos — passou a ser possível a partir da criação de plataformas de interação *on-line,* em que o profissional do sexo deixa as ruas e as casas destinadas à prostituição para o ambiente digital e seguro, mantendo a "interação" com o cliente, que, agora, deixa de ter o contato físico, para um contato digital, chamados de *CamBoys.*

Ao analisar os ensinamentos em destaque, é possível compreender a pornografia em tempo real como uma modalidade da prostituição, que, ao invés de exercê-la nos lugares destinados a esse fim, passam a praticá-la em ambientes virtuais, como o CameraPrivê, responsáveis em garantir o espaço, as ferramentas, a distribuição dos pagamentos e a distribuição do conteúdo para os clientes que acessam a plataforma.

O autor destaca que as plataformas destinadas a esse fim, como a CameraPrivê, dispõem de "modelos exclusivos – em especial aqueles que têm a sua imagem e seu conteúdo compartilhado (através de *pop-ups)* nos sites pornôs", que dedicam, em média, 40h semanais para a plataforma.

Barcelos (2022, p. 34) destaca, ainda, que, para que o profissional gay conquiste esse "destaque" dado pela plataforma, "ele precisa se manter ativo no seu perfil, produzir e compartilhar mais conteúdos", para, assim, ganhar o prêmio de melhor perfil (que pode ser, inclusive, interpretada como o "profissional do mês"), e ter destaques que outros perfis não terão.

As redes sociais, como o *X* (antigo *Twitter*) e *Instagram,* são utilizados como meio de captação de clientes, a partir da exposição dos corpos gays (os sexualizando, muitas vezes), para conduzi-los a plataformas onde efetivamente exercem a atividade sexual (pornografia e telesexo), como o *OnlyFans* e o privacy. O que pode ser definido como "venda de *packs",* que, nada mais é do que a venda de um pacote de serviços sexuais, por um valor que deve ser pago diretamente a essas plataformas.

A plataformização do trabalho sexual contemporâneo funciona de forma semelhante a outras atividades digitais, como a de motoristas particulares (Uber e 99), a de entregas (iFood e Rappi), ou seja, é marcada não apenas pela plataformização do ambiente analógico para o ambiente digital, como, também, é marcada pela produção *on-demand* (sob demanda), necessidade de inovação e de criatividade, para atender as necessidades da sociedade hodierna. Com isso, poder-se-á analisar a possibilidade (ou não) de proteção jurídica e trabalhista destes trabalhadores.

## 2. O direito: A conjuntura jurídica aplicável

### *2.1. O direito constitucional brasileiro*

A Constituição Federal de 1988 (BRASIL, 1988) positiva, em seu art. 1º, incisos III e IV, o Princípio da Dignidade da Pessoa Humana e os valores sociais do trabalho e da livre iniciativa, como alguns dos fundamentos de constituição do Estado Democrático de Direito.

Para o doutrinador Ingo Wolfgang Sarlet (2010, p. 100-101), a dignidade da pessoa humana além de inalienável e de irrenunciável, é integrante da natureza humana (universal e indivisível) e dele não pode ser retirado.

Os arts. 5º, 6º, 12, 14 a 17 e o 193, da Constituição, elencam diversos direitos sociais, de nacionalidade e políticos, deixando claro, no § 2º, do art. 5º, que não são limitados aos indicados nestes dispositivos, tampouco excluem outros direitos e garantias estabelecidos em normas internacionais.

O inciso IV, do art. 3º, do dispositivo constitucional positiva que o Estado deve "promover o bem de todos, sem preconceitos de origem, raça, sexo, cor, idade e quaisquer outras formas de discriminação", ou seja, todos possuem direitos de forma igualitária, não havendo espaços para qualquer forma de discriminação, tendo em vista que "todos são iguais perante a Lei, sem distinção de qualquer natureza" (inciso I, do art. 5º, da Constituição Federal de 1988). A partir destes dispositivos, a doutrina conceitua os chamados Princípios da Igualdade e o da Não Discriminação.

Promulgada pelo Brasil no ano de 1968, a Convenção n. 111, da Organização Internacional do Trabalho (OIT), conceitua, em seu art. 1º, a discriminação como:

> Toda distinção, exclusão ou preferência fundada na raça, cor, sexo, religião, opinião política, ascendência nacional ou origem social, que tenha por efeito destruir ou alterar a igualdade de oportunidades ou de tratamento em matéria de emprego ou profissão" (BRASIL, 1968).

Há de se destacar, também, a liberdade de profissão, prevista no inciso XII, do art. 5º, da Carta Magna, traduzindo a liberdade individual como um direito humano fundamental.

O art. 6º, do mesmo diploma legal, posiciona o trabalho e a previdência social, entre outros, no rol de direitos sociais, inerentes a todos os cidadãos.

Isso significa dizer que, ao afastar dos profissionais do sexo o reconhecimento do seu trabalho (não regulamentação), considerando ilegal os espaços em que praticam suas diversas modalidades, o direito brasileiro — alicerçado no modelo abolicionista — dificulta qualquer possibilidade de se discutir a existência de uma relação empregatícia, e, por corolário, fere a dignidade da pessoa humana destes trabalhadores.

## 2.2. Direito penal x direito constitucional: A liberdade de profissão e sexual

O art. 5º, incisos X e XLI, da Carta Magna, positivam a liberdade sexual como uma garantia constitucional.

Ao analisar a atividade sexual por meio da prostituição, Guilherme Nucci (2014, p. 44 e 45) explica que:

> Outro aspecto importante diz respeito ao controle da atividade sexual desenvolvida por meio da prostituição, que não constitui crime, no Brasil, mas permite a punição de inúmeras atividades correlatas, muitas das quais de simples apoio – até benéfico – ao profissional do sexo.
>
> [...] confundir sexo com bons ou maus costumes é transfigurar a vida privada das pessoas em atividade pública, pois na intimidade não existem valorações de terceiros para o que se faz; seria o mesmo que julgar pensamentos ou avaliar desejos.

No entanto, essa liberdade encontra um imenso obstáculo no Código Penal brasileiro, em especial nos arts. 227, 228, 229 e 230, ao timidamente considerar a atividade legal, mas criminalizar todas as relações que permitem o seu exercício, como casas de prostituição e o rufianismo.

Assim, o ato de se prostituir livremente (nas suas mais variadas formas e modalidades) — sem gerar quaisquer danos a terceiros — não deve ser reprimida, pois revelaria o lado mais obscuro de uma sociedade: ofensa à dignidade humana e a liberdade dos sujeitos que exercem a atividade do sexo.

### *2.3. As dificuldades do brasil em garantir a dignidade e os direitos aos profissionais do sexo*

O Brasil parece encontrar muitas dificuldades em garantir a dignidade aos profissionais do sexo, em que, o primeiro registro de preocupação com os direitos destes trabalhadores remete se refere ao Projeto de Lei n. 98, de 09 de fevereiro de 2003, de autoria do Deputado Gabeira.

O projeto foi ousado e tinha, como objetivo, a exigibilidade de "pagamento por serviço de natureza sexual", propondo, inclusive, a revogação dos crimes previstos no Código Penal brasileiro, a citar: ode favorecimento da prostituição (art. 228), o de mantença de casa de prostituição (art. 229) e do tráfico de mulheres (art. 231).

O mencionado projeto foi arquivado, sob o de que a revogação dos crimes previstos no código penal somente facilitaria o trabalho de rufiões e proxenetas.

O Projeto de Lei n. 4.244, de 07.10.2004, de autoria do Deputado Eduardo Valverde, buscava a regulamentação do "profissional da sexualidade", abarcando todos os sujeitos que submetem seus corpos a atividades sexuais ou de exposição, como o "acompanhante, massagista que trabalhem expondo o corpo", mediante ao pagamento (remuneração) acordado previamente.

O mesmo projeto prevê, no art. 3º, a possibilidade de os profissionais do sexo prestarem seus serviços "de forma subordinada e em proveito de terceiros, mediante remuneração previamente ajustada, devendo as condições de trabalho a serem exercidas estarem estabelecidas em contrato de trabalho" (BARCELOS, 2022).

O Deputado Jean Wyllys apresentou o Projeto de Lei n. 4.211/2012, conhecido como "Lei Gabriela Leite", em busca da regulamentação do trabalho sexual pago.

Ao contrário dos projetos anteriores, o proposto pelo Deputado Jean Wyllys estabelece, em seu art. 2º, os limites a serem utilizados para análise do que seria ou não exploração sexual e, em seu art. 3º, estabelece as de prestação de serviços sexuais, podendo ser autônoma ou, ainda, exercida em cooperativas, prevendo, ainda, a possibilidade de manutenção de casas de prostituição, desde que não haja "qualquer tipo de exploração sexual".

Por fim, no art. 4º, o projeto oferece uma nova redação aos arts. 228, 229, 230, 231 e 231-A, Código Penal, passando a permiti-las desde que não haja "qualquer tipo de exploração sexual".

Não restam dúvidas de que o Brasil ainda é embrionário na discussão e criação de políticas que possibilitem a regulamentação da prostituição (e as suas mais variadas modalidades) e, por consequência, dificultam a descriminalização de lugares e de espaços destinados ao trabalho do sexo, seja ele exercido em ambiente analógico/físico, seja ele exercido em ambientes digitais, confirmando o modelo jurídico abolicionista adotado, em que a atividade não é criminalizada, mas toda forma de rufianismos e manutenção de casas de prostituição sim, mesmo diante de projetos como o chamado "Lei Gabriela Leite".

## *2.4. A aplicação do direito do trabalho para um trabalho não regulamentado*

Para Correia (2021, p. 553), a relação de trabalho é gênero, e abrange a relação de trabalho. Para ele, "todo trabalho humano (pessoa física) prestado ao tomador de serviços (pessoa física ou jurídica) é uma relação de trabalho".

A CLT prevê, em seu art. 3º, a pessoalidade (pessoa física), a não eventualidade, a onerosidade e a subordinação jurídica como os requisitos para configurar o vínculo empregatício.

Correia (2021, p. 553), toda relação de emprego corresponde a uma relação de trabalho, mas nem toda relação de trabalho é uma relação de emprego.

Assim, de acordo com os ensinamentos de Henrique Correia (2021, p. 553), a relação de emprego pode ser definida como aquela que se forma entre empregado e empregador, respeitando os requisitos dos arts. 2º e 3º, da CLT.

Henrique Correia (2021, p. 558) destaca, ainda, que além destes requisitos essenciais, há também os naturais e os acidentais. O autor afirma que os elementos naturais do contrato são aqueles que decorrem da própria natureza do contrato e estão presentes recorrentemente. Por sua vez, para ele, os elementos contratuais de trabalho, podem ser definido como as cláusulas facultativas e acessórias adicionadas ao contrato de trabalho, que aparecem apenas esporadicamente.

Isso significa dizer, portanto, que a existência/configuração de relação de emprego só se torna concreta e completa, capaz de gerar plenos efeitos, quando estiverem reunidos todos os elementos para sua existência e para a sua validade jurídica, que, de acordo com o art. 104, do Código Civil brasileiro, são necessários os seguintes elementos essenciais: (I) agente capaz; (II) objeto lícito, possível, determinado ou determinável, nos casos em que a prestação de serviços não envolver ilícitos penais; (III) forma prescrita ou não defesa em lei, na qual, para a celebração do contrato de trabalho, não há formalidade especial; e (IV) a manifestação da vontade ou consentimento, que é essencial ao contrato de emprego (acrescido por Mauricio Godinho Delgado).

## 3. *Onlyfans* e a possibilidade (ou não) de reconhecimento da relação empregatícia

Como discorrido no tópico anterior, só será possível a existência/ configuração de relação de emprego, capaz de gerar plenos efeitos, quando estiverem reunidos todos os elementos para sua existência e para a sua validade jurídica, quais sejam: elementos essenciais: (I) agente capaz; (II) objeto lícito, (III) forma prescrita ou não defesa em lei, e (IV) a manifestação da vontade ou consentimento; assim como os requisitos da: (V) a pessoalidade; (VI) a não eventualidade; (VII) a onerosidade e a subordinação jurídica.

Então, discute-se se o profissional do sexo gay (e o *gay-for-pay)*, ao exercer suas atividades exclusivamente em plataformas digitais, como o *Onlyfans,* poderia configurar (ou não), o reconhecimento de relação empregatícia com o site. Para isso, analisar-se-á os "Termos de Uso e de Serviço"[(1)] da plataforma, que em muito se assemelham a um contrato de trabalho.

De acordo com Barcelos (2022, p. 62), os arts. 6º e 7º, dos Termos de Serviços do *Onlyfans*, há regras clara para a criação de uma conta na plataforma. Para ser um "criador de conteúdo" — como chamam — o usuário deve enviar, obrigatoriamente, um documento de identificação e duas fotos pessoais, determinando que, após aprovada, "o dono do perfil pode produzir conteúdo, único que está vinculado pessoalmente aos termos de serviço. Inclusive, reitera que o relacionamento é entre o OnlyFans e o criador de conteúdo, e não com terceiros". Esse, é, sem dúvidas, a configuração perfeita do requisito da pessoalidade e a subordinação jurídica.

(1) ONLYFANS. *Terms of Service*. Disponível em: https://onlyfans.com/terms. Acesso em: 06 dez. 2022.

De acordo, ainda, com as alíneas *"b"*, *"c"* e *"g"*, do art. 6º, e na alínea *"a"*, do art. 8º, dos Termos de Serviços, a plataforma será a responsável por todas as transações feitas dentro do *site*, que, de acordo com o art. 5º, da seção "Termos de uso para criadores", a plataforma fica com 20% de todos os pagamentos feitos ao criador de conteúdo, repassando somente 80%, depois de aplicados os descontos, impondo, na alínea *"e"*, do mesmo artigo, um limite de "retirada de valor mínimo", com o objetivo do criador "produzir" mais e "vender" mais.

Nestes dispositivos dos termos da plataforma, é evidente a configuração da onerosidade e da subordinação jurídica, já que, ao se dedicar a outras plataformas, deixar de produzir o "mínimo" e os seus ganhos ficam presos na plataforma. Ou seja, para conseguir sacar, deve produzir, e, para produzir, deve se dedicar e, a dedicação lhe demandará mais tempo, não conseguindo, por exemplo, trabalhar em outras plataformas destinada a este fim.

Aliás, poder-se-á, ainda, constatar a relação de subordinação do criador de conteúdo para com o a plataforma quando os termos de uso exigem que o criador de conteúdo trabalhe sob a dependência do empregador (plataforma *on-line*), que, por sua vez, assumi os riscos do empreendimento, ao garantir que o conteúdo ofertado é do criador, que os pagamentos são legais, entre outros. Para Thiago Barcelos (2022, p. 63), "trata-se do poder de organizar, supervisionar e dirigir a prestação de serviços".

Pode-se observar, ainda, a presença da habitualidade. Ao analisar os termos de uso e de serviços, em conjunto com a dinâmica da plataforma, o *Onlyfans,* a partir de mecanismos de encorajamento de vendas (metas) e de produção aos seus criadores (empregados), cria uma espécie de *ranking* entre os perfis mais acessados, consumidos e famosos, destacando que esses são os mais "remunerados" de todos os seus usuários ao redor do globo.

A plataforma se utiliza de mecanismos de competição entre seus criadores, típico de empresas que buscam lucros cada vez maiores e mais estratosféricos, compartilhando-os e propagando-os, por todo o site da plataforma, e, até, indicando-os para os seus consumidores (fãs) conhecerem. Ao se destacarem nos ganhos e nas vendas, os donos dos perfis mais bem posicionados recebem apoio da plataforma, recomendando-os para outros usuários e tornando-os exclusivos, mas os colocando em posição inegociável de comprometimento e habitualidade, para não perderem as maiores posições dos *rankings* e o apoio da plataforma.

Assim, de acordo com Thiago Barcelos (2022, p. 63), estes criadores ficam à inteira disposição da plataforma, "cumprindo extenuantes e contínuas jornadas para conseguir se reinventar e permanecer nas melhores posições do *ranking* e, assim, 'fazer mais dinheiro'".

Diante deste cenário, ao analisar a tentativa de ocultar a relação de emprego existente entre esses "criadores de conteúdo" e as plataformas digitais, como o *Onlyfans,* analisado neste artigo, Roseli Barbosa (2017) explica que essa tentativa é, em verdade, a "uberização do mercado do sexo", destacando que a prestação de serviços sexuais é feita dentro de uma plataforma digital, tendo a remuneração e as horas de trabalho gerenciadas por esta, controlando, inclusive, a produção, ao passo que todos os riscos, despesas e estudos para inovar os conteúdos são suportados pelo trabalhador. Apesar de o *Onlyfans* **não formalizar qualquer espécie de contrato de trabalho e/ou reconhecer a existência de vínculo empregatício, para a autora, há sim.**

E este artigo segue a mesma linha de raciocínio da autora, tendo em vista que, conforme a análise dos termos de uso e de serviços do *Onlyfans,* é evidente que, apesar de não haver a formalização específica de um contrato de trabalho entre os seus criadores de conteúdo adulto e a plataforma, os termos, por si só, seguem a configuração perfeita de um contrato de trabalho, capaz de se reconhecer, sim, a existência de uma relação de emprego e, por consequência, a possibilidade de se reconhecer a existência de vínculo empregatício entre o profissional do sexo (CBO n.5198-05 – "Profissional do sexo") com a plataforma.

## 4. Conclusão

Diante de tudo o quanto exposto, observa-se que a história da profissão mais antiga do mundo é cercada de inúmeras tentativas de erradicar a atividade, controlar os que a exercem, ou, ainda, de dar um sentido "menos promíscuo" à prostituição, que, fortalecidas pela discriminação e pelo preconceito, refletem, hoje, nas dificuldades de cogitar a sua regulamentação, sem, antes muito lutar.

Este artigo destacou que a atividade do sexo vai muito além da prostituição como a conhecemos, ultrapassando os ambientes analógicos, as ruas e os bordéis e se acomodando em ambientes digitais, plataformas dedicadas, ou não, para o fim da comercialização da atividade sexual.

O objeto do estudo foi o profissional do sexo gay, incluindo, também, aqueles chamados *gays-for-pay,* ou melhor, gays-por-dinheiro.

Foram analisados, ainda, os embrionários projetos de lei propostos no Brasil, com destaque para o Projeto de Lei Gabriela, de autoria do deputado Jean Wyllys, que, entre eles, foi o mais perto que se chegou, até o momento, de regulamentação da profissão e de proteção dos direitos e garantias aos trabalhadores do sexo.

E, mesmo diante destes projetos, a regulamentação da prostituição e as suas diversas modalidades (e morfologias) ainda enfrenta um grande impasse no Brasil, em especial pelo fato de o país ainda se agarrar as amarras da colonialidade e de uma moralidade hipócrita que, de um lado condena, e, de outro, consume. É evidente que os profissionais do sexo ainda enfrentam inúmeras dificuldades de verem sua dignidade humana e seus direitos garantidos, em especial de, um dia, alcançar a proteção do Estado.

E, para que este cenário mude, faz-se *sine qua non* um esforço do Estado, em conjunto com o Ministério dos Direitos Humanos, Ministério Público do Trabalho e demais setores da sociedade para, primeiro, regulamentar a profissão e, com base na proposta do Projeto de Lei Gabriela, alterar a redação dos arts. 228, 229, 230, 231 e 231-A, Código Penal, passando a permiti-las desde que não haja "qualquer tipo de exploração sexual" e, assim, alterar o cenário de precarização, abandono e preconceito destilados aos trabalhadores do sexo.

Abordou-se, ainda, a clara possibilidade de reconhecimento de vínculo empregatício de profissionais do sexo com plataformas digitais, como o *Onlyfans*, que, apesar de não formalizar contrato de trabalho, os seus termos de uso e de serviços se configuram com tal, sendo, neste cenário, perfeitamente possível reconhecê-lo como verdadeiro contrato de trabalho.

Por fim, e em um cenário em que a profissão é regulamentada e os dispositivos que criminalizam o rufianismo e a manutenção de casas de prostituição foram alterados, é imprescindível que o Poder Judiciário repense sua atuação e passe a aplicar uma interpretação antidiscriminatória das normas jurídicas, promovendo a fiscalização a fim de se evitar a exploração sexual, garantir a dignidade da pessoa humana, os direitos fundamentais, a liberdade sexual e o trabalho digno e decente aos seus cidadãos.

## Referências

BARCELOS, Thiago William Pereira. *Luz, câmera, ação:* pornografia, venda de packs e exposição do corpo gay no ambiente digital e a mercantilização das novas morfologias laborais. 2022. Monografia. Trabalho de Conclusão de Curso. Direito. Universidade São Judas Tadeu. São Paulo: São Paulo. 2022.

BARBOSA, Roseli Bregantin. *Camgirl* e a uberização do trabalho sexual na internet no Brasil. *XXIII Congresso Alas*, Uruguay, 2017.

CORREIA, Henrique. *Curso de Direito do Trabalho*. 6. ed. rev. e atual. Salvador. Salvador: JusPodivm. 2021.

DELGADO, Mauricio Godinho. *Curso de direito do trabalho:* Estudos em memória de Célio Goyatá. p. 244.

Dicionário Priberam da Língua Portuguesa. *Definição de:* Prostituição e profissional do sexo. 2024. Disponível em: https://dicionario.priberam.org/prostitui%C3%A7%C3%A3o. Acesso em: 11 nov. 2024.

GRAÇA, Marta; GONÇALVES, Manuela. Prostituição: Que Modelo Jurídico-Político para Portugal? *Dados rev. ciênc. sociais*, 59 (2). Universidade de Aveiro, Aveiro, Portugal. abr./jun. 2016. Disponível em: https://doi.org/10.1590/00115258201683. Acesso em: 15 nov. 2024.

LAGENEST, Barruel. *Lenocínio e Prostituição no Brasil.* Rio de Janeiro: Agir, 1960.

MUÇOUÇAH, Renato de Almeida Oliveira. *Trabalhadores do sexo e seu exercício profissional:* um enfoque pelo prisma da ciência jurídica trabalhista. Tese (Doutorado em Direito do Trabalho) – Faculdade de Direito, Universidade de São Paulo, São Paulo, 2013. p. 32.

MURPHY, Emmett. *História dos grandes bordéis do mundo.* Tradução de Heloisa Jahn. Porto Alegre: Artes e Ofícios, 1994.

RICHARDS, Jeffrey. *Sexo, desvio e danação:* As minorias na Idade Média. Trad. Marco Antonio Esteves da Rocha e Renato Aguiar. Rio de Janeiro: Zahar, 1993. p. 123.

ROBERTS, Nickie. *As prostitutas na história.* Tradução de Magda Lopes. Rio de Janeiro: Record, 1992.

SARLET, Ingo Wolfgang. *Dignidade da pessoa humana e direitos fundamentais na Constituição Federal de 1988.* 10. ed. Porto Alegre: Livraria do Advogado, 2010, p. 100-101.

BRASIL. *Constituição da República Federativa do Brasil de 1988.* Art. 3º Constituem objetivos fundamentais da República Federativa do Brasil: IV – promover o bem de todos, sem preconceitos de origem, raça, sexo, cor, idade e quaisquer outras formas de discriminação. Disponível em: http://www.planalto.gov.br/ccivil_03/constituicao/constituicaocompilado.htm. Acesso em: 28 nov. 2022.

NUCCI, Guilherme de Souza. *Prostituição, lenocínio e tráfico de pessoas:* aspectos constitucionais e penais. São Paulo: Editora revista dos tribunais, 2014.